FINANÇAS BÁSICAS

Dados Internacionais de Catalogação na Publicação (CIP)
(Câmara Brasileira do Livro, SP, Brasil)

Mayo, Herbert B.
   Finanças básicas / Herbert B. Mayo ; tradução
Antonio Tibúrcio da Cunha Gomes Carneiro ;
revisão técnica Carlos Roberto Martins Passos. --
São Paulo : Cengage Learning, 2008.

   Título original: Basic finance.
   Bibliografia.
   ISBN 978-85-221-0623-3

   1. Bancos 2. Dinheiro 3. Empresas - Finanças
4. Finanças I. Título.

08-11600   CDD-332

Índices para catálogo sistemático:

1. Finanças : Economia 332

FINANÇAS BÁSICAS

Tradução da 9ª edição norte-americana

Herbert B. Mayo

Tradução
**Antonio Tibúrcio da Cunha Gomes Carneiro
Pedro Cesar de Conti**

Revisão Técnica
Carlos Roberto Martins Passos
Economista graduado e pós-graduado pela Universidade de São Paulo - USP. Lecionou nos cursos de graduação da PUC-SP, FMU e UNIP, nos cursos de pós-graduação da UNPG e da Faculdade São Luís, no MBA em Finanças do Ibmec e no IbmecLaw, do Ibmec Educacional, entre outros cursos.

**CENGAGE
Learning**

Austrália • Brasil • Japão • Coréia • México • Cingapura • Espanha • Reino Unido • Estados Unidos

Finanças Básicas - Tradução da 9ª edição norte-americana

Herbert B. Mayo

Gerente Editorial: Patricia La Rosa

Editora de Desenvolvimento: Danielle Mendes Sales

Supervisora de Produção Editorial: Fabiana Alencar Albuquerque

Produtora Editorial: Ana Lucia Sant'Ana dos Santos

Pesquisa Iconográfica: Bruna Benezatto

Título Original: Basic Finance

(ISBN-13: 978-0-324-32229-3)

(ISBN-10: 0-324-32229-1)

Tradução: Antonio Tibúrcio Carneiro e Pedro Cesar de Conti

Revisão Técnica: Carlos Roberto Martins Passos

Copidesque: Andréa Pisan Soares Aguiar

Revisão: Cristiane Mayumi Morinaga, Carla Montagner e Luicy Caetano

Diagramação: Roberto Maluhy Jr. Mika Mitsui

Capa: Souto Crescimento de Marca

© 2007 Cengage South-Western, parte da Cengage Learning.

© 2009 Cengage Learning Edições Ltda.

Todos os direitos reservados. Nenhuma parte deste livro poderá ser reproduzida, sejam quais forem os meios empregados, sem a permissão, por escrito, da Editora. Aos infratores aplicam-se as sanções previstas nos artigos 102, 104, 106 e 107 da Lei nº 9.610, de 19 de fevereiro de 1998.

Esta editora empenhou-se em contatar os responsáveis pelos direitos autorais de todas as imagens e de outros materiais utilizados neste livro. Se porventura for constatada a omissão involuntária na identificação de algum deles, dispomo-nos a efetuar, futuramente, os possíveis acertos.

Para informações sobre nossos produtos, entre em contato pelo telefone **0800 11 19 39**

Para permissão de uso de material desta obra, envie seu pedido para **direitosautorais@cengage.com**

© 2009 Cengage Learning. Todos os direitos reservados.

ISBN13: 978-85-221-0623-3
ISBN10: 85-221-0623-1

Cengage Learning
Condomínio E-Business Park
Rua Werner Siemens, 111 – Prédio 20 – Espaço 3
Lapa de Baixo – 05069-900 – São Paulo – SP
Tel.: (11) 3665-9900 – Fax: (11) 3665-9901
SAC: 0800 11 19 39

Para suas soluções de curso e aprendizado, visite www.cengage.com.br

Impresso no Brasil.
Printed in Brazil.
1 2 3 4 5 6 7   12 11 10 09 08

*A Trish Taylor e Margaret Trejo,
em apreciação por seu continuado apoio.*

SUMÁRIO

Prefácio — xvii
Prólogo — xx

PARTE 1: INSTITUIÇÕES FINANCEIRAS — 2

Capítulo 1: O Papel dos Mercados Financeiros — 4
Os Mercados Financeiros e a Transferência de Poupanças — 5
O Papel da Moeda — 6
    Medidas da Oferta de Moeda 7
O Papel das Taxas de Juros — 7
    A Estrutura de Prazo das Taxas de Juros 8
Determinantes das Taxas de Juros — 10
Resumo — 11
Revisão dos Objetivos — 11

Capítulo 2: Bancos de Investimento — 13
A Transferência de Fundos para os Negócios — 14
O Papel dos Banqueiros de Investimento — 14
    Precificando um Novo Lançamento 16
    Comercializando Títulos Novos 17
    Volatilidade do Mercado para Ofertas Públicas Iniciais 18
Registros de Prateleira — 18
O Regulamento de Novas Emissões Públicas de Títulos Corporativos — 19
O Ato Sarbanes-Oxley de 2002 — 21
Resumo — 22
Revisão dos Objetivos — 23

Capítulo 3: Mercados de Capital — 24

Formadores de Mercado — 25
Negociação de Títulos — 27
A Mecânica de Investimento em Títulos — 28
   Entrega dos Títulos 31
   A Venda a Descoberto 31
Medidas de Preço de Títulos — 32
Títulos Estrangeiros — 33
Concorrência nos Mercados de Capitais — 34
Resumo — 36
Revisão dos Objetivos — 37
Problemas — 37

Capítulo 4: Intermediários Financeiros — 39

A Transferência Indireta por Meio de Intermediários Financeiros — 40
Bancos Comerciais — 41
Instituições de Poupança — 43
Regulamentação dos Bancos e Instituições de Poupança — 43
   Reservas 44
   Seguro de Depósitos 45
Companhias de Seguro de Vida — 46
Planos de Pensão — 47
Fundos Mútuos e Instrumentos do Mercado Monetário — 48
Concorrência por Fundos — 50
Resumo — 52
Revisão dos Objetivos — 52

Capítulo 5: O Federal Reserve — 53

O Papel do Sistema da Reserva Federal (Federal Reserve System) — 54
Estrutura do Federal Reserve — 54
A Expansão da Moeda e do Crédito — 56
   Saques em Dinheiro e a Redução nas Reservas 59
Os Instrumentos de Política Monetária — 62
   Exigência de Reserva 62
   Taxa de Desconto 62
   Operações de Mercado Aberto 63
O Impacto da Política Fiscal nos Mercados de Crédito — 64
   Empréstimos do Público 65
   Empréstimos Bancários 65
   Empréstimos do Federal Reserve 66
   Empréstimos Estrangeiros 66
Impacto de um Ambiente Econômico Inflacionário nos Mercados de Crédito — 67
Resumo — 71
Revisão dos Objetivos — 71

Capítulo 6: Fluxo Internacional de Moedas — 73

Moedas Estrangeiras e a Taxa de Câmbio — 74
Efeitos Sobre as Reservas Bancárias e no Suprimento de Moeda Local — 76
Balanço de Pagamentos — 77
O Papel do Fundo Monetário Internacional — 81
Resumo — 82
Revisão dos Objetivos — 83
Problemas — 83

PARTE 2: FERRAMENTAS FINANCEIRAS — 84

Capítulo 7: O Valor do Dinheiro no Tempo — 86

O Valor Futuro de Um Dólar — 87
Resolvendo Problemas de Valor no Tempo Usando Calculadoras Financeiras — 90
O Valor Presente de Um Dólar — 91
O Valor Futuro de uma Anuidade de Um Dólar — 93
   Valor Futuro de uma Anuidade Antecipada 95
O Valor Presente de uma Anuidade de Um Dólar — 96
   Valor Presente de uma Anuidade Antecipada 98
Exemplos de Capitalização e Desconto — 98
Capitalização Não Anual — 103
   Períodos Inferiores a Um Ano 104
Resumo — 105
Resumo das Equações para os Fatores de Juros — 106
Revisão dos Objetivos — 106
Problemas — 106
Apêndice ao Capítulo 7: Problemas Adicionais de Valor do Dinheiro no Tempo — 110
Respostas — 111

Capítulo 8: Risco e sua Medida — 114

O Retorno de um Investimento — 115
As Fontes de Risco — 116
O Desvio-Padrão como uma Medida de Risco — 118
Redução do Risco por Meio da Diversificação – Uma Ilustração — 123
Coeficientes Beta — 126
Análise de Regressão e a Estimativa dos Coeficientes Beta — 129
O Modelo de Precificação de Ativos de Capital e o Retorno Requerido de um Investimento — 132
Resumo — 133
Revisão dos Objetivos — 134
Problemas — 134

Capítulo 9: Análise das Demonstrações Financeiras — 137

Princípios Contábeis Geralmente Aceitos — 138
O Balanço — 139

A Demonstração de Resultado do Exercício	144
Demonstração de Fluxos de Caixa	145
Limitações dos Dados Contábeis	149
Depreciação	150
Depreciação Acelerada 152	
Comparação dos Métodos de Depreciação 153	
Análise das Demonstrações Financeiras por Índices	155
Índices de Liquidez	157
Liquidez Corrente 157	
Liquidez Seca 158	
Os Componentes do Ativo Circulante 159	
Índices de Atividade	160
Giro de Estoques 160	
Giro de Contas a Receber 161	
Giro do Ativo Imobilizado e dos Ativos Totais 163	
Índices de Rentabilidade	163
Índices de Alavancagem	166
Índices de Cobertura	169
Análise das Demonstrações Financeiras e a Internet	170
Resumo	171
Revisão dos Objetivos	172
Problemas	173

PARTE 3: INVESTIMENTOS	**178**

Capítulo 10: As Características das Ações	**180**
Patrimônio Líquido	181
Ações Ordinárias	182
Direitos de Preferência 184	
Política de Dividendos	184
Impacto dos Custos de Transação 187	
Impacto dos Impostos 187	
A Necessidade de Fundos da Empresa 187	
Dividendos em Dinheiro	188
Bonificações em Ações	190
Desmembramento de Ações	191
Plano de Reinvestimento de Dividendos	193
Recompra de Ações	193
Resumo	194
Revisão dos Objetivos	194
Problemas	195

Capítulo 11: Avaliação de Ações — 198

Avaliação de Ações Ordinárias: O Valor Presente e o Crescimento dos Dividendos — 199

   Dividendos Constantes 199

   Dividendos Crescentes 199

   Crescimento Irregular dos Dividendos 202

Risco e Avaliação das Ações — 203

Técnicas Alternativas de Avaliação: Modelos Multiplicadores — 206

   O Coeficiente Preço-Lucro 206

   O Coeficiente Preço-Vendas 207

   O Coeficiente Preço-Registros 207

Avaliação de Ações e Uma Palavra de Cautela — 208

Resumo — 208

Revisão dos Objetivos — 209

Problemas — 209

Capítulo 12: As Características dos Títulos de Longo Prazo — 212

Características de Todos os Títulos de Dívida — 213

Tipos de Títulos Corporativos — 215

   Títulos Hipotecários 216

   Certificados de Custódia de Equipamento 216

   Debêntures 216

   Títulos de Renda 217

   Títulos Conversíveis 217

   Títulos com Taxa de Juros Variável 218

   Obrigação com Cupom Zero 218

   Títulos de Altos Rendimentos – Junk Bonds 219

Títulos Estrangeiros — 219

Títulos Registrados e Escriturados — 220

Resgate de Dívida — 220

   Títulos em Série 221

   Fundos de Amortização – Sinking Funds 222

   Recomprando Dívidas 222

   Resgatando a Dívida 222

Títulos do Governo — 223

   Dívidas do Governo Federal 223

   Títulos Municipais 225

Resumo — 226

Revisão dos Objetivos — 226

Capítulo 13: Avaliação e Rendimento de Títulos — 227

Avaliação de Títulos — 228

   Usando Tabelas de Juros para Determinar o Preço de um Título 229

   Usando uma Calculadora Financeira para Determinar o Preço de um Título 230

   A Relação Inversa entre Mudanças nas Taxas de Juros e os Preços dos Títulos 230

Rendimentos ... 231
   Rendimento Corrente 232
   Rendimento até o Vencimento 232
   Uma Comparação entre o Rendimento Corrente e o Rendimento até o Vencimento 234
   O Rendimento até o Vencimento e Retornos 234
Resumo ... 235
Revisão dos Objetivos ... 235
Problemas ... 235

Capítulo 14: Ações Preferenciais ... 238
As Características das Ações Preferenciais ... 239
Comparação entre Ações Preferenciais e Títulos ... 240
Avaliação (Precificação) das Ações Preferenciais ... 241
Análise das Ações Preferenciais ... 242
As Desvantagens das Ações Preferenciais da Perspectiva de um Investidor ... 243
Resumo ... 244
Revisão dos Objetivos ... 245
Problemas ... 245

Capítulo 15: Títulos Conversíveis ... 246
Características dos Títulos Conversíveis ... 247
Avaliação dos Títulos Conversíveis ... 248
   O Título Conversível como Ação 248
   O Título Conversível como Dívida 249
   O Valor do Título como um Título Híbrido 251
Prêmios Pagos por Dívidas Conversíveis ... 252
Ações Preferenciais Conversíveis ... 254
Resgatando Conversíveis e Retornos de Investimento ... 255
Resumo ... 256
Revisão dos Objetivos ... 257
Problemas ... 257

Capítulo 16: Retorno dos Investimentos ... 258
Os Cálculos dos Retornos ... 259
Retornos Históricos de Investimentos ... 262
A Suposição de Reivestimento ... 263
Resumo ... 263
Revisão dos Objetivos ... 264
Problemas ... 264

Capítulo 17: Companhias de Investimento ... 265
Companhias de Investimento: Origens e Terminologia ... 266
Companhias de Investimento Fechadas ... 267
   Fonte de Retorno do Investimento em Companhias de Investimento Fechadas 269
Fundos Mútuos ... 270

As Carteiras de Fundos Mútuos	272
As Carteiras de Fundos Mútuos Especializados	273
Os Retornos Obtidos com Investimentos em Fundos Mútuos	274
Estudos de Retornos 275	
Consistência dos Retornos 276	
Selecionando um Fundo Mútuo	277
Taxas e Despesas 277	
O Cronograma de Distribuição e Imposto de Renda 278	
Eficiência Tributária 278	
Fundos de Índice e Fundos Negociáveis em Bolsa	279
Resumo	280
Revisão dos Objetivos	281
Problemas	281

PARTE 4: FINANÇAS CORPORATIVAS — 282

Capítulo 18: Formas de Tributação de Empresas e Corporações	**284**
Empresas Individuais, Sociedades e Corporações	285
Empresas S e Sociedades de Responsabilidade Limitada (LLC) 287	
Tributação Corporativa	288
Tributação de Perdas Corporativas	289
Resumo	290
Revisão dos Objetivos	291
Problemas	291
Capítulo 19: Análise do Ponto de Equilíbrio e Período de Recuperação do Investimento	**292**
Análise do Ponto de Equilíbrio (*Break-Even Point*)	293
Usos da Análise do Ponto de Equilíbrio 296	
Período de Recuperação do Investimento	296
Resumo	298
Revisão dos Objetivos	298
Problemas	298
Capítulo 20: Alavancagem	**301**
Alavancagem Operacional	302
Giro do Ativo Imobilizado: uma Medida de Alavancagem Operacional	302
Alavancagem Operacional e Risco 303	
Alavancagem Financeira	305
Alavancagem Financeira e Risco	308
Alavancagem Financeira pelo Financiamento de Ações Preferenciais	310
Resumo	311
Revisão dos Objetivos	312
Problemas	312

Capítulo 21: Custo de Capital — 314

Componentes do Custo de Capital — 315
   Custo da Dívida   315
   Custo das Ações Preferenciais   316
   Custo das Ações Ordinárias   317
Custo de Capital: Uma Média Ponderada — 320
A Estrutura Ótima de Capital — 322
O Custo Marginal de Capital — 325
A Estrutura Ótima de Capital e o Valor das Ações da Empresa — 328
Revisão do Custo de Capital e Áreas Problemáticas — 330
Resumo — 331
Revisão dos Objetivos — 331
Problemas — 332

Capítulo 22: Orçamento de Capital — 335

Avaliação e Decisões de Investimento de Longo Prazo — 336
Importância do Fluxo de Caixa — 337
Introdução aos Métodos de Orçamento de Capital de Fluxo de Caixa Descontado — 339
Valor Presente Líquido — 340
Taxa Interna de Retorno — 342
Comparação do Valor Presente Líquido com a Taxa Interna de Retorno — 344
Classificação de Alternativas de Investimento — 345
   Diferenças no Cronograma dos Fluxos de Caixa   346
   Diferenças de Custo   350
Introdução do Risco no Orçamento de Capital — 352
Ajustes de Risco no Orçamento de Capital — 353
   Ajustando a Taxa de Desconto   356
Resumo — 359
Revisão dos Objetivos — 360
Problemas — 360

Capítulo 23: Previsão — 365

Planejamento — 366
Flutuações nas Necessidades de Ativos — 367
Previsão de Necessidades de Financiamentos Externos: Porcentagem das Vendas — 368
A Porcentagem das Vendas Resumida como uma Equação — 372
Previsão de Necessidades Financeiras Externas: Análise de Regressão — 374
Previsão de Necessidades Financeiras Externas: Alterações nos Ativos Fixos — 379
Resumo — 380
Revisão dos Objetivos — 381
Problemas — 381

Capítulo 24: Orçamento de Caixa — 386

O Orçamento de Caixa — 387

Diferenças entre um Orçamento de Caixa e uma Demonstração de Resultado do Exercício	387
Exemplo de Orçamento de Caixa	388
Resumo	391
Revisão dos Objetivos	392
Problemas	392

Capítulo 25: Administração de Ativos Correntes — 395

Capital de Giro e sua Administração	396
Efeito do Ciclo Operacional Sobre a Política de Capital de Giro	396
Financiamento e Política de Capital de Giro	399
Importância do Caixa para o Gerenciamento do Capital de Giro	401
O Ciclo de Estoque	404
O Lote Econômico de Compra	405
Deficiências do LEC 411	
Estoque Máximo, Mínimo e Médio 412	
Gerenciamento de Contas a Receber	413
Política de Crédito 413	
A Decisão de Conceder Crédito 415	
Análise de Contas a Receber 416	
Giro de Contas a Receber 416	
Cronogramas de Envelhecimento 416	
Gerenciamento de Caixa	417
Políticas de Gerenciamento de Caixa 417	
Títulos do Mercado Monetário e Rendimento	419
Cálculo de Rendimentos 420	
Resumo	421
Revisão dos Objetivos	422
Problemas	422

Capítulo 26: Gerenciamento do Passivo de Curto Prazo — 426

Provisões	427
Empréstimos de Bancos Comerciais	427
Custo do Crédito em Bancos Comerciais 429	
Crédito Comercial	433
Custo do Crédito Comercial 433	
Commercial Papers	436
Empréstimos com Garantia	438
Empréstimos Garantidos pelo Estoque 439	
Empréstimos Garantidos por Contas a Receber 439	
Factoring	440
Resumo	441
Revisão dos Objetivos	442
Problemas	442

Capítulo 27: Dívida de Médio Prazo e Arrendamento — **444**

Dívida de Médio Prazo — 445

Arrendamento (*Leasing*) — 447

    Arrendamento ou Aquisição 449

Contabilidade de Arrendamentos — 451

Resumo — 453

Revisão dos Objetivos — 454

Problemas — 454

PARTE 5: DERIVATIVOS — 456

Capítulo 28: Opções de Venda (*Put*) e de Compra (*Call*) — **458**

Opções — 459

O Valor Intrínseco de uma Opção de Compra — 459

Alavancagem — 461

Emissão e Venda de Opções de Compra — 464

    A Opção de Compra Coberta 465

    A Opção a Descoberto 467

Opções de Venda — 467

O Mercado de Opções da Bolsa de Chicago — 469

Opções de Índice de Ações — 470

Resumo — 471

Revisão dos Objetivos — 472

Problemas — 472

Capítulo 29: Futuros — **475**

Contratos de Futuros — 476

    Como Funciona a Compra de Futuros 476

    Unidades dos Contratos de Commodities 476

    Posições em Commodities 477

    Noticiário sobre Mercados de Futuros 478

Alavancagem — 479

Hedging — 481

Futuros Financeiros e Monetários — 482

    Redução do Risco com Contratos de Futuros Monetários 484

Futuros de Índice de Ações — 485

Resumo — 486

Revisão dos Objetivos — 487

Problemas — 487

Apêndice A — **489**

Apêndice B — **491**

Apêndice C — **493**

Apêndice D — **495**

Apêndice E — **497**

PREFÁCIO

"Finanças" é uma área ampla. De uma perspectiva individual, finanças engloba **instituições financeiras** e investimentos. Praticamente, todos os dias tenho algum contato com uma instituição financeira. Emito e recebo cheques, reviso o saldo de minha conta bancária on-line e uso meus cartões de crédito. Outros membros de minha família fazem o mesmo. Seus contatos com instituições financeiras provavelmente têm a mesma freqüência.

Tomo **decisões de investimento** que normalmente satisfazem uma finalidade específica, como comprar ações para minha conta de aposentadoria ou para as contas do fundo para o financiamento da universidade de meus netos. Posso vender uma ação que acredito estar supervalorizada ou comprar outra que penso estar subvalorizada. Muitas pessoas periodicamente tomam decisões de investimento. Elas podem nem ter consciência dessas decisões: transferir fundos de sua conta salário para investir em seu plano de aposentadoria é uma decisão de investimento, mesmo que você não selecione os ativos específicos para incluir no plano. O mesmo se aplica quando deixa saldo em um fundo mútuo ou continua a manter uma ação. Manter essas posições é também uma decisão de investimento.

Donos de empresas e gerentes tomam decisões financeiras; assim, a terceira faceta das finanças é chamada **finanças empresariais** ou **finanças corporativas** (*corporate finance*). Os funcionários do governo e de instituições sem fins lucrativos também tomam decisões financeiras semelhantes. Uma vez que as entradas e saídas de caixa afetam as decisões financeiras correntes, muitas das ferramentas utilizadas para tomar decisões de negócios também se aplicam "às decisões financeiras pessoais".

Naturalmente, instituições financeiras, investimentos e finanças empresariais não operam de forma independente. Alguns cursos de finanças são chamados "Finanças Gerenciais", outros têm nomes como "Administração Financeira". Você pode inferir desses nomes que finanças gerenciais é a mesma coisa que administração financeira, mas esta é provavelmente uma dedução incorreta. O foco em finanças gerenciais é a tomada de decisões financeiras nas empresas. A administração financeira é normalmente mais ampla e combina instituições financeiras, investimentos e finanças das empresas, apesar de a ênfase estar normalmente em sua aplicação à tomada de decisões nos negócios.

Este texto é uma introdução às três áreas da disciplina de finanças. Fornece-lhe a base (mas não aprofundada) de conhecimento financeiro sobre a qual você poderá se desenvolver. Compreendo que muitos estudantes vão fazer um curso em uma disciplina específica. Estudantes de finanças em geral não fazem cursos adicionais em marketing; estudantes de marketing podem fazer apenas esse curso em finanças. Uma vez que você poderá ter apenas essa experiência na área de finanças, este texto lhe dá um conhecimento básico dos termos, do ambiente e da mecânica da tomada de decisões financeiras.

Além de apresentá-lo ao amplo campo das finanças, *Finanças Básicas* também almeja encorajar todos os estudantes a se aprofundar um pouco mais na área. Sou naturalmente tendencioso, mas cursos descritivos e textos introdutórios oferecem aos professores excelente oportunidade de encorajar (ousaria dizer influenciar?) os estudantes a fazer trabalhos adicionais nessas áreas. Para tanto, você precisa de uma formação básica. Apresentando-o a todas as facetas das finanças, este livro assenta a base que vai encorajá-lo e facilitar-lhe fazer cursos adicionais em finanças.

A Mudança de Conceito desde a Edição Anterior

O conceito inicial de *Finanças Básicas* era o de um livro com muitos capítulos curtos. A primeira edição tinha 27 capítulos, a maioria deles com menos de 20 páginas. Cada capítulo era basicamente uma unidade independente, com uma única exceção importante: aquele sobre o valor do dinheiro no tempo. Muitos tópicos em finanças exigem conhecimento de capitalização e desconto. Dessa forma, o conhecimento do valor do dinheiro no tempo é necessário para o entendimento da maior parte do material nos capítulos subseqüentes.

Com o decorrer do tempo, reduzi o número de capítulos e combinei tópicos. Por exemplo, combinei ações preferenciais e títulos de longo prazo. Um resultado dessa combinação é que os capítulos ficaram mais longos. Caso os professores não queiram cobrir todo o material em determinado capítulo, podem escolher seu caminho através dele. Decidi retornar ao conceito inicial e separar os vários tópicos em capítulos individuais ou módulos. Com exceção do valor do dinheiro no tempo e da análise dos relatórios financeiros, cada capítulo é relativamente curto e pode ser coberto em um único período de aula. Para os capítulos com um grande número de problemas, uma aula pode ser dedicada às explicações e a seguinte aos problemas.

Organizações Possíveis para um Curso Básico de Finanças

O livro está dividido em cinco partes: Instituições Financeiras, Ferramentas Financeiras, Investimentos, Finanças Corporativas e Derivativos. Poucos professores conseguirão completar todos os capítulos. Uma vantagem de capítulos curtos é sua adaptabilidade a diversas abordagens. Se o curso é dirigido para o estudo do campo das finanças, o professor poderá selecionar os textos dos capítulos e dar menos ênfase aos problemas numéricos. Uma estratégia alternativa é abordar as finanças por meio dos investimentos, pois muitos estudantes têm um interesse inato nesta área, principalmente porque podem facilmente ter suas próprias contas de corretagem on-line. O curso pode ser construído com base nesse interesse e expandir os tópicos para outras áreas das finanças.

Se o curso enfatiza as finanças corporativas, a Parte 4 é especialmente importante, com capítulos adicionais escolhidos (como os que abordam o valor do dinheiro no tempo, a avaliação do risco, as ofertas públicas iniciais e a descrição de ações e títulos). Os capítulos independentes devem facilitar a conversão do livro em um texto que pode, sem muito esforço, ser usado em um curso tradicional de finanças corporativas.

Características Pedagógicas

Todos os livros didáticos apresentam uma variedade de ferramentas pedagógicas projetadas para melhorar a aprendizagem. Evidências anedóticas sugerem diversos graus de sucesso. As definições são colocadas em **negrito**, em boxes que as destacam. Ao longo dos anos, diversos estudantes comentaram sobre os benefícios dessas definições. Ilustrações de valor temporário permeiam este texto. Suas soluções obtidas com uma calculadora financeira são também demonstradas. Essa abordagem evita quebrar o fluxo do material do texto. Uma vez que calculadoras financeiras diferentes usam formatos diversos, a apresentação usada neste livro é genérica. Enumera as variáveis conhecidas e seus valores e identifica as desconhecidas. A solução para as desconhecidas é fornecida separadamente.

Onde apropriado, os capítulos têm problemas numéricos com os quais é possível revisar o material do texto. Basicamente replicam as ilustrações do texto ou apresentam variações diretas dos exemplos.

A edição anterior iniciava cada capítulo com os objetivos de aprendizagem. Um dia, entrei na sala de aula e perguntei, casualmente: "Quem lê os objetivos de aprendizagem no início do capítulo?". Pela expressão dos alunos, pude ver que teria de adicionar: "Quero uma resposta honesta. Não digam 'sim' se pensarem que isso é o que quero ouvir". Dois estudantes responderam que haviam lido os objetivos de aprendizagem. Então perguntei: "Quem lê as perguntas no final dos capítulos?". Um aluno disse: "Apenas se o senhor mandar!".

Não deveria ter-me surpreendido porque, quando estudante, também não as lia. Neste texto, coloquei os objetivos de aprendizagem no final de cada capítulo, dei-lhes o nome de "revisão dos objetivos" e identifiquei as páginas onde os assuntos são cobertos no capítulo. O professor poderá converter essas revisões de objetivos em perguntas e usá-las na classe para ajudar os estudantes a rever eficientemente o material.

Podem-se usar programas de computador para solucionar os problemas. Por exemplo, o Calculador de Análise de Investimento,[1] disponível por meio do site da editora em **http://finance.swlearning.com** pode ser usado para resolver muitos dos problemas numéricos.

Agradecimentos

Um livro didático exige informação e assistência de muitas pessoas. Ao longo dos anos, recebi muitas revisões gentis e comentários de pessoas que sinceramente ofereceram sugestões. Infelizmente, sugestões algumas vezes são contraditórias. Uma vez que não posso agradar a todos o tempo todo, acredito que aqueles que ofereceram conselhos que não foram seguidos não se ofenderão.

Muitas pessoas forneceram sugestões valiosas com relação a esta revisão. Entre elas incluem-se: Jim Keys, Florida International University; Ernest S. Scarbrough, Arizona State University; Sorin Tuluca, Fairleigh Dickinson University; e Scott Ballantyne, Alvernia College.

Neste ponto do Prefácio, é de praxe o autor agradecer aos membros dos departamentos de edição e de produção por sua ajuda na realização do livro. Eles estão localizados em uma variedade de lugares e nunca me canso de admirar como esse grupo tão impetuoso consegue de alguma forma juntar as peças. Para esta edição, gostaria sinceramente de agradecer a Mike Reynolds, editor executivo, por seu apoio contínuo ao longo dos anos; Amy McGuire, a mais paciente das gerentes de produção de projetos; Heaster MacMaster, gerente de marketing; Bethany Casey, gerente de projeto; e Matthew McKinney, editor de tecnologia.

Também gostaria de agradecer imensamente a Margaret Trejo, por colocar em ordem estas páginas, e a sua cachorrinha Ella, que sempre me cumprimentou com uma grande lambida. E por último, mas não menos importante, quero agradecer a Trish Taylor, minha editora de desenvolvimento, que ao longo dos anos teve de suportar minhas fraquezas e graciosamente transformou um projeto em produto acabado. Sua ajuda é mais apreciada do que ela mesma poderá imaginar.

---

[1] O Calculador de Análise de Investimento, no site indicado, chama-se *Investment Analysis Calculator* e pode ser encontrado clicando-se em "Discipline Resources", na parte superior direita da página.

PRÓLOGO

"Príncipes vêm e príncipes vão." Esta citação do musical *Kismet* é especialmente adequada para finanças. O sucesso de ontem pode ser o fracasso de hoje. Durante os anos de 1990, a WorldCom e a Enron eram histórias de maior sucesso, mas graças à contabilidade questionável e mesmo a atos ilegais, ambas reportaram perdas imensas e requereram falência. Hoje em dia, eBay e Google são histórias de grande sucesso. Será que experimentarão o mesmo destino que a WorldCom e a Enron?

A disciplina Finanças estuda o dinheiro e sua administração. Como em Economia, explora a alocação de recursos. O processo de alocação de recursos ocorre ao longo do tempo. Empresas investem em estoques, fábricas e equipamentos, mas o retorno é ganho no futuro. Um investidor constrói uma carteira de ativos, porém o retorno é ganho no futuro. Um banco comercial concede um empréstimo antecipando ganhar juros e reembolsar o principal. Em cada caso, a decisão financeira é tomada no presente, entretanto, o retorno ocorre no futuro.

Como o futuro é desconhecido, as finanças estudam as alocações de recursos em um mundo de incerteza. Naturalmente, os eventos futuros são antecipados, mas não são certeza. Nem todo resultado possível de afetar os retornos pode ser antecipado. Eventos inesperados impregnam as decisões financeiras com incerteza e com risco potencial de perda. Investidores, gerentes de carteiras e administradores financeiros de corporações podem ajudar a administrar o risco, no entanto, o risco ainda existe e é o principal componente no estudo de finanças.

AS DIVISÕES DAS FINANÇAS

Finanças, como uma disciplina, geralmente é dividida em três áreas: instituições financeiras, investimentos e finanças empresariais. Essa divisão é, de certa forma, arbitrária e, certamente, sobrepõem-se. Decisões de investimento e decisões de finanças corporativas são tomadas dentro do ambiente financeiro corrente e de suas instituições. E as finanças empresariais não são independentes dos investimentos. Para uma empresa ser capaz de emitir e vender novos títulos, deve haver indivíduos que estejam dispostos a investir e comprar os novos títulos.

O estudo das instituições financeiras, como o nome indica, ocupa-se com os aspectos institucionais da disciplina, que engloba a criação de ativos financeiros, os mercados para negociar títulos (por exemplo, a Bolsa de Valores de Nova York) e a regulamentação dos mercados financeiros. Ativos financeiros são criados por meio de banqueiros de investimento e de intermediários financeiros, como bancos comerciais, associações de poupança e empréstimo, e empresas de seguro de vida. Cada uma dessas empresas financeiras transfere as poupanças de indivíduos para empresas que necessitam de fundos, e essa transferência produz ativos financeiros. Uma vez que esses ativos financeiros são criados, muitos podem depois ser comprados e vendidos nos mercados secundários. Esses mercados de títulos transferem bilhões de dólares de ativos financeiros entre investidores, que variam de indivíduos com pequenas quantias para investir grandes fundos mútuos e departamentos de investimentos de bancos comerciais e companhias de seguros.

O estudo dos investimentos preocupa-se principalmente com a análise de ativos individuais e a construção de carteiras bem-diversificadas. Engloba o planejamento financeiro, especificando as metas financeiras dos investidores, a análise dos diversos títulos que a pessoa pode adquirir e a construção de carteiras diversificadas. Naturalmente, as decisões de investimento não são tomadas em um vácuo e o ambiente financeiro desempenha um papel no processo de decisão de investimento. Certamente, os impostos, a política monetária do Federal Reserve[1], e o fluxo de informações que as empresas abertas devem fornecer aos acionistas podem e realmente afetam a decisão de comprar ou vender ativos específicos.

O estudo das finanças corporativas ou empresariais enfatiza o papel do administrador financeiro. O administrador financeiro deve assegurar que a empresa possa satisfazer suas obrigações quando estas vencerem, determinar quais são as melhores fontes de financiamento para a empresa e alocar os recursos da empresa entre alternativas concorrentes de investimento. O administrador financeiro tem uma função ampla e exigente; em uma grande corporação, essa função é desempenhada por uma equipe que se reporta a um vice-presidente de finanças. Naturalmente, a administração de um pequeno negócio deve também tomar muitas das mesmas decisões, mas essas pessoas têm menos recursos para dedicar à administração financeira.

Gerentes financeiros e investidores tomam decisões parecidas, mas em escalas diferentes. Enquanto o indivíduo pode ter alguns milhares de dólares para investir, o tesoureiro de uma corporação pode ter milhões de dólares para alocar entre ativos concorrentes. O administrador financeiro pode também tomar mais decisões envolvendo ativos reais (fábricas e equipamentos) do que o investidor individual, que está preocupado basicamente com ativos financeiros. Ambos, no entanto, são afetados pelo ambiente financeiro. A política monetária do Federal Reserve, a política fiscal do governo federal, as exigências legais para a disseminação de informação e as responsabilidades fiduciárias com credores e acionistas afetam a tomada de decisões financeiras. Nem o administrador financeiro de uma empresa nem o investidor individual podem ignorar o impacto potencial dos ambientes financeiro e legal.

Enquanto os investidores individuais podem trabalhar somente para seu benefício pessoal, o administrador financeiro de uma empresa deve trabalhar dentro da estrutura do negócio. Decisões de marketing e administrativas também podem ter implicações importantes no bem-estar financeiro da empresa. Particularmente, todas as decisões de negócios têm implicação financeira, e os recursos financeiros normalmente são uma restrição importante para o pessoal não financeiro da empresa. Certamente, é desejável que os funcionários do departamento de marketing, recursos humanos, sistemas de informação e planejamento entendam os conceitos básicos das finanças e o papel do administrador financeiro. Esse entendimento pode conduzir à melhor comunicação, à criação de dados de melhor qualidade para a tomada de decisões e à melhor integração dos vários componentes do negócio.

---

[1] Federal Reserve: banco central dos Estados Unidos.

CONCEITOS FINANCEIROS FUNDAMENTAIS

Vários conceitos cruciais aparecem no decorrer deste texto. O primeiro são as fontes de fundos utilizadas pela empresa. As empresas podem adquirir ativos apenas se alguém investir os fundos. Para cada dólar que a empresa investe, alguém tem de investir aquele dólar na empresa. O segundo conceito concentra-se no risco e no retorno. Pessoas e empresas fazem investimentos para ganhar um retorno, mas este não é certo. Todos os investimentos envolvem risco. O terceiro conceito é a alavancagem financeira, que é uma fonte de risco importante. O último conceito é a avaliação, ou quanto vale um ativo. Porque o retorno ganho por um ativo ocorre no futuro, o fluxo de caixa antecipado a ser gerado pelo ativo deve ser expresso no presente. Ou seja, o ativo deve ser expresso nos dólares de hoje para determinar se o investimento deve ou não ser feito. Pelo fato de o objetivo da administração financeira ser normalmente especificado como a maximização do valor da empresa, a avaliação de ativos é provavelmente o conceito individual mais crucial neste texto.

Fontes de Financiamento

As finanças se preocupam com o gerenciamento dos ativos, principalmente ativos financeiros, e as fontes de financiamento utilizadas para adquiri-los. Essas fontes e os ativos que uma empresa possui são normalmente resumidos em um relatório financeiro denominado **balanço**. (Observe que os termos importantes estão em **negrito** e as definições aparecem na margem para facilitar o aprendizado.) Um balanço enumera em determinado momento o que uma unidade econômica, tal como uma empresa, possui, seus **ativos**; o que deve, seus **passivos**, e a contribuição dos proprietários para a empresa, o **patrimônio líquido**.

Balanço
Relatório financeiro que enumera (em um determinado instante do tempo) o que uma unidade econômica possui e deve, e seu patrimônio líquido.

Ativos
Itens de propriedade possuídos pela empresa, domicílio ou governo e valorizados em termos monetários.

Passivos
O que uma unidade econômica deve, expresso em termos monetários.

Patrimônio líquido
Investimento dos proprietários em uma empresa; o valor contábil da empresa ou valor patrimonial.

Outras unidades econômicas, tais como um domicílio ou um governo, também podem ter um balanço que lista o que é possuído (ativos) e o que é devido (passivos). No entanto, como não existem proprietários, a seção patrimonial pode receber um nome diferente. Por exemplo, a diferença entre os ativos e os passivos pode ser chamada "patrimônio líquido" do indivíduo ou seus bens.

Apesar de a realização dos relatórios financeiros ser explicada mais detalhadamente no Capítulo 9, o balanço a seguir fornece uma introdução ao conceito.

Balanço da Empresa X em 31 de dezembro de 20XX

Ativos		Passivos e patrimônio líquido	
Total dos ativos	$ 100	Passivos	$ 40
		Patrimônio líquido	60
	$ 100		$ 100

Observe que a unidade econômica da Empresa X tem $ 100 em ativos. Não pode ter adquirido esses ativos a menos que alguém (ou qualquer outra empresa) invista os fundos. Neste exemplo, $ 40 foi emprestado à corporação, e os emprestadores têm um direito legal. O patrimônio líquido ($ 60) representa os fundos investidos pelos proprietários, os quais também têm um direito na empresa. No entanto, a natureza dos direitos dos proprietários é diferente porque a empresa nada deve a eles. Em vez disso, os proprietários recebem os benefícios e assumem os riscos associados ao controle da empresa.

Ambos, os credores que emprestaram fundos e as pessoas que possuem a empresa, são investidores. Ambos os grupos são fontes do capital que será, a seguir, investido nos ativos da empresa. É importante observar que os credores, bem como os proprietários, são investidores; a diferença está na natureza de seus respectivos direitos. Os credores têm um direito legal que o tomador deve satisfazer; os proprietários não têm esse direito. Os credores e os proprietários, no entanto, estão dispostos a fazer seus respectivos investimentos, antecipando ganhar um retorno, e ambos aceitam o risco associado a esses investimentos.

Grande parte deste texto é devotada às fontes de financiamento e seus subseqüentes investimentos pelos administradores financeiros da empresa. Por exemplo, os Capítulos 22 e 25 são dedicados à administração de ativos correntes e de longo prazo, enquanto os Capítulos 10, 12, 14 e 26 consideram diversas fontes de financiamento. É importante entender a interdependência entre a empresa, que usa os fundos, e os investidores, que fornecem os fundos. Títulos, por exemplo, são uma fonte importante de fundos em longo prazo para muitas corporações, mas deve ser lembrado que os investidores compram títulos que uma empresa (ou governo) emite. A venda dos títulos é uma fonte de financiamento da empresa, ao passo que a compra dos títulos é uma utilização dos fundos dos investidores. As características básicas dos títulos, no entanto, são as mesmas, tanto para o emitente quanto para o comprador.

Risco e Retorno

Todos os investimentos são feitos porque o indivíduo ou o administrador antecipa ganhar um **retorno**. Sem a expectativa de um retorno, um ativo não seria adquirido. Enquanto os ativos podem gerar esse retorno de formas diferentes, as fontes de retorno são o ganho gerado e/ou o aumento de preço. Por exemplo, você pode comprar ações em antecipação de ganho de dividendos e/ou ganhos de capital (aumento de preço).

> **Retorno**
> O que é ganho em um investimento; a soma do lucro e dos ganhos de capital gerados por um investimento.

Outro investidor pode colocar fundos em uma conta de poupança porque ele ou ela espera obter ganhos de juros. O administrador financeiro de uma empresa pode investir em equipamento na expectativa de que esse equipamento vai gerar fluxo de caixa e lucro. Um investidor em imóveis pode adquirir terrenos para desenvolvê-los e vender as propriedades antecipando um preço mais alto. E o administrador financeiro de uma instituição sem fins lucrativos pode adquirir títulos de curto prazo emitidos pelo governo federal antecipando o ganho de juros.

Em cada caso, o investimento é feito antecipando um retorno no futuro. No entanto, o retorno esperado poderá não ser atingido. Este é o elemento de risco. **Risco** é a *incerteza de que um retorno esperado não seja alcançado*. Todos os investimentos envolvem algum elemento de risco. Mesmo os fundos depositados em uma conta de poupança garantida pelo governo federal apresentam um risco se a taxa de inflação exceder a taxa de juro ganha. Nesse caso, o investidor sofre uma perda de poder de compra. Com certeza a pessoa não faria esse investimento, caso essa perda fosse antecipada; em vez disso, teria selecionado um curso de ação alternativo.

> **Risco**
> Possibilidade de perda; a incerteza de que o retorno antecipado não seja alcançado.

Porque as decisões financeiras são tomadas no presente, mas os resultados ocorrem no futuro, o risco permeia a tomada de decisões financeiras. O futuro não é certo; é apenas esperado. No entanto, fontes possíveis de risco podem ser identificadas, e, até certo ponto, o risco pode ser administrado. Uma maneira de administrar o risco é construir uma carteira formada por uma variedade de ativos. Quando a carteira é diversificada, eventos que reduzem o retorno de determinado ativo podem aumentar o retorno em outro. Por exemplo, preços mais altos de petróleo podem beneficiar as operações de exploração de petróleo, mas prejudicarão os usuários de derivados de petróleo. Combinando ambos na carteira, o investidor reduz o risco associado ao investimento ou em produtores ou em consumidores de petróleo.

Como o risco é parte integrante da tomada de decisão financeira, ele aparece em todo este texto. Todos os investidores e administradores financeiros querem ganhar um retorno que seja proporcional ao nível de risco aceito. Um investidor pode ser capaz de obter um retorno modesto e assumir possivelmente nenhum risco. Uma conta de poupança garantida pelo governo federal em um banco comercial que pague 2,5% é praticamente livre de risco e será mencionada em capítulos subseqüentes como investimento livre de risco. Mas, para obter um retorno maior, o investidor individual ou a administração de uma empresa terá de aceitar um risco adicional.

Alavancagem Financeira

Uma fonte importante de risco que permeia a tomada de decisão financeira é a escolha entre o financiamento por meio do patrimônio líquido ou de financiamento por dívida. Pode-se adquirir um ativo utilizando fundos próprios ou emprestados. As mesmas escolhas estão disponíveis para empresas e governo. Uma empresa pode reter lucros ou vender novas ações e usar os fundos para adquirir ativos. Ou pode tomar o dinheiro emprestado. Os governos usam a receita e recebimento de impostos para comprar ativos e prestar serviços, porém os governos também podem tomar os fundos emprestados. Nesse caso, o tomador está utilizando a **alavancagem financeira**. A alavancagem financeira ocorre quando você toma fundos com um acordo de efetuar pagamentos fixos de juros e pagar o principal do empréstimo após um período. Caso seja possível obter um retorno mais alto que o valor do juro que concordou em pagar, a diferença reverte para você, e aumenta o retorno de seu investimento.

> **Alavancagem financeira**
> Uso de fundos emprestados com um acordo de efetuar pagamentos fixos de juros e pagar o principal do empréstimo após um período; uso de dívida para financiar a empresa.

Observe, no entanto, que, caso o retorno seja inferior, você deverá absorver a diferença, o que aumentará sua perda. Não se pode ganhar dos dois lados. Para aumentar o retorno potencial você pode também aumentar a perda potencial. A troca entre aumentar o retorno *versus* aumentar perdas potenciais ocorre freqüentemente nos capítulos a seguir.

Avaliação

Os ativos são adquiridos no presente, mas seus retornos acontecem no futuro. Nenhuma firma ou pessoa compra um ativo a menos que exista um retorno esperado para compensar o risco. Considerando-se que o retorno é ganho em um futuro incerto, deve haver uma forma de expressar o futuro em termos presentes. O processo de determinar qual é o valor corrente de um ativo é chamado **avaliação**. O valor de um ativo é o valor presente dos benefícios futuros. Por exemplo, o valor corrente de um título do governo federal é a soma do valor presente dos pagamentos esperados de juros e o pagamento esperado do principal. O valor corrente de um equipamento é o valor presente do fluxo de caixa esperado que irá gerar.

> **Avaliação**
> Processo de determinar quanto um ativo vale correntemente.

A determinação do valor presente é um dos tópicos mais importantes desenvolvidos neste texto. Exige estimativas de fluxos de caixa futuros e mensuração de quanto os fundos investidos no ativo poderiam render em um investimento alternativo concorrente. A mecânica de determinar o valor presente (bem como determinar o valor futuro) é coberta no Capítulo 7.

Uma empresa é uma combinação de muitos ativos, assim, seu valor tem de ser relacionado aos ativos que possui. Por sua vez, o valor desses ativos depende do retorno que será gerado no futuro. Em finanças, a meta da administração financeira é *maximizar o valor da empresa*. A Schering-Plough até intitulou um de seus relatórios anuais de "Maximizando o Valor para os Acionistas". Todas as decisões financeiras são analisadas por seu impacto no valor da empresa. A decisão aumentou ou reduziu o valor presente da empresa?

Esse valor pode ser facilmente medido, caso a empresa tenha cotas de propriedade (ações) em poder do público em geral. O preço de mercado da ação é um indicador do valor da empresa. Como o valor da empresa é a soma do valor de suas ações, o valor de mercado de uma ação multiplicado pelo número de ações dá o valor da companhia. Por exemplo, em dezembro de 2004, a Financeira CapitalOne tinha 248.354.000 ações em circulação. Ao preço de $ 84 por ação, temos o valor do patrimônio líquido da empresa: $ 20.682.000.000.

Apesar de o valor dos títulos estar sujeito a flutuações, as empresas que têm crescido e prosperado constantemente vêem o preço da ação, e por conseguinte da companhia, crescer. Em 1996 a Financeira CapitalOne tinha 66.260.000 ações no mercado. Ao preço corrente da época de $ 35, o valor da financeira era $ 2.319.600.000; assim, o valor da CapitalOne cresceu mais de $ 18 bilhões de 1996 a 2005. Esse fato sugere que a administração tomou decisões que aumentaram o valor da companhia. Ao longo do tempo, o preço das ações de uma empresa é um indicador do desempenho da administração.

Empresas menores ou empresas que não têm ações em poder do público em geral – de longe a maior quantidade de empresas existentes – não têm preços de mercado para suas ações. Dessa forma, os proprietários e administradores podem não ser capazes de determinar o valor da empresa. Nesses casos, o valor é estipulado apenas quando a empresa é liquidada ou vendida (nesse momento, o valor da empresa é o valor de liquidação ou preço de venda). Considerando-se que tal liquidação ou venda ocorre apenas uma vez, os proprietários e administradores não conhecem o valor real da empresa. Eles podem usar o valor do patrimônio líquido, conforme mostrado nos relatórios contábeis, como uma indicação do valor da empresa, mas a administração não terá certeza do valor da empresa.

FINANÇAS E AS OUTRAS DISCIPLINAS DE NEGÓCIOS

Apesar de finanças ser uma disciplina acadêmica separada, suas raízes se encontram na contabilidade e na economia. Há muitos anos, o primeiro curso de finanças tendia a enfatizar a análise dos relatórios financeiros e tópicos legais, tais como a ordem das reclamações legais. Apesar de essa ênfase ter diminuído, os princípios contábeis e os relatórios financeiros continuam a ser uma fonte importante de informação, e a análise dos relatórios financeiros é um componente integrante da abordagem de valor para a seleção de títulos.

Com o desenvolvimento das teorias de comportamento das carteiras e a avaliação de ativos, a economia começou a desempenhar um papel mais importante nas finanças. Teorias baseadas em princípios econômicos englobando a estrutura financeira das corporações, a importância (ou não) dos dividendos, e a avaliação de opções tornaram-se a estrutura principal das finanças e, em muitos casos, suplantaram o papel da contabilidade. O desenvolvimento de ferramentas empíricas adicionais aumentou ainda mais a análise financeira, na medida em que a estatística tornou-se um meio de verificar a teoria econômica e sua aplicação nas finanças. A habilidade de testar hipóteses econômicas e financeiras enriqueceu ainda mais o campo das finanças.

Apesar de as finanças utilizarem a teoria econômica e os princípios contábeis, os relatórios financeiros desenvolveram seu próprio corpo de material. No entanto, os cursos de finanças são em geral oferecidos como parte de um programa em negócios. Outras disciplinas acadêmicas dentro de negócios podem incluir sistemas de informação, administração de recursos humanos e marketing, além de contabilidade e economia. Finanças, contudo, difere dessas disciplinas de maneira extremamente significativa. Pode ser estudada de duas perspectivas: a dos usuários ou a dos fornecedores de fundos.

Essa capacidade de abordar as finanças de mais de uma perspectiva é importante. Considere a administração de recursos humanos ou marketing. Em ambas as disciplinas (e em contabilidade ou sistemas de informação ou planejamento estratégico), privilegia-se os negócios. Essa área individual pode ter muitas subdivisões, mas a ênfase é em como cada divisão encaixa-se nos negócios e sua operação. A ênfase não é a de uma perspectiva individual.

Finanças também é uma disciplina que pode ser estudada de uma perspectiva de negócios, isso é exatamente o que ocorre em cursos de finanças corporativas ou de administração financeira. No entanto, pode também ser estudada da perspectiva do investidor. Enquanto finanças empresariais enfatizam o levantamento de fundos e sua subseqüente alocação, investimento enfatiza a construção de carteiras diversificadas e a alocação da riqueza entre títulos concorrentes. Naturalmente, essas duas perspectivas estão em lados diferentes da mesma moeda. A empresa emite títulos (ou ações) para levantar fundos. Os investidores compram esses títulos para obter um retorno e diversificar suas carteiras.

As ferramentas de análise usadas em finanças corporativas e em investimentos também são as mesmas. Os relatórios financeiros de uma empresa são empregados por ambos, administradores e investidores, para analisar as condições financeiras da empresa. Os métodos usados para valorizar e avaliar um investimento em fábricas e equipamentos são conceitualmente os mesmos que aqueles utilizados para avaliar ações e títulos. Os cálculos de retornos de investimento em ações e títulos são os mesmos usados para determinar os retornos em fábricas, equipamentos e outros ativos reais (tangíveis). Os ambientes legal e fiscal e as instituições financeiras nos quais os títulos são inicialmente vendidos e a seguir negociados aplicam-se tanto aos negócios quanto aos indivíduos.

Apesar de as finanças poderem ter mais de uma perspectiva, o conteúdo, conforme apresentado em um curso introdutório de finanças, geralmente enfatiza um lado. Muitos cursos tradicionais de finanças introdutórias salientam as finanças corporativas ou a administração financeira com uma ênfase corporativa. Essa abordagem torna o curso mais consistente com outras aulas focadas em um programa de negócios. Também facilita a vinculação de marketing, administração de recursos humanos, administração da informação e várias outras áreas da educação em negócios.

PLANO DO TEXTO

Este texto é uma introdução básica às três áreas de finanças: instituições financeiras, investimentos e finanças de negócios. A Parte 1 é dedicada às instituições financeiras e ao processo pelo qual as poupanças se transformam em investimentos. O Capítulo 1 introduz esse processo. O Capítulo 2 estuda a transferência direta, ou seja, a criação e a venda inicial de títulos ao público em geral por meio de banqueiros de investimentos. O próximo capítulo (Capítulo 3) cobre a negociação subseqüente de ações e títulos nos mercados de capitais. Os Capítulos 4 a 6 consideram a transferência indireta por meio de intermediários financeiros (Capítulo 4), o impacto do Federal Reserve no suprimento de moeda e nos mercados de crédito (Capítulo 5), e os fluxos internacionais de fundos (Capítulo 6).

A Parte 2 é dedicada a três importantes ferramentas utilizadas na tomada de decisões de investimento e finanças corporativas. A maioria das decisões financeiras envolve tempo. Um investimento é feito no presente, mas o retorno é ganho no futuro. A padronização de tempo é alcançada expressando o presente em termos futuros, ou o futuro em termos presente. Todo estudante que use este texto necessita ler cuidadosamente e entender o material do Capítulo 7, "O Valor do Dinheiro no Tempo". Se o valor do dinheiro no tempo não for compreendido, a maior parte do texto restante terá pouco significado.

Todos os investimentos envolvem risco. O Capítulo 8 examina as fontes de risco, a mensuração desse risco e a importância da diversificação. Assim como o valor do dinheiro no tempo, a mensuração do risco e sua administração são tópicos difíceis. O Capítulo 8 é basicamente descritivo, cobre medidas estatísticas de risco. Mesmo que seu conhecimento em estatística seja escasso, são fornecidas ilustrações simples que permitem o entendimento dos conceitos. O último capítulo da Parte 2 cobre a análise dos relatórios financeiros. O

Capítulo 9 é longo porque revisa os relatórios financeiros e ilustra os cálculos de vários índices usados para analisá-los. Caso você tenha um conhecimento prévio de análise de relatórios financeiros, pode seguir para a Parte 3, que é dedicada aos ativos financeiros específicos.

Os Capítulos 10 e 11 cobrem as ações ordinárias. O primeiro é descritivo e o segundo aplica técnicas de avaliação. Essa ordem é repetida nos Capítulos 12 e 13, que se dedicam aos títulos e sua avaliação. Os Capítulos 14 e 15 explicam a ação preferencial e os bônus conversíveis, que são títulos híbridos que incluem características de patrimônio líquido e débito. O Capítulo 16 ilustra o cálculo de retornos e fornece retornos históricos que foram obtidos por vários títulos. Depois de completar os Capítulos de 10 a 16, você pode escolher delegar decisões de investimentos para outra pessoa. O Capítulo 17 cobre a variedade de empresas de investimento que o desobrigam de ter de selecionar títulos específicos. No entanto, continua a ser sua a responsabilidade de selecionar as empresas de investimentos.

A Parte 4 é dedicada às finanças empresariais com ênfase nas finanças corporativas. O Capítulo 18 revisa as formas de negócio e os impostos corporativos, e o Capítulo 19 descreve duas técnicas simples usadas para tomar decisões de investimento: análise do ponto de equilíbrio e o período de retorno do investimento. O Capítulo 20 explica a alavancagem e sua aplicação aos negócios: a alavancagem associada à natureza das operações da empresa e a alavancagem associada às decisões financeiras da administração. As decisões financeiras suscitam a questão da combinação ótima do financiamento por dívida ou patrimônio líquido para financiar estrutura ótima de capital (Capítulo 21). O custo do capital associado à estrutura ótima de capital é então utilizado no Capítulo 22 que trata do orçamento de capital, que é o processo de selecionar investimentos de longo prazo em fábricas e equipamentos. Os Capítulos 21 e 22 (a determinação da estrutura ótima de capital da empresa e sua utilização no orçamento de capital) estão entre os mais importantes deste texto.

Os Capítulos 23 e 24 consideram as técnicas de projeção. O Capítulo 23 é dedicado à porcentagem de vendas e o uso da análise da regressão para projetar as necessidades de fundos de uma empresa, e o Capítulo 24 cobre o orçamento de caixa, que ajuda a determinar quando a empresa necessitará de financiamento externo. Os Capítulos 25 e 26 tratam do capital circulante da empresa e a administração de seus ativos e passivos circulantes. O último capítulo (Capítulo 27) da Parte 4 adiciona o financiamento a médio prazo e o arrendamento mercantil às escolhas do administrador financeiro de financiamentos externos.

O texto termina (Parte 5) com uma introdução aos derivativos: opções de compra e venda de títulos (Capítulo 28) e contratos futuros para entrega futura de commodities e ativos financeiros (Capítulo 29). Derivativos são utilizados para especular em variações antecipadas de preços ou assegurar a redução de risco ou a perda decorrentes de flutuações nos preços e nas taxas de juros. Você pode considerar os derivativos como o tópico mais interessante e estimulante coberto nesta introdução às finanças básicas. Eles são, no entanto, complexos, por isso, estes dois capítulos podem apenas arranhar a superfície, mas lançarão a fundação sobre a qual você poderá construir. Caso continue a estudar finanças, perceberá rapidamente que o uso dos derivativos permeia essa área.

FINANÇAS BÁSICAS

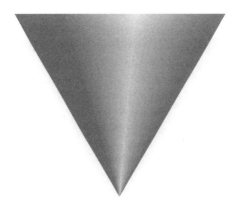

PARTE 1

Meu banco tem ativos acima de $ 10 bilhões. Minha conta corrente deve ter $ 1 mil de saldo. Represento cerca de 0,0001% das fontes de fundos do meu banco. Apenas imagine quantos depositantes meu banco precisa ter para gerar o dinheiro que tem emprestado.

Tenho 500 ações da Textron. A $ 70 por ação, resulta em $ 35 mil. Apesar de $ 35 mil serem suficientes para comprar um grande número de bens de consumo, isso é uma fração muito pequena do valor total de todas as ações da Textron. A empresa possui 141.251.000 ações em circulação para um valor total de $ 9.887.570. Minhas ações são obviamente uma porção minúscula do total.

Recentemente, minha família passou férias no Canadá. Gastamos mais de $ 3 mil fora dos Estados Unidos, o que aumentou o déficit da nação em sua balança comercial. O valor que gastamos, no entanto, é pequeno quando comparado com a ajuda externa do governo federal e os programas de gastos militares no exterior, que também contribuíram para o déficit na balança comercial.

Dificilmente passa-se um dia sem que eu tenha contato com uma instituição financeira. O mesmo é verdade para a maioria das pessoas. Elas emitem e recebem cheques, fazem depósitos e saques de instituições depositárias, compram e vendem ações de corporações e fundos mútuos, fazem contribuições para planos de pensões, pagam impostos, compram bens importados,

INSTITUIÇÕES FINANCEIRAS

e fazem empréstimos de uma variedade de fontes. Cada um desses atos envolve contato com uma instituição financeira.

A primeira parte deste texto discute o ambiente financeiro e as instituições com as quais temos tanto contato. Algumas dessas instituições financeiras facilitam a transferência de fundos dos emprestadores para os tomadores (tais como os bancos comerciais), enquanto outras facilitam a troca de títulos de vendedores para compradores (por exemplo, as bolsas de valores). Outras instituições financeiras afetam o nível de renda e a estabilidade dos preços aos consumidores (como o Federal Reserve) e também de outras instituições financeiras, o mercado de moedas estrangeiras torna possível a troca de bens e serviços do exterior. Os participantes desses mercados de produtos e serviços financeiros variam desde as grandes corporações à pequena loja da esquina e o poupador individual. Todos os que lêem este texto são afetados por essas instituições financeiras, e aumentar seu conhecimento sobre elas, com o aprendizado do material da Parte 1, poderá ajudá-los a operar melhor no ambiente financeiro atual.

O PAPEL DOS MERCADOS FINANCEIROS

Os mercados financeiros desempenham duas funções extremamente importantes. Transferem fundos dos poupadores para investimentos e transferem o direito de propriedade de títulos existentes dos vendedores para os compradores. Você e eu temos de ter um lugar para investir poupanças e estamos dispostos a fazer esses investimentos porque sabemos que os investimentos poderão posteriormente ser vendidos.

Este capítulo define a estrutura para os próximos capítulos deste livro. Inicia-se com a transferência de poupanças e o papel do dinheiro. Os ativos devem ser convertidos em dinheiro para que você e eu possamos fazer compras, mas dinheiro não é sinônimo de poupança. Ganhamos juros quando investimos nossas poupanças, e as diferenças nas taxas de juros nos induzem a adquirir diferentes ativos. Geralmente, quanto mais tempo a dívida de um tomador ficar em aberto, maior será a taxa de juros. Essa relação entre o tempo e a taxa de juros é mostrada por uma curva de rendimento. Entretanto, o tempo não é o único fator que afeta a taxa de juros que um tomador paga ou aquela que recebemos. Diferenças na qualidade do crédito, a negociabilidade dos títulos, expectativas de inflação e taxas de juros futuras e a política monetária do Federal Reserve também afetam o nível atual das taxas de juros.

OS MERCADOS FINANCEIROS E A TRANSFERÊNCIA DE POUPANÇAS

Além de trabalhar e ganhar dinheiro, o conselho de minha tia Bea era: "Gastar um pouco, dar um pouco e economizar um pouco". A cada ano, sigo esse conselho. Após decidir poupar em vez de gastar, tenho de tomar uma decisão adicional: o que fazer com minhas economias. Devo colocar os fundos em um banco ou comprar ações ou cotas de um fundo mútuo? Não vou deixar esses fundos ociosos. Quero colocá-los em um uso produtivo para obter um retorno.

Esse processo não está limitado aos indivíduos. As empresas também têm poupanças. Os lucros que não são distribuídos e retidos são poupados, e a administração terá de decidir o que fazer com as poupanças. Talvez os fundos sejam utilizados para investimentos em fábricas e equipamentos e outros ativos produtivos. A administração pode também investir os fundos em ativos financeiros por um curto período de tempo antes da aquisição de ativos tais como fábricas e equipamentos. Os administradores financeiros do governo seguem o mesmo processo. O governo recolhe as receitas de impostos, mas não necessariamente gasta tais fundos imediatamente. Esses fundos podem ser colocados em investimentos de curto prazo para a obtenção de um retorno. Os mesmos princípios aplicam-se a organizações sem fins lucrativos como fundações de caridade. Em cada caso, poupanças correntes são investidas para obter um retorno.

Quando gasto minha renda, o dinheiro retorna para a economia. Presumivelmente o mesmo deve ocorrer quando faço doações para instituições de caridade, ou seja, o dinheiro deve retornar para a economia. As poupanças não são despesas; representam os fundos que não estou utilizando. De que forma esses fundos retornam para a economia? A resposta gira em torno do papel dos mercados financeiros. Mercados financeiros são o mecanismo de transferência dessas poupanças para usos produtivos. O processo de transferir poupança para investimento é uma função básica, talvez a mais importante, do sistema financeiro. O processo de transferir poupanças para investimentos conduz à criação de obrigações financeiras tais como ações e instrumentos de débito como títulos. Esses papéis são emitidos para disputar as várias fontes de poupanças.

Existem dois métodos básicos para transferir fundos de poupadores para tomadores. O primeiro é o investimento direto. Essa transferência direta ocorre quando você inicia seu próprio negócio e investe suas poupanças na operação. Também ocorre uma transferência direta quando os títulos são inicialmente vendidos a investidores no mercado "primário". Empresas e governos emitem títulos que podem ser vendidos diretamente ao público em geral por meio de banqueiros de investimento. (O processo de emitir e vender títulos por intermédio de banqueiros de investimento será coberto no próximo capítulo.)

Uma vez que os títulos são criados, podem ser em seguida comprados e vendidos ("negociados"). Uma segunda finalidade importante dos mercados financeiros é a criação de mercados de títulos *existentes*. Esses mercados "secundários", no entanto, não transferem fundos para os usuários dos fundos; transferem a propriedade dos títulos entre vários investidores. Os vendedores trocam seus títulos por dinheiro, e os compradores trocam dinheiro por títulos. (Os mercados secundários não se limitam a ativos financeiros. Os mercados de terrenos e antiguidades também são mercados secundários. Nenhum ativo novo é criado, existe apenas a transferência de propriedade de um ativo existente.) A negociação de títulos existentes pelo mercado secundário, como a Bolsa de Valores de Nova York, recebe uma cobertura substancial da imprensa financeira e é apresentada no Capítulo 3.

A alternativa para a transferência de poupanças para investimentos, que não a direta, é a transferência indireta que se dá por meio de um intermediário financeiro, como um banco. Você empresta fundos ao banco (por exemplo, uma conta de poupança). Por sua vez, o banco empresta os fundos ao tomador final. Esse processo de tomar e emprestar é praticamente contínuo. A variedade de intermediários financeiros e o impacto do Federal Reserve na sua capacidade de emprestar é discutida nos Capítulos 4 e 5. No entanto, antes de prosseguir para o material sobre bancos de investimento, mercados secundários, intermediários financeiros e sua regulamentação, o restante deste capítulo considera a oferta de moeda, a estrutura das taxas de juros, e o que a estrutura de retornos pode nos contar a respeito das direções futuras das mudanças da taxa de juro.

O PAPEL DA MOEDA

Moeda
Qualquer coisa geralmente aceita como meio de pagamento.

Moeda é qualquer coisa geralmente aceita em pagamento de bens e serviços ou para a liquidação de um débito. Essa definição inclui várias palavras importantes, principalmente *qualquer coisa* e *geralmente aceita*. A primeira expressão significa que *qualquer coisa* pode desempenhar o papel de moeda sendo que muitos itens diferentes, incluindo conchas, pedras e metais, já serviram como moeda. No decorrer da história dos Estados Unidos, foram usados diversos tipos de moedas metálicas e papel-moeda. A outra expressão importante é *geralmente aceita*. O que serve como moeda em um lugar poderá não servir em outro. Esse fato é facilmente entendido por qualquer pessoa que viaje ao exterior e tenha de converter uma moeda em outra. O papel que serve como moeda na Grã-Bretanha, chamada libra, não é utilizado como moeda em Paris, onde são usados os euros europeus. Um viajante britânico precisa converter libras em euros para comprar bens em Paris.

A moeda também pode ser usada para transferir poder de compra para o futuro. Nesse segundo papel, a moeda age como um depósito de valor entre um período de tempo e outro. A moeda, entretanto, é apenas um dos vários ativos que podem ser usados como reserva de valor. Ações, títulos, contas de poupança, certificados de poupança, propriedades, ouro e recebíveis são alguns dos vários ativos que você pode utilizar para armazenar valor.

Se, por um lado, você pode armazenar valor nesses ativos não monetários, por outro, não pode comprar bens e serviços com eles. Para fazer isso, você precisa converter os ativos em moeda. A facilidade com que um ativo pode ser transformado em moeda é sua **liquidez**. Infelizmente, a palavra *liquidez* é ambígua. Em alguns contextos, significa facilidade de converter ativos em caixa sem perdas. Uma conta de poupança em banco comercial

Liquidez
Facilidade de converter um ativo em caixa sem perda; a profundidade de um mercado financeiro; mercado profundo: mercado com liquidez.

é líquida, mas ações da IBM não seriam líquidas, uma vez que podem ter uma perda. Em outros contextos, liquidez significa a capacidade de vender um ativo sem afetar seu preço. Nesse conceito, liquidez refere-se à profundidade do mercado para esse ativo. Você pode ser capaz de comprar ou vender milhares de ação da IBM sem afetar seu preço e, nesse caso, a ação é líquida. O contexto no qual a palavra é usada normalmente indica o significado específico.

Neste livro, a palavra *liquidez* vai se referir à facilidade de vender o ativo sem perda, de forma que as obrigações de dívida de curto prazo, tais como a dívida do governo federal, serão consideradas como "líquidas". Ações e títulos serão referidos como "negociáveis" significando que podem ser comprados e vendidos, mas que também podem lhe ocasionar perda.

O poder de criar moeda é dado pela Constituição ao governo federal. O Congresso norte-americano estabeleceu um banco central, o Federal Reserve System, e lhe concedeu poder de controlar a oferta de moeda e supervisionar o sistema bancário comercial. Inicialmente, não era intenção do Congresso criar um banco central, uma vez que o Ato da Reserva Federal (*Federal Reserve Act*), de 1913, estabeleceu 12 bancos distritais. O Federal Reserve foi reorganizado pelos Atos Bancários (*Banking Acts*), de 1933 e 1935, a fim de torná-lo o banco central hoje conhecido. Apesar de o Federal Reserve ter controle sobre a oferta de moeda, a maior parte da oferta monetária é produzida por meio da criação de empréstimos feitos pelo sistema bancário. (O Federal Reserve e o processo de criação de empréstimos são explicados no Capítulo 5.)

Medidas da Oferta de Moeda

Oferta de moeda
A quantidade de moeda em circulação.

M-1
Soma das moedas metálicas, papel-moeda e depósitos à vista.

M-2
Total das moedas metálicas, papel-moeda, depósitos à vista, contas de poupança e certificados de depósito de pequeno valor.

Existem diversas medidas da composição da **oferta de moeda**. A medida tradicional (comumente referida como **M-1**) é a soma das moedas metálicas e do papel-moeda em circulação fora dos bancos, mais os depósitos à vista (incluindo contas de depósitos que rendem juros e cheques de viagem) em poder do público em geral em todas as instituições depositárias. Uma definição mais ampla da oferta de moeda (comumente referida como **M-2**) inclui não apenas os depósitos à vista, moedas metálicas e papel-moeda, mas também as contas de poupança regulares e certificados de depósitos de valores baixos (inferiores a $ 100 mil). A quantidade de moeda em circulação depende de qual das definições é usada. Em abril de 2005, o Federal Reserve reportava que o M-1 e o M-2 eram:

	M-1	M-2
Moedas metálicas e papel-moeda	$ 704,7	$ 704,7
Depósitos à vista	318,3	318,3
Outros depósitos correntes (por exemplo, Contas NOW)*	324,6	324,6
Cheques de viagem	7,5	7,5
Contas de poupança e contas Depósitos a prazo	—	4.410,3
	$ 1.355,1	$ 5.765,4

* NOW significa "Ordens de Resgate Negociáveis"(negotiable order of withdrawal – NOW).

Fonte: Resumo das estatísticas monetárias disponíveis no Boletim do Federal Reserve. Dados detalhados estão disponíveis no site do Federal Reserve em: **http://www.federalreserve.gov** ou **http://mayo.swlearning.com**.

Como pôde ser visto nos dados anteriores, os depósitos em poupança constituem 70% da oferta de moeda quando a definição mais ampla é utilizada (M-2). Essa definição mais ampla do suprimento de moeda é a preferida pelos economistas e analistas financeiros, que enfatizam a facilidade com que as pessoas podem transferir fundos entre os componentes do M-2. As pessoas podem transferir fundos de uma conta de poupança ou depósito a prazo para uma conta corrente. Esse movimento aumenta o **M-1** porque os depósitos à vista crescem, mas não tem impacto no **M-2**, porque o aumento dos depósitos à vista é compensado pela redução nas outras contas.

Em resumo, a moeda é essencial para uma economia avançada, porque facilita a transferência de bens e recursos. Uma economia avançada não existiria sem algo que representasse o papel de moeda. Uma vez que uma grande proporção da oferta de moeda consiste em depósitos em várias instituições depositárias, o estudante de finanças deve entender os mercados financeiros, o sistema bancário e suas regulamentações. Este é um grande tópico e será coberto em detalhe nos próximos cinco capítulos. O restante deste capítulo é dedicado à discussão das taxas de juros.

O PAPEL DAS TAXAS DE JUROS

As palavras *moeda* e *juro* são normalmente utilizadas em conjunto, mas seus significados são diferentes e elas desempenham papéis diferentes. A moeda é um meio de troca; seu valor está relacionado ao que comprará. Juro é o custo do crédito; é o preço pago pelo uso do dinheiro de outra pessoa.

O custo do crédito é geralmente expresso como uma porcentagem, ou seja, a *taxa* de juros. As taxas de juros ajudam a alocar créditos escassos entre fundos concorrentes. Taxas de juros altas aumentam o custo do crédito e desencorajam os empréstimos, direcionando o crédito escasso para uma melhor utilização.

Como discutido neste texto, existem muitos tipos de empréstimos (empréstimos hipotecários, crédito comercial e títulos). Além de muitos instrumentos de débito, existem também várias taxas de juros que refletem o valor emprestado, o período de tempo que o tomador terá para utilizar os fundos, e a capacidade financeira do tomador. Em geral, quanto mais longo o prazo da dívida e mais arriscado (ou menor a capacidade financeira) o instrumento de dívida, mais alta será a taxa de juro.

Dívidas, e conseqüentemente as taxas de juros, são normalmente classificadas como de curto ou longo prazo. O período de tempo é arbitrariamente estabelecido em um ano. *Curto prazo* refere-se a um ano ou menos. *Longo prazo* corresponde a um período maior que um ano. (Dívidas que vencem de um a dez anos são, às vezes, referidas como sendo de prazo médio.) Naturalmente, com a passagem do tempo, os instrumentos de dívidas de longo prazo tornam-se de curto prazo quando passam a vencer dentro de um ano.

Os mercados financeiros têm uma classificação análoga. "O mercado monetário" corresponde ao mercado de baixo risco, instrumentos de dívida de valores altos que vencem dentro de um ano. O "mercado de capitais" refere-se a títulos com horizontes de longo prazo. No caso de um título ou empréstimo hipotecário, o prazo pode ser de dez, 20 ou mais anos. Em alguns casos, como ações ordinárias, a dimensão de prazo é infinita. Uma corporação pode existir por séculos. Muitos dos bancos nacionais, como o Citicorp, iniciaram suas operações nos anos de 1700 ou 1800. Empresas industriais como a AT&T, Coca-Cola e a ExxonMobil iniciaram suas operações nos anos de 1800.

A Estrutura de Prazo das Taxas de Juros

A relação entre as taxas de juros (o custo do crédito) e o período de tempo de vencimento (o prazo) para uma dívida em uma dada classe de risco é referida como a **estrutura de prazo da taxa de juros**. Essa estrutura é ilustrada por uma **curva de retornos**, a qual relaciona o rendimento dos instrumentos de dívida, com diferentes prazos de vencimento. Essa curva de retorno é ilustrada na Figura 1.1 que traça o retorno de vários títulos do governo norte-americano em 30 de junho de 2005. Essa figura mostra que os títulos com os prazos de vencimento mais longos têm as taxas de juros mais altas. Por exemplo, títulos de curto prazo com vencimento em três meses tinham retorno de 2,99%, títulos de cinco anos pagavam 3,63% e títulos com prazo superior a 20 anos pagavam 4,31%.

> **Estrutura de prazo da taxa de juros**
> Relação entre os retornos e o prazo de vencimento de um débito com determinado nível de risco.
>
> **Curva de retornos**
> Gráfico relacionando taxas de juros e prazos de vencimento.

Apesar de a relação positiva direta entre tempo e taxas de juros, mostrada na Figura 1.1, existir normalmente, houve períodos nos quais ocorreu o oposto. Durante o ano de 1981, as taxas de curto prazo foram maiores que as de longo prazo e a curva de retorno ficou invertida com um declive negativo. Esse fenômeno está ilustrado na Figura 1.2. Títulos com vencimento em menos de um ano tinham retornos superiores a 14%, enquanto dívidas de longo prazo com vencimento em mais de dez anos rendiam 13%.

Essa curva de retorno pode ser explicada pela inflação e pela ação do Federal Reserve para deter o aumento de preços. Como explicado no Capítulo 5, o Federal Reserve combate a inflação vendendo títulos de curto prazo do governo federal. Tais vendas absorvem o crédito, reduzindo a oferta monetária e a capacidade dos bancos de emprestarem, porque ao pagarem pelos títulos ao Federal Reserve retiram moeda do sistema bancário.

As vendas reduzem os preços dos títulos e aumentam seus retornos. Enquanto os retornos de todos os instrumentos de débito reagirem às mudanças na oferta de crédito, as vendas dos títulos de curto prazo pelo Federal Reserve terão forte impacto sobre as taxas de curto prazo.

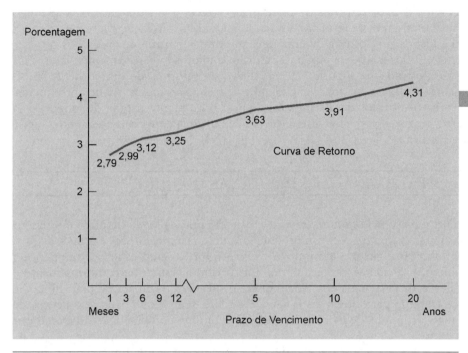

FIGURA 1.1

Curva de Retorno com Inclinação positiva (1º de junho de 2005).

Fonte: Dados do Federal Reserve disponíveis em: **http://www.federalreserve.gov** ou **http://mayo.swlearning.com**.

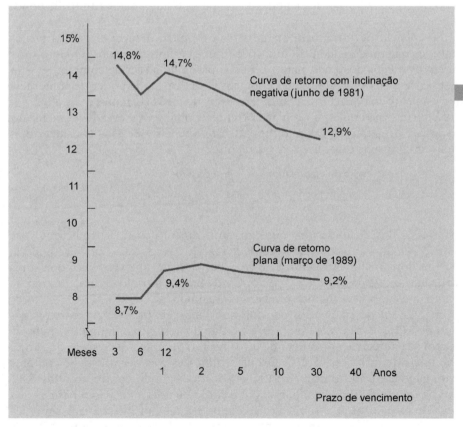

FIGURA 1.2

Curvas de retornos (retornos de títulos do governo federal).

Fonte: Dados de retorno derivados do Federal Reserve disponíveis em **http://www.fedealreserva.gov** ou **http://mayo.swlearning.com**.

Na ilustração da Figura 1.2, os retornos de curto prazo cresceram acima das taxas de longo prazo, resultando em uma curva de retorno "invertida". Quando a inflação decresceu, a curva de retorno voltou à inclinação positiva que manteve durante a maioria dos períodos.

Houve também períodos em que a curva de retorno se manteve relativamente plana. Essa estrutura também é ilustrada na Figura 1.2 pela curva de retornos de março de 1989. O retorno das dívidas de curto prazo, com vencimentos de três a seis meses, foi de aproximadamente 8,7%, e a taxa nos títulos de 30 anos foi de 9,2%. Enquanto a taxa de longo prazo excedeu a de curto prazo, a pequena diferença produziu um pequeno crescimento, quase plano, da curva de retornos.

DETERMINANTES DAS TAXAS DE JUROS

Você deveria esperar a existência de uma relação positiva entre as taxas de juros e o tempo. A maior parte das pessoas prefere o consumo imediato ao consumo futuro, e a taxa de juro é um incentivo a postergar o gasto. Para induzir os investidores a emprestar por um período de tempo mais longo (e abster-se de gastar por um período mais longo), normalmente é necessário pagar-lhes uma taxa mais alta. Além disso, o sucesso do tomador é mais difícil de estimar quando se trata de períodos mais longos. Esse fato sugere que os investimentos de longo prazo são mais arriscados, e os investidores exigirão uma compensação adicional por aceitarem o risco extra.

Enquanto o tempo e o risco obviamente afetam a taxa de juros que um tomador deverá pagar, fatores adicionais poderão afetar a taxa. Esses fatores incluem a liquidez ou negociabilidade do empréstimo. Títulos de dívida que podem ser vendidos facilmente são mais atraentes. Assim, um "prêmio de liquidez" pode aumentar a taxas de juro paga pelos títulos de pouca liquidez.

A expectativa de inflação deve também afetar a taxa de juro. À medida que os preços dos bens aumentam, os pagamentos de juro que você recebe compram menos. Quanto mais rapidamente subirem os preços dos bens, maior será sua perda de poder de compra. Se você antecipa inflação, exigirá juros suficientes para compensar sua perda de poder de compra. A antecipação de um aumento maior da inflação sugere taxas de juros correntes mais altas.

A estrutura atual de retornos reflete a opinião corrente de qual será a taxa de juros futura. Ou seja, as taxas atuais projetam as taxas futuras. Para enxergar esse fato considere dois investimentos possíveis com suas respectivas taxas de juro:

Duração do empréstimo	Taxa de juro
Um ano	3,0%
Dois anos	4,5%

Para manter simples a ilustração assuma que cada investimento custa $1 mil e que você deseja investir $1 mil por dois anos. O que você pode fazer? A resposta é que você poderia comprar qualquer um dos dois investimentos. Se comprar o título que vence em dois anos ganha $45 por cada ano o que dá um total de $90. Caso compre o título de um ano, recebe $30 no primeiro ano, mas não sabe quanto receberá no segundo.

O que fazer? Uma vez que deseja investir por dois anos, não tem preferência entre os dois títulos com base no período. Se os títulos são iguais no que diz respeito a liquidez e riscos de crédito, você fica com sua antecipação da taxa de juros futura. Suponha que espere que antes de um ano a taxa anual de juros seja 5,2%. O que significa essa expectativa? Se comprar o título de um ano, ganhará $30 no primeiro ano e $52 no segundo em um total de $82. Esse valor é menor do que os $90 que ganharia com o título de dois anos. Com base na sua expectativa da taxa de juros futura, o título de dois anos é a melhor alternativa. Suponha, no entanto, que você antecipe que a taxa aumentará para 6,2%. Você ganharia um total de $92 ($30 + $62), o que é mais do que $90. A alternativa de comprar o título de um ano e reinvestir $1 mil a 6,2% depois de passado um ano produz um retorno mais alto.

Qual taxa o deixaria indiferente entre as duas alternativas? A resposta é 6,0%. Nesse caso, ganharia $ 30 no primeiro ano e $ 60 no segundo em um total de $ 90. Ambas as alternativas terão o mesmo resultado: $ 90. Para qualquer expectativa menor que 6,0% você iria sempre preferir o título de dois anos. Para qualquer expectativa de taxa superior a 6,0%, você iria sempre preferir o título de um ano com reinvestimento à taxa mais alta após um ano.

Observe que esse raciocínio também funcionaria ao contrário. Se espera que a taxa em um ano a partir de hoje seja 5,6%, o título de dois anos teria de render 4,3% hoje. Ambas as alternativas produzem $ 86 de juro. Se a taxa de dois anos produzisse mais que 4,3%, o título de dois anos teria preferência ao de um ano. Se rendesse menos, o título de um ano seria preferido. Assim, as expectativas que os investidores têm em relação às taxas afetarão muito as taxas correntes. A expectativa de uma taxa de juro mais alta significa que a curva de retornos correntes deve ser positivamente inclinada para cima. A expectativa de taxas de juros mais baixas significa que a curva de retornos correntes deve ser negativamente inclinada (inclinada para baixo).

Em resumo, a estrutura da taxa corrente de juros combina diversos fatores, que incluem as preferências dos investidores pelo investimento de curto prazo em relação ao de longo prazo, os riscos associados ao tomador, a liquidez dos títulos, a inflação esperada e a expectativa futura de taxas de juros. Todos esses fatores estão ocorrendo ao mesmo tempo. Além disso, a política monetária do Federal Reserve também afeta as taxas de juros, de forma que uma taxa de juros de determinado momento no tempo capta esses fatores. Se os indivíduos economizam mais e desenvolvem uma preferência forte por investimentos a prazos mais longos, as taxas de juros serão afetadas. Se o Federal Reserve reduzir a liquidez do sistema bancário, as taxas de juros serão afetadas. Se os tomadores aceitarem mais riscos, as taxas de juros serão afetadas. Enquanto pode ser impossível isolar a importância relativa de cada fator, a combinação deles determina a estrutura corrente de retornos.

RESUMO

Os mercados financeiros transferem as poupanças dos indivíduos, empresas e governos para investimentos produtivos. Essa transferência ocorre diretamente quando novos títulos são emitidos ou indiretamente por meio dos intermediários financeiros. Os mercados financeiros também transferem títulos existentes entre os investidores.

Moeda é qualquer coisa que seja geralmente aceitável em pagamento de bens e serviços e para quitar dívidas. A liquidez refere-se à facilidade de converter ativos não monetários em moeda. A definição restrita de oferta de moeda (M-1) é a soma da moeda metálica, papel-moeda e depósitos à vista. Uma definição mais ampla (M-2) adiciona as contas de poupança e certificados de depósito de pequenos valores.

As taxas de juro ajudam a alocar o crédito escasso entre usos competitivos para os fundos. A estrutura dos retornos é resumida em uma curva de retornos que relaciona as taxas de juros ao prazo em que o débito ficará em aberto. As taxas de juros pagas pelos tomadores dependem de sua capacidade financeira de obter crédito, do período em que o débito ficará em aberto, a negociabilidade do débito, a expectativa de inflação, a expectativa de taxas de juros futuras e a política monetária do Federal Reserve.

REVISÃO DOS OBJETIVOS

Agora que completou este capítulo, você deve ser capaz de:

1. Explicar o papel dos mercados financeiros na transferência de poupança para investimentos (páginas 5-6).

2. Definir moeda e determinar como sua oferta é medida (páginas 6-7).

3. Desenvolver uma curva de retornos (páginas 7-9).

4. Comparar curvas de retornos positivas e negativas (páginas 8-10).

5. Determinar quais fatores podem afetar as taxas de juros (páginas 10-11).

6. Explicar como as expectativas podem afetar as taxas de juros correntes (páginas 10-11).

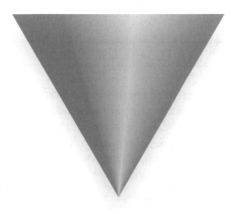

BANCOS DE INVESTIMENTO

Existem dois métodos básicos para transferir fundos dos poupadores aos usuários. A transferência indireta ocorre por um intermediário financeiro, como um banco. Você empresta fundos ao banco, o qual, por sua vez, os empresta ao tomador final. (O papel dos bancos comerciais e os vários tipos de intermediários financeiros são abordados no Capítulo 4.) A alternativa é a venda direta de títulos aos investidores no mercado primário.

Enquanto a maioria das compras de ações (e bônus) ocorre nos mercados secundários, como a Bolsa de Valores de Nova York, a venda inicial ocorre nos mercados primários. Os mercados primários e secundários desempenham funções diferentes, mas ambos são instituições financeiras importantes. Os mercados secundários aumentam sua disposição de comprar títulos e os mercados primários são os meios pelos quais suas poupanças são transferidas para empresas e governos.

A venda inicial de um título no mercado primário é normalmente executada com ajuda de bancos de investimento. Enquanto essa venda inicial ocorre apenas uma vez, ela é imensamente importante, porque é o processo pelo qual nascem os títulos. Se as empresas e o governo não emitirem títulos, você teria de encontrar usos alternativos para suas poupanças. No entanto, as empresas e o governo necessitam de fundos, e recorrem às suas poupanças emitindo e vendendo novos títulos nos mercados primários. Os mercados secundários fornecem a você os meios de vender esses títulos (ou comprar mais) uma vez que tenham sido emitidos.

Este capítulo também descreve brevemente as leis federais mais importantes que regulam a emissão e a posterior negociação de títulos. A finalidade dessa legislação não é assegurar que você ganhe um retorno positivo, em vez disso, seu objetivo é garantir que você e todos os investidores recebam informações exatas e em tempo. Você continua a assumir os riscos associados à compra de ações e bônus.

A TRANSFERÊNCIA DE FUNDOS PARA OS NEGÓCIOS

Uma finalidade dos mercados financeiros é facilitar a transferência de fundos dos indivíduos (e empresa e governos) com fundos para investir para aqueles indivíduos (e empresas e governos) que necessitam de fundos. Um método é a transferência indireta por um intermediário financeiro, como um banco comercial. O outro método é o investimento direto na empresa pelo público em geral. Essa transferência ocorre quando você inicia seu próprio negócio e investe suas economias na operação. Empresas (e governos) também levantam fundos vendendo títulos diretamente ao público.

O PAPEL DOS BANQUEIROS DE INVESTIMENTO

Banqueiro de Investimento
Intermediador que aproxima investidores e empresas (e governo) emitindo novos títulos.

Oferta Pública Inicial (IPO - *Initial Public Offering*)
Primeira venda de ações ordinárias ao público em geral.

Embora as empresas possam vender títulos diretamente a você (e algumas oferecem pequenos valores de títulos por meio de programas como os planos de reinvestimento de dividendos, como descrito no Capítulo 10), a maioria dessas vendas é executada por **banqueiros de investimento**. Na realidade, um banqueiro de investimento serve como intermediário para canalizar o dinheiro dos investidores para as empresas e os governos que necessitam de fundos. Se essa venda for a *primeira* de ações ordinárias, é chamada **oferta pública inicial (IPO – *Initial Public Offering*)**.[1] A Figura 2.1 representa a página de rosto da oferta pública inicial das ações ordinárias do Yahoo!, e é usada para ilustrar o processo de uma oferta pública inicial.

As empresas vendem títulos quando os fundos gerados internamente são insuficientes para financiar o nível desejado de gastos e quando a administração acredita ser vantajoso obter fundos externos do público em geral. Tal financiamento público pode aumentar o interesse na empresa e evitar algumas das cláusulas restritivas estabelecidas pelas instituições financeiras.

A maioria das vendas de novos títulos é feita com a ajuda de banqueiros de investimento. Infelizmente, esse termo pode ser confuso, uma vez que os *banqueiros de investimento* na maioria das vezes não são banqueiros e geralmente não investem. Em vez disso, normalmente são uma divisão de uma empresa de corretagem como Goldman, Sachs & Co., Donaldson, Lufkin & Jenerette Securities Corporation ou Montgomery Securities. (Ver a Figura 2.1.) Apesar de essas empresas poderem possuir títulos, elas não necessariamente compram e mantêm títulos emitidos recentemente em suas próprias contas com finalidade de investimento. Em vez disso, elas atuam como intermediadores que aproximam pessoas com fundos para investir e as empresas que necessitam de financiamento.

A empresa com necessidade de fundos entra em contato com os banqueiros de investimento para discutir uma **subscrição**. Se os banqueiros de investimento garantirem a venda, celebram um "compromisso firme" de levantar um valor específico de dinheiro. Na verdade, os subscritores compram os títulos com a intenção de vendê-los ao público em geral.

Subscrição
Compra de uma emissão de títulos novos para venda posterior por banqueiros de investimento; a garantia da venda de uma nova emissão de títulos.

Ao concordar em comprar os títulos, o subscritor garante a venda e assume o risco a ela associado. Se os banqueiros de investimento não forem capazes de vender os títulos ao público, ainda assim devem pagar o valor concordado à empresa emitente. A incapacidade de vender os títulos impõe perdas aos subscritores, que devem remeter os fundos relativos aos títulos que não foram vendidos ao público.

---

[1] No decorrer deste livro será utilizada a abreviatura IPO, que já é de uso corrente. (NRT)

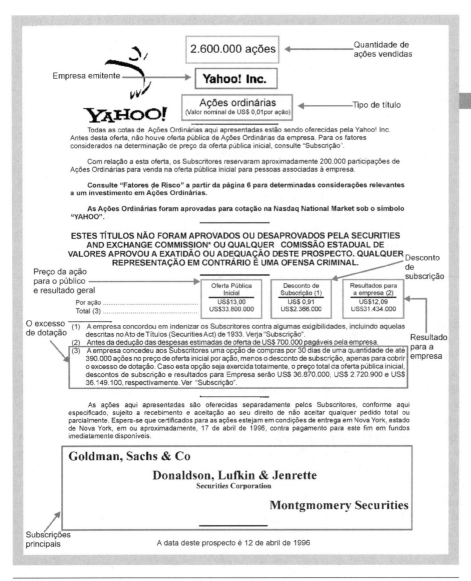

FIGURA 2.1

Página de rosto do prospecto de uma emissão de ações ordinárias da Yahoo! Inc.

Fonte: Reproduzido com a permissão de Yahoo! Inc. © 2000 por Yahoo! Inc. YAHOO! e o YAHOO! logo são marcas registradas de Yahoo! Inc.
*A Securities and Exchange Commission (SEC) corresponde à Comissão de Valores Mobiliários (CVM) no Brasil. (NT)

A empresa de corretagem que administra uma subscrição é denominada **casa iniciadora**. A casa iniciadora pode não ser uma única empresa se a negociação envolver vários banqueiros de investimento. Nesse caso, várias empresas se juntam para administrar a subscrição. A casa iniciadora normalmente não vende todos os títulos, mas forma um **sindicato**. O sindicato é um grupo de casas corretoras que se juntam para subscrever e negociar uma venda específica de títulos. As empresas que administram a venda geralmente são chamadas *subscritores principais*. Na subscrição ilustrada pela Figura 2.1, 17 empresas adicionais juntaram-se às três principais para vender as ações.

Casa iniciadora
Banqueiro de investimentos que faz um acordo de vender uma nova emissão e forma um sindicato para vender os títulos.

Sindicato
Grupo vendedor formado para vender uma nova emissão de títulos.

O uso de um sindicato apresenta diversas vantagens. O sindicato tem acesso a um número maior de compradores potenciais, e o uso de um sindicato reduz o número de ações que cada empresa tem de vender, o que também aumenta a probabilidade de que toda a emissão seja vendida. Assim, a sindicalização torna possível tanto a venda de uma grande oferta como a redução do risco que cada membro do grupo de vendas suporta.

Caso os banqueiros de investimento não queiram aceitar o risco da venda, podem concordar em subscrever os títulos usando um **acordo de melhores esforços** para vendê-los. Os banqueiros de investimento não subscrevem a venda e não garantem que um valor específico de dinheiro será levantado. Em vez disso, concordam em enviar seus melhores esforços para vender os títulos, mas o risco de venda é responsabilidade da empresa emissora. Caso os títulos não sejam vendidos, a empresa não recebe os fundos. Enquanto a maioria das vendas de novos títulos ocorre por subscrição, pequenos lançamentos de títulos de risco são normalmente vendas de melhores esforços.

> **Acordo de melhores esforços**
> Contrato com um banqueiro de investimento para venda de títulos no qual este não concorda em garantir a venda, mas concorda em enviar os melhores esforços para vender os títulos.

Precificando[2] um Novo Lançamento

Como a maioria das vendas de novos títulos é feita por subscrições, a precificação dos títulos é crucial. Se o preço inicial de oferta for excessivamente alto, o sindicato será incapaz de vender os títulos. Quando isso ocorre, os banqueiros de investimento têm duas escolhas: (1) sustentar o preço de oferta e manter os títulos em estoque até que sejam vendidos, ou (2) permitir que o mercado encontre um preço mais baixo, o que induzirá os investidores a comprar os títulos. Nenhuma das duas escolhas beneficia os banqueiros de investimento.

Se os subscritores compram os títulos e os mantêm em estoque precisam imobilizar seus próprios fundos, que poderiam proporcionar retorno em outro investimento, ou necessitam emprestar fundos para pagar os títulos. Os banqueiros de investimento terão que pagar juros por esses fundos emprestados. Desse modo, a decisão de manter o preço de oferta dos títulos impede que os banqueiros de investimento invistam seu próprio capital em outro local ou (e este caso é o mais provável) exige que emprestem fundos. Em qualquer caso, a margem de lucro da subscrição é reduzida, e os banqueiros de investimento podem até mesmo experimentar perda na subscrição.

Em lugar de manter o preço, os subscritores podem escolher deixar cair o preço dos títulos. O estoque dos títulos não vendidos pode então ser vendido pelo preço mais baixo. Os subscritores não precisarão imobilizar ou tomar dinheiro de suas fontes de crédito. Se os subscritores fizerem essa escolha, criam para si mesmos perdas quando decidem vender os títulos a um preço abaixo do custo. No entanto, também causam perda aos clientes que compraram os títulos ao preço da oferta inicial. Os subscritores certamente não querem infligir prejuízos a esses clientes, porque seu mercado para futuras emissões de títulos desaparecerá. Dessa forma, os banqueiros de investimento tentam não superavaliar os preços, pois o sobrepreço vai, em última análise, lhes causar prejuízos.

Existe também um incentivo para evitar a subavaliação de títulos novos. Se a emissão é subavaliada, todos os títulos serão vendidos rapidamente, e seu preço aumentará porque a demanda excederá a oferta. Os compradores dos títulos ficarão satisfeitos, pois o preço dos títulos aumenta como resultado da subavaliação. Os compradores iniciais dos títulos colhem lucros inesperados, mas, na verdade, esses lucros são obtidos à custa da empresa cujos títulos foram subavaliados. Se os subscritores tivessem colocado os títulos a um preço mais alto, a empresa teria levantado mais capital.

---

[2] Neologismo da palavra *pricing* que, aqui, significa determinação de preço. (NRT)

Apesar de existirem razões para os subscritores evitarem tanto a subavaliação quanto a superavaliação, parece existir um incentivo maior para subavaliar os títulos. Estudos determinaram que as compras iniciais ganharam maiores retornos quando os compradores tiveram um incentivo de preço para adquirir a nova oferta.[3] Compradores posteriores, no entanto, não ganharão tão bem, e qualquer subavaliação inicial parece desaparecer rapidamente após a oferta original. Além disso, muitas ofertas públicas iniciais posteriormente têm desempenho inferior ao do mercado durante os primeiros anos após a oferta original.

Comercializando Títulos Novos

> **Prospecto preliminar (arenque vermelho)**
> Documento inicial detalhando a condição financeira de uma empresa que deve ser protocolado na SEC para registrar uma nova emissão de títulos.
>
> **Securities and Exchange Commission (SEC)**
> Agência governamental responsável pela aplicação da legislação federal de títulos.
>
> **Registro**
> Processo de protocolar informação na SEC relativa à venda proposta de títulos para o público.

Uma vez que os termos da venda tenham sido acordados, a casa administradora pode emitir um **prospecto preliminar**. O prospecto preliminar normalmente é chamado *arenque vermelho*, um termo que sugere que o documento deve ser lido com cuidado, uma vez que não é final nem completo. (A expressão "arenque vermelho" deriva da técnica utilizada pelos fugitivos britânicos de esfregar arenques em suas pistas para confundir os sabujos.) Os prospectos preliminares informam aos compradores potenciais que os títulos estão sendo protocolados na **Securities and Exchange Commission (SEC)** e poderão posteriormente ser oferecidos para venda. **Registro** refere-se à divulgação de informações relativas à empresa, os títulos oferecidos para venda e o uso do resultado da venda.[4]

O custo da impressão do arenque vermelho é pago pela empresa emissora. Esse prospecto preliminar descreve a empresa e os títulos que serão emitidos; inclui a demonstração de resultado e o balanço da empresa, suas atividades atuais (como fusão ou negociação com sindicato), os agentes reguladores aos quais está sujeita e a natureza de sua concorrência. O prospecto preliminar é, dessa forma, um documento detalhado relativo à empresa e, infelizmente, é, em geral, uma leitura enfadonha.

O prospecto preliminar não inclui o preço dos títulos. Isso será determinado no dia que os títulos forem emitidos. Caso os preços dos títulos aumentem ou diminuam, o preço dos novos títulos pode ser ajustado às mudanças das condições de mercado. Na realidade, se os preços caírem bastante, a empresa tem a opção de adiar ou mesmo cancelar a subscrição.

Depois que a SEC aceita a declaração de registro, é publicado um prospecto definitivo. A SEC não aprova a emissão em relação ao valor do investimento, mas, em vez disso, assegura que todas as informações exigidas foram fornecidas e que o prospecto está completo em formato e conteúdo. Exceto por mudanças exigidas pela SEC, o prospecto definitivo é praticamente idêntico ao preliminar. São adicionadas as informações relativas ao preço do título, os resultados da empresa, o desconto de subscrição, juntamente com quaisquer dados financeiros mais recentes. Como pode ser visto na Figura 2.1, a Yahoo! Inc. emitiu 2.600.000 cotas de ações ordinárias ao preço de $13,00 para levantar um total de $33.800.000. O custo de subscrição (também chamado *custo de lançamento* ou *desconto de subscrição*) é a diferença entre o preço de venda dos títulos para o público e os retornos recebidos pela empresa. Nesse exemplo, o custo é de $0,91 por ação para um custo total de $2.366.000, que corresponde a 7,5% do retorno recebido pela Yahoo!.

---

[3] Ver ANDERSON, Seth. *Ofertas publicas iniciais IPO*. Boston: Kluwer Academic Publishers, 1995.

[4] Enquanto houver exceções, títulos corporativos não protocolados geralmente não podem ser vendidos ao público. A dívida do governo (por exemplo, títulos estaduais e municipais), no entanto, não é protocolada na SEC e pode ser vendida ao público. Informações relativas à SEC podem ser obtidas em http://www.sec.gov, a *home page* da Securities and Exchange Commission, ou por meio do site http://mayo.swlearning.com.

A empresa subscritora freqüentemente concede ao subscritor um sobredotação para cobrir a venda de ações adicionais, caso haja demanda suficiente. Como pode ser visto na Figura 2.1, a Yahoo! concedeu aos subscritores a opção de comprar uma quantidade adicional de 390.000 ações, o que poderia aumentar o retorno total recebido pela Yahoo! para $ 36.149.100.

Volatilidade do Mercado para Ofertas Públicas Iniciais

O mercado de novas emissões (principalmente para as ofertas públicas iniciais de ações ordinárias, ou IPOs) pode ser extremamente volátil. Houve períodos em que o público investidor parecia disposto a comprar praticamente qualquer título que estivesse à venda (por exemplo, o período ponto-com durante o fim dos anos de 1990). Períodos houve, também, durante os quais as novas empresas simplesmente eram incapazes de levantar dinheiro, e as grandes só o conseguiam debaixo de termos onerosos.

O mercado de títulos novos é volátil não apenas em relação à quantidade de títulos que são oferecidos, mas também com relação às mudanças de preços das novas emissões. Quando o mercado de novas emissões está "quente", não é incomum que preços subam dramaticamente. As ações da Yahoo! foram inicialmente oferecidas a $ 13 e fecharam a $ 33 depois de alcançar um pico de $ 43 durante o primeiro dia de negociações.

Poucos lançamentos novos têm desempenho tão bom quanto o da Yahoo!, e muitos que vão bem no início, posteriormente sofrem quedas em tempos ruins. A Boston Chicken (controladora da Boston Market) abriu capital a $ 20 por ação e subiu até $ 48,5 no final do primeiro dia de negociações. A rápida expansão da empresa excedeu muito sua capacidade de manter uma operação rentável. A Boston Chicken protocolou seu pedido de falência, e as ações foram negociadas por alguns centavos por ação. (Uma das dúvidas enfrentadas pelos detentores de qualquer IPO cujos preços das ações sobem dramaticamente é se o desempenho inicial continuará ou, pelo menos, se manterá por tempo suficiente.)

Naturalmente, todas as empresas já foram pequenas um dia, e cada uma delas teve de abrir o capital para ter mercado para suas ações. Alguém comprou as ações da IBM, da Microsoft e da Johnson & Johnson quando essas empresas venderam pela primeira vez suas ações para o público. O mercado de novas emissões oferece a oportunidade de investir em empresas emergentes, algumas delas podendo atingir altos retornos para aqueles investidores ou especuladores que estiverem dispostos a aceitar o risco. É a possibilidade de grandes recompensas que tornam o mercado de novas emissões tão estimulante. No entanto, se o passado é um indicador de futuro, muitas empresas que abrem capital fracassarão e infligirão perdas a esses investidores que aceitaram o risco comprando os títulos emitidos pelas empresas pequenas e emergentes.

REGISTROS DE PRATELEIRA

A discussão anterior foi baseada em termos de empresas que vendem pela primeira vez suas ações para o público em geral (ou seja, a "oferta pública inicial" ou "abertura de capital"). Empresas que anteriormente emitiram ações e que atualmente são de capital aberto também levantam fundos vendendo novos títulos. Se as vendas são para o público em geral, aplicam-se os mesmos procedimentos genéricos. Os novos títulos têm de ser registrados na e com a aprovação da SEC antes de serem vendidos ao público, e a empresa normalmente utiliza os serviços de um banqueiro de investimento para facilitar a venda.

Existem, entretanto, diferenças entre uma oferta pública inicial e a venda de títulos adicionais por uma empresa de capital aberto. A primeira diferença importante diz respeito ao preço dos títulos. Como já existe um mercado para as ações da empresa, o problema de um preço adequado para as ações adicionais é praticamente eliminado. Esse preço será aproximadamente o preço de mercado em vigor nas datas da emissão. Segunda, porque a empresa deve publicar informações periodicamente (por exemplo, o relatório anual) e protocolar documento na SEC, existe uma menor necessidade de um prospecto detalhado. Muitas empresas de capital aberto preparam um prospecto descrevendo uma proposta de emissão de novas ações e o protocolam com a SEC. Esse documento é chamado "registro de prateleira". Depois que o registro de prateleira foi aceito, a empresa pode vender os títulos sempre que surgir necessidade de fundos. Em julho de 2002, a Dominion Resources protocolou um registro de prateleira que cobria títulos de débito, ações preferenciais, ações ordinárias e direitos de compra de ações. Tal registro de prateleira dá grande flexibilidade à Dominion Resources. Nem todas as variedades de títulos têm de ser emitidas, e podem ser vendidos títulos específicos rapidamente, caso a empresa considere que as condições são ótimas para a venda.

> **Colocação de títulos privados**
> Venda não pública de títulos a uma instituição financeira.

Além de vendas públicas de títulos, a empresas podem levantar fundos por meio de **colocações de títulos privados**, que são vendas não públicas de títulos. Essas vendas são feitas para empresas de capital de risco ou fundos mútuos que se especializam em empresas emergentes. Pequenas empresas normalmente são incapazes de levantar capital pelas fontes tradicionais. O tamanho da emissão pode ser muito pequeno ou a empresa é vista como um risco muito alto para uma subscrição por um banqueiro de investimento. Desse modo, capitalistas de risco preenchem uma lacuna, adquirindo títulos emitidos por empresas pequenas com potencial de crescimento excepcional.

É claro que nem todas as empresas pequenas com potencial de crescimento excepcional realizam esse potencial. Capitalistas de risco muitas vezes experimentam grandes prejuízos nesses investimentos, mas seus sucessos podem gerar grandes retornos. Se um capitalista de risco investir $1 milhão em cinco empresas e, destas, quatro fracassarem e uma delas se tornar um negócio bem-sucedido, esse único grande ganho pode mais que compensar os investimentos feitos nas quatro que não deram certo.

O sucesso dos capitalistas de risco depende da capacidade de identificar a administração de qualidade e novos produtos com potencial de mercado. Enquanto os capitalistas de risco têm de negociar termos que recompensem o risco que aceitaram, não podem sufocar o espírito empreendedor necessário para administrar com sucesso um negócio emergente.

Uma vez que a empresa cresça e alcance sucesso, os títulos comprados pelo capitalista de risco podem ser vendidos ao público como parte da oferta pública inicial. Muitas ofertas públicas de títulos combinam uma venda de novos títulos para levantar fundos para empresa e uma venda de títulos por acionistas existentes. Esses valores mobiliários são normalmente compostos por ações originalmente compradas pelos capitalistas de risco que estão usando a venda pública inicial como meio de realizar seus lucros em seus investimentos em empresas de sucesso.

O REGULAMENTO DE NOVAS EMISSÕES PÚBLICAS DE TÍTULOS CORPORATIVOS

A indústria de títulos está sujeita a um grande número de regulamentos. Uma vez que a maioria dos títulos cruza fronteiras estaduais, o regulamento básico é no nível federal. O propósito dessa regulamentação é proteger o público investidor, fornecendo aos investidores informações que os ajudem a evitar fraudes e a manipulação de preços dos títulos. A regulamentação de forma alguma garante que você terá lucros nos seus investimentos. A finalidade do regulamento é protegê-lo de seus próprios erros.

Regulamentos federais foram desenvolvidos como um resultado direto do desastre nos mercados de capitais no início dos anos de 1930. As primeiras peças legais mais importantes foram os *Securities Act* (Ato dos Títulos) de 1933 e o *Securities Exchange Act* (Ato de Negociação de Títulos) de 1934. Esses regulamentos preocupam-se com a emissão e a negociação de títulos. O ato de 1933 cobre novas emissões de títulos e o de 1934 dedica-se à negociação com títulos já existentes. Para administrar esses atos, foi criada a Securities and Exchange Commission (normalmente chamada SEC).[5]

> **Leis de divulgação total**
> Leis federais sobre títulos regulamentando a divulgação oportuna de informações que possam afetar o valor dos títulos de uma empresa.

Esses atos são também denominados **leis de divulgação total**, uma vez que seu intento é exigir que as empresas com títulos em poder do público informem-no dos fatos relativos às empresas. Uma empresa somente pode emitir novos títulos após protocolar uma declaração de registro junto a SEC. Esta, por sua vez, não liberará os títulos para venda até que todos os fatos relevantes que possam vir a afetar o valor dos títulos tenham sido divulgados. A SEC não faz comentários a respeito do valor dos títulos como um investimento. Considera-se que, uma vez que tenha recebido as informações necessárias, você pode fazer sua própria avaliação da qualidade dos títulos como um investimento.

Uma vez que os títulos tenham sido vendidos ao público, as empresas são obrigadas a manter atualizadas as informações no arquivo da SEC. Isso é obtido fazendo que a empresa protocole um relatório anual (chamado **relatório 10-K**) na SEC. O relatório 10-K contém uma quantidade substancial de informações relativas à empresa, e essas informações são normalmente enviadas sob a forma de resumo para os acionistas no relatório anual da empresa. (Caso seja solicitado, as empresas também enviarão aos acionistas uma cópia do relatório 10-K sem custo adicional.)

> **Relatório 10-K**
> Relatório anual e obrigatório a ser protocolado com a SEC por empresas de capital aberto.

As empresas também são obrigadas a publicar durante o ano qualquer informação que possa afetar de forma material o valor de seus títulos. Informações relativas a novas descobertas ou ações judiciais ou greves é disseminada ao público em geral. A SEC tem o poder de suspender as negociações dos títulos de uma empresa caso não publique tais informações. Esta é uma atitude drástica e pouco usada, visto que a maioria das empresas publica continuamente comunicados à imprensa que informam ao público investidor sobre mudanças importantes que afetem a companhia. Algumas vezes, a própria empresa solicita que a negociação de seus títulos seja suspensa até que um novo comunicado possa ser preparado e disseminado.

As exigências de divulgação não obrigam a empresa a divulgar totalmente suas operações. Cada companhia tem segredos de negócios que não deseja que sejam conhecidos por seus concorrentes. A finalidade da divulgação total não é sufocar a empresa, mas (1) informar os investidores para que possam tomar decisões fundamentadas, e (2) evitar que os funcionários da empresa façam uso de informação privilegiada para obter ganhos pessoais. Deve ser óbvio que os funcionários podem ter acesso à informação antes que esta atinja o público em geral. Essa informação interna pode aumentar a capacidade desses funcionários de lucrar, vendendo ou comprando títulos antes que seja feita a comunicação. Tal aproveitamento de informações interna é ilegal. Executivos e diretores da companhia têm de relatar à SEC seus bens e quaisquer mudanças em seus títulos da empresa. Dessa forma, é possível para a SEC determinar se as transações foram realizadas antes dos anúncios públicos.

A informação interna, no entanto, não é limitada apenas às pessoas que trabalham para uma empresa. O conceito aplica-se às pessoas que trabalham para outra companhia que

---

[5] A SEC pode ser acessada por meio de seu endereço na Web **http://sec.gov** ou pelo site **http://mayo.swlearning.com**. A *home page* da SEC inclui assistência ao investidor e reclamações, informações básicas relativas à SEC e sua legislação e poderes de fiscalização, e informações especiais para pequenas empresas. A *home page* também fornece entrada para o banco de dados EDGAR. EDGAR é um acronímico para Electronic Data Gathering Analysis and Retrieval (Coleta, Análise e Recuperação de Dados Eletrônicos), que é o banco de dados do governo do arquivo da SEC por empresas de capital aberto e fundos mútuos. A coleta de dados teve início em 1994 com um período de implantação. Em maio de 1996, foi exigido que todas as empresas de capital aberto protocolassem informações financeiras eletronicamente. Nesse site, um investidor pode obter (via *download*) o relatório 10-K de uma empresa.

tenha acesso a informações privilegiadas. Por exemplo, contadores, advogados, funcionários de agência de publicidade e credores têm acesso a informações internas. Certamente, os banqueiros de investimento de uma empresa saberão se uma organização está antecipando uma fusão, buscando adquirir outra empresa ou se tem a intenção de emitir novos títulos. Esses banqueiros de investimento são, na realidade, pessoas com acesso a informações não disponíveis para o público. Nem eles nem qualquer um a quem forneçam essa informação podem legalmente usá-la para ganhos pessoais.

> **Securities Investor Protection Corporation (SIPC) (Corporação de Proteção aos Investidores em Títulos)**
> Agência federal que assegura os investidores contra a falência de corretoras.

Outra fonte de regulamentação de títulos é a **Securities Investor Protection Corporation (SIPC)** (Corporação de Proteção ao Investidor em Títulos). Essa agência tem uma finalidade semelhante à FDIC, uma vez que a SIPC é projetada para proteger os investimentos da insolvência de corretoras. O seguro da SIPC aplica-se àqueles investidores que deixam seus títulos e dinheiro com empresas de corretagem. Se esta vier a falir, esses investidores poderiam perder parte de seus fundos e investimentos. O seguro da SIPC é projetado para proteger os investidores desse tipo de perda. Seu valor, no entanto, é limitado a $ 500 mil por cliente, dos quais apenas $ 100 mil são aplicáveis a saldos em dinheiro. Dessa forma, se você deixar um valor substancial de títulos e dinheiro com uma corretora que venha a falir, não está totalmente protegido pelo seguro. A fim de aumentar a cobertura, algumas corretoras fazem um seguro adicional com empresas de seguro privadas para proteger seus clientes.

O ATO SARBANES-OXLEY DE 2002

O grande aumento nos preços das ações ocorrido durante 1998, e que durou até 2000, e o declínio posterior de preços podem ser atribuídos parcialmente às práticas contábeis fraudulentas (ou pelo menos questionáveis) e a manipulação de ações por parte dos analistas de mercado. Esses escândalos conduziram à criação do *Sarbanes-Oxley Act* (Ato Sarbanes-Oxley) cuja finalidade é restaurar a confiança do público nos mercados de capitais. Apesar de ainda ser muito cedo para determinar as ramificações do Ato Sarbanes-Oxley, suas amplitude e cobertura são extensas. As principais providências englobam:

- A independência dos auditores e a criação do Conselho de Supervisão da Contabilidade de Empresas de Capital Aberto.

- Responsabilidade corporativa e divulgação financeira.

- Conflito de interesses e fraude, e responsabilidade corporativa.

O Sarbanes-Oxley criou o Conselho de Supervisão da Contabilidade de Empresas de Capital Aberto, cuja finalidade é supervisionar a auditoria dos relatórios financeiros das empresas de capital aberto. O conselho tem o poder de estabelecer regras e padrões para os relatórios de auditoria e obrigar seu cumprimento pelas empresas de auditoria independente. Companhias e pessoas que conduzam auditorias estão proibidas de desempenhar serviços que não sejam de auditoria para seus clientes.

A responsabilidade corporativa e a divulgação financeira exigem que o principal executivo chefe (CEO)[6] e o executivo chefe de finanças (CFO)[7] de uma empresa de capital aberto certifiquem-se de que os relatórios financeiros não contenham informações falsas ou omissões

---

[6] *Chief Executive Officer* (CEO) – principal executivo chefe (em geral, o presidente da diretoria executiva). (NT)

[7] *Chief Financial Officer* (CFO) – executivo chefe de finanças (normalmente, o diretor financeiro). (NT)

importantes. Esses executivos são também responsáveis pelos controles internos para se assegurar de que receberam informações exatas sobre as quais basearam sua certificação dos relatórios financeiros. O pessoal da corporação não pode exercer influência imprópria sobre os auditores para que aceitem relatórios financeiros enganosos. Os diretores e executivos chefes também estão banidos das negociações com títulos da empresa durante os períodos de *blackout*, quando não é permitido aos fundos de pensão da empresa negociar os títulos. São proibidos empréstimos pessoais a executivos e diretores, e a alta administração tem de divulgar compras e vendas de títulos da empresa dentro de dois dias úteis. (A exigência anterior era dez dias após o fechamento do mês civil.)

Conflito de interesse diz respeito aos papéis desempenhados pelos analistas de mercado e os banqueiros de investimento. Os banqueiros de investimento facilitam o levantamento de fundos pela empresa. Os analistas de mercado determinam se os títulos estão sub ou superavaliados. Ambos são empregados por empresas, como a Merril Lynch. Se um analista de mercado determina que uma ação está superavaliada, isso prejudicará a relação entre os banqueiros de investimento e a empresa que deseja vender os títulos. Dessa forma, existe um conflito de interesse óbvio entre os analistas de mercado e os banqueiros de investimento que trabalham para a mesma empresa financeira.

Essas duas divisões precisam ser independentes uma da outra. Embora as empresas financeiras afirmassem que realmente existia uma "parede guarda-fogo" entre os banqueiros de investimento e os analistas de mercado, as atitudes dos analistas de mercado indicavam o oposto. O Ato Sarbanes-Oxley reforça a parede guarda-fogo. A capacidade dos banqueiros de investimento de aprovar antecipadamente a pesquisa de um analista de mercado é restrita. Pessoas relacionadas com as atividades bancárias de investimento não podem supervisionar a análise de títulos. São proibidas represálias contra relatórios negativos de analistas de mercado. Um analista deve divulgar se ele ou ela possui títulos ou recebeu compensação das empresas cobertas pelo analista. As penalidades pela violação do Ato Sarbanes-Oxley e as leis existentes sobre fraude corporativa – que proíbem a destruição de documentos e impedimento ou obstrução de investigação – foram aumentadas, com penas incluindo multas pesadas e sentenças de até 20 anos de prisão.

RESUMO

Todas as empresas têm de ter uma fonte de fundos para adquirir ativos e quitar dívidas em aberto. Uma fonte possível para esses fundos inclui poupadores que não estão utilizando no momento todas as suas rendas para adquirir bens e serviços. A transferência desses fundos pode ocorrer indiretamente por um intermediário financeiro ou diretamente por meio da compra de títulos emitidos por empresas.

Quando uma empresa (ou governo) emite títulos novos, normalmente emprega os serviços de um banqueiro de investimento para facilitar a venda. Os banqueiros de investimento agem como intermediários entre a empresa e os investidores. Em muitos casos, os banqueiros de investimento subscrevem os títulos e garantem à empresa emitente um determinado valor em dinheiro. Os banqueiros de investimento compram os títulos com a intenção de revendê-los ao público investidor.

Novas emissões de ações e bônus corporativos que são vendidos ao público têm de ser registrados com a Securities and Exchange Commission (SEC). O registro fornece às pessoas as informações que lhes permite tomar decisões de investimento lastreadas. A SEC também fiscaliza as leis federais sobre títulos que regulam a negociação de ações e bônus corporativos nos mercados secundários.

As contas dos investidores com as corretoras são seguradas pela Securities Investor Protection Corporation (SIPC) (Corporação de Proteção ao Investidor em Títulos). Esse seguro cobre até $500 mil dos títulos de uma pessoa mantidos por uma corretora, mas muitas empresas de corretagem têm um seguro extra. A intenção da SIPC é aumentar a confiança do público no ramo de títulos reduzindo o risco de perdas pela falência de uma empresa corretora. A legislação mais recente sobre títulos foi o Ato Sarbanes-Oxley de 2002. Atividades fraudulentas de corporações, práticas contábeis enganosas e a significativa queda de preços resultante no mercado de capitais reduziram a confiança dos investidores. Aumentando a responsabilidade corporativa e as exigências de divulgação de dados financeiros, criando portas guarda-fogo mais potentes entre os banqueiros de investimento e os analistas de mercado, e aumentando a pena para as violações, o Ato Sarbanes-Oxley é projetado para ajudar a restaurar a confiança do investidor nos mercados de capital.

REVISÃO DOS OBJETIVOS

Agora que completou este capítulo, você deve ser capaz de:

1. Explicar o papel dos banqueiros de investimento (páginas 14-18).

2. Descrever os componentes de uma venda pública de títulos (páginas 15-17).

3. Diferenciar acordos de melhor esforço de um comprometimento firme (páginas 14-16).

4. Explicar a finalidade de um registro de prateleira e uma colocação de títulos privados (páginas 18-19).

5. Identificar a entidade legal que aplica as leis federais de títulos (página 20-21).

6. Expor a finalidade primária das leis federais de títulos (páginas 19-22).

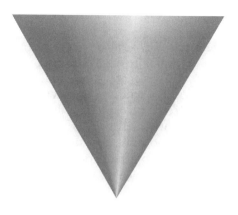

MERCADOS DE CAPITAL

Um sábio anônimo uma vez sugeriu: "Um idiota e seu dinheiro logo se separam". O mercado de ações é definitivamente um lugar onde essa separação pode ocorrer. Na segunda-feira, 19 de outubro de 1987, a Média Industrial Dow Jones despencou 508 pontos, uma queda de 22,6% em um dia. Essa queda no preço agregado das ações suplantou a que ocorreu em 28 de outubro de 1929. Naquele dia fatal, o valor do mercado declinou 12,8%.

Naturalmente, você pode dizer que estes são apenas dois exemplos de um dia de negociações. Ao longo do tempo, o mercado subiu. Isso é verdade, no decorrer dos anos o mercado de ações subiu, mas houve longos períodos em que o mercado de ações caiu. De 2000 a 2002, o preço agregado do mercado de ações caiu por três anos consecutivos. Se você tivesse comprado ações em janeiro de 2000 e mantido sua posição, provavelmente teria um prejuízo três anos depois, no fim de dezembro de 2002. Pense nesta afirmação – praticamente todos que compraram ações perto do fim de 1999 e no início de 2000 tiveram uma perda nas compras ao final de 2002! Mesmo alguns anos depois, em 2005, muitas dessas ações continuaram a ser vendidas a preços que eram mera fração de seus picos durante 1999-2000.

Certamente, não há dúvida de que investir em ações envolve um potencial de perda. Sem a possibilidade de perda, não haveria a possibilidade de ganho. De todas as instituições financeiras, o mercado de ações pode ser a mais conhecida. Enquanto o mercado de ações é sem dúvida fascinante e bem conhecido, seu propósito é, na maioria das vezes, mal compreendido. A função básica do mercado de capitais não é levantar fundos para empresas, mas transferir papéis dos vendedores, como você e eu, para os compradores, como você e eu. Não há uma variação líquida na quantidade de papéis em existência, nenhum fundo é transferido para as empresas. O que ocorre é uma transferência de propriedade do vendedor para o comprador.

Os mercados de ações são *mercados secundários* que facilitam a transferência de títulos existentes entre investidores. Essa transferência é extremamente importante, porque os proprietários sabem que existe um mercado secundário no qual podem vender seus títulos. A facilidade com que esses títulos podem ser vendidos e convertidos em dinheiro aumenta o interesse de os investidores comprarem e manterem ações e títulos, aumentando, assim, a capacidade das empresas de emitir papéis. Sem os mercados secundários, investidores relutariam em comprar as ações quando as empresas as lançassem inicialmente.

Este capítulo estuda os mercados secundários, principalmente o mercado de ações. Serão discutidos os mecanismos de investimento, o papel dos corretores e distribuidores de títulos e valores mobiliários, compra em dinheiro *versus* contas de margem, posições compradas e a descoberto, e títulos estrangeiros. O capítulo termina com uma discussão da hipótese do mercado eficiente, o que sugere que, no decorrer de alguns anos, poucos investidores terão desempenho melhor que o do mercado.

Você poderá achar o material deste capítulo fascinante, porém o mercado de ações é apenas uma faceta das finanças. O restante deste texto introduz várias áreas das finanças como as instituições financeiras, títulos representativos de dívidas, finanças corporativas e derivativos. Este texto pode ser apenas uma introdução. Entretanto, o texto lança a fundação sobre a qual você poderá construir. Não é possível escapar de tomar decisões financeiras, elas permeiam nossas vidas. Um conhecimento básico dos ativos financeiros, instituições financeiras e finanças corporativas deverá enriquecer o desenvolvimento de sua carreira e ajudá-lo a resolver problemas financeiros pessoais.

FORMADORES DE MERCADO

Milhões de ações e bilhões de dólares trocam de mãos todos os dias. Os compradores e vendedores nunca se encontram; em vez disso, os mercados de capitais transferem impessoalmente as ações (e títulos) dos vendedores para os compradores. As transferências podem ocorrer em uma negociação organizada, tal como na Bolsa de Valores de Nova York (New York Stock Exchange – Nyse), ou por meio de um mercado menos formal, chamado mercado de balcão (*over the counter market* – OTC).[1] Embora existam diferenças organizacionais entre as bolsas e os mercados OTC, da perspectiva de um investidor potencial, essas instituições trabalham basicamente da mesma maneira.

Imagine que você queira comprar uma ação da IBM ou do Google. A IBM negocia por intermédio da Nyse, enquanto o Google negocia por meio do mercado OTC, mas de qualquer forma você compra a ação de um corretor. Na realidade, o corretor não lhe vende a ação, mas age *como seu agente*. A ação é comprada de um distribuidor de títulos e valores mobiliários. Mesmo que você utilize uma empresa de corretagem de descontos ou compre e venda on-line na internet, o título lhe é vendido por um distribuidor de títulos e valores mobiliários. O *Securities and Exchange Act* (Ato de Negociação de Títulos) de 1934 define um operador de bolsa como qualquer pessoa que se dedique ao "negócio de comprar e vender títulos por *conta própria*".

Essa compra e venda pelos operadores de bolsa por conta própria tem o efeito de criar um mercado de títulos, e os operadores de títulos no mercado de balcão são chamados "formadores de mercado". Operadores de títulos negociados na Bolsa de Valores de Nova York e na Bolsa de Valores Americana (American Stock Exchange) são denominados **especialistas**.

Especialista
Formador de mercado de uma bolsa organizada.

---

[1] *Over the counter market* é um sistema de negociações restrito para investidores institucionais. (NT)

Em todo caso, os formadores de mercado e os especialistas se oferecem para comprar títulos de qualquer vendedor e para vender a qualquer comprador. Eles criam um mercado de títulos para que você e outros investidores sejam capazes de comprar e vender quando desejarem. Sem os formadores de mercado, você não seria capaz de comprar e vender ações e títulos com rapidez. Os formadores de mercado definem preços específicos para a compra e venda os títulos. Por exemplo, um formador de mercado pode estar disposto comprar uma ação a $20 e vendê-la a $21. O titulo é então cotado a 20 a 21, que equivalem aos **preços de compra e venda**. O formador de mercado está disposto a comprar (fazer um lance) a ação a $20 e a vender (pedir) a $21.

> **Preços de compra e venda**
> Preços cotados pelos formadores de mercado, os quais estão dispostos a comprar e vender títulos.

As transações são em **lotes redondos ou fracionários**. Um lote redondo é a unidade básica de negociação e normalmente é composto por cem ações. Transações menores, como 55 ações, são lotes fracionários. Para algumas ações, o lote redondo é diferente de cem ações. Por exemplo, para ações mais baratas, um lote redondo pode ser de 500 ou mil ações. A importância da distinção entre lotes fracionários e redondos vem diminuindo ao longo do tempo, principalmente no mercado acionário. Você pode comprar facilmente 55, ou 555, ou 5.555 ações da IBM. O mesmo não se aplica no mercado de títulos. Você não será capaz de comprar $55, $555 ou $5.555 de um título da IBM. A unidade de negociação é $1 mil e mesmo esse valor pode ser muito pequeno para executar uma compra; a unidade mínima de negócio pode ser $5 mil ou $10 mil, de valor de face do título. Em alguns casos, a unidade mínima pode ser $100 mil.

> **Lote redondo**
> Unidade normal de negociação de um título.
>
> **Lote fracionário**
> Unidade de negociação menor que um lote redondo.

A diferença entre compra e venda é o *spread*, e o *spread*, como a comissão de corretagem, é parte do custo de investimento. Quando se compra um título, o valor do título é o preço de compra, porém, você paga o preço de venda. Assim, a diferença entre o preço de compra e o de venda é um custo para você. Se forem diversos operadores intermediários em determinado título, esse *spread* será pequeno. Se, no entanto, forem apenas um ou dois o *spread* poderá ser grande (pelo menos como porcentagem do preço de compra). O *spread* também é afetado pelo volume de transações do papel e o número de ações que a empresa tem em circulação. Se existir um grande volume de transações e a quantidade de ações em circulação é grande, então, em geral, há um grande número de formadores de mercado. Esse aumento de concorrência reduz o *spread* entre a compra e a venda. Se a quantidade de ações em circulação for pequena, normalmente o *spread* é maior.

> **Spread**
> Diferença entre os preços de compra e de venda.

O *spread* é uma fonte de lucros dos formadores de mercado à medida que giram os títulos em suas carteiras. Os formadores de mercado também lucram quando o preço dos títulos sobe porque o valor de seu estoque de títulos aumenta de valor. (Eles também assumem o risco se o valor de qualquer título que detenham diminuir.) Os lucros são uma faceta necessária do mercado de títulos, pois induzem os formadores de mercado a preencher sua função principal de comprar e vender títulos. Esses formadores de mercado garantem comprar e vender aos preços que cotaram. Assim, você sabe (1) qual o valor dos títulos em determinado momento e (2) que existe um lugar para vender os títulos que você já possui ou comprar títulos adicionais. Os formadores de mercado devem ser compensados por esse serviço, e essa compensação é gerada basicamente pelo *spread* entre a compra e a venda.

Enquanto os preços de compra e de venda são definidos pelos operadores intermediários, o nível de preços desses títulos é estabelecido pelos investidores. O formador de mercado apenas garante fazer uma transação aos preços compra-venda. Se definir o preço muito abaixo para uma ação, haverá uma grande procura pelos investidores. Caso o operador intermediário seja incapaz ou não queira satisfazer essa demanda, ele venderá um lote redondo e aumentará os preços compra-venda. O aumento no preço da venda (1) induzirá alguns portadores das ações a vendê-las e, dessa forma, restabelecerá os estoques dos operadores intermediários; (2) induzirá alguns investidores desejosos de comprar a ação a sair do mercado.

Caso o formador de mercado defina um preço demasiadamente alto para a ação, haverá uma grande quantidade de ações oferecidas para venda. Caso o formador de mercado não seja capaz, ou não queira absorver todas essas ações, o operador de bolsa pode comprar um lote redondo e abaixar os preços compra-venda. A redução no preço da ação (1) levará alguns vendedores potenciais a manter seu estoque e (2) induzirá alguns investidores a entrar no mercado e comprar as ações, reduzindo, dessa forma, qualquer excesso de estoque dos formadores de mercado. Assim, embora os formadores de mercado possam definir os preços de compra e venda para um título, eles não podem definir o nível geral de preços dos títulos.

Para definir o nível geral de preços, os formadores de mercado têm de ser capazes de absorver o excesso de títulos em seus estoques quando houver excesso de oferta e vender ações de seu estoque quando houver excesso de demanda. Comprar esses excessos de ações exigirá que os formadores de mercado paguem por elas, e vender os títulos exigirá que os formadores de mercado entreguem as ações vendidas. Nenhum formador de mercado tem uma fonte infinita de fundos ou títulos. Apesar de os formadores de mercado poderem aumentar ou diminuir seus estoques, não podem suportar indefinidamente o preço pela compra nem interromper um aumento de preço pela venda. A função do formador de mercado não é definir o nível de preços dos títulos; todos os investidores fazem isso por meio da compra e venda. A função dos formadores de mercado é facilitar o processo disciplinado pelo qual compradores e vendedores de títulos são reunidos.

NEGOCIAÇÃO DE TÍTULOS

Quando uma empresa vende pela primeira vez seus títulos ao público, os títulos podem ser negociados nos mercados de balcão. Posteriormente, a empresa pode ter seus títulos listados em uma bolsa como a New York Stock Exchange (Nyse).[2] (Algumas ações de grandes empresas começam imediatamente a ser negociados na Nyse.) Em inglês, a palavra "ação" (*stock*) está presente no nome da instituição, mas isso não significa que apenas ações sejam negociadas nas bolsas de valores, outros títulos também são negociados.

Uma vez que os títulos são aceitos para negociação na Nyse (ou qualquer outra bolsa), a empresa tem de cumprir com determinados procedimentos, incluindo publicação de relatórios trimestrais, solicitar procurações para votação e publicação de eventos que possam afetar o valor dos títulos. A bolsa pode destituir as ações se a empresa mostrar-se incapaz de manter as exigências do registro ou não for capaz de publicar no prazo as informações que possam afetar o valor da ação. Por exemplo, a Nyse destituiu as ações da Aurora Foods quando a empresa entrou em falência e não conseguiu manter as exigências do registro. Destituições são infreqüentes e, ao longo do tempo, o número de títulos registrados tem aumentado. Enquanto 1.253 ações eram negociadas na Nyse em 1965, o número de empresas negociadas cresceu para 2.783 em 2003. (Ver o website da Nyse em: **http://www.nyse.com**, acessível por meio de **http://mayo.swlearning.com**.)

Títulos que não são negociados em bolsa o são no mercado de balcão. O mercado de balcão mais importante é o mercado de ações Nasdaq. "Nasdaq" é um acronímico para National Association of Securities Dealers Automated Quotation,[3] que é o sistema de comunicação para as cotações de preço no mercado de balcão. Todas as grandes empresas não

---

[2] New York Stock Exchange (Nyse) – Bolsa de Valores de Nova York. As bolsas de valores são instituições sem fins lucrativos, nas quais são negociados títulos e ações. A instituição tem por finalidade fornecer aos investidores um ambiente adequado onde possam ser realizadas as transações de compra e venda de títulos e valores mobiliários. (NT)

[3] Associação Nacional de Operadores de Títulos por Cotação Automatizada. (NT)

registradas negociam na Nasdaq e você pode obter cotações e solicitar preços simplesmente introduzindo no sistema o símbolo do registrador automático da ação.

As negociações de ações registradas e da Nasdaq são divulgadas na imprensa financeira e em outros jornais diários. A quantidade de informação publicada depende do espaço que a publicação decida dar às transações. O noticiário típico pode incluir as seguintes informações:

	52 semanas									
Ytd % chg	HI	LO	STOCK	(SYM)	DIV	YLD%	PE	VGL 100S	LAST	NET CHG
+4,1	99,38	45,83	BigGrn	BGN	2,16	4,2	30	20.046	51,63	−175

O *YTD % CHG* significa a porcentagem de variação do preço da ação durante o ano civil corrente, assim, na ilustração dada, o preço corrente da ação está 4,1% mais alto que o preço de fechamento ao fim do ano anterior. *HI* e *LO* (HIgh e LOw – ALto e BAixo) representam os preços máximo e mínimo da ação ($ 99,38 e $ 45,83, respectivamente) durante as últimas 52 semanas. Observe que a porcentagem de mudança no preço da ação cobre apenas o ano civil, enquanto os preços máximos e mínimos cobrem os últimos 12 meses.

A seguir, o nome da empresa (normalmente, de forma abreviada) e o símbolo do registrador automático em negrito (*BigGrn* **BGN**). *DIV* representa o dividendo anual pago pela empresa nos 12 meses anteriores ou a taxa de dividendo baseada em quatro pagamentos trimestrais. O *YLD%* é o dividendo dividido pelo preço da ação ($ 2,16/$ 51,63 = 4,2%). Esse retorno de dividendo é a medida do fluxo de receita produzido por um investimento na *BigGrn*. (Os dividendos serão discutidos em detalhes no Capítulo 10.)

PE é a relação entre o preço da ação e o lucro por ação da empresa.[4] Esse índice preço/lucro é uma medida de valor e indica quanto o mercado está pagando atualmente por $ 1 de lucro da empresa. Índices PE permitem a comparação de empresas em relação aos seus lucros e, conforme será explicado no Capítulo 11, são uma ferramenta analítica que normalmente é usada na escolha da ação.

Os últimos registros são relacionados às transações durante o dia. *Vol 100s* é o volume de ações negociadas expresso em centenas, assim 20.046 representam 2.004.600 ações. *LAST* (Último) representa o preço de fechamento da ação ($ 51,63) e *NET CHG* (variação líquida) é a variação em relação ao preço de fechamento do dia anterior de negociação. Nessa ilustração, o preço da ação caiu $ 1,75 em relação à negociação do dia anterior.

O relatório de mercado nacional publicado pela Nasdaq é essencialmente o mesmo que o dos títulos registrados na Nyse. Além da publicação da Nasdaq, alguns jornais financeiros reportam ações menores, menos ativamente negociadas na Nasdaq, chamadas emissões de pequena cobertura ou emissões de quadro de avisos. Também existem títulos cujos preços não são reportados pela imprensa financeira, mas estão disponíveis nas "páginas rosa". Por exemplo, depois de serem destituídas da Nyse, as ações da Aurora Foods continuaram a ser negociadas nas páginas rosa.

A MECÂNICA DE INVESTIMENTO EM TÍTULOS

Depois de decidir comprar um título, você faz um pedido com um corretor cujo papel é comprar e vender títulos para os clientes. O corretor e os formadores de mercado (o distribuidor de títulos e valores mobiliários) não devem ser confundidos, uma vez que desempenham papéis diferentes, mas cruciais, na operação de comprar e vender títulos. Os corretores executam pedidos para os clientes. Os operadores de bolsa fazem o mercado, eles compram e vendem títulos por sua própria conta. Os distribuidores de títulos e valores

---

[4] No Brasil, é conhecido como o Índice Preço/Lucro (P/L). (NT)

mobiliários assumem o risco associado com as suas compras e vendas. Porque os corretores compram e vendem para as contas de seus clientes, não assumem o risco associado às flutuações nos preços dos títulos. Esses riscos são assumidos pelos investidores.

Você pode pedir ao corretor para comprar o papel ao melhor preço disponível no momento, que é o preço de venda definido pelo operador intermediário. Tal pedido é uma **ordem de mercado**. Você não obtém a garantia de que receberá o título ao preço corrente cotado, já que esse preço pode variar no momento em que a ordem for executada. No entanto, a ordem é geralmente executada no, ou muito perto do, preço de venda.

> **Ordem de mercado**
> Ordem de comprar ou vender um título ao melhor preço corrente.

Você pode colocar uma ordem limitada e especificar um preço abaixo do preço de venda corrente e aguardar até que o preço decline até o nível especificado. Essa ordem pode ser colocada por um dia (**ordem diária**) ou pode continuar em vigor indefinidamente (**ordem efetiva até cancelada**). Tal ordem permanece válida até que seja executada ou cancelada. Se o preço do título não declinar até o nível especificado, a compra não será feita.

> **Ordem diária**
> Ordem de compra ou venda a um preço específico que é cancelada ao fim do dia se não for executada.
>
> **Ordem efetiva até cancelada**
> Ordem de compra ou venda a um preço especificado que permanece em vigor até que seja executada pelo corretor ou cancelada pelo investidor.
>
> **Comissão**
> Pagamento feito ao corretor pela execução de uma ordem de compra e venda do investidor.
>
> **Data de liquidação**
> Data na qual o pagamento pela compra de títulos deve ser feita; data na qual a entrega dos títulos vendidos tem de ser realizada.

Uma vez que a compra tenha sido feita, o corretor lhe envia um demonstrativo de confirmação (Figura 3.1). Esse demonstrativo de confirmação fornece o número de ações e o tipo de título comprado (cem ações da Clevepak Corporation), o preço unitário (12,13 ou $ 12,13), e o valor total devido ($ 1.264,00). O valor devido inclui o preço do título e os honorários de transação. O maior honorário de transação é a **comissão** da empresa de corretagem, mas também pode incluir impostos de transferência e outras despesas diversas. Você tem três dias úteis depois da data da compra (16/8/XX) para pagar o valor e deve fazer o pagamento na **data de liquidação** (19/8/XX). (A diferença de datas é mencionada como $d + 3$.[5])

As corretoras estabelecem suas próprias tabelas de comissões, e pode ser um bom negócio pesquisar as melhores taxas. Grandes investidores são capazes de negociar comissões, de modo que os custos de corretagem sejam menores que 1% do valor dos títulos. Algumas corretoras oferecem aos investidores taxas de desconto que podem reduzir os honorários de corretagem. Você pode diminuir ainda mais os custos de comissão usando as corretoras on-line. Se você se sente confortável negociando on-line e não precisa usar os serviços de corretagem regular, pode obter uma redução substancial nos custos de comissão comprando e vendendo títulos pela internet.

Você pode comprar os títulos com **margem**, o que significa comprar a ação com uma combinação de seu dinheiro e crédito fornecido pelo corretor. A frase "com margem" pode ser confusa, uma vez que é semelhante a comprar "a crédito". Margem não é o valor emprestado, e sim sua participação no título. Esse valor normalmente é expresso como uma porcentagem:

> **Margem**
> Participação do investidor em uma posição de títulos.

$$\text{Margem} = \text{Participação}/\text{Valor total da carteira}$$

assim, se você possui ações no valor de $ 10.000, mas deve $ 2.000, sua margem é de 80% ($ 8.000/$ 10.000).

---

[5] No original: *t* (*time*) + 3; no Brasil, a expressão consagrada é: *d* (dia) + 3. (NT)

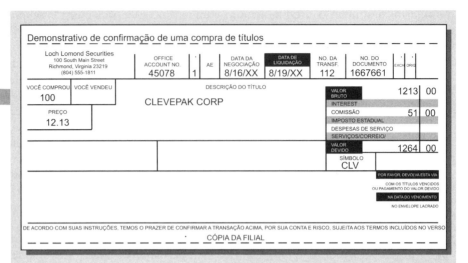

FIGURA 3.1
Demonstrativo de confirmação de uma compra de títulos.

Margem requerida
Porcentagem mínima, definida pelo Federal Reserve, do preço total que deve ser colocado para compra de títulos.

A **margem requerida** é a porcentagem mínima do preço total que você deve pagar e é definido pela Federal Reserve Board. Corretores individuais, no entanto, podem solicitar uma margem maior. O pagamento mínimo exigido do investidor é o valor dos títulos multiplicado pela exigência de margem. Portanto, se a exigência de margem for de 60% e o preço mais comissão em 1.200 ações da Clevepak Corporation for $ 1.264,00, o investidor tem de fornecer $ 758,40 em dinheiro e tomar emprestado $ 505,60 do corretor, o qual, por sua vez, empresta os fundos de um banco comercial. O investidor paga juros ao corretor sobre $ 505,60. A taxa de juros dependerá da taxa que o corretor deve pagar para a instituição financiadora. O investidor, naturalmente, poderá evitar o débito de juros pagando o valor total de $ 1.246,00 e não utilizando fundos emprestados.

Os investidores usam a margem para aumentar o retorno potencial do investimento. Suponha que você compre 50 ações a $ 20 por ação a um custo total (excluindo comissões) de $ 1.000. Se a exigência de margem for de 60%, você coloca $ 600 em dinheiro e toma emprestado $ 400 do seu corretor. Se o preço das ações subir para $ 30, sua posição em ações passa a valer $ 1.500. Seu lucro é de $ 500, e você completa 83,3% ($ 500/$ 600) em seus fundos investidos na ação. Se não tivesse usado a margem e coberto o custo total ($ 1.000), sua porcentagem de lucro seria igual a 50%. O uso da margem aumentou seu lucro. A utilização de fundos emprestados para aumentar seu retorno é chamado **alavancagem financeira**.

Alavancagem financeira
Uso de fundos emprestados para aumentar a porcentagem de retorno de um investimento.

O uso da margem trabalha nos dois sentidos. Se o preço da ação cai para $ 15, o valor das 50 ações passa a ser $ 750. Você perdeu $ 250 no seu investimento. Sua porcentagem de prejuízo é de 41,7% (250/600) se você comprar as ações com margem. Se tomar o dinheiro emprestado e comprometer menos seus próprios fundos, a porcentagem de prejuízo é aumentada. A alavancagem é uma faca de dois gumes! (Essas ilustrações não incluem (1) comissões na compra e venda das ações e (2) o juro sobre os fundos emprestados. Tanto a comissão quanto os juros reduzem o retorno que você recebe. Os Problemas 5 e 6 no fim deste capítulo adicionam as despesas de juros, o que reduz os lucros sobre as ações compradas com o uso da margem.)

O uso de margem pode aumentar a exposição ao risco por parte do corretor. Se o preço da ação declinar suficientemente, eliminaria sua margem, mas você ainda deve ao corretor os fundos emprestados para comprar os títulos. Se então falhar (não pagar o empréstimo), o corretor perderá. Obviamente, os corretores não desejam se expor ao risco e, assim, à medida que o preço do título e sua margem declinarem, o corretor vai requerer garantias adicionais. Esse requerimento referido como "chamada de margem" pode ser satisfeito por um depósito em dinheiro ou títulos adicionais na conta. Uma vez que o dinheiro e/ou títulos são colocados na conta, sua margem é aumentada. A restauração da margem significa que é você e não o corretor que está em risco.

Entrega dos Títulos

Uma vez que as ações foram compradas e pagas, você deve decidir se deixará os títulos com o corretor ou vai recebê-los. (No caso de uma conta de margem, você *tem* de deixar os títulos com o corretor.) Se as ações forem deixadas com o corretor, serão registradas em nome deste (ou seja, no **nome de pregão**). O corretor torna-se então o depositário dos títulos e envia um extrato mensal dos títulos que estão sendo mantidos no nome de pregão. O extrato mensal inclui também quaisquer transações que aconteceram durante o mês e quaisquer dividendos e juros que foram recebidos. Você pode deixar os pagamentos de dividendos acumularem com o corretor ou receber dele os pagamentos.

> **Nome de pregão**
> Registro de títulos em nome de um corretor em lugar do nome do comprador.

A vantagem principal de deixar os títulos com o corretor é a conveniência, e a grande maioria dos investidores (provavelmente mais de 95%) tem seus títulos registrados no nome de pregão. Você não precisa estocar os títulos e pode vendê-los imediatamente, porque estão em poder do corretor. Os pagamentos de juros e dividendos são recebidos pelo corretor. Você pode transferir o dinheiro para uma conta bancária ou mantê-lo para investimentos posteriores. (A corretora pode também permitir a emissão de cheques contra essa conta.)

Mas existem desvantagens em deixar os títulos em nome do corretor. Se a corretora falir ou tornar-se insolvente, os investidores poderão ter dificuldades em transferir os títulos para seu nome e receber quaisquer dividendos ou juros devidos a ele pela corretora. (Como será discutido posteriormente, sob a legislação dos mercados de títulos, em sua maioria, as contas com as corretoras são asseguradas pela Securities Investor Protection Corporation, ou SIPC). Em segundo lugar, como os títulos são registrados em nome da corretora, relatórios de ínterim, relatórios anuais e outras comunicações enviadas pela empresa aos possuidores de seus títulos são encaminhados à corretora e não aos investidores. Para superar isso, você pode pedir para ser colocado na lista de endereços da empresa ou pode acessar a informação pela internet.

Deixar os títulos com o corretor ou recebê-los depende, em última análise, de cada investidor. Se os títulos são comprados com margem, você tem de deixar os títulos com o corretor. Se você compra e vende títulos com freqüência (ou seja, se você é um "operador de mercado"), então os títulos devem ser deixados com o corretor para facilitar as transações.

A Venda a Descoberto

> **Posição comprada**
> Compra antecipada de títulos na expectativa de um aumento de preços.
>
> **Posição a descoberto**
> Venda de títulos emprestados na expectativa de uma diminuição de preço.

As discussões anteriores estavam limitadas ao que chamamos de **posição comprada**, aquela em que você compra uma ação e ganha quando preço dela sobe. Naturalmente, você sofrerá uma perda, caso o preço da ação diminua. Você pode obter lucro de uma queda no preço de uma ação? A resposta é sim, se você estabeleceu uma **posição a descoberto**. Em uma venda a descoberto, você *toma ações emprestadas* e as vende. Se o preço cair, você compra de volta as ações e paga o empréstimo (ou seja, devolve as ações emprestadas). Você obtém lucro porque as ações são compradas por um valor menor do que aquele pelo qual foram vendidas.

Talvez esse processo seja mais bem entendido por uma simples ilustração. Determinada ação é vendida por $39. Você acredita que a ação está supervalorizada e que o preço declinará, então toma emprestado as ações de um corretor e as vende por $ 39. Algumas semanas mais tarde, as ações estão sendo vendidas por $ 25. Você as compra por $ 25 e paga o empréstimo (ou seja, devolve as ações ao corretor). Você ganhou $ 14 por ação porque você comprou por $ 25 e vendeu por $ 39. Evidentemente, se o preço subir para $ 46, você perde porque terá de comprar as ações por um preço mais alto. Nesse caso, as ações seriam vendidas por $ 39, mas compradas por $ 46.

Vendas a descoberto são comuns em negócios porque uma venda a descoberto é simplesmente um *contrato para entrega futura*. Quando uma escola recebe o dinheiro das mensalidades dos alunos antes do início do semestre, ela firma um contrato para uma prestação futura de serviços (cursos). Esta é uma venda a descoberto, pois, se o preço de fornecer os serviços diminui, as escolas têm um lucro. Se, no entanto, o preço de fornecer os serviços aumenta, a escola perde. Firmar contratos para entrega futura de bens e serviços é uma prática comum em negócios. Em cada caso, a empresa fez uma venda a descoberto.

MEDIDAS DE PREÇO DE TÍTULOS

O preço dos títulos flutua diariamente, e muitos índices foram desenvolvidos para medir o desempenho de preço dos títulos. O mais conhecido e mais amplamente citado é o Dow Jones Industrial Average (DJIA)[6] de 30 ações. A Dow Jones and Company também calcula médias para ações de 15 empresas de serviço público e ações de 20 empresas de transporte, além de um índice composto por todas as 65 ações. As empresas que compõem as médias Dow Jones estão entre as maiores e mais bem estabelecidas empresas norte-americanas. Pequenas empresas e muitas que se tornaram proeminentes durante a última década estão excluídas da média. Você não deve, no entanto, concluir que o Dow Jones Industrial Average é estático. Por exemplo, Chevron, Goodyear, Sears e Union Carbide saíram e foram substituídas pela Home Depot, Intel, Microsoft e SBC Communications. A lógica para a mudança foi tornar o DJIA mais representativo do mercado de ações atual.

Se você acredita que o DJIA é muito estreito, muitos outros índices estão disponíveis para você acompanhar. O Standard & Poor 500, Nyse composite índex,[7] e o índice Nasdaq estão entre os mais importantes e mais freqüentemente citados. Outros índices e composições são descritos a seguir:

Russel 1000: as mil maiores empresas.
Russel 2000: as 2 mil maiores empresas seguintes.
Russel 3000: combina as empresas do Russel 1000 e do Russel 2000.
Standard & Poor's 400 Mid Cap: índice das empresas de tamanho moderado.
Standard & Poor's 600 Small Cap: índice das empresas relativamente pequenas.
Standard & R Poor's 1500 Index: combina todas as ações incluídas nos índices S&P 500, S&P 400 MidCap e o S&P 600 Small Cap.
Value Line Stock Index: índice de todas as ações cobertas pela Value Line Investment Survey.[8]
Wilshire 5000 Index: índice de todas as ações cobertas por toda a Nyse, Amex, e ações com boa atividade de negócios na Nasdaq (apesar de o nome indicar que o índice cobre 5 mil ações, a composição real excede a 7 mil ações e cobre praticamente todas as empresas negociadas publicamente.)

Além das medidas agregadas de mercado anteriores, existem índices de subsetores do mercado de títulos. Por exemplo, a Dow Jones publica diariamente no *Wall Street Journal*

---

[6] Média Industrial Dow Jones. (NT)

[7] Nyse composite index (índice composto pela Bolsa de Nova York). (NT)

[8] Pesquisa de Linha de Valor de Investimento. (NT)

seus índices de especialidades, que incluem os serviços da internet, fundos de investimento de imóveis e de países estrangeiros, como o Reino Unido e o Japão. Existe até um Índice de Mercados Islâmico. Essa variedade de índices é importante porque, como discutiremos no Capítulo 17, existem fundos mútuos e fundos negociados em bolsa que acompanham um índice em lugar de investir em ações e bônus individuais. Tais fundos permitem que você assuma uma posição no mercado ou subsetor do mercado sem a necessidade de selecionar títulos específicos.

Embora a composição dos vários índices obviamente seja diferente, esta não é a única diferença importante. A forma com que os índices são calculados também difere. Médias de preços de títulos podem ser simples ou ponderadas. Como o nome sugere, uma média simples soma os preços e divide pelo número de títulos. Uma média ponderada pelos valores multiplica o preço de cada ação pela quantidade de ações em circulação. Empresas como a Bellsouth e a IBM têm mais de 1.700.000.000 ações em circulação. Elas possuem perceptivelmente mais impacto em um índice de média ponderada, assim como o S&P 500, do valor do que uma organização como o Shaw Group, uma empresa de engenharia civil com apenas 69.100.000 ações em circulação.

Qual foi o desempenho das ações? A resposta depende em parte do período que você seleciona. Por exemplo, o preço das ações subiu durante os anos de 1990 e depois caiu drasticamente entre 2000 e 2002. Se você vendeu perto do final de 1999, provavelmente saiu-se muito bem. Mas, se você comprou perto do fim de 1999, provavelmente experimentou prejuízos durante os três anos seguintes. Em 2005, muitas ações continuaram a ser vendidas a valores claramente inferiores aos altos preços alcançados durante o fim dos anos de 1990. Por exemplo, a Lucent fechou a $ 3,76 em 31 de dezembro de 2004, o que é 95% abaixo de seu valor de fechamento em 31 de dezembro de 1999, que foi de $ 75. (Para o cálculo de retornos e o desempenho dos vários investimentos, leia o Capítulo 16.)

TÍTULOS ESTRANGEIROS

Além dos títulos nacionais, você pode comprar ações e títulos estrangeiros. As empresas estrangeiras, assim como as norte-americanas, emitem uma variedade de títulos como um meio de adquirir fundos. Esses títulos posteriormente são negociados nos mercados OTC estrangeiros e nas bolsas estrangeiras, como as Bolsas de Valores de Londres, Paris, Tóquio e outros centros financeiros. A menos que norte-americanos e outros estrangeiros sejam proibidos de adquirir esses títulos, você pode comprar e vender ações nessas bolsas da mesma forma que negocia ações e títulos norte-americanos. Assim, títulos estrangeiros podem ser comprados por corretores norte-americanos que tenham acesso à negociação nessas bolsas. Em muitos casos, esse acesso é obtido por uma relação de correspondência com corretores estrangeiros.

Os mercados de títulos norte-americanos realmente não negociam ações estrangeiras, mas sim recibos para a ação chamados *American Depository Receipts* ou **ADRs**.[9] (Os ADRs também são conhecidos como *American Depository Shares*.[10]) Esses recibos são criados pelas grandes instituições financeiras, como os bancos comerciais, e são denominados em dólares. Os ADRs são então vendidos ao público norte-americano e continuam a ser negociados nos Estados Unidos.

Recibos de Depósitos Americanos (ADRs)
Recibos emitidos para títulos estrangeiros mantidos por um curador.

---

[9] Recibos de Depósitos Americanos. (NT)

[10] Ações de Depósitos Americanos. (NT)

A criação de ADRs facilita bastante a negociação de títulos estrangeiros. Em primeiro lugar os ADRs reduzem o risco de fraude. Se você compra uma ação estrangeira emitida por uma empresa japonesa, o certificado das ações será escrito em japonês. É pouco provável que você consiga ler o idioma e, dessa forma, poderia tornar-se vítima de certificados falsos. Os ADRs evitam esse risco, uma vez que sua autenticidade é certificada pelo agente emissor. Os investidores estão seguros de que os recibos são genuínos mesmo porque são uma obrigação do agente emissor. Os ADRs representam apenas o título subjacente mantido pelo agente e não são uma obrigação da empresa que emitiu a ação.

Além de reduzir o risco de fraude, os ADRs são convenientes. Os títulos não precisam ser entregues pelo correio internacional, os preços são cotados em dólares, e os pagamentos de dividendos são recebidos em dólares. O ADR pode representar qualquer quantidade de ações estrangeiras. Por exemplo, cada ação da Teléfonos de Mexico negociada na Bolsa de Nova York representa 20 ações ordinárias mexicanas. As ações regulares seriam consideradas ações de baixo preço nos Estados Unidos. Para tornar os preços comparáveis com os norte-americanos, um ADR pode representar 10, 15 ou 20 ações mexicanas.

Além de ações, os norte-americanos podem também adquirir títulos vendidos em outros países. Existem basicamente três tipos: (1) títulos emitidos por empresas estrangeiras; (2) títulos emitidos por governos estrangeiros; e (3) títulos emitidos em países estrangeiros por empresas norte-americanas.

Os títulos emitidos no exterior por empresas norte-americanas são basicamente de dois tipos, dependendo da moeda na qual são denominados. As empresas norte-americanas podem vender títulos denominados na moeda local (por exemplo, libras esterlinas), ou a empresa pode vender no exterior títulos denominados em dólares norte-americanos chamados **Eurobônus** (**Eurobonds**).

> **Eurobônus**
> Títulos vendidos em um país estrangeiro, mas denominado na moeda da empresa emitente.

Esse termo é aplicável mesmo que os títulos tenham sido emitidos na Ásia e não na Europa. Quando uma empresa norte-americana emite uma euroobrigação, promete fazer pagamentos em dólares. Nesse caso, o investidor norte-americano não terá de converter os pagamentos da moeda local (como libras esterlinas) para dólares.

CONCORRÊNCIA NOS MERCADOS DE CAPITAIS

A Economia ensina que os mercados serão competitivos se existirem muitos participantes informados que possam entrar e sair prontamente. Tanto o mercado de ações quanto o de títulos públicos satisfazem a essas condições. As pessoas podem prontamente comprar e vender títulos, a informação é disseminada de forma rápida, e os preços mudam prontamente em reação a alterações nos ambientes econômico e financeiro. Os mercados de títulos estão entre os mercados mais competitivos.

> **Hipótese do mercado eficiente (EMH)**
> Teoria de que os preços dos títulos medem corretamente o valor corrente dos ganhos futuros e dividendos de uma empresa.

Essa concorrência entre os investidores conduziu à **hipótese dos mercados eficientes (EMH),** que afirma que os mercados de títulos são tão competitivos que o preço atual de uma ação expressa adequadamente as perspectivas futuras de uma empresa – ou seja, seus ganhos futuros e seus dividendos. Se as ações de uma empresa são percebidas como subvalorizadas os investidores vão correr para adquiri-las, fazendo seu preço subir. O oposto ocorrerá se ação for percebida como supervalorizada, fazendo que o preço seja conduzido para baixo. Assim, o preço corrente é uma medida real do valor do título. Dessa maneira, para o investidor individual, a análise dos títulos projetada para determinar se uma ação está supervalorizada ou subvalorizada é desnecessária, porque a ação não está em nenhuma das duas situações.

Uma conseqüência importante dessa teoria de mercados eficientes é que você não pode *vencer consistentemente o mercado*; em vez disso, você obterá um retorno consistente com o retorno do mercado e o nível de risco que você tolera. A hipótese do mercado eficiente sugere que a probabilidade de você ter um desempenho superior ao do mercado por um longo período é muito pequena. Isso não quer dizer que você não possa ter um desempenho superior (ou inferior) ao mercado durante um curto período. No decorrer de um período curto, como um ano, alguns investidores obterão um retorno mais alto que o retorno ganho pelo mercado. No entanto, existem poucas probabilidades de que essas pessoas sejam capazes de alcançar resultados superiores por um longo período (em outras palavras, ter um desempenho superior ao do mercado consistentemente).

Uma razão fundamental para a hipótese de mercado eficiente é a velocidade com que os preços do títulos ajustam-se às novas informações. A hipótese exige que os preços se ajustem de forma extremamente rápida à medida que a nova informação é disseminada. No mundo moderno de comunicações avançadas, a informação é rapidamente dispersada pela comunidade de investimento. O mercado então ajusta os preços dos títulos de acordo com o impacto das notícias sobre os ganhos futuros e dividendos da empresa. No momento que o investidor individual receber a informação, os preços dos títulos provavelmente já terão mudado. Assim, o investidor não conseguirá lucrar ao agir guiado pela informação.

Esse processo de ajuste está ilustrado na Figura 3.2, que acompanha os preços de fechamento diário das ações da Merck no fim de setembro de 2004, quando a empresa retirou do mercado seu produto Vioxx. O preço da ação caiu 12 pontos, de $45,07 para $33,00, em um dia. Esse comportamento de preço é exatamente o que a hipótese de mercado eficiente sugere: o mercado ajusta-se rapidamente à nova informação. Quando o anúncio foi reportado na imprensa financeira, já era muito tarde para o investidor individual reagir, porque a mudança de preço já havia ocorrido.

Se o mercado não fosse tão eficiente e os preços não se ajustassem rapidamente, alguns investidores teriam sido capazes de alterar seus investimentos e tirar vantagem das diferenças de conhecimento dos investidores. Considere a linha interrompida na Figura 3.2. Se alguns investidores soubessem que o remédio havia sido retirado do mercado, mas outros não tivessem conhecimento, os primeiros poderiam vender seus investimentos para aqueles que não estavam informados. O preço poderia cair durante um período à medida que os vendedores que conheciam o fato aceitassem preços progressivamente mais baixos para descarregar seu estoque. Naturalmente, se um número suficiente de investidores tivesse tido conhecimento imediato da retirada do remédio do mercado, o declínio de preço seria rápido à medida que esses investidores ajustassem suas avaliações das ações de acordo com a nova informação. Isso

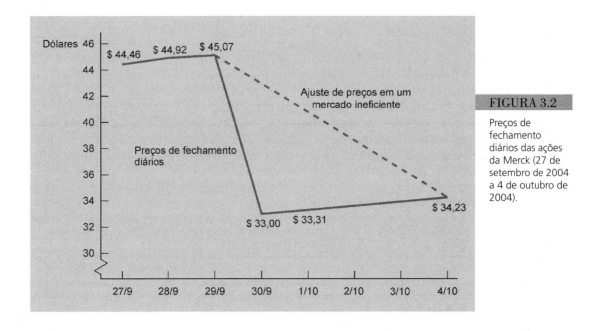

FIGURA 3.2

Preços de fechamento diários das ações da Merck (27 de setembro de 2004 a 4 de outubro de 2004).

foi exatamente o que aconteceu, pois um número suficiente de investidores foi rapidamente informado e o mercado eficiente prontamente ajustou os preços da ação.

Se um investidor pudesse antecipar a retirada do mercado antes que ela fosse anunciada, seria capaz de evitar o declínio do preço. Obviamente, alguns investidores venderam suas ações logo antes do anúncio, mas também é evidente que algumas pessoas compraram essas ações. Certamente, uma das razões para aprender com o material e realizar os diversos tipos de análises no decorrer deste texto é aumentar sua capacidade de antecipar os eventos antes que ocorram. No entanto, você deve compreender que fortes evidências confirmam a hipótese do mercado eficiente e sugerem fortemente que poucos investidores serão capazes, durante um período, de superar o mercado consistentemente.

Embora os mercados financeiros pareçam ser extremamente eficientes, alguma evidência empírica sugere que existem algumas ineficiências. Essas ineficiências normalmente são chamadas "anomalias". Aplicada aos mercados financeiros, uma anomalia é uma estratégia de investimento cujo retorno excede o retorno que deveria ser obtido se o mercado fosse totalmente eficiente.[11] Tais ineficiências tendem a girar em torno de determinadas estratégias de investimento, como comprar ações que estão sendo adquiridas por pessoas em posições privilegiadas (por exemplo, gestores), investindo ou comprando ações depois da ocorrência de um evento incomum, uma vez que o mercado poderá ter uma reação exagerada. Por exemplo, uma redução inesperada de lucros pode resultar em uma grande diminuição do preço de uma ação. Após o mercado ter digerido a nova informação de lucro, o preço da ação pode, a seguir, voltar a aumentar.

Se as ineficiências são grandes o bastante para que você possa tirar vantagem da anomalia e gerar um retorno significativo está aberto a debate. Essencialmente, a discussão acontece, caso uma estratégia de investimento aumente meu retorno de 8,3% para 8,6%, mas tenho mais despesas (como mais comissões ou impostos de negociação de ações mais altos), e o retorno maior poderá não cobrir os custos adicionais. Assim, pode existir uma anomalia, porém sua magnitude é insuficiente para justificar utilizá-la como estratégia de investimento. Ou a anomalia pode aplicar-se a grandes investidores institucionais, no entanto o investidor individual pode ser incapaz de obter vantagem da ineficiência

RESUMO

Os títulos são negociados em bolsas organizadas, como a Nyse, ou em mercados informais exclusivos para investidores institucionais (Nasdaq). Os títulos são adquiridos por meio de corretores, que compram e vendem para as contas de seus clientes. Os corretores obtêm os títulos de operadores de bolsa que os negociam. Esses distribuidores se oferecem para comprar e vender a preços determinados (cotações), que são denominados compra e venda. Os corretores e os investidores obtêm esses preços por um sistema eletrônico que transmite as cotações de vários distribuidores.

Após a compra dos títulos você tem de pagar por eles, seja em dinheiro ou em uma combinação de dinheiro e fundos emprestados. Quando você usa fundos emprestados, está comprando na margem. Comprar na margem aumenta tanto seu retorno potencial quanto o potencial de risco de perda. Você pode receber os títulos que adquiriu ou pode

---

[11] Várias anomalias são discutidas em livros-texto sobre investimentos. Ver, por exemplo, MAYO, Herbert. *Investments*: an introduction. 8. ed. Mason, Ohio: Thomsom South-Western, 2006 ou BODIE, Zvi et al. *Essentials of investments*. 4. ed. Boston, Mass: McGraw-Hill College Division, 2001.
Para uma excelente discussão prática sobre mercados eficientes, possíveis anomalias, e as implicações de mercados eficientes para investimento, ver MALKIEL, Burton. *A random walk down Wall Stdreet*. 7. ed. Nova York: W.W. Norton & Company, 2000. Uma conseqüência dos mercados eficientes é a utilização de uma estratégia de investimento passiva. Uma possível estratégia passiva é explicada em EVANS, Richard. *The index fund solution*. Nova York: Simon & Schuster, 1999.

deixá-los com o corretor. Deixar os títulos registrados no nome de pregão oferece a vantagem da conveniência, porque o corretor torna-se o depositário dos certificados. Desde o advento da SIPC e sua proteção de seguro, existe pouco risco de perda para o investidor por deixar os títulos com o corretor.

Você pode estabelecer posições a descoberto ou comprada. Com uma posição comprada, você compra as ações com expectativa de que seus preços vão aumentar. Se o preço da ação aumentar, você poderá vendê-las com lucro. Com uma posição a descoberto, você vende ações emprestadas na expectativa de que seu preço diminuirá. Caso o preço das ações aumente, você poderá recomprá-las ao preço mais baixo e devolvê-las ao financiador. A posição gera um lucro porque o preço de venda excede o preço de compra.

Tanto a posição coberta quanto a comprada são o resultado lógico da análise de títulos. Se você pensa que uma ação está subvalorizada, uma posição comprada (compra de ação) deve ser estabelecida. Se acredita que uma ação está supervalorizada, uma posição a descoberto (a venda de ações emprestadas) é estabelecida. Em qualquer caso, se estiver correto, a posição gerará um lucro. Qualquer posição poderá, no entanto, gerar um prejuízo se os preços se movimentarem no sentido oposto ao que você esperava.

Os investidores norte-americanos podem comprar títulos emitidos por empresas estrangeiras. Isso normalmente é realizado por meio da compra de Recibos de Depósito Americanos, ou ADRs, que são emitidos por instituições financeiras e representam os títulos estrangeiros. Você também pode adquirir títulos como os Eurobônus – instrumentos de débito emitidos no estrangeiro por empresas norte-americanas e que são denominados em dólares em lugar da moeda estrangeira.

Os mercados de títulos são muito competitivos e eficientes. Uma nova informação é disseminada rapidamente, e os preços ajustados prontamente em reação à nova informação. A hipótese do mercado eficiente sugere que poucos investidores serão capazes de ter um desempenho melhor que o do mercado por um longo período. Apesar de você poder ter um desempenho superior (ou inferior) ao do mercado por determinado período, retornos consistentemente altos são quase impossíveis de ser obtidos.

REVISÃO DOS OBJETIVOS

Agora que completou este capítulo, você deve ser capaz de:

1. Distinguir entre (a) bolsas organizadas e mercados OTC, (b) corretores e operadores de bolsa, (c) ordens de mercado e ordens limitadas (páginas 25-29).

2. Acompanhar a operação de compra ou venda de uma ação (páginas 28-32).

3. Explicar as vantagens e os riscos associados à compra de ações com margem (página 30-31).

4. Comparar as posições de ações a descoberto e compradas (página 31).

5. Ilustrar o mecanismo de uma compra a descoberto (página 31-32).

6. Enumerar diversas medidas agregadas dos mercados de ações (página 32-33).

7. Determinar como os Recibos de Depósitos Americanos (ADRs) facilitam as negociações de títulos estrangeiros (páginas 33-34).

8. Explicar, em bases consistentes, por que um investidor não deve esperar ter um desempenho superior ao do mercado (páginas 34-36).

PROBLEMAS

1. Você compra cem ações a $ 50 por ação ($ 5 mil) e depois de um ano o preço de cada ação aumenta para $ 60. Qual será a porcentagem de retorno de seu investimento se você comprou as ações com

margem e a margem exigida foi (a) 25%, (b) 50% e (c) 75%? (Ignore comissões, dividendos e despesas de juros.)

2. Repita o Problema 1 para determinar o retorno percentual sobre seu investimento, mas, nesse caso, suponha que o preço de cada ação caia para $40. Qual generalização pode ser inferida de suas respostas aos Problemas 1 e 2?

3. Uma ação está sendo vendida atualmente a $45 por ação. Qual é o ganho ou a perda em cada uma das transações a seguir?
   a. Você toma uma posição comprada e o preço da ação cai para $41,50.
   b. Você vende a ação a descoberto e o preço declina para $41,50.
   c. Você toma uma posição comprada e o preço sobe para $54.
   d. Você vende a ação a descoberto e o preço sobe para $54.

4. Um investidor sofisticado, B. Graham, vendeu 500 ações a descoberto da Amwell Inc. a $42 por ação. O preço da ação posteriormente caiu para $38 antes de aumentar para $49, quando Graham cobriu a posição (ou seja, fechou a posição a descoberto). Qual foi a porcentagem de ganho ou perda nesse investimento?

5. Há um ano, Kim Altman comprou com margem 200 ações da BLK Inc. por $25,50. Na época, a exigência de margem foi de 40%. Se a taxa de juro nos fundos emprestados foi igual 9% e Kim vendeu as ações por $34, qual foi a porcentagem de retorno sobre os fundos que ela investiu nas ações?

6. Bárbara comprou cem ações da DEM a $35 por ação e 200 ações da GOP a $40 por ação. Ela compra com margens e o corretor cobra um juro de 10% no empréstimo.
   a. Se a exigência de margem for de 55%, qual é o valor máximo que ela pode tomar emprestado?
   b. Se ela comprar as ações usando o dinheiro emprestado e mantiver os títulos por um ano, qual será o valor do juro que pagará?
   c. Se após vender as ações da DEMi a $29 por ação e da GOP por $32 por ação, quanto perdeu no investimento?
   d. Qual é porcentagem de perda que ela investiu no fundo, se o pagamento de juros for incluído no cálculo?

7. Depois de uma análise da Lion/Bear Inc., Carl O'Grady concluiu que a empresa terá dificuldades dentro de um ano. A ação está sendo vendida atualmente a $5 e O'Grady quer vender a descoberto. Seu corretor está disposto a realizar a transação, mas apenas se O'Grady fornecer uma garantia em dinheiro igual ao valor de venda a descoberto. Se O'Grady conseguir vender as ações a descoberto, qual a porcentagem de retorno que perderá se a ação subir para $7? Qual seria a porcentagem de retorno se a empresa falisse e fechasse?

8. Lisa Lasher comprou 400 ações com margem a $18 por ação. Se a exigência de margem for de 50%, quanto a ação tem de aumentar de preço para que ela realize um retorno de 25% nos fundos investidos? (Ignore dividendos, comissões e juro sobre os fundos emprestados.)

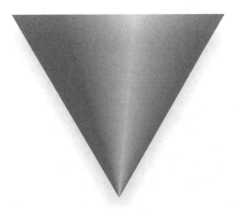

INTERMEDIÁRIOS FINANCEIROS

Em *Hamlet*, Polonius deu a Laertes o conselho de "nunca ser um tomador nem um financiador". Os intermediários financeiros violam ambas as partes desse conselho. Eles tomam emprestado de um grupo e emprestam a outro, um processo que canaliza recursos para investimentos produtivos. Imagine quantas empresas estariam em dificuldades se não pudessem tomar fundos para comprar fábricas e equipamentos ou se as pessoas fossem impedidas de comprar casas sem tomar fundos por meio de empréstimos hipotecários. Essa transferência de poupanças de pessoas com dinheiro para investir para empresas (e governos ou outras pessoas) que necessitam de fundos é um componente essencial do sistema financeiro.

Capítulos anteriores descreveram o papel dos banqueiros de investimento e o processo pelo qual os títulos são emitidos e vendidos ao público em geral e a subseqüente negociação desses títulos. Este capítulo descreve o papel dos intermediários financeiros. Embora muitas empresas emitam novos títulos somente esporadicamente e de maneira não freqüente utilizam os serviços de um banqueiro de investimento, freqüentemente tomam fundos emprestados de intermediários financeiros, como os bancos comerciais. Um banco comercial, no entanto, é apenas um em meio a uma variedade de intermediários financeiros, todos eles fazendo empréstimos para empresas, governos e pessoas que necessitem de fundos.

Em termos de valor de empréstimos em aberto, os bancos comerciais são os mais importantes intermediários financeiros. Contudo, os bancos comerciais têm de competir pelos fundos dos poupadores com outros intermediários, como as instituições de poupança e empréstimo, companhias de seguro de vida e os fundos mútuos do mercado monetário. Atrair fundos obviamente é importante, uma vez que o intermediário individual pode emprestar apenas o que os poupadores lhe emprestam. Mudanças no ambiente regulador aumentaram essa concorrência, permitindo aos outros intermediários financeiros que não os bancos comerciais oferecerem produtos e serviços semelhantes àqueles oferecidos pelos bancos comerciais.

Este capítulo fornece uma introdução básica aos intermediários financeiros. As seções iniciais abordam os bancos comerciais, suas fontes de recursos, os tipos de empréstimos que fazem e a regulamentação do sistema bancário. As seções seguintes consideram as companhias de seguros e os planos de pensão. E o capítulo termina com os fundos mútuos do mercado monetário e os instrumentos do mercado monetário. Os fundos mútuos do mercado monetário oferecem às pessoas uma alternativa às contas correntes bancárias, contas de poupança e certificados de poupança emitidos pelos bancos e associações de poupança e empréstimo. Adquirindo cotas de fundos mútuos do mercado monetário, as pessoas podem investir indiretamente em uma variedade de títulos de curto prazo. Uma vez que esses títulos normalmente são emitidos em grandes valores, a maioria dos investidores não tem fundos suficientes para comprá-los. Vendendo cotas em pequenas unidades, os fundos mútuos do mercado financeiro permitem às pessoas participarem no mercado de títulos do mercado financeiro. Visto que os fundos mútuos do mercado financeiro tendem a oferecer um retorno marginalmente mais alto que as contas de poupança tradicionais, cotas nesses fundos têm se tornado uma concorrente importante de outros intermediários financeiros pelas poupanças individuais.

▼

A TRANSFERÊNCIA INDIRETA POR MEIO DE INTERMEDIÁRIOS FINANCEIROS

Quando são emitidos títulos novos, sua venda é facilitada pelos banqueiros de investimento e os fundos são transferidos diretamente dos poupadores para as empresas. Enquanto o efeito final é o mesmo, a transferência por meio de intermediários financeiros é menos direta. Os fundos são inicialmente emprestados ao intermediário, e este posteriormente os empresta aos usuários finais. Para obter fundos, os intermediários financeiros criam *direitos sobre si mesmos*. Essa criação de direitos é uma diferença importante. Um banqueiro de investimento facilita uma venda inicial; corretores de títulos e os mercados secundários facilitam as vendas posteriores. Banqueiros de investimento, corretores de títulos e bolsas de títulos não criam direitos sobre eles mesmos. Não são intermediários financeiros, mas, sem dúvida, funcionam como o intermediário que facilita a compra e a venda de títulos novos e de títulos já existentes.

Quando um poupador deposita fundos em um intermediário financeiro, tal como um banco, essa pessoa recebe um direito sobre o banco (a conta) e não sobre a empresa (ou pessoa ou governo) a quem o banco empresta os fundos. Se o poupador tivesse emprestado os fundos diretamente aos usuários finais e eles falhassem, o poupador sofreria um prejuízo. O prejuízo poderá não ocorrer se o poupador emprestar o dinheiro a um intermediário financeiro. Se o intermediário financeiro faz um mau empréstimo, o poupador não sofre um prejuízo a menos que o intermediário financeiro falhe. Mesmo assim, o poupador poderá não sofrer um prejuízo se os depósitos estiverem assegurados. A combinação da carteira de empréstimos diversificada do intermediário e o seguro dos depósitos tem tornado os intermediários financeiros o abrigo principal para as poupanças de muitos investidores avessos ao risco. (A diversificação é um tópico importante em finanças e é abordado extensivamente no Capítulo 8, sobre análise de risco.)

Para atrair essas poupanças, surgiu uma variedade de intermediários. Estes incluem os bancos comerciais, as instituições de poupança (associações de poupança e empréstimos, bancos de poupanças mútuas e cooperativas de crédito) e companhias de seguro de vida. Muitos investidores provavelmente não conhecem as diferenças entre esses intermediários financeiros. Eles oferecem serviços similares e pagam praticamente a mesma taxa de juros sobre os depósitos.

Essa falta de diferenciação entre os vários intermediários financeiros é resultado de mudanças no ambiente regulador. Sob o *Depository Institutions Deregulation and Monetary*

Control Act[1] de 1980 (mais comumente referido como o *Monetary Control Act* de 1980[2]), todas as instituições depositárias (bancos comerciais, associações de poupança e empréstimo, bancos de poupanças mútuas e cooperativas de crédito) ficaram sujeitas à regulamentação do Federal Reserve. Os poderes do Federal Reserve estendem-se aos tipos de conta que essas instituições podem oferecer e o valor que as várias instituições depositárias têm de manter em reserva contra seus depósitos.

Apesar de o Federal Reserve ter poder de supervisionar as instituições depositárias, o *Monetary Control Act* de 1980 deu aos administradores das diversas instituições financeiras mais flexibilidade para variar suas carteiras de empréstimos. Além disso, cada instituição depositária recebeu o direito de tomar fundos emprestados do Federal Reserve. O efeito líquido dessas reformas foi a redução da diferenciação entre os vários tipos de intermediários financeiros. Assim, para a maioria das pessoas, a diferença entre o banco comercial local e a associação local de empréstimo e poupança é insignificante.

BANCOS COMERCIAIS

Em termos de tamanho, os bancos comerciais são as mais importantes instituições depositárias. O valor total dos depósitos e empréstimos feitos pelos bancos comerciais é dado na Tabela 4.1. A importância dos bancos comerciais para os negócios é evidente, uma vez que os empréstimos para empresas excedem $ 491 bilhões e são responsáveis por 11,7% do total de ativos dos bancos comerciais. Os bancos comerciais são também uma fonte fundamental de fundos para os consumidores, com os empréstimos a consumidores totalizando 8,7% do total de ativos dos bancos. A maioria dos empréstimos para empresas e famílias é concedido por um prazo relativamente curto (por exemplo, menos de um a cinco anos de prazo). Os bancos comerciais tendem a dar maior importância aos empréstimos que devem ser pagos ("vencem") rapidamente. Essa ênfase em prazos curtos é o resultado do giro rápido dos depósitos bancários (principalmente os depósitos à vista) e da necessidade dos bancos de coordenar suas carteiras com as mudanças do ambiente econômico e o nível das taxas de juros.

Os passivos principais dos bancos comerciais são seus depósitos: contas correntes (depósitos à vista) e vários tipos de poupanças e depósitos a prazo. Esses depósitos constituem 8,2% e 58,1%, respectivamente, das fontes de financiamento dos bancos. Depósitos à vista são pagos contra-apresentação. O proprietário de uma conta corrente pode exigir dinheiro imediatamente, e os fundos na conta podem ser transferidos rapidamente por cheque.

Contas de poupança, contas de mercado monetário e certificados de depósito são contas que rendem juros. Fundos depositados em uma conta regular de poupança podem ser sacados a qualquer hora. Depósitos a prazo, que são chamados **certificados de depósito** (ou **CDs**, como são comumente conhecidos), são emitidos por um prazo fixo, por exemplo, seis meses ou dois anos. O poupador pode resgatar o CD antes do vencimento, mas tem de pagar uma multa, como a perda dos juros por um trimestre. Para CDs emitidos com valores superiores a $ 100 mil, a taxa de juros e o prazo de vencimento são mutuamente acordados entre o banco e o poupador. Esses "CDs jumbo" podem posteriormente ser vendidos, uma vez que existe um mercado secundário para CDs de valores superiores a $ 100 mil. Uma vez que os CDs de grande valor podem ser

> **Certificados de depósitos (CD)**
> Depósito a prazo emitido por um banco com uma taxa de juro e vencimentos específicos.
>
> **CD negociável**
> Certificado de depósito emitido por valores de $ 100 mil ou mais cujos termos são negociados entre o banco e o poupador e para os quais existe um mercado secundário.

---

[1] Ato de Controle Monetário e Desregulamentação das Instituições Depositárias. (NT)

[2] Ato de Controle Monetário. (NT)

TABELA 4.1

Ativos e passivo dos bancos comerciais em janeiro de 2005 (em bilhões).

Ativos		
Caixa (notas e moedas), itens monetários em processo, e depósitos com o Federal Reserve	$ 342,5	4,3%
Títulos do governo dos Estados Unidos	1.177,0	14,6
Outros títulos	779,0	9,7
Empréstimos		
Comércio e indústria	$ 941,3	11,7
Imóveis	2.560,0	31,8
Empréstimos pessoais	699,0	8,7
Empréstimos interbancários	293,3	3,6
Outros empréstimos	677,7	8,4
Outros ativos	586,5	7,3
	$ 8.056,3	100,0%
Passivos		
Depósitos à vista	$ 659,4	8,2
Contas de poupança e CDs	3.466,40	43
Depósitos a longo prazo	1.218,10	15,1
Outros empréstimos e exigibilidade	2.062,30	25,6
Patrimônio líquido	650,1	8,1
	$ 8.056,3	100,00%

Fonte: Dados do Federal Reserve disponíveis em: **http://www.federalreserve.gov** ou http://mayo.swlearning.com.

vendidos e comprados, eles são normalmente denominados **CDs negociáveis** para diferenciá-los dos CDs de valores menores, que não podem ser vendidos, mas podem ser resgatados antes do vencimento (geralmente com uma multa).

Para valores inferiores a $ 100 mil, o banco estabelece os termos e oferece os CDs ao público. Se este achar os termos não atraentes (talvez a taxa de juros seja inferior do que a oferecida por bancos concorrentes), o banco não recebe depósitos. Assim, não é surpresa que os termos oferecidos por um banco sejam semelhantes aos oferecidos pelos bancos concorrentes; as diferenças tendem a ser muito pequenas ou muito sutis, como a freqüência que o capital é adicionado ao principal. (Quanto maior a freqüência com que o juro for somado, ou composto, maior será o juro ganho pelo depositante, uma vez que os juros rendem juros adicionais.)

Os demais passivos dos bancos comerciais incluem outros empréstimos de uma variedade de fontes. Por exemplo, bancos comerciais fazem empréstimos de outros e do Federal Reserve. A última conta do balanço da Figura 4.1 é o patrimônio dos acionistas, que representa o investimento dos acionistas na empresa.

Enquanto a Figura 4.1 mostra as várias fontes de fundos disponíveis para os bancos comerciais, também ilustra quais os tipos de depósitos mais importantes. As contas correntes e de poupança e os depósitos a prazo constituem 65% das fontes de financiamento dos bancos. A figura também indica que o total de depósitos supera em muito o patrimônio dos acionistas. Os bancos comerciais têm grande valor de dívida emitida quando se observa que os depósitos são empréstimos aos bancos feitos pelas famílias, empresas e governos.

INSTITUIÇÕES DE POUPANÇA

Como o nome indica, as instituições de poupança são um lugar para poupadores, principalmente pessoas com valores modestos depositarem fundos. O dinheiro é então emprestado pela associação aos tomadores que necessitam de fundos. Existem, basicamente, dois tipos de poupanças: bancos de poupanças mútuas e associações de poupança e empréstimo (S&Ls).[3] Os bancos de poupanças mútuas foram desenvolvidos no início dos anos de 1800 para encorajar a poupança. Muitos tinham nomes pitorescos (por exemplo, Banco dos Comerciantes Marítimos) que indicavam suas origens. Um banco de poupanças mútuas é propriedade de seus depositantes, mas o banco em si é gerenciado por uma comissão de curadores. Embora um banco de poupanças mútuas veja seus depositantes como proprietários e não credores, os proprietários podem sacar facilmente seus fundos. Assim, os bancos de poupanças mútuas devem ter liquidez suficiente para atender as retiradas.

As associações de poupança e empréstimo desenvolveram-se mais tarde, basicamente, como uma fonte de empréstimos hipotecários. Inicialmente, os membros da S&L (depositantes) reuniam seu dinheiro para construir casas. (Os membros eram, na realidade, os proprietários da S&L.) Os membros tomavam emprestado os fundos e quando todos os fundos emprestados eram pagos, a associação era dissolvida. Considerando que as S&L eram autoliquidáveis, não podiam crescer. Apenas serviam a uma necessidade específica de seus membros.

Atualmente, a S&L evoluiu para uma instituição de poupança que aceita depósitos de qualquer pessoa e faz uma variedade de empréstimos. As S&Ls, no entanto, continuam dando mais ênfase aos empréstimos hipotecários do que os bancos comerciais. Para atrair depósitos, as S&Ls (e outras associações de poupança) tendem a pagar uma taxa de juros que é ligeiramente mais alta que as pagas pelos bancos comerciais.

REGULAMENTAÇÃO DOS BANCOS E INSTITUIÇÕES DE POUPANÇA

Os bancos comerciais e outros bancos de poupança estão sujeitos a regulamentações do governo cujo propósito é proteger os credores dos bancos, principalmente seus depositantes. A própria natureza dos bancos sugere que, quando um banco comercial falha, os depositantes podem experimentar perdas substanciais. Foi exatamente isso que ocorreu durante a Grande Depressão dos anos de 1930, quando o fracasso de muitos bancos comerciais impôs perdas substanciais aos depositantes. Essas perdas conduziram ao aumento da regulamentação dos bancos comerciais e à criação do seguro federal de depósitos, ambos projetados para proteger os depositantes. Essa proteção promove um sistema bancário viável e facilita o fluxo das poupanças para investimento.

A regulamentação dos bancos vem tanto das autoridades bancárias estaduais e federais como da Federal Deposit Insurance Corporation.[4] Os bancos que têm carta patente nacional devem afiliar-se ao Federal Rerserve e estão sujeitos à sua regulamentação, bem como à inspeção do Comptroller of the Currency,[5] que é a agência federal que emite as cartas patentes dos bancos nacionais. Bancos com carta patente estadual são regulados pelas comissões bancárias estaduais e, sob o *Monetary Control Act* de 1980,[6] estão sujeitos aos regulamentos do Federal Reserve. Essas diversas autoridades regulam e supervisionam cada faceta operacional de um banco, como sua localização geográfica, a quantidade de bancos

---

[3] *Savings and Loans (S&L)* – Poupanças e Empréstimos. (NT)

[4] Corporação Federal de Seguro de Depósitos. (NT)

[5] Controlador da Moeda. (NT)

[6] Ato de Controle Monetário de 1980. (NT)

ou agências em determinada área, e os tipos de empréstimos e investimentos que o banco pode fazer.

Reservas

Os bancos comerciais e todas as instituições depositárias (associações de poupança e depósito, bancos de poupanças mútuas e cooperativas de crédito) têm de manter fundos em reserva sobre seus depósitos (ou seja, **reservas exigidas**)[7]. Sob o *Monetary Control Act* de 1980, o valor mínimo que todos os bancos devem manter como uma reserva é determinado pelo Federal Reserve. Embora manter reservas contra os depósitos aumente a segurança dos depósitos, tal segurança não é a razão principal para a existência de exigências de reservas. Como será explicado no Capítulo 5, a exigência de reserva é uma das ferramentas de controle monetário. Esse elemento de controle é a razão de se ter uma exigência de reserva contra os depósitos dos bancos.

> **Reservas exigidas**
> Fundos que os bancos têm de manter contra os depósitos.

O valor da exigência de reserva varia com o tipo de conta. Por exemplo, em janeiro de 2005, as contas correntes tinham uma exigência de reserva de 10%. (Os primeiros $ 47,6 milhões em contas correntes e contas de transferência automática têm uma exigência de reserva de 3%.) Os depósitos a prazo fixo não têm exigência de reservas.

Os bancos comerciais podem manter reservas de duas maneiras: (1) dinheiro no cofre ou (2) depósitos em outro banco, principalmente o Federal Reserve. Se a exigência de reserva for 10% para depósitos à vista e o banco recebe $ 100 em uma conta corrente, deve manter $ 10 em reserva contra o novo depósito à vista. Os $ 100 em dinheiro são considerados parte das reservas totais, mas o banco precisa manter apenas $ 10 em depósitos. O banco pode escolher em manter $ 1 da reserva exigida em dinheiro no cofre (para fazer face aos saques em dinheiro) e $ 9 no Federal Reserve. Os $ 90 restantes são fundos que o banco não necessita manter em reserva. Nesse exemplo, esses **excessos de reserva** (a diferença entre as reservas totais do banco e suas reservas exigidas) totalizam $ 100 − $ 10 = $ 90. Os excessos de reserva de um banco comercial podem ser emprestados aos tomadores ou usados para outra finalidade, como adquirir títulos do governo. Se um banco comercial não tiver qualquer excesso de reserva, diz-se que está "totalmente emprestado". Para adquirir ativos geradores de lucro, tais como títulos do governo ou um empréstimo empresarial, o banco precisaria obter excessos adicionais de reserva.

> **Excesso de reservas**
> Reservas mantidas por um banco além daquelas que devem ser mantidas para satisfazer as reservas exigidas.

Os bancos comerciais (e outras instituições depositárias) podem depositar suas reservas em um banco do Federal Reserve, ou podem depositá-las em **bancos correspondentes**. Os bancos correspondentes em muitos casos são grandes bancos comerciais metropolitanos. Esses grandes bancos correspondentes freqüentemente prestam serviços adicionais. Por exemplo, possuem mecanismos eficientes para compensar cheques, o que facilita a compensação de cheques para os bancos menores. Os bancos correspondentes também têm pessoal de pesquisa que fornece conselhos gerenciais e conselhos sobre investimentos. Dessa forma, são importantes para o bem-estar dos bancos pequenos e locais. Naturalmente, os bancos correspondentes estão dispostos a prestar esses serviços porque os depósitos dos pequenos bancos são como qualquer outro depósito: uma fonte de fundos que os bancos maiores podem usar. Os grandes bancos comerciais utilizam os fundos neles depositados pelos pequenos bancos para comprar ativos geradores de lucros.

> **Banco correspondente**
> Grande banco com o qual um banco menor estabelece relação para facilitar a compensação de cheques e para servir como depositário para reservas.

---

[7] O equivalente, no Brasil, às reservas obrigatórias ou depósitos compulsórios. (NRT)

> **Reservas secundárias**
> Títulos de curto prazo, especialmente obrigações do Tesouro, mantidas pelos bancos para aumentar sua liquidez.

Além das reservas exigidas, os bancos comerciais também mantêm **reservas secundárias**. Estas são títulos mobiliários de alta qualidade e curto prazo. Enquanto as reservas depositadas no Federal Reserve não têm qualquer remuneração, os títulos mobiliários rendem juros. Esses ativos, como os títulos do governo dos Estados Unidos (*Treasury bills*),[8] também são líquidos e podem ser vendidos rapidamente. Assim, os títulos mobiliários oferecem a um banco uma fonte de receita de juros e um meio rápido de obter fundos para cobrir uma falta em suas reservas.

A importância das reservas e da exigência de reservas não pode ser exagerada. Como será explicado no próximo capítulo, o sistema de bancos comerciais, pelo processo de criação de empréstimo, pode expandir ou contrair a oferta nacional de moeda. A capacidade dos bancos comerciais e outras instituições depositárias de emprestar depende de seu excesso de reservas. Dessa maneira, qualquer evento que afete suas reservas altera sua capacidade de emprestar e criar dinheiro e crédito. Muitas transações financeiras afetam as reservas dos bancos comerciais, incluindo os métodos do governo federal de financiar um déficit, ou as operações de mercado aberto do Federal Reserve. O próximo capítulo discutirá diversas dessas transações financeiras e seu impacto potencial nas reservas dos bancos comerciais.

Seguro de Depósitos

O seguro de depósitos do governo federal é um dos resultados positivos da Grande Depressão dos anos 1930. As grandes perdas sofridas pelos depositantes dos bancos comerciais levaram ao estabelecimento da Federal Deposit Insurance Corporation (FDIC). A criação da FDIC aumentou de forma significativa a confiança do público no sistema bancário. Na data em que escrevemos este livro-texto, a FDIC segura depósitos de até $ 100 mil. Assim, caso um banco comercial venha a falir, a FDIC reembolsará os depósitos até o limite de $ 100 mil. Uma vez que a maioria das pessoas não tem essa quantia em depósito, elas sabem que seus fundos estão seguros. (Se você tem mais de $ 100 mil, pode obter o mesmo grau de segurança colocando valores até $ 100 mil em bancos diferentes.) O limite de $ 100 mil significa que os grandes depositantes, incluindo muitas corporações, não estão totalmente segurados e estão sujeitos a ter prejuízos, caso um banco vá à falência.

Todos os bancos comerciais que são membros do Federal Reserve System têm de comprar o seguro da FDIC, e muitas autoridades bancárias estaduais também exigem que o seguro da FDIC seja adquirido pelos bancos de seu estado que não sejam membros. No entanto, algumas autoridades bancárias estaduais não exigem seguro federal de depósitos. Os bancos estrangeiros que têm licença de operar nos Estados Unidos não precisam possuir o seguro da FDIC.

Além de oferecer seguro de depósito, a FDIC aumentou ainda mais a confiança do público no sistema bancário por meio de seu poder de fiscalização bancária. Exercendo esse poder de fiscalizar os bancos, a FDIC, com outras agências reguladoras, melhorou as práticas bancárias. As melhores práticas bancárias, mais o seguro de depósitos, aumentaram a qualidade dos negócios bancários. Entretanto, a criação do FDIC e outras agências reguladoras não eliminou os fracassos bancários, porque há bancos que vão à falência. A maior parte destes são pequenos bancos e as perdas não são sofridas pelas muitas pessoas que depositaram somas modestas nesses bancos comerciais. Se necessário, tais depósitos são totalmente reembolsados pela FDIC até o limite legal de $ 100 mil. Dessa forma, a maioria das pessoas que depositam fundos em um banco comercial não está sujeita os fundos ao risco de perda.

---

[8] Obrigações da dívida de curto prazo do governo norte-americano.

Quando um banco comercial vai à falência, a FDIC geralmente busca incorporá-lo a um banco mais sólido. Essa transferência de depósitos para um banco mais sólido evita que a FDIC tenha de reembolsar os depositantes. Se essa incorporação não puder ser executada, o banco que faliu pode ser liquidado, caso em que os depositantes são reembolsados até o valor-limite, ou o banco que faliu pode ser reorganizado. Duas das mais famosas reorganizações ocorreram quando a FDIC assumiu o controle do Continental Illinois National Bank and Trust Company e do Bank of New England em um esforço de impedir sua bancarrota. Considerando que ambos estavam entre os maiores bancos da nação, a incapacidade de salvá-los poderia ter reduzido a confiança pública no sistema bancário.

COMPANHIAS DE SEGURO DE VIDA

As companhias de seguro de vida também desempenham o papel de um intermediário financeiro, porque recebem os fundos dos poupadores, criam um direito sobre si mesmas e emprestam os fundos aos tomadores. Uma vez que outros tipos de empresas de seguro não desempenham esse papel de intermediário, deve-se fazer uma distinção entre elas e as companhias de seguro de vida. Outros tipos de seguro, como seguro de propriedades e passivos, são exclusivamente serviços que a pessoa compra. O preço do seguro está relacionado ao custo do produto, assim como o custo de qualquer serviço, como um filme ou um eletricista, está relacionado ao custo de produção do serviço. Naturalmente, as companhias de seguro de propriedades e passivos investem os fundos que recebem dos segurados. Todavia, os fornecedores de outros serviços também usarão os fundos que recebem. Em nenhum dos casos existe uma transferência de poupança para os tomadores.

A característica que diferencia o seguro de vida das outras formas de seguro e torna as companhias de seguro de vida intermediários financeiros é que o seguro de vida pode fornecer mais do que seguro contra a morte prematura. Apólices ordinárias e universais de seguro de vida e seguro total contêm dois elementos: o seguro e um plano de poupança. Os prêmios da apólice cobrem tanto o custo do seguro quanto o programa de poupança. Enquanto a apólice estiver em vigor, ela acumula valor em dinheiro, que é o componente de poupança da apólice. Muitos poupadores consideram tais apólices atraentes, porque os pagamentos periódicos asseguram-nos e servem como programa de poupança. Outros a consideram não atraente, pois a taxa de juros paga na poupança pode ser menor que a que pode ser ganha em investimentos alternativos.

As companhias de seguro de vida usam os resultados das apólices para adquirir ativos geradores de lucro. Enquanto as companhias de seguro de vida competem com os bancos comerciais para conceder empréstimos, elas servem a mercados financeiros diferentes. Os bancos comerciais enfatizam os empréstimos líquidos no curto prazo e são uma fonte básica de financiamentos de curto prazo. As companhias de seguro de vida, no entanto, não necessitam enfatizar a liquidez de curto prazo. As tabelas de mortalidade são construídas cientificamente. Uma companhia de seguros de vida pode predizer com exatidão o volume de benefícios por morte que a companhia terá de pagar e pode construir uma carteira de ativos de longo prazo que satisfaçam os benefícios previstos. Já que investimentos em longo prazo tendem a render taxas de juros mais altas que os de curto prazo, uma companhia de seguros de vida procurará possuir um valor substancial de seus fundos nesses investimentos mais rentáveis. Essa estratégia é ilustrada na Tabela 4.2, que apresenta ativos selecionados pela MetLife. O valor da carteira de longo prazo da MetLife é quase 2,5 vezes maior que seus investimentos em dinheiro em outros títulos de curto prazo. (As características desses diversos instrumentos de débito serão abordadas no Capítulo 12.)

PLANOS DE PENSÃO

O papel de um plano de pensão é acumular ativos para os trabalhadores de forma que eles tenham fundos para se aposentar. Os fundos são colocados periodicamente no plano de pensão pelo poupador, o empregador ou ambos. O dinheiro depositado no fundo é então utilizado para comprar ativos geradores de lucro. O fundo do poupador cresce com o correr do tempo à medida que contribuições adicionais são pagas ao fundo de pensão e os valores que já fazem parte do fundo produzem lucro e aumentam o valor.

Existem muitos planos de pensão, mas nem todos realmente desempenham a função de intermediários financeiros. Muitos fundos de pensão não investem nem emprestam o dinheiro diretamente aos tomadores. Em vez disso, podem comprar títulos *existentes*, como ações da General Motors, ou seja, o plano de pensão participa no mercado secundário, não no primário. Para um fundo de pensão servir como intermediário financeiro, é preciso passar os fundos diretamente para um tomador ou investi-los diretamente em uma empresa.

TABELA 4.2

Ativos selecionados da MetLife em 31 de dezembro de 2004.

Títulos de longo prazo		
Obrigações do Tesouro	$ 16,5	9,9%
Obrigações estaduais e do governo local	3,9	2,3
Títulos de corporações	58,0	34,8
Títulos de governos estrangeiros	7,6	4,6
Títulos de corporações estrangeiras	25,3	15,2
Títulos hipotecários	43,8	26,3
Outros títulos garantidos por ativos	10,8	6,5
Outros títulos	0,8	0,5
Total de títulos	$ 166,7	100,00%
Outros investimentos		
Hipotecas	$ 32,4	
Ações	2,2	
Dinheiro e equivalentes	6,7	

Fonte: MetLife Relatório 10-K.

Essa distinção entre fundos de pensão pode ser ilustrada pelos planos de pensão que muitas faculdades e universidades oferecem para seus funcionários. Os fundos podem ser contribuídos pelo empregador e empregado para a Teachers Insurance and Annuity Association (TIAA)[9] ou para o College Retirement Equity Fund (Cref).[10] O valor em dólares varia com a escola e com o salário do funcionário. Os fundos podem ser dirigidos para qualquer um dos planos ou dividido entre ambos.

O Cref, basicamente, adquire ações de companhias existentes. O dinheiro que flui para o Cref não vai para as companhias que emitiram a ação. Em seu lugar, o dinheiro vai para o vendedor da ação, que pode tê-las comprado há muitos anos. Como explicamos no Capítulo 2, uma companhia recebe o resultado de uma venda de ações apenas quando estas são emitidas inicialmente no mercado primário. Todas as vendas posteriores são transações de segunda mão, com o resultado fluindo do comprador para o vendedor do título. Os fundos não são transferidos para a empresa. Comprando ações de segunda mão o Cref não está desempenhando o papel de intermediário financeiro.

---

[9] Associação de Seguro e Anuidade dos Professores. (NT)

[10] Fundo de Ações para Aposentadoria da Universidade. (NT)

A TIAA compra um tipo de carteira completamente diferente que valoriza títulos de dívida, principalmente hipotecas. Nesse caso, os fundos são transferidos dos poupadores para os tomadores, e o plano de pensão atua como intermediário financeiro. Ele cria um direito sobre si mesmo quando recebe os fundos dos poupadores, e recebe um direito dos tomadores quando os fundos são emprestados para financiar compras. A transferência de poder de compra em si mesmo é o papel de um intermediário financeiro. Dessa forma, a TIAA é um exemplo de um plano de pensão que age como um intermediário financeiro.

FUNDOS MÚTUOS E INSTRUMENTOS DO MERCADO MONETÁRIO

Uma das mais importantes instituições financeiras é o fundo mútuo que investe em nome das pessoas. No entanto, em sua maioria, esses fundos não são intermediários financeiros no sentido de que tomam emprestado dos poupadores e emprestam os fundos para os usuários finais. É verdade que criam direitos sobre si mesmos, visto que os investidores possuem cotas nos fundos (em outras palavras, os investidores possuem direitos no patrimônio). Se o fundo for um intermediário financeiro, depende do que faz com o dinheiro levantado pela venda das cotas: ele adquire títulos de emissão nova ou compra títulos previamente emitidos?

Se o fundo compra títulos nos mercados secundários, não está agindo como intermediário financeiro. Nenhum dinheiro é transferido para a empresa, governo ou pessoa buscando um empréstimo. Em vez disso, o dinheiro é transferido para outro investidor, que está buscando liquidar uma posição em um título específico.

É claro que um fundo mútuo pode comprar títulos recém-emitidos. Alguns fundos especializam-se em comprar ações de empresas novas e emergentes e, até o ponto em que esses fundos participam do mercado primário, estão operando como intermediários financeiros. Outros fundos mútuos especializam-se em títulos governamentais, os quais podem ser comprados quando as obrigações são emitidas. Tais fundos também agem como intermediários financeiros, transferindo dinheiro dos poupadores para os usuários finais do dinheiro. A maioria dos fundos mútuos, no entanto, não age como intermediários financeiros, já que, basicamente, compram e vendem títulos existentes.

Fundo mútuo do mercado monetário
Companhia de investimento que investe apenas em instrumentos do mercado monetário de curto prazo.

Mesmo que a maioria dos fundos mútuos não seja de intermediários financeiros, existe uma exceção importante – o **fundo mútuo do mercado monetário** que adquire títulos de curto prazo. Enquanto estes são mercados secundários em alguns instrumentos do mercado monetário, os fundos mútuos do mercado monetário tendem a adquirir obrigações recém-emitidas da dívida de curto prazo. Esses títulos são, então, mantidos até que sejam resgatados no vencimento, quando o processo é repetido.

O desenvolvimento desses fundos e seu crescimento explosivo foram um dos progressos mais importantes nos mercados financeiros. O crescimento não foi nada menos que fenomenal, pois os ativos totais cresceram de menos de $10 bilhões em 1975 para mais de $1,6 trilhão em 2004. Essa popularidade imediata pode ser explicada por três fatores: segurança do principal, liquidez e altas taxas de juros. As cotas são seguras, uma vez que os fundos monetários adquirem obrigações de curto prazo, cujos valores estão sujeitos a variações mínimas de preço. Além disso, essas obrigações tendem a ter uma alta avaliação de crédito, assim, o risco de inadimplência é mínimo.

As pessoas podem sacar o dinheiro investido nos fundos monetários (ou seja, resgatar cotas) quando desejarem. Essa facilidade de conversão em caixa com a probabilidade mínima de perda significa que essas cotas estão entre os ativos mais líquidos disponíveis aos poupadores. As cotas dos fundos mútuos do mercado monetário também oferecem aos poupadores retornos de curto prazo competitivos. Em muitos casos, esses retornos são mais altos que aqueles oferecidos por bancos comerciais e de poupança.

Os fundos monetários investem em uma variedade de títulos de curto prazo que incluem os CDs negociáveis discutidos anteriormente. Outros instrumentos do mercado monetário incluem as obrigações de curto prazo do governo federal (obrigações do Tesouro), papéis comerciais emitidos por corporações, contratos de recompra (comumente conhecidos como *repos*), aceites bancários e notas de antecipação de impostos. É claro que os investidores individuais também podem adquirir esses títulos, mas os valores altos de alguns títulos de curto prazo (por exemplo, o valor mínimo de CDs negociáveis é de $ 100 mil) excluem a maioria dos investidores.

O título de curto prazo mais seguro é a *U.S. Treasury bill* – **Obrigação do Governo Federal Americano** (comumente referida como *T-bill*), que é emitida pelo governo federal dos Estados Unidos. Antes da confrontação política sobre o orçamento federal de 1995, não havia dúvida de que o governo federal iria retirar de circulação o principal e pagar os juros de suas obrigações. (A precificação das *T-bills* e o cálculo dos retornos ganhos pelas obrigações e outros títulos descontados de curto prazo serão abordados no Capítulo 25.) O curto prazo das obrigações também significa que se as taxas de juros aumentarem, esse aumento terá um impacto mínimo nas obrigações, e o vencimento rápido significa que os investidores podem reinvestir os resultados nos títulos de rendimento mais alto.

U.S. Treasury bill (T-bill)
Instrumento de dívida emitido pelo governo federal.

Commercial paper (papel comercial) é uma nota de curto prazo não garantida e emitida por uma companhia como alternativa ao empréstimo de fundos de bancos comerciais. Uma vez que o *commercial paper* não possui garantia, apenas empresas com classificação de crédito excelente são capazes de vendê-lo; por isso, o risco de inadimplência é pequeno, e o pagamento do principal está praticamente garantido.

Commercial paper
Notas promissórias não garantidas emitidas pelas corporações com maior capacidade financeira de obtenção de crédito.

Um **acordo de recompra (*repo*)** é a venda de um título na qual o vendedor concorda em comprar o mesmo título de volta (recomprar) a um preço específico em data específica. Os *repos* são normalmente executados usando títulos do governo federal, e o preço de recompra é mais alto que o preço de venda inicial. A diferença entre o preço inicial e o preço de recompra é a fonte do retorno do detentor do título. Entrando no acordo de recompra, o investidor (comprador) sabe exatamente quanto ganhará no investimento e quando os fundos serão devolvidos.

Acordo de recompra (*repo*)
Venda de um título de curto prazo no qual o vendedor concorda em comprar de volta o título a um preço definido.

Aceites bancários são notas promissórias de curto prazo garantidas por um banco. Esses aceites surgem por meio do comércio internacional. Suponha que uma empresa embarque os produtos no exterior e receba um saque que promete pagamento após dois meses. Se a empresa não quer esperar pelo pagamento, pode levar o saque a um banco comercial para aceite. Caso o banco aceite o saque (e carimbe com "aceito"), o saque pode ser vendido. O comprador compra o saque com desconto, que torna-se a fonte de retorno do detentor. Os aceites bancários são considerados um bom investimento em curto prazo, porque são suportados por duas partes: a empresa contra a qual o saque é efetuado e o banco que aceita o saque.

Aceite bancário
Promissória de curto prazo garantida por um banco.

Notas de antecipação de impostos são emitidas por estados ou municipalidades para financiar operações correntes antes de receberem as receitas dos impostos. Quando os impostos são recebidos, os resultados são usados para resgatar o débito. São emitidas notas semelhantes em antecipação de receitas de futuras emissões de títulos e outras fontes, tais como participação nas receitas do governo federal. Enquanto essas notas de antecipação não oferecem a segurança das *Treasury Bills*, o juro é isento do imposto de renda federal. (O juro pago sobre dívida emitida pelo Estado

Nota de antecipação de impostos
Título de curto prazo do governo garantido pela expectativa de receitas fiscais.

TABELA 4.3

Distribuição dos ativos dos fundos mútuos do mercado monetário em janeiro de 2005 (em bilhões).

Commercial paper	$ 407,1	25,4%
Títulos do governo norte-americano	365,4	22,8
Acordos de recompra	243,6	15,2
Certificados de depósito em Eurodólares	76,9	4,8
Certificados de depósito negociáveis	145,9	9,1
Títulos corporativas	158,7	9,9
Outros	205,2	12,8
	$ 1.602,8	100,00%

Fonte: Obtido no *Investment Institute 2005 Mutual Fund Fact Book*, disponível no site do Investment Company Institute: **http://ici.org** ou por meio de **http://mayo.swlearning.com**.

e pelos governos locais é isento da taxação federal sobre a renda. Esses títulos serão discutidos no Capítulo 12, sobre títulos.) Os bancos comerciais e títulos mantêm os mercados secundários e dessa forma as notas podem ser vendidas se a empresa necessitar de caixa.

Além dos títulos domésticos de curto prazo, os fundos mútuos do mercado monetário investem em certificados de depósito em Eurodólar (CDs em Eurodólar). Estes são semelhantes aos CDs negociáveis, exceto por serem emitidos tanto por filiais de bancos nacionais localizados no exterior como por bancos estrangeiros. Como os CDs nacionais, os CDs em Eurodólar são *denominados em dólares norte-americanos* (U.S. *dollars*), e podem ser comprados e vendidos porque existe um mercado secundário. Os CDs em Eurodólares oferecem uma pequena vantagem de ganho porque não são tão líquidos como os CDs negociáveis nacionais e porque incluem o risco adicional de serem emitidos em um país estrangeiro.

Os fundos mútuos do mercado monetário podem investir em qualquer dos instrumentos anteriores do mercado monetário (certificados de depósitos negociáveis, U.S. *Treasury bills*, *commercial papers*, acordos de recompra, aceites bancários e notas de antecipação de impostos). A Tabela 4.3 mostra a distribuição agregada dos ativos dos fundos do mercado monetário. Como pode ser visto na figura, os títulos do governo norte-americano e os *commercial papers* constituem aproximadamente a metade dos ativos desses fundos, de forma que os fundos monetários são uma fonte importante de financiamento para o governo e as corporações.

Apesar de os fundos monetários como um todo possuírem um grande espectro de instrumentos do mercado monetário, alguns fundos se especializam. O Schwab U.S. Treasury Money Fund, por exemplo, investe apenas em títulos do governo norte-americano ou títulos que sejam garantidos por obrigações do governo federal. Outros fundos monetários Schwab investem em um espectro mais amplo de obrigações de curto prazo. Por exemplo, em 31 de dezembro de 2004, o Schwab Money Fund tinha 1,4% de seus ativos em obrigações do Tesouro, 23,3% em CDs negociáveis, 45,5% em *commercial papers*, e a porcentagem restante em vários outros ativos de curto prazo, tais como contratos de recompra.

CONCORRÊNCIA POR FUNDOS

Um banco comercial ou qualquer intermediário financeiro pode emprestar somente o que foi emprestado a ele. A menos que o banco seja capaz de induzir as pessoas, empresas e pelos governos a fazer depósitos, esse banco será incapaz de realizar empréstimos e investimentos.

Essa afirmação genérica é válida para todos os intermediários financeiros. Nenhum deles pode fazer investimentos sem uma fonte de fundos. Sejam esses direitos sobre os intermediários chamados apólices de seguro de vida ou contas de poupança ou cotas em fundos mútuos do mercado monetário, o ponto essencial continua o mesmo. Nenhum intermediário financeiro pode existir sem suas fontes de fundos.

Ao contrário, se os fundos saem dos intermediários financeiros, todos os intermediários terão de manter menos ativos (ou seja, fazer menos empréstimos). A menos que o fluxo de saída seja revertido, haverá a tendência de aumentar o custo dos créditos, já que os intermediários aumentarão as taxas de juros que cobram para racionalizar sua capacidade remanescente de emprestar.

Além dos fluxos agregados entrando e saindo de todos os intermediários financeiros, os mercados de crédito podem sentir o impacto dos fluxos entre os intermediários financeiros. Os fundos depositados em determinado banco não são depositados em outro banco concorrente. Se um poupador individual tem fundos para investir e escolhe um fundo mútuo do mercado monetário no lugar da associação local de poupança e empréstimo, será o fundo mútuo que poderá emprestar os fundos e não a associação de poupança e empréstimo. Do ponto de vista dos tomadores, não faz diferença qual intermediário faz o empréstimo se todos os intermediários financeiros tiverem uma carteira semelhante. Mas as carteiras dos diversos intermediários financeiros variam.

Essas diferenças podem ter uma conseqüência. Uma transferência de fundos de um intermediário (por exemplo, uma associação de poupança e empréstimo) para outra (como um fundo mútuo do mercado monetário) pode ter impacto importante na oferta de crédito disponível para determinado setor da economia. Apesar de a oferta total de crédito não ser afetada (pois o fundo do mercado monetário pode emprestar apenas o que as associações de poupança e empréstimo perdem), haverá uma redistribuição de créditos daqueles que tomam emprestado de associações de poupança e empréstimo para aqueles que tomam empréstimos dos fundos monetários. O fundo mútuo do mercado monetário agora tem mais fundos para adquirir títulos de curto prazo. De forma simultânea, o fluxo de fundos saindo da associação de poupança e empréstimo reduz sua capacidade de fornecer empréstimos hipotecários. Essa redistribuição de fundos das associações de poupança e empréstimo para os fundos mútuos do mercado monetário será sentida pela indústria da construção civil e os compradores de imóveis, uma vez que a oferta de dinheiro para hipotecas diminui.

Como essa discussão sugere, os intermediários financeiros competem entre si por fundos. Essa concorrência ocorre por meio dos retornos e serviços oferecidos. Se determinado intermediário não oferecer taxas competitivas, os fundos vão fluir dele para aqueles intermediários que oferecem retornos mais altos. Assim, a diferenciação entre intermediários com base nos retornos tende e ser pequena.

Historicamente, os intermediários financeiros têm sido classificados com base nos serviços ou produtos oferecidos. Atualmente, no entanto, esse fato é apenas parcialmente verdadeiro. No passado, os poupadores compravam seguro de vida por meio de agentes de seguro, adquiriram ações por meio de corretores de títulos e investiam fundos em uma conta de poupança em um banco. Esses dias de especialização estão desaparecendo. Hoje em dia, agentes de seguro, corretores de ações e banqueiros oferecem um largo espectro de serviços e produtos financeiros. Por exemplo, muitos bancos comerciais oferecem aos poupadores não apenas os serviços tradicionais de contas correntes e de poupança, mas também outros produtos, como serviços de corretagem (competindo com os corretores de títulos), contas de mercado monetário (para competir com os fundos mútuos do mercado monetário) e planos de pensão (para competir com as companhias de seguro e fundos mútuos). Tal concorrência de produtos também se aplica aos bancos de poupança. As associações de poupança e empréstimo oferecem uma variedade de contas de poupança, bem como contas correntes, seguro de vida e serviços de corretagem.

RESUMO

Os fundos são transferidos dos poupadores para os tomadores por meio de um sistema de intermediários financeiros. Os intermediários tomam emprestado dos poupadores e a seguir emprestam os fundos aos usuários finais. Intermediários financeiros incluem bancos comerciais, instituições de poupança, companhias de seguro de vida, planos de pensão e fundos mútuos do mercado monetário. Todos os intermediários financeiros competem por fundos, uma vez que um intermediário isolado pode adquirir uma carteira de ativos somente se conseguir obter fundos. A desregulamentação do sistema bancário aumentou a concorrência entre os vários intermediários e obscureceu a distinção entre eles, permitindo que oferecessem produtos e serviços que previamente eram do domínio exclusivo de determinado intermediário.

Em termos de tamanho, os bancos comerciais são os mais importantes intermediários financeiros. Esses bancos fazem uma variedade de empréstimos, mas tendem a dar maior importância aos empréstimos que são rapidamente reembolsados. Outros intermediários financeiros, como as associações de poupança e empréstimo e as companhias de seguro de vida, fazem empréstimos em prazos mais longos.

Desenvolvimentos recentes nos intermediários financeiros incluíram o grande crescimento dos fundos mútuos do mercado monetário. Os fundos mútuos do mercado monetário competem diretamente com os bancos; eles oferecem a vantagem de retornos um pouco mais altos e uma segurança quase comparável. Enquanto as cotas não são seguradas pelo governo federal como os depósitos bancários, a natureza de curto prazo de suas carteiras fornece segurança ao principal.

Os fundos mútuos do mercado monetário possuem uma variedade de títulos de curto prazo emitido por corporações (*commercial papers*), por bancos comerciais (CDs negociáveis) e governos. Obrigações da dívida de curto prazo do governo incluem *U.S. Treasury bills* e notas de antecipação de impostos. Outros instrumentos de curto prazo do mercado monetário incluem os acordos de recompra, aceites bancários e CDs em Eurodólares. Cada um desses títulos é um meio para o emitente levantar fundos no curto prazo, e um lugar para investidores, principalmente os fundos mútuos do mercado monetário, comprometer fundos por um curto período de tempo.

REVISÃO DOS OBJETIVOS

Agora que completou este capítulo, você deve ser capaz de:

1. Diferenciar as transferências diretas e indiretas de poupança para os usuários dos fundos (páginas 40-41).

2. Enumerar os ativos e passivos principais de um banco comercial (páginas 41-42).

3. Descrever várias regulamentações que são aplicáveis ao sistema bancário (páginas 43-46).

4. Diferenciar reservas bancárias exigidas e em excesso (páginas 44-45).

5. Explicar o papel da FDIC (página 45-46).

6. Comparar os ativos das companhias de seguro de vida e dos bancos comerciais (página 46).

7. Contrastar os vários instrumentos do mercado monetário (páginas 48-50).

O FEDERAL RESERVE

Segundo Will Rogers, "houve três grandes invenções desde o início dos tempos: o fogo, a roda e o banco central". Talvez a grandeza possa ser discutida, mas é impossível negar a influência potencial que o banco central da nação, o Federal Reserve ("Fed"), pode ter sobre a economia por meio de seu impacto na oferta de moeda e crédito. Este capítulo aborda a finalidade e a composição do Fed, a importância que as reservas bancárias têm na expansão múltipla da moeda e como as ferramentas de política monetária do Fed afetam a capacidade de emprestar do sistema bancário. Por esse impacto, o Fed altera a oferta de moeda e a taxa de juros.

O Federal Reserve, no entanto, não trabalha em um vácuo, uma vez que outros fatores também afetam a oferta e o custo do crédito. Entre esses fatores encontram-se a política fiscal do governo federal e a inflação. Quando o governo federal opera com déficit, compete diretamente com as empresas e os indivíduos pela oferta de crédito existente. Essa concorrência afeta o custo do crédito que todos os tomadores têm de pagar. A inflação afeta o custo do crédito à medida que os financiadores demandam taxas de juro mais altas para compensar a perda do poder de compra. A expectativa de inflação também resulta no fato de o Fed aumentar as taxas para reduzir as pressões inflacionárias.

▼

O PAPEL DO SISTEMA DA RESERVA FEDERAL (FEDERAL RESERVE SYSTEM)

A finalidade do Federal Reserve System é auxiliar na obtenção preços estáveis, pleno emprego e crescimento econômico pela regulamentação da oferta de crédito e moeda na economia. Modificar a oferta de moeda e crédito para atingir essas três metas é o que chamamos de **política monetária**.

> **Política monetária**
> Administração da oferta de moeda com a finalidade de manter os preços estáveis, pleno emprego e crescimento econômico.

O Federal Reserve ("Fed") tem vários instrumentos de política monetária. A política básica são as operações de mercado aberto (*open marketing operations*) enquanto os instrumentos secundários são as taxas de desconto e a exigência de reservas. O Federal Reserve utiliza os instrumentos monetários para expandir ou contrair a oferta de moeda a fim de buscar os objetivos econômicos de prosperidade com pleno emprego e preços estáveis. Quando o Federal Reserve busca aumentar a oferta de moeda e crédito para tentar alcançar o aumento de renda e de emprego, esta é denominada uma política monetária "fácil". Quando busca contrair a oferta de moeda e crédito para ajudar a combater a inflação, esta é referida como uma política monetária "apertada".

Além de controlar a oferta de moeda e crédito, seu papel principal, o Federal Reserve também tem outras funções. Estas incluem o poder de supervisionar as instituições de depósitos e a compensação de cheques. A finalidade do poder de supervisionar é proteger os depositantes da má administração financeira feita pelos bancos individuais; para isso o Federal Reserve aplica regulamentos bancários e faz inspeções periódicas nos bancos. Relatórios periódicos relativos aos empréstimos bancários, despesas e receitas são também exigidos. Se as inspeções e os relatórios indicam que o banco está seguindo políticas financeiras inadequadas o Federal Reserve pode exigir que a administração do banco corrija seus procedimentos. Essa capacidade de obrigar a administração de um banco a mudar de política dá ao poder supervisor do Federal Reserve uma força real. A mera existência desse poder é suficiente para manter a grande maioria dos bancos seguindo políticas financeiras sólidas.

A compensação de cheques é um serviço prestado aos bancos pelo Federal Reserve. O processo da compensação de cheques é mostrado no fluxograma da Figura 5.1. Quando um cheque é sacado no banco A e depositado no banco B, o mecanismo de compensação passa pelo Federal Reserve. Apesar de as mudanças tecnológicas e no ambiente regulador terem aumentado a velocidade com que os cheques são compensados, o processo ainda deve passar pelo Federal Reserve.

O Federal Reserve também serve como uma instituição depositária para os bancos-membro o Tesouro dos Estados Unidos e bancos centrais estrangeiros. Os bancos depositam suas reservas no Federal Reserve, e o Tesouro pode depositar fundos, como recibos de impostos, nos bancos do Federal Reserve. Os depósitos estrangeiros surgem como resultado de transações monetárias internacionais. De todos os depósitos, os mais importantes são as reservas dos bancos. Alterando as reservas o Federal Reserve é capaz de mudar a oferta de moeda e a capacidade dos bancos de gerar empréstimos. É por meio desse poder do Federal Reserve de criar e destruir os excessos de reservas dos bancos que o crédito é facilitado ou apertado.

ESTRUTURA DO FEDERAL RESERVE

O poder do Federal Reserve é concentrado em um **Conselho de Governadores**, formado por sete pessoas nomeadas pelo presidente dos Estados Unidos e aprovadas pelo Senado. As nomeações são válidas por 14

> **Conselho de Governadores**
> Corpo controlador do Federal Reserve cujos membros são nomeados pelo presidente dos Estados Unidos.

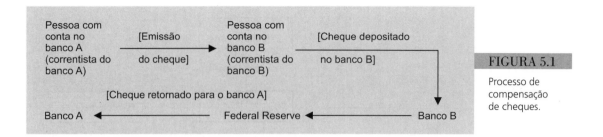

FIGURA 5.1
Processo de compensação de cheques.

anos, e os termos são alternados de forma que uma nova nomeação seja feita a cada dois anos. Os longos prazos e a alternância desses termos reduzem as pressões políticas e contribuem para o sistema federal de cheques e balanços. O presidente do Conselho de Governadores é o porta-voz principal da política monetária e pode agir como um conselheiro para o presidente em políticas econômicas. A autoridade do Conselho de Governadores manifesta-se de diferentes formas por meio de seu poder de ordenação e controle das operações de mercado aberto.

O país está dividido em 12 distritos, com uma filial do Federal Reserve em cada distrito. Cada **banco distrital** é administrado por nove diretores, três dos quais são nomeados pelo Conselho de Governadores. Os demais seis diretores são eleitos pelos bancos-membro e representam os bancos-membro, a indústria, o comércio e a agricultura. Dividindo a nação em distritos é possível ter um banco individual de reserva desempenhando serviços financeiros especializados pertinentes à sua região. Por exemplo, os problemas financeiros de regiões rurais podem diferir daqueles das áreas urbanas. A descentralização do banco central em distritos permite uma abordagem mais flexível dos problemas financeiros regionais. Uma vez que a cidade de Nova York é o centro financeiro da nação, o banco distrital em Nova York é o maior e mais importante banco individual de reserva.

> **Banco distrital**
> Um dos doze bancos que compõem o Federal Reserve.

Os bancos-membro constituem o componente seguinte do Federal Reserve System. Os bancos comerciais possuem cartas patentes estaduais ou nacionais. Todos os bancos com carta patente nacional têm de se filiar ao Federal Reserve. Os bancos estaduais têm a opção de filiar-se, mas muitos escolhem não fazê-lo. Uma vez que o Federal Reserve permite que bancos que não sejam membros utilizem suas instalações de compensação de cheques e emprestarem reservas, esses serviços estão disponíveis para todos os bancos sem que estes se filiem ao sistema.

Exige-se dos bancos-membro investir capital no Federal Reserve do seu distrito. Os membros são proprietários dos bancos Federal Reserve, e por esse investimento recebem um pequeno retorno do seu capital sobre os ganhos do Federal Reserve. A fonte desses ganhos são os juros ganhos sobre os títulos da dívida do governo norte-americano que o Federal Reserve possui. Caso o Federal Reserve obtenha lucros que excedam os pagamentos exigidos aos bancos-membro, o excesso de lucros é devolvido ao Tesouro.

O último componente do Federal Reserve é a **Comissão Federal do Mercado Aberto** (*Federal Open Market Committee*) a qual tem o controle das operações de mercado aberto. Como as operações de mercado aberto são a ferramenta mais importante da política monetária, essa comissão é um componente poderoso do sistema. A comissão é formada por sete membros do Conselho de Governadores e cinco presidentes de bancos distritais. O presidente do banco distrital de Nova York é um membro permanente da comissão, enquanto os demais presidentes dos bancos distritais se alternam nas quatro vagas restantes. Votando como um bloco, o Conselho de Governadores tem maioria na comissão e controle das operações de mercado aberto.

> **Comissão Federal do Mercado Aberto**
> Parte do Federal Reserve que estabelece e executa a política monetária.

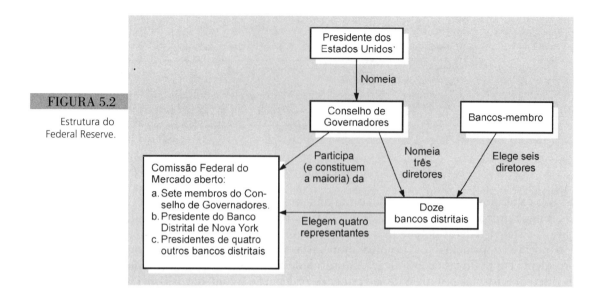

FIGURA 5.2
Estrutura do Federal Reserve.

Em resumo, os componentes do Federal Reserve System são: (1) o Conselho de Governadores, (2) os bancos distritais da reserva, (3) os bancos-membro e (4) a Comissão Federal de Mercado Aberto. Essa estrutura está resumida na Figura 5.2. Apesar de o presidente dos Estados Unidos nomear o Conselho de Governadores e de os bancos-membro serem os donos do Federal Reserve, o poder real está localizado no Conselho de Governadores. Ele tem o poder porque (1) nomeia três dos nove diretores dos bancos distritais da reserva, (2) forma a maioria da Comissão Federal de Mercado Aberto e (3) tem autoridade reguladora sobre os bancos comerciais. Assim, o Conselho de Governadores é individualmente a parte mais importante do Federal Reserve System.

A EXPANSÃO DA MOEDA E DO CRÉDITO

O Federal Reserve afeta a oferta de moeda e crédito por seu impacto nas reservas dos bancos, o que altera a capacidade destes de emprestar. Uma pequena mudança nas reservas dos bancos pode produzir uma mudança maior na oferta monetária devido ao sistema de reserva fracionada. Compreender o impacto potencial da política monetária exige o entendimento de como o sistema bancário expande e contrai a oferta de moeda e crédito – ou seja, entender como um sistema bancário de reserva fracionada altera a oferta de moeda.

A capacidade de empréstimos dos bancos vem dos investidores: depositantes, credores em geral e proprietários que investem em vários tipos de instrumentos (como certificados de depósito ou ações dos bancos) emitidos por banco. Um banco individual pode emprestar apenas o que obtém de suas fontes de financiamento, mas, como será explicado adiante, o agregado do sistema bancário pode expandir a oferta de moeda. Como essa moeda flui entre os bancos, a reserva agregada cresce. Esse aumento é o resultado da exigência de reserva fracionada estabelecida pelo Federal Reserve.

Esta seção abordará com a capacidade do sistema bancário de expandir e contrair a oferta de moeda e crédito. A próxima seção analisará o modo como o Federal Reserve afeta a capacidade dos bancos de emprestar afetando, desse modo, a oferta de moeda e crédito. Embora a discussão a seguir possa tornar-se complicada ao considerarmos cenários diferentes, apenas um caso simples é discutido, uma vez que a finalidade dessa discussão é ilustrar a expansão da moeda e do crédito e não mostrar como hipóteses diferentes podem alterar o valor da mudança na oferta monetária.[1]

O processo de criação de empréstimos será ilustrado sob as seguintes hipóteses: (1) o dinheiro é sempre depositado em uma conta corrente; (2) os bancos não mantêm reservas em excesso: todos os excessos de reserva estão emprestados; (3) existem tomadores suficientes para consumir todos os excessos de reservas dos bancos. Se essas hipóteses forem violadas, existirão perdas no sistema que diminuirão o potencial de expansão. Por exemplo, se as pessoas retiverem moeda, esse dinheiro não será depositado em bancos, logo não poderá ser emprestado por um banco. Essa retenção de moeda reduz os ativos dos bancos e reduz sua capacidade de expandir a oferta de moeda e crédito.

Qual é o efeito potencial do dinheiro depositado em uma conta corrente? A oferta de moeda (também chamado M-1) é a soma dos depósitos à vista mais moedas e notas em circulação. O dinheiro depositado nas contas correntes não modifica a oferta de moeda. O que é modificado é o formato do dinheiro, de moeda para depósitos à vista. Essas transações, no entanto, são extremamente importantes, porque aumentam a capacidade dos bancos de emprestar. Quando os bancos usam essa capacidade e fazem empréstimos, expandem a oferta de moeda.

Observe o que acontece quando $100 são depositados em uma conta corrente. Os $100 foram retirados de circulação e substituídos pelo depósito à vista. Após o banco receber o depósito de $100 em dinheiro, os $100 tornam-se parte das reservas do banco. Essa reserva de $100 é dividida em duas categorias: (1) reservas que têm de ser mantidas contra os depósitos à vista, as reservas exigidas; e (2) reservas que excedem a reserva exigida, que são chamadas excesso de reservas. Se a reserva exigida equivale a 10%, então $10 de $100 é reserva exigida e $90 é excesso de reservas. Esses excessos de reserva são importantes porque os bancos comerciais usam suas reservas em excesso para adquirir ativos geradores de lucro como empréstimos e títulos. Dessa forma, depositar dinheiro em um banco comercial dá a ele a capacidade de criar empréstimos, pois o banco obtém um recurso que pode emprestar – excesso de reservas. Os bancos não emprestam e não podem emprestar suas exigibilidades de depósitos.

Se o banco concede a um tomador um empréstimo de $90, qual será o efeito que essa transação terá em: (1) o depositante, (2) o banco e (3) o tomador? Uma vez que a transação não tem qualquer relação com o depositante, não terá qualquer efeito sobre ele. No que diz respeito ao depositante, o banco ainda lhe deve $100 à vista. O tomador recebe um ativo – um depósito à vista no banco – e também incorre em uma exigibilidade, com o banco. O banco adquire um ativo, o empréstimo de $90 e incorre em uma nova exigibilidade, o depósito à vista de $90. Esse depósito é o dinheiro que o tomador recebe pelo empréstimo.

Por que o banco comercial cria um novo depósito à vista em lugar de apenas emprestar o dinheiro para a pessoa? A resposta é que o banco não quer que a pessoa retire o dinheiro. O banco deseja manter o dinheiro o tempo que puder, pois ele é parte de suas reservas. Ele entende que o tomador gastará o dinheiro e as reservas provavelmente serão transferidas para outro banco, mas mesmo assim deseja usar as reservas enquanto puder.

Por que o tomador leva o empréstimo? Obviamente, o tomador não deseja deixar o dinheiro no banco e pagar juro no empréstimo, mas pretende gastá-lo. Quando o tomador gastar o dinheiro, o recebedor do cheque tanto poderá descontá-lo ou depositá-lo em um banco comercial. Quando o cheque for depositado, a probabilidade de esse banco e de o tomador serem os mesmos é muito pequena, uma vez que existem milhares de bancos comerciais no país. Quando o cheque é depositado no segundo banco, este envia o cheque para o primeiro, para pagamento. O primeiro banco transfere o equivalente a $90 de reservas (o dinheiro) para o segundo. Esse fluxo de depósitos e reservas é resumido a seguir:

---

[1] Para uma discussão de cenários diferentes sob hipóteses diversas, consulte: THOMAS, Lloyd. *Money, banking, and financial markets*. Mason, Ohio: Thomsom SouthWestern, 2006 ou MISHKIN, Frederic S. *The economics of money, banking and financial markets*. 7. ed. Reading, Mass.: Addison-Wesley, 2005.

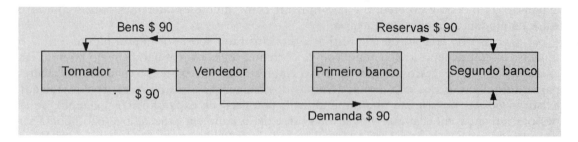

Em síntese, o empréstimo tornou possível uma compra pelo tomador e, dessa forma, um vendedor efetuou uma venda que poderia não ter ocorrido sem a criação do empréstimo. Os bens fluíram do vendedor para o comprador. Quando o vendedor depositou o pagamento em um banco comercial, fez que as reservas fluíssem entre o banco do vendedor e o banco do tomador.

Qual é o efeito líquido dessa transação na oferta de moeda e na quantidade de crédito? Ambos aumentaram. Existem $ 190 em depósito à vista – o depósito inicial de $ 100 no primeiro banco e o novo depósito de $ 90 no segundo. Houve um aumento líquido de $ 90 na oferta de moeda. Esse aumento de $ 90 veio por meio do processo de criação do empréstimo, porque agora existem $ 90 em crédito novo. O ato de depositar dinheiro em uma conta corrente conduziu a um novo aumento na oferta de moeda por meio do processo de criação de empréstimo.

O processo de criação de empréstimo não se limita à expansão inicial de $ 90, porque o segundo banco agora tem um depósito. Ele tem de manter reservas contra essa nova conta corrente. Uma vez que a reserva exigida é de 10%, o banco terá de manter em reserva $ 9 ($ 90 × 0,1). Ele recebeu $ 90 em reservas do primeiro banco, quando o cheque foi compensado. Assim, $ 81 dessas reservas são reservas em excesso que o segundo banco pode usar para comprar ativos geradores de lucro ou conceder um novo empréstimo. Se o segundo banco concede um empréstimo de $ 81, cria novos depósitos à vista no valor de $ 81. O tomador, a seguir, compra bens e serviços e paga por eles com um cheque sacado sobre o novo depósito à vista. O cheque de $ 81 é então depositado em um terceiro banco e é compensado. Isso cria para o terceiro banco um novo depósito e transfere para ele $ 81 em reservas do segundo banco. O terceiro banco divide essas reservas em reservas exigidas ($ 81 × 0,10 = $ 8,10) e reservas em excesso de $ 72,90. O terceiro banco agora tem capacidade de adquirir ativos geradores de lucro e criar novos empréstimos.

Esse processo de emprestar e passar reservas entre bancos comerciais pode continuar até que não haja mais reservas em excesso. O aumento líquido em novos créditos e depósitos à vista é, muitas vezes, o depósito inicial. Essa expansão é ilustrada na Tabela 5.1, que mostra a expansão múltipla para as primeiras oito rodadas. Como pode ser visto na tabela, cada empréstimo adicional e novo depósito à vista (coluna 1) é menor, mas a soma dos novos empréstimos aumenta (coluna 2). À medida que o total de depósitos à vista aumenta, as reservas exigidas também aumentam (coluna 3), dessa forma, os excessos de reservas têm de diminuir (coluna 4). Naturalmente é essa redução nos excessos de reserva que leva cada novo empréstimo a diminuir. Eventualmente, se a expansão continuar indefinidamente, os excessos de reservas se tornarão zero e o total de $ 100 em reservas equivalerá às reservas exigidas.

Se a expansão continuar até que não haja excesso de reservas, quanto crescerá a oferta de moeda? Qual é o aumento em novos empréstimos? Essas perguntas podem ser respondidas pela equação a seguir:

$$\frac{\text{Mudanças em excesso de reservas}}{\text{Reserva exigida}} = \text{Mudança na oferta de moeda} \qquad 5.1$$

A Equação 5.1 fornece o aumento em *ambos*: novos créditos e oferta de moeda. No exemplo anterior, o depósito de $ 100 em dinheiro aumentou o excesso de reservas por $ 90;

	Depósito inicial = $ 100		Exigência de reserva = 10%	
	Novos depósitos à vista	Novos créditos criados acumulados	Reservas exigidas acumuladas	Excesso de reservas
1º banco	$ 100,00	$ 0,00	$ 10,00	$ 90,00
2º banco	90,00	90,00	19,00	81,00
3º banco	81,00	171,00	27,10	72,90
4º banco	72,90	243,90	34,39	65,61
5º banco	65,61	309,51	40,95	59,05
6º banco	59,05	368,56	46,86	53,14
7º banco	53,14	421,70	52,17	47,83
8º banco	47,83	469,53	56,95	43,05
Rodada final	0	$ 900,00	100,00	0

TABELA 5.1

Expansão múltipla da oferta de moeda.

uma vez que a reserva exigida era 10%, a expansão máxima possível em moeda e novos créditos é:

$$\$\,90/0,1 = \$\,900$$

Um depósito à vista de $ 100 permite uma expansão de $ 900 em moeda nova. Uma vez que a moeda nova veio por meio da criação de crédito novo, $ 900 é também o crescimento máximo possível em crédito novo. A mudança na oferta de moeda e a mudança no crédito, assim, são dez vezes a mudança inicial no excesso de reservas.

Saques em Dinheiro e a Redução nas Reservas

No exemplo anterior, o dinheiro era depositado em uma conta, a qual criava novos excessos de reserva, o que conduzia a uma expansão da oferta de moeda e crédito. Um saque em dinheiro em um banco reverte o processo e reduz suas reservas. Se o banco tem excesso de reservas, o saque não cria problemas, porque tira fundos do excesso de reservas. Depois do saque, a capacidade de empréstimos do banco é reduzida, pois este perdeu excesso de reservas.

A situação é diferente se o banco não tiver excesso de reservas. Se não for capaz de satisfazer o saque com suas reservas existentes (e exigidas), ele tem um grande problema. Suas reservas são insuficientes para satisfazer suas reservas exigidas contra suas exigibilidades de depósitos. Assim, o banco tem de agir de forma a restaurar suas reservas.

Uma possibilidade é tomar emprestadas reservas de outro banco. Se o banco A toma emprestado reservas do banco B, o banco A agora vai satisfazer sua exigência de reserva. Será que o banco B conseguirá satisfazer essa exigência de reservas? A resposta deve ser óbvia. O banco B somente poderá realizar esse empréstimo se tiver excesso de reservas! O empréstimo de reservas transfere reservas de um banco para outro; não altera a oferta total de reservas no sistema bancário. O que muda é o local das reservas, do banco A para o banco B.

O mercado para essas reservas é chamado **mercado de fundos federais**. Os fundos federais são os mais bem desenvolvidos de todos os mercados de crédito de curto prazo. Se um banco comercial tem falta de reservas suficientes contra seu passivo, pode tomar emprestadas reservas de um banco comercial que possua excesso de reservas. Se um banco tem excesso de reservas, pode colocar esses fundos para trabalhar emprestando-os no mercado de fundos federais. Desse modo, o banco converte um ativo estéril, o excesso de reservas, em um ativo gerador de lucro, porque cobra do banco tomador juros pelo uso das reservas.

Mercado de fundos federais
Mercado no qual os bancos tomam emprestado e emprestam excesso de reservas.

Considerando-se que as reservas podem ser necessárias por apenas um curto período, os empréstimos feitos no mercado de fundos federais são normalmente em períodos extremamente curtos (por exemplo, um dia). Assim, qualquer banco que tenha uma sobra temporária de fundos passíveis de empréstimo pode rapidamente emprestá-los no mercado de fundos federais e ganhar juro sobre esses fundos. A taxa de juro é chamada **taxa de fundos federais**. (Este é um nome equivocado porque o empréstimo não envolve o governo federal nem o Federal Reserve.) Qualquer banco comercial que tenha um déficit em suas reservas pode tomá-las emprestado por um curto período se necessário.

> **Taxa de fundos federais**
> Taxa de juros cobrada pelos bancos sobre empréstimos de reservas *overnight*.

Caso falte excesso de reservas no sistema bancário, os bancos que experimentaram saques de caixa podem tomar emprestadas reservas do Federal Reserve. Diferentemente do sistema bancário, o Federal Reserve tem o poder de criar reservas. Se o banco A está com poucas reservas e os demais bancos não tem excesso de reservas, então tomar emprestado do Federal Reserve cria as reservas necessárias ao banco A. Naturalmente, o Federal Reserve cobra juros sobre esse empréstimo, da mesma forma que o banco B cobra juro do banco A pelo uso de suas reservas. Essa taxa de juros, denominada **taxa de desconto**, é um instrumento da política monetária e será discutida em detalhes na próxima seção, que tratará dos instrumentos de política monetária.

> **Taxa de desconto**
> Taxa de juros cobrada dos bancos por tomarem emprestadas reservas do Federal Reserve.

Suponha, no entanto, que o sistema bancário não tenha excesso de reservas e o banco A não queira tomar emprestadas reservas do Federal Reserve. O que acontecerá? O banco terá de liquidar alguns de seus ativos e, porque não existe excesso de reservas no sistema bancário, a expansão múltipla previamente ilustrada funcionará ao contrário. A redução em reservas irá causar a contração da oferta de moeda e crédito. Da mesma forma que um depósito em dinheiro conduz a uma expansão múltipla, o saque de dinheiro, quando o sistema bancário está totalmente emprestado, causará uma contração múltipla na oferta de moeda e na oferta de crédito.

Esse processo de contração múltipla está demonstrado na Tabela 5.2, que, basicamente, reverte o procedimento mostrado na Tabela 5.1. O saque inicial de $100 em dinheiro reduz os depósitos à vista em $100 (coluna 1). As reservas totais também diminuem em $100, mas, uma vez que as reservas exigidas diminuem por apenas $10 (coluna 3), a diminuição de $100 das reservas totais significa que o banco agora está com falta de reservas num total de $90. O banco liquida um ativo no valor de $90 para repor as reservas perdidas e a falta é transferida para o segundo banco. O segundo banco agora perde $90 em depósitos e reservas e o processo é repetido. A menos que o dinheiro retorne para o sistema bancário, o sistema deve sofrer uma contração. A redução acumulada e depósitos à vista são dados na segunda coluna, e a quarta coluna apresenta a mudança acumulada nas reservas exigidas em cada contração subseqüente. Como no caso da expansão em depósitos à vista, a redução máxima na oferta monetária é –$900 (–$90/0,1) e a mudança acumulada em reservas exigidas é –$100, que equivale ao valor do saque inicial em dinheiro.

Essa contração é exatamente o que aconteceu durante a Grande Depressão. (Você se lembra da corrida aos bancos George Bailey vivida em *It's a wonderful life*?) Os bancos tinham liquidez insuficiente para satisfazer os saques. Como o Federal Reserve não colocou reservas no sistema, muitos bancos comerciais foram incapazes de satisfazer os saques e tiveram de fechar as portas. Dessa forma, o papel principal do banco central deveria ser agir como uma fonte de reservas e liquidez para os bancos comerciais quando todas as outras fontes estivessem esgotadas. O Federal Reserve, por sua capacidade de criar reservas bancárias, consegue criar liquidez para os bancos quando esta é necessária para fazer frente aos saques.

	Saque inicial = US$ 100		Exigência de reservas = 10%	
Rodada final	Mudança nos depósitos à vista	Mudança nos depósitos à vista	Redução nas reservas exigidas	Mudança acumulada nas reservas exigidas
1º banco	−$ 100,00	−$ 100,00	−$ 10,00	−$ 10,00
2º banco	−90,00	−190,00	−9,00	−19,00
3º banco	−81,00	−271,00	−8,10	−27,10
4º banco	−72,40	−343,90	−7,29	−34,39
⋮	⋮	⋮	⋮	⋮
Rodada final	0	−$ 900,00	0	−$ 100,00

TABELA 5.2

Contração múltipla da oferta de moeda.

A discussão anterior sugere que um fluxo de fundos saindo de um banco pode criar um problema de liquidez significativo. Uma saída de depósito reduz as reservas individuais de um banco. (Esses saques em dinheiro não precisam afetar as reservas do sistema bancário se os fundos são depositados em outro banco.) A administração de um banco tem consciência do impacto da saída de fundos do banco e toma medidas para reduzir o impacto buscando equilibrar sua carteira de empréstimo com as saídas esperadas de dinheiro. Essa correspondência seria simples se todos os depósitos fossem certificados de depósito (CD) de 30 dias. O banco poderia assegurar-se de que teria fundos para satisfazer os CDs fazendo apenas empréstimos de 30 dias. Os empréstimos, ao vencer, cobririam os CDs no vencimento. Se os CDs fossem renovados, então os bancos poderiam fazer novos empréstimos por mais 30 dias adicionais.

É claro que o gerenciamento de carteiras dos bancos não é tão simples, porque os bancos possuem uma variedade de instrumentos para induzir depósitos. Estes variam de depósitos de prazos muito curtos (como depósitos à vista) a instrumentos que podem não vencer por muitos anos (por exemplo, um CD de cinco anos). Além disso, como será explicado no Capítulo 26, os bancos comerciais concedem linhas de crédito que permitem ao credor tomar emprestadas quantias variáveis ao longo de um período de tempo. (Pessoas também têm acesso a linhas de crédito por meio de cartões de crédito como o Visa, que oferece adiantamentos de caixa.) Esses empréstimos significam que os banqueiros não sabem no dia-a-dia exatamente quanto será emprestado, ou não sabem exatamente quando os empréstimos serão pagos.

A administração tem experiência com a taxa de entrada e saída de depósitos no banco, quantos empréstimos serão concedidos e quando serão pagos. Esse conhecimento permite ao banco construir uma carteira consistente com a necessidade antecipada pela administração por fundos para satisfazer os saques. No entanto, houve períodos em que os administradores de um banco se encontraram em situações precárias. Isso é especialmente verdade durante períodos nos quais as taxas de juros sobem rapidamente. Os depositantes podem sacar mais fundos do que foi antecipado pela administração do banco. Presumivelmente, esses saques estão sendo feitos por poupadores, buscando ganhar um retorno mais alto em uma instituição alternativa que concorra com as contas oferecidas pelo banco. Satisfazer esses saques pode prejudicar o banco isolado, principalmente se tiver de pagar taxas de juros mais altas para aumentar os fundos a fim de fazer frente aos saques. A menos que o banco também seja capaz de elevar as taxas a ser cobradas em seus empréstimos, a rentabilidade do banco é afetada devido ao aumento dos custos dos fundos.

OS INSTRUMENTOS DE POLÍTICA MONETÁRIA

Como as discussões anteriores indicam, as reservas dos bancos comerciais são um componente importante do sistema financeiro. Qualquer alteração nessas reservas interfere na capacidade dos bancos comerciais de criar moeda e crédito. Ultimamente, o controle da oferta de moeda apóia-se no Federal Reserve. É por meio do impacto nas reservas do banco que o Fed é capaz de afetar as taxas de juro e a economia.

O Federal Reserve possui três ferramentas básicas para intervir nas reservas das instituições depositárias: a exigência de reserva, a taxa de desconto e as operações de mercado aberto. Cada uma é importante por causa de sua capacidade de mudar o excesso de reservas e, dessa maneira, afetar a capacidade do banco de emprestar. Além desses instrumentos básicos da política monetária, o Federal Reserve tem controles seletivos de crédito com relação a empréstimos imobiliários e ao consumidor e compra de títulos com fundos emprestados (a exigência de margem foi discutida no Capítulo 3).

Exigência de Reserva

Como todas as instituições depositárias têm de manter reservas contra seu passivo, quaisquer mudanças nessas exigências de reservas alteram a capacidade de todos os bancos de emprestar. Por exemplo, se a exigência corrente de 10% de reserva para depósitos à vista for aumentada para 15%, cada instituição depositária precisará aumentar sua exigência de reserva. Enquanto os bancos previamente tinham de manter $10 em reserva contra cada $100 em depósitos à vista, agora eles precisarão manter $15 em reserva. Desse modo, simplesmente aumentando a exigência de reserva, o Federal Reserve diminui de imediato a capacidade dos bancos de conceder empréstimos. Uma diminuição na exigência de reserva tem o efeito oposto, por aumentar imediatamente a capacidade dos bancos de emprestar.

Obviamente, esse instrumento de política monetária não pode ser usado para fazer o ajuste da oferta de moeda às necessidades de mudanças na liquidez. Mudanças na exigência de reservas são incapazes de produzir pequenas mudanças na oferta de moeda, assim, raramente alterações nas exigências de reservas são usadas como um instrumento de política monetária. A vantagem principal de mudar a exigência de reservas é liberar ou absorver um grande valor de excesso de reservas com apenas um ato. Além disso, uma mudança na exigência de reserva tem um "efeito de proclamação" que serve para indicar a seriedade de uma política específica do Federal Reserve.

Taxa de Desconto

Como explicado anteriormente, a taxa de desconto é a taxa de juro que o Federal Reserve cobra dos bancos quando tomam emprestadas reservas para satisfazer escassez temporária em suas reservas exigidas. Uma mudança no custo do empréstimo de reservas altera a disposição do banco de tomar emprestado do Federal Reserve. Uma redução na taxa de desconto pode estimular o aumento de empréstimos. Um aumento na taxa de desconto deve desencorajar futuros empréstimos e pode levar os bancos a resgatar a dívida devida ao Federal Reserve.

Embora a taxa de desconto possa induzir o comportamento dos bancos, é um instrumento passivo de política monetária. A iniciativa de mudanças no nível de empréstimos pertence aos bancos. O Federal Reserve pode alterar a taxa de desconto, mas não pode forçar os bancos a tomar empréstimos ou cessar de tomar empréstimos. Um aumento na taxa de desconto não significa que os bancos vão parar de tomar emprestado e resgatar as dívidas existentes junto ao Federal Reserve. Se os bancos forem capazes de repassar para seus clientes o custo mais alto do empréstimo, poderá haver uma contração pequena no nível de crédito. Além do mais, nem todos os bancos tomam emprestado do Federal Reserve. Alguns preferem se manter livres dessa obrigação. Assim, um aumento na taxa de desconto não afetará o comportamento de empréstimos desses bancos.

Durante os anos de 1960, o Federal Reserve raramente mudou a taxa de desconto. De 1960 a 1968, essa taxa foi alterada apenas sete vezes. Nos anos de 1970, o Federal Reserve mudou a taxa de desconto com mais freqüência em resposta às mudanças nas condições econômicas. Por exemplo, houve um rápido aumento na taxa de 6,5% em 1978 para um pico de 13% em 1980. Essa duplicação da taxa de desconto ocorreu durante um período de inflação e altas taxas de juros, quando o Federal Reserve buscou restabelecer preços mais estáveis. Como a inflação e as taxas de juros baixaram o Federal Reserve reduziu a taxa de desconto para estimular a atividade econômica.

Mudanças na exigência de reservas ocorrem com pouca freqüência e as alterações na taxa de desconto são intermitentes, porque existe um meio mais efetivo de modificar a oferta de moeda e crédito. Atualmente, o Fed usa a taxa de fundos federais e as operações de mercado aberto. A taxa de fundos federais não deve ser confundida com a taxa de desconto. Lembre-se de que a taxa de fundos federais é a taxa de juros cobrada pelos bancos quando emprestam reservas entre si. Bancos com excesso de reservas emprestam para bancos que necessitam de reservas. Diferentemente da taxa de desconto, a taxa de fundos federais não é definida pelo Federal Reserve. Em vez disso, ela é estabelecida pela demanda e pela oferta de fundos disponíveis no mercado de fundos federais. O Federal Reserve, no entanto, pode afetar a oferta de fundos e, dessa forma, influenciar a taxa dos fundos federais. Durante os anos 2000, o Federal Reserve preferiu definir uma *target federal funds rate* (*taxa-alvo de fundos federais*) e alcançar esse alvo por meio do uso das operações de mercado aberto.

Flutuações na taxa-alvo de fundos federais estão ilustradas na Figura 5.3, que apresenta a taxa de 1995 até maio de 2005. Enquanto a taxa chegou a 6,5% durante o ano 2000, o Fed reagiu ao lento crescimento econômico subseqüente baixando a taxa-alvo de fundos federais. Essa taxa foi reduzida praticamente em todos os meses de 2001. Em 2003, a taxa-alvo de fundos federais foi reduzida a 1% e manteve-se nesse historicamente baixo patamar por um ano. Depois que o crescimento econômico aumentou durante o ano 2003, o Fed começou a aumentar a taxa em incrementos de 0,25% e, no verão de 2005, esta havia alcançado 3,5%.

Operações de Mercado Aberto

A taxa-alvo de fundos federais é alcançada por meio do instrumental mais importante da política monetária, as **operações de mercado aberto**, que é a compra e venda de títulos do governo pelo Federal Reserve. Comprando e vendendo esses títulos, o Federal Reserve altera a oferta de moeda em circulação e as reservas do sistema bancário. O Federal Reserve pode comprar e vender títulos a qualquer momento e em qualquer volume. Assim, as operações de mercado aberto não são apenas um meio de mudar a oferta de moeda e a disponibilidade de crédito, mas também de ajustar a oferta de moeda com base no dia-a-dia.

Operações de mercado aberto
Compra e venda de títulos do Tesouro dos Estados Unidos pelo Federal Reserve.

O Federal Reserve não compra e vende diretamente os títulos para o público ou para os bancos. As transações são negociadas por operadores privados de títulos do governo dos Estados Unidos os quais fazem mercados. Os operadores, por sua vez, vendem os títulos do governo para o público e para os bancos. Visto que as vendas e compras são de muitos milhões de dólares, os operadores devem possuir um capital e uma capacidade de tomar empréstimos substanciais para fazer esses mercados.

Se o Federal Reserve busca expandir a oferta de moeda, ele compra títulos. Depois que as transações são negociadas, os pagamentos devem ser feitos, e o ato de pagar pelos títulos altera a oferta de moeda e as reservas dos bancos. A propriedade dos títulos é transferida para o Federal Reserve, e este paga por eles emitindo um cheque sacado contra si mesmo, o qual os vendedores depositam nos bancos. Os bancos compensam os cheques e recebem o pagamento sob a forma de reservas do Federal Reserve. O efeito total dessas transações é (1) aumentar a

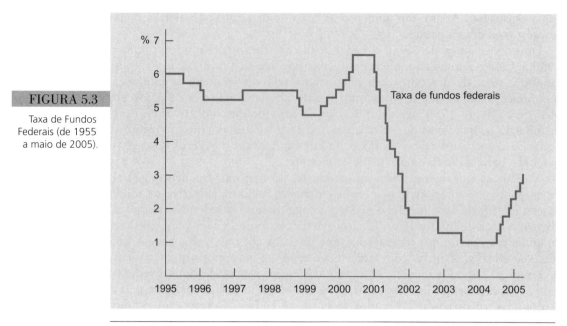

FIGURA 5.3

Taxa de Fundos Federais (de 1955 a maio de 2005).

Fonte: dados disponíveis no site do Federal Reserve: **http://www.federalreserve.gov** ou por meio de **http://mayo.swlearning.com**.

oferta de moeda porque os depósitos à vista aumentam e (2) aumentar as reservas no sistema bancário. As reservas exigidas dos bancos aumentam, pois o passivo aumentou. No entanto, apenas uma fração do aumento em reservas será reserva exigida. Assim, o excesso de reservas dos bancos também aumentará.

Quando o Federal Reserve busca contrair a oferta de moeda, vende títulos do governo. Uma vez mais é o pagamento dos títulos comprados que altera a oferta de moeda e a capacidade dos bancos de emprestar. Se o público compra os títulos, eles reduzem os depósitos à vista, e a oferta de moeda e as reservas dos bancos diminuem. O efeito total dessas transações é (1) diminuir a oferta de moeda, porque os depósitos à vista diminuem e (2) diminuir o total de reservas do sistema bancário, pois os bancos têm menos reservas em depósito no Federal Reserve. Uma vez que apenas uma porcentagem dessas reservas era exigida para fazer face ao passivo, o excesso de reservas do banco também diminuiu. Assim, vendendo títulos, o Federal Reserve diminui a oferta de moeda e o excesso de reservas dos bancos, o que reduz a capacidade dessas instituições de emprestar e criar crédito.

O IMPACTO DA POLÍTICA FISCAL NOS MERCADOS DE CRÉDITO

Mesmo que o Federal Reserve possa afetar a oferta de moeda e crédito na economia, não tem completo controle sobre eles. Existem forças além de seu controle que podem afetar a oferta de moeda e crédito. Uma dessas forças é a política fiscal do governo federal.

Política fiscal
Administração pelo governo federal dos tributos, despesas e dívidas.

Política fiscal é a política de tributação, gastos e administração da dívida pelo governo federal. Assim como a política monetária, a política fiscal pode ser usada para alcançar as metas econômicas de pleno emprego, estabilidade de preços e crescimento econômico. Como a política monetária, a política fiscal pode afetar a oferta de moeda e a capacidade de emprestar do sistema bancário.

> **Déficit**
> Desembolsos que excedem as receitas.
>
> **Superávit**
> Receitas que excedem os desembolsos.

A tributação ou as despesas do governo em si mesmas não alteram a oferta de moeda. No entanto, quando as despesas do governo excedem as receitas, esse **déficit** tem de ser financiado. Quando as receitas do governo excedem as despesas, o governo precisa fazer algo com o **superávit**. É o financiamento do déficit ou o emprego do superávit que pode afetar a oferta de moeda e a capacidade dos bancos de emprestar.

Desde a administração Nixon até o fim dos anos de 1990, o governo federal não apresentou superávit orçamentário. A preocupação sempre foi com o impacto de um déficit no sistema bancário e na oferta de crédito. Quando os recebimentos passaram a exceder os desembolsos, surgiu a questão do que fazer com o superávit, uma vez que o modo como que o superávit é usado também tem suas conseqüências para o sistema bancário e a oferta de crédito.

Se o governo federal tiver um déficit, poderá obter fundos para financiar o déficit tomando empréstimos do(s) (1) público em geral, (2) bancos, (3) Federal Reserve e (4) investidores estrangeiros. Se o governo federal tem um superávit, ele pode resgatar a dívida mantida pelo(s) (1) público, (2) bancos, (3) Federal Reserve e (4) investidores estrangeiros. Os títulos emitidos para financiar o déficit competem com outros títulos. Um superávit tem o efeito oposto. Em qualquer caso, um déficit ou um superávit, os mercados de títulos e o sistema bancário não estão imunes à política fiscal do governo federal. Financiar um déficit do governo ou investir qualquer superávit do governo pode ter um impacto na oferta de moeda e nas reservas dos bancos comerciais e, dessa forma, afetar a oferta e o custo do crédito.

Empréstimos do Público

Quando o governo federal opera com déficit, emite títulos para financiá-lo. Se o público em geral compra os títulos, são transferidos fundos do público para o Tesouro. O Tesouro, porém, gasta o dinheiro na compra de bens e serviços. (Se o governo não gastasse o dinheiro, não haveria déficit!) Quando o Tesouro paga por esses bens e serviços, os depósitos bancários do público são restaurados à medida que o dinheiro é transferido da conta do Tesouro para as contas do público.

Qual é a mudança na oferta de moeda e reservas dos bancos como resultado dessas transações? A resposta é nenhuma. Não há mudança na oferta de moeda porque não há mudança no total de depósitos à vista ou em dinheiro. Também não haverá mudança na capacidade dos bancos de emprestar. Tudo o que ocorre é que o governo obteve bens e serviços do público tomando emprestado do público. Ao fazer isso, o déficit do Tesouro não afetou a oferta de moeda ou a capacidade dos bancos de emprestar.

Se o governo federal tivesse um superávit e usasse os fundos para resgatar dívidas em poder do público, a análise anterior ainda seria aplicável, porém, em sentido contrário. Recebe-se mais dinheiro do que se gasta (o superávit), mas quando o dinheiro é usado para resgatar a dívida em poder do público, os fundos retornam para o setor privado. O dinheiro que inicialmente saiu do setor privado retornou a ele. A oferta de moeda e as reservas do sistema bancário não foram afetadas.

Empréstimos Bancários

Suponha que o déficit do governo federal seja financiado pelos bancos – ou seja, que os bancos comprem os títulos do governo. Para que essas compras ocorram, os bancos devem ter excesso de reservas. Na visão dos bancos, emprestar ao Tesouro não tem basicamente qualquer diferença de emprestar às empresas ou aos indivíduos. A oferta de moeda é expandida, mas a capacidade de emprestar dos bancos é diminuída, porque o excesso de reservas diminui.

(O processo de emprestar ao governo, as expensas do setor privado, é, às vezes, chamado "crowding out".[2])

O resgate de dívidas mantidas pelos bancos tem efeito oposto. Os fundos retornam para o sistema bancário, o que aumenta a capacidade dos bancos de emprestar. Não faz diferença se a General Motors resgata uma dívida que tinha com um banco comercial ou se o Tesouro paga um título seu que foi comprado por um banco. Em qualquer caso, o excesso de reservas dos bancos é aumentado, e sua capacidade de emprestar é restaurada.

Empréstimos do Federal Reserve

Entretanto, tomar emprestado do Fed para financiar um déficit é diferente de tomar emprestado do sistema bancário. Quando o Federal Reserve compra os títulos, a conta do Tesouro no Fed é aumentada. O Tesouro gasta esses fundos para comprar bens e serviços e o público deposita os pagamentos em bancos comerciais. O Federal Reserve transfere fundos da conta do Tesouro para as contas dos bancos.

A pergunta crucial então é: qual é o impacto na oferta de moeda e na capacidade dos bancos de emprestar quando os fundos são transferidos da conta do Tesouro para a conta do banco? A resposta é dupla: (1) o total de depósitos à vista aumenta quando o público faz os depósitos e (2) as reservas totais dos bancos crescem. (Lembre-se de que as contas dos bancos com o Federal Reserve são reservas.) Enquanto as reservas exigidas aumentam para cobrir novos depósitos à vista, os excessos de reserva também aumentam. A capacidade dos bancos de criar empréstimos adicionais e expandir ainda mais a oferta de moeda é aumentada. Assim, o efeito líquido do financiamento de um déficit do governo federal pelo Federal Reserve é aumentar tanto a oferta de moeda como a capacidade dos bancos de emprestar.[3]

Uma vez mais o impacto de um superávit é exatamente o oposto. Se o Tesouro quiser obter um superávit e utilizar os fundos para resgatar dívidas do Federal Reserve, tanto a oferta de moeda quanto a capacidade de empréstimo dos bancos diminuem. As cobranças de impostos que geram o superávit reduzem as contas do setor privado nos bancos. Quando os fundos são transferidos para a conta do Tesouro, reduzem o passivo dos bancos. Isso faz que a oferta de moeda diminua e reduz as reservas totais do sistema bancário. A redução nas reservas diminui o excesso de reservas dos bancos e, como conseqüência, diminui sua capacidade de emprestar.

Empréstimos Estrangeiros

O governo federal também pode tomar emprestado no exterior, nesse caso, os títulos são vendidos em países estrangeiros. Quando os fundos das vendas são depositados nos bancos domésticos, as reservas desses bancos aumentam. De um ponto de vista doméstico, tomar emprestado no exterior tem o mesmo impacto que tomar emprestado do Federal Reserve. A oferta de moeda e as reservas dos bancos domésticos aumentam. A oferta de moeda e as

---

[2] *Crowding out* – expressão em inglês que significa "efeito deslocamento". É utilizada geralmente para designar uma situação em que os gastos governamentais deslocam (*crowd out*) algum outro componente dos gastos, embora sem alterar a despesa agregada. Num sentido mais concreto, significa que se o governo tomar grandes empréstimos no mercado a elevação das taxas de juros deslocaria tomadores do setor privado, que não teriam condições de pagar taxas tão elevadas. (NRT)

[3] O processo é mais sutil do que a discussão do texto sugere. Inicialmente, o Tesouro vende os títulos, que são comprados por bancos e corretores de títulos. Essas compras diminuem o excesso de reservas, e as taxas de juros tendem a aumentar à medida que as vendas de títulos do Tesouro aumentam a demanda por fundos. Se o Federal Reserve não deseja que as taxas de juros aumentem, restaura as reservas dos bancos por meio de operações de mercado aberto. O efeito é o mesmo obtido quando o Federal Reserve compra diretamente a dívida: a oferta de moeda e as reservas dos bancos são aumentadas.

reservas dos bancos estrangeiros, no entanto, *diminuem*. (Essa conclusão baseia-se no fato de que os fundos tomados no exterior pelo Tesouro são gastos internamente. Se os fundos forem gastos no exterior o fluxo de dinheiro sai do país, não tendo, assim, impacto no sistema monetário doméstico.)

Resgatar dívidas no exterior reverte o fluxo dos depósitos. Se um superávit é utilizado para resgatar títulos do Tesouro em poder de estrangeiros, um fluxo de dinheiro deixa o país. Essa saída reduz a oferta doméstica de moeda e as reservas dos bancos domésticos. (Se os estrangeiros depositassem os resultados monetários nos bancos domésticos, o efeito líquido seria nulo.) Da mesma forma que vender títulos no exterior causa uma expansão da oferta doméstica de moeda e nas reservas dos bancos, resgatar dívidas mantidas no exterior contrai a oferta doméstica de moeda e as reservas bancárias.

O impacto na oferta de moeda e nas reservas dos bancos desses casos é resumida na Tabela 5.3. Entre as possibilidades de financiar um déficit ou quitar uma dívida existente, o impacto maior ocorre quando a transferência envolve o Federal Reserve ou investidores estrangeiros, porque tanto a oferta local de moeda quanto as reservas do sistema bancário são afetadas. Financiar um déficit vendendo títulos para o Federal Reserve ou no exterior tem implicações expansionistas. Resgatar dívidas mantidas pelo Federal Reserve ou por investidores estrangeiros terão o efeito oposto. A oferta doméstica de moeda e as reservas dos bancos locais diminuem.

Como esta discussão indica, um déficit ou um superávit do governo federal podem ter impacto na oferta de moeda e crédito. Se o Federal Reserve considerar esse impacto indesejável, poderá tomar atitudes para compensá-lo. Por exemplo, se o déficit é financiado pelos bancos e isso resultar em menos empréstimos para as empresas e famílias, o Federal Reserve pode criar mais reservas. O aumento nas reservas seria alcançado por meio de operações de mercado aberto. O Federal Reserve compraria títulos, o que restaura as reservas para o sistema bancário. Assim, embora o Federal Reserve não possa controlar o déficit ou o superávit do governo federal, ele pode atuar para reduzir o impacto na oferta de crédito e nos mercados financeiros.

IMPACTO DE UM AMBIENTE ECONÔMICO INFLACIONÁRIO NOS MERCADOS DE CRÉDITO

Inflação
Aumento geral de preços com ênfase especial em aumento nos preços ao consumidor.

Inflação é um aumento geral de preços. Esta é uma definição muito simples e que traz duas palavras cruciais: *preços* e *geral*. A primeira palavra importante é *preços*, indicando o que os consumidores pagam para obter produtos e serviços. (O termo *preços* também pode significar o que os produtores têm de pagar por instalações e equipamento, mas quando a palavra *inflação* é usada, a implicação é que preços de bens de consumo e serviços estão aumentando.) A segunda palavra importante é *geral*. Inflação não significa que todos os preços estão aumentando, mas que os preços da maioria dos bens e serviços estão aumentando.

A inflação freqüentemente é expressa como uma taxa de aumento em um índice. O índice mais usado é o Índice de Preços ao Consumidor ou IPC. O IPC é compilado mensalmente pelo Bureau of Labor Statistics – Agência de Estatísticas do Trabalho – e é um agregado dos preços de bens e serviços pagos pelos consumidores. Mudanças no IPC são normalmente expressas em porcentagem. Por exemplo, os jornais podem noticiar que a taxa de inflação é de 3%. Isso significa que os preços medidos pelo IPC estão aumentando anualmente a uma taxa de 3%.

A Figura 5.4 mostra que houve inflação no período 1970-2004. O Índice de Preços ao Consumidor desse período é mostrado na metade superior do gráfico, e a porcentagem anual de variação do índice, na metade inferior. Apesar da metade superior na Figura 5.4 mostrar um crescimento contínuo nos preços ao consumidor, a metade inferior indica variações

TABELA 5.3

Resumo do impacto da política fiscal sobre a oferta de moeda e nas reservas dos bancos comerciais.

	Variação na oferta de moeda	Variação nas reservas totais dos bancos*	Variação no excesso de reservas dos bancos
Caso I			
Empréstimo do público	Nenhum	Nenhum	Nenhum
Resgatando dívidas de propriedade do púbico	Nenhum	Nenhum	Nenhum
Caso II			
Empréstimos de bancos	Aumenta	Nenhum	Diminui
Resgatando dívidas de propriedade dos bancos	Diminui	Nenhum	Aumenta
Caso III			
Empréstimo do Federal Reserve	Aumenta	Aumenta	Aumenta
Resgatando dívidas de propriedade do Federal Reserve	Diminui	Diminui	Diminui
Caso IV			
Empréstimo do exterior	Aumenta	Aumenta	Aumenta
Resgatando dívidas no exterior	Diminui	Diminui	Diminui

*Excesso de reservas mais reservas exigidas.

consideráveis de um ano para outro na taxa de inflação. Enquanto os preços ao consumidor aumentaram mais de 12% em 1980, cresceram cerca de 3% anualmente de 1992 a 2004.

Apesar de terem sido propostas diversas explicações para a inflação, a mais freqüentemente apresentada é o gasto excessivo. O gasto pode advir dos consumidores, das empresas ou dos governos, mas o efeito nos preços é o mesmo, não interessa qual seja a fonte do gasto. Geralmente, esse excesso de gasto é financiado por ou resulta do *excesso de criação de moeda* e crédito pelo Federal Reserve. Essa causa de inflação normalmente é resumida pela expressão "dinheiro demais a procura de poucos bens".

Os instrumentos tradicionais para combater a inflação criada pelo excesso de demanda são a política fiscal e a política monetária. Com a política fiscal, os gastos do governo são reduzidos ou os impostos, aumentados. A redução nos gastos do governo deveria diminuir a demanda por bens e serviços e ajudar a reduzir a pressão inflacionária. Um aumento no imposto de renda das empresas diminui seu lucro, o que reduz a capacidade das empresas de pagar dividendos e reinvestir os ganhos. Um aumento nos impostos das pessoas físicas reduz a renda disponível dessas pessoas. Todos esses aumentos de impostos reduzem a demanda agregada por produtos e serviços e, portanto, deveriam diminuir a tendência de os preços aumentarem.

Se a política monetária é usada para combater a inflação, o Federal Reserve vende títulos, aumenta as exigências de reserva e eleva a taxa de desconto. Essas ações reduzem a oferta de moeda, diminuem o excesso de reservas dos bancos e aumentam o custo do crédito (ou seja, a taxa de juros). A redução na oferta de moeda e as taxas de juros altas devem reduzir a demanda agregada, que está provocando o aumento de preços.

Mesmo que o Federal Reserve não aumente as taxas de juros, a inflação causará um aumento nas taxas de juros. A inflação pode redistribuir os recursos dos credores para os devedores (de emprestadores para tomadores), uma vez que os devedores pagarão os credores no futuro com fundos que compram menos. No entanto, para que tal redistribuição ocorra, os emprestadores teriam de ter uma falta de conhecimento da inflação. Se os emprestadores antecipassem a inflação, eles certamente tomariam medidas para proteger o poder de compra

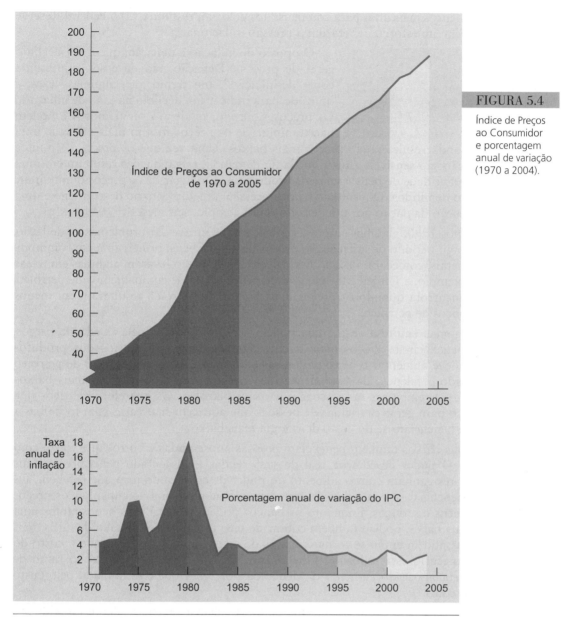

FIGURA 5.4

Índice de Preços ao Consumidor e porcentagem anual de variação (1970 a 2004).

Fonte: Dados disponíveis no site do Bureau of Labor Statistics: **http://www.bls.gov** ou em **http://mayo.swlearning.com**.

de seus fundos. Tal proteção é alcançada cobrando juros maiores de forma que seu retorno iguale ou exceda a taxa de inflação.

Se os emprestadores não anteciparem totalmente a inflação e não ganharem uma taxa de juros suficiente, haverá uma transferência de recursos dos emprestadores para os tomadores. A crença de que os poupadores não anteciparão corretamente a severidade da inflação estimulou algumas pessoas e empresas a financiar compras por meio de dívidas. Assim, a inflação (ou pelo menos a sua expectativa) altera as decisões econômicas e afeta os mercados de crédito. A inflação estimula o uso de financiamentos para fazer compras correntes.

Os emprestadores, no entanto, podem certamente antecipar a inflação do mesmo modo que os tomadores. Dessa forma as expectativas de inflação deveriam tender a aumentar os juros à medida que (1) os tomadores buscam obter fundos para comprar bens antes que seus preços aumentem, (2) os emprestadores buscam proteger o poder de compra de seus fundos exigindo taxas de juros mais altas para compensá-los pelo empréstimo e (3) o Federal Reserve aperta o crédito em um esforço de retardar a pressão inflacionária.

Deflação
Declínio geral de preços.

Recessão
Período (de pelo menos seis meses) de aumento no desemprego e de crescimento econômico negativo.

O oposto de inflação é **deflação**, que é um declínio geral de preços. (Deflação não deve ser confundida com "desinflação", um termo que, algumas vezes, é utilizado para indicar um declínio na taxa de inflação.) Os preços, contudo, tendem a ser teimosos e podem não diminuir. Se os preços fossem mais voláteis, uma redução na demanda resultaria em preços mais baixos. Uma vez que os preços de muitos bens e serviços não são sensíveis a uma queda na demanda, tais reduções resultam em uma diminuição na quantidade de bens e serviços produzidos. Em lugar de os preços diminuírem, trabalhadores são demitidos. O resultado é uma **recessão**: um aumento no desemprego e uma redução na produção da nação por um período (por exemplo, seis meses).[4]

Durante os anos 1990, algumas empresas começaram a atravessar problemas de deflação. Depois de um longo período de inflação, os preços de alguns bens, principalmente commodities, tais como metais, começaram a cair. Esses declínios de preço levaram algumas empresas à falência. Por exemplo, a Global Marine, grande proprietária de equipamentos de petróleo, foi forçada à bancarrota quando os preços mais baixos do petróleo resultaram em menos perfurações de poços de petróleo.

Enquanto algumas empresas e pessoas podem ser prejudicadas pela queda de preços, outros podem beneficiar-se. Preços mais baixos significam menores custos dos produtos vendidos, o que deve aumentar o lucro para essas empresas. Preços mais baixos de petróleo podem ter causado a falência da Global Marine, mas os preços de petróleo mais baixos beneficiam quaisquer empresas ou pessoas que usam petróleo. Os aparelhos elétricos que queimam petróleo para gerar eletricidade e pessoas que aquecem suas casas com fornalhas a óleo obviamente beneficiam-se do custo de energia mais baixo.

Os preços mais baixos também beneficiam pessoas aposentadas e outros que vivem com uma renda fixa. O poder de compra real de suas rendas é aumentado pelos preços mais baixos. Os credores ganham com o aumento do poder de compra do juro que recebem. Os bancos podem beneficiar-se com os juros mais baixos que tendem a acompanhar os preços mais baixos de bens e serviços. Enquanto os bancos podem pagar a seus depositantes uma taxa de juros mais baixa, podem também cobrar de seus tomadores uma taxa de juros mais baixa. Indivíduos podem então se tornar capazes de comprar suas casas porque o custo do empréstimo hipotecário está reduzido. Obviamente, os construtores e outros no ramo de construções beneficiam-se do aumento da demanda por casas que é estimulada pelo custo mais baixo do crédito.

Preços mais baixos, assim como preços mais altos, tendem a beneficiar alguns indivíduos e empresas, mas a prejudicar outros. Os preços mais altos não são necessariamente "bons" nem os preços baixos são necessariamente "ruins". Como esperado, a inflação induz determinados tipos de comportamento, como o aumento nos empréstimos na expectativa de taxas de juros mais altas. As pessoas podem adiar as compras na expectativa de preços mais baixos. Os investidores podem querer concentrar-se nos rendimentos e, dessa forma, fazer investimentos em longo prazo antes que a taxa de juros diminua. Na medida em que as pessoas ou administradores antecipam corretamente as mudanças de preços em qualquer direção, podem tomar atitudes que são vantajosas.

---

[4] Desemprego elevado e uma economia estagnada podem também coexistir com uma inflação continuada. Tal cenário tem sido apelidado de "estagflação" e é o resultado da inércia associada ao processo inflacionário. Se os custos de produção continuam a crescer mesmo em face do aumento do desemprego, o aumento de preços persistirá, criando, assim, um desemprego maior e inflação.

RESUMO

O Federal Reserve é o banco central dos Estados Unidos. Sua finalidade é controlar a oferta de moeda e crédito na nação. Por meio desse controle, o Federal Reserve busca a meta da política monetária: altos níveis de emprego, preços estáveis e crescimento econômico.

A política monetária trabalha por meio de seu impacto nas reservas dos bancos. Uma vez que o sistema bancário é organizado em um sistema de reservas fracionárias, qualquer transação que coloque reservas no sistema conduzirá a uma expansão na oferta de moeda e crédito. As transações que tiram reservas do sistema farão com que a oferta de moeda e crédito contraia, a menos que haja excesso de reservas no sistema para satisfazer a redução de reservas.

Os instrumentos de política monetária incluem as operações de mercado aberto, a exigência de reserva e a taxa de desconto. As operações de mercado aberto – a compra e a venda de títulos do governo pelo Federal Reserve – são o instrumento mais importante da política monetária e são usadas para estabelecer uma taxa–alvo de fundos federais. Quando o Federal Reserve deseja expandir a oferta monetária, compra títulos. Quando deseja contrair a oferta monetária, vende títulos. Essas compras e vendas afetam as reservas dos bancos e, dessa maneira, alteram sua capacidade de emprestar. Alterando as reservas dos bancos, o Federal Reserve persegue suas metas econômicas.

A política fiscal do governo federal, como a política monetária, pode ter um impacto na oferta de moeda e nas reservas dos bancos. Quando o governo federal gasta mais do que recebe na forma de receita de impostos, o déficit resultante tem de ser financiado. Quando o Federal Reserve fornece os fundos para cobrir o déficit, o efeito é o mesmo que o Federal Reserve obtém ao comprar títulos. Em ambos os casos, a oferta de moeda e as reservas dos bancos aumentam.

Ocorre o inverso quando o governo federal apresenta um superávit no qual os recebimentos são maiores que as despesas (as entradas de caixa do governo federal excedem as saídas). A menos que os fundos retornem para a economia, a oferta de moeda e as reservas dos bancos diminuem. Aumentando as despesas ou resgatando débitos mantidos pelo público, os fundos retornam, e o impacto no sistema bancário é reduzido.

Inflação é um aumento geral de preços enquanto deflação é uma redução geral de preços. Recessão é um período de desemprego crescente. A expectativa de inflação afeta a tomada de decisões financeiras fazendo com que as pessoas, os administradores financeiros e os credores tomem atitudes no intuito de proteger seu poder de compra. A inflação estimula o gasto para adquirir bens antes que os preços aumentem mais; estimula também o financiamento das compras com fundos emprestados. Os emprestadores, contudo, buscam proteger-se da inflação cobrando taxas de juros mais altas para compensar a inflação. Durante o período de inflação o Federal Reserve vai procurar uma política monetária mais apertada e vender títulos para reduzir as pressões inflacionárias. Durante um período de recessão o Federal Reserve faz o oposto, compra títulos e diminui as taxas de juro para estimular a economia.

REVISÃO DOS OBJETIVOS

Agora que completou este capítulo, você deve ser capaz de:

1. Listar as metas econômicas da política monetária (página 54).

2. Descrever a estrutura do Federal Reserve (páginas 54-56).

3. Explicar como os depósitos em bancos comerciais conduzem a uma expansão múltipla na oferta monetária (páginas 56-59).

4. Definir a taxa de fundos federais (página 60).

5. Exemplificar como os instrumentos de política monetária são usados para afetar a oferta de moeda e crédito (páginas 62-64).

6. Determinar qual dos instrumentos de política monetária é o mais importante (página 63).

7. Explicar como o Federal Reserve usa as operações de mercado aberto para influir na taxa de fundos federais (páginas 63-64).

8. Identificar o impacto potencial que o déficit do governo federal tem sobre o sistema monetário (páginas 64-67).

9. Definir inflação e recessão; explicar como cada uma delas é medida (páginas 67-70) e por que a inflação é associada a taxas de juros mais altas (página 69-70).

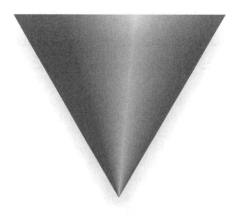

FLUXO INTERNACIONAL DE MOEDAS

As nações não vivem em um vácuo; elas não são econômica nem politicamente independentes umas das outras. Produtos, serviços e capitais (investimentos) circulam entre nações, e essa circulação normalmente tem impacto nos empregos, preços e sistema bancário locais. Este capítulo é dedicado a esses fluxos de moeda.

A primeira seção considera o preço de uma moeda em termos de outra, ou seja, a taxa de câmbio. Variações nos preços das moedas alteram a demanda pelos produtos e serviços de um país, o que afeta o nível da atividade econômica. A circulação de moedas também afeta os depósitos bancários e a capacidade dos bancos de emprestar. A seção seguinte descreve o sistema de contabilidade dos fluxos monetários, o balanço de pagamentos. Enfatizamos a balança comercial, que mede as importações de produtos e serviços. Dentro do sistema monetário atual, um déficit ou um superávit na balança comercial deve produzir mudanças na taxa de câmbio. Enquanto déficits temporários podem ser satisfeitos por um empréstimo do Fundo Monetário Internacional, o desequilíbrio fundamental entre oferta e demanda de moeda tem de ser corrigido para que a moeda mantenha um valor estável.

MOEDAS ESTRANGEIRAS E A TAXA DE CÂMBIO

A economia doméstica não opera em um vácuo. Muitos consumidores, empresas e governos compram e vendem produtos de e para produtores estrangeiros. Automóveis, produtos e componentes eletrônicos, roupas e alguns alimentos são exemplos de mercadorias que são importados. É praticamente impossível comprar produtos nos Estados Unidos que tenham sido fabricados totalmente no país. Mesmo que os produtos finais tenham sido feitos nos Estados Unidos esses produtos normalmente têm partes que foram produzidas no exterior.

Uma procura por produtos estrangeiros também é uma procura por moeda estrangeira. Os comerciantes estrangeiros querem pagamento em moeda de seu país e os compradores têm de adquirir essa moeda. Para isso, os compradores usam a moeda de seu país, que oferecem em troca da moeda estrangeira. Se os norte-americanos desejam produtos britânicos eles precisam converter dólares em libras. Eles oferecem (isto é, ofertam dólares norte-americanos em troca de libras esterlinas). O contrário também acontece quando os britânicos desejam comprar produtos norte-americanos. Para adquirir os produtos devem ter dólares norte-americanos e, para obter esses dólares, oferecem libras esterlinas em troca dos dólares norte-americanos. Assim, a demanda por produtos estrangeiros e a demanda por moeda estrangeira implica fornecimento de moeda doméstica.

Mercado de câmbio exterior
Mercado para a compra e a venda de moedas.

Taxa de câmbio
Preço de uma moeda estrangeira, o valor de uma moeda em termos de outra.

O mercado de moedas estrangeiras é chamado **mercado de câmbio exterior**. Bilhões de dólares equivalentes em moeda estrangeira são negociados diariamente nos centros financeiros: Nova York, Londres, Tóquio e Zurique. O preço de uma moeda em termos de outra é conhecido como **taxa de câmbio**, e os preços das principais moedas são reportados na imprensa financeira. Um registro típico seria:

País	Equivalente em US$	Moeda por dólar
Grã-Bretanha	1,4345	0,6971

Esse registro indica que o custo em dólar da libra esterlina é US$ 1,4345, ou seja, US$ 1,00 compra 0,6971 libras. O valor de 0,6971 é encontrado dividindo-se US$ 1 pelo preço em dólar da libra: US$ 1/US$ 1,4345 = 0,6971 unidade da moeda britânica.

As moedas também são reportadas como "taxas de câmbio cruzadas" em uma tabela expressando as moedas em termos umas das outras. Registros típicos para pesos, libras e dólares seriam:

	Dólar	Libra	Peso
México	9,2215	13,228	...
Reino Unido	0,6971	...	0,07560
Estados Unidos	...	1,4345	0,10844

A coluna dólar indica que US$ 1 compra 9,2215 pesos mexicanos e 0,6971 libra esterlina. Lendo na horizontal, a linha dos Estados Unidos indica que a libra custa US$ 1,4345 e o peso mexicano US$ 0,10844. Lendo na vertical, na coluna da libra, vemos que 1 libra compra 13,228 pesos e 1,4345 dólar. Lendo na horizontal, a linha do Reino Unido indica que US$ 1,00 custa 0,6971 libra e um peso custa 0,0756 libra.

A demanda norte-americana por uma moeda estrangeira resulta da importação de produtos e serviços, viagens ao exterior; investimentos estrangeiros em títulos, instalações e equipamento; e gastos do governo. Se você analisa as transações que os indivíduos e as empresas norte-americanas têm com empresas estrangeiras, indivíduos e governos, verifica que existe uma demanda substancial por moedas estrangeiras. Naturalmente, essa demanda por moedas estrangeiras implica uma oferta de dólares.

Existe também demanda por dólares com os quais as pessoas, as empresas e os governos estrangeiros compram produtos e títulos. Basicamente, o preço de uma moeda depende da oferta e da demanda por essa moeda. Um desequilíbrio na demanda ou na oferta de moeda provoca variação em seu preço. Excesso de demanda gera um preço mais alto, enquanto excesso de oferta reduz o preço. Tais variações de preço são normalmente chamadas desvalorizações e valorizações. Uma **desvalorização** (ou depreciação) significa que o valor de uma moda declinou em relação a todas as demais moedas. Uma **valorização** (ou apreciação) significa que o valor de uma moeda aumentou em relação a todas as demais moedas.

Desvalorização
Diminuição (ou depreciação) no preço de uma moeda em relação a outras moedas.

Valorização
Aumento (apreciação) do preço de uma moeda em relação a outras moedas.

O modo como a desvalorização muda o preço de uma moeda em relação às demais pode ser explicado por um exemplo simples. Suponha que a libra esterlina custe US$ 1,50. Se um bem tem um preço de 2,5 libras, custa US$ 3,75 em moeda norte-americana (2,5 vezes 1,50). Se a libra esterlina deprecia, são necessários menos dólares para comprar uma libra. Então, se a libra deprecia 10%, significa que serão necessários 10% a menos de dólar para comprar uma libra. O preço da libra em termos de dólares cai de US$ 1,50 para US$ 1,35. O bem agora custa US$ 3,75, porque os norte-americanos podem comprar libras a um preço mais baixo. O preço do bem em termos de libras não reduziu. Ele ainda custa 2,5 libras e, conseqüentemente, seu preço para qualquer um que tenha libras permanece inalterado. No entanto, qualquer um que tenha uma moeda diferente pode comprar libras a um preço menor, desvalorizada. Dessa forma, a depreciação não reduz o preço para a população doméstica, mas diminui o preço dos produtos domésticos para os estrangeiros.

Por sua vez, a desvalorização também aumenta todos os preços estrangeiros para a população local. O britânico pode agora ter de pagar mais libras por produtos estrangeiros. Anteriormente, uma libra esterlina comprava o equivalente a US$ 1,50 de bens norte-americanos. Se o valor de um bem é US$ 2,25, ele custa 1,5 libra (US$ 2,25/US$ 1,50). Depois da desvalorização, o número de libras necessário para comprar o produto aumentou para 1,67 (US$ 2,25/US$ 1,35), porque o valor da libra em termos de dólares diminuiu. Todos os produtos estrangeiros estão mais caros para os possuidores de libras esterlinas, pois a libra compra quantidades menores de moedas estrangeiras.

Uma vez que os preços dos produtos e serviços são alterados pelo declínio da libra, a quantidade demandada também será alterada. Os possuidores de libras esterlinas vão demandar menos produtos estrangeiros porque os preços estão mais altos. De forma simultânea, uma vez que outras moedas podem comprar mais libras, a demanda por produtos britânicos aumentará. Os cidadãos britânicos importarão menos produtos estrangeiros, e o resto do mundo comprará mais produtos fabricados na Grã-Bretanha.

O contrário também acontece em relação a uma valorização, que diminui o valor de uma moeda em comparação a outra, aumenta o preço dos produtos domésticos para os estrangeiros e reduz o preço de todos os produtos para a população doméstica. Por exemplo, se a libra esterlina valorizar 10%, o preço de uma libra em termos de dólares aumenta de US$ 1,50 para US$ 1,65. Para os estrangeiros, os preços de todos os bens britânicos aumentam. Simultaneamente, a libra esterlina agora compra mais moeda estrangeira, já que a libra compra o equivalente a US$ 1,65 de bens norte-americanos. Os preços aumentados dos bens britânicos devem reduzir a demanda, enquanto o preço reduzido dos produtos estrangeiros aumenta o volume das importações. Assim, a apreciação reduz a demanda por bens produzidos domesticamente e aumenta a demanda por importados.

Dentro do atual sistema monetário, variações de preço de moedas ocorrem diariamente. Se a demanda por determinada moeda aumenta de forma que exceda a oferta, o preço dessa moeda aumenta em relação a outras moedas. Se a oferta da moeda excede a demanda, o preço diminui. Uma vez que os preços flutuam todos os dias, desvalorizações e valorizações ocorrem à medida que os preços das moedas variam de acordo com a oferta e a demanda.

FIGURA 6.1

Preço da libra esterlina em dólares (1980 a 2005).

Fonte: *Boletim do Federal Reserve*, várias edições.

Essas flutuações estão demonstradas na Figura 6.1, que acompanha o preço de uma libra em dólares de 1980 a 2004. Como pode ser visto no gráfico, o preço da libra literalmente variou dia a dia e experimentou uma queda considerável em relação ao dólar de um máximo de mais de US$ 2,40 no início de 1981 para menos de US$ 1,20 em 1985. Embora posteriormente a libra tivesse se valorizado em relação a seu mínimo de 1985, em 2004, valia em dólares cerca de 75% de seu valor em 1980.

EFEITOS SOBRE AS RESERVAS BANCÁRIAS E NO SUPRIMENTO DE MOEDA LOCAL

Como explicado anteriormente, compras no exterior causam fluxos internacionais de moeda. A conseqüência desses fluxos pode ser alterar a capacidade dos bancos doméstico e estrangeiros de criar crédito. Esse efeito na capacidade dos bancos de criar crédito pode ser ilustrado pelo exemplo a seguir, no qual os cidadãos norte-americanos compram bens na Inglaterra. Quando as compras são realizadas, os norte-americanos pagam pelos bens com um cheque sacado em um banco dos Estados Unidos. O comerciante britânico deposita o cheque em um banco e obtém um depósito à vista.

O banco britânico tem um novo depósito à vista e um cheque sacado contra um banco norte-americano. O cheque é enviado ao Banco da Inglaterra, o banco central britânico. O Banco da Inglaterra envia o cheque para o Federal Reserve, onde as transações bancárias estrangeiras são compensadas para pagamento.

O pagamento do Federal Reserve pode assumir uma variedade de formas. Por exemplo, o banco central britânico pode requerer o pagamento em libras esterlinas ou dólares norte-americanos; isto é, o Banco da Inglaterra aceita uma conta no Federal Reserve. Os bancos centrais estrangeiros mantêm contas no Federal Reserve do mesmo modo que o governo federal dos Estados Unidos. Tais contas podem fornecer fundos para cidadãos britânicos quando estes fazem compras nos Estados Unidos. O banco britânico pode requerer pagamento em outra moeda, por exemplo, em euros. Assim, se o Banco da Inglaterra necessitar de outra moeda que não seja dólares norte-americanos, o pagamento pode ser feito em uma terceira moeda.

Se o Banco da Inglaterra aceitar abrir uma conta no Federal Reserve, ocorrerão as transações a seguir. O cheque será enviado para o Federal Reserve para pagamento. O Banco da Inglaterra recebe a conta, e o Federal Reserve emitirá um novo direito contra si mesmo em pagamento do cheque. Esse processo é ilustrado pelo fluxograma mostrado a seguir. O cheque vai do cidadão norte-americano para o cidadão britânico, passa por um banco britânico, pelo Banco da Inglaterra, pelo Federal Reserve e pelo banco no qual foi sacado.

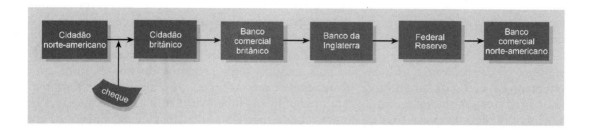

Os fundos agora estão incluídos no sistema bancário britânico e aumentaram os depósitos à vista e as reservas dos bancos britânicos. Uma vez que os fundos estão no exterior não fazem mais parte da oferta de moeda dos Estados Unidos. Os depósitos à vista e as reservas dos bancos nos Estados Unidos são reduzidos. Agora, os norte-americanos têm bens e serviços britânicos, e os britânicos têm um direito (representado pela conta do Banco da Inglaterra no Federal Reserve) sobre os bens e serviços norte-americanos.

Se os britânicos compram bens norte-americanos, a moeda retorna para os Estados Unidos. Dessa forma, se o povo britânico estiver comprando bens e serviços norte-americanos na mesma quantidade em que os norte-americanos estão comprando bens e serviços britânicos, os fluxos monetários se cancelam. Os dólares que vão para o exterior retornam quando os britânicos compram bens norte-americanos, e não há um efeito líquido no sistema bancário. A mesma conclusão é verdadeira se o britânico utiliza dólares para comprar bens em outro país, como a Alemanha, e se os alemães utilizarem os dólares para comprar bens norte-americanos. Os dólares que fluíram para comprar bens ingleses retornam para os Estados Unidos. Existe um equilíbrio nos fluxos de moedas, e as transações estrangeiras de todos os três países estão em equilíbrio.

Se, no entanto, o britânico não exercer o direito sobre os bens norte-americanos ou não passar o direito para um terceiro que exerça o direito, o valor das compras de bens e serviços entre nações não será igual, e a moeda de um país se incluirá em outro país. Conforme será explicado na próxima seção, o país que fez a compra tem um déficit em sua balança comercial, enquanto o país que vendeu tem um superávit. A nação deficitária está perdendo moeda e recebendo bens, enquanto o país superavitário está perdendo bens e recebendo moeda. A importância dessas transações para o sistema bancário em cada país é o efeito que o fluxo de moedas tem nas reservas dos bancos e na oferta de moeda de cada país. As reservas dos bancos e a oferta de moeda do país deficitário são reduzidas, enquanto as reservas dos bancos e a oferta de moeda da nação superavitária são aumentadas. O potencial dos bancos de expandir e criar crédito é reduzido no país deficitário. Mas o oposto é verdade no país superavitário, visto que a capacidade de seus bancos de expandir a oferta de moeda é aumentada.

BALANÇO DE PAGAMENTOS

O balanço de pagamentos é um registro de todas as transações entre um país e o resto do mundo durante um certo período. O balanço de pagamentos registra as transações usando contabilidade de partidas dobradas. Cada transação é registrada tanto como um débito quanto como um crédito, de forma que o total de débitos tem de ser igual ao total de créditos. No entanto, lotes individuais ou subconjuntos do demonstrativo do balanço de pagamentos podem ter um superávit ou um déficit.

> **Conta corrente**
> Parte do balanço de pagamentos que relaciona as importações e as exportações de produtos e serviços por um país durante um período.

As partes essenciais do balanço de pagamentos são: (1) a conta corrente, (2) a conta de capital e (3) a conta de reserva oficial. A **conta corrente** relaciona o valor dos bens e dos serviços importados e exportados, os gastos governamentais no exterior, a renda dos investimentos estrangeiros por período. É a medida mais ampla do comércio internacional de bens e serviços de um país.

A diferença entre o valor das importações e das exportações é normalmente referida como a "balança comercial". Se um país importa mais produtos do que exporta, está operando em déficit na sua conta de "transações de mercadorias". Se um país está exportando mais produtos do que importando, está operando em superávit. Um país pode operar com superávit ou déficit em sua balança comercial, mas não em seu balanço de pagamentos. Para cada crédito no balanço de pagamentos, existe um débito correspondente e compensatório, de forma que o balanço de pagamentos tem de fechar mesmo que a conta corrente tenha um superávit ou um déficit.

A **conta de capital** consiste no fluxo de investimentos e mede os investimentos de capital entre o país doméstico e os demais países. Investimentos de capital consistem em investimentos diretos em fábricas e equipamentos em um país estrangeiro e a compra de títulos estrangeiros. As transações de títulos podem ser de longo ou de curto prazo. Transações de longo prazo são as compras e vendas de títulos estrangeiros e ações. Transações de capital de curto prazo basicamente têm o formato de modificações em saldos bancários mantidos no exterior em moeda estrangeira.

> **Conta de capital**
> Parte do balanço de pagamentos que relaciona a importação e a exportação de investimentos e títulos de longo prazo.

A terceira conta, a **conta de reserva oficial**, é de compensação e reflete a mudança nas reservas internacionais de um país. Se um país importa mais do que exporta ou faz mais investimentos no exterior, suas reservas externas diminuirão. Se um país exporta mais do que importa e recebe investimentos externos, as reservas externas de sua propriedade aumentarão. Essas variações em suas reservas também podem afetar seus direitos de saque em sua conta com o Fundo Monetário Internacional (o papel do FMI será discutido na próxima seção).

> **Conta de reserva oficial**
> Parte do balanço de pagamentos que relaciona mudanças nas reservas internacionais de um país.

Uma amostra de um balanço de pagamentos é apresentada na Tabela 6.1. Essa tabela é dividida em conta corrente, a conta de capital e conta oficial de reserva. As colunas verticais fornecem os débitos (−) e os créditos (+). Os créditos representam entradas de moeda enquanto os débitos representam saídas de moeda, e os totais dos débitos e créditos têm de ser iguais.

A conta corrente começa com a exportação de mercadorias, um crédito de $ 224,40, e com a importação de mercadorias, um débito de $ 368,70. A diferença ($ 224,40 − 368,70 = −$ 144,30) é o saldo de transações de mercadorias, e uma vez que o valor é um número negativo, isso indica uma saída líquida de moeda. O próximo registro é o gasto do governo no exterior, um débito de $ 15,30. Se um governo gasta no exterior, isso tem o mesmo impacto no fluxo de moeda que os indivíduos gastando no exterior. Não importa se é o governo que compra bens e serviços no exterior ou se são os cidadãos do país que o fazem. Ambas as operações são saídas de moeda (ou seja, ambas são débitos).

O ganho líquido de investimentos no exterior, um crédito de $ 20,80, é uma entrada de moeda. Essa entrada de moeda é o resultado de saídas anteriores de moeda. Investimentos correntes em fábricas e equipamentos ou em títulos estrangeiros exigem saídas de moeda que são reportadas na conta de capital. Esses investimentos podem gerar ganhos futuros que produzirão uma entrada de moeda na conta corrente. Naturalmente, os investidores estrangeiros também estarão ganhando com seus investimentos no país. Para que o país experimente uma entrada líquida de moeda, a renda recebida proveniente dos investimentos

	Débito (-)	Crédito (+)	Saldo
Conta corrente			
Exportações		$ 224,40	
Importações	$ 368,70		
Balança comercial			$ (144,30)
Gastos governamentais no exterior	15,30		
Renda líquida de investimentos no exterior		20,80	
Saldo em conta corrente			$ (138,80)
Conta de capital			
Longo prazo			
Investimentos diretos no exterior	130,10		
Investimentos estrangeiros no país		117,60	
Compra de títulos estrangeiros	27,40		
Compras estrangeiras de títulos domésticos		41,00	
Curto prazo			
Compra de investimentos estrangeiros de curto prazo	9,30		
Compras estrangeiras de títulos de curto prazo		95,70	
Saldo na conta de capital			87,50
Reservas oficiais			
Ajuste estatístico		3,90	
Variação líquida nas reservas externas		47,40	
	$ 550,80	$ 550,80	

TABELA 6.1

Balanço de pagamentos simplificado para o período de 31/12/X0 a 31/12/X1.

no exterior tem de exceder a renda paga aos investidores estrangeiros. Na Tabela 6.1, a renda líquida do investimento é uma entrada de moeda de $ 20,80, que está registrada na coluna de crédito. As saídas de moeda estão registradas na coluna do débito.

A soma de todas essas transações (–$ 138,80) é o saldo na conta corrente. Nesse exemplo, a renda líquida de investimentos anteriores ajudou a compensar a saída de moeda do saldo da conta de transações de mercadorias, mas o total da conta corrente indica que houve saída de moeda.

A conta de capital representa os fluxos monetários resultantes de investimentos em ativos fixos, como fábricas e equipamentos, e ativos financeiros, como ações e títulos. Inclui também investimentos em ativos financeiros de curto prazo. Se um país tem uma saída líquida de moeda em conta corrente, essa saída pode ser compensada por uma entrada na conta de capital. Se os estrangeiros usam a moeda para fazer investimentos naquele país, a moeda retorna. De forma análoga, se um país possui superávit em sua conta corrente, está recebendo moeda que pode investir em um país estrangeiro. Tais investimentos, naturalmente, podem ser em ativos fixos reais ou em ativos financeiros. Se o país recebedor apenas mantém o dinheiro do outro país, é um investimento em ativo financeiro. No entanto, a moeda é normalmente investida em um ativo que gere renda, uma vez que apenas manter a moeda não produz nenhum ganho.

Nessa tabela, os investimentos diretos geram uma saída (um débito de $ 130,10), enquanto os investimentos estrangeiros no país geram uma entrada (um crédito de $ 117,60). As compras de títulos estrangeiros de longo prazo foram o equivalente a $ 27,40, e as compras estrangeiras representaram $ 41,00. As compras de títulos estrangeiros de curto prazo foram

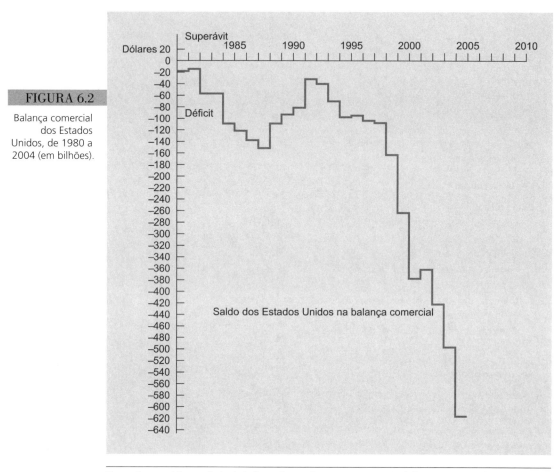

FIGURA 6.2

Balança comercial dos Estados Unidos, de 1980 a 2004 (em bilhões).

Fonte: Bureau of Economic Analysis (**http://www.bea.gov** ou por meio de **http://mayo.swlearning.com**).

iguais $ 9,30, ao passo que as compras estrangeiras representaram $ 95,70. O total de créditos na conta de capital excedeu os débitos em $ 87,50, indicando entrada de moeda. Se tivesse havido saída de moeda (em outras palavras, se os débitos excedessem os créditos), o saldo seria negativo.

O total das entradas e das saídas de moeda na conta corrente e nas contas de capital ainda assim poderá apresentar desequilíbrio. A conta de reserva oficial é o item final compensador que iguala as entradas e as saídas de moeda. Se existe um saldo credor líquido na conta corrente e nas contas de capital, tem de haver um débito na conta de reserva oficial. Um saldo credor líquido nas contas de reserva oficial indica o oposto, um débito líquido na conta corrente e nas contas de capital.

Podem ocorrer transações envolvendo a conta de reserva quando o país toma ou paga créditos fornecidos pelo Fundo Monetário Internacional ou quando usa ou aumenta suas reservas internacionais criadas pelo FMI. Existe, também, uma conta de discrepâncias estatísticas para erros e omissões. Esses erros podem ocorrer quando as transações, como as ilegais, não são registradas. Por exemplo, se um indivíduo em um país politicamente instável contrabandear moeda para fora do país a fim de investir em um paraíso fiscal, a transação não pode ser registrada nas contas corrente ou de capital do país.

Das três contas no balanço de pagamentos, a balança comercial é a que recebe mais publicidade. Débito na balança comercial indica que o país está importando mais bens que exportando. O saldo na balança comercial dos Estados Unidos de 1980 a 2004 é mostrado na Figura 6.2. Durante todo o período, existiu um déficit na balança comercial, portanto, os dólares estavam saindo do país.

Esses dólares não desapareceram, e muitos foram depositados em bancos estrangeiros. Cada dólar depositado em bancos europeus é chamado de **Eurodólar**. Então, um Eurodólar é um depósito em um banco estrangeiro denominado em dólares. (O banco não precisa estar localizado na Europa; um depósito denominado em dólar em Hong Kong também é chamado de Eurodólar.) A criação de depósitos em Eurodólares é o resultado de os grandes bancos aceitarem depósitos em outras moedas. Um banco em Londres pode ter depósitos denominados em euros, dólares, ienes e também em libras esterlinas. Esses depósitos, como qualquer outro, são uma fonte de fundos que o banco pode emprestar. Dessa forma, os bancos podem criar empréstimos que são denominados em muitas moedas, bem como empréstimos denominados em moeda doméstica.

> **Eurodólares**
> Depósito em um banco estrangeiro denominado em dólares.

O PAPEL DO FUNDO MONETÁRIO INTERNACIONAL

Se um país apresenta um déficit sistemático em conta corrente, existe potencial para a ocorrência de um desequilíbrio. Se os países estrangeiros se mostrarem relutantes em aceitar a moeda adicional e manter ativos financeiros adicionais ocorrerá um desequilíbrio. Uma situação como esta não pode existir indefinidamente. Um país não pode conviver de forma contínua com uma saída de moeda. Eventualmente, os outros países vão parar de manter a moeda ou ativos financeiros denominados nessa moeda.

Uma solução temporária para a saída de moeda é um país sacar de suas reservas no Fundo Monetário Internacional. O FMI, que foi criado pelo acordo de Breton Woods em 1944, supervisiona a ordem monetária internacional. O acordo inicial criou um fundo de moedas pelos países que se associaram ao FMI. Esses fundos ficam à disposição dos países com dificuldades temporárias no balanço de pagamentos. Os contribuintes principais são as maiores potências econômicas: Estados Unidos, Reino Unido, Alemanha, França e Japão.

Se um país experimenta uma saída de moeda, pode sacar do fundo de moedas. Os saques são, realmente, uma compra de moedas estrangeiras que é paga na moeda do país. Cada saque aumenta o valor do déficit da moeda do país mantido pelo FMI. Os saques devem ser revertidos em um período de três a cinco anos pelo país recomprando sua moeda com câmbio exterior. Naturalmente, para adquirir o câmbio exterior, o país tem de parar de registrar saídas de moedas e começar a registrar entradas.

Quando um país saca reservas do FMI, é solicitado a tomar medidas corretivas para interromper a saída de moeda. A responsabilidade dessa medida geralmente é do país em que está ocorrendo a saída de moeda e não dos países que recebem as moedas. Em um sistema de taxas de câmbio flexíveis, o ajuste é obtido por meio de mudanças no valor das moedas. A oferta excessiva de uma moeda em relação a outras moedas faz com que seu preço diminua, o que aumenta a quantidade procurada de seus produtos e, conseqüentemente, de sua moeda. Uma entrada excessiva de moeda terá o efeito oposto. O aumento da demanda por sua moeda (a entrada de moeda) faz com que o valor da moeda aumente, tornando seus produtos mais caros para os estrangeiros e reduzindo a quantidade demandada.

A importância do FMI reflete-se basicamente nas economias menos desenvolvidas do mundo. As economias mais adiantadas (países desenvolvidos, ou DCs)[1] são normalmente diferenciadas das economias emergentes ("países menos desenvolvidos", ou LDCs)[2] como Chile, Coréia ou Tailândia. Taxas de câmbio de flutuação livre agem, nas economias avançadas, como uma restrição para alocar suas moedas. Esses países podem não precisar tomar fundos do FMI, uma vez que mudanças nas taxas de câmbio alteram a demanda e a oferta de suas

---

[1] Em inglês, *Developed Countries* (DCs).

[2] Em inglês, *Less-Developed Countries* (LDCs).

moedas. No entanto, para os países menos desenvolvidos, a capacidade de tomar fundos pode ser crucial para o crescimento econômico continuado. Quando o FMI concede empréstimos a esses países, também fornece credibilidade às suas dívidas. Um país que cumpre as exigências do FMI e institui medidas corretivas tem condições de tomar emprestado de outras fontes.

Enquanto os maiores poderes econômicos do mundo livre operam no sistema de taxas flutuantes, alguns países não permitem que o valor de sua moeda flutue livremente. Em vez disso, eles "fixam" o valor de sua moeda a uma em particular (por exemplo, o dólar norte-americano) ou a um índice ou "cesta" de moedas. Uma vez que o valor de uma cesta de moedas pode ser mais estável do que o valor de uma única moeda, o valor da moeda fixada à cesta pode ser mais estável do que se a moeda estivesse presa ao dólar norte-americano ou ao euro. Se um país que fixa sua moeda a outra moeda ou a uma cesta de moedas experimentar uma saída sistemática de moeda, precisará ajustar o valor relativo de sua moeda à moeda ou à cesta de moedas a qual se fixou. Uma grande desvalorização (digamos, 10%) pode ocorrer de repente quando o governo do país deficitário reduz o valor de sua moeda para desestimular importações e estimular exportações em um esforço de interromper a saída da moeda. Por exemplo, a Finlândia desvalorizou o markka (Fmk) em um esforço para estimular as exportações e o turismo. A desvalorização tornou a Finlândia um dos países europeus mais baratos para se visitar. Se as viagens de estrangeiros para a Finlândia aumentarem, a entrada de turistas, naturalmente, gerará entrada de moeda.

Em realidade, alguns países manipulam suas moedas com finalidades políticas e econômicas. Enquanto o déficit na balança comercial indica a saída de moeda, o superávit indica o contrário. O país está exportando mais produtos e serviços e recebendo fundos. Em meados de 2000, a China sistematicamente exportou mais produtos para os Estados Unidos e outros países do que importou. Esse superávit no saldo da balança comercial contribuiu para o rápido crescimento da economia chinesa, crescimento que o governo chinês desejava manter. Considerando que um preço mais alto da moeda desestimularia exportações e também refrearia o crescimento econômico. O yuan chinês estava fixado ao dólar, mas o governo chinês não aumentaria o custo em dólar do yuan. Em meados de 2005, essa recusa de reavaliar a moeda foi uma fonte importante de atrito entre a Administração Bush e o governo chinês.

RESUMO

O fluxo internacional de moeda ocorre quando indivíduos, empresas e governos compram produtos e serviços e fazem investimentos em países estrangeiros. Para fazer essas compras e investimentos, eles têm de comprar moeda estrangeira. O valor de uma moeda em termos de outra corresponde à taxa de câmbio e, para muitas moedas, essa taxa varia diariamente em resposta à oferta e à demanda da moeda. Se um país importa mais do que exporta, experimenta um déficit em sua balança comercial. A moeda sai do país, o que reduz os depósitos bancários e as reservas do sistema bancário. Ocorre o oposto quando o país experimenta um fluxo de entrada de moeda. Os fundos são depositados nos bancos domésticos, o que aumenta a capacidade de emprestar.

Desequilíbrios nos fluxos internacionais de moedas resultam em mudanças no valor de uma moeda em relação às outras. Uma saída de moeda pode levar o valor da moeda a declinar e o valor de outras moedas a aumentar. Enquanto a saída de moeda conduz a desvalorizações, os fluxos de entrada de moeda conduzem à revalorização e ao aumento da taxa de câmbio.

Fluxos monetários resultantes de comércio exterior e investimentos estrangeiros são registrados no balanço de pagamentos do país, que é um sistema de contabilidade por partidas dobradas que registra as transações monetárias internacionais. Enquanto um país pode ter um déficit ou um superávit em suas contas corrente ou de capital, o balanço de pagamentos tem de fechar. Se um país tem um problema de curto prazo, como um déficit em sua conta corrente, pode comprar câmbio exterior do Fundo Monetário Internacional. Exige-se que esse país tome ações corretivas para interromper a saída de sua moeda e recomprar sua moeda com câmbio externo em um período de três a cinco anos.

REVISÃO DOS OBJETIVOS

Agora que completou esse capítulo, você deve ser capaz de:

1. Expressar o valor de uma moeda em termos de outra moeda (página 74).

2. Explicar por que a demanda por uma moeda afeta a oferta de outra moeda (página 74-75).

3. Diferenciar desvalorização e valorização e seu impacto na demanda por produtos e serviços estrangeiros (página 75).

4. Esclarecer como os fluxos internacionais de moedas podem afetar a oferta de moeda e crédito de uma nação (páginas 76-77).

5. Descrever os componentes de um balanço de pagamento de um país (páginas 77-81).

6. Diferenciar déficits e superávits na balança comercial (página 81).

PROBLEMAS

1. Se o preço da libra esterlina for US$ 1,82, quantas libras são necessárias para comprar US$ 1,00?

2. No ano passado, a Leather Boot Inc. tinha investimentos em Paris no valor de 500 mil euros. Nessa época, o euro valia US$ 1,20. Atualmente, o euro é negociado a US$ 1,30. Qual é o ganho ou a perda no valor do estoque expresso em dólares e em euros?

3. Dadas as informações a seguir, determine o saldo da conta corrente e de capital dos Estados Unidos:

Importações	US$ 211,5
Lucro líquido de investimentos estrangeiros	32,3
Investimentos estrangeiros nos Estados Unidos	7,7
Gastos governamentais no exterior	4,6
Exportações	182,1
Investimentos norte-americanos no exterior	24,7
Títulos estrangeiros comprados pelos Estados Unidos	4,9
Títulos norte-americanos comprados por estrangeiros	2,8
Compra de títulos estrangeiros de curto prazo	6,5
Compras estrangeiras de títulos norte-americanos de curto prazo	9,1

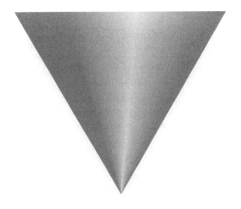

PARTE 2

Várias técnicas são comuns à administração financeira, tanto do ponto de vista pessoal quanto da perspectiva de negócios. Todos os investimentos são feitos no presente e seus retornos ocorrem no futuro. Todos os investimentos envolvem risco, e os relatórios financeiros são utilizados para analisar o desempenho de uma empresa.

Antes de prosseguir para o investimento pessoal, avaliação de títulos e finanças das empresas, a Parte 2 cobre as ferramentas que serão utilizadas em quase todos os capítulos do restante deste texto. O primeiro é o valor do dinheiro no tempo (Capítulo 7), que é essencial para a tomada de decisão financeira. Ajuda a responder a perguntas como:

Se eu investir $ 3 mil por ano durante 30 anos e ganhar 9% anualmente, quanto terei em minha conta?

Se eu comprar uma casa com uma hipoteca de $ 200 mil a 6% durante 25 anos, qual será o valor das minhas prestações?

Se minha empresa comprar equipamentos no valor de $ 100 mil e esse investimento gerar um fluxo de caixa de $ 31.500 por cinco anos, qual será o retorno do investimento?

Essas são apenas algumas das várias perguntas que envolvem o valor do dinheiro no tempo, e ser capaz de respondê-las é essencial para seu negócio e decisões de investimento.

Uma vez que todos os investimentos envolvem risco, deve haver um meio de medi-lo e administrá-lo.

FERRAMENTAS FINANCEIRAS

O Capítulo 8 apresenta as fontes de risco, dois métodos para medi-lo e a primeira técnica de administração de risco (a construção de carteiras diversificadas). Outras técnicas para a administração de risco surgirão no decorrer deste texto à medida que forem apropriadas.

A medida de risco utiliza estatística. A teoria da diversificação de carteiras usa conceitos desenvolvidos pela teoria econômica do comportamento do consumidor. A análise financeira também utiliza dados contábeis. O Capítulo 9 revisa os componentes básicos de três relatórios financeiros: o balanço, a demonstração de resultado e a demonstração de origem e aplicação de recursos. Os dados contábeis são então utilizados para ilustrar vários índices que são empregados para analisar a posição financeira e o desempenho de uma empresa.

Os conceitos e métodos cobertos na Parte 2 são essenciais para o estudo das finanças. Você pode já conhecer parte deste material e, nesse caso, tem de determinar até que ponto precisa de uma revisão. Encare o material da Parte 2 seriamente. Uma base forte e o entendimento do valor do dinheiro no tempo, medida de risco e análise dos relatórios financeiros facilitarão a compreensão das Partes 3 a 5.

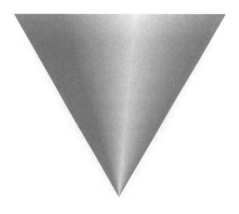

O VALOR DO DINHEIRO NO TEMPO

Como Benjamin Franklin tão apropriadamente afirmou, "dinheiro faz dinheiro. E o dinheiro que o dinheiro faz, faz mais dinheiro". Esta é a essência do valor do dinheiro no tempo. Um dólar recebido no futuro não é equivalente a um dólar recebido no presente, e o valor no tempo os coloca juntos.

Provavelmente nenhum tópico neste texto seja mais importante que o valor do dinheiro no tempo. Ele permeia as finanças e ajuda você a solucionar muitas dúvidas financeiras. Por exemplo, se você coloca $ 1 mil em sua conta de aposentadoria a cada ano por 30 anos, quanto acumulará? Naturalmente você tem de saber quanto espera ganhar a cada ano. Se a taxa for 8%, terá $ 122.345,90, se começar a depositar na conta hoje. Mesmo que adiasse até o final do ano para fazer a primeira contribuição ainda teria $ 113.283,20. Para um investimento total de apenas 30 mil, você terá mais $ 110 mil. Se aumentar o valor para $ 3 mil, anualmente, o valor final excederá $ 330 mil.

Você está pensando em comprar uma casa que exige que tome emprestados $ 250 mil. Você está curioso para saber qual deverá ser o pagamento anual da hipoteca. Para responder a essa pergunta, terá de saber qual será o prazo da hipoteca e a taxa de juros. Se o prazo for 25 anos e a taxa 6,7%, seu pagamento anual será de $ 20.876,10. Isso é muito dinheiro e, no final de 25 anos, você terá pago $ 521.902,20 para comprar uma casa de $ 250 mil.

Dentro de cinco anos você precisa de $ 100 mil para começar um negócio de restauração de automóveis. Quanto precisa economizar anualmente para realizar esse sonho? Se puder ganhar 7% sobre seus fundos, precisa economizar US$ 17.389,10 a cada ano para acumular $ 100 mil. Se puder esperar dez anos, o valor necessário cai para $ 7.237,80, mas o custo também aumentará. Se a inflação for 2,7%, anualmente, precisará de $ 114.249 para comprar o que $ 100 mil comprariam cinco anos antes. Você precisará investir $ 8.269,10, anualmente, para ter $ 114.249 depois de dez anos, se ganhar 7% ao ano.

Todos esses exemplos ilustram o valor do dinheiro no tempo e como o conceito podem ser aplicado à sua vida diária. Administradores financeiros têm de fazer cálculos semelhantes. Por exemplo, se um investimento em fábrica e equipamento custa $ 12 milhões e vai gerar um fluxo de caixa de $ 3.210.000 por sete anos, qual será o retorno do investimento? O desembolso de caixa é no presente, mas as entradas serão no futuro. O valor no tempo equaciona essas saídas e entradas de dinheiro e determina o retorno. Uma vez determinado o retorno esperado, o administrador financeiro pode decidir se vai prosseguir ou não e fazer o investimento.

Este capítulo cobre quatro casos básicos de valor no tempo: (1) o valor futuro de um dólar, (2) o valor presente de $ 1, (3) o valor futuro de uma anuidade e (4) o valor presente de uma anuidade. Cada um é explicado e ilustrado usando-se tabelas de juros e uma calculadora financeira. São fornecidos vários exemplos adicionais para ilustrar como os conceitos de valor no tempo são aplicados para resolver vários problemas financeiros. Uma vez que esses cálculos aparecem em todo este texto, a hora de aprendê-los é agora, ou uma grande parte deste texto (e de qualquer livro-texto de finanças) será incompreensível. Considere-se prevenido.

O VALOR FUTURO DE UM DÓLAR

Se depositar $ 100 em uma conta de poupança que pague 5%, anualmente, quanto dinheiro terá na conta ao final do ano? A resposta é fácil de determinar: $ 100 mais juros de $ 5 dá um total de $ 105. A solução é obtida multiplicando-se $ 100 por 5%, o que nos fornece o juro ganho durante o ano, mais o principal inicial. Ou seja:

Principal inicial + (Taxa de juro × Principal inicial) = Principal depois de um ano

$$\$ 100 + 0,05(\$ 100) = \$ 105.$$

Quanto estará na conta após dois anos? Essa resposta é obtida da mesma maneira, somando-se o juro ganho durante o segundo ano ao principal no início do segundo ano; ou seja, $ 105 mais 0,05 vezes $ 105 igual a $ 110,25. Após dois anos, o depósito inicial de US$ 100 terá crescido para $ 110,25; sua conta de poupança terá ganho $ 10,25 de juro. Esse juro total é composto por $ 10 (juro sobre o principal inicial) e $ 0,25 (juro que resultou durante o segundo ano sobre os $ 5 de juro ganho durante o primeiro ano). Esse ganho de juro sobre juro é chamado **capitalização**. O dinheiro que é depositado nas contas de poupança é freqüentemente referido como tendo sido capitalizado, porque o juro é ganho sobre o principal e o juro ganho anteriormente.

Capitalização
Processo pelo qual o juro é pago sobre o juro que foi ganho anteriormente.

As palavras *juros* e *capitalizados* são normalmente usadas juntas. Por exemplo, os bancos podem anunciar que o juro é capitalizado diariamente nas contas de poupança. No exemplo anterior, o juro era ganho apenas uma vez durante o ano – ou seja, capitalizado anualmente. Em muitos casos, o juro é capitalizado trimestral, semestral ou mesmo diariamente. Quanto maior for a freqüência de capitalização (quanto mais freqüentemente o juro é somado ao principal), mais rapidamente o juro é colocado para trabalhar e ganhar ainda mais juro.

Quanto estará em sua conta ao final de 20 ou 25 anos? Você poderia determinar as respostas pelo mesmo processo, mas seria um trabalho muito enfadonho. Além do mais, existem maneiras mais fáceis de determinar o **valor futuro de um dólar** (ou seja, quanto estará em sua conta após um período qualquer de anos a uma taxa dada qualquer). O processo pode ser realizado usando-se (1) uma tabela de juros, (2) uma calculadora eletrônica ou (3) um programa de computador como o Excel.

Valor futuro de um dólar
Valor ao qual um único pagamento cresce a alguma taxa de juro.

A equação para o valor futuro de um dólar é a seguinte:

$$P_0(1+i)^n = P_n. \qquad 7.1$$

P representa o valor presente (quantia, ou principal), i é a taxa de juros e n é a quantidade de períodos. O subscrito 0 representa o (tempo) presente e os subscritos 1, 2... n representam os períodos, 1, 2, em diante até o n-ésimo período. Dessa forma, a equação para o valor futuro de um dólar é uma ordinária equação da forma geral:

$$A \times B = C.$$

A é o valor presente, B é o fator de juro, e C é o valor futuro. Assim, a equação do valor futuro exprime:

Valor presente × Fator de juro[1] = Valor futuro

ou seja,

$$P_0 \times (1+i)^n = P_n.$$

Observe que o fator de juro para o valor futuro de um dólar ($FVIF$) é

$$FVIF = (1+i)^n. \qquad 7.2$$

O fator de juro para o valor futuro de um dólar (e todos os fatores de juros subseqüentes neste capítulo) tem dois componentes: uma porcentagem ou taxa de juro (i), e a quantidade (número) de períodos (n). Por todo este livro, esses componentes serão representados pela seguinte forma geral: $IF(I, N)$. Por exemplo, o valor futuro de US$ 100 a 5% ao final de 20 anos será escrito como:

$$P_0 \times FVIF(5I, 20N) = P_{20}.$$

$FVIF$ indica o fator de juro para o valor futuro de um dólar; $5I$ representa 5%, e $20N$ representa 20 períodos. Quando são colocados os valores na equação, o valor futuro é:

$$\$100(2,653) = \$265,30.$$

O fator de juro, 2,653, é encontrado na primeira tabela do Apêndice A. As taxas de juros são lidas horizontalmente na parte superior. A quantidade de períodos (tais como anos ou meses) é lida verticalmente ao longo da margem esquerda. Para determinar o valor futuro de $ 100 a 5% por 20 anos, localize o fator de juro 2,658 e multiplique por $ 100. Para 25 anos, o fator de juro é 3,386, assim, sua conta aumentará para $ 338,60 ($ 100 × 3,386), se o juro for 5%.

O valor futuro de um dólar cresce com o aumento do período e da taxa de juro. Essas relações são mostradas na Figura 7.1. Se $ 1 é composto a um juro de 5% (AB no gráfico), aumentará para $ 1,28 após cinco anos e para $ 1,63 após dez anos. Porém, se $ 1 é composto a um juro de 10% ao ano (AC no gráfico), aumentará para $ 2,59 em dez anos. Esses casos ilustram a natureza básica da capitalização. Quanto mais tempo os fundos continuarem a crescer e mais alta a taxa de juros, maior será o valor final.

---

[1] A expressão $(1+i)^n$ é também conhecida como "fator de acumulação de capital: FAC". (NT)

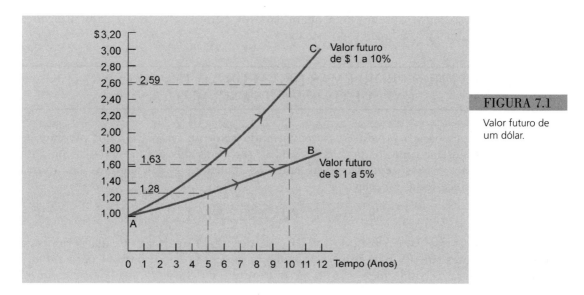

FIGURA 7.1

Valor futuro de um dólar.

Observe que, dobrando a taxa de juros, mais que dobrou o valor do juro. Quando a taxa de juros é dobrada de 5% para 10%, o juro acumulado em dez anos cresce de $ 0,63 a 5%, para $ 1,59 a 10%. A mesma conclusão aplica-se ao número de anos. Quando o dólar é capitalizado anualmente a 5%, o juro ganho é $ 0,28, mas cresce para $ 0,63 depois de dez anos. Essas conclusões são o resultado do fato de que a capitalização envolve uma progressão geométrica. O $(1+i)$ é elevado a alguma potência (n).

Os problemas de valor no tempo podem ser ilustrados com linhas de tempo que colocam períodos e pagamentos em uma linha horizontal. Para o exemplo anterior a linha de tempo seria:

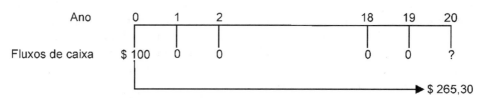

O desembolso inicial de $ 100 investido a 5% cresce para $ 265,30 ao final de 20 anos. Note que a seta representa a direção do tempo. Quando o processo é invertido e o futuro é trazido de volta ao presente (como ilustrado na próxima seção), a seta apontará para a esquerda.

É importante não confundir "juros simples" e "(juros) compostos". Juro simples é o resultado da multiplicação de um valor, a taxa de juro e o tempo. Na ilustração anterior, se fosse aplicado juro simples, o valor ganho seria:

$$\$ 100 \times 20 \times 0{,}05 = \$ 100,$$

e o total na conta seria:

$$\$ 100 + 100 + \$ 200.$$

Esse valor futuro é claramente inferior aos $ 265,30 determinados, utilizando-se o juro composto. Quando o juro é composto, o valor ganho é $ 165,30 e não $ 100.

O juro simples é adequado apenas se você sacá-lo a cada período, de forma que não haja capitalização, ou se existir apenas um só período. Obviamente, podem existir situações quando o juro é sacado a cada período e quando os pagamentos são feitos apenas uma vez. No entanto, na maioria dos exemplos usados neste livro, os fundos não sacados e os pagamentos são feitos durante uma quantidade de períodos. Assim, a capitalização é apropriada e geralmente usada em todo este livro.

RESOLVENDO PROBLEMAS DE VALOR NO TEMPO USANDO CALCULADORAS FINANCEIRAS

Antes de prosseguir para o próximo caso envolvendo valor no tempo, o valor presente de um dólar, é útil ilustrar como os problemas podem ser resolvidos usando uma calculadora financeira. Apesar de existirem diferenças entre os modelos, as calculadoras financeiras geralmente têm cinco teclas especiais:

$$N \quad I \text{ ou } \% \quad PV \quad PMT \quad FV$$

Essas teclas representam o período (N), a taxa de juro (I ou % para cada período de tempo), o valor presente (PV para *present value*), o pagamento periódico (PMT para *annuity payment*), que será discutida mais adiante neste capítulo, e o valor futuro (FV para *future value*).

Para ilustrar como as calculadoras financeiras são fáceis de usar, considere o exemplo anterior do valor futuro de um dólar no qual $100 aumentaram para $265,30 depois de 20 anos quando a taxa de juro anual era 5%. Utilizando uma calculadora financeira, digite o valor presente (PV = −100), a taxa de juro (I = 5), e o tempo (N = 20). Uma vez que não existem pagamentos anuais, assegure-se de que PMT é igual a zero (PMT = 0). Então, instrua a calculadora a determinar o valor futuro (FV = ?). A calculadora deverá chegar a um valor futuro de $265,33. (A pequena diferença nas respostas é resultado de as tabelas de juros serem arredondadas para três casas.)

Você poderá estar imaginando por que o valor presente foi introduzido como um número *negativo*. As calculadoras financeiras consideram os pagamentos como *entradas* de caixa ou *desembolsos* de caixa. As entradas de caixa são registradas como números positivos, e as saídas de caixa, introduzidas como números negativos. Um dos fluxos de caixa tem de ser uma entrada (um número positivo), e um deve ser um desembolso (um número negativo). No exemplo acima, o valor inicial é um desembolso porque o indivíduo investe $100. O valor futuro resultante é uma entrada de caixa, pois o investidor recebe o valor final. Ou seja, o investidor entrega $100 (o desembolso) e depois de 20 anos recebe $265,33 (a entrada).

Os fluxos de caixa podem ser revertidos. Suponha que uma empresa tome emprestados $100 a 5% por 20 anos. Quanto terá de pagar? Nesse formato, os $100 iniciais são uma entrada (fundos recebidos) e o valor futuro será um desembolso quando o empréstimo for pago. Para encontrar aquele valor, digite o valor presente (PV = 100), a taxa de juro (I = 5) e o número de períodos (N = 20), o pagamento (PMT = 0) e instrua a calculadora a determinar o valor futuro (FV = ?). A calculadora determina o valor futuro como sendo −265,33. A empresa terá de pagar $265,33, e visto que é uma saída de caixa, a calculadora coloca um número negativo.

Problemas envolvendo valor no tempo permeiam este texto e são ilustrados tanto com o uso de tabelas de juros como com o uso de calculadoras financeiras. As ilustrações usando tabelas de juro utilizam a fórmula geral: $FVIF(I, N)$ para representar o fator de juro, com o FV indicando o valor futuro de um dólar e i indicando a taxa de juro para n períodos. Ilustrações com calculadoras financeiras usam o seguinte formato geral:

$$PV = ?$$
$$I = ?$$
$$N = ?$$
$$PMT = ?$$
$$FV = ?$$

seguido pela resposta. Quando aplicada à ilustração anterior, o formato é:

$$PV = \$ - 100$$
$$I = 5$$
$$N = 20$$
$$PMT = 0$$
$$FV = ?$$
$$FV = \$ 265,30.$$

A ilustração é colocada na margem, assim não interrompe o fluxo do texto escrito.

O VALOR PRESENTE DE UM DÓLAR

Na seção anterior, examinamos a maneira pela qual um dólar é capitalizado ao longo do tempo. Nesta seção, vamos considerar a situação reversa. Qual será o valor hoje de um pagamento de $ 1 mil após 20 anos, se os fundos ganham 5% anualmente? Em vez de perguntar quanto valerá um dólar em alguma data futura, a pergunta é quanto aquele dólar futuro vale hoje. Esta é uma questão de **valor presente**. O processo pelo qual essa questão é respondida é chamado **desconto**. Descontar determina o valor presente de fundos que serão recebidos no futuro. Na seção anterior, o valor futuro de um dólar foi calculado pela Equação 7.1:

Valor presente
Valor corrente de um dólar a ser recebido no futuro.

Desconto
Processo de determinar o valor presente.

$$P_0(1+i)^n = P_n.$$

O desconto reverte essa equação. O valor presente (P_0) é determinado dividindo-se o valor futuro (P_n) pelo fator de juro $(1+i)^n$. Essa relação é expressa na Equação 7.3:

$$P_0 = \frac{P_n}{(1+i)^n}. \qquad 7.3$$

O valor futuro é descontado pelo fator de juro apropriado para determinar o valor presente. Por exemplo, se o fator de juro for 6%, o valor presente de $ 100 a ser recebido em cinco anos a partir de hoje será:

$$P_0 = \frac{\$ 100}{(1+0,06)^5}$$
$$P_0 = \frac{\$ 100}{(1,338)}$$
$$P_0 = \$ 74,73.$$

A Equação 7.3, como a equação para o valor futuro de um dólar, é decomposta em três componente simples: o valor no futuro, o valor no presente e o fator de juro que conecta os valores presente e futuro. Assim, o valor futuro multiplicado pelo fator de juro para o valor presente de um dólar é:

$$A \times B = C$$
$$P_n \times PVIF(I, N) = P_0.$$

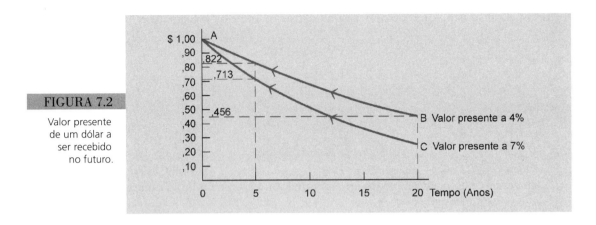

FIGURA 7.2

Valor presente de um dólar a ser recebido no futuro.

$PVIF(I, N)$ representa o fator de juro para o valor presente de um dólar e é igual a:

$$PVIF = \frac{1}{(1+i)^n}. \qquad 7.4$$

Por exemplo, se a taxa de juro for 6%, o valor presente de $ 100 a ser recebido em cinco anos a partir de hoje é:

$$P_0 = \$ 100 \times PVIF(6I, 5N)$$

Você pode determinar o valor presente usando a tabela de taxa de juro para o valor presente de um dólar (Apêndice B). Essa tabela apresenta os fatores de juros para taxas de juros e períodos selecionados. As taxas de juros são lidas horizontalmente na parte superior, e o número de períodos são lidos verticalmente ao longo da margem esquerda. Para determinar o valor presente de $ 100 que você receberia em cinco anos se a taxa de juro corrente fosse 6%, multiplique $ 100 pelo fator de juro, que é encontrado na tabela na coluna para 6% e na linha para cinco anos. O valor presente de $ 100 é

$$\$ 100 \times 0{,}747 = \$ 74{,}70.$$

Solução com Calculadora

Tecla de função	Entrada de dados
FV =	100
I =	6
N =	5
PMT =	0
PV =	?
Tecla de função	Resposta
PV =	- 74,73

Os $ 100 que você receberia daqui a cinco anos atualmente valem $ 74,70.

Observe que a tabela de juros de valor presente é construída de forma que multiplique, mesmo que na Equação 7.4 você faça uma divisão. Considerando-se que $ $1/(1+0{,}06)^5 =$ 0,747, multiplique $ 100 por 0,747. Note também que a resposta na margem resultante do uso de uma calculadora financeira é basicamente o mesmo. A pequena diferença é resultado do arredondamento.

O valor presente de um dólar depende do espaço de tempo antes de ser recebido e da taxa de juro. Quanto mais no futuro o dólar seja recebido e maior a taxa de juro, menor será o valor do dólar. Isso está ilustrado na Figura 7.2, que dá a relação entre o valor presente de um dólar e a duração do tempo em várias taxas de juro. As linhas AB e AC dão o valor presente de um dólar a 4% e 7%, respectivamente. Como pode ser visto no gráfico, $ 1 a ser recebido depois de 20 anos vale consideravelmente menos que um dólar a ser recebido depois de cinco anos, quando ambos são descontados na mesma porcentagem. A 4% (linha AB), o valor corrente de $ 1 a ser recebido após 20 anos é apenas $ 0,456, ao passo que $ 1 a ser recebido após cinco anos vale $ 0,822. Também quanto mais alta a taxa de juro (ou fator de desconto), menor será o valor presente de um dólar. Por exemplo, o valor presente de $ 1 a ser recebido após cinco anos é $ 0,822 a 4%, mas é apenas $ 0,713 a 7%.

O VALOR FUTURO DE UMA ANUIDADE DE UM DÓLAR

Quanto estará em sua conta de poupança após três anos se forem depositados $ 100 todos os anos e a conta paga 5% de juro? Esse problema é semelhante ao valor futuro de $ 1, exceto que o pagamento não é um único depósito, mas uma série de depósitos anuais. Se os pagamentos são iguais (por exemplo, aluguel ou pagamento programado de um empréstimo), a série é chamada **anuidade**. A pergunta anterior ilustra o **valor futuro de uma anuidade**.

> **Anuidade**
> Série de pagamentos anuais iguais.
>
> **Valor futuro de uma anuidade**
> Valor pelo qual uma série de pagamentos iguais crescerá a determinada taxa de juro.

Para determinar quanto estará em sua conta, você tem de considerar não apenas a taxa de juro que ganhou, mas também se os depósitos são feitos no início ou no fim do ano. Se cada depósito é feito no princípio do ano, a série é denominada **anuidade antecipada**. Se os depósitos são feitos ao final do ano, a série é chamada **anuidade ordinária**. Um financiamento de veículo com uma entrada inicial e pagamentos ao final de cada mês é um exemplo de anuidade ordinária.

> **Anuidade antecipada**
> Anuidade na qual os pagamentos são efetuados no início do período.
>
> **Anuidade ordinária**
> Anuidade na qual os pagamentos são efetuados no final do período.

O aluguel de um apartamento com pagamentos no início de cada mês é um exemplo de anuidade antecipada.

Essas diferenças em pagamentos são ilustradas nas linhas de tempo a seguir para uma anuidade de $ 100 paga em três anos. A linha de tempo para a anuidade antecipada é:

A linha de tempo para uma anuidade ordinária é:

Observe que, em ambos os casos, o prazo é de três anos e que são feitos três pagamentos de $ 100. A única diferença é a época dos pagamentos: no final de cada ano para a anuidade ordinária e no início da cada ano para a anuidade antecipada.

Essa diferença no momento dos pagamentos afeta o valor futuro de uma anuidade porque a diferença no momento do pagamento afeta o juro ganho. A diferença no juro ganho é mostrada na Tabela 7.1 para depósitos em uma conta que paga 5% ao ano. A tabela mostra os pagamentos, sua periodicidade, o juro ganho, o valor da conta ao final de cada ano para uma anuidade ordinária (na metade superior da ilustração) e uma anuidade antecipada (metade inferior). Mesmo que o total de depósitos em cada ano tenha sido $ 300, a diferença nos períodos resulta em uma diferença no juro ganho. Por exemplo, o depósito inicial de $ 100 da anuidade antecipada recebe três pagamentos de juros, enquanto o depósito inicial da anuidade ordinária recebe apenas dois pagamentos de juros. Uma vez que na anuidade antecipada os pagamentos são feitos no início de cada ano, ela recebe um valor maior de juros ($ 31,01 contra $ 15,25) e, dessa forma, tem o valor final mais alto. Como será mostrado mais tarde neste capítulo, quanto mais alta a taxa de juros e mais longo o período, maior será a diferença nos valores finais.

Os procedimentos para determinar o valor futuro de uma anuidade antecipada ($FVAD$) e o valor futuro de anuidade ordinária ($FVOA$) são expostos nas Equações 7.5 e 7.6, respectivamente. Em cada equação, o PMT representa pagamentos iguais e periódicos, i

TABELA 7.1

Fluxo de depósitos e pagamento de juros para o valor futuro de uma anuidade ordinária e o valor futuro de uma anuidade antecipada.

\tAnuidade Ordinária							
Data	1/1/x1	12/31/x1	1/1/x2	12/31/x2	1/1/x3	12/31/x3	Total
Depósito		$ 100,00		$ 100,00		$ 100,00	$ 300,00
Juro recebido				5,00		10,25	15,25
Valor na conta ao final do período	$ 0	$ 100,00	$ 100,00	$ 205,00	$ 205,00	$ 315,25	$ 315,25
\tAnuidade antecipada							
Data	1/1/x1	12/31/x1	1/1/x2	12/31/x2	1/1/x3	12/31/x3	Total
Depósito	$ 100,00		$ 100,00		$ 100,00		$ 300,00
Juro recebido		5,00		10,25		15,76	33,01
Valor na conta ao final do período	$ 100,00	$ 105,00	$ 205,00	$ 215,25		$ 331,01	$ 331,01

representa a taxa de juro, e n representa a quantidade de anos que transcorrem do presente até o final do período. Para a anuidade antecipada a equação é:

$$FVAD = PMT(1+i)^1 + PMT(1+i)^2 + \cdots + PMT(1+i)^n. \qquad \text{7.5}$$

Quando essa equação é aplicada ao exemplo anterior, no qual $i = 0,05$, $n = 3$, e o pagamento anual $PMT = \$ 100$, o valor acumulado é:

$$\begin{aligned} FVAD &= \$ 100(1+0,05)^1 + \$ 100(1+0,05)^2 + \$ 100(1+0,05)^3 \\ &= \$ 105 + \$ 110,25 + \$ 115,76 \\ &= \$ 331,01. \end{aligned}$$

Para a anuidade ordinária, a equação é

$$FVOA = PMT(1+i)^0 + PMT(1+i)^1 + \cdots + PMT(1+i)^{n-1}. \qquad \text{7.6}$$

Quando essa equação é aplicada ao exemplo anterior, o valor acumulado é:

$$\begin{aligned} FVOA &= \$ 100(1+0,05)^0 + \$ 100(1+0,05)^1 + \$ 100(1+0,05)^{3-1} \\ &= \$ 100 + \$ 105 + \$ 110,25 \\ &= \$ 315,25. \end{aligned}$$

Como no valor futuro de um dólar e o valor presente de um dólar, o valor futuro de uma anuidade de um dólar é determinado pela equação ordinária:

$$A \times B = C.$$

Nesse caso, isto é:

$$PMT \times FVAIF(I, N) = FVA$$

no qual o PMT representa o pagamento periódico, a anuidade, $FVAIF(I, N)$ é o fator de juro para o valor futuro de uma anuidade a I% e N períodos.

O valor do fator de juro para o valor futuro de uma anuidade pode ser encontrado na tabela de juros adequada. O Apêndice C apresenta os fatores de juros para o valor futuro de uma anuidade ordinária. A quantidade de períodos é lida verticalmente à esquerda, e as taxas de juros são lidas horizontalmente na parte superior. Para determinar o valor futuro da anuidade ordinária do exemplo anterior, encontre o fator de juro para o valor futuro de uma anuidade a 5% por três anos (3,152). Assim, o valor futuro da anuidade ordinária é:

Solução com Calculadora

Tecla de função	Entrada de dados
PV =	0
PMT =	-100
I =	5
N =	3
FV =	?
Tecla de função	Resposta
PV =	315,25

$$\$100 \times 3{,}152 = \$315{,}20.$$

Essa resposta é a mesma que foi encontrada determinando-se os valores futuros de cada depósito de $100 e totalizando-os. A pequena diferença entre as duas respostas é resultado de arredondamento.

O valor futuro de uma anuidade de um dólar capitalizada anualmente depende da quantidade de pagamentos (ou seja, o número de anos durante os quais os depósitos são efetuados) e a taxa de juro. Quanto mais longo o período e mais alta a taxa de juro, maior será o valor que estará acumulado no futuro. Isso é mostrado na Figura 7.3. As linhas AB e AC mostram o valor da anuidade a 4% e 8%, respectivamente. Depois de cinco anos o valor da anuidade de $1 acumulado crescerá para $5,87 a 8%, mas somente $5,42 a 4%. Se essas anuidades continuarem até uma duração total de dez anos, valerão $14,49 e $12,01, respectivamente. Assim, tanto as taxas às quais a anuidade é capitalizada quanto o período de tempo afetam o valor da anuidade.

Valor Futuro de uma Anuidade Antecipada

Os parágrafos anteriores mostraram o uso de uma tabela de juros para determinar o valor futuro de uma anuidade ordinária. Tabelas de juros de anuidades são normalmente fornecidas apenas para anuidades ordinárias, mas esses fatores de juro podem ser facilmente convertidos em fatores de juro para anuidades vencidas. A conversão é obtida multiplicando-se o fator por $1+i$. Por exemplo, o fator de juro para o valor futuro de uma anuidade ordinária a 5% por três anos é 3,152, assim, a fator de juro para uma anuidade antecipada por três anos a 5% é:

$$3{,}152(1+0{,}05) = 3{,}3096.$$

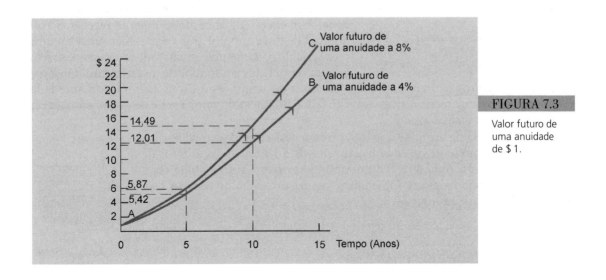

FIGURA 7.3

Valor futuro de uma anuidade de $1.

Se esse juro for aplicado ao exemplo de $100 depositados em um banco a 5% por três anos com os depósitos começando imediatamente, o valor final será:

$$\$100(3,3096) = \$330,96.$$

A diferença entre o valor final dos dois tipos de pagamento de anuidade pode ser substancial à medida que crescer o número de anos ou a taxa de juro aumentar. Considere a conta de aposentadoria de uma pessoa (IRA)[2] no qual você investe $2 mil anualmente por 20 anos. Se os depósitos forem efetuados no final do ano (uma anuidade ordinária) e a taxa de retorno for 7%, o valor final será:

$$\$2.000(40,995) = \$81.990.$$

No entanto, se os investimentos fossem feitos no início de cada ano (uma anuidade antecipada), o valor final seria:

$$\$2.000(40,995)(1 + 0,07) = \$87.729,30$$

A diferença corresponde a $5.739,30! Quase $6.000 são ganhos se os investimentos são feitos no início, não ao fim, de cada ano.

A diferença entre a anuidade ordinária e a anuidade antecipada torna-se ainda maior se a taxa de juro aumenta. Suponha que o IRA ofereça 12% em lugar de 7%. Se os depósitos forem feitos ao final de cada ano, o valor final será:

$$\$2.000(72,052) = \$144.104.$$

Se os depósitos forem feitos no início do ano, o valor final será:

$$\$2.000(72,052)(1 + 0,12) = \$161.396,48.$$

A diferença agora corresponde a $17.292,48.

O VALOR PRESENTE DE UMA ANUIDADE DE UM DÓLAR

Em análise financeira você normalmente está preocupado com o **valor presente de uma anuidade**. Por exemplo, você pode esperar receber $100 no final de cada ano por três anos e quer saber quanto essa série de pagamentos anuais vale atualmente se 6% podem ser obtidos em fundos de investimento. Observe que os pagamentos são efetuados ao fim do ano, assim, este é um exemplo de anuidade ordinária. Se os pagamentos tivessem sido feitos no início do ano, a série de pagamentos seria uma anuidade antecipada.

> **Valor presente de uma anuidade**
> Valor corrente de uma série de pagamentos iguais a serem recebidos no futuro.

Um método de determinar o valor corrente dessa anuidade ordinária é calcular o valor presente de cada pagamento de $100 (localize o fator de juro apropriado no Apêndice B e multiplique-os por $100) e some esses valores presentes individuais. Obviamente, este é um trabalho tedioso; tem de haver uma maneira mais fácil.

---

[2] Em inglês: *Individual Retirement Account* – IRA. (NT)

Naturalmente, a maneira mais fácil é usar uma tabela de juros para o valor presente de uma anuidade ou uma calculadora financeira. Esse processo pode ser visto considerando-se a equação para o valor presente de uma anuidade (Equação 7.7):

$$PV = \frac{PMT}{(1+i)^1} + \cdots + \frac{PMT}{(1+i)^n}$$

$$PV = \sum_{t=1}^{n} \frac{PMT}{(1+i)^t}.$$

7.7

O valor presente (PV) de pagamentos de anuidade iguais (PMT) é calculado descontando-se cada pagamento na taxa de juro adequada (I) e somando-se os resultados do primeiro ao último (n) pagamento. A Equação 7.7 pode ser escrita como a seguir:

$$PV = (PMT)\left(\sum_{t=1}^{n} \frac{1}{(1+i)^t}\right).$$

Uma vez mais, esta é uma equação simples no formato geral:

$$A \times B = C.$$

O pagamento anual é multiplicado por um fator de juro para determinar o valor presente de uma anuidade ordinária:

$$PMT \times PVAIF(I, N) = PV.$$

PMT é o pagamento da anuidade, $PVAIF(I, N)$ é o fator de juro para o valor presente de uma anuidade ordinária de $ 1 a uma taxa de I% por N períodos, e PV é o valor presente da anuidade. Os fatores de juro para o valor presente de uma anuidade ordinária de $ 1 são fornecidos no Apêndice D. As taxas de juros estão localizadas na horizontal na parte superior, e o número de períodos é localizado verticalmente à esquerda. Para determinar o valor presente de uma anuidade de $ 100 que deve ser recebida por três anos quando a taxa de juros está em 6%, encontre o fator de juro para três anos a 6% (2,673) e a seguir multiplique $ 100 por esse fator de juro. O valor presente dessa anuidade é de $ 267,30, que é o preço que você estaria disposto a pagar agora em troca de três pagamentos anuais futuros de $ 100, quando o retorno em investimentos alternativos estiver em 6%.

Solução com Calculadora

Tecla de função	Entrada de dados
PV =	0
PMT =	100
I =	6
N =	3
FV =	?
Tecla de função	Resposta
PV =	- 267,30

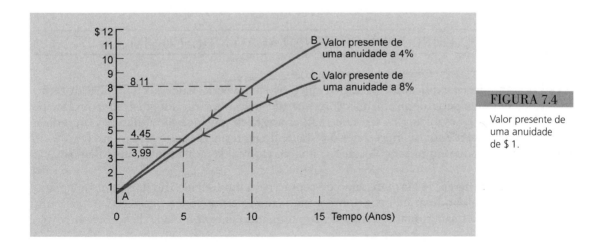

FIGURA 7.4

Valor presente de uma anuidade de $ 1.

Como no valor presente de um dólar, o valor presente de uma anuidade está relacionado à taxa de juro e à duração do período durante o qual os pagamentos das anuidades são efetuados. Quanto mais baixa a taxa de juro e mais longa a duração da anuidade, maior será o valor corrente da anuidade. A Figura 7.4 mostra a relação entre a duração de uma anuidade e o valor presente dessa anuidade com várias taxas de juros. Como pode ser visto comparando-se as linhas AB e AC, quanto menor a taxa de juro, mais alto é o valor presente de um dólar. Por exemplo, se os pagamentos deverão ser feitos por um período de cinco anos, o valor presente da anuidade de $ 1 será de $ 4,45 a 4%, mas apenas $ 3,99 a 8%. Quanto mais longa a duração da anuidade, mais alto será o valor presente; então o valor presente de uma anuidade de $ 1 a 4% será de $ 4,45 para cinco anos, enquanto o valor presente será de $ 8,11 para dez anos.

Valor Presente de uma Anuidade Antecipada

As tabelas de juros para o valor presente de uma anuidade são normalmente fornecidas para anuidades ordinárias, mas existem situações quando um administrador financeiro ou um investidor necessita do valor presente de uma anuidade antecipada. Por exemplo, um aluguel cujos pagamentos iniciam-se imediatamente é uma anuidade antecipada.

Do mesmo modo que os fatores de juros para o valor futuro de uma anuidade ordinária podem ser ajustados para uma anuidade antecipada, os fatores de juro para o valor presente de uma anuidade ordinária podem ser convertidos para o valor presente de uma anuidade antecipada. A conversão é simples: multiplique o fator de juro por $1+i$. No exemplo anterior, o fator de juro para o valor presente de uma anuidade ordinária de $ 1 a 6% por três anos é 2,673. O fator de juro pode ser convertido no fator de juro para o valor presente de uma anuidade antecipada de $ 1 a 6% por três anos como a seguir:

$$2{,}673(1+0{,}06) = 2{,}833.$$

Assim, o valor presente de uma anuidade antecipada de $ 100 por três anos a 6% vale $ 283,30 ($ 100×2,833).

Observe que o valor presente de uma anuidade antecipada é maior que o valor presente de uma anuidade ordinária ($ 283,30 *versus* $ 267,30 nesses exemplos). A razão é que o primeiro pagamento de uma anuidade antecipada é feito imediatamente, enquanto na anuidade ordinária o primeiro pagamento é feito no fim do ano. Você pode colocar os fundos para trabalhar ganhando juros para você mais cedo. Essa diferença no tempo dos pagamentos aumenta o valor da anuidade antecipada.

EXEMPLOS DE CAPITALIZAÇÃO E DESCONTO

As seções anteriores explicaram os vários cálculos envolvendo valor no tempo. Esta seção mostra-os em uma série de problemas com que um investidor ou administrador financeiro pode deparar-se. Esses exemplos são semelhantes aos exemplos que são utilizados em todo o texto. Se você entendê-los, compreender o restante do material do texto será muito mais fácil, porque a ênfase pode então ser colocada na análise em vez de na mecânica dos cálculos.

1. Um empregador oferece iniciar um plano de pensão para um funcionário de 45 anos. O plano é depositar $ 1 mil ao final de cada ano em uma conta de poupança que renda 6% ao ano. O funcionário quer saber quanto estará na conta quando chegar à idade de aposentar-se aos 65 anos.

Este é um exemplo do valor futuro de uma anuidade ordinária. O pagamento será de $ 1 mil anuais, e a conta crescerá 6% durante 20 anos. O fundo, então crescerá até

$$FVA = PMT(1+i)^0 + \cdots + PMT(1-i)^{n-1}$$
$$= \$1.000(1+0,06)^0 + \cdots + \$1.000(1+0,06)^{19}$$
$$= \$1.000[FVAIF(6I, 20N)]$$
$$= \$1.000(36,786) = \$36.786.$$

Solução com Calculadora

Tecla de função	Entrada de dados
PV =	0
PMT =	-1.000
I =	6
N =	20
FV =	?
Tecla de função	Resposta
PV =	36.785,59

2. O mesmo empregador decidiu depositar uma grande soma em uma conta que rende 6% e sacar dessa conta para fazer os pagamentos anuais de $ 1 mil. Depois de 20 anos, todos os fundos na conta estarão esgotados. Quanto terá de ser depositado inicialmente na conta?

Este é um exemplo de valor presente de uma anuidade ordinária. A anuidade de $ 1 mil por ano a 6% por 20 anos valerá quanto hoje? O valor presente (o valor inicial de depósito necessário para financiar a anuidade) é:

$$PVA = \sum_{1}^{n} \frac{PMT}{(1+i)} + \cdots + \frac{PMT}{(1+i)^n}$$
$$= \frac{\$1.000}{1+0,06} + \cdots + \frac{\$1.000}{(1+0,06)^{20}}$$
$$= \$1.000[PVAIF(6I, 20N)]$$
$$= \$1.000(11,470) = \$11.470.$$

Solução com Calculadora

Tecla de função	Entrada de dados
PV =	0
PMT =	1.000
I =	6
N =	20
FV =	?
Tecla de função	Resposta
PV =	-11.469,92

Assim, o empregador precisa depositar apenas $ 11.470 em uma conta que renda 6% para satisfazer o pagamento dos $ 1 mil da pensão por 20 anos.

Você deve observar a diferença entre as respostas dos dois últimos exemplos. No primeiro, um conjunto de pagamentos ganha juros e, dessa forma, o valor futuro é maior que apenas a soma dos 20 pagamentos de $ 1 mil. No segundo, um conjunto futuro de pagamentos é avaliado em termos presentes. Uma vez que os pagamentos futuros valem menos hoje, o valor corrente é menor que a soma dos 20 pagamentos de $ 1.000.

Os exemplos 1 e 2 são dois meios para o empregador alcançar o mesmo objetivo (isto é, financiar o plano de pensão). No primeiro exemplo, o empregador contribui com $ 1 mil a cada ano. No segundo exemplo, o empregador efetua um pagamento e a seguir saca desse valor para fazer o pagamento anual de $ 1 mil. O resultado líquido é o mesmo: $ 1 mil são pagos no plano de pensão a cada ano. Os resultados são os mesmos porque $ 11.470 hoje são matematicamente equivalentes a $ 1 mil por ano por 10 anos a 6%.

3. Você compra uma ação a $ 10 e espera que seu preço aumente 9% anualmente. Após dez anos você planeja vender a ação. Qual é o preço de venda que você antecipou? Esse exercício ilustra o valor futuro de um dólar, e esse valor futuro é:

$$P_n = P_0(1+i)^n$$
$$P_{10} = \$10(1+0,09)^{10}$$
$$P_{10} = \$10(FVIF9I, 10N)$$
$$P_{10} = \$10(2,367) = 23,67.$$

Solução com Calculadora

Tecla de função	Entrada de dados
PV =	-10
I =	9
N =	10
PMT =	0
FV =	?
Tecla de função	Resposta
PV =	23,67

Você antecipou vender a ação por $ 23,67.

4. Você vende uma ação por $ 23,67 que foi mantida por dez anos. Você ganhou um retorno de 9%. Qual foi o custo original da ação? Este é um exemplo do valor presente de um dólar descontado a 9% por dez anos. O preço de compra foi:

$$P_0 = \frac{P_n}{(1+i)^n}$$

$$P_0 = \frac{\$23,67}{(1+0,09)^{10}}$$

$$P_0 = \$23,67(PVIF9I, 10N)$$

$$P_0 = \$23,67(0,422) = \$9,98 \approx \$10.$$

Solução com Calculadora

Tecla de função	Entrada de dados
FV	= 23,67
I	= 9
N	= 10
PMT	= 0
PV	= ?
Tecla de função	Resposta
PV	= - 10,00

O custo da ação quando você a comprou foi $ 10.

5. Os exemplos 3 e 4 são dois aspectos do mesmo investimento. Em (3), seu investimento aumentou para $ 23,67, enquanto em (4) você determinou o custo da ação sabendo o preço de venda e o retorno. Outra versão desse problema é como a seguir. Você comprou uma ação por $ 10, manteve-a por dez anos e então a vendeu por $ 23,67. Qual foi o retorno do investimento? Esta é uma pergunta comum porque você normalmente sabe os preços de compra e venda e quer saber o retorno. (Essa questão reaparece nos Capítulos 13, 16 e 22 em rendimentos e retornos.)

Se você está usando tabelas de juros, tanto o valor futuro quanto o valor presente de um dólar podem ser usados. Se a tabela do valor futuro (Apêndice A) for usada, a pergunta será: $ 10 aumentam para $ 23,67 em dez anos a que taxa? A resposta é:

$$P_0(1+x)^n = P_n$$
$$\$10(1+x)^n = \$23,67$$
$$\$10[FVIF(?I, 10N)] = \$23,67$$
$$FVIF(?I, 10N) = 2,367.$$

Solução com Calculadora

Tecla de função	Entrada de dados
PV	= -10
N	= 10
PMT	= 0
FV	= 23,67
I	= ?
Tecla de função	Resposta
I	= 9

O fator de juro 2,367 é encontrado na tabela de valor futuro na linha para dez anos. O que faz com que a taxa seja 9%.

Se for usada a tabela do valor presente (Apêndice B), a pergunta será: qual é a taxa de desconto (x) que em dez anos trará $ 23,67 para $ 10? A resposta é:

$$P_0 = \frac{P_n}{(1+x)^n}$$

$$\$10 = \frac{\$23,67}{(1+x)^{10}}$$

$$\$10 = \$23,67[(PVIF?I, 10N)]$$

$$PVIF(?I, 10N) = \frac{\$10}{\$23,67} = 0,422.$$

O fator de juro é 0,422, que pode ser encontrado no valor presente de um dólar na tabela para dez anos na coluna de 9%. Assim, esse problema pode ser resolvido pela aplicação adequada tanto das tabelas do valor capitalizado quanto do valor presente.

Os exemplos 1 a 4 ilustram os valores futuro e presente de um dólar e de uma anuidade. O exemplo 5 é diferente porque você conhece os valores iniciais e finais e tem de determinar a taxa de juro ou taxa de retorno. A discussão do texto mostra como a resposta pode ser encontrada utilizando-se tanto a tabela de juros de valor futuro quanto o valor presente de um dólar. A nota de margem demonstra a solução com calculadora.

6. Um investimento paga $ 50 por ano durante dez anos, ao fim dos quais $ 1.000 é devolvido ao investidor. Se você pode ganhar 6%, qual é o valor desse investimento?

Esse exercício realmente contém duas perguntas: qual é o valor presente de uma anuidade de $ 50 a 6% por dez anos, e qual é o valor presente de $ 1.000 depois de dez anos a 6%? A resposta é:

Solução com Calculadora

Tecla de função	Entrada de dados
FV	= 1.000
PMT	= 50
I	= 6
N	= 10
PV	= ?
Tecla de função	Resposta
PV	= -926,40

$$PV = \sum_{1}^{n} \frac{PMT}{(1+i)^1} + \cdots + \frac{PMT}{(1+i)^n} + \frac{P_n}{(1+i)^n}$$

$$= \frac{50}{(1+0,06)} + \cdots + \frac{50}{(1+0,06)^{10}} + \frac{\$ 1.000}{(1+0,06)^{10}}$$

$$= \$ 50[PVAIF(6I, 10N)] + \cdots + \$ 1.000[PVIF(6I, 10N)]$$

$$= \$ 50(7{,}360) + \cdots + \$ 1.000(0{,}558) = \$ 926$$

no qual 7,360 e 0,585 são os fatores de juro para o valor presente de uma anuidade de um dólar e o valor presente de um dólar, respectivamente, ambos a 6% por dez anos. (Apêndices D e B, respectivamente.) Esse exemplo demonstra que muitos investimentos podem envolver tanto uma série de pagamentos (o componente anuidade) quanto o pagamento de uma só vez. Esse investimento em particular ilustra uma obrigação cuja avaliação é discutida no Capítulo 13.

Em todo o restante deste texto haverá várias aplicações do conceito do valor do dinheiro no tempo. Valor no tempo desempenha papel extremamente importante em finanças, pois as decisões têm de ser tomadas hoje, enquanto os retornos ocorrem no futuro. Antes de completar esta seção, vamos fazer mais dois exercícios que podem aplicar-se diretamente a você em algum momento de sua vida.

7. Você compra uma casa por $ 100 mil, paga uma entrada de $ 20 mil, e financia o saldo ($ 80 mil). A hipoteca é para 25 anos e a taxa de juro, 8%. Qual é o pagamento anual exigido por esse empréstimo? (Pagamentos de hipotecas são em geral feitos mensalmente, mas, para manter simples esse exemplo, suponha que o pagamento seja feito anualmente.) Esse problema é uma aplicação comum do valor do dinheiro no tempo, e mesmo que o financiador faça os cálculos, você pode fazê-lo para determinar qual a será prestação da hipoteca antes de solicitar o financiamento.

Solução com Calculadora

Tecla de função	Entrada de dados
PV	= 80.000
I	= 8
N	= 25
FV	= 0
PMT	= ?
Tecla de função	Resposta
PMT	= -7.494,30

Esse problema difere dos anteriores de anuidades, que pediam para você determinar o valor futuro ou valor presente. Nesse problema, você conhece o valor presente da anuidade (o valor financiado $ 80 mil), o número de anos (25), e a taxa de juro (8%). A incógnita é o pagamento da anuidade que é exigida para pagar o juro e resgatar o empréstimo. Desde que os pagamentos sejam feitos no fim de cada ano, a hipoteca é um exemplo da uma anuidade ordinária. Uma vez que o empréstimo está sendo feito no presente, o problema exige o uso da tabela de juro do valor presente. Isto é:

$$\$ 80.000 = PMT[PVAIF(8I, 25N)]$$

$$\$\,80.000 = PMT(10{,}675)$$

$$PMT = \frac{\$\,80.\,000}{10{,}675} = \$\,7.494{,}15.$$

Assim, o pagamento da hipoteca é $ 7.494,15.

Agora que já sabemos que seu pagamento anual exigido para obter o financiamento é $ 7.494,15, você pode classificar o pagamento em pagamento dos juros e do principal. (A separação é importante, uma vez que você pode deduzir o pagamento do juro da hipoteca no imposto de renda federal.) Uma vez que a taxa de juros é 8% e o valor inicial do empréstimo é $ 80 mil, o juro durante o primeiro ano é $ 6.400. O saldo do pagamento ($ 1.094,15) reduz o valor devido a $ 78.905,85.

Uma vez que o valor devido é reduzido, o juro pago durante o segundo ano diminui para $ 6.312,47 (0,08 × $ 78.905,85). O pagamento anual continua $ 7.494,15, assim, o saldo devido é reduzido para $ 1.181,68 ($ 7494,15 − 6312,47). O saldo devido após o segundo ano é $ 77.724,17. Esse tipo de cálculo é usado para gerar um programa de pagamento, o qual é chamado *tabela de amortização de empréstimo*.

Essa tabela é mostrada na Tabela 7.2. A primeira coluna mostra o número da prestação, e as segunda e terceira colunas dividem os pagamentos em pagamento de juros e pagamento do principal. A última coluna mostra o saldo devido no empréstimo. À medida que os pagamentos são feitos (1) o valor pendente do principal diminui, (2) o valor do juro pago em cada período também diminui, e (3) a proporção na qual o principal é pago aumenta. Nos primeiros anos de uma hipoteca, a maior parte do pagamento cobre as despesas de juros, porém, durante os últimos pagamentos da hipoteca, a maior parte da prestação resgata o principal.

8. Sua tia Bea de 85 anos tem de ser internada em uma casa de repouso que cobra $ 3 mil por mês ($ 36 mil por ano). Você tem uma procuração e vende a casa dela por $ 170 mil. Excluindo quaisquer outras fontes de renda (como aposentadoria) e quaisquer outras despesas (por exemplo, médicos), quanto tempo vai durar o dinheiro dela se você for capaz de ganhar 8% anualmente? Isso pode chocá-lo como uma situação mórbida, mas é um problema real que ameaça muitas pessoas de idade e suas famílias. Na realidade, a tia Bea está melhor que muitos idosos. Ela possuía uma casa e foi capaz de viver nela até os 85 anos.

Novamente, esse problema é um exemplo de uma anuidade. As variáveis conhecidas são (1) a soma de dinheiro que a tia Bea possui no presente ($ 170 mil), (2) a taxa de juro que ela vai receber sobre esses fundos (8%), e (3) o valor do pagamento da anuidade ($ 36 mil). A incógnita é a quantidade de anos que os fundos vão durar. Uma vez que ela tem o dinheiro agora, este é mais um exemplo de valor presente de uma anuidade. O problema da tia Bea é montado como a seguir:

$$\$\,170.000 = \$\,36.000[PVAIF(8I,?N)]$$

$$PVAIF(8I,?N) = \frac{\$\,70.000}{\$\,36.000} = 4{,}722.$$

Procurando esse valor na tabela para o valor presente de uma anuidade a 8%, deriva uma resposta de seis a sete anos. Os ativos da tia Bea cobrirão a clínica de repouso até após ela atingir a idade de 91 anos. Uma vez que a expectativa para uma mulher com a idade de 85 anos é de cerca de 6,5 a 7 anos, tia Bea está relativamente em boa situação financeira. Naturalmente, se ela viver mais que sua expectativa de vida, pode haver um problema financeiro, a menos que uma taxa de retorno maior possa ser obtida para seus fundos ou se ela tiver outra fonte de recursos. Pode também haver um problema se ela receber um retorno menor que 8%. Por

Solução com Calculadora

Tecla de função	Entrada de dados
PV	= 170.000
I	= 8
FV	= 0
PMT	= −36.000
N	= ?
Tecla de função	Resposta
N	= 6,2

Número da prestação	Pagamento de juro	Amortização do principal	Saldo do empréstimo
1	$ 6.400,00	$ 1.094,15	$ 78.905,85
2	6.312,47	1.181,68	77.724,17
—			
12	4.942,78	2.551,52	59.233,29
13	4.738,66	2.755,64	56.477,65
—			
24	1.069,15	6.425,16	6.939,17
25	555,13	6.939,17	,00

TABELA 7.2

Dados selecionados de uma tabela de amortização de empréstimo de $ 80 mil por 25 anos (prestação anual = $ 7.494,15).

exemplo, a 4% seus fundos estarão exauridos em pouco mais que cinco anos, o que é menos que sua expectativa de vida.

Antes de prosseguirmos para a capitalização não anual, vamos recapitular os oito exemplos. Os exemplos 1 e 2 mostram o valor futuro e o valor presente de uma anuidade ordinária. Já os exemplos 3 e 4 revelam o valor futuro e o valor presente de $ 1. O exemplo 5 calcula a taxa de juros ou taxa de retorno quando os valores presente e futuro são fornecidos. O exemplo 6 combina o valor presente de $ 1 e o valor presente de uma anuidade, enquanto o exemplo 7 mostra a amortização de um financiamento hipotecário. O exemplo 8 pede que você determine quanto tempo um valor corrente vai durar à medida que você saca os fundos por meio de uma série de pagamentos iguais e anuais. Cada exemplo é típico de um problema financeiro que você pode encontrar durante sua carreira ou sua vida. Ser capaz de solucioná-los só aumentará sua capacidade de solucionar problemas financeiros que você vai posteriormente experimentar.

CAPITALIZAÇÃO NÃO ANUAL

Você deve ter observado que, em todos os exemplos anteriores, a capitalização ocorreu apenas uma vez ao ano. A capitalização pode, e muitas vezes acontece, ocorrer com freqüência maior, como duas vezes ao ano (ou semestralmente). A **capitalização não anual** exige que as equações apresentadas anteriormente sejam ajustadas. Esta seção expande a discussão do valor composto de $ 1 para incluir capitalização por períodos que não os de um ano.

Capitalização não anual
Pagamento de juro com freqüência maior que uma vez por ano.

Essa explicação, contudo, é limitada ao valor futuro de $ 1. Ajustes semelhantes têm de ser feitos no valor futuro de uma anuidade, o valor presente de $ 1, ou o valor presente de uma anuidade quando os fundos são capitalizados com freqüência maior que uma vez por ano.

Converter capitalização anual para outros períodos necessita de dois ajustes na Equação 7.1. Primeiro, o ano é dividido na mesma quantidade de períodos que os fundos estão sendo capitalizados. Para capitalização semestral, um ano consiste em dois períodos, enquanto para capitalização trimestral, o ano é formado por quatro períodos.

Após ajustar a quantidade de períodos, você ajusta a taxa de juro para encontrar a taxa por período. Isso é feito dividindo-se a taxa de juros informada pelo número de períodos por ano. Se a taxa de juro é 8% capitalizada semestralmente, os 8% são divididos por 2, resultando uma taxa de juro de 4% ganha a cada período. Se a taxa for de 8% capitalizada trimestralmente, a taxa de juro será 2% (0,08 ÷ 4) em cada um dos quatro períodos.

Esses ajustes podem ser expressos de maneira mais formal modificando-se a Equação 7.1 como a seguir:

$$P_0 \left(1 + \frac{i}{c}\right)^{n \times c} = P_n. \qquad 7.8$$

O único símbolo novo é c, que representa a freqüência da capitalização. A taxa de juro (i) é dividida pela freqüência de capitalização (c) para determinar a taxa de juro de cada período. A quantidade de anos (n) é multiplicada pela freqüência de capitalização para determinar a quantidade de períodos.

A aplicação dessa equação pode ser ilustrada por um exemplo simples. Você investe $ 100 em um ativo que paga 8% capitalizado trimestralmente. Qual será o valor futuro desse ativo após cinco anos? Em outras palavras, os $ 100 crescerão para qual valor após cinco anos se for capitalizado trimestralmente a 8%? Algebricamente seria:

$$\begin{aligned} P_5 &= P_0 \left(1 + \frac{i}{c}\right)^{n \times c} \\ &= \$\,100 \left(1 + \frac{0{,}08}{4}\right)^{5 \times 4} \\ &= \$\,100(1 + 0{,}02)^{20}. \end{aligned}$$

Solução com Calculadora

Tecla de função	Entrada de dados
PV	= - 100
I	= 8/4 = 2
N	= 5×4 = 20
PMT	= 0
FV	= ?
Tecla de função	Resposta
FV	= 148,59

Nessa formulação, você está ganhando 2% por 20 períodos. Para resolver essa equação, o fator de juro para o valor de capitalização de um dólar a 2% por 20 períodos (1,486) é multiplicado por $ 100. Assim, o valor futuro é:

$$P_5 = \$\,100(1{,}486) = \$\,148{,}60.$$

A diferença entre capitalizar anualmente e capitalizar com mais freqüência pode ser vista comparando-se esse problema com um problema no qual os valores são idênticos, exceto que o juro é capitalizado anualmente. A pergunta então é: os $ 100 aumentarão para que valor depois de cinco anos a 8% capitalizados anualmente? A resposta é:

$$\begin{aligned} P_5 &= \$\,100(1 + 0{,}08)^5 \\ &= \$\,100(1{,}469) \\ &= \$\,146{,}90. \end{aligned}$$

Esse valor, $ 146,90, é menor que o valor ganho quando os fundos foram capitalizados trimestralmente. Nós podemos concluir que quanto mais frequentemente o juro é capitalizado, maior será o valor futuro.

Períodos Inferiores a Um Ano

Todos os exemplos e problemas anteriores tinham períodos superiores a um ano ou mais. Existem, no entanto, muitas situações em finanças que ocorrem em períodos de menos de um ano. Por exemplo, um atacadista pode fazer um empréstimo a um varejista por um período de 30 dias, ou um tesoureiro pode adquirir um título de curto prazo por três meses. O varejista pode precisar saber o custo anual do crédito e o tesoureiro pode querer determinar a taxa anual de retorno do título. Estes são apenas dois exemplos que envolvem o valor do dinheiro no tempo por um período inferior a um ano.

Como na capitalização não anual, as equações básicas do valor do dinheiro no tempo podem ser aplicadas para resolver esses problemas. Suponha que o tesoureiro investiu $ 98.543

que retornará $100 mil no final de 45 dias. Qual é a taxa anual de retorno? A Equação 7.1 do valor futuro de um dólar pode ser utilizada para resolver esse problema como a seguir:

$$P_0(1+i)^n = P_n.$$

P_0 é o valor inicial ($98.543) e P_n é o valor final ($100 mil) recebido após o período de 45 dias ($n = 45$ dias ou $45/365 = 0,1233$ de um ano). Assim, a equação é:

$$\$98.543(1+i)^{0,1233} = \$100.000.$$

Para isolar a incógnita, divida $100.000 por $98.543 e eleve ambos os membros da equação pela recíproca de 0,1233 (1/0,1233 = 8,1103):

$$[(1+i)^{0,1233}]^{8,1103} = [\$100.000/\$98.543]^{8,1103}$$
$$(1+i) = 1,014785^{8,1103} = 1,12641.$$

E subtraindo 1:

$$i = 1,12641 - 1 = 12,641\%.$$

A taxa de juro anualizada para o tomador (a taxa de retorno do investidor) é 12,641%. Esta é uma taxa de juro composto que presume que o investidor seja capaz de investir $98.543 e transformá-lo em $100 mil a cada 45 dias e que o tomador usa $98.543 a cada 45 dias e resgata o empréstimo pagando $100 mil.

Muitas situações de tomadas de decisões financeiras de curto prazo envolvem esse tipo de cálculo. Um administrador financeiro ou tesoureiro corporativo pode tomar recursos no curto prazo, recebendo um valor como $98.543 e concordando em pagar $100 mil depois de um período de tempo específico. Tais empréstimos descontados são comuns, principalmente por curtos períodos de tempo, inferiores a um ano. (Veja, por exemplo, a seção sobre instrumentos do mercado monetário, no Capítulo 25, e o custo dos empréstimos bancários, *commercial paper*, e crédito comercial, no Capítulo 26.) O cálculo do custo percentual anualizado dos empréstimos aos tomadores (ou os ganhos dos investidores) é essencialmente o mesmo que qualquer problema de valor no tempo, apenas o período é inferior a um ano em lugar de maior que um ano.

RESUMO

O dinheiro varia de valor com o tempo. Um dólar a ser recebido no futuro vale menos que um dólar recebido hoje. Você renunciará ao consumo atual apenas se o crescimento futuro de seus recursos for possível. Tal apreciação é chamada capitalização. Quanto mais tempo os fundos forem capitalizados e mais alta a taxa de juro na qual capitalizam, maior será o valor dos fundos no futuro.

O oposto de capitalizar é descontar, que determina o valor presente de recursos que serão recebidos no futuro. O valor presente de uma soma futura depende tanto do tempo no futuro que deverá ser recebida quanto da taxa de desconto.

Capitalização e desconto são aplicáveis tanto a pagamentos únicos quanto a séries de pagamentos. Se os pagamentos de uma série são iguais e feitos anualmente, a série é chamada uma anuidade.

A capacidade de comparar dólares futuros com dólares presentes é essencial para a tomada de decisões financeiras. Muitas decisões financeiras envolvem o desembolso corrente de fundos, uma vez que os investimentos são feitos no presente. Os retornos desses investimentos ocorrem no futuro. Os conceitos apresentados neste capítulo são básicos para um entendimento da avaliação de títulos, o custo de um empréstimo e orçamento de capital.

RESUMO DAS EQUAÇÕES PARA OS FATORES DE JUROS

Cada um dos quatro casos de valor no tempo tem fatores de juros. Cada fator de juro tem uma porcentagem (taxa de juro) e tempo (quantidade de períodos). As equações para os fatores de juro são as seguintes:

Valor futuro de um dólar (*FVIF*):
$$(1+i)^n.$$

Valor presente de um dólar (*PVIF*):
$$\frac{1}{(1+i)^n}.$$

Valor futuro de uma anuidade ordinária (*FVAIF*):
$$\frac{(1+i)^n - 1}{i}.$$

Valor presente de uma anuidade ordinária (*PVAIF*):
$$\frac{1 - \dfrac{1}{(1+i)^n}}{i} = \frac{1 - (1+i)^{-n}}{i}.$$

REVISÃO DOS OBJETIVOS

Agora que completou este capítulo, você deve ser capaz de:

1. Solucionar problemas de valor do dinheiro no tempo.
2. Interpretar os resultados de suas soluções.
3. Contrastar capitalização (página 87) e desconto (página 91).
4. Utilizar uma tabela de juro ou uma calculadora financeira (páginas 90-91).
5. Diferenciar uma anuidade antecipada de uma anuidade ordinária (página 93).
6. Explicar por que o valor presente de uma anuidade de $ 100 por dez anos é menor que o valor futuro da mesma anuidade (páginas 96-97).
7. Construir uma tabela de amortização de empréstimo (páginas 101-102).

PROBLEMAS

1. Você investe $ 1 mil em um certificado de depósito que vence após dez anos e paga um juro de 5%, o qual é capitalizado anualmente até o vencimento.
    a. Quanto o investidor ganhará de juro se o juro for deixado acumulando?
    b. Quanto o investidor ganhará de juro se sacá-lo anualmente?
    c. Por que as perguntas *a* e *b* são diferentes?

2. Um autônomo deposita $ 3 mil anualmente em uma conta de aposentadoria (chamada conta Keogh) que rende juros de 8%.
    a. Quanto estará na conta quando essa pessoa se aposentar aos 65 anos se o programa de poupança foi iniciado quando tinha 40 anos?
    b. Qual é o valor adicional que estará na conta se o poupador adiar sua aposentadoria até os 70 anos e continuar com as contribuições?
    c. Quanto dinheiro adicional estará na conta se o poupador interromper as contribuições aos 65 anos, mas não se aposenta até os 70?

3. Uma mulher de 45 anos decide colocar fundos em um plano de aposentadoria. Ela pode economizar $ 2 mil por ano e recebe 9% na poupança. Quanto terá acumulado se se aposentar aos 65 anos? Ao aposentar-se, quanto poderá sacar da poupança acumulada durante 20 anos se esta continuar a receber juros de 9%?

4. Você investe anualmente $ 1.500 em uma conta de aposentadoria individual (IRA) começando aos 20 anos e faz as contribuições por dez anos. Sua irmã gêmea faz o mesmo começando aos 30 anos e contribui por 30 anos. Ambos recebem 7% anualmente sobre seus investimentos. Quem terá o valor maior aos 60 anos?

(Os problemas 2 a 4 mostram os elementos básicos dos planos de pensão. Um valor em dinheiro é sistematicamente colocado de lado. Esse valor rende juros de forma que na época da aposentadoria foi acumulado um valor apreciável de dinheiro. Então, a pessoa que está se aposentando saca o fundo até que termine ou ocorra sua morte e, nesse caso, o valor restante no fundo passa a fazer parte do espólio. É claro que, enquanto a pessoa aposentada saca do fundo, o restante do principal continua a render juros.)

5. Se um pai deseja ter $ 100 mil para mandar o filho recém-nascido para a universidade, quanto deve investir anualmente por 18 anos se ganhar 9% sobre seus fundos? (Todo estudante atual que se tornará posteriormente um pai ou mãe e deseja enviar um filho para a universidade deveria fazer esse cálculo no início da vida da criança.)

6. Uma viúva atualmente tem um investimento de $ 93 mil rendendo juros de 9% anualmente. Ela poderá sacar $ 16 mil por ano pelos próximos dez anos?

7. Um investimento gera $ 10 mil por ano durante 25 anos. Se você pode ganhar 10% em outros investimentos, qual é o valor corrente desse investimento? Se o preço corrente for $ 120 mil, você deveria comprá-lo?

8. Uma empresa tem duas possibilidades de investimento, com as seguintes entradas de caixa:

Investimento	Ano 1	Ano 2	Ano 3
A $	1.400	1.700	1.800
B $	1.500	1.500	1.500

Se a empresa pode ganhar 7% em outros investimentos, qual é o valor presente dos investimentos A e B? Se cada investimento custa $ 4 mil, o valor presente de cada um é maior que o custo do investimento? (Esta pergunta é um exemplo muito simples de um método de orçamento de capital [Capítulo 22]. Essa técnica permite a empresa classificar as alternativas de investimento e ajuda a selecionar o investimento potencialmente mais rentável.)

9. Se você atualmente ganha $ 50 mil e a inflação continua a 4% por dez anos, quando você tem de ganhar para manter seu poder de compra?

10. Se você comprou uma casa por $ 50 mil em 1970 e vendeu-a em 2000 por $ 250 mil, qual foi a taxa anual de aumento de preço durante os 30 anos?

11. Você compra uma ação por $ 20 e espera que o preço aumente anualmente a uma taxa de 8%.
    a. Qual é o preço que você espera após cinco anos?
    b. Se a taxa de aumento do preço dobrasse de 8% para 16%, isso iria dobrar o *aumento* do preço? Por quê?

12. Você tem 25 anos e herdou $ 65 mil de sua avó. Se você quer comprar um iate de $ 100 mil para celebrar seu 30º aniversário, qual taxa anual de capitalização tem de ganhar?

13. Um investimento oferece o pagamento de $ 10 mil por ano por cinco anos. Se custar $ 33.520, qual será a taxa de retorno do investimento?

14. Um investimento custa $ 61.446 e oferece um retorno de 10% anualmente por dez anos. Quais são as entradas de caixa anuais previstas para esse investimento?

15. Foram oferecidos a você $ 900 depois de cinco anos ou $ 150 por ano por cinco anos. Se você pode ganhar 6% em seus fundos, qual oferta você aceitaria? Se puder ganhar 14% em seus fundos, qual oferta você aceitaria? Por que as respostas são diferentes?

16. Você comprou uma casa por $ 140 mil. Depois de uma entrada de $ 30 mil, você obtém uma hipoteca a 9% que exige pagamentos anuais por 15 anos.
    a. Qual é o valor dos pagamentos anuais?
    b. Quanto do primeiro pagamento será para pagar o juro?
    c. Qual é o valor do saldo da hipoteca depois do primeiro pagamento?

17. É oferecida para você uma anuidade que pagará $ 10 mil por ano por dez anos (ou seja, dez pagamentos) *começando após cinco anos*. Se você deseja um retorno anual de 8%, qual é o valor máximo que deve pagar por essa anuidade?

18. Você quer dobrar seu salário em seis anos. A qual taxa anual seu salário deve crescer para alcançar seu objetivo?

19. Todos os anos você investe $ 2 mil em uma conta que rende 10% anualmente. Quanto tempo levará para acumular $ 50 mil?

20. Tia Kitty vendeu sua casa por $ 100 mil, que foram então investidos para render 7% anualmente. Se a expectativa de vida dela for de dez anos, qual será o valor máximo que ela pode gastar em uma clínica de repouso, médicos e enfermeiras?

21. Em uma decisão judicial de um acidente de automóvel, você ganhou uma indenização de $ 100 mil. Recebeu $ 25 mil imediatamente, mas tem de pagar honorários de $ 15 mil ao advogado. Além disso, receberá $ 2.500 durante 20 anos em um total de $ 50 mil, quando então o saldo devido ($ 25 mil) será pago. Se a taxa de juro for 7%, qual será o valor corrente de seu acordo?

22. Uma empresa tem de escolher entre dois investimentos alternativos, cada um custando $ 100 mil. A primeira alternativa gera $ 35 mil por ano durante quatro anos. A segunda paga um grande valor único de $ 157.400 ao final do quarto ano. Se a empresa puder levantar os fundos para fazer o investimento a um custo anual de 10%, qual alternativa deveria ser escolhida?

23. Você quer se aposentar em 12 anos e, atualmente, tem $ 50 mil em uma conta de poupança, que rende 5% ao ano, e $ 100 mil em ações de primeira linha, que rendem 10%. Se planeja adicionar $ 30 mil ao final de cada ano à sua carteira de ações, quanto terá em seu fundo de aposentadoria quando se aposentar? Qual taxa de retorno precisa obter em seus fundos de aposentadoria se deseja sacar $ 102 mil por ano nos 15 anos seguintes à sua aposentadoria?

24. Tio Fred morreu recentemente e deixou $ 325 mil para sua sobrinha preferida de 50 anos. Ela imediatamente gastou $ 100 mil em uma casa, mas decidiu investir o saldo para sua aposentadoria aos 65 anos. Qual a taxa de retorno que ela terá de ganhar em seu investimento nos próximos 15 anos para permiti-la sacar $ 75 mil ao final de cada ano até a idade de 80 anos, se seus investimentos renderem 10% anualmente durante sua aposentadoria?

25. Uma associação de poupança e empréstimo financiou sua hipoteca de $ 100 mil por 25 anos a 9%. Quanto a associação receberá de juro no segundo ano?

26. Um prêmio da loteria estadual no valor de $ 1 milhão é distribuído em dez anos ($ 100 mil por ano), ou você pode pegar uma distribuição única de $ 654 mil. Se você conseguir um rendimento de 7%, qual alternativa é melhor?

27. Você contribui anualmente com $ 1 mil para uma conta de aposentadoria por 8 anos e pára de fazer pagamentos aos 25 anos. Seu irmão gêmeo (ou irmã... o que for aplicável) abre uma conta aos 25 anos e contribui com $ 1 mil até sua aposentadoria aos 65 anos (40 anos). Vocês dois recebem 10% em seus investimentos. Quanto cada um de vocês poderá retirar por 20 anos (ou seja, dos 66 aos 85 anos) das contas de aposentadoria?

(Cada um dos problemas anteriores pode ser rapidamente resolvido usando tabelas de juros e calculadoras financeiras. No entanto, existem problemas que não são facilmente solucionados usando tabelas de juros. Por exemplo, solução de retorno sobre um investimento que envolva tanto uma anuidade quanto um pagamento único é um processo tedioso se você usar tabelas de juros. O mesmo se aplica se os fluxos de caixa variam a cada ano. No entanto, uma calculadora financeira pode resolver esses problemas rapidamente.

Os problemas de 28 a 30 ilustram essa realidade. Todos os três são facilmente solucionados utilizando uma calculadora financeira, mas exigem que você use um processo reiterativo quando estiver usando tabelas de juros. Ou seja, você monta a equação e escolhe uma taxa. Se o resultado equilibra os dois lados da equação, você solucionou o problema e determinou o retorno. Se não, tem de repetir o processo até que tenha encontrado a taxa que equilibra os dois lados. [Depois de solucionar alguns desses problemas, você pode decidir que aprender como utilizar uma calculadora financeira ou um programa como o Excel vale a pena.])

28. Você compra uma ação por $ 10 mil e recebe dividendos de $ 400 ao final de cada ano. Você vende a ação por $ 11.300 depois de quatro anos. Qual foi o retorno anual de seu investimento de $ 10 mil?

29. Você comprou um edifício por $ 900 mil e recebe aluguéis anuais (após as despesas) de $ 120 mil, e vende o edifício por $ 1 milhão depois de três anos. Qual foi o retorno anual do investimento?

30. Você compra uma ação por $ 1 mil e espera vendê-la por $ 900 depois de quatro nos, mas também espera receber dividendos de $ 120 por ano. Demonstre que o retorno desse investimento é inferior a 10%.

APÊNDICE AO CAPÍTULO 7: PROBLEMAS ADICIONAIS DE VALOR DO DINHEIRO NO TEMPO

Agora que já solucionou muitos problemas de valor do dinheiro no tempo, aqui estão mais alguns para uma prática adicional. São fornecidas respostas após os problemas para facilitar a correção de seu trabalho.

1. Se uma corporação promete pagar a você $ 60 por ano por três anos e $ 1 mil depois de três anos, qual é o valor máximo que você emprestaria se quisesse ganhar 8%?

2. Uma corporação promete pagar a você $ 4 por ano durante 20 anos e $ 100 depois de 20 anos. Qual é o valor máximo que você pagaria pelo título se quisesse ganhar 8%?

3. Uma empresa tem apenas $ 10 mil para investir e tem de escolher entre dois projetos. O projeto A retorna $ 12.400 depois de um ano, enquanto o projeto B paga $ 15.609 depois de três anos. Se a administração deseja ganhar 10% em um investimento, qual alternativa deve ser selecionada com base no valor presente das entradas de caixa?

4. Uma empresa tem apenas $ 10 mil para investir e tem de escolher entre dois projetos. O projeto A retorna $ 12.400 depois de um ano, enquanto o projeto B paga $ 15.609 após três anos. Se a administração quer selecionar o investimento com o retorno mais alto, qual alternativa deve escolher?

5. Se uma empresa tem $ 12.400 para investir e pode ganhar 14%, quanto terá após dois anos?

6. Uma empresa pode ganhar anualmente $ 1 mil no investimento A por três anos e $ 1.080 no investimento B por três anos. Ambos custam $ 2.500. A administração usa 10% para descontar o fluxo de caixa, no entanto, o investimento B é a alternativa mais arriscada, assim a administração decide utilizar 16%. Baseado nessa informação, qual investimento seria a melhor alternativa?

7. Uma empresa compra um instrumento de mercado monetário de curto prazo por $ 9.791 e recebe $ 10 mil depois de 180 dias. Qual é a taxa ganha nesse investimento de curto prazo?

8. Uma empresa toma emprestados $ 9.791 e concorda em pagar $ 10 mil depois de 180 dias. Qual é a taxa de juro nesse empréstimo de curto prazo?

9. Uma empresa toma emprestados $ 9.600 por cinco anos a 9%. O empréstimo requer que a empresa pague o juro e o capital em pagamentos anuais iguais que cubram o juro e o principal. O juro é calculado sobre o saldo decrescente que é devido. Quais são os pagamentos anuais e o valor pelo qual os empréstimos são reduzidos no primeiro ano?

10. Uma empresa aluga um equipamento por cinco anos. O equipamento custa $ 5 mil, e o proprietário (chamado "locador") quer ganhar 10% no aluguel. Qual deveria ser o valor dos aluguéis?

RESPOSTAS

1. $\$60(2{,}577) + \$1.000(0{,}794) = \$948{,}62$

   Ou

   $FV = 1.000;\ PMT = 60;\ N = 3;\ I = 8\ \text{e}\ PV = ?$

   $PV = -948{,}46$

   Esse problema exemplifica a avaliação de uma obrigação (ver o Capítulo 13) no qual a empresa paga a você $\$60$ de juros a cada ano e paga os $\$1$ mil ao final de três anos.

2. $\$4(11{,}258) + \$100(0{,}99) = \$54{,}93$

   Ou

   $FV = 100;\ PMT = 4;\ N = 20;\ I = 8\ \text{e}\ PV = ?$

   $PV = -54{,}97$

   Esse problema exemplifica a avaliação de uma ação preferencial (ver o Capítulo 14) na qual a companhia pagou a você $\$4$ de dividendo cada ano e resgata o título por $\$100$ ao final de 20 anos. Observe que os problemas 1 e 2 são basicamente os mesmos. Ambos pedem que você determine o valor máximo que estaria disposto a pagar pelo ativo. A avaliação é um conceito essencial em finanças e, em cada caso, o processo é essencialmente o mesmo: qual é o valor hoje dos fluxos de caixa futuros?

3. A: $\$12.400/(1+0{,}1) = \$12.400 \times 0{,}909 = \$11.272$

   Ou

   A: $FV = 12.400;\ PMT = 0;\ N = 1;\ I = 10\ \text{e}\ PV = ?$

   $PV = -11.276$

   B: $\$15.609/(1+0{,}1)^3 = \$15.609 \times 0{,}751 = \$11.727$

   Ou

   B: $FV = 15.609;\ PMT = 0;\ N = 3;\ I = 10\ \text{e}\ PV = ?$

   $PV = -11.727$

   O valor presente do investimento B é maior e, por essa razão, B é o escolhido.

4. A: $\$10.000 = \$12.400/(1+r)$

   $IF = \$10.000/\$12.400 = 0{,}8065$

   $r = 24\%$

   Ou

   A: $FV = 12.400;\ PMT = 0;\ N = 1;\ PV = -10.000\ \text{e}\ I = ?$

   $I = 24$

   B: $\$10.000 = \$15.609/(1+r)^3$

   $IF = \$10.000/\$15.609 = 0{,}06407$

   $r = 16\%$

   Ou

   B: $FV = 15.609;\ PMT = 0;\ N = 3;\ PV = -10.000\ \text{e}\ I = ?$

   $I = 16\%$

   A porcentagem de retorno do investimento A é mais alta e, por conseguinte, A é o preferido. Você deve observar que os problemas 3 e 4 exemplificam dois métodos para selecionar investimentos e as respostas são contraditórias. O processo de escolha entre investimentos alternativos é discutido no Capítulo 22.

5. $\$12.400(1+0{,}14)^2 = \$12.400(1{,}300) = \$16.120$

    Ou

    $PV = -12.400; PMT = 0; N = 2; I = 14;$ e $FV = ?$

    $FV = 16.115$

    O problema 5 ajuda a resolver o conflito ilustrado nos problemas 3 e 4. Se você investir os $ 12.400 recebidos no ano um a 14% por dois anos, o valor final será $ 16.120, que é maior que ($ 15.609) o valor recebido ao final do terceiro ano do investimento B. Assim, o investimento A é preferido.

6. A: $\$1.000 \times 2{,}487 = \$2.487$

    Ou

    A: $FV = 0; PMT = 1.000; N = 3; I = 10$ e $PV = ?$

    $PV = -2.487$

    B: $\$1.080 = \$1.080 \times 2{,}248 = \$2.428$

    Ou

    $FV = O; PMT = 1.080; N = 3; I = 16$ e $PV = ?$

    $PV = -2.426$

    Mesmo que o investimento B pague mais, a taxa de desconto mais alta mais que compensa o resultado maior. (Ajustes de risco são discutidos no Capítulo 22.)

7. $\$9.791 = \$10.000/(1+r)^{0{,}4932}$

    $r = 4{,}38\%$

    Ou

    $FV = 10.000; PMT = 0; N = 180/365 = 0{,}4932; PV = 9.791$ e $I = ?$

    $I = 4{,}38$

8. $\$9.791 = \$10.000/(1+r)^{0{,}4932}$

    $r = 4{,}38\%$

    Ou

    $FV = 10.000; PMT = 0; N = 180/365 = 0{,}4932; PV = 9.791$ e $I = ?$

    $I = 4{,}38\%$

    Os problemas 7 e 8 ilustram investimentos e empréstimos no curto prazo, que são cobertos nos Capítulos 25 e 26. A taxa de juro paga pelo tomador é a mesma que o retorno ganho pelo investidor. (As respostas serão marginalmente diferentes se você interpretar 180 dias como um semestre [meio ano] em qual caso $N = 0{,}5$.)

9. O valor de cada pagamento:

    $PMT = \$9.600/3{,}890 = \$2.467{,}87$

    Ou

    $FV = 0; PV = 9.600; N = 5; I = 9$ e $PMT = ?$

    $PMT = 2.468{,}09$

    O pagamento é dividido entre juro ($ 864 para o primeiro ano) e principal. A redução do principal é o total do pagamento menos o juro, o qual é $ 2.467,87 − $ 864 = $ 1.603,87, usando a tabela de juro e $ 2.468,09 − $ 864 = $ 1.604,09 usando a calculadora financeira. (Esse problema ilustra o termo empréstimo discutido no Capítulo 27 e é essencialmente o mesmo que o empréstimo hipotecário ilustrado na Tabela 7.2 neste capítulo.)

10. $PMT = \$5.000/3{,}791 = \$1.319$

Ou

$PV = -5.000;\ FV = 0;\ N = 5;\ I = 10;$ e $PMT = ?$

$PMT = 1.319$

Se o proprietário receber pagamentos de $ 1.319 por cinco anos, o retorno do aluguel é 10%. (Os aluguéis são discutidos no Capítulo 27.)

RISCO E SUA MEDIDA

No livro *War as I knew it*, George Patton[1] escreveu: "Aceite riscos calculados; isso é muito diferente de ser temerário". Uma vez comprei um título que oferecia um retorno anual de 15%. Infelizmente a empresa faliu e perdi praticamente cada dólar que tinha investido. Eu sabia que este era um título de alto risco e aceitei o que considerei ser um risco calculado aceitável, mas perdi.

Uma vez que o futuro é incerto, você também tem de aceitar riscos calculados. A recompensa por aceitar esses riscos é o retorno esperado. Alguns investidores lidam com o risco na base da intuição, mas medidas de risco estão disponíveis. Mesmo que você nunca calcule essas medidas estatísticas, você precisa conhecê-las, uma vez vai encontrá-las quando estiver analisando ativos financeiros.

Este capítulo fornece uma introdução elementar à medida do risco. Enquanto o capítulo inicia com os diferentes usos da palavra *retorno*, a maior parte é dedicada à medida do risco. A primeira é a dispersão em torno do retorno ou tendência central e é chamada "desvio-padrão". A segunda medida é um índice de volatilidade do retorno de um ativo em relação a uma base, como o retorno do mercado. Essa medida é denominada coeficiente "beta".

Desvios-padrão e coeficientes beta são difíceis de se evitar, se você faz administração financeira ou análise de investimento. Por exemplo, os coeficientes beta podem ser utilizados para ajudar a determinar o retorno requerido necessário para justificar a compra de uma ação. Ambas as medidas são usadas para avaliar o desempenho de administradores de carteiras. Enquanto o capítulo esclarece como os desvios-padrão e os coeficientes beta são calculados, você pode nunca ter de calculá-los. (Se precisar, uma planilha eletrônica, como o Excel, executa a mecânica de forma praticamente instantânea.) O que você precisa saber é como usar e interpretar essas medidas de risco. Por isso, a ênfase deste texto é na utilização e não na mecânica de seus cálculos.

---

[1] George Smith Patton Jr. (San Gabriel, Califórnia, 11 nov. 1885 – Heidelberg, Alemanha, 21 dez. 1945), general norte-americano, lutou na Segunda Guerra Mundial, na Europa. Seu diário "A guerra que eu vi" foi escrito nesse período. Compilado por sua esposa Beatriz Ayer Patton, foi publicado em 1974. Disponível em: http://pt.wikipedia.org/wiki/George S_Patton. Acesso em: 20 jan. 2008. (NT)

O RETORNO DE UM INVESTIMENTO

Retorno
O que é ganho em um investimento: o total do rendimento e dos ganhos de capital gerados por um investimento.

Todos os investimentos são feitos na expectativa de um **retorno**. Isso se aplica a pessoas e também aos administradores financeiros de empresas. Um investimento pode oferecer um retorno de qualquer uma de duas fontes. A primeira é o fluxo do rendimento. Uma conta de poupança produz um fluxo de rendimento de juros. A segunda fonte de retorno é a valorização do capital. Se você compra ações e seus preços aumentam, você tem um ganho de capital. Todos os investimentos oferecem rendimentos potenciais e/ou valorização de capital. Alguns investimentos, como as contas de poupança, oferecem apenas rendimento. Outros investimentos, como investimento em imóveis, podem oferecer apenas valorização de capital. De fato, alguns investimentos podem exigir despesas (por exemplo, imposto sobre a propriedade) por parte do investidor.

Investidores e administradores financeiros fazem investimentos porque antecipam um retorno. É importante diferenciar *o retorno esperado* e *o retorno realizado*. O retorno esperado é o incentivo para aceitar o risco, e tem de ser comparado com o **retorno requerido**, que é o retorno necessário para induzi-lo a aceitar o risco. O retorno requerido inclui (1) o que você pode ganhar em investimentos alternativos, como os investimentos livres de risco disponíveis em notas do Tesouro (Treasury bills), e (2) um prêmio por aceitar o risco que inclui compensação para a taxa de inflação esperada e para as flutuações nos preços dos títulos. As especificações desse retorno requerido, porém, exige uma medida de risco. Assim, a discussão do retorno requerido será adiada até a discussão das medidas de risco.

Retorno requerido
Retorno necessário para induzir uma pessoa a fazer um investimento.

O retorno esperado depende dos resultados esperados pelo indivíduo e da probabilidade de sua ocorrência. Por exemplo. Um investidor pode dizer: "Em condições econômicas normais, o que ocorre em 60% do tempo, espero ganhar um retorno de 10% investindo nessa ação. No entanto, existe uma possibilidade de 20% de que a economia cresça mais rapidamente e a companhia tenha bons resultados e, nesse caso, eu ganharei 15%. Inversamente, existe uma possibilidade de 20% de que a economia entre em recessão e a empresa não vá bem e, nesse caso, ganharei apenas 5%". Tendo em vista os resultados possíveis e suas probabilidades, qual é o retorno que o investidor pode esperar?

A resposta a essa pergunta depende dos resultados e da probabilidade de ocorrerem (em outras palavras, a probabilidade de a economia crescer mais rapidamente, crescer a uma taxa normal, ou entrar em uma recessão). Assim, se o investidor acredita que essas probabilidades sejam de 20%, 60% e 20%, respectivamente, o retorno esperado do investimento é:

$$0,2 \times 15\% + 0,6 \times 10\% + 0,2 \times 5\% = 10\%.$$

Observe que o retorno esperado é a média ponderada dos resultados individuais esperados e da probabilidade de ocorrência. Se os resultados individuais esperados fossem diferentes, o retorno esperado iria diferir. Por exemplo, se o investidor tivesse esperado que os retornos fossem 19%, 9% e 2%, o retorno esperado seria:

$$0,2 \times 19\% + 0,6 \times 9\% + 0,2 \times 2\% = 9,6\%.$$

Se as probabilidades tivessem sido diferentes, o retorno esperado também também o seria. Se, no primeiro exemplo, as probabilidades fossem 15%, 50% e 35%, o retorno esperado seria:

$$0,15 \times 15\% + 0,5 \times 10\% + 0,35 \times 5\% = 9\%.$$

Assim, uma mudança tanto nos retornos esperados dos resultados individuais quanto em sua probabilidade de ocorrência causa uma mudança no retorno esperado do investimento.

AS FONTES DE RISCO

Risco
Possibilidade de perda; a incerteza de que o retorno esperado não seja obtido.

Risco é a incerteza de que o retorno realizado não seja igual ao retorno esperado (ou seja, o retorno esperado não poderá ser alcançado). Se não houvesse incerteza, não haveria risco. No mundo real existe incerteza, o que exige que o administrador financeiro ou investidor analise resultados possíveis e estime o risco do investimento. Naturalmente, o resultado realizado pode ser melhor que o esperado, mas a ênfase na análise de risco está na negativa: o resultado será pior do que esperado.

Tendo em vista que as decisões financeiras são tomadas no presente, mas os resultados ocorrem no futuro, o risco permeia todas as tomadas de decisões financeiras. O futuro não é certo; ele é apenas esperado. No entanto, as fontes de risco podem ser identificadas. Estas são freqüentemente classificadas como riscos "diversificáveis" e riscos "não diversificáveis" ou risco "não sistemático" e "risco sistemático". (Ambas as expressões são usadas para diferenciar as fontes de risco.) Um **risco diversificável** (ou **risco não sistemático**) refere-se ao risco associado ao ativo específico. Uma vez que o investidor compra ativos específicos, como ações da IBM ou títulos da Verizon, esse investidor tem de arcar com o risco associado a cada investimento específico.

Risco diversificável (risco não sistemático)
Risco associado a eventos individuais que afetam um ativo em particular; risco específico de uma empresa que é reduzido por meio da construção de carteiras diversificadas.

As fontes de riscos diversificáveis são os riscos de negócios e financeiros associados à empresa específica. **Risco de negócio** refere-se à natureza das operações da empresa e o **risco financeiro** corresponde à forma que a empresa financia seus ativos (ou seja, se a empresa usa um valor substancial ou modesto no financiamento por dívidas). Por exemplo, o risco de negócio da Continental Airlines depende de fatores como o custo do combustível, a capacidade dos aviões e mudanças na demanda. O risco financeiro associado a Continental Airlines depende de como ela financia seus aviões. Os ativos foram adquiridos por *leasing*, lucros suspensos ou pela emissão de títulos, ações preferenciais ou ações ordinárias? O uso de obrigações de dívidas e de obrigações de *leasing* aumentam o risco financeiro, enquanto o uso de financiamento utilizando o patrimônio líquido reduz o risco financeiro.

Risco de Negócio
Risco associado à natureza do negócio.

Risco financeiro
Risco associado ao tipo de financiamento utilizado para adquirir ativos.

Apesar de os riscos de negócio e financeiro serem diferentes (um está ligado à natureza das operações da empresa e outro, à forma que a administração escolhe para financiar suas operações), a administração usa alavancagem financeira para influenciar a exposição total da empresa ao risco. Como explicado no Capítulo 21, no custo de capital a administração pode reduzir os custos dos fundos de financiamento da empresa pela utilização da alavancagem financeira. Porém, o uso crescente de alavancagem financeira aumenta o risco e o custo dos fundos. O problema enfrentado pela administração é determinar qual combinação de financiamento por dívidas e patrimônio minimiza o custo dos fundos. Essa combinação é a estrutura ótima de capital e usa o financiamento por dívidas sem aumentar excessivamente o risco financeiro da empresa.

Riscos financeiros e de negócios são riscos *específicos da empresa* e são a fonte do risco não sistemático, diversificável. Como ilustrado mais tarde neste capítulo, a construção de uma carteira diversificada reduz o risco diversificável. Essa redução ocorre porque os eventos que reduzem o retorno de um ativo podem aumentar o retorno de outro. Observe que há pouco relacionamento entre os retornos nos ativos individuais; daí o nome "risco não sistemático".

O efeito benéfico possível de combinar ativos diferentes em uma carteira pode ser intuitivamente entendido considerando-se a compra de ações de uma linha aérea e de uma empresa perfuradora de petróleo (por exemplo, Continental Airlines e Schlumberger). Preços altos de petróleo podem reduzir os ganhos da empresa aérea, mas aumentam o lucro da operadora de perfuração. Preços mais baixos de petróleo têm o impacto inverso; assim, combinar ações dessas duas empresas reduzirá o risco associado à carteira. Naturalmente, o risco associado a cada ativo individualmente mantém-se o mesmo, contudo, na sua perspectiva, o risco associado à carteira é o que interessa e não o risco associado a cada ativo individualmente.

Apesar de o exemplo anterior ser aplicável a uma carteira individual, o mesmo conceito aplica-se a uma empresa. Os administradores financeiros também arcam com o risco associado a um ativo específico. Uma empresa investe em peças de estoque específicas, adquire fábricas e equipamentos especializados e concede crédito a compradores específicos (ou seja, contas a receber). O estoque poderá não ser vendido, os equipamentos poderão tornar-se obsoletos e os devedores não pagarem. O administrador financeiro assim arca com o risco não sistemático associado a cada ativo adquirido pela empresa da mesma forma que o indivíduo arca com o risco não sistemático associado, como as ações e obrigações individuais.

Como as empresas enfrentam o risco não sistemático, as vantagens associadas com diversificação podem também aplicar-se. Por exemplo, a Chesapeake Corporation afirmou em um relatório trimestral aos acionistas que "nossa estratégica corporativa de conduzir a empresa a nichos de mercado mais lucrativos e menos voláteis será benéfica". Tal estratégica reduz o risco não sistemático associado aos "nichos" de mercado individuais. Muitas fusões foram justificadas (talvez racionalizadas) com o raciocínio que combinando duas empresas com linhas de produto similares, mas diferentes, criaria uma empresa mais forte com uma variedade de produtos e serviços melhor e mais diversificada para a venda.

Mesmo que uma empresa possa buscar um *mix* de produtos mais amplo, a diversificação mantém-se basicamente uma responsabilidade dos investidores. As empresas não podem alcançar um *mix* tão diversificado de ativos quanto é possível em uma carteira individual, que pode incluir imóveis, contas de poupança, recebíveis e participações em fundos mútuos, bem como ações e obrigações emitidos por uma variedade de empresas e governos.

O **risco não diversificável** (ou **sistemático**) refere-se àquelas fontes que não são redutíveis pela construção de uma carteira diversificada. Estas incluem flutuações em preços de títulos, mudanças em taxas de juros, taxas de reinvestimento, inflação, e flutuação em taxas de câmbio. Mesmo que a diversificação não afete as fontes de risco, eles podem ser gerenciados pelo uso de derivativos tais como opções e contratos futuros. Veja a discussão nos Capítulos 28 e 29.

Risco não diversificável (Risco sistemático)
Risco associado às flutuações de preços de títulos e outros fatores específicos não ligados a empresas: risco de mercado que não é reduzido pela construção de carteiras diversificadas.

Risco do mercado é o risco associado aos movimentos em preços de títulos, principalmente preços de ações. Se você compra uma ação e o mercado como um total declina, o preço da ação específica provavelmente cairá. Ao contrário, se o mercado aumenta, o preço da ação provavelmente tenderá a aumentar.

Risco de mercado
Risco associado às flutuações nos preços dos títulos.

Risco da taxa de juro é o risco associado às flutuações nas taxas de juros. Suponha que um administrador financeiro tome fundos sob certas condições e, em seguida, as taxas de juros caem. Se o administrador financeiro tivesse esperado, o custo dos fundos emprestados teria sido mais baixo. Movimentos nas taxas de juros também afetam os preços dos títulos, principalmente os preços de títulos de renda fixa e ações preferenciais. Como explicado no Capítulo 13, existe uma relação inversa entre mudanças nas taxas de juros e preços dos títulos. Assim, um aumento nas taxas de juros levará para baixo os preços dos títulos e imporá perda aos investidores de títulos de renda fixa.

Risco de taxa de juro
Risco associado às mudanças nas taxas de juros.

Risco de taxa de reinvestimento refere-se ao risco associado ao reinvestimento de fundos gerados por um investimento. Se você recebe juros ou dividendos, esses fundos podem ser gastos em bens e serviços. Por exemplo, indivíduos que vivem de uma pensão consomem uma porção substancial e talvez

Risco de taxa de reinvestimento
Risco associado ao reinvestimento dos ganhos sobre o principal a uma taxa mais baixa do que a que foi ganha inicialmente.

todo o rendimento gerado por seus ativos. Outros investidores, no entanto, reinvestem os ganhos para acumularem riqueza.

Suponha que você queira acumular um valor de dinheiro e comprar um título de $ 1 mil que pague $ 100 por ano e vence após dez anos. O retorno anual esperado baseado no juro anual e o valor investido são 10% ($ 100/$ 1 mil). Você quer reinvestir o juro anual, e a questão torna-se qual taxa será obtida nesses fundos reinvestidos: o retorno será maior ou menor que os 10% ganhos inicialmente? A essência do risco da taxa de reinvestimento é essa: você vai ganhar mais ou menos nos fundos reinvestidos?

Risco de poder de compra é o risco associado com a inflação. Um investidor conservador pode depositar fundos em uma conta de poupança que paga uma taxa de juros modesta. Se a taxa de inflação exceder a taxa de juros, o investidor terá perdas.

> **Risco do poder de compra**
> Incerteza de que a inflação futura vai corroer o poder de compra de ativos e o retorno.

A taxa de inflação tem variado perceptivelmente. Durante o início da década de 1980, a taxa de inflação subiu para mais de 10%, e o risco do poder de compra tornou-se uma grande preocupação dos administradores financeiros e investidores. Essas pessoas foram forçadas a tomar medidas projetadas a reduzir o impacto da inflação. Títulos com taxa de juros variável e hipotecas com taxas variáveis são exemplo de dois instrumentos de dívida que foram desenvolvidos em resposta ao risco associado à perda do poder de compra. Posteriormente, a taxa de inflação diminuiu e o impacto do risco de poder de compra diminuiu. No entanto, a inflação não desapareceu. O risco ainda existe e tem de ser considerado quando se tomam decisões financeiras.

Apesar de a taxa de inflação ter diminuído, outra fonte de risco tornou-se mais proeminente: flutuações no valor do dólar em relação a outras moedas. O **risco de taxa de câmbio** é o risco associado às flutuações nos preços das moedas estrangeiras. Muitas empresas fazem e recebem pagamentos em países estrangeiros, e os norte-americanos viajam para o exterior e fazem pagamentos em moedas estrangeiras. Além disso, muitas pessoas e administradores financeiros fazem investimentos no exterior. Qualquer investimento estrangeiro sujeita o investidor a riscos de mudanças de valor da moeda estrangeira. O valor em dólar de uma moeda estrangeira pode aumentar; dessa forma, aumenta o retorno quando os fundos são convertidos de volta para dólares. O valor da moeda estrangeira pode também diminuir, o que reduz o retorno do investimento quando convertido de volta a dólares.

> **Risco de taxa de câmbio**
> Risco de perda por mudanças no valor da moeda estrangeira.

Essas várias fontes de risco aparecem repetidamente ao longo deste texto, já que o risco é parte integrante da tomada de decisão. Nem o administrador financeiro nem o investidor podem parar as flutuações nos preços das ações ou taxas de juros. Nem podem parar a inflação ou as flutuações na taxa de câmbio. Eles procurarão, no entanto, ganhar um retorno que os compense por arcar com riscos não diversificáveis.

O DESVIO-PADRÃO COMO UMA MEDIDA DE RISCO

> **Desvio-padrão**
> Medida de dispersão em torno de um valor médio; uma medida de risco.
>
> **Coeficiente beta**
> Índice de risco sistemático; medida da volatilidade do retorno de uma ação em relação ao retorno do mercado.

Como foi dito anteriormente, o risco tem a ver com a incerteza de que o retorno realizado não seja igual ao retorno esperado. Uma medida de risco, o **desvio-padrão**, enfatiza a extensão na qual o retorno difere da média ou do retorno esperado. Uma medida alternativa de risco, o **coeficiente beta**, é um índice do retorno de um ativo relativo ao retorno de uma carteira de ativos (por exemplo, o retorno de uma ação em relação ao índice das 500 ações Standard & Poor – *Standard & Poor's 500 stock index*). Esta seção considera o desvio-padrão como é usado para medir o risco, enquanto os coeficientes beta serão explicados adiante no capítulo.

O desvio-padrão mede a dispersão em torno de um valor médio. Aplicado aos investimentos, considera um retorno médio e a extensão em que os retornos individuais desviam da média. Se existe pouca diferença entre o retorno médio e os retornos individuais, a dispersão será pequena. Se existe uma grande diferença entre o retorno médio e os retornos individuais, a dispersão será grande. Quanto maior a dispersão, maior o risco associado ao investimento.

Essa medida é talvez mais bem ilustrada por um exemplo simples. Considere os retornos em duas ações durante um período de nove anos:

Ano	Retorno Ação A	Retorno Ação B
1	13,5%	11,0%
2	14,0	11,5
3	14,25	12,0
4	14,5	12,5
5	15,0	15,0
6	15,5	17,5
7	15,75	18,0
8	16,0	18,5
9	16,5	19,0
Retorno médio	15,0%	15,0%

O retorno médio durante os nove anos é o mesmo para ambas as ações, 15%, mas os retornos anuais diferem. Os retornos individuais da ação A foram próximos do retorno médio. O pior ano gerou um retorno de 13,5%, enquanto o melhor ano produziu um retorno de 16,5%. Nenhum dos retornos individuais desviou da média por mais de 1,5%. Os retornos individuais da ação B diferem do retorno médio, variando de um mínimo de 11% a um máximo de 19%. Com exceção do ano 5, todos os retornos desviam da média por mais de 1,5%.

Mesmo que ambas as ações tenham alcançado o mesmo retorno médio, o bom senso sugere que B é mais arriscada que A. Os retornos individuais estão mais dispersos em torno do retorno médio e isso resulta em risco maior. A dispersão maior significa que houve períodos a retornos menores (ou perdas maiores, se aplicável) do investimento. Naturalmente, houve períodos quando os retornos foram maiores, o que poderia ser esperado se o risco fosse maior, mas, mesmo assim, o retorno médio de B apenas igualou a média de retorno de A.

Como pode ser medida essa dispersão? Uma resposta possível é o desvio-padrão. Uma vez que o desvio-padrão mede a tendência dos retornos individuais de se agruparem em torno do retorno médio, ele pode ser usado como uma medida de risco. Quanto maior a dispersão, maior será o desvio-padrão e maior o risco associado ao investimento em particular.

O desvio-padrão é facilmente calculado utilizando-se um programa de computador. O processo manual pode ser ilustrado usando-se o exemplo anterior para a ação A. O desvio-padrão para os retornos de A é calculado como a seguir:

1. Subtraia o retorno médio das observações individuais.
2. Eleve as diferenças ao quadrado.
3. Some os quadrados das diferenças.
4. Divida essa soma pelo número de observações menos 1.
5. Calcule a raiz quadrada.

Para a ação A, o desvio-padrão é calculado como a seguir:

Retorno individual	Retorno médio	Diferença	Diferença ao quadrado
13,50%	15%	−1,5	2,2500
14	15	−1	1,0000
14,25	15	−0,75	0,5625
14,50	15	−0,5	0,25
15	15	0	0
15,50	15	0,5	0,25
15,75	15	0,75	0,5625
16	15	1	1,000
16,50	15	1,5	2,2500
		A soma das diferenças ao quadrado:	8,1250

A soma das diferenças ao quadrado dividida pelo número de observações menos 1:

$$\frac{8,1250}{9-1} = 1,0156.$$

A raiz quadrada: $\sqrt{1,0156} = 1,01$.

Assim, o desvio-padrão é: 1,01.

O investidor deve interpretar esse resultado. Mais e menos um desvio-padrão já foi mostrado para distribuições normais como incluindo aproximadamente 68% de todas as observações (nesse caso, 68% dos retornos). O desvio-padrão da ação A é 1,01, o que significa que aproximadamente dois terços dos retornos localizam-se entre 13,99% e 16,01%.[2] Esses retornos são simplesmente o retorno médio (15%) mais 1,01 e menos 1,01% (ou seja, mais ou menos o desvio-padrão).

Para a ação B o desvio-padrão é 3,30, o que significa que aproximadamente 68% dos retornos localizam-se entre 11,7% e 18,3%. Os retornos de B têm uma dispersão mais ampla em relação ao retorno médio, e esse fato é indicado por um desvio-padrão maior.

Essas diferenças no desvio-padrão são ilustradas na Figura 8.1, que marca os vários retornos no eixo horizontal e a freqüência de suas ocorrências no eixo vertical. Enquanto o exemplo usou apenas nove anos, a Figura 8.1 é desenhada como se houvesse um número maior de observações. A maior parte dos retornos de A está próxima do retorno médio, assim a distribuição de freqüência é mais estreita e alta. A distribuição de freqüência para os retornos de B é mais baixa e mais ampla, o que indica uma dispersão maior nos retornos das ações (ou seja, o desvio-padrão para a ação B é 3,30 contra 1,01 para A).

No exemplo anterior, foram usados retornos históricos para ilustrar o desvio-padrão como uma medida de risco. O mesmo conceito pode ser usado para medir o risco associado a retornos esperados. Considere a ação A: um investidor acredita que existem 20% de chance de um retorno de 15%, 60% de chance de um retorno de 10%, e 20% de chance de um retorno de 5%. O retorno médio esperado é de 10%. Porém, existe uma dispersão em torno desse retorno esperado, e mais uma vez essa dispersão pode ser medida pelo desvio-padrão. Nesse caso, o desvio-padrão é 3,162, o qual é calculado como a seguir:

---

[2] A raiz quadrada é um número positivo (+) ou negativo (−). A raiz quadrada de 9 é +3 e −3 porque (3)(3) = 9 e (−3)(−3) = 9. No entanto, no cálculo do desvio-padrão apenas números positivos são usados, isto é, a soma dos quadrados das diferenças, assim a raiz quadrada tem de ser um número positivo.

Capítulo 8. Risco e sua Medida

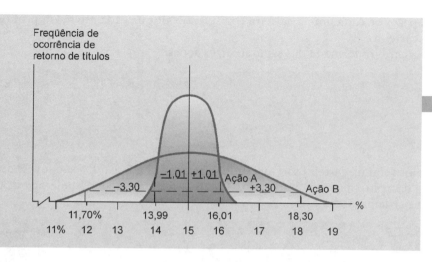

FIGURA 8.1

Distribuição dos retornos de duas ações.

(1) Retorno individual esperado	(2) Retorno médio esperado	(3) Diferença (1) – (2)	(4) Diferença ao quadrado	(5) Probabilidade de ocorrência	(6) Diferença vezes a probabilidade (4) × (5)
15	10	5	25	0,2	5,0
10	10	0	0	0,6	0,0
5	10	−5	25	0,2	5,0
Soma das diferenças ao quadrado ponderadas:					10,0
Raiz quadrada de 10 (o desvio-padrão):			3,162		

Se os retornos esperados ou as probabilidades de ocorrência fossem diferentes, o desvio-padrão seria diferente. Por exemplo, se os retornos esperados para a ação B fossem 20%, 10% e 0% e as probabilidades fossem as mesmas, o retorno esperado seria 10% (0,2(20%) + 0,1(60%) + 0,0(20%) = 10%). O desvio-padrão ao redor do retorno esperado da ação B é 6,325. Uma vez que 6,325 é maior que 3,162, isso indica uma dispersão maior no retorno esperado da ação B.

A dispersão maior em torno do retorno esperado significa que o investimento é mais arriscado, pois você tem uma certeza menor do retorno. Quanto maior a dispersão, maior é a probabilidade de ganho menor (ou perda maior). Da mesma forma, há uma grande possibilidade de um retorno maior. No entanto, esse potencial para ganho maior significa que você está arcando um risco adicional. A ação A envolve menos risco; ela tem a dispersão menor. Como os retornos esperados em ambos os investimentos são os mesmos, obviamente a ação A deve ser preferida porque tem menos risco.

Apesar de a discussão anterior estar limitada ao retorno de um título isolado e à dispersão em torno daquele retorno, os conceitos podem ser aplicados a uma carteira inteira, como uma carteira de fundo mútuo. (Por exemplo, o Morningstar[3] fornece o desvio-padrão de retornos de fundos mútuos em seu banco de dados.) Uma carteira também tem um retorno médio e a dispersão ao redor desse retorno. Enquanto você está preocupado com o retorno e o risco associado a cada investimento, o retorno e o risco associado como a carteira como um todo são mais importantes. Esse agregado é, naturalmente, o resultado dos investimentos

---

[3] Morningstar – site de informações financeiras, econômicas e de mercado. Disponível em: http://www.morningstar.com. Acesso em: 25 jan. 2008. (NT)

individuais e dos pesos de cada um na carteira (ou seja, o valor de cada ativo, em proporção ao valor total da carteira).

Considere uma carteira formada das seguintes três ações:

Ação	Retorno
1	8,3%
2	10,6
3	12,3

Se 25% do valor total da carteira são investidos nas ações 1 e 2, e 50% são investidos na ação 3, o retorno da ação 3 tem um peso maior. O retorno é uma média ponderada de cada retorno vezes sua participação na carteira.

Retorno	×	Peso (valor da ação em proporção da porcentagem do do valor total da carteira)	=	Média ponderada
8,3%	×	0,25	=	2,075%
10,6	×	0,25	=	2,650
12,3	×	0,50	=	6,150

O retorno é a soma dessas médias ponderadas.

2,075%
2,650
6,150
10,875%

O exemplo anterior é generalizado na Equação 8.1, que mostra que o retorno de uma carteira r_p é uma média ponderada dos retornos dos ativos individuais [$(r_1) \ldots (r_n)$], cada um ponderado por sua proporção na carteira ($w_1 \ldots w_n$):

$$r_p = w_1(r_1) + w_2(r_2) + \ldots + w_n(r_n). \qquad 8.1$$

Assim, se uma carteira tem 20 títulos, cada um desempenha um papel na determinação do retorno da carteira. A extensão desse papel depende do peso que cada ativo possui na carteira. Obviamente, alguns títulos que compõem a maior parte da carteira têm impacto maior no retorno da carteira.[4]

Infelizmente, uma medida agregada do risco da carteira (ou o desvio-padrão da carteira) é mais difícil de construir do que a média ponderada dos retornos. Isso acontece porque os preços dos títulos não são independentes uns dos outros. No entanto, apesar de os preços dos títulos se movimentarem juntos, pode haver uma diferença no movimento desses preços. Por exemplo, preços de ações de empresas de construção civil podem ser mais sensíveis à recessão que os preços das ações de empresas de serviço público, cujos preços podem declinar apenas moderadamente. Essas relações entre os ativos na carteira têm de ser consideradas na construção de uma medida do risco associado a toda a carteira. Em textos mais avançados, essas relações internas entre ações são chamadas covariância.

---

[4] A mesma equação geral pode ser aplicada ao retorno esperado, nesse caso, o retorno esperado em uma carteira, $E(r_p)$, é a média ponderada do retornos esperados dos ativos individuais [$E(r_1) \ldots E(r_n)$], cada ponderado por sua proporção na carteira ($w_1 \ldots w$):

$$E(r_p) = w_1 E(r_1) + w_2 E(r_2) + \ldots + w_n E(r_n).$$

REDUÇÃO DO RISCO POR MEIO DA DIVERSIFICAÇÃO – UMA ILUSTRAÇÃO

O desenvolvimento de uma medida de covariância e o cálculo do desvio-padrão da carteira vão além do escopo deste texto. O conceito, contudo, pode ser ilustrado considerando-se os retornos ganhos em duas ações específicas, Public Service Enterprise Group e Mobil Corporation. A Public Service Entreprise Group é uma empresa de gás e eletricidade cujo preço das ações caiu com as altas taxas de juros e inflação. Antes de sua fusão com a Exxon, a Mobil era uma empresa de recursos cujos preços das ações subiram durante a inflação em resposta aos preços mais altos do petróleo, mas caíram durante os anos de 1980 à medida que os preços do petróleo enfraqueceram e a inflação retrocedeu. Assim, o que foi positivo para uma empresa foi negativo para a outra.

Os retornos anuais (dividendos mais mudança de preço) nos investimentos dessas duas ações são apresentados na Figura 8.2. Como pode ser visto no gráfico, houve períodos quando os retornos dessas duas ações movimentaram-se em direções opostas. Por exemplo, durante 1978, um investimento no Public Service Enterprise Group gerou perda, enquanto um investimento na Mobil produziu lucros. O oposto ocorreu durante 1981 quando o preço das ações do Public Service Enterprise Group subiu. De 1980 a 1985, o preço da ação da Public Service Enterprise Group dobrou, mas o preço da ação da Mobil declinou.

A Figura 8.3 apresenta um diagrama de dispersão dos retornos dessas duas ações. O eixo horizontal apresenta o retorno anual do Public Service Enterprise Group, enquanto o eixo vertical apresenta o retorno anual da Mobil Corporation. Como pode ser visto no gráfico, os pontos individuais localizam-se em todo o plano representando os retornos. Por exemplo, o ponto A representa um retorno positivo da Mobil, porém um retorno negativo do Public Service Enterprise Group, e o ponto B representa um retorno positivo no Public Service Enterprise Group, mas um retorno negativo da Mobil.

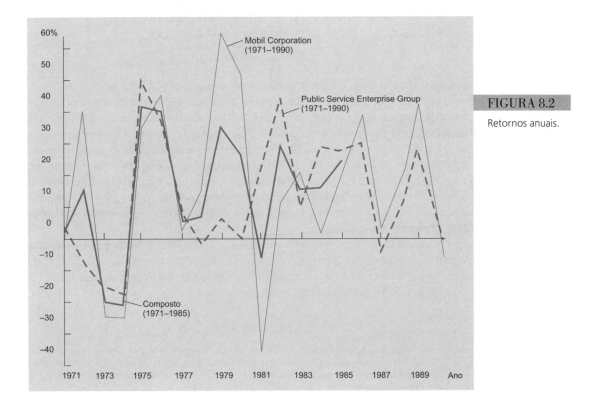

FIGURA 8.2

Retornos anuais.

FIGURA 8.3

Diagrama de dispersão de retornos.

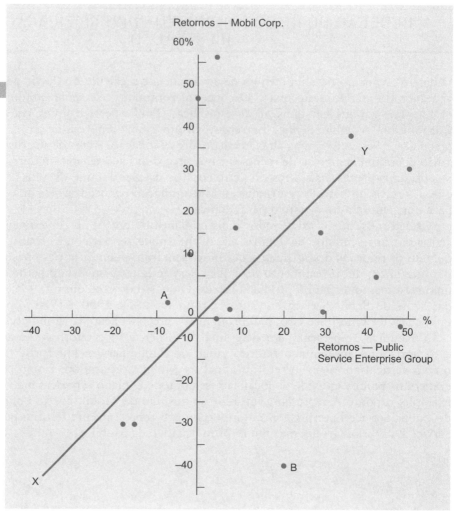

Combinando esses títulos em uma carteira, reduziu-se a exposição do investidor ao risco. A linha que representa o retorno composto passa entre as linhas representando os retornos individuais dos títulos. Durante todo o período, os retornos médios anuais da Mobil e do Public Service Enterprise Group eram de 15,7% e 14,7%, respectivamente. O retorno médio anual do composto foi de 15,2%. A redução de risco (a redução da dispersão dos retornos) pode ser vista comparando-se os desvios-padrão dos retornos. Para as ações separadamente, os desvios-padrão foram 27,8% e 21,5%, respectivamente, para a Mobil e o Public Service Enterprise Group. No entanto o desvio-padrão para o retorno composto foi 19,4%, assim a dispersão dos retornos associados à carteira é menor que a dispersão dos retornos de qualquer uma das ações separadamente.

Por que há menos dispersão na carteira que em cada ação individualmente? A resposta é que os retornos não são altamente correlacionados. A correlação pode ser medida por um conceito estatístico: o "coeficiente de correlação". O valor numérico do coeficiente de correlação varia de $+1$ a $-1,0$[5]. Se duas variáveis movem-se exatamente juntas (ou seja,

---

[5] O cálculo do coeficiente de correlação é explicado nos livros de estatística. Ver, por exemplo, David R. Anderson, Dennis J. Sweeney, e Thomas A., Williams, Statistics for Business and Economics, 9 ed. (Mason, Ohio: Thomsom South-Western, 2005). Para a finalidade desta discussão, tudo o que é necessário é que os valores baixos (i.e., 0,2 a -0,2) indicam, na melhor das hipóteses, uma relação fraca entre as duas variáveis.

existe uma correlação positiva entre as duas variáveis), o valor numérico do coeficiente de correlação é 1,0. Se as duas variáveis movem-se exatamente (em direções) opostas uma da outra, o coeficiente de correlação é igual a −1,0. Todos os demais valores possíveis encontram-se entre esses dois extremos. Valores numéricos baixos, como −0,12 ou +0,19 indicam pequena relação entre as duas variáveis.

O coeficiente de correlação dos retornos das ações da Mobil e do Public Services Entrerprise Group é 0,148, dessa forma, existe uma pequena relação entre os retornos das duas ações. Essa falta de correlação é visível na Figura 8.3. Se existisse alta correlação positiva entre os dois retornos, os pontos estariam próximos à linha XY. Ao contrário, os pontos estão espalhados em toda a figura. Assim, existe uma correlação pequena entre os dois retornos, e é por isso que, combinando os dois títulos, reduz-se a exposição ao risco individual.

Combinando a Mobil e o Public Service Enterprise Group, reduziu-se o risco porque diminuiu a dispersão da carteira, e essa dispersão baixa foi o resultado da baixa correlação entre os dois retornos. No entanto, duas observações adicionais devem ser feitas. Primeiro, simplesmente porque a diversificação foi alcançada no passado não significa que será alcançada no futuro. Se os retornos tornarem-se positivamente correlacionados, combinar as duas ações não alcançará a diversificação. Essa correlação positiva parece ter ocorrido desde 1985, pois os retornos parecem se mover juntos durante esse período. (O retorno composto foi omitido de 1985 a 1990 para ilustrar melhor o movimento próximo entre os retornos das duas ações.) Isso sugere que, investindo na Mobil e no Public Service Enterprise Group no período de 1985 a 1990, haveria um impacto pequeno na diversificação. Segundo, a extensão na qual a diversificação reduz o risco afeta apenas o risco associado a ativos específicos. Outras fontes de risco permanecem. A diversificação não reduz o risco associado a flutuações de preços dos títulos, inflação, mudanças nas taxas de juros, a taxa de reinvestimento ou flutuações nas taxas de câmbio.

Realmente, *uma carteira diversificada reduz o risco não sistemático*. O risco associado a cada investimento separadamente é reduzido pela acumulação de uma carteira diversificada de ativos. Mesmo que uma companhia fracasse (ou vá extremamente bem), o impacto na carteira como um todo é reduzido pela diversificação. No entanto, distribuir os investimentos entre ramos diferentes *não elimina as outras fontes de risco*. Por exemplo, o valor de um grupo de títulos tenderá a seguir os valores do mercado em geral. O movimento de preços dos títulos será refletido pelas carteiras diversificadas; dessa forma, o investidor não pode eliminar essa fonte de risco sistemático.

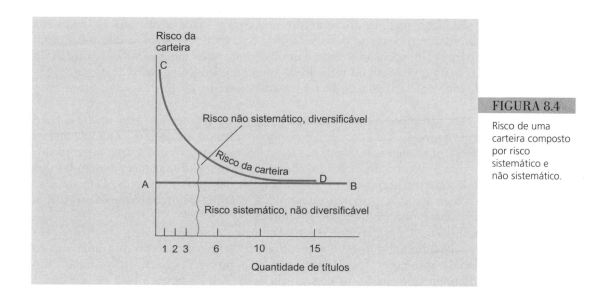

FIGURA 8.4

Risco de uma carteira composto por risco sistemático e não sistemático.

Esta redução no risco não sistemático está ilustrada na Figura 8.4. O eixo vertical mede unidades de risco, e o eixo horizontal mostra o número de títulos. Uma vez que o risco de mercado é independente do número de títulos na carteira, esse elemento de risco é ilustrado por uma linha, AB, que corre em paralelo ao eixo horizontal. Independentemente da quantidade de títulos que um indivíduo possui, o valor do risco de mercado mantém-se o mesmo.

O **risco da carteira** (ou a soma dos riscos sistemático e não sistemático) é indicado pela linha CD. A diferença entre a linha AB e a linha CD é o risco não sistemático associado aos títulos específicos na carteira. O valor do risco não sistemático depende da quantidade de títulos mantidos. À medida que esse número cresce, o risco não sistemático diminui; essa redução no risco é mostrada na Figura 8.4, na qual a linha CD aproxima-se da linha AB. Para carteiras formadas por dez ou mais títulos, o risco envolvido é basicamente sistemático.

> **Risco da carteira**
> Risco total associado a possuir uma carteira; soma dos riscos sistemático e não sistemático.

Tais carteiras diversificadas, naturalmente, não consistem em dez ações de empresas de serviço público, mas de um *cross section* (corte tranversal) das empresas norte-americanas. Investindo US$ 20 mil em dez ações (US$ 2 mil para cada), pode-se alcançar uma carteira razoavelmente bem diversificada. Apesar de tal carteira ter um custo de comissões mais alto que duas compras de US$ 10 mil, o pequeno investidor alcança um mistura diversificada de títulos, a qual deveria reduzir o risco de perda associada ao investimento em um título específico. Infelizmente, o investidor tem de arcar com o risco associado a investir.

COEFICIENTES BETA

O cálculo de um desvio-padrão de uma carteira de qualquer tamanho é impraticável para ao investidor individual, porque exige a correlação entre os retornos individuais das ações. Para uma carteira de três ações (A, B e C), você precisa conhecer a correlação entre as ações A e B, A e C, e B e C. Se a carteira tem quatro ações (A, B, C e D), então você necessita da correlação entre A e B, A e C, A e D, B e C, B e D, e C e D. Considere o número de correlações que seriam necessárias para uma carteira de 20 ações!

Felizmente, existe uma alternativa. As discussões anteriores de diversificação sugeriram que, se uma carteira é suficientemente diversificada, o risco não sistemático é praticamente apagado. O risco restante é o resultado do risco não diversificável, sistemático. Existe uma medida de risco sistemático que possa ser usada em lugar do desvio-padrão para indicar o risco associado a um ativo ou uma carteira bem diversificada?

A resposta é sim. Essa medida do risco sistemático associada a um ativo é chamada *coeficiente beta*. Enquanto o conceito pode ser aplicado a qualquer ativo, a discussão usual utiliza ações ordinárias. Um coeficiente beta é um índice de risco que quantifica a reação do retorno de uma ação às mudanças no retorno do mercado. Uma vez que o coeficiente beta mede o retorno de uma ação em relação ao retorno do mercado, ele mede o risco sistemático associado à ação.

O coeficiente beta tornou-se muito usado pelos analistas financeiros para medir o risco associado com ações específicas. O conceito é também aplicado a carteiras, uma vez que os (coeficientes) betas são calculados também para fundos mútuos, em que são comparados o retorno do fundo com o retorno do mercado. (Betas de carteiras são médias ponderadas dos betas individuais da carteira.) Enquanto o uso dos betas permeia as finanças, é importante observar que esses coeficientes são apenas uma *medida relativa de risco*. Eles não nos dizem nada a respeito de como o próprio mercado vai flutuar!

Um coeficiente beta de 1 significa que o retorno da ação movimenta-se exatamente com um índice de mercado como um todo. Um aumento de 10% no mercado produz um aumento de 10% no retorno da ação específica. Da mesma forma, uma redução de 10% no mercado resulta em uma diminuição de 10% no retorno da ação. Um coeficiente beta menor que 1 significa que o retorno da ação tende a flutuar menos que o mercado como um todo. Um coeficiente de 0,7 indica que o retorno da ação crescerá apenas 7% como resultado de um aumento de 10% no mercado, mas diminuirá apenas 7% quando o mercado cair 10%. Um coeficiente de 1,2 significa que o retorno da ação irá aumentar 12% se o mercado subir 10%, mas, em contrapartida, o retorno da ação deverá reduzir 12% quando o mercado diminuir 10%.

Quanto maior o coeficiente beta, mais risco do mercado (sistemático) está associado ao retorno individual da ação. Altos coeficientes beta podem indicar retornos mais altos durante aumentos do mercado, mas também apontam perdas durante as quedas do mercado. Ações com alto coeficiente beta são referidas como "agressivas". O oposto é verdade para ações com baixo coeficiente beta, que devem ter desempenho menor que o do mercado durante períodos de aumento de preços das ações, mas ter desempenho melhor que o mercado como um todo durante períodos de redução de preços. Tais ações são referidas como "defensivas".

Essa relação entre o retorno de um título específico e o índice de mercado como um todo é mostrada nas partes (a) e (b) da Figura 8.5. Em cada gráfico, o eixo horizontal representa a porcentagem de retorno do índice de mercado, e o eixo vertical, a porcentagem de retorno de uma ação específica. A linha AB, que representa o mercado, é a mesma em ambos os gráficos. É uma linha inclinada positivamente que passa pelo ponto de origem e é eqüidistante de ambos os eixos (ela faz um ângulo de 45 graus com cada eixo).

A parte (a) da Figura 8.5 mostra uma ação com um coeficiente beta maior que 1. A linha

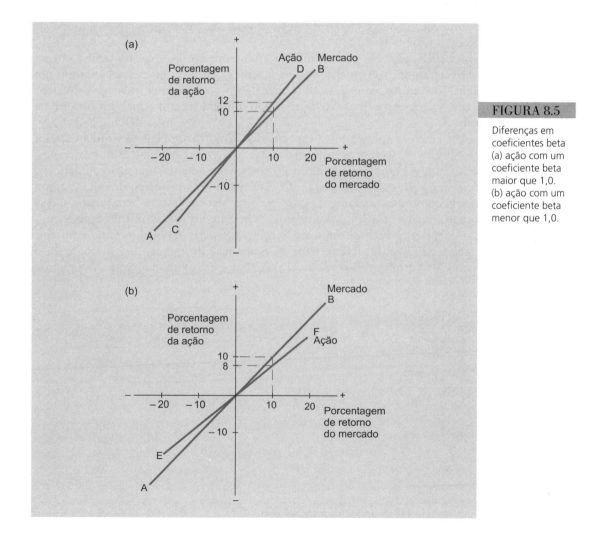

FIGURA 8.5

Diferenças em coeficientes beta (a) ação com um coeficiente beta maior que 1,0. (b) ação com um coeficiente beta menor que 1,0.

CD representa uma ação cujo retorno cresce e declina mais que o retorno do mercado. Nesse caso, o coeficiente beta é 1,2, de modo que, quando o índice de mercado for 10%, o retorno da ação será 12%.

A parte (b) da Figura 8.5 mostra uma ação com um coeficiente beta menor que 1. A linha EF representa uma ação cujo retorno cresce (e declina) mais lentamente que o mercado. Nesse caso, o coeficiente beta é 0,8, assim quando o retorno do mercado for 10%, o retorno dessa ação será 8%.

O coeficiente beta varia entre empresas. Esse fato é mostrado na Tabela 8.1, que apresenta o coeficiente beta para empresas selecionadas encontradas na internet no Yahoo! (Você pode acessar esse site por meio do endereço **http://mayo.swlearning.com**.) Algumas empresas (como a Pier 1 Imports) têm um coeficiente beta relativamente baixo, enquanto o coeficiente beta de outras (como a Alcoa) é muito mais alto. Se está disposto a correr mais risco, você pode ser atraído por essas ações com um coeficiente beta mais alto, porque, quando os preços do mercado sobem, essas ações tendem a ter desempenho melhor que o mercado. Se você for menos inclinado a correr riscos, pode preferir as ações com baixos coeficientes beta. Você pode abrir mão de algum retorno potencial durante preços de mercado crescentes, mas deverá sofrer perdas menores durante mercados em baixa.

Para ser útil, o coeficiente beta tem de ser um prognosticador confiável de comportamentos futuros de preços das ações. Por exemplo, se deseja ações que serão estáveis, você provavelmente comprará ações com baixos coeficientes beta. Um investidor que estiver selecionando uma ação com um coeficiente beta de 0,6 certamente ficará contrariado se os preços de mercado declinarem 10% e os preços dessas ações caírem 15%, uma vez que um coeficiente beta de 0,6 indica que o preço da ação deveria declinar apenas 6% quando os preços de mercado declinassem 10%.

Infelizmente, os coeficientes beta podem mudar, e mudam, no decorrer do tempo. Dessa forma, você não deve se apoiar somente nesses coeficientes quando estiver selecionando um título em particular. No entanto, os coeficientes beta dão a você alguma indicação do risco sistemático associado a ações específicas e, desse modo, podem ter um papel importante na seleção de um título.

Diferente do coeficiente beta para títulos específicos, o coeficiente beta para uma carteira composta por vários títulos é bastante estável no decorrer do tempo. Mudanças nos diferentes coeficientes beta tendem a se equilibrar; enquanto o coeficiente beta de uma ação aumenta, o coeficiente beta de outra ação está diminuindo. O coeficiente beta histórico de uma carteira pode, então, ser usado como uma ferramenta para projetar seu coeficiente beta futuro, e essa projeção deve ser mais precisa que projeções de um coeficiente beta de um título específico.

Uma vez que o coeficiente beta de uma carteira é estável, o investidor pode construir uma carteira que reaja de maneira determinada às mudanças do mercado. Por exemplo, o coeficiente beta médio da carteira mostrada na Tabela 8.1 é aproximadamente 0,99. Se um

TABELA 8.1
Coeficientes beta selecionados.

Companhia	Coeficiente beta
ExxonMobil	0,46
Pier 1 Imports	0,64
Bank of America	0,65
Verizon Communications	0,86
GE	0,91
Harley Davidson	1,11
IBM	1,64
Alcoa	1,67

Fonte: Dados obtidos em: **http://finance.yahoo.com**.

valor em dinheiro igual fosse investido em cada título, o valor da carteira deveria seguir de perto os valores de mercado, mesmo que os coeficientes beta individuais sejam maiores ou menores que 1. Essa tendência da carteira de refletir o desempenho do mercado deve se manter, mesmo que títulos específicos possam alcançar um retorno maior (ou menor) que o do mercado como um todo. Dessa forma, o coeficiente beta para a carteira pode ser uma ferramenta mais útil que os coeficientes beta de cada um dos títulos específicos.

ANÁLISE DE REGRESSÃO E A ESTIMATIVA DOS COEFICIENTES BETA

Uma técnica estatística, a análise de regressão, é usada para estimar o coeficiente beta de uma ação. (Esta seção pode ser omitida sem perda de continuidade.) Como explicado anteriormente, um coeficiente beta é uma medida da reação do retorno de uma ação aos movimentos dos preços dos títulos em geral. Enquanto não se conhece exatamente como o retorno de uma ação reagirá a mudanças futuras no mercado, é possível medir a reação histórica. Por exemplo, observações nas relações passadas entre o retorno do mercado (r_m) e o retorno da ação A (r_s) são os seguintes:

Retorno do mercado (r_m)	Retorno da ação A (r_s)
14%	13%
12	13
10	12
10	9
5	4
2	−1
−1	2
−5	−7
−7	−8
−12	−10

Cada observação representa o retorno da ação e o retorno do mercado para um período de tempo (por exemplo, uma semana). Esses dados são marcados na Figura 8.6 com cada ponto representando um conjunto de observações. Por exemplo, o ponto A representa um aumento de 4% no retorno da ação em reação a um aumento de 5% no mercado. O ponto B representa uma redução de 7% no retorno da ação em resposta a uma redução de 5% no retorno do mercado.

Observações individuais, como os pontos A e B, informam muito pouco a respeito do risco sistemático da ação, mas todas as observações, tomadas em conjunto, informarão. As observações individuais estão resumidas pela análise de regressão linear, a qual é usada para calcular uma equação relacionando o retorno da ação (r_s, a variável dependente) ao retorno do mercado (r_m, a variável dependente). A análise de regressão calcula o intercepto y (a) e a inclinação (b) para a equação a seguir:

$$r_s = a + br_m.$$

A inclinação é o coeficiente beta.

Como o coeficiente de correlação apresentado anteriormente neste capítulo, a análise de regressão é um conceito estatístico. O cálculo real da interseção e da inclinação é geralmente feito por um programa de computador. Uma demonstração manual do processo é apresentada na Tabela 8.2, da qual a equação a seguir é derivada:

$$r_s = -0,000597 + 0,9856 r_m.$$

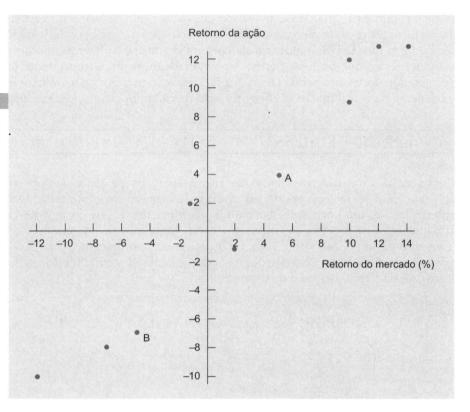

FIGURA 8.6
Observações relacionando o retorno de uma ação ao retorno do mercado.

TABELA 8.2
O cálculo de um coeficiente beta.

X (r_m)	Y (r_s)	X²	Y²	XY
0,14	0,13	0,0196	0,0169	0,0182
0,12	0,13	0,0144	0,0169	0,0156
0,10	0,12	0,0100	0,0144	0,0120
0,10	0,09	0,0100	0,0081	0,0090
0,05	0,04	0,0025	0,0016	0,0020
0,02	−0,01	0,0004	0,0001	−0,0002
−0,01	0,02	0,0001	0,0004	−0,0002
−0,05	−0,07	0,0025	0,0049	0,0035
−0,07	−0,08	0,0049	0,0064	0,0056
−0,12	−0,10	0,0144	0,0100	0,0120
$\sum X = 0,28$	$\sum Y = 0,27$	$\sum X2 = 0,0788$	$\sum Y2 = 0,0797$	$\sum XY = 0,0775$

$n = $ o número de observações (10)

$$b = \frac{n \sum XY - (\sum X)(\sum Y)}{n \sum X^2 - (\sum X)^2}$$

$$= \frac{(10)(0,0775) - (0,28)(0,27)}{(10)(0,0788) - (0,28)(0,28)} = \frac{0,07750 - 0,756}{0,7880 - 0,0784} = 0,9856$$

O a é calculado como a seguir:

$$a = \frac{\sum Y}{n} - b \frac{\sum X}{n} = \frac{0,27}{10} - (0,9856) \frac{0,28}{10} = -0,000597$$

A equação estimada é:

$$r_s = -0,000597 + 0,9856 r_m$$

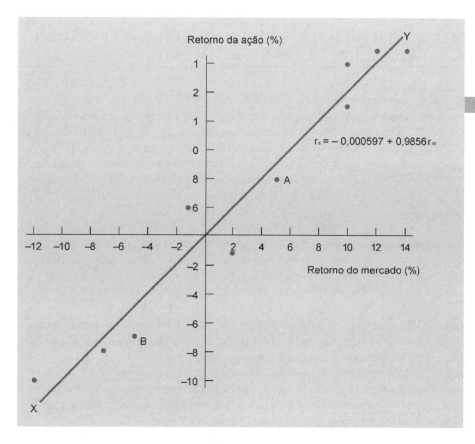

FIGURA 8.7

Equação da regressão relacionando o retorno de uma ação ao retorno do mercado.

Essa equação é especificada na linha XY na Figura 8.7, que reproduz a Figura 8.6 e adiciona a linha de regressão. Como pode ser visto no gráfico, a linha XY corre através dos pontos individuais. Algumas das observações estão acima da linha, enquanto outras estão abaixo. No entanto, todos os pontos estão perto da linha.

Essa equação de regressão pode ser usada para projetar o retorno esperado da ação. Se a pessoa antecipa que o retorno do mercado será 20%, a ação deverá dar um retorno de:

$$r_s = -0,000597 + 0,9856(20\%) = 19,7\%.$$

Como em qualquer projeção, esse resultado poderá não se realizar, porque fatores que não o aumento no mercado podem afetar o retorno da ação. (Esses fatores são o risco não sistemático associado à ação.) O poder de previsão desse beta em particular pode ser excelente, pois as observações individuais estão colocadas perto da linha de regressão. Isso indica alta correlação entre as duas variáveis. O coeficiente de correlação real é 0,976, que indica uma relação forte e positiva entre o retorno da ação e o retorno do mercado. Um coeficiente de correlação de 1,0 indica uma correlação perfeita e positiva. A maioria das flutuações nos retornos individuais da ação foi causada por flutuações no retorno do mercado. Naturalmente, essa alta correlação pode não continuar no futuro, mas a menos que alguma mudança fundamental venha a ocorrer na empresa, o coeficiente beta pode ser excelente meio de projeção da reatividade futura da ação em relação ao mercado.

O MODELO DE PRECIFICAÇÃO DE ATIVOS DE CAPITAL E O RETORNO REQUERIDO DE UM INVESTIMENTO

O desenvolvimento dos coeficientes beta e a teoria de redução de risco por meio da diversificação foram extremamente importantes para o processo de avaliação de ativos. Como explicado em diversos lugares deste texto, o valor de um ativo é o valor presente de fluxos de caixa futuros. Os fluxos de caixa são descontados de volta ao presente ao retorno requerido do ativo. O **modelo de precificação de ativos de capital (capital asset pricing model – CAPM)** é um método usado para determinar o retorno requerido. O CAPM especifica a relação entre risco e retorno que é usada tanto para avaliar como julgar o retorno esperado de um ativo. (A avaliação expressa o valor presente de um ativo tanto em unidades monetárias como em dólares. O retorno é expresso em porcentagens.) Se o valor de um ativo excede seu custo ou se o retorno esperado de um ativo excede o retorno requerido, o ativo é comprado. Qualquer dos métodos produz a mesma decisão, uma vez que a única diferença é a unidade de medida.

> **CAPM - Capital Asseting Pricing Model**
> Modelo usado na avaliação de um ativo que especifica o retorno, requerido para diferentes níveis de risco.

A construção do CAPM baseia-se na proposição de que risco adicional requer um retorno mais alto. Esse retorno tem dois componentes: (1) o que pode ser ganho com um ativo livre de risco, como uma conta de poupança segurada pelo governo federal ou uma obrigação do Tesouro dos Estados Unidos, mais (2) um prêmio por aceitar o risco. Considerando-se que risco não sistemático é reduzido pela diversificação, o prêmio de risco de uma ação é o retorno adicional exigido para arcar com o risco não diversificável, sistemático, associado à ação.

Esse retorno requerido ajustado pelo risco (κ) é expresso na Equação 8.2:

$$\kappa = \text{taxa livre de risco} + \text{prêmio de risco.} \qquad 8.2$$

O prêmio de risco é composto por dois componentes: (1) o retorno adicional que, investindo em títulos em geral, oferece acima da taxa livre de risco e (2) a volatilidade do título específico relativo ao mercado como um todo. A volatilidade da ação específica é medida pelo coeficiente beta (β), e o retorno adicional é medido pela diferença entre o retorno esperado do mercado (r_m) e a taxa livre de risco (r_f). Essa diferença ($r_m - r_f$) é o prêmio de risco que é exigido para induzir o investidor a comprar ativos arriscados.

Para induzir o investidor a comprar determinada ação, o prêmio de risco associado ao mercado tem de ser ajustado pelo risco de mercado associado ao título específico. Esse ajustamento de risco utiliza o coeficiente beta da ação, que indica a volatilidade da ação em relação ao mercado. O ajustamento de risco é obtido multiplicando-se o coeficiente beta do título pela diferença entre o retorno esperado do mercado e a taxa livre de risco. Assim, o prêmio de risco para a ação específica é:

$$\text{prêmio de risco} = (r_m - r_f)\beta. \qquad 8.3$$

O retorno requerido para investir em determinada ação é encontrado pela substituição do prêmio de risco na Equação 8.3. Desse modo, o retorno requerido é:

$$\text{Retorno requerido} = r_f + (r_m - r_f)\beta. \qquad 8.4$$

A relação entre os vários níveis de risco e o retorno requerido indicado pela Equação 8.3 é ilustrada na Figura 8.8. O risco, conforme medido pelo coeficiente beta, é dado no eixo horizontal, enquanto o retorno requerido, medido como uma porcentagem, está no

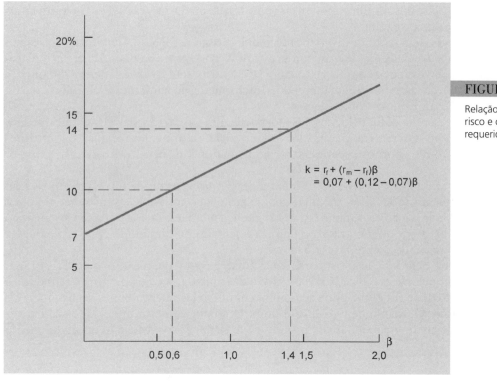

FIGURA 8.8
Relação entre o risco e o retorno requerido.

eixo vertical. Se a taxa livre de risco for 7% e o retorno esperado no mercado, 12%, então a taxa exigida de retorno de uma ação com o coeficiente beta de 0,6 é:

$$\kappa_A = 0,07 + (0,12 - 0,07)0,6 = 0,10 = 10\%.$$

Se uma ação tem um coeficiente beta igual a 1,4, o retorno requerido é:

$$\kappa_B = 0,07 + (0,12 - 0,07)1,4 = 0,14 = 14\%.$$

A ação com coeficiente beta mais alto tem o retorno requerido mais alto porque é mais arriscada.

A especificação anterior da taxa exigida de retorno reaparece diversas vezes neste texto. É usada para valorizar ações ordinárias no Capítulo 11 e é parte do custo de capital de uma empresa no Capítulo 21. Uma vez que o custo de capital é parte dos modelos de orçamento de capital cobertos no Capítulo 22, o retorno requerido tem impacto nas decisões do administrador financeiro de investir em fábricas e equipamentos.

RESUMO

Os investimentos são feitos na expectativa de um retorno, o qual é um fluxo de rendimento e/ou aumento de preço. As pessoas e os administradores financeiros fazem investimentos na expectativa de um retorno, mas o retorno realizado pode ser diferente do retorno esperado. Este é o elemento risco. O futuro é incerto.

Existem várias fontes de risco. Estas incluem o risco associado ao ativo específico (diversificável, risco não sistemático) e o risco não diversificável, sistemático, oriundo das flutuações de preços dos títulos, mudanças nas taxas de juros, taxas de investimentos e flutuações nas taxas de câmbio.

A construção de uma carteira diversificada reduz o risco associado a um ativo específico. Ao possuir uma variedade de ativos cujos retornos não são altamente correlacionados positivamente, o investidor reduz o risco não sistemático sem necessidade de diminuir o retorno potencial da carteira como um todo. Infelizmente, a construção de uma carteira diversificada não reduz outras fontes de risco.

O risco pode ser medido pelo desvio-padrão de um ativo (ou carteira), que mede a dispersão em torno do retorno realizado (no caso de retornos históricos) ou retornos esperados (no caso de retornos esperados). Quanto maior a dispersão dos retornos, maior o risco.

Uma medida alternativa de risco determina a reação do retorno de um ativo em relação ao mercado como um todo. Essa medida, chamada coeficiente beta, é um índice do risco sistemático associado ao ativo. Quanto maior o coeficiente beta, maior é o risco sistemático associado ao título, desde que seu retorno tenha aumentado ou diminuído mais rapidamente que o retorno do mercado como um todo.

Os coeficientes beta são usados para determinar a taxa de retorno exigida por um investidor. Esse modelo de precificação de um ativo de capital especifica o retorno requerido e inclui (1) a taxa livre de risco que pode ser ganha em um investimento muito seguro mais (2) um prêmio de risco. O prêmio de risco inclui um prêmio por comprar ativos de risco em vez de ativos livres de risco, mais um ajuste por um risco sistemático associado ao investimento específico.

REVISÃO DOS OBJETIVOS

Agora que completou este capítulo, você deve ser capaz de:

1. Descrever os retornos esperado, requerido e realizado (página 115).

2. Listar e comparar as fontes de risco (páginas 116-118).

3. Diferenciar o desvio-padrão e o coeficiente beta como medidas de risco (página 118).

4. Explicar por que desvios-padrão maiores e coeficientes beta mais altos indicam aumento de risco (páginas 118-119, e 126-127).

5. Explicar qual condição tem de ser satisfeita para ocorrer a diversificação (páginas 124-125).

6. Calcular o retorno requerido especificado no modelo de precificação de ativos de capital (página 132).

7. Ilustrar a linha do mercado de títulos (páginas 132-133).

PROBLEMAS

1. Você está analisando a compra da ação A. Se a economia crescer rapidamente, você poderá ganhar 30% no investimento, enquanto uma economia declinante poderia resultar em perda de 20%. Um crescimento lento da economia pode gerar um retorno de 6%. Se a probabilidade for de 15% para um crescimento rápido, 20% para uma economia declinante e 65% para um crescimento lento, qual é o retorno esperado nesse investimento?

2. Você está considerando investir em três ações com os seguintes retornos esperados:

	Ação A	7%
	Ação B	12
	Ação C	20

Qual é o retorno esperado na carteira se uma quantia igual é investida em cada ação? Qual seria o retorno esperado se 50% de seus fundos forem investidos na Ação A e o restante dos fundos divididos igualmente entre as ações B e C?

3. Uma carteira é formada por ativos com os seguintes retornos esperados:

	Ações de tecnologia	20%
	Ações de indústrias farmacêuticas	15
	Ações de empresas de serviços públicos	10
	Contas de poupança	5

a. Qual será o retorno esperado da carteira se o investidor gastar um valor igual com cada ativo?
b. Qual será o retorno esperado da carteira se o investidos colocar 50% dos fundos disponíveis em ações de tecnologia, 10% em ações de farmacêuticas, 24% em ações de empresas de serviço público, e 16% na conta de poupança?

4. Considere uma carteira de US$ 30 mil formado por três ações. Seus valores e retornos esperados estão discriminados a seguir:

Ação	Investimento	Retorno esperado
A	$ 5.000	12%
B	10.000	10
C	15.000	14

Qual é o retorno ponderado esperado da carteira?

5. Dois investimentos produziram as seguintes retornos anuais:

	Investimento X	Investimento Y
19X0	10%	16%
19X1	20	18
19X2	30	15
19X3	20	20
19X4	10	21

a. Qual é o retorno médio anual de cada investimento?
b. Qual é o desvio-padrão dos retornos dos investimentos X e Y?
c. Baseado no desvio-padrão, qual investimento é mais arriscado?

6. Você espera investir seus fundos igualmente em quatro ações com os retornos esperados seguintes:

Ação	Retorno esperado
A	16%
B	14
C	10
D	8

No final do ano, cada ação teve os seguintes retornos realizados:

Ação	Retorno realizado
A	−6%
B	18
C	3
D	−22

Compare os retornos esperados e realizados da carteira.

7. Você está considerando duas ações e determinou a seguinte informação:

Ação A	Retorno	Probabilidade de retorno
	18%	25%
	14	50
	10	25

Ação B	Retorno	Probabilidade de retorno
	22%	10%
	12	60
	11	30

  a. Qual das duas ações tem um retorno esperado mais alto?
  b. Qual ação é a mais arriscada?
  c. Dadas suas respostas às duas questões anteriores, qual ação você preferiria?

8. Duas ações, A e B, têm coeficientes de 0,8 e 1,4, respectivamente. Se o retorno esperado do mercado for 10% e a taxa livre de risco, 5%, qual será o prêmio de risco associado a cada ação?

9. A ação A tem um prêmio de risco de 6,5%. Se as notas do Tesouro rendem 6,2% e o retorno esperado do mercado é 10,5%, qual é o coeficiente beta da ação?

10. Qual é o retorno requerido de um investimento com um beta de 1,3, se a taxa livre de risco for 4% e o retorno do mercado, 11%? Se o retorno esperado no investimento fosse 14%, o que você faria?

ANÁLISE DAS DEMONSTRAÇÕES FINANCEIRAS

"Renda anual 20 libras, despesas anuais 19 libras, 19 shillings e 6 pence – resultado: felicidade. Renda anual 20 libras, despesas anuais 20 libras, 0 shilling e 6 pence – resultado: miséria".[1] Como Charles Dickens tão apropriadamente expressou em *David Copperfield*, a diferença entre operar com lucro ou com prejuízo talvez seja apenas de poucos pences. Esse resultado, contudo, tem importante papel tanto nas decisões financeiras tomadas pela administração quanto na forma como o desempenho da administração é percebido pelo público. A administração deseja tomar aquelas decisões que aumentam o valor da empresa, o que inclui decisões afetando a lucratividade da empresa.

Relacionando receitas e despesas em uma demonstração de resultado de uma empresa (ou demonstração de lucros e perdas, como algumas vezes é chamada), os contadores determinam se as operações da empresa são lucrativas. Ganhos não são, contudo, sinônimos de dinheiro. Receitas e despesas não são a mesma coisa que recebimentos de caixa e desembolsos de caixa. Nem todas as vendas são à vista, algumas são a crédito. Nem todas as despesas exigem o desembolso de caixa; a depreciação é uma despesa que não envolve caixa.

Este capítulo preocupa-se, inicialmente, com as demonstrações financeiras e a depreciação. Se você já conhece esse material, a primeira metade do capítulo pode ser omitida, e você pode prosseguir para a segunda metade: o estudo das demonstrações financeiras de uma empresa por meio da análise de índices. A análise de índices é uma ferramenta popular entre financiadores, investidores e administradores, pois os índices podem ser calculados facilmente e interpretados sem esforço. Financiadores e investidores empregam a análise de índices para estabelecer a capacidade de a empresa saldar suas dívidas e gerar lucros para seus proprietários. A administração pode usar a análise como (1) um mecanismo de planejamento, (2) uma ferramenta de controle, ou (3) um meio de identificar pontos fracos na empresa.

---

[1] Em 1850, ano da publicação da obra, Dickens usou a notação da libra usada na época: 19 libras, 19 shillings e 6 pence; e 20 libras, 0 shilling e 6 pence – grafia anterior à mudança para o sistema decimal em 1971. Uma libra era igual a 20 shillings e 1 shilling era igual a 12 pence. (NT)

Os índices podem ser classificados em cinco grupos. Índices de liquidez visam determinar se a empresa pode satisfazer suas obrigações correntes em seu vencimento. Índices de atividade informam quão rapidamente os ativos fluem através da empresa. Índices de lucratividade medem o desempenho, enquanto índices de alavancagem medem até que ponto a empresa utiliza de endividamento para se financiar. Índices de cobertura medem a capacidade de fazer (ou cobrir) determinados pagamentos.

PRINCÍPIOS CONTÁBEIS GERALMENTE ACEITOS

As demonstrações financeiras fornecem informações financeiras relativas a uma empresa. Apesar de a ênfase deste texto ser sua aplicação às empresas, as demonstrações financeiras podem ser preparadas para governos (por exemplo, a municipalidade local), organizações sem fins lucrativos (como o Metropolitan Opera) ou pessoas. Em todos os casos, essas demonstrações mostram a condição financeira da entidade e seus ativos e como eles são financiados. Essa informação pode então ser usada para ajudar na tomada de decisões financeiras.

Para serem úteis nas tomadas de decisão, as demonstrações financeiras têm de ser confiáveis, entendíveis e comparáveis. A confiabilidade exige que os relatórios sejam objetivos e não tendenciosos. Os dados incluídos nas demonstrações devem ser verificáveis por especialistas independentes. Isso não significa que dois contadores trabalhando com a mesma informação vão preparar demonstrações financeiras idênticas. Opiniões e julgamentos individuais podem conduzir a demonstrações financeiras diferentes. Um exemplo que envolve o julgamento do contador é a provisão para devedores duvidosos. Dois contadores podem estabelecer valores diferentes que afetarão as demonstrações financeiras da empresa. Uma grande provisão reduz contas a receber (e ativos totais) e reduz os ganhos. No entanto, não se deve concluir que dois contadores prepararão demonstrações muito diferentes. Enquanto as demonstrações financeiras podem diferir, o valor da diferença deverá ser modesto.

A segunda meta do contador é que as demonstrações financeiras sejam compreensíveis. A demonstração deve ser apresentada de maneira ordenada e ser legível para leigos informados e também aos profissionais. Investidores e outras pessoas que usam as demonstrações financeiras não precisam conhecer todos os princípios usados para preparar uma demonstração financeira. No entanto, uma pessoa inteligente deve ser capaz de ler a demonstração financeira de uma empresa e ter boa idéia da rentabilidade da empresa, seus ativos e passivos e seu fluxo de caixa.

A comparabilidade exige que um conjunto de demonstrações financeiras possa ser comparado com as demonstrações financeiras por diferentes períodos contábeis. Os princípios contábeis usados para preparar as demonstrações de um ano devem ser usados para os anos subseqüentes. Se os princípios aplicados são mudados, as demonstrações dos anos anteriores devem ser revisadas. Se as operações da empresa mudarem, as demonstrações financeiras devem também refletir essas mudanças. Se, por exemplo, a empresa interromper parte de suas operações, vendas, despesas e lucros de anos anteriores devem ser revisados. Se esse ajuste não for feito, os usuários das demonstrações financeiras serão incapazes de comparar as condições financeiras e o desempenho da empresa ao longo de um período de suas operações contínuas.

Para aumentar a objetividade das demonstrações financeiras, foi estabelecida pelo Financial Accounting Standards Board - Comitê de Padrões de Contabilidade Financeira (Fasb)[2] uma estrutura geral para as demonstrações contábeis e financeiras. São princípios contábeis que são "geralmente aceitos" e que também recebem o apoio do American Institute of

---

[2] Financial Accounting Standards Board (Comitê de Padrões de Contabilidade Financeira), Fasb, na sigla em inglês, é uma entidade não governamental que regulamenta os padrões de contabilidade e demonstrações das empresas norte-americanas de capital aberto. (NT)

Certified Public Accountants – Instituto dos Contadores Públicos Certificados da América[3] e da Securities and Exchange Commission (SEC). Esses órgãos estabelecem os princípios sob os quais as demonstrações são preparadas. Os princípios, no entanto, não são estáticos. Sua estrutura conceitual muda com o tempo com as modificações no ambiente de negócios e as necessidades dos usuários das demonstrações. Por exemplo, aumentos em investimentos estrangeiros e flutuações no valor das moedas geraram a necessidade de métodos contábeis melhores para esses investimentos estrangeiros. Esse problema e outros, como inflação, exigibilidades de previdência social e opções de ações, resultaram em mudanças nos princípios contábeis, ao mesmo tempo que a profissão busca melhorar o conteúdo informacional das demonstrações financeiras.

O BALANÇO

O que os proprietários têm investido em uma empresa? Um método de responder a essa pergunta é preparar um **balanço** que relaciona o que o negócio possui (ou seja, seus **ativos**) e o que deve (ou seja, seu **passivo**) e calcular a diferença. Essa diferença é chamada patrimônio líquido ou **patrimônio dos acionistas** da empresa.

Balanço
Demonstração financeira que enumera (em determinado momento) o que uma unidade econômica possui e deve, e seu patrimônio líquido.

Ativos
Itens de propriedade possuídos por uma empresa, família, ou governo e avaliado em termos monetários.

Passivo
O que uma unidade econômica deve.

Patrimônio dos acionistas
Patrimônio líquido de uma empresa, o investimento dos acionistas na empresa; a soma de ações, capital integralizado e lucros retidos.

Balanço consolidado
Balanço da matriz que resume e combina os balanços das várias subsidiárias da empresa.

Ativos circulantes
Ativos de curto prazo que se espera que sejam convertidos em dinheiro durante o ano fiscal.

Ativos de longo prazo
Ativos que se espera que sejam mantidos por mais de um ano, como uma instalação e equipamentos.

A Tabela 9.1 apresenta um balanço simplificado da Pier 1 Imports. Esse balanço (e as demais demonstrações financeiras apresentadas posteriormente neste capítulo) é publicado no relatório anual da empresa. O balanço combina a informação financeira para todas as subsidiárias da empresa e, por isso, é denominado **balanço consolidado**. Os ativos são divididos em três grupos: (1) **ativos circulantes**, que são planejados para serem usados e convertidos em dinheiro dentro de um período de tempo relativamente curto; (2) **ativos de longo prazo**, que são aqueles ativos com vida superior a um ano; e (3) outros ativos, tais como investimentos em ações de outras empresas. O passivo e o patrimônio dos acionistas são apresentados a seguir, normalmente no lado direito do balanço, ao lado dos ativos. Apesar de não ser necessário um balanço estruturado dessa forma, muitas empresas usam esse formato geral que registra claramente os ativos, passivos e patrimônio da empresa.

Enquanto os ativos circulantes são apresentados em ordem de liquidez (caixa, contas a receber e estoques), a discussão a seguir analisa cada ativo na ordem inversa. As matérias-primas são inicialmente adquiridas e convertidas em produtos acabados. Esse estoque é então vendido, quando a empresa recebe tanto uma conta a receber quanto dinheiro.

As empresas precisam ter produtos ou serviços (ou ambos) para vender. Esses produtos são o **estoque** da empresa. Nem todo o estoque está pronto para ser vendido. Alguns produtos podem estar inacabados ("estoque em processamento"), e também podem existir estoques de matérias-primas. De acordo com o balanço da Pier 1 Imports, o total dos estoques

Estoque
Matérias-primas, "produtos em processamento" e produtos acabados que uma empresa tem disponível para vender.

---

[3] O American Institute of Certified Public Accountants (Instituto dos Contadores Públicos Certificados da América), AICPA, na sigla em inglês, é a entidade de classe que congrega os auditores independentes dos Estados Unidos. (NT)

era $ 373.870, em 2004. O balanço não subdivide os estoques em produtos acabados, produtos em processamento e matérias-primas. (Os balanços enviados aos acionistas apresentam apenas números acumulados. Presumivelmente, a administração teria acesso a números não totalizados e assim poderia saber o valor dos estoques que são produtos acabados e o que é matéria-prima.) O analista financeiro deveria se lembrar de que apenas os itens acabados estão disponíveis para vendas. Tempo e custo consideráveis podem estar envolvidos em transformar a matéria-prima em produto acabado. Desse modo, grande parte do estoque da empresa pode não ser vendável e não pode ser convertido em dinheiro.

Quando são vendidos bens ou serviços, a empresa recebe tanto em dinheiro quanto uma promessa de pagamento no futuro. Uma venda a crédito gera **contas a receber**, que representa dinheiro que é devido à empresa. A Pier 1 Imports tem $ 58.557 em recebíveis; este é um valor líquido obtido pela subtração da provisão para devedores duvidosos do valor total a receber. Considerando-se que a empresa nem sempre recebe pagamento de todas as contas a receber, é necessário fazer uma

Contas a receber
Conta resultante de uma venda a crédito que ainda não foi recebida.

TABELA 9.1

Balanço consolidado da Pier 1 Imports (em milhares, exceto os dados por ação).*

Ao fim do ano fiscal	2004	2003
Ativos circulantes		
Caixa e equivalentes de caixa	$ 225.101	$ 242.114
Contas a receber, menos provisão para devedores duvidosos.	58.557	51.958
Estoques	373.87	333.350
Outros ativos correntes	40.623	36.179
Total de ativos circulantes	698.151	663.601
Propriedades, instalações e equipamentos líquidos	290.42	254.503
Outros ativos	63.602	49.383
Ativo Total	$ 1.052.173	$ 967.487
Passivo circulante		
Vencimentos correntes de dívidas de no longo prazo	0	393
Contas a pagar e exigibilidades provisionadas	185.894	205.272
Notas pagáveis a bancos	0	0
Impostos a recolher e outras exigibilidades correntes	93.994	37.924
Total do passivo circulante	279.888	243.589
Dívidas de longo prazo	19	25
Outras obrigações não correntes	69.654	54.962
Passivo Total	368.542	323.551
Patrimônio dos acionistas		
Ações ordinárias (ao par de $ 1,00, 500.000.000 autorizadas e 100.779.000 emitidas, respectivamente)	100.779	100.779
Reserva de capital	145.384	144.247
Lucros retidos	630.997	539.776
Ajustes	−1.667	−2.210
Ações recompradas e mantidas em tesouraria ao custo, respectivamente	−195.196	−138.656
Patrimônio total	683.631	643.936
Passivo e patrimônio dos acionistas	$ 1.052.173	$ 967.487

Fonte: Adaptado do Relatório Anual de 2004 (*Pier 1 Imports Annual Report, 2004*), da Pier 1 Imports.

*A nomenclatura das contas de balanço é utilizada de acordo com a Estruturação e Normas nº 4, das *Demonstrações Contábeis*, publicadas pelo Conselho Regional de Contabilidade de São Paulo, 2ª edição, 2002. (NT)

provisão para essas "contas duvidosas". Apenas o valor líquido realizável é incluído nas listas dos ativos da empresa.

A venda à vista gera o ativo "caixa" para a empresa. Tendo em vista que manter caixa não gera ganho, uma parte dela pode ser investida em instrumentos financeiros de curto prazo (normalmente denominados "equivalentes de caixa"). Caixa e instrumentos monetários de curto prazo podem ser combinados e referidos como caixa e equivalentes de caixa. Para a Pier 1 Imports, a caixa e os títulos mobiliários de curto prazo totalizam $ 225.101. Esse dinheiro está disponível para satisfazer as necessidades financeiras imediatas da empresa.

Caixa e equivalentes de caixa, contas a receber e estoques são os maiores ativos de curto prazo.[4] Em 2004, o total de ativos circulantes somou $ 698.151. Esses ativos de curto prazo fluirão através da empresa durante o ano fiscal corrente e serão usados para satisfazer as obrigações financeiras que têm de ser pagas no ano. O valor total e a natureza desses ativos são importantes na determinação da capacidade de a empresa satisfazer suas obrigações correntes.

Ativos de longo prazo incluem propriedades, instalações e equipamentos da empresa que são usados por muitos anos. Os funcionários da empresa utilizam esses ativos de longo prazo em conjunto com os ativos circulantes para criar os produtos ou serviços que a empresa oferece para a venda. O tipo e a quantidade de ativos de longo prazo que uma empresa usa variam conforme o setor. Alguns setores, como serviços públicos e transportes, exigem várias fábricas e grande quantidade de equipamentos. Empresas nesses ramos precisam ter investimentos substanciais em ativos de longo prazo para poder operar. Nem todas as empresas decidem possuir esses ativos; em vez disso, podem alugá-los, o que é chamado *leasing*. Indiferentemente de a empresa alugar ou possuir esses ativos, deve ter o uso dos ativos de longo prazo para obter os produtos da empresa.

Ao fim do ano fiscal de 2004, a Pier 1 Imports tinha $ 290.420 investidos em edifícios e equipamentos. Este é um número líquido e inclui o investimento inicial em ativos fixos menos as depreciações correspondentes. A depreciação é importante porque é o processo de alocar o custo do ativo fixo durante um período. O valor dos ativos de longo prazo no balanço de uma empresa é reduzido ao longo do tempo à medida que os ativos são utilizados.[5]

Terras também são ativo de longo prazo e podem ainda ser incluídas nos ativos fixos. Diferentemente dos investimentos em instalações e equipamentos, a terra não é depreciada, mas é incluída nos livros ao seu custo ou preço de compra. O valor das terras, no entanto, pode aumentar e, nesse caso, o contador pode aumentar o valor da terra nos livros.

> **Ativos ocultos**
> Ativos que valorizaram, mas que são mantidos no balanço a um valor mais baixo, como seu custo original.

Tais reavaliações ocorrem ocasionalmente, de forma que muitas empresas têm **ativos ocultos** cujos valores de livros estão abaixo de seu valor de mercado. (As reavaliações ocorrem raramente porque criam um lucro tributável.)

O registro restante no lado do ativo do balanço é feito em "outros" ($ 63.602), que podem incluir títulos, como ações de outras empresas. Mesmo que essas ações possam ser vendidas e convertidas em dinheiro, podem ser consideradas separadamente dos ativos circulantes

---

[4] Outros ativos circulantes incluem as "despesas pré-pagas", que surgem quando uma despesa é paga antes de ocorrer. Por exemplo, um prêmio de seguro é pago no início da apólice. O pagamento do prêmio gera o ativo despesas pré-pagas. Esse ativo é consumido (reduzido) enquanto a apólice está em vigor, assim ao fim do período da apólice a conta de despesas pré-pagas está reduzida a zero.

[5] A administração da Pier 1 Imports forneceu no Relatório Anual de 2004 apenas o investimento líquido em terrenos, instalações e equipamentos ($ 290.420). No Relatório Anual de 1999, a administração decidiu dividir as categorias em edifícios ($ 67.253), equipamentos ($ 310.613), depreciação acumulada ($ 183.224), terrenos ($ 31.620) e propriedades líquidas, instalações e equipamentos ($ 226.224). Dados mais detalhados permitem ao analista perceber a idade dos ativos fixos, computando-se os índices das depreciações para os ativos fixos. À medida que o valor numérico desses itens aproxima-se de 1,0, isso significa que os ativos fixos estão velhos e que devem ser feitos novos investimentos nesses ativos no futuro. Tais investimentos exigirão financiamentos adicionais.

da companhia. Por exemplo, se os títulos fossem comprados com a intenção de mantê-los por muitos anos como um investimento, seriam classificados em uma categoria separada no balanço.

O total dos ativos possuídos corresponde à soma dos ativos de curto prazo ($ 698.151), os ativos de longo prazo ($ 290.420) e os outros ($ 63.602). Esses ativos são financiados pelos direitos de credores e acionistas – o passivo e patrimônio da empresa que são apresentados na outra metade do balanço.

O passivo da empresa é dividido em dois grupos: **passivos circulantes**, que devem ser pagos durante o ano fiscal, e **exigibilidades de longo prazo**, que são devidas após o ano fiscal. Os passivos circulantes são basicamente contas a pagar e empréstimos de curto prazo. Da mesma forma que a empresa pode vender produtos a crédito, também pode comprar produtos e matérias-primas a crédito. Esse crédito comercial é em curto prazo e é resgatado à medida que os produtos são produzidos e vendidos. No balanço da Pier 1 Imports, contas a pagar ($ 185.894, em 2004) também inclui salários e remunerações de horistas que foram ganhos, mas ainda não pagos. (Muitos balanços têm um item separado chamado *exigibilidades provisionadas* para cobrir essas exigibilidades circulantes.) Além de contas a pagar, a empresa tem outras dívidas de curto prazo que devem ser pagas durante o ano fiscal. Isso inclui notas de curto prazo por fundos que a empresa emprestou de bancos comerciais ou outras instituições de empréstimos ($ 0, em 2004) e a porção de suas dívidas de longo prazo que têm de ser resgatadas neste ano ($ 0). Os impostos devem ser pagos durante o ano e outras exigibilidades circulantes ($ 93.994) constituem o restante das obrigações correntes.

> **Passivo circulante**
> Dívida que tem de ser paga durante o ano fiscal.
>
> **Exigibilidade de longo prazo**
> Dívida que vence após um ano.

As dívidas de longo prazo têm de ser resgatadas em algum tempo depois do ano fiscal corrente. Tais obrigações podem incluir títulos que estão em aberto e hipotecas sobre imóveis. Essas dívidas de longo prazo representam parte do financiamento permanente da empresa, porque esses fundos estão comprometidos em financiar o negócio por um longo tempo. As exigibilidades de curto prazo normalmente não são consideradas parte do financiamento permanente da empresa, pois essas exigibilidades têm de ser pagas em um período relativamente curto.[6] Na Pier 1 Imports, as exigibilidades de longo prazo consistem basicamente em dívidas de longo prazo ($ 19 mil, em 2004). Em outras demonstrações financeiras, um desdobramento dos vários títulos de dívidas (caso a dívida seja composta por mais de um título) pode ser fornecido em uma nota de rodapé que aparece após o corpo da demonstração financeira.

Outras exigibilidades não correntes podem incluir impostos diferidos, que resultam das diferenças de tempo quando são incorridos e quando são pagos. Por exemplo, uma empresa pode fazer uma venda rentável a prestação e relatar os ganhos no ano fiscal corrente. Mesmo que a exigibilidade fiscal seja incorrida durante o ano corrente, a empresa não paga o imposto até receber as prestações. Assim, os pagamentos do imposto são diferidos. Esses impostos diferidos aparecem no balanço em uma conta separada dos impostos correntes a pagar, que têm de ser pagos dentro do ano fiscal e, dessa forma, são uma exigibilidade corrente.

Na maioria dos balanços, o patrimônio dos acionistas aparece ao final, após as exigibilidades e os impostos diferidos. Para a Pier 1 Imports, os valores são $ 100.779 de ações ordinárias, $ 145.384 de reserva de capital e $ 630.997 de lucros retidos. Se não existe nenhum ajuste ou recompra de ações, a soma desses três números corresponde ao patrimônio do acionista ordinário. No entanto, ajustes e recompras de ações irão alterar o patrimônio dos acionistas. Os ajustes normalmente são pequenos; a Pier 1 Imports tem um pequeno ajuste ($ 1.667), que pode ter surgido de perdas em transações com moeda estrangeira.

---

[6] Uma vez que algumas exigibilidades de curto prazo (por exemplo, salários a pagar) são sempre carregadas pela empresa, estas podem ser tratadas como parte do financiamento permanente da empresa.

Algumas empresas recompram suas próprias ações e as mantêm "em sua tesouraria". Essas ações podem ser resgatadas, mas, se a empresa desejar revendê-las ao público, terão de ser registradas novamente com a SEC. Como as ações em tesouraria são mantidas para uso futuro, não são resgatadas, o que evita o custo envolvido com seu novo registro. Com o correr do tempo, a Pier 1 Imports recomprou ações pelas quais pagou $ 195.196. (Observe que a redução no patrimônio é o custo de recomprar as ações e não o valor pelo qual foram originalmente vendidas.)

Essas recompras têm sido comuns após períodos de queda de preços de ações. As recompras também ocorrem quando a administração acredita que as ações estão subavaliadas e usa o dinheiro da empresa para reduzir a quantidade de ações em circulação em vez de utilizar o caixa para outras finalidades. As compras podem ser feitas no mercado aberto ou por meio de vendas negociadas em particular. A última pode acontecer quando um único acionista deseja vender um grande bloco e, nesse caso, o vendedor poderá procurar a administração com relação à possibilidade de venda das ações de volta para a empresa.

As empresas também podem recomprar suas ações como uma tática defensiva contra uma tentativa de aquisição. A recompra de ações em poder do público acionista aumenta a proporção de propriedade da administração na empresa. As ações recompradas podem ser revendidas para "mãos amigas", um investidor que apoiará a administração atual. Por exemplo, as ações podem ser recompradas pelo plano de pensão dos funcionários. Se os curadores do plano de pensão apóiam a administração atual, a venda fortalece a posição da administração contra uma aquisição hostil.

O **valor contábil** de uma empresa é o patrimônio que os investidores possuem na firma – a soma das ações ordinárias, reserva adicional de capital e lucros retidos ($ 683.631). Essa soma representa o investimento dos acionistas ordinários na empresa. Os investidores individuais estão basicamente preocupados com o valor de uma ação e não com o valor de todas as ações. Para obter o **valor contábil por ação**, o total do patrimônio disponível para as ações ordinárias é dividido pelo número de ações em circulação. Para a Pier 1 Imports, o valor contábil por ação em 2004 era $ 6,78. Este é o valor contábil de cada uma das ações de propriedade dos acionistas da empresa.

> **Valor contábil**
> Ativos totais da empresa menos os passivos totais; patrimônio líquido.
>
> **Valor contábil por ação**
> Valor contábil dividido pelo número de ações em circulação.

Se a Pier 1 Imports encerrasse suas operações, vendesse seus ativos e pagasse seus passivos, os proprietários receberiam o restante. Se os ativos e passivos foram medidos com exatidão pelos seus valores em dólares no balanço, o valor contábil é igual ao valor que os acionistas receberiam na liquidação. No entanto, como iremos discutir mais tarde, o valor contábil pode não ser uma medida exata do valor de mercado da empresa ou de seus ativos.

Considerando-se que o balanço apresenta os ativos, passivos e patrimônio de uma firma, ele é um resumo da condição financeira da empresa em determinado ponto no tempo; mostra como os fundos foram obtidos e como foram alocados. O balanço da Pier 1 Imports indica que, em 2004, a empresa possuía ativos totais no valor de $ 1.052.173. Estes são os recursos que a empresa tem de usar, e (excluindo os investimentos em ações ordinárias de outras empresas) são alocados entre ativos de curto e longo prazos.

A Pier 1 Imports tinha passivo de $ 368.542 e patrimônio de $ 683.631, em 2004. A soma do passivo e o patrimônio devem se igualar à soma dos ativos, pois são o passivo e o patrimônio que financiam a aquisição dos ativos. Os ativos não poderiam ter sido adquiridos se os credores e os proprietários não tivessem fornecido os fundos. Para a Pier 1 Imports, o balanço indica que o passivo financia 35% ($ 368.542/$ 1.052.173) e que esse patrimônio financia 65% ($ 683.631/$ 1.052.173) do total dos ativos. Assim, o balanço indica a proporção dos ativos que é financiada com dívidas e a proporção financiada pelo patrimônio.

Dois comentários adicionais precisam ser feitos com relação aos balanços. Primeiro, um balanço é preparado ao final de um período fiscal (por exemplo, um ano). Ele indica o valor dos ativos, passivos e do patrimônio em determinado momento. Uma vez que as transações financeiras ocorrem continuamente, a informação contida em um balanço pode tornar-se ultrapassada rapidamente. Em segundo lugar, os valores atribuídos aos ativos não precisam espelhar seu valor de mercado. Em vez disso, os valores dos ativos podem estar superavaliados ou subavaliados. Por exemplo, a empresa possui contas a receber, porém nem todas elas serão pagas. Apesar de a empresa fazer um desconto para essas perdas potenciais em um esforço de tornar os registros mais exatos, as provisões podem ser insuficientes, e o valor dos ativos, superavaliados. Inversamente, o valor de outros ativos pode estar subavaliado. O terreno onde a instalação foi construída pode ter aumentado de valor, mas pode ter sido mantido nos livros da empresa ao seu valor de custo.

Para que os livros da empresa contenham uma boa indicação do seu valor, todos os ativos no balanço devem ser avaliados ao seu valor de mercado; no entanto, essa prática não é seguida. Os contadores sugerem que os ativos sejam avaliados conservadoramente: (1) ao custo do ativo, ou (2) ao seu valor de mercado, dependendo de qual seja menor. Tal conservadorismo pode ser prudente, mas pode resultar nos ativos ocultados ou subavaliados, se sua valorização não é reconhecida. Em razão desses métodos contábeis, o valor contábil do capital ou patrimônio de uma empresa pode não ser uma boa medida de seu valor de liquidação ou valor de mercado.

A DEMONSTRAÇÃO DE RESULTADO DO EXERCÍCIO

A **demonstração de resultado** diz aos investidores qual o valor do lucro contábil ou resultado que a empresa obteve durante um período (por exemplo, seu ano fiscal). É um resumo das receitas e despesas e indica o lucro ou prejuízo contábil da firma. Não é, no entanto, um resumo de recebimentos e desembolsos de caixa. (Recebimentos e desembolsos são considerados no orçamento de caixa, que é discutido no Capítulo 24.)

> **Demonstração de resultado**
> Demonstração financeira que resume as receitas e despesas durante um período para determinar o lucro ou prejuízo.

A Tabela 9.2 fornece as demonstrações de resultado de 2003 e 2004 da Pier 1 Imports. A demonstração inicia com um resumo das fontes de receita da empresa: vendas líquidas (vendas totais menos devoluções) de $ 1.868.243 em 2004. Em seguida, um resumo do custo dos produtos vendidos ($ 1.086.623). A diferença entre as vendas líquidas e o custo dos

TABELA 9.2
Pier 1 Imports Demonstrações das operações consolidadas (em milhares, exceto para os dados por ação).

Para o Ano Fiscal Encerrado	2004	2003
Vendas líquidas	$ 1.868.243	$ 1.754.867
Custo dos produtos vendidos	1.086.623	1.001.462
Lucro bruto	781.62	753.405
Despesas operacionais	544.536	502.319
Outras Despesas	50.927	46.432
Lucro antes dos juros e impostos	186.157	204.654
Despesas líquidas de juros	−1.159	−720
Imposto de renda	69.315	75.988
Lucro líquido	118.001	129.386
Lucro por ação	1,32	1,39
Lucro por ação totalmente diluído	1,29	1,36

Fonte: Adaptado do Relatório Anual de 2004 da Pier 1 Imports.

produtos vendidos é o lucro bruto ($ 781.620). Posteriormente, as despesas administrativas e a depreciação são subtraídas para determinar o lucro operacional ou lucro antes dos juros e impostos ($ 186.157). (Se a empresa tem outras fontes de receita – por exemplo, dividendos recebidos –, eles são adicionados ao lucro operacional para determinar o lucro total da empresa antes dos juros e impostos.) Para determinar o lucro líquido, as despesas de juros (–$ 1.159) e o imposto de renda ($ 69.315) têm de ser subtraídos dos $ 186.157, o que produz o lucro líquido de $ 118.001.[7]

Os acionistas normalmente não estão preocupados com os lucros totais, e sim com o lucro por ação. A última linha da demonstração de resultado mostra os lucros por ação (LPA = $ 1,32), que é o lucro líquido dividido pela quantidade de ações em circulação. Este $ 1,32 é o valor do lucro disponível para cada ação ordinária.

Observe que o lucro por ação ($ 1,32) pode não ser simplesmente o lucro dividido pela quantidade de ações em circulação ao final do ano ($ 118.001/100.799 = $ 1,17). Uma vez que a empresa pode emitir ou recomprar ações durante o ano, ela não se utiliza dos fundos durante todo o ano. Os fundos levantados pela emissão de ações (ou fundos utilizados para recomprar ações) não poderiam gerar lucro corrente. Assim, é calculada a média das ações em circulação durante o ano, sendo essa média utilizada para determinar o lucro por ação.

Note também que são fornecidos dois lucros por ação. O lucro por ação ($ 1,32) usa as ações em circulação (ou uma média das ações em circulação). O lucro por ação totalmente diluído ($ 1,29) inclui ações que serão emitidas, quando e se as opções de compra de ações forem exercidas. Apesar de essas ações não estarem em circulação no momento, é razoável considerar que estarão em circulação quando os funcionários exercerem suas opções de compra de ações. A publicação do lucro por ação totalmente diluído reconhece que o lucro será distribuído por um número maior de ações quando (e se) as opções forem exercidas e mais ações entrarem em circulação.

Quando a empresa gera um lucro, a administração tem de decidir o que fazer com esse resultado. Existem duas escolhas: (1) pagar os resultados aos acionistas na forma de dividendos em dinheiro, ou (2) reter os lucros. Os lucros retidos no balanço são o total de todos os lucros da empresa não distribuídos que foram acumulados, mas não foram pagos em dividendos durante a vida da empresa. Esses lucros retidos são usados para financiar a compra de ativos ou resgatar dívidas. A forma que os lucros deste ano foram utilizados não aparece na demonstração de resultado. A demonstração de resultado meramente resume as receitas e despesas durante o ano fiscal e indica se a empresa obteve um lucro ou um prejuízo.

DEMONSTRAÇÃO DE FLUXOS DE CAIXA

Contadores, analistas financeiros e investidores aumentaram sua ênfase em analisar a capacidade da empresa de gerar caixa. Essa ênfase levou à criação da "demonstração de fluxos de caixa", que demonstra as mudanças na posse de caixa e equivalentes de caixa da empresa e serve como ligação entre a demonstração de resultado (que demonstra se a empresa operou com prejuízo ou com lucro) e o balanço que enumera os ativos, passivos e patrimônio da empresa.

> **Demonstração de fluxos de caixa**
> Demonstração dos fluxos de entrada e saída de caixa.

A **demonstração de fluxos de caixa** é dividida em três seções: (1) atividades operacionais, (2) atividades de investimento, e (3) atividades de financiamento. Em cada seção relaciona as entradas e saídas de caixa. As entradas de caixa são:

1) redução no ativo;

---

[7] Observe que o juro é um número negativo. Isso significa que a Pier 1 Imports recebeu mais juros do que pagou. Quando o juro negativo é subtraído, ele aumenta o lucro líquido.

TABELA 9.3

Demonstração de fluxos de caixa da Pier 1 Imports (em milhares).

Para o ano fiscal terminado	2004	2003
Lucro líquido	$ 118.001	$ 129.386
Depreciação e amortização	64.606	57.934
Impostos diferidos	143	18.748
Outros	26.538	4.836
Mudanças em ativos passivos operacionais		
Contas a receber	(16.927)	(14.362)
Estoque	(40.520)	(57.917)
Contas a pagar e despesas provisionadas	32.678	33.364
Outras exigibilidades circulantes	(1.843)	(4.699)
Caixa líquido gerado pelas atividades operacionais	177.676	176.688
Fluxo de caixa de atividades de investimento		
Compra de instalações	(121.190)	(99.042)
Resultado da venda de instalações	34.450	6.330
Aquisições	0	0
Outros	(13.895)	(3.582)
Caixa líquido utilizado em atividades de investimento	(100.635)	(89.130)
Fluxo de caixa de atividades financeiras		
Dividendos em dinheiro	(26.780)	(19.520)
Compra de ações em tesouraria	(76.009)	(78.474)
Resultado da emissão de dívidas de longo prazo	0	0
Pagamento de dívidas de longo prazo	(6.390)	(364)
Empréstimos bancários líquidos de curto prazo	0	0
Resultado da venda de ações	15.125	17.305
Caixa líquido utilizado em financiamento	(94.054)	(81.053)
Variações em caixa e equivalentes de caixa	(17.013)	(188.768)
Caixa e equivalentes de caixa no início do ano	242.114	46.841
Caixa e equivalentes de caixa no fim do ano	$ 225.101	$ 242.114

2) aumento no passivo; e

3) aumento no patrimônio.

As saídas de caixa são:

1) aumento no ativo;

2) redução no passivo; e

3) redução no patrimônio.

A demonstração de fluxos de caixa começa com o lucro da empresa e se vale de vários registros para determinar a mudança no caixa e nos equivalentes de caixa da empresa. Esse processo é demonstrado na Tabela 9.3. A empresa inicia com lucro de $ 118.001. Considerando-se que lucro não é sinônimo de caixa, devem ser feitos ajustes para colocar o lucro em base de caixa. O primeiro ajuste é adicionar de volta todas as despesas e deduzir todas as receitas que não envolvem caixa.[8] O mais importante desses ajustes é normalmente

---

[8] O lucro de uma empresa pode incluir lucro de uma afiliada mesmo que não tenha recebido caixa. Essas receitas têm de ser subtraídas para expressar o lucro em base de caixa.

a depreciação, a despesa que não envolve caixa e que aloca o custo das instalações e equipamentos ao longo de um período. (Os vários métodos usados para depreciar instalações e equipamentos serão apresentados mais tarde neste capítulo.) Outras despesas que não envolvem caixa podem incluir a depreciação de matérias-primas e a amortização de ativos intangíveis, tais como fundo de comércio. Nessa tabela, a Pier 1 Imports teve despesas de depreciação e de amortização de $ 64.606 em 2004, assim, esse valor é somado ao lucro da empresa.

Um aumento em impostos diferidos é adicionado ao lucro mais as despesas que não envolvem caixa. O lucro é determinado depois da subtração dos impostos devidos durante o período, mas não necessariamente pagos. A empresa pode ser capaz de adiar o pagamento de alguns impostos para o futuro, assim, esses impostos adiados não resultam em uma saída corrente de caixa. Apesar de os impostos realmente pagos serem uma saída de caixa, os impostos diferidos reconhecidos durante o período não são uma saída de caixa e são somados ao lucro para determinar o caixa gerado pelas operações.

Em 2004, a Pier 1 Imports teve um aumento em impostos diferidos no valor de $ 143, que foi somado de volta para determinar o caixa das operações. Uma diminuição em impostos indicaria que impostos previamente diferidos foram pagos e foram uma saída de caixa. Nesse caso, a variação em impostos diferidos seria subtraída.

O próximo conjunto de registros refere-se a mudanças nos ativos e passivos circulantes da empresa resultantes das operações. Algumas dessas mudanças vão gerar caixa, enquanto outras vão consumi-la. Se as contas a receber aumentam, isso significa que, durante o período contábil, a empresa teve um aumento líquido em vendas a prazo. Essas vendas a prazo não geram caixa até que os recebíveis sejam cobrados, logo, um aumento de contas a receber é uma saída de caixa. Em 2004, os recebíveis da Pier 1 Imports aumentaram, assim houve uma saída de caixa de $ 16.927. A saída é representada pelos parênteses ao redor do valor. Ao contrário, se as contas a receber tivessem tido uma redução, isso significaria que a empresa havia cobrado mais recebíveis do que havia concedido. Tal cobrança positiva produziria uma entrada de caixa. Se a redução em contas a receber produz uma entrada positiva, o valor em dólar da diminuição não seria apresentado entre parênteses no relatório.

Um aumento de estoque, como um aumento em contas a receber, é uma saída de caixa. Mais estoque foi comprado que vendido, assim, existe uma saída de caixa. Se o estoque da empresa diminui, ela tem uma entrada de caixa. (Uma redução de estoque indica que menos estoque foi comprado que vendido. Essa entrada de caixa seria somada para determinar o caixa gerado pelas operações.) Durante 2004, o estoque da Pier 1 Imports aumentou, e esse valor de $ 40.520 de saída de caixa é subtraído para determinar o caixa gerado pelas operações.

Esses efeitos das mudanças em contas a receber e estoques sobre o caixa aplicam-se também aos outros ativos circulantes. Um aumento em qualquer ativo circulante, que não seja caixa ou equivalentes de caixa, é uma saída de caixa, enquanto uma diminuição é uma entrada de caixa. Por exemplo, se a empresa paga antecipadamente uma apólice de seguros ou faz um pagamento de *leasing* ou aluguel no início do mês, esses pagamentos são saídas de caixa. No entanto, eles também aumentam o ativo das despesas pré-pagas; dessa forma, o aumento no ativo representa uma saída de caixa.

Além das mudanças em ativos circulantes, as operações do dia-a-dia alterarão os passivos circulantes. Salários serão provisionados e outras contas comerciais poderão surgir. Um aumento nas contas a pagar é uma entrada de caixa, porque o caixa não pagou. Durante 2004, os credores da Pier 1 Imports emprestaram à empresa um adicional de $ 32.678 como parte das operações normais tanto de fornecedores (o credor) quanto usuários (o tomador ou devedor). Esses $ 32.678 são uma entrada. Se as contas a pagar diminuem, isso significa que a empresa teve uma saída de caixa, pois as dívidas foram resgatadas. Tal redução em um passivo circulante é uma saída, como ocorreu com os outros passivos que diminuíram em $ 1.843.

A soma dos ajustes e variações nos ativos e passivos circulantes produz o caixa líquido gerado (ou consumido) pelas operações. Em 2004, as operações da Pier 1 Imports geraram $ 177.676 de caixa, que é aproximadamente o valor gerado em 2003.

A seção seguinte da demonstração de fluxos de caixa analisa os investimentos da empresa em ativos de longo prazo. As aquisições de instalações e equipamentos exigem uma saída de caixa, enquanto a venda de instalações e equipamentos gera caixa (uma entrada). Empresas em expansão necessitarão de investimentos adicionais em instalações e equipamentos, o que consome caixa. Uma empresa com excesso de capacidade pode vender instalações e equipamentos, o que gera caixa. Durante 2004, a Pier 1 Imports adquiriu $ 121.190 em novas instalações. Essa aquisição é uma saída de caixa, por isso o valor está entre parênteses. A empresa também vendeu instalações por $ 34.450, o que é uma entrada. Após uma entrada adicional, o valor líquido dessas atividades de investimento é um valor negativo de $ 100.635. O número negativo indica que investimentos líquidos em instalações e equipamentos exigiram uma saída de caixa.

A terceira parte da demonstração de mudanças nos fluxos de caixa cobre as decisões de financiamento da empresa. Emitir novas dívidas ou novas ações produz uma entrada de caixa. Pagamento de dívidas, resgate de ações ou pagamento de dividendos em dinheiro são saídas de caixa. As decisões de financiamento podem ser tanto de longo como de curto prazo. Um aumento em um passivo de curto prazo, como um empréstimo bancário ou um passivo de longo prazo, como um título que está pendente, é uma fonte de caixa. Uma redução nessas contas, no entanto, exige uma saída de caixa. Um aumento no patrimônio também é uma entrada de caixa, enquanto uma redução de patrimônio é uma saída de caixa.

Além de pagar dividendos em dinheiro ($ 26.780), a decisão de financiamento da Pier 1 Imports preocupou-se basicamente com a recompra de ações ($ 76.009), o que é uma saída de caixa. A empresa não aumentou empréstimos de bancos comerciais e pagou um pequeno valor de dívida de longo prazo. Apesar de um pequeno valor de caixa ter sido gerado por meio da venda de ações, o resultado básico das atividades de financiamento foi uma saída de caixa de $ 94.054.

A parte final da demonstração apresenta a posição de caixa da empresa ao final do período. O caixa ao final do período contábil é determinado pelo valor inicial de caixa e pela variação do caixa. A entrada de caixa proveniente das operações da Pier 1 Imports foi $ 177.676, mas suas atividades de investimento resultaram em uma saída de caixa de $ 100.635. As atividades de financiamento resultaram em uma saída de caixa de $ 94.054, assim, após combinar os fluxos de caixa das operações, investimentos e financiamento, as saídas de caixa excederam as entradas em $ 17.013. Visto que a empresa iniciou o ano com $ 242.114, ela terminou o ano com $ 225.101 em caixa.

A última linha da demonstração de fluxos de caixa é a posição de caixa da empresa ao final do período contábil. Se a empresa usa mais caixa do que gera, o caixa mantido por ela (ou equivalentes de caixa) diminuirá. Ao contrário, se as entradas de caixa da empresa excederem as de saídas, seu caixa e equivalentes de caixa aumentarão.

O que essa demonstração adiciona aos conhecimentos do analista financeiro? Colocando a ênfase no caixa, o relatório permite ao analista ver onde a empresa gerou caixa e como esse dinheiro foi usado. No exemplo da Tabela 9.3, a Pier 1 Imports gerou caixa a partir do lucro e da despesa de depreciação não envolvida com caixa. Uma vez que estas são parte das atividades operacionais, são fundos gerados "internamente". Como esse caixa foi usado? A resposta é essencialmente para comprar instalações e estoques. Uma vez que o caixa gerado internamente foi suficiente para cobrir a aquisição de instalações e estoques, a Pier 1 Imports não precisou de fontes "externas" para cobrir as operações e seus investimentos em instalações e estoques. Foram tomadas algumas decisões de financiamento (por exemplo, o pagamento de dividendos). Essas decisões não foram impostas à empresa por estar operando com um sorvedouro de caixa. Ao contrário, as operações geraram fundos suficientes para cobrir a expansão dos estoques e das instalações sem a necessidade de uma entrada de caixa de fonte externa.

LIMITAÇÕES DOS DADOS CONTÁBEIS

Os relatórios contábeis têm pontos fracos inerentes, mas isso não isenta você de utilizar dados contábeis. Você precisa conhecer as limitações e interpretar as demonstrações financeiras à luz desses pontos fracos.

Primeiro, os dados contábeis não levam em consideração itens não mensuráveis, como a qualidade do departamento de pesquisa ou o desempenho de marketing da empresa. O desempenho é medido apenas em termos de dinheiro, e a conclusão dos dados contábeis é que, se a empresa consistentemente lidera seu ramo (ou pelo menos está acima da média), sua administração e suas divisões são qualitativamente superiores aos seus concorrentes. Provavelmente existe uma relação entre desempenho e demonstrações financeiras melhor. As fortes demonstrações financeiras da Coca-Cola ou da Johnson & Johnson refletem a qualidade de sua administração e de seu pessoal de pesquisa e marketing. No entanto, muitas empresas podem ser capazes de melhorar sua posição financeira temporariamente e alcançar desempenhos superiores por um período curto que não podem ser mantidos.

Segundo, as demonstrações financeiras que estão disponíveis para o público fornecem dados agregados. Apesar de a administração da empresa ter acesso aos dados detalhados, investidores individuais ou analistas de investimento podem não receber informações suficientemente detalhadas para guiar as decisões de investimento. Por exemplo, uma empresa pode não fornecer seus dados de venda por linha de produto. Dados de venda agregados não informam ao público quais produtos da empresa são suas principais fonte de receita. O uso de números agregados nas demonstrações de resultado e o balanço da empresa podem esconder informações que o investidor ou analista de investimento pode usar para estudar a empresa.

Terceiro, os dados contábeis podem ser tendenciosos. Por exemplo, a avaliação dos ativos ao custo ou valor de mercado – dos dois o mais baixo, pode resultar em informação tendenciosa se o valor em dólar do ativo aumentou de forma significante (como pode ocorrer em períodos de inflação). Esses aumentos em valor são escondidos pelo custo histórico, e assim os relatórios contábeis não dão uma indicação real do valor corrente dos ativos da empresa. Se o valor dos ativos aumentou e isso não é reconhecido pelos dados contábeis, o retorno ganho pela empresa em seus ativos está superavaliado. Se fosse usado o valor real dos ativos para determinar o retorno que a empresa obtém em seus ativos, a taxa seria menor.

Quarto, os dados contábeis fornecidos pela administração podem não ser exatos ou suficientemente revisados pelos auditores. Os relatórios contábeis das empresas de capital aberto têm de ser auditados por um auditor independente certificado (CPA).[9] Essas auditorias, que são uma exame oficial das contas, devem ser realizadas anualmente. Após conduzir uma auditoria, o CPA emite uma "opinião do auditor" que atesta a *fidedignidade* das demonstrações financeiras e sua *conformidade* com os princípios contábeis geralmente aceitos. Por fidedignidade os contadores querem dizer que os demonstrações não são enganosas. Essa opinião dos auditores tem de ser incluída no relatório anual da empresa. Ocasionalmente, a opinião pode incluir uma discussão de fatores específicos que afetam detalhes específicos nas demonstrações financeiras. Nesse caso, a opinião é chamada "qualificada".

Considerando-se que as auditorias são realizadas por contadores independentes, os investidores devem confiar nas demonstrações financeiras. Os auditores podem não ter conhecimento em áreas específicas e aceitar os dados da administração. Por exemplo, os auditores podem aceitar as estimativas dos engenheiros da empresa porque falta a eles o conhecimento especializado para pôr em dúvida as estimativas. Além disso, os auditores podem não contestar as apresentações da administração em áreas cinzentas, que estão abertas

---

[9] **CPA** – Certified Public Accountant (Contador Público Certificado). (NT)

a interpretação. (A aceitação do balanço paralelo da Enron foi justificada com base nisso.) Assim, auditar demonstrações financeiras não garante a exatidão das demonstrações. A responsabilidade pela exatidão é da administração. O analista financeiro ou o investidor devem ter presente que demonstrações financeiras auditadas não são verdade absoluta, mas incluem julgamentos que podem afetar a exatidão das demonstrações.

Uma das finalidades do *Sarbanes-Oxley Act* (Ato Sarbanes-Oxley), de 2002, foi melhorar a exatidão exigindo que o principal executivo-chefe (CEO) e o executivo-chefe de finanças (CFO) das empresas de capital aberto certifiquem que as demonstrações financeiras não contêm afirmações inverídicas ou omissões materiais. As penalidades por violar estes dispositivos incluem multas e possibilidades de prisão. Enquanto as exigências legais do *Sarbanes-Oxley* devem aumentar a exatidão das demonstrações financeiras, sua preparação ainda requer juízos de valor que podem afetar os números finais.

DEPRECIAÇÃO

A depreciação foi anteriormente definida como a alocação do custo de um ativo fixo como instalações ou equipamentos durante um período de tempo. Isso é importante porque a despesa de depreciação anual que não envolve caixa reduz o lucro tributável, o que diminui seus impostos. Uma vez que a depreciação é uma despesa que não envolve caixa, ela é somada de volta ao lucro para determinar o fluxo de caixa das operações da empresa.

Embora um ativo fixo possa ser depreciado, isso não nos informa a taxa ou valor pela qual o ativo pode ser depreciado anualmente. Se a alocação do custo é o mesmo valor em dólar a cada ano, a empresa está usando uma **depreciação em linha reta**. A alocação, no entanto, pode ser em valores mais altos em dólar nos primeiros anos e valores menores nos anos finais do tempo de vida do investimento. Esse sistema de alocação é chamado **depreciação acelerada**. Como ilustrado a seguir, a vantagem da depreciação acelerada é que ela aloca o custo do ativo mais rapidamente e, dessa forma, recupera o custo do investimento mais depressa *e*, no início, reduz o imposto de renda da empresa.

Depreciação em linha reta
Alocação do custo de instalações e equipamentos por valores iguais durante um período.

Depreciação acelerada
Alocar o custo de instalações e equipamentos de forma que uma proporção maior do custo do ativo seja recuperada durante os anos iniciais de vida do ativo.

A despesa de depreciação surge da seguinte maneira. Uma empresa tem o seguinte balanço:

Empresa × Balanço em 31/12/XX			
Ativos		**Passivo e Patrimônio**	
Caixa	$ 1.000	Dívidas	$ 500
		Patrimônio	$ 500

O único ativo é caixa fornecido pelos investidores (o patrimônio) e credores (a dívida). Para fabricar qualquer produto, a empresa usa $ 400 do caixa para adquirir equipamentos. Depois da compra, o balanço passa a ser:

Ativos		**Passivo e Patrimônio**	
Caixa	$ 600	Dívidas	$ 500
Equipamento	$ 400	Patrimônio	$ 500

Os $ 400 de caixa foram gastos quando o equipamento foi adquirido; assim, a empresa não tem mais esses fundos.

A firma espera que o equipamento opere por muitos anos. Por exemplo, a empresa pode prever que o equipamento vá durar quatro anos, depois desse tempo terá de ser sucatado e substituído. Se a empresa prevê que a máquina de $ 400 terá uma vida útil de quatro anos, a empresa depreciará a máquina na base da linha reta em $ 100 por ano. Isso é calculado usando a seguinte fórmula:

$$\text{Depreciação anual} = \frac{\text{Custo}}{\text{Vida útil antecipada em anos}}. \qquad 9.1$$

A depreciação anual é:

$$\frac{\$ 400}{4} = \$ 100.$$

Na realidade, a empresa está dizendo que $ 100 do valor da máquina é depreciado ou consumido a cada ano e que, ao final de quatro anos, a máquina estará completamente desgastada e sem valor.

A importância da despesa de depreciação no lucro e no imposto de renda de pessoa jurídica é mostrada a seguir. Se a produção obtida pela máquina da empresa é vendida por $ 800 e se, depois das despesas operacionais e administrativas de $ 500, a empresa tiver lucro de $ 300, estes $ 300 serão uma expressão real do lucro? A resposta é não, porque nenhuma provisão foi feita para os $ 100 do valor da máquina que foi consumido na obtenção do produto. O lucro real não é $ 300, mas $ 200, que são o lucro bruto de $ 300 menos a despesa de depreciação de $ 100. A empresa agora paga o imposto de renda de pessoa jurídica sobre o lucro de $ 200 e não o lucro de antes da despesa de depreciação. Se a alíquota de imposto de renda de pessoa jurídica for 25%, a empresa paga $ 50 (0,25 × $ 200) de imposto de renda em vez dos $ 75 (0,25 × $ 300) que teria de pagar se a despesa de depreciação fosse omitida. Uma vez que a despesa de depreciação reduz o lucro da empresa, também diminui o imposto de renda.

Tendo em vista que a empresa comprou o equipamento no primeiro ano, pode parecer razoável adicionar o custo total do equipamento nas despesas da empresa para aquele ano. Nesse caso, a empresa teria uma demonstração de resultado real? A resposta é "não", porque os custos da empresa estão relatados erroneamente. As despesas da empresa seriam $ 900, o que incluiria os $ 500 de despesas operacionais e os $ 400 do custo do equipamento. A firma estaria operando com um prejuízo de $ 100 (receita de $ 800 menos $ 900 de despesas). Isso subavalia o lucro, pois a vida inteira do equipamento não foi consumida durante o ano. Apenas um quarto do seu valor foi consumido durante o primeiro ano. Assim, apenas um quarto do valor do equipamento deveria ser debitado (ou "descarregado") na despesa contra a receita anual da empresa. Superestimar, assim como subestimar as depreciações, altera o lucro da firma.

O fato de que a depreciação afeta o fluxo de caixa da empresa pode ser visto na continuação do exemplo. Os $ 100 de despesa de depreciação não envolveram uma saída de caixa. As despesas operacionais e administrativas exigem uma saída de caixa. (A saída de caixa ocorreu quando a máquina foi comprada inicialmente e não enquanto estava sendo usada. A depreciação é um item de despesa que não envolve caixa ou que aloque desembolso inicial de caixa por um período de tempo.) Dado que não foi gasto nenhum valor de caixa pela empresa como resultado da despesa de depreciação, diz-se que a depreciação é uma fonte de fluxo de caixa porque está recuperando a saída inicial para a máquina. Assim, a depreciação aumenta o fluxo de caixa da empresa.

Essa afirmação, que parece contraditória (que uma despesa aumentará o fluxo de caixa de uma empresa), pode ser ilustrada preparando-se uma demonstração simples de resultado para a firma:

Vendas	$ 800
Despesas operacionais	500
Lucro antes da depreciação	300
Depreciação	100
Lucro tributável	200
Imposto	50
Lucro líquido	$ 150

Apenas as despesas operacionais ($ 500) e o imposto ($ 50) exigiram desembolso de caixa. A empresa tem $ 250 ($ 800 – $ 550) de saldo. Esse valor é o lucro de $ 150 e os $ 100 da depreciação que foram somados de volta ao lucro para obter o fluxo de caixa gerado pelas operações. Dessa forma, o fluxo de caixa é o lucro (após o imposto de renda) mais a despesa de depreciação. A empresa possui $ 250 que pode usar e os $ 100 do caixa são o resultado da despesa de depreciação. A empresa tem agora de decidir o que fazer com os $ 100 gerados pelo ativo depreciado. Por exemplo, a administração pode usar o caixa para restaurar o ativo depreciado, comprar um ativo diferente, pagar dívidas em aberto ou fazer pagamentos aos acionistas.

Depreciação Acelerada

Conceitualmente, a depreciação acelerada não é diferente da depreciação em linha reta, exceto que uma proporção maior do preço de compra do ativo é depreciada nos anos iniciais de sua vida útil. As despesas de depreciação são maiores quando as instalações e os equipamentos estão novos e menores quando as instalações e os equipamentos estão velhos. Assim, a variação nas despesas, naturalmente, altera o lucro da empresa. Quando a despesa de depreciação é maior, o lucro e o imposto de renda da empresa são menores. Usando a depreciação acelerada, a empresa inicialmente é capaz de reduzir o lucro e o imposto de renda, mas aumenta seu fluxo de caixa (ou seja, a depreciação acelerada inicialmente aumenta o valor do lucro mais a despesa de depreciação).

Instalações e equipamentos são geralmente depreciados pelo **sistema modificado de recuperação acelerada de custo (MACRS)**,[10] que utiliza as tabelas fornecidas na Tabela 9.4. A primeira coluna indica o ano, e as demais colunas mostram (para determinadas classes de ativos depreciáveis) a proporção do custo do ativo que pode ser depreciada naquele ano. Por exemplo, se um ativo deve ser depreciado em cinco anos, 32% do custo desse ativo é baixado no segundo ano.

> **Sistema modificado de recuperação acelerada de custo (MACRS)**
> Tipo de depreciação acelerada que se tornou lei sob a revisão de impostos de 1981 e que foi revisada pelo *Tax Reform Act* (Ato de Reforma de Impostos) de 1986.

O número de anos que pode ser usado para depreciar determinado ativo é semelhante à vida econômica do ativo. Por exemplo, automóveis e caminhões leves são depreciados em cinco anos, e equipamentos de escritório são depreciados em sete anos. Um ativo, no entanto, pode ser utilizado por um período superior ao permitido para baixar seu custo. Antes do estabelecimento do sistema de recuperação acelerada de custo (ACRS) e a subseqüente modificação (MACRS), a depreciação era estabelecida pela vida útil do ativo. Dessa maneira, determinado equipamento que tivesse uma expectativa de vida útil de dez anos seria depreciado durante dez anos. Na atual legislação, esse equipamento seria classificado como um ativo de sete anos, e a tabela de sete anos seria utilizada.

Duas observações adicionais devem ser feitas. Em primeiro lugar, um exame mais detalhado nas tabelas apresentadas na Tabela 9.4 revela que as tabelas de depreciação são um

---

[10] Do inglês, **M**odified **A**ccelerated **C**ost **R**ecovery **S**ystem (MACRS), implantado pelo *Tax Reform Act* (TRA) de 1986. Disponível em: http://en.wikipedia.org/wiki/MACRS. Acesso em: 4 fev. 2008; e http://www.irs.gov/publications/p946/index.html. Acesso em: 4 fev. 2008. (NT)

TABELA 9.4 Tabelas de depreciação sob o sistema modificado de recuperação acelerada de custo.

Recuperação Ano	Porcentagem do custo depreciado durante:					
	3 anos	5 anos	7 anos	10 anos	15 anos	20 anos
1	33,00%	20,00%	14,28%	10,00%	5,00%	3,79%
2	45,00	32,00	24,49	18,00	9,50	7,22
3	15,00	19,20	17,49	14,40	8,55	6,68
4	7,00	11,52	12,49	11,52	7,69	6,18
5		11,52	8,93	9,22	6,93	5,71
6		5,76	8,93	7,37	6,23	5,28
7			8,93	6,55	5,90	4,89
8			4,46	6,55	5,90	4,52
9				6,55	5,90	4,46
10				6,55	5,90	4,46
11				3,29	5,90	4,46
12					5,90	4,46
13					5,90	4,46
14					5,90	4,46
15					5,90	4,46
16					3,00	4,46
17						4,46
18						4,46
19						4,46
20						4,46
21						2,25

ano mais longas que o número de anos mencionado. Por exemplo, a depreciação de um ativo de cinco anos ocorre durante seis anos. Isso porque a depreciação é baseada no pressuposto de que os ativos são comprados igualmente durante o ano. Na média, os ativos são possuídos pela metade do ano em que foram comprados.[11] Em segundo, as tabelas de depreciação não consideram qualquer valor residual que o ativo possa ter. Assim, um ativo classificado como depreciável dentro do programa de sete anos não terá valor ao final do oitavo ano de acordo com a tabela de depreciação, mesmo que na realidade possa ter algum valor residual.

Comparação dos Métodos de Depreciação

Todos os métodos de depreciação alocam o custo de instalações e equipamentos durante um período. As diferenças relacionam-se aos seus efeitos sobre o lucro da empresa e, por conseguinte, seus efeitos sobre o imposto de renda da empresa e o fluxo de caixa dos investimentos. A depreciação em linha reta e o sistema de recuperação acelerada de custo são comparados na Tabela 9.5 para um ativo que custa US$ 1 mil e é depreciado durante dez anos. (A Tabela utiliza um ativo de $ 1 mil para facilitar a comparação entre a linha reta e a depreciação acelerada. Em 2003, sob a Seção 179, a empresa pode deduzir ("baixar") imediatamente até $ 25 mil do custo do equipamento.) A primeira seção dessa tabela mostra a depreciação em linha reta durante a vida econômica do ativo. Observe que a convenção da semestralidade também se aplica à depreciação em linha reta. Considerando-se que na média os ativos são possuídos por seis meses, apenas metade da depreciação anual é deduzida no

---

[11] Esta é a chamada Half Year Convention (Convenção da Semestralidade).
Disponível em: http://en.wikipedia.org/wiki/MACRS. Acesso em: 4 fev. 2008. (NT)

TABELA 9.5 Comparação entre os métodos de depreciação em linha reta e recuperação acelerada do custo.

Ano	Lucro antes da depreciação	Despesa de depreciação	Lucro antes do imposto de renda	Imposto de renda	Lucro líquido após imposto de renda	Fluxo de caixa
Depreciação em linha reta						
1	$ 300	$ 50	$ 250	$ 62,50	$ 187,50	$ 237,50
2	300	100	200	50,00	150,00	250,00
3	300	100	200	50,00	150,00	250,00
4	300	100	200	50,00	150,00	250,00
5	300	100	200	50,00	150,00	250,00
6	300	100	200	50,00	150,00	250,00
7	300	100	200	50,00	150,00	250,00
8	300	100	200	50,00	150,00	250,00
9	300	100	200	50,00	150,00	250,00
10	300	100	200	50,00	150,00	250,00
11	300	50	250	62,50	187,50	237,50
Total		$ 1.000		$ 575,00	$ 1.725,00	$ 2.725,00
Recuperação acelerada do custo						
1	$ 300	$ 142,80	$ 157,20	$ 39,30	$ 117,90	$ 260,70
2	300	244,90	55,10	13,78	41,32	286,22
3	300	174,90	125,10	31,28	93,82	268,72
4	300	124,90	175,10	43,78	131,32	256,22
5	300	89,30	210,70	52,67	158,03	247,33
6	300	89,30	210,70	52,67	158,03	247,33
7	300	89,30	210,70	52,67	158,03	247,33
8	300	44,60	255,40	63,85	191,55	236,15
9	300	—	300,00	75,00	225,00	225,00
10	300	—	300,00	75,00	225,00	225,00
11	300	—	300,00	75,00	225,00	225,00
Total		$ 1.000,00		$ 575,00	$ 1.725,00	$ 2.725,00

primeiro ano. Para depreciar totalmente o ativo, a dedução final ocorre no décimo primeiro ano na tabela.

A segunda seção ilustra o sistema de recuperação acelerada do custo, que classifica o ativo como um ativo de sete anos. A primeira coluna contém o ano e a segunda, o lucro operacional da empresa após todas as despesas, exceto depreciação. A terceira coluna mostra a despesa de depreciação para cada um dos anos.

As quatro colunas restantes revelam os efeitos da despesa de depreciação. A quarta coluna apresenta o lucro tributável da empresa; a quinta coluna exibe o imposto de renda (considerando-se uma taxa de imposto de renda de 25%), e a sexta coluna mostra o lucro ou prejuízo após imposto de renda. A sétima coluna expõe o fluxo de caixa da empresa, que é a soma de seu lucro após imposto de renda e sua despesa de depreciação. Como pode ser visto na tabela, o método da depreciação acelerada inicialmente (1) reduz o lucro tributável da empresa, o que reduz o imposto e (2) aumenta o fluxo de caixa da empresa.

A tabela, no entanto, também mostra que o método da depreciação acelerada aumenta o lucro da empresa e o imposto e reduz o fluxo de caixa nos últimos anos da vida do ativo. Realmente, o total da despesa de depreciação, lucro após imposto de renda e fluxo de caixa durante a vida do ativo são os mesmos para ambos os métodos de depreciação. Isso pode ser visto somando-se as colunas de despesa de depreciação, imposto de renda, lucro líquido e fluxo de caixa. Os totais são os mesmos para ambos os métodos.

Se a depreciação acelerada não reduz o imposto de renda da empresa e aumenta seu fluxo de caixa durante a vida do ativo, qual é a sua vantagem? A resposta a essa pergunta é a época do imposto de renda e dos fluxos de caixa. A depreciação acelerada aumenta o fluxo de caixa da empresa durante os anos iniciais da vida do ativo e adia o pagamento do imposto de renda para os últimos anos da vida do ativo. A depreciação acelerada aumenta o fluxo de caixa agora, de forma que a empresa tem dinheiro para investir e aumentar os lucros. Deferindo o imposto de renda, a empresa está recebendo um empréstimo corrente na forma de impostos deferidos do governo federal. E, igualmente importante, esse imposto não tem custo de juros.

Na realidade, o governo federal, ao permitir a depreciação acelerada, está concedendo às empresas empréstimos livres de juros que podem ser usados para obter mais lucros. A depreciação acelerada é outro daqueles dispositivos que o governo federal usa para influenciar o comportamento. Permitindo a depreciação acelerada, estimula as empresas a investir em instalações e equipamentos. O estímulo a esses investimentos deve aumentar tanto a capacidade produtiva da nação quanto o nível de emprego, uma vez que os trabalhadores têm de construir as instalações e o equipamento e operá-los depois de instalados.

ANÁLISE DAS DEMONSTRAÇÕES FINANCEIRAS POR ÍNDICES[12]

Os dados contábeis são muitas vezes usados para analisar as condições financeiras de uma empresa. Tais análises podem ser conduzidas por credores para medir a segurança de seus empréstimos. Os investidores também analisam as demonstrações financeiras para saber como está o desempenho da administração. A rentabilidade da empresa pode ser percebida nas demonstrações financeiras. Além disso, a administração analisa os dados nas demonstrações financeiras para identificar os pontos fracos na empresa, os quais, se corrigidos, podem aumentar a rentabilidade e o valor da empresa.

Os índices usados na análise financeira podem ser classificados nos seguintes grupos: (1) liquidez, (2) atividade ou utilização de ativos, (3) rentabilidade, (4) alavancagem[13] e (5) cobertura. Os índices de liquidez indicam a capacidade da empresa de satisfazer suas obrigações de curto prazo no seu vencimento. Índices de atividade estão voltados para o valor dos ativos que a firma usa para dar suporte às suas vendas. Quanto mais rapidamente os ativos girarem, de menos ativos a empresa necessita para amparar suas vendas. Alto giro de estoques e contas a receber também indicam a velocidade com que a firma é capaz de converter esses ativos circulantes em caixa. Índices de rentabilidade são a medida do desempenho; indicam o que a empresa ganha em suas vendas, seus ativos e patrimônio. Índices de alavancagem estão voltados para a estrutura de capital da empresa ou a extensão em que as dívidas são utilizadas para financiar os ativos da firma. Índices de cobertura indicam em que extensão a empresa gera lucro operacional para cobrir uma despesa.

---

[12] Para nomenclatura usual dos índices no Brasil, utilizamos as seguintes fontes: GITMAN, Lawrence J. *Princípios de administração financeira*. 10. ed. São Paulo: Pearson, 2004; MATARAZZO, Dante Carmine. *Análise financeira de balanços*. 6. ed. São Paulo: Atlas, 2003; ROSS, Stephen A. et al. *Princípios de administração financeira*. São Paulo: Atlas, 1998; BLATT, Adriano. *Análise de balanços*. São Paulo: Makron Books, 2001. (NT)

[13] Normalmente referidos no Brasil como índices de endividamento. (NT)

Esses índices podem ser calculados e interpretados de dois pontos de vista. Podem ser compilados para um período de anos para observar tendências; são as **séries de tempo** ou análise *cross-sectional* de **tendências**. Os índices podem ser calculados ao mesmo tempo para diversas empresas dentro de um setor; esta é a análise *cross-sectional*. Séries de tempo e **análises *cross-sectional*** podem ser utilizadas juntas. Dificilmente todos os índices indicarão a mesma tendência geral. Quando são tomados como um grupo, os índices devem dar uma indicação da direção para a qual a empresa está se movendo e como ela se compara com outras empresas do setor.

> **Análise de séries de tempo**
> Análise de uma empresa durante um períodode tempo.
>
> **Análise *cross-sectional***
> Análise de diversas empresas no mesmo ramo em determinado momento.

A análise das demonstrações financeiras por meio de índices pode ser uma ferramenta muito útil para administradores financeiros, investidores e credores, que podem usar esse tipo de análise para verificar como a empresa está desempenhando ao longo do tempo e em relação a seus concorrentes. Os índices tendem a indicar direções, como a deterioração da rentabilidade da empresa. A análise de séries de tempo das demonstrações financeiras pode indicar dificuldades futuras enquanto ainda há tempo para tomar ações corretivas.

Mesmo que a empresa não esteja experimentando uma deterioração da posição financeira, seu desempenho pode ser inferior ao de outras companhias em de seu setor. Uma análise *cross-sectional* de empresas indicará se a empresa em particular está desempenhando dentro dos padrões do setor. Para fazer tais comparações você tem de ter acesso às médias do setor. As mais conhecidas médias são os índices compilados pela Dun & Bradstreet e publicados anualmente no *Dun's Review*. As empresas são classificadas pelos seus números de SIC (Standard Industrial Classification – Classificação Setorial Padrão),[14] e os índices são subdivididos por tamanho de empresa.

A Robert Morris Associates, uma associação nacional de gerentes de crédito de bancos, também apresenta médias setoriais em sua publicação anual *Statement Studies*.[15] As fontes de seus dados são as demonstrações financeiras recebidas pelos bancos comerciais das empresas que fazem empréstimos. As firmas são classificadas pelo seu número de SIC.

Os investidores individuais e os credores podem descobrir que calcular seus próprios índices pode ser útil, uma vez que podem enfatizar os índices mais aplicáveis ao uso projetado da análise. Por exemplo, bancos comerciais e outras instituições de empréstimos estão preocupados com a capacidade do tomador de resgatar o empréstimo (pagar o juro e reembolsar o principal). Dessa forma, os índices relacionados ao uso da dívida ou a cobertura dos pagamentos de juros são importantes. Gerentes de crédito usarão esses índices nas revisões de crédito e em decisões de concederem novos empréstimos.

Se você fizer uma análise das demonstrações financeiras de uma empresa e comparar os resultados com fontes publicadas, poderá ter problemas. Primeiro, as médias setoriais publicadas são baseadas nas demonstrações financeiras do ano passado, reduzindo a comparabilidade dos dados com índices financeiros do ano corrente. Segundo, a empresa em particular pode não se encaixar perfeitamente em uma das categorias setoriais. Grandes empresas como a Pepsi têm operações em uma variedade de campos relacionados (por exemplo, refrigerantes *e* salgadinhos), que reduz a comparabilidade de índices calculados para empresas similares, mas não idênticas (como a Coca-Cola). Terceiro, mesmo que a média do setor seja apresentada para empresas em setores comparáveis, o problema de comparar empresas de tamanhos diferentes continua. Esse problema é óbvio para grandes

---

[14] A Classificação Setorial Padrão (Standard Industrial Classification – SIC) "é um sistema do governo norte-americano para classificar setores de atividade usando um código de quatro dígitos. Foi estabelecido na década de 1930, e está sendo substituído pelo North American Industry Classification System (Sistema Norte Americano de Classificação Setorial) com seis dígitos que foi lançado em 1997, no entanto, alguns departamentos e agências governamentais, como a US Securities and Exchange Commission (SEC), ainda usam os códigos SIC". Disponível em: http://en.wikipedia.org/wiki/Standard_Indusrial_Classification. Acesso em: 4 fev. 2008. (NT)

[15] *Statement Studies* (Estudos de Relatórios Financeiros). (NT)

diferenças de tamanho (como uma mercearia de bairro comparada com uma grande cadeia de supermercado). Mas o problema pode também ser aplicado quando se comparam empresas maiores em um setor. Por exemplo, os índices de um pequeno armazém são comparáveis com os índices de grande operação como o Safeway ou Food Lion?

Embora haja problemas com a aplicação de análise de índices, ela continua a ser uma boa solução para analisar as condições financeiras de uma empresa. Você certamente não deve abandonar a análise porque pode haver dificuldades com sua aplicação ou interpretação. Usada com outras ferramentas de análise financeira, a análise de índices das demonstrações financeiras pode dar uma indicação clara do desempenho da empresa e sua direção. A análise pode ser um aviso de coisas que virão e como tal pode indicar que devem ser tomadas atitudes agora para corrigir pequenos problemas antes que cresçam e tornem-se uma fonte importante de dificuldades financeiras.

Na seção a seguir, serão discutidos e apresentados vários índices. Esses índices não esgotam todos os índices possíveis e, certamente, você poderá observar que, em uma função específica, são necessários outros índices adicionais ou versões mais sofisticadas de alguns dos índices aqui apresentados. A finalidade deste capítulo é somente ilustrar como os índices são compilados, interpretados e usados, utilizando o balanço ao fim do ano fiscal de 2004 (Tabela 9.1), e a demonstração de resultado para o ano fiscal de 2004 (Tabela 9.2) da Pier 1 Imports.

Antes de prosseguir, você também precisa ser avisado de que diversos índices têm mais de uma definição. A definição utilizada por uma analista pode diferir daquela usada por outro. Essas diferenças podem surgir da utilização de dados médios em duas demonstrações financeiras. (Veja, por exemplo, as duas abordagens ao giro de estoques discutidas a seguir.) Outra fonte de diferenças pode ser o que é incluído ou excluído. (Veja, por exemplo, as várias definições de índices de endividamento.) Você não pode supor que a análise obtida de uma fonte seja comparável com aquela fornecida por uma fonte alternativa. Esse problema pode ser particularmente agudo, agora que podemos encontrar análises das demonstrações financeiras na internet. Naturalmente, você pode evitar esse problema fazendo você mesmo a análise!

ÍNDICES DE LIQUIDEZ

Liquidez é a facilidade com que os ativos podem ser convertidos em caixa sem perda. Se uma empresa é líquida, ela será capaz de pagar suas contas à medida que vencem. Assim, os índices de liquidez são úteis não apenas para os credores de curto prazo da firma, que estão preocupados em serem pagos, mas também para a administração da empresa, que tem de fazer os pagamentos.

Liquidez Corrente

A **liquidez corrente** é a relação entre os ativos circulantes e os passivos circulantes.

Índice de liquidez corrente
Relação entre o ativo circulante e o passivo circulante: medida de liquidez.

$$\text{Índice de Liquidez corrente} = \frac{\text{Ativo circulante}}{\text{Passivo circulante}}$$

Indica até que ponto os passivos circulantes, que devem ser pagos dentro de um ano, estão "cobertos". Para a Pier 1 Imports, os ativos circulantes são $ 698.151 e os passivos circulantes são $ 279.888; assim, a liquidez corrente é:

$$\frac{\$698.515}{\$279.888} = 2,49.$$

O que indica que, para cada dólar que a empresa tem de pagar em um ano, existem $ 2,49 em um ativo que é caixa ou deve tornar-se caixa durante o ano.

Para a maioria dos setores é desejável ter mais ativos circulantes que passivos circulantes. Algumas vezes, afirma-se que é desejável ter pelo menos $ 2 em ativos circulantes para cada dólar em passivos circulantes (um índice de liquidez corrente de pelo menos 2:1). Se o índice de liquidez for 2:1, os ativos da empresa podem então deteriorar-se em valor por 50% e a empresa ainda seria capaz de satisfazer seu passivo circulante. Embora essas regras práticas sejam oportunas, não se aplicam a todos os setores. Por exemplo, companhias de eletricidade normalmente têm passivos circulantes que excedem seus ativos circulantes. Isso assusta os credores em curto prazo? Não, porque os ativos de curto prazo são de alta qualidade (contas a receber de usuários de eletricidade). Se uma pessoa deixar de pagar uma conta de eletricidade, a companhia corta o serviço, e essa ameaça normalmente é suficiente para induzir o pagamento. Quanto mais alta a qualidade dos ativos circulantes (em outras palavras, quanto mais alta probabilidade de que esses ativos sejam convertidos em caixa ao seu valor relatado), menor a necessidade de que o coeficiente corrente exceda 1:1. A razão para selecionar um índice de liquidez corrente como 2:1 como regra prática é que os credores freqüentemente acreditam que nem todos os ativos serão convertidos em caixa, e, para se protegerem, querem um coeficiente corrente de 2:1.

Considerando-se que a administração também deseja saber se a empresa tem ativos líquidos o suficiente para pagar suas contas, o índice de liquidez corrente pode ter uso adicional para a administração. Um índice baixo não é desejável, porque indica fragilidade financeira. Um índice de liquidez corrente alto pode também não ser desejável, pois pode sugerir que a empresa não está usando os fundos economicamente. Por exemplo, a empresa pode ter emitido obrigações de longo prazo e usado esse valor para financiar excesso de estoque ou contas a receber. O índice de liquidez corrente alto pode indicar ainda que e empresa não está se aproveitando do financiamento de curto prazo disponível. Uma vez que obrigações de curto prazo tendem a ser mais baratas que as obrigações de longo prazo, o uso de obrigações de longo prazo pode reduzir a rentabilidade. Dessa forma, um valor numérico alto ou baixo para o índice de liquidez corrente pode assinalar que a administração dos ativos e exigibilidades de curto prazo necessitam de mudanças.

Liquidez Seca

Apesar de o índice de liquidez corrente dar uma indicação da capacidade de a empresa satisfazer seus passivos circulantes no seu vencimento, esse índice tem suas limitações. É um agregado de todos os ativos circulantes e não diferencia os ativos circulantes em relação aos seus graus de liquidez. O índice considera estoques que podem ser vendidos a crédito após três meses (cujo pagamento, por sua vez, poderá não ser recebido por alguns meses adicionais) da mesma forma que o caixa ou um título do governo de curto prazo.

Uma vez que leva meses até que um estoque seja vendido e transformado em caixa, uma variação da liquidez corrente é o índice de todos os ativos circulantes menos os estoques divididos pelo passivo circulante. Esse índice é chamado **liquidez seca** ou *teste ácido* (ambos os termos são usados para esse índice) e é expresso como a seguir:

> **Índice de liquidez seca (teste ácido)**
> Ativo circulante excluindo os estoques dividido pelo passivo circulante; medida de liquidez.

$$\text{Liquidez seca} = \frac{\text{Ativo circulante} - \text{Estoques}}{\text{Passivo circulante}}.$$

Para a Pier 1 Imports, a liquidez seca é:

$$\frac{\$\,698.151 - \$\,373.870}{\$\,279.888} = 1,16,$$

que é mais baixa que a liquidez geral de 2,49 calculada anteriormente. A diferença é, naturalmente, o resultado do estoque que a companhia mantém. Um índice de liquidez seca baixo indica que a empresa pode ter dificuldade de satisfazer suas obrigações no vencimento. O índice de liquidez seca, no entanto, não indica que a empresa deixará de pagar. A capacidade de satisfazer suas obrigações será influenciada por fatores como (1) a velocidade com que o caixa entra na empresa, (2) a capacidade da empresa de levantar capital adicional, (3) a velocidade de vencimento das obrigações, e (4) a relação que a empresa tem com seus fornecedores e a disposição deles de estender o crédito. Esse índice simplesmente indica se os passivos estão cobertos pelo caixa e ativos que podem ser convertidos em dinheiro de forma relativamente rápida. Realmente, o índice de liquidez seca considera que nem todos os ativos circulantes são igualmente líquidos e é uma medida mais rigorosa da liquidez que o índice de liquidez corrente.

O índice de liquidez seca é, algumas vezes, definida como:

$$\text{Índice de Liquidez seca} = \frac{\text{Caixa} + \text{Equivalentes de caixa} + \text{Contas a receber}}{\text{Passivo circulante}}.$$

As duas definições fornecerão a mesma resposta se os ativos circulantes da empresa estiverem limitados a caixa, títulos mobiliários, contas a receber e estoques. Algumas empresas, no entanto, têm outros ativos circulantes como despesas pré-pagas. Nesse caso, a escolha da definição afetará o valor numérico do índice. Para a Pier 1 Imports, o índice de liquidez seca usando a definição alternativa é:

$$\frac{\$225.101 + \$58.557}{\$279.888} = 1,01.$$

Esse valor é marginalmente menor e pode ser preferido, uma vez que você não deseja superavaliar a capacidade da empresa de pagar seus passivos circulantes à medida que vencem.

Os Componentes do Ativo Circulante

Outra abordagem da liquidez é classificar os ativos circulantes de acordo com seu grau de liquidez e determinar a proporção de cada um no total dos ativos circulantes. O ativo circulante mais líquido é o caixa. Em seguida, vêm os equivalentes de caixa, como as notas do Tesouro (*Treasury bills*) ou certificados de depósito negociáveis. Depois, vêm contas e receber e, por fim, estoques. Para a Pier 1 Imports, a proporção de cada ativo no ativo circulante total é como a seguir:

Ativo circulante	Proporção do total ativos circulantes
Caixa e equivalentes de caixa	32,2%
Contas a receber	8,4
Estoques	53,6
Outros	5,8

A tabela indica que 32,2% dos ativos da empresa são caixa, títulos de curto prazo e contas de estoque com 53,6% dos ativos circulantes.

Visto que essa técnica determina a proporção de cada ativo no total de ativos circulantes, ela fornece uma indicação do grau de liquidez dos ativos circulantes da empresa. Se uma grande proporção dos ativos circulantes for estoque, a empresa não é muito líquida. A decomposição do ativo circulante de acordo com seu grau de liquidez, juntamente com o índice de liquidez seca dá à administração, aos credores e aos investidores uma medida melhor da capacidade da empresa de satisfazer seus passivos circulantes à medida que forem vencendo, do que a fornecida pelo índice de liquidez corrente. Esses índices, então, são um suplemento essencial ao índice de liquidez corrente e devem ser usados para analisar a liquidez de qualquer empresa, como a Pier 1 Imports, que mantém um valor significante de estoques em suas operações.

ÍNDICES DE ATIVIDADE

Índices de atividade indicam a velocidade com que uma empresa está transformando seus ativos (por exemplo, estoques e contas a receber) em caixa. Dois índices de atividade freqüentemente encontrados são giro de estoque e giro de contas a receber (período médio de cobrança ou dias de vendas pendentes). Quanto mais rápido a empresa girar seus estoques e contas a receber, mais rapidamente adquire caixa. Como conseqüência, um giro alto indica que a empresa está recebendo caixa rapidamente e está mais capacitada a pagar suas exigibilidades à medida que forem vencendo. Giro alto, no entanto, não significa que a empresa está maximizando os lucros. Por exemplo, um giro de estoques alto indica que a empresa está vendendo itens a um preço baixo para induzir vendas rápidas. A cobrança rápida de contas a receber pode indicar que a empresa está oferecendo aos compradores descontos muito grandes para aumentar a cobrança dos recebíveis. Alto giro de estoques ou recebíveis não são desejáveis em si mesmos e podem ser indicativo de decisões gerenciais que reduzem lucros. Devem ser feitas comparações com as médias do setor para ter alguma base para fazer afirmações que o giro está muito lento ou muito rápido.

Giro de Estoques

Giro de estoques pode ser definido como as vendas anuais divididas pelo estoque médio. Isto é:

Giro de estoques
Velocidade com que o estoque é vendido.

$$\text{Giro de estoques} = \frac{\text{Vendas}}{\text{Estoque médio}}.$$

Levando-se em conta que todos os ativos têm de ser financiados, quanto mais rapidamente o estoque girar, menor será o financiamento necessitado pela empresa. Considerando-se que o estoque no final de 2003 da Pier 1 Imports era $ 333.350, a o giro de estoque para 2004 é:

$$\frac{\text{Vendas}}{\text{Estoque médio}} = \frac{\$ 1.868.243}{(\$ 373.870 + \$ 333.350)/2} = 5,3.$$

Isso indica que as vendas anuais são 5,3 vezes o nível dos estoques. Os estoques giram 5,3 vezes por ano ou aproximadamente a cada 2,3 meses (12/5,3 = 2,3). O giro pode ser expresso em dias dividindo-se o número de dias em um ano pelo giro dos estoques. Assim, nessa ilustração, a Pier 1 Imports mantém um item de estoque por 69 dias (365/5,3 = 69). Considerando-se que a administração pode esperar que, na média, os estoques sejam mantidos por 69 dias, a administração precisará encontrar financiamento para esse período para manter os estoques.

O giro de estoque pode também ser definido como o custo dos produtos vendidos dividido pelo estoque médio. Os contadores em particular podem preferir o uso do custo dos produtos vendidos, porque a contabilidade dá muita ênfase à determinação do custo. Os analistas financeiros e os credores podem preferir usar as vendas para enfatizar a velocidade com que o estoque flui para as vendas. Além disso, a Dun & Bradstreet utiliza as vendas em vez dos custos em seu *Key Business Ratios*. Dessa forma, os analistas têm de usar vendas no lugar de estoques se estiverem comparando uma empresa específica com as médias setoriais da Dun & Bradstreet.

Qualquer definição, no entanto, é aceitável, desde que o usuário seja consistente. Se o custo dos produtos vendidos for usado no lugar das vendas anuais, todos os índices de giro de estoque utilizados como base de comparação devem usar o custo dos produtos vendidos em vez das vendas anuais. Isto indica a necessidade de a pessoa que usa a análise por índices conhecer as definições e aplicá-las consistentemente. De outra forma, a análise poderá ficar tendenciosa.

Giro de Contas a Receber

O **giro de contas a receber** é definido como as vendas anuais a crédito divididas pelos recebíveis. Assim, o giro de contas a receber é expresso como a seguir:

Giro de contas a receber
Velocidade com que as contas a receber são cobradas.

$$\text{Giro de contas a receber} = \frac{\text{Vendas anuais a crédito}}{\text{Contas a receber}}.$$

Uma definição alternativa substitui as vendas anuais a crédito pelas vendas anuais. Ou seja:

$$\text{Giro de contas a receber} = \frac{\text{Vendas anuais}}{\text{Conta a receber}}.$$

Qualquer definição é aceitável desde que aplicada consistentemente. (O analista pode também usar a média de contas a receber em vez do saldo de contas a receber ao fim do ano.) Enquanto a administração pode utilizar qualquer das definições, os investidores podem se limitar aos dados fornecidos pela empresa. Se as vendas anuais a crédito não são reportadas pela firma, o investidor não terá escolha a não ser usar as vendas anuais no lugar das vendas anuais a crédito. A demonstração de resultado da Pier 1 Imports não fornece as vendas anuais a crédito, assim, a primeira definição não pode ser utilizada. Quando a segunda definição é usada, o giro é:

$$\text{Giro de contas a receber} = \frac{\$ 1.868.243}{\$ 58.557} = 31,9.$$

Observe que 31,9 vezes por ano são cerca de cada 11 dias (365/31,9). Esse giro rápido é simplesmente o fato de que a Pier 1 Imports tem poucos recebíveis. A empresa oferece crédito aos seus clientes, mas fornece serviços de crédito como Visa ou American Express. O crédito é oferecido pelas companhias de cartão de crédito, e essas empresas têm de receber as contas. A Pier 1 Imports paga pelo serviço. A companhia de cartão de crédito credita à Pier 1 Imports apenas $ 0,98 (ou talvez $ 0,985) para cada $ 1,00 em vendas a crédito.

Enquanto muitas operações de varejo oferecem cartões de crédito como meio de gerar vendas a crédito, outras empresas oferecem o crédito diretamente. Por exemplo, empresas de serviços públicos, como a Southern Company, oferecem serviços a crédito e têm contas a receber. Ao final de 2003, a Southern teve receitas de $ 11.251 milhões e contas a receber de $ 1.468 milhões. Assim, o giro de contas a receber da Southern foi:

$$\text{Giro de contas a receber} = \frac{\$ 11.251}{\$ 1.468} = 7,7.$$

Isso indica que as contas a receber eram 7,7 vezes os recebíveis, o que significa que os recebimentos são pagos a cada seis ou sete semanas (52/7,7).

Um meio alternativo para medir os recebíveis é o **período médio de cobrança** ou "dias de vendas a receber". O período médio de cobrança é:

Período médio de cobrança (dias de vendas a receber)
Número de dias necessários na média para cobrar uma conta a receber.

$$\text{Período médio de cobrança} = \frac{\text{Recebíveis}}{\text{Vendas diárias}}.$$

Para a Southern Company, as vendas diárias são $ 31,30 ($ 11.251/360). (Um ano de 360 dias é normalmente usado por conveniência. Como dito anteriormente, qualquer definição pode ser aceitável, desde que seja aplicada consistentemente. As vendas por dia são $ 30,80, se for usado um ano de 365 dias.) O período médio de cobrança é:

$$\$ 1.468 / \$ 31,30 = 47 \text{ dias.}$$

Isso significa que quando a empresa faz uma venda a crédito em vez de uma venda à vista, pode esperar pagamento em 47 dias. (O período médio de cobrança pode também ser calculado dividindo-se 360 pelo giro. Para a Southern Company isto é 360/7,7 = 47 dias.) Esta é essencialmente a mesma informação obtida pelo índice de giro de recebíveis. Se a empresa leva 47 dias para cobrar seus recebíveis, eles estão girando cerca de 7,7 vezes por ano. Enfatizando o número de dias necessários para coletar os recebíveis, o período médio de cobrança (dia de vendas a receber) pode ser mais fácil de interpretar.

Índices de giro empregando ativos circulantes devem ser interpretados com cuidado. Esses índices empregam medidas dinâmicas, uma vez que levam em conta o tempo que leva para um evento acontecer. Os índices de giro podem ser tendenciosos se a empresa tem (1) vendas sazonais; (2) vendas que não ocorrem igualmente durante o ano fiscal; ou (3) aumento de estoques, contas a receber ou vendas durante o ano fiscal. Nessas circunstâncias, o uso de números do fim do ano pode produzir índices que sejam tendenciosos.

O viés potencial pode ser visto no exemplo a seguir, que apresenta o estoque mensal de uma empresa que tem um tipo de negócio sazonal. Durante o ano, os estoques são acumulados em expectativa de grandes vendas na época do Natal.

Mês	Estoque ao final do mês	Vendas durante o mês
Janeiro	$ 100	$ 50
Fevereiro	100	50
Março	200	50
Abril	200	50
Maio	300	50
Junho	400	50
Julho	500	50
Agosto	700	50
Setembro	1.000	400
Outubro	1.000	1.300
Novembro	1.200	2.000
Dezembro	300	1.200
Total de vendas		$ 5.300

Se for usado o estoque ao final do ano e as vendas anuais, o giro de estoque é 17,67 ($ 5.300/$ 300), o que indica que o estoque está girando quase a cada 20 dias (360/17,67). Isso, contudo, é enganoso, pois deixa de considerar o grande aumento de estoque que ocorreu durante o meio do ano. Nesse caso, o uso de números de fim de ano aumenta o giro do estoque. O giro do estoque parece ser mais rápido do que realmente foi.

Existem muitos meios de ajudar a aliviar esse problema. Por exemplo, a média dos estoques mensais pode ser usada no lugar do estoque no fim do ano. O estoque médio mensal é $ 500 (total dos estoques adquiridos durante o ano dividido por 12). Quando é usado esse número com as vendas anuais, o giro é 10,6 ou cerca de 34 dias. Esse é um giro mais lento que o indicado quando foram usados os números de estoque de fim de ano. Outros métodos utilizados para eliminar um viés potencial podem ser calcular o giro mensal ou por médias móveis. A questão é que os índices de giro podem ser sujeitos a vieses e, por isso, podem ser enganosos. Para que os índices sejam úteis, você precisa reconhecer o viés potencial e tomar medidas para removê-lo.

Giro do Ativo Imobilizado e dos Ativos Totais

Além dos índices de giro que analisam a velocidade com a qual a empresa gira seus ativos circulantes, existem também índices de giro que empregam os ativos de longo prazo (imobilizado) e ativos totais. O índice de **giro do ativo imobilizado** é definido como:

Giro do ativo imobilizado
Relação das vendas com o ativo imobilizado; mede os ativos imobilizados necessários para gerar vendas.

$$\text{Giro do ativo imobilizado} = \frac{\text{Vendas}}{\text{Ativo imobilizado}}.$$

O giro do ativo imobilizado da Pier 1 Imports é:

$$\frac{\$\,1.868.243}{\$\,290.420} = 6,4.$$

Isso indica que as vendas são 6,4 vezes o ativo imobilizado (terreno, instalações e equipamentos). Quanto mais rapidamente os ativos imobilizados girarem (quanto maior o índice), menor a quantidade de instalações e equipamentos que a empresa está empregando. Muitas empresas como as de serviços públicos têm de ter um investimento substancial em instalações e equipamentos para produzir o que vendem. (O giro do imobilizado da Southern Company é 0,4, o que indica que a empresa tem $ 2,50 investidos em instalações e equipamentos para cada $ 1 de receita.) Outras empresas, principalmente aquelas que fornecem a varejistas, ou prestadores de serviço, podem necessitar apenas de valores modestos de ativo imobilizado.

O **giro do ativo total** mede quantos ativos são usados para gerar vendas. A definição do giro do ativo total é:

Giro do ativo total
Relação entre vendas e os ativos totais; mede os total de ativos necessário para gerar vendas.

$$\frac{\text{Vendas}}{\text{Giro do ativo total}} = \text{Ativo total}.$$

Para a Pier 1 Imports, o giro do ativo total é:

$$\frac{\$\,1.868.243}{\$\,1.052.173} = 1,8$$

Isso indica que a empresa necessita de $ 1 de ativo para cada $ 1,80 gerado em receitas.

Calculando todos os índices de giro (em outras palavras, o período médio de cobrança, giro de estoques, giro do ativo imobilizado e giro do ativo), o administrador financeiro pode ser capaz de identificar áreas com pontos fracos. Por exemplo, se o giro das contas a receber e dos estoques são comparáveis com aqueles do setor, mas o giro do ativo total ou do ativo imobilizado é baixo, então o problema deve estar na administração do ativo imobilizado da empresa. Uma vez que os problemas são identificados, análises adicionais e ações corretivas podem ser dirigidas para a fonte do problema.

ÍNDICES DE RENTABILIDADE

Margem de lucro operacional
Relação entre o lucro operacional e as vendas; porcentagem ganha nas vendas antes de deduzir os juros e o imposto de renda.

Margem líquida
Relação entre o lucro após os juros e o imposto de renda e as vendas; porcentagem ganha nas vendas.

Índices de rentabilidade são medidas de desempenho que indicam quanto a empresa está ganhando em sua vendas ou seus ativos ou patrimônio. (Os termos lucro, renda, e ganhos são normalmente sinônimos. Lucro operacional é definido como os ganhos antes dos juros e do imposto de renda e, na maioria dos casos, isso é suficiente, a menos que a empresa tenha itens extraordinários ou não recorrentes incluídos nos ganhos antes dos juros e do imposto de renda. Ainda que a administração vá relatar esses itens como um item separado, eles podem ser reportados como parte do lucro antes dos juros e do imposto de renda e, nesse caso, os lucros não são indicadores de lucro operacional.) A **margem de lucro operacional** é o lucro antes dos juros e do imposto de renda (Lajir) dividido pelas vendas, e a **margem líquida** é a relação entre o lucro após os juros e o imposto de renda e as vendas.

$$\text{Margem de lucro operacional} = \frac{\text{Lucro antes dos juros e do imposto de renda}}{\text{Vendas}}.$$

$$\text{Margem líquida} = \frac{\text{Lucro após os juros e o imposto de renda}}{\text{Vendas}}.$$

Calcular ambos os índices pode parecer desnecessário, mas é melhor calcular os dois. A administração pode ver o efeito das mudanças na despesa de juros e do imposto de renda na rentabilidade. Se a administração calcular apenas a margem líquida, um aumento nas alíquotas de imposto de renda ou nas taxas de juros reduziria a margem de lucro, mesmo que não tenha havido deterioração da lucratividade nas operações da empresa.

Para a Pier 1 Imports, a margem operacional é:

$$\text{Margem operacional} = \frac{\$186.157}{\$1.868.243} = 9,96\%$$

e a margem líquida é:

$$\text{Margem líquida} = \frac{\$118.001}{\$1.868.243} = 6,32\%.$$

Isso indica que a empresa ganha $0,0996 antes dos juros e do imposto de renda para cada dólar de venda e $0,0632 depois dos juros e do imposto de renda para cada dólar de vendas.

Além da margem operacional e da margem líquida, alguns analistas financeiros calculam a **margem bruta**, que é:

$$\text{Margem bruta} = \frac{\text{Receita} - \text{Custo dos produtos vendidos}}{\text{Vendas}}.$$

Para a Pier 1 Imports, a margem bruta é:

$$\text{Margem bruta} = \frac{\$781.620}{\$1.868.243} = 41,84\%.$$

> **Margem bruta**
> Relação entre a receita menos o custo dos produtos vendidos e as vendas; porcentagem de lucro sobre as vendas antes de considerar as despesas operacionais, os juros e o imposto de renda.

Esse índice indica que a empresa ganha $0,42 em cada dólar de vendas antes de considerar as despesas administrativas, de publicidade, de depreciação e financeiras. A margem bruta é sensível apenas às mudanças no custo dos produtos vendidos; ela não é afetada por outras despesas operacionais. A margem de lucro operacional, entretanto, é afetado por todas as despesas operacionais. Analisando ambas, a margem bruta e a margem operacional, o analista pode determinar se as mudanças no custo dos produtos vendidos ou mudanças em outras despesas operacionais estão afetando o lucro da empresa antes dos juros e do imposto de renda (ou seja, o lucro operacional).

Outros índices de rentabilidade medem o **retorno sobre o ativo** e o **retorno sobre o patrimônio líquido**. O retorno sobre o ativo é o lucro dividido pelos ativos e mede o que a empresa ganha com seus recursos.

> **Retorno sobre o ativo**
> Relação entre o lucro e o ativo total; porcentagem ganha sobre os ativos.
>
> **Retorno sobre o patrimônio líquido**
> Relação entre o lucro e o patrimônio dos acionistas; porcentagem ganha sobre o patrimônio líquido.

$$\text{Retorno sobre o ativo} = \frac{\text{Lucro após os juros e o imposto de renda}}{\text{Total do ativo}}.$$

O retorno sobre o patrimônio líquido é o lucro dividido pelo patrimônio líquido ou patrimônio dos acionistas.

$$\text{Retorno sobre o patrimônio líquido} = \frac{\text{Lucro após os juros e o imposto de renda}}{\text{Patrimônio líquido}}.$$

Patrimônio líquido é definido como a soma das ações ordinárias, o capital integralizado, as reservas de capital e os lucros retidos. O retorno sobre o patrimônio líquido mede o retorno que a empresa está obtendo sobre os investimentos dos acionistas. (Se a empresa tiver quaisquer ações preferenciais, o índice tem de ser ajustado pela subtração dos dividendos pagos às ações preferenciais sobre os lucros, pagos aos acionistas preferenciais, e subtraindo o valor nominal das ações preferenciais do patrimônio. Considerando-se que os acionistas ordinários estejam interessados no retorno de seu investimento, as ações preferenciais não devem ser incluídas na determinação do retorno sobre o patrimônio constituído por ações ordinárias.) Para a Pier 1 Imports, o retorno sobre o ativo é:

$$\text{Retorno sobre o ativo} = \frac{\$\,118.001}{\$\,1.052.173} = 11{,}22\%.$$

O retorno sobre o patrimônio líquido é:

$$\text{Retorno sobre o patrimônio líquido} = \frac{\$\,118.001}{\$\,683.631} = 17{,}26\%.$$

Isso indica que a empresa retorna $ 0,112 para cada dólar investido em ativos e $ 0,173 para cada dólar investido pelos acionistas ordinários.

Além do retorno sobre o ativo e o retorno sobre o patrimônio líquido, alguns analistas financeiros calculam o retorno gerado pelo lucro operacional (lucro antes dos juros e do imposto de renda, ou Lajir). Esse índice, que pode ser chamado **potencial básico de lucro**, é:

> **Potencial básico de lucro**
> Relação entre o lucro operacional e o ativo total; medida da capacidade da empresa gerar lucro antes de atender os juros e o imposto de renda.

$$\text{Potencial básico de lucro} = \frac{\text{Lajir}}{\text{Ativo total}}$$

e mede o que a empresa ganha com seus ativos independentemente de (1) como os ativos foram financiados e (2) os impostos que a empresa tem de pagar. Para a Pier 1 Imports, seu potencial básico de lucro é:

$$\text{Potencial básico de lucro} = \frac{\$\,186.157}{\$\,1.052.171} = 17{,}69\%$$

o que indica que $ 1 de ativo da empresa gera $ 0,177 de lucro operacional (ou seja, o lucro antes de pagar os juros e o imposto de renda).

Esse índice pode ser particularmente importante para os credores de longo prazo que estão preocupados com a capacidade da administração de gerar lucro após fazer face às despesas.

Uma vez que as despesas operacionais são pagas antes dos juros das dívidas, quando maior a capacidade de ganho, mais seguros estarão os pagamentos dos juros dos credores.

ÍNDICES DE ALAVANCAGEM

Entre os índices mais freqüentemente calculados estão os de alavancagem, que medem o uso do financiamento por dívidas. Os dois índices mais utilizados para medir a alavancagem são: (1) quociente da dívida pelo patrimônio líquido que é chamado **participação de capital de terceiros**, e (2) quociente da dívida pelo total de ativos, que é comumente conhecido como **índice de endividamento**. Esses índices são como a seguir:

> **Índice de participação de capital de terceiros**
> Relação entre as dívidas e o patrimônio líquido; dívidas divididas pelo patrimônio líquido.
>
> **Índice de endividamento**
> Dívida total dividida pelo ativo total; proporção dos ativos financiados por dívidas; uma medida de alavancagem financeira.

$$\text{Participação de capital de terceiros} = \frac{\text{Dívida total}}{\text{Patrimônio líquido}}.$$

$$\text{Índice de endividamento} = \frac{\text{Dívida total}}{\text{Total do Ativo}}.$$

Como as dívidas totais da Pier 1 Imports somam $ 368.542 (isto é, a soma do Passivo Circulante e Dívidas de Longo Prazo), o valor desses índices são:

$$\frac{\text{Passivo total}}{\text{Patrimônio líquido}} = \frac{\$\,368.542}{\$\,683.631} = 53,9\%.$$

$$\frac{\text{Dívida total}}{\text{Ativos totais}} = \frac{\$\,368.542}{\$\,1.052.173} = 35,0\%.$$

O índice de participação de capital de terceiros indica que existe $ 0,542 de dívida para cada dólar de patrimônio líquido. O índice de endividamento indica que o exigível (dívidas) está financiando 35% dos ativos da empresa.

Índices de alavancagem são índices agregados. Usam a dívida total não diferenciando entre dívida de curto ou de longo prazos. O índice de participação de capital de terceiros utiliza o patrimônio líquido total sem diferenciar entre financiamento por ações ordinárias ou preferenciais. (Se a empresa possui tanto preferenciais quanto ordinárias em circulação, você pode definir o índice de participação de capital de terceiros como exigível/ações ordinárias.) O índice de endividamento usa o total dos ativos e não diferencia entre ativos circulantes e de longo prazo.

Você pode separar os dados. Por exemplo, se a ênfase estiver no financiamento de dívidas de longo prazo, o passivo circulante têm de ser retirado de forma que o índice de endividamento tome o seguinte aspecto:

$$\frac{\text{Dívida de longo prazo}}{\text{Ativo total}}.$$

Esse índice indica a extensão com que as dívidas de longo prazo estão financiando os ativos da empresa.

Para a maioria das finalidades, o uso de números agregados não é um problema, pois o índice de endividamento está medindo a proporção dos ativos totais que os credores (ambos, de curto e de longo prazo) estão financiando. Quanto menor a proporção do ativo total que os credores estão financiando, maior será a redução do valor dos ativos que pode ocorrer

Industrial/manufatura	Índice de endividamento
Textron	77,0%
Pactiv	71,1
Tupperware	70,0
Merck	59,4
Alcoa	59,2
Coca-Cola	47,3
Illinois Tool Works (ITW)	32,8
Telecomunicações	
Verizon	77,4%
Sprint	69,1
SBC Communications	62,8
BellSouth	60,3

TABELA 9.6
Índice de endividamento total para empresas selecionadas

Fonte: Relatórios Anuais de 2004, e Relatório 10-K.

sem ameaçar a posição dos credores. Dessa forma, os índices de alavancagem dão uma indicação do risco financeiro. Empresas com altos índices de alavancagem são consideradas mais arriscadas, porque existem menos "amortecedores" para proteger os credores se o valor dos ativos deteriorar. Por exemplo, se o índice de endividamento da Pier 1 Imports for de 35%, isso indica que o valor dos ativos pode diminuir por 65% (100% − 35%) antes de o patrimônio ser destruído deixando apenas ativos o bastante para pagar as dívidas. Se o índice de endividamento fosse de 70%, então apenas uma redução de 30% no valor dos ativos colocaria em risco a posição dos credores.

Os índices de alavancagem não são apenas uma indicação de risco para os credores, mas também de risco para os acionistas, pois as empresas que estão altamente alavancadas financeiramente são investimentos patrimoniais de risco maior. Se o valor dos ativos diminuir ou a empresa vier a experimentar declínio de vendas e prejuízos, o patrimônio desaparece mais rapidamente para as empresas alavancadas financeiramente do que para aquelas não alavancadas. Assim, os índices de alavancagem são importantes indicadores de risco para os acionistas, como também para os credores.

Os índices de alavancagem diferem muito entre as empresas. Os índices de endividamento (dívida total por ativos totais) são apresentados na Tabela 9.6.[16] A tabela foi classificada em ordem decrescente do índice de endividamento mais alto para o mais baixo. A proporção dos ativos de uma empresa financiados por dívidas varia não apenas entre os setores, mas também dentro do setor. Os índices de endividamento das companhias telefônicas têm variações menores que as empresas industriais. Enquanto a amplitude das empresas industriais varia de 77,0 a 32,8%, a amplitude para as empresas de telecomunicação é de 77,4 a 60,3%.

---

[16] Os índices de endividamento calculados na Tabela 9.6 usam o passivo total. A classificação dos índices pode diferir se apenas for usado o passivo de longo prazo. Por exemplo, o índice de endividamento da Coca-Cola Company diminui de 47,3% para apenas 14,1% se o passivo circulante for excluído do cálculo.

Os índices podem também ser diferentes dos índices de endividamento incluídos no relatório anual pelas empresas. Por exemplo, a administração da Coca-Cola Company usa uma definição de índices de alavancagem diferente: passivo total pelo capital total. Capital total é definido como o patrimônio mais as dívidas sujeitas a juros. Uma vez que a dívida sujeita a juros exclui provisões e contas a pagar, essa definição é diferente de qualquer ativo total utilizado nos índices de endividamento ou do patrimônio líquido usado no índice de participação de capital de terceiros.

Para uma empresa específica, podem existir proporções ótimas de endividamento. Encontrar essa estrutura de capital ótima de endividamento e de financiamento de patrimônio é importante para maximizar o valor de uma empresa, e o Capítulo 21 discute a estrutura ótima para o capital de uma empresa. Por enquanto é suficiente sugerir que encontrar o uso ótimo para a alavancagem financeira pode ser benéfico para o acionista ordinário pelo aumento do rendimento por ação da empresa, o que permite um crescimento maior e mais rápido e maiores dividendos. Se, no entanto, a empresa estiver excessivamente alavancada ou *subcapitalizada*, os investidores potenciais poderão ficar menos inclinados a investir, e os credores exigirão uma taxa de juros mais alta para compensá-los pelo risco aumentado. Assim, índices de alavancagem, que medem o uso de alavancagem financeira pela empresa, estão entre os mais importantes índices que administradores, credores e investidores podem calcular.

Vários índices podem ser combinados para analisar uma empresa. Uma dessas técnicas é o **sistema DuPont**, que foi projetado pela administração dessa empresa para medir a capacidade de gerar ganhos. O sistema combina a margem líquida, o giro do ativo total e a alavancagem para determinar o retorno do patrimônio da empresa. O sistema DuPont determina em essência o retorno do patrimônio líquido multiplicando-se três coisas: (1) a margem líquida, (2) o giro do ativo total e (3) um retorno do patrimônio (usado para indicar o nível de alavancagem).

> **O Sistema DuPont**
> Medida da capacidade de gerar lucros que combina o giro dos ativos, rentabilidade e alavancagem financeira.

O produto da margem líquida e o giro do ativo total determinam o retorno dos ativos. Isto é:

$$\text{Retorno do ativo} = \frac{\text{Lucro líquido}}{\text{Vendas}} \times \frac{\text{Vendas}}{\text{Ativos}} = \frac{\text{Lucro líquido}}{\text{Ativos}}.$$

O produto do retorno dos ativos e o índice dos ativos para o patrimônio líquido (o multiplicador do patrimônio líquido) determina o retorno do patrimônio líquido. Isto é:

$$\text{Retorno do patrimônio líquido}[17] = \frac{\text{Lucro líquido}}{\text{Ativos}} \times \frac{\text{Ativos}}{\text{Patrimônio líquido}}.$$

Assim, o sistema DuPont é:

$$\text{Retorno do patrimônio líquido} = \frac{\text{Lucro líquido}}{\text{Vendas}} \times \frac{\text{Vendas}}{\text{Ativos}} \times \frac{\text{Ativos}}{\text{Patrimônio líquido}}$$
$$= \frac{\text{Lucro líquido}}{\text{Patrimônio líquido}}.$$

No sistema DuPont, a alavancagem financeira é medida pela relação dos ativos pelo patrimônio líquido (o multiplicador do patrimônio líquido mencionado anteriormente). Esse índice é a recíproca do índice patrimônio líquido por ativo total. Uma vez que o índice de patrimônio líquido para ativo total indica a proporção dos ativos financiada pelo patrimônio líquido, é uma medida de alavancagem financeira. Quanto menor a proporção dos ativos financiados pelo patrimônio líquido (ou maior a proporção ativos financiados por dívidas), maior será o índice de ativos para o patrimônio líquido, e para um determinado retorno dos ativos, maior será o retorno do patrimônio líquido.

O sistema da DuPont é mostrado na Tabela 9.7, que apresenta o aspecto geral do sistema e o aplica aos relatórios da Pier 1 Imports. O resultado final do sistema (retorno sobre o patrimônio líquido) não é diferente do índice simples de retorno do patrimônio líquido. A estrutura da análise facilita a localização das fontes internas de problemas da empresa.

Além de combinar rentabilidade, giro e endividamento em uma análise, o sistema facilita comparações de empresas em um setor com empresas em setores diferentes. Algumas

---

[17] O Retorno sobre o Patrimônio Líquido também é conhecido como Retorno sobre o Capital Próprio. (NT)

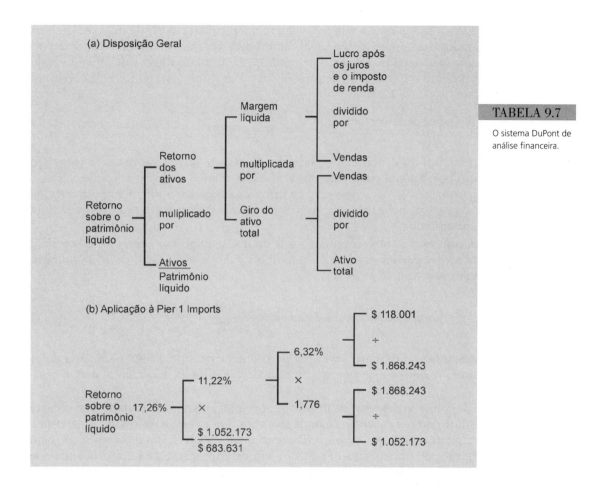

TABELA 9.7

O sistema DuPont de análise financeira.

empresas como mercearias têm um giro de estoque rápido, mas margem de lucro baixa. Essas margens baixas podem parecer indicar que as empresas não são muito rentáveis. Outras empresas, como lojas de móveis, podem ter margens de lucro maiores, porém giro de estoques mais lento. Se as margens de lucro forem consideradas separadamente, tais empresas parecerão ser muito lucrativas. Se essas conclusões fossem verdadeiras, os proprietários de mercearias iriam convertê-las em lojas de móveis. No entanto, isso não ocorre porque o retorno sobre o patrimônio líquido pode ser o mesmo em ambas as empresas quando rentabilidade, giro e endividamento são considerados em conjunto. Uma loja de móveis pode girar seus estoques apenas duas vezes por ano; dessa forma, tem de ter grandes margens de lucro para compensar seu baixo giro. Ambas as empresas podem obter o mesmo retorno para seus acionistas quando lucratividade, giro e endividamento são tomados em conjunto, e o sistema DuPont faz exatamente isso, integrando-os em uma única análise.

ÍNDICES DE COBERTURA

Além dos índices discutidos anteriormente neste capítulo, o analista financeiro pode calcular índices de cobertura, que indicam a capacidade da empresa de resgatar ("cobrir") alguns pagamentos, como juros. Todos os índices de cobertura consideram os fundos disponíveis para satisfazer determinada despesa. O índice de cobertura mais comum é o **índice de cobertura de juros**, que mede a capacidade da empresa de pagar suas obrigações de juro. O índice é:

$$\text{Índice de cobertura de juros} = \frac{\text{Lucro antes dos juros e dos impostos}}{\text{Despesas anuais de juros}}.$$

Um índice de 2 indica que a empresa tem $ 2 de lucro operacional para cada dólar de despesa de juros. O numerador usa o lucro operacional (Lajir), uma vez que os juros são pagos depois das outras despesas, mas antes do imposto de renda. Quanto mais alto o valor numérico do índice, mais seguro estará o pagamento de juros. Para a Pier 1 Imports, o índice de cobertura de juros é:

$$\text{Índice de cobertura de juros} = \frac{\$ 186.157}{\$ - 1.159} = -160,6.$$

Os −160,6 é o resultado do denominador negativo. Uma vez que as despesas de juros são subtraídas do lucro operacional para determinar o lucro tributável (lucro antes do imposto de renda), o número negativo para despesas de juros significa que a Pier 1 Imports está na posição invejável de receber mais juros sobre seus investimentos em curto prazo do que paga sobre os fundos emprestados.

A maioria das empresas não recebe mais juros do que pagam. Por exemplo, a Southern Company teve um lucro operacional de $ 2.895 milhões e despesas de juros de $ 527 milhões, assim, seu índice de cobertura de juros é:

$$\text{Índice de cobertura de juros} = \frac{\$ 2.895}{\$ 527} = 5,49.$$

Isso indica que a Southern Company teve um lucro operacional de $ 5,49 para cada dólar de despesa de juros, o que sugere que a empresa deve satisfazer facilmente suas obrigações de juros.

A capacidade de cobrir as despesas de juros é importante, pois a incapacidade de satisfazer os pagamentos de juros no seu vencimento pode levar uma empresa à bancarrota. A deterioração no índice de cobertura de juros dá um aviso antecipado aos credores e investidores, bem como à administração, de uma posição financeira em deterioração e de uma probabilidade crescente de inadimplência em pagamentos de juros.

ANÁLISE DAS DEMONSTRAÇÕES FINANCEIRAS E A INTERNET

Vários índices foram definidos e demonstrados usando-se as demonstrações financeiras da Pier 1 Imports. Surge uma pergunta óbvia: como essa informação é utilizada? Um conjunto de índices isoladamente tem pouco significado; tem de haver alguma comparação. Uma comparação possível é calcular os índices ao longo do tempo para determinar mudanças na posição financeira da empresa (ou seja, usar uma análise de séries de tempo). Você calcularia os vários índices para um período como cinco anos para determinar se o desempenho da empresa ou suas condições financeiras sofreram modificações.

Uma abordagem alternativa emprega empresas concorrentes ou comparáveis (uma análise *cross-sectional*). Surge um problema imediato. A Pier 1 Imports é o maior varejista especializado da América do Norte em móveis domésticos. A empresa deveria ser comparada com outros varejistas especializados como The Gap? A Pier 1 Imports deveria ser comparada com lojas que vendem móveis domésticos como Bed, Bath and Beyond ou deveria ser comparada com varejistas de móveis como a Heilig-Myers? Não existe uma resposta óbvia ou correta. Você tem de encontrar uma solução pessoal.

Seja qual for a abordagem que selecionar, você poderá ter de calcular vários índices. Uma abordagem alternativa é usar a internet. Muitos índices básicos cobertos neste capítulo podem ser encontrados via internet. Você pode acessar alguns desses sites (Yahoo! – http://finance.yahoo.com; MSN Money – http://moneycentral.com; e Motley Fool – http://www.fool.com) por meio de http://mayo.swlearning.com. Você precisa apenas entrar no símbolo da etiqueta (PIR para Pier 1 Imports) para iniciar a pesquisa.

	Yahoo! Finance	MSN MoneyResearch Net
Liquidez corrente	2,4	2,4
Margem operacional	7,3%	7,4%
Margem líquida	4,7%	4,7%
Retorno sobre os ativos	8,8%	11,2%
Retorno sobre o Patrimônio Líquido	13,5%	17,3%
Dívida de Longo Prazo/Patrimônio líquido	0,03	0,03
Cobertura de juros	NA	111,2

TABELA 9.8

Índices selecionados para Pier 1 Imports usando fontes da internet em fevereiro de 2005.

Fonte: Yahoo Finance. Dados disponíveis em: **http://yahoo.com**. Os dados do MSN Money estão disponíveis em: **http://moneycentral.msn.com**. Ambos os sites podem ser acessados em: **http://mayo.swlearning.com**.

Você deve, no entanto, ser avisado de que várias fontes não fornecem necessariamente os mesmos índices e que os valores numéricos para o mesmo índice podem diferir. Esses dois pontos são mostrados na Tabela 9.8, que apresenta índices financeiros selecionados para a Pier 1 Imports. Vários índices, como o giro de estoques, não aparecem na tabela, porque as fontes da internet não os fornecem. (Os índices na Tabela 9.8 são fornecidos como parte da informação de cortesia do site. Índices adicionais podem estar disponíveis por meio de assinatura.) Os valores numéricos dos índices na Tabela 9.8 são também diferentes. As diferenças podem ser resultado do período de tempo usado. Uma fonte pode usar o último ano fiscal da empresa (ou o último trimestre), enquanto uma fonte alternativa calcula os índices utilizando os últimos 12 meses (acompanhamento de 12 meses ou TTM[18]). Definições diferentes de determinado índice podem também explicar as diferenças numéricas. Por exemplo, o retorno sobre o patrimônio líquido pode ser o lucro dividido pelo patrimônio líquido total ou o lucro dividido pelo total das ações ordinárias. Mesmo que as definições e os períodos sejam os mesmos, dados diferentes podem ser usados nos cálculos. Por exemplo, a margem líquida é o lucro dividido pelas vendas. Uma fonte pode utilizar o lucro não ajustado pelos itens extraordinários, enquanto outra fonte pode ajustar o lucro.

Essas diferenças criam um problema para qualquer um utilizando índices de fontes diferentes fazer comparações. Uma solução óbvia é o próprio indivíduo calcular os índices. Nesse caso, as definições e períodos de tempo podem ser aplicados consistentemente. Uma fonte mais pragmática pode ser selecionar uma fonte e usá-la exclusivamente. A escolha pode depender de qual fonte fornece os índices desejados. Algumas fontes também fornecem comparações de empresas no mesmo setor ou permite que a pessoa compare empresas em setores diferentes. Esses problemas também podem ser evitados assinando-se uma fonte que forneça um grande número de índices calculados em vários períodos de tempo. Dois serviços possíveis de assinatura são o Thomson Investors Network (**http://www.thomsoninvest.net**) e o Media General Financial Services (**http://mgfs.com**), disponíveis em: **http://mayo.swlearning.com**.

RESUMO

Este capítulo cobriu três demonstrações financeiras essenciais. Um balanço relaciona em determinado momento o que uma empresa possui (seus ativos), o que deve (seus passivos), e o que os proprietários investiram na empresa (seu patrimônio líquido). Uma demonstração de resultado do período relaciona as receitas e despesas da firma durante um período e determina

---

[18] Do inglês Trailing Twelve Months. (NT)

se a empresa está operando com lucro ou prejuízo. A demonstração de fluxo de caixa relata o fluxo de caixa que entra e sai da empresa durante um período de tempo.

Após uma empresa adquirir ativos imobilizados (ativos fixos), eles são depreciados, o que representa a alocação do custo das instalações e equipamentos durante um período de tempo. No sistema de depreciação em linha reta, o mesmo valor em dólar é subtraído dos lucros a cada ano. No sistema da depreciação acelerada, o custo inicial do investimento é reduzido mais rapidamente, porque valores maiores são subtraídos durante o período inicial da vida do investimento. Dessa forma, a depreciação acelerada permite que o custo do investimento seja baixado mais rapidamente, o que inicialmente reduz os lucros e o imposto de renda da empresa. Tendo em vista que a depreciação é uma despesa que não envolve caixa, a depreciação acelerada de início aumenta o fluxo de caixa do investimento. Esse aumento no fluxo de caixa pode ser reinvestido para aumentar a rentabilidade da empresa.

As regras de depreciação são definidas pelo Congresso e a Receita Federal dos Estados Unidos. Tendo em vista que a depreciação acelerada baixa o investimento mais rapidamente e aumenta o fluxo de caixa gerado pelo investimento, encoraja os gastos de capital. Alterando os prazos de depreciação, o governo federal induz o comportamento consistente com os objetivos econômicos de pleno emprego, preços estáveis e crescimento econômico.

A análise de índices fornece um método de análise conveniente para analisar as demonstrações financeiras de uma empresa, uma vez que os índices são calculados facilmente e permitem comparações imediatas. Considerando-se que as empresas de capital aberto têm de fornecer informações financeiras aos acionistas, a análise de índices pode ser empregada não apenas pela administração e credores, mas também pelos acionistas.

Índices de liquidez medem a capacidade da empresa de satisfazer suas obrigações correntes à medida que vencem. Os índices de atividade indicam com que velocidade os ativos fluem através da empresa e qual a quantidade de ativos usada para gerar vendas. Índices de rentabilidade medem o desempenho; índices de alavancagem indicam o uso de financiamento por dívidas; índices de cobertura medem a capacidade da empresa de fazer determinados pagamentos, por exemplo, juros. Uma vez que os índices tenham sido calculados, os resultados podem ser comparados por uma série de anos ou comparados com outras empresas dentro do setor. Tais comparações devem ajudar o analista a perceber a posição da empresa dentro do setor, bem como as tendências que estão sendo desenvolvidas.

REVISÃO DOS OBJETIVOS

Agora que completou este capítulo, você deve ser capaz de:

1. Definir os componentes básicos do balanço, da demonstração de resultado do período e demonstração de fluxo de caixa de uma empresa (páginas 139-148).

2. Diferenciar ativos, passivos, receitas, despesas, lucro, caixa e lucros retidos (páginas 139-144).

3. Enumerar as fontes de várias limitações dos dados contábeis (páginas 149-150).

4. Calcular e interpretar os índices financeiros cobertos no capítulo (páginas 157-170).

5. Mostrar a diferença entre análise *cross-sectional* e de série de tempo (páginas 155-157).

PROBLEMAS

1. Com base na informação a seguir, prepare uma simples demonstração de resultado do período e um balanço.

Vendas	$ 1.000.000
Produtos acabados	200.000
Dívidas de longo prazo	300.000
Matérias-primas	100.000
Caixa	50.000
Custo dos produtos vendidos	600.000
Contas a receber	250.000
Instalações e equipamentos	400.000
Despesas de juros	80.000
Número de ações em circulação	100.000
Lucro antes do imposto de renda	220.000
Imposto de renda	100.000
Contas a pagar	200.000
Outros passivos circulantes	50.000
Outras despesas	100.000
Patrimônio líquido	450.000

2. Com a seguinte informação, prepare o balanço da empresa:

Caixa e equivalentes de caixa	$ 300.000
Depreciação acumulada de instalações e equipamentos	800.000
Instalações e equipamentos	5.800.000
Salários a pagar	400.000
Dívida de longo prazo	4.200.000
Estoque	6.400.000
Contas a receber	4.100.000
Ações preferenciais	500.000
Lucros retidos	7.700.000
Terreno	1.000.000
Contas a pagar	2.100.000
Impostos a recolher	100.000
Ações ordinárias	$ 10 ao par
Ações ordinárias em circulação	150.000
Porção atual da dívida de longo prazo	300.000

3. Preencha os espaços (_____), com os valores corretos.

Ativos		Exigibilidades e Patrimônio dos acionistas	
Ativo circulante		**Passivo circulante**	
Caixa	$ 250.000	Contas a pagar	$ 620.000
Contas a receber (_____ menos) reserva para devedores duvidosos de $ 20.000	1.320.000	Notas a pagar a bancos	130.000
		Salários a pagar	
		Impostos a recolher	100.000
Estoques	1.410.000	Total do passivo circulante	1.250.000
Total ativo circulante	_____	Exigível a longo prazo	_____
Terreno		Patrimônio dos acionistas	
Instalações e equipamentos ($ 2.800.000) menos depreciação acumulada _____)	2.110.000	Ações preferenciais	1.000.000
		Ações ordinárias ($ 1 ao par, 750.000 ações autorizadas, 700.000 em circulação	_____
		Lucros retidos	_____
Total dos ativos	$ 5.390.000	Total do patrimônio dos acionistas	$ 3.140.000
		Total exigibilidades e patrimônio dos acionistas	_____

4. Se uma corporação ganha $ 2.700.000 e o índice de pagamento (proporção distribuída) for 30%, qual será a variação nos lucros retidos?

5. Um ativo custa $ 200.000 e é classificado como um ativo de dez anos. Qual é a despesa anual de depreciação para os três primeiros anos nos sistemas de depreciação em linha reta e o método modificado da recuperação acelerada do custo?

6. Suponha que a Lasher's Kitchen tenha um lucro antes do imposto de renda de $ 75.000 depois das despesas de depreciação de $ 15.000. Se a taxa de imposto de renda da empresa for 35%, qual será o fluxo de caixa das operações?

7. Uma empresa tem lucro de $ 12.000 antes dos juros, depreciação e imposto de renda. Um novo equipamento é instalado a um custo de $ 10.000. O equipamento será depreciado em cinco anos, e a empresa paga 25% de imposto de renda sobre seu lucro. Quais são o lucro e o fluxo de caixa para a empresa nos anos 2 e 5, usando-se os dois métodos de depreciação discutidos neste capítulo? Qual é a fonte da diferença no lucro e no fluxo de caixa?

8. Com as informações a seguir, calcule a liquidez corrente e seca.

Caixa	$ 100.000
Contas a receber	357.000
Estoques	458.000
Passivo circulante	498.000
Dívida de longo prazo	610.000
Patrimônio líquido	598.000

9. Se uma empresa tem uma venda anual de $ 25.689.000, e o período médio de cobrança para o setor é de 45 dias, qual deve ser o contas a receber da empresa se ela for comparável com o setor?

10. A ABCD Corporation tem vendas a crédito de $ 10.640.000 e recebíveis de $ 1.520.000.

    a. Qual é o giro do contas a receber?
    b. Qual é o período médio de cobrança (dias de vendas a receber)?
    c. Se a empresa oferece condições de crédito de 30 dias, seus recebíveis estão vencidos?

11. Uma empresa com vendas de $ 500.000 tem um estoque médio de $ 200.000. A média de giro de estoques do setor é quatro vezes por ano. Qual seria a redução nos estoques se a empresa alcançasse um giro comparável com a média do setor?

12. Uma empresa com vendas de $ 8.700.000 aumenta seu giro de estoque de 4,5 para 6,0. Quanto a empresa economizaria anualmente em despesas de juros se o custo de manter estoques for de 10%?

13. Duas empresas têm vendas de $ 1 milhão cada uma. As outras informações financeiras estão descritas a seguir:

Empresa	A	B
Lajir	$ 150.000	$ 150.000
Despesas de juros	20.000	75.000
Imposto de renda	50.000	30.000
Dívidas	400.000	700.000
Patrimônio líquido	600.000	300.000

Quais são as margens operacionais e as margens líquidas das duas empresas? Quais são seus retornos dos ativos e do patrimônio líquido? Por que são diferentes?

14. Se uma empresa tem as seguintes fontes de financiamento,

Passivo circulante	$ 100.000
Dívida de longo prazo	350.000
Ações preferenciais	75.000
Ações ordinárias	225.000

tem um lucro de $ 35.000 após o imposto de renda e paga $ 7.500 de dividendos para as ações preferenciais, qual é seu retorno dos ativos, o retorno do patrimônio líquido e o retorno das ações ordinárias?

15. Você prefere prorrogar o crédito na suposição de que será totalmente pago dentro de 30 dias da venda. A empresa X tem um estoque de $ 600.000 com todas as vendas à vista (sem vendas a crédito) de $ 6.000.000. Se prorrogar o crédito para essa empresa, você pode esperar ser pago no prazo?

16. Este capítulo utiliza as demonstrações financeiras da Pier 1 Imports para ilustrar a análise de índices financeiros. As mesmas informações para 2002 e 2001 são fornecidas a seguir. Complete a análise de séries série de tempo para o período de 2001 a 2004. A condição financeira da empresa melhorou, deteriorou ou basicamente manteve-se a mesma? Se houver demonstrações financeiras da Pier 1 Imports disponíveis para os anos subseqüentes, estenda a análise.

Ao final do Ano Fiscal	2002	2001
Ativo circulante		
Caixa e equivalentes de caixa	235.629	46.841
Contas a receber menos provisão para devedores duvidosos	6.205	8.370
Estoque	275.433	310.704
Outros ativos circulantes	87.906	111.151
Total ativo circulante	605.153	477.066
Propriedade, Instalações e equipamentos líquidos	209.954	212.066
Outros ativos	47.565	46.578
Total dos ativos	862.672	735.710
Passivo circulante		
Vencimentos correntes de passivos de em longo prazo	356	0
Contas a pagar e provisões do passivo	208.040	144.110
Notas a pagar a bancos	0	0
Impostos a recolher	0	0

Ao final do Ano Fiscal	2002	2001
Total do passivo circulante	208.396	144.110
Dívida de longo prazo	25.356	25.000
Outros passivos não circulantes	43.264	34.721
Passivo Total	277.016	203.831
Patrimônio dos acionistas		
Ações ordinárias (ao par de $ 1,00; 500.000.000 ações autorizadas, 100.799.000 e 100.799.000 emitidas, respectivamente	100.779	100.779
Capital integralizado	140.190	139.424
Lucros retidos	429.910	344.809
Ajustes	−4.702	−3.200
Ações recompradas e mantidas na tesouraria ao custo, respectivamente	−80.521	−49.933
Total do patrimônio líquido	585.656	531.879
Passivo e patrimônio líquido	862.672	735.710

Fonte: Adaptado do Relatório Anual de 2002 da Pier 1 Imports.

Para o ano fiscal terminado em	2002	2001
Vendas líquidas	1.548.556	1.411.498
Custo dos produtos vendidos	898.795	817.043
Lucro bruto sobre vendas	649.761	594.455
Despesas operacionais	448.127	399.755
Depreciação	42.821	43.184
Lucro antes dos juros e imposto de renda	15.813	151.516
Despesas de juros líquidas	−184	1.276
Imposto de renda	58.788	55.590
Lucro líquido	100.209	94.650
Lucro por ação	1,06	0,98
Lucro por ação totalmente diluído	1,04	0,97

Fonte: Adaptado do Relatório Anual de 2002 da Pier 1 Imports.

17. Joseph Berio é gerente de crédito do First National Bank of Tennessee. A Red Brick, Incorporated, um importante fabricante de produtos para construção, fez uma solicitação de empréstimo. A Red Brick fornece materiais de construção para os estados do sul, com fábricas de tijolos localizadas no Tennessee, Alabama, Geórgia e Indiana.

    Sr. Berio sabe que a produção de tijolos é afetada por dois fatores: o custo da energia e a situação da indústria de construção civil. Em primeiro lugar, a produção de tijolos consome uma grande quantidade de energia. A Red Brick, Inc., recentemente, converteu muitos fornos a óleo em fornos a carvão, que são mais baratos de operar. Para financiar essas conversões, a empresa recentemente emitiu um valor substancial de títulos de longo prazo que devem ser resgatados nos próximos 25 anos.

    Em segundo lugar, as vendas de tijolos são muito sensíveis à atividade da indústria da construção civil, principalmente a construção de novas casas. O setor normalmente segue um padrão de arrancar e parar, com vendas e lucros reagindo às mudanças na demanda de produtos para construção.

    Atualmente, a economia está experimentando uma recessão grave, e as novas construções de casas caíram mais de 40% em relação ao ano anterior. Embora o sul e o sudoeste não tenham experimentado essa redução grave, a construção de novas casas caiu 25%.

    A Red Brikc, Inc. não tem sido imune ao ambiente econômico. As vendas declinaram, e apesar de a empresa ter reduzido a produção, os estoques aumentaram. A empresa necessita de um empréstimo de curto prazo para financiar seus estoques. Sr. Berio tem de decidir se vai conceder ou negar o empréstimo. Tais empréstimos têm sido feitos para a Red Brick no passado e sempre foram pagos quando o quadro econômico melhorou.

A declaração de imposto de renda e o balanço da empresa estão na Tabela 1. A Tabela 2 apresenta tanto uma análise de índices das demonstrações financeiras do ano anterior da Red Brick's quanto os índices médios do setor.

Para ajudar a decidir se concederá ou não o empréstimo, Sr. Berio calcula vários índices e compara os resultados com os índices fornecidos na Tabela 2.

a. Quais pontos fortes e fracos são indicados nessa análise?
b. O que pode explicar por que o índice de endividamento excede a média do setor? Esse fato é necessariamente um ponto fraco nesse caso?
c. Como um banqueiro, Sr. Berio está mais preocupado com a liquidez da empresa ou com o retorno sobre o patrimônio líquido?
d. Com base na análise anterior, Sr. Berio deve conceder o empréstimo? Justifique sua posição.

Demonstração de resultado do exercício da Red Brick
(para o período findo em 31 de dezembro de 200X)

Vendas	$ 210.000.000
Custo dos produtos vendidos	170.000.000
Despesas administrativas	26.000.000
Lucro operacional	$ 14.000.000
Despesa de juros	13.000.000
Imposto de renda	400.000
Lucro líquido	$ 600.000

TABELA 1 Demonstração de resultado do exercício e balanço da Red Brick.

Balanço da Red Brick em 31/12/200X

Ativos		Passivo e patrimônio dos acionistas	
Caixa	$ 600.000	Contas a pagar	$ 39.000.000
Contas a receber	33.000.000*	Notas a pagar	11.000.000
Estoques	75.400.000†	Dívida de longo prazo	45.000.000
Instalações equipamentos	132.000.000	Patrimônio dos acionistas	146.000.000
	$ 241.000.000		$ 241.000.000

* Noventa por cento das vendas são a crédito.
† Estoques do ano anterior eram $ 52.000.000

	Índices da empresa (Ano-anterior)	Média do setor
Liquidez corrente	4:1	2.2:1
Liquidez seca	2:1	0.8:1
Giro de estoques	4,7x	4,6x
Período médio de cobrança	39 dias	49 dias
Índice de endividamento (Dívida total/ativo total)	39%	30%
Índice de cobertura de juros	4,1	3,7
Retorno sobre o patrimônio líquido	13,8%	14,1%
Retorno sobre os ativos	8,2%	10,2%
Margem operacional	14,1%	15,2%
Margem líquida	8,8%	8,8%

TABELA 2 Índices selecionados para a Red Brick e médias do setor.

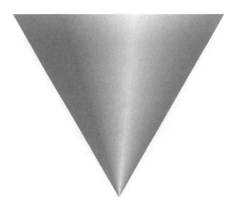

PARTE 3

Praticamente, todos tomam decisões de investimentos. Minha filha mais nova tinha uma conta de poupança antes de completar um ano. Meu falecido pai, aos 90 anos, possuía ações da Ford. Entre esses extremos, cada membro de minha família fez algum investimento em algum tipo de ativo.

O mesmo é verdade em muitas famílias. As pessoas compram casas, fazem contribuições para planos de pensão com diferimento de impostos, adquirem cotas em fundos mútuos e compram metais preciosos, como ouro. Algumas pessoas gerenciam ativamente suas carteiras e tomam suas próprias decisões de investimentos, como quais ações ou obrigações específicas vão comprar ou vender.

Outros delegam essa tomada de decisão. Podem comprar as ações em uma empresa de investimento ou participar de um plano de pensão e deixar que a administração do plano decida quais ativos específicos serão adquiridos.

A Parte 3 preocupa-se com os ativos financeiros que a pessoa ou o administrador de carteira pode adquirir.

INVESTIMENTOS

Estes ativos variam de títulos de dívida relativamente seguros, como as obrigações emitidas pelo governo federal, a investimentos de risco, como ações ordinárias. Naturalmente, uma pessoa deve antes decidir por que ele ou ela está investindo (em outras palavras, quais são as metas financeiras da carteira) antes de tomar decisões de investimento. Nem todos os ativos são adequados para satisfazer a cada meta financeira, assim, a elaboração de uma carteira deve ter início na especificação dos objetivos do investidor. Por isso, os ativos examinados nos capítulos a seguir podem ser alocados para satisfazer as metas financeiras.

AS CARACTERÍSTICAS DAS AÇÕES

O poeta inglês do século XVII George Herbert escreveu: "De forma alguma faça dívidas; mantenha seu próprio limite". Poucas empresas são capazes de seguir esse conselho e evitar completamente as dívidas, mas todas precisam manter seus próprios limites. O patrimônio líquido é uma fonte necessária de recursos. O proprietário único investe dinheiro, ativos e tempo no negócio e possui o patrimônio da empresa. Os sócios investem fundos e têm um direito de participação no negócio.

As corporações levantam fundos vendendo ações preferenciais e ordinárias para as pessoas e outros investidores que são proprietários (acionistas) da empresa. Enquanto as características das ações preferenciais são mais parecidas com dívidas que as ações ordinárias, continuam sendo um tipo de participação. (Uma vez que é semelhante à dívida, a discussão das ações preferenciais é adiada para o Capítulo 14, depois da cobertura do financiamento de dívidas nos Capítulos 12 e 13.) Muitas empresas não emitem ações preferenciais, mas todas emitem ações ordinárias. Esses acionistas são os proprietários reais e respondem pelo risco e colhem as recompensas associadas à posse de ações. Naturalmente é a antecipação do retorno por meio dos dividendos e o aumento de preço que leva os investidores a comprar ações.

Este capítulo cobre as características da ação ordinária, a política de dividendos das empresas e a distribuição ou retenção de lucros, bonificações em ações e desmembramento de ações. Se você já conhece este material pode ler este capítulo como uma recordação e seguir para avaliação de ações no próximo capítulo.

PATRIMÔNIO LÍQUIDO

As fontes de financiamento de uma empresa são os empréstimos ou o patrimônio líquido. Como será discutido no Capítulo 12, uma corporação pode emitir uma série de instrumentos para levantar os fundos de investidores que compram títulos de dívidas. O patrimônio líquido representa a propriedade de uma empresa. Considerando-se que as obrigações de dívida de uma empresa têm prioridade, o patrimônio líquido representa um direito residual. Os juros sobre as dívidas têm de ser pagos antes que haja qualquer ganho disponível para os proprietários. Se a empresa é dissolvida, as dívidas devem ser pagas primeiro, e quaisquer ativos remanescentes são distribuídos entre os proprietários.

Ser o direito residual é uma das razões por que o patrimônio líquido é mais arriscado que as dívidas. Caso a empresa tenha um mau desempenho, pode haver pouco ou nada disponível para os proprietários. No entanto, uma empresa rentável pode gerar um grande retorno para seus proprietários, uma vez que, após as obrigações das dívidas serem satisfeitas, o residual pertence somente ao patrimônio líquido. Altos lucros, então, pertencem somente aos proprietários.

As ações representam o patrimônio em uma corporação. Enquanto pode haver muitos tipos diferentes de títulos de dívidas, existem apenas dois tipos de ações: ações preferenciais e ações ordinárias. (Algumas empresas têm duas [ou mais] classes de ações ordinárias. Por exemplo, a Oshkosh B'Gosh tem duas classes de ações ordinárias. As ações classe A têm direitos de voto limitados e recebem dividendos 15% mais altos que as ações de classe B. Ter classes diferentes de ações ordinárias facilita o controle da corporação por um pequeno número de acionistas.) Conforme o nome sugere, as ações preferenciais têm uma posição preferencial ou superior. Assim, as ações ordinárias têm a posição final nos resultados ou ativos da corporação. Embora o patrimônio (propriedade) represente o direito residual sobre os lucros e ativos de uma empresa, ainda é um direito. Os administradores e empregados trabalham para ela e são responsáveis perante os proprietários.

Para a grande maioria das empresas, os proprietários, administradores, e empregados são um só e iguais. O proprietário de uma pequena loja tem de desempenhar todos os papéis exigidos para operar e administrar o negócio. Enquanto o proprietário pode empregar pessoas com habilidades especiais (por exemplo, um contador ou um advogado) para desempenhar tarefas específicas, decisões administrativas de marketing e financiamento, todas recaem sobre o administrador/proprietário. Uma vez que proprietário e gerente são um só e iguais, parece razoável supor que as decisões administrativas sejam tomadas tendo o bem-estar do proprietário como a consideração principal.

Nas grandes corporações, os proprietários, administradores e empregados são diferentes. Como será explicado mais tarde neste capítulo, os proprietários são representados por um conselho diretor eleito. O conselho emprega diretores que, por sua vez, contratam as várias pessoas que vão realizar as operações. Você pode supor que as metas da administração sejam consistentes com as metas dos proprietários, uma vez que os administradores têm uma responsabilidade fiduciária com os proprietários da corporação (ou seja, eles são "agentes" dos proprietários). No entanto, tal suposição pode estar em conflito com a realidade. Por exemplo, salários altos pode ser uma meta de administradores individuais, mas os salários altos reduzem os lucros e existem à custa dos proprietários.

Dessa forma, os proprietários têm de monitorar as decisões administrativas e tomar medidas para reduzir o conflito potencial entre a administração e os proprietários. Estas ações podem incluir (1) o desenvolvimento de uma estrutura na qual a cadeia de comando e responsabilidade comece nos proprietários e flua para os empregados, (2) formar um sistema para remoção dos empregados que agem de uma forma que seja perigosa para os proprietários, ou (3) instituir um sistema de recompensas que seja ligado ao desempenho de maneira que o bem-estar dos proprietários, administradores e empregados seja inter-relacionado. Por exemplo, a Lucent Technologies tem um plano de opções de compra de ações pelos empregados que dá a eles o direito de comprar ações a um preço determinado. Se a Lucent torna-se lucrativa, o valor das ações e opções aumentará, recompensando os empregados e também os acionistas.

Ligar o bem-estar dos proprietários, administradores e empregados envolve despesas. Esses gastos são, algumas vezes, referidos como os "custos da agência" que os proprietários têm de assumir para assegurar que a administração aja no melhor interesse dos proprietários e não apenas em seu próprio interesse. Os credores também têm custos similares, já que os proprietários e administradores podem tomar atitudes que reduzam a segurança dos instrumentos de dívida. Por exemplo, o pagamento de bônus e opções de compra de ações pode recompensar a administração, mas tais pagamentos reduzem o dinheiro disponível para pagar os juros e o principal.

AÇÕES ORDINÁRIAS

Apesar de as ações preferenciais serem legalmente patrimônio líquido e, dessa forma, representarem propriedade, na realidade financeira são semelhantes às dívidas, enquanto as ações ordinárias representam o resultado final. As **ações ordinárias** representam o direito residual sobre os ativos e lucros de uma corporação. No caso de liquidação, o proprietário de ações ordinárias recebe o que sobrar depois que todos os outros direitos tenham sido satisfeitos; ele ou ela recebe o lucro que foi provisionado depois que despesas, juros e dividendos preferenciais foram pagos. Esses investidores suportam o risco e colhem as recompensas associadas à propriedade de uma corporação.

> **Ações ordinárias**
> Título que representa a propriedade em uma corporação; os proprietários de ações ordinárias têm um direito final sobre os ativos e lucros da empresa depois de esta ter satisfeito suas obrigações com os credores e os acionistas preferenciais.

Os investidores que compram ações ordinárias recebem todos os direitos de propriedade. Esses direitos incluem a opção de votar as participações. Os acionistas elegem um **conselho diretor** que seleciona a administração da empresa. A administração é então responsável perante o conselho diretor, o qual, por seu turno, é responsável perante os acionistas da empresa. Se os acionistas não acreditam que o conselho diretor esteja realizando um trabalho competente, podem eleger um novo conselho para substituí-lo.

> **Conselho diretor**
> Órgão eleito por e responsável perante os acionistas para definir políticas e contratar a administração para dirigir uma corporação.

Para as empresas abertas, a democracia dos acionistas pode não funcionar. Os acionistas normalmente estão altamente dispersos, enquanto a administração da empresa e o conselho diretor geralmente formam uma unidade coesa na qual o conselho apóia os administradores. No entanto, o recente crescimento explosivo dos investidores institucionais (ou seja, fundos mútuos e planos de pensão com investimentos em ações ordinárias) pode estar mudando a relação entre os acionistas e a administração. Gerentes de mercado profissionais normalmente pressionam os executivos das empresas para obterem lucros mais altos para os acionistas. Se a administração não for capaz de alcançar essas metas, os gerentes de mercado podem forçar a substituição da administração ou a aquisição da empresa por outra cuja meta seja um retorno mais alto para as ações. A ameaça de uma mudança na administração ou uma aquisição normalmente estimula o conselho de administração de uma corporação e seus executivos a buscar estratégias que aumentem o valor das ações da empresa.

Geralmente, um acionista tem um voto para cada ação possuída, mas existem duas formas de distribuir esse voto. A diferença entre esses dois métodos é mais bem explicada por um exemplo. Suponha que uma empresa tenha mil ações emitidas e um conselho diretor composto por cinco membros. Com o método de votação tradicional, cada ação dá ao acionista o direito de votar em uma pessoa para cada assento no conselho. Nesse sistema, se um grupo majoritário votar como um bloco, um grupo minoritário não poderá selecionar um representante. Por exemplo, um grupo majoritário de 70% dos acionistas pode dar a cada um de seus candidatos 70% dos votos, negando, dessa forma, representação a um grupo minoritário de 30% dos acionistas.

Outro sistema, chamado **votação cumulativa**, dá à minoria de acionistas um meio de obter representação, mas não a maioria, no conselho diretor da empresa. Na votação cumulativa, o acionista do exemplo anterior que possui uma ação tem um total de cinco votos (um voto para cada assento no conselho diretor). Um acionista pode depositar até cinco votos para um candidato. (Naturalmente, nesse caso, o acionista não poderá votar em mais ninguém disputando os assentos restantes.) A maioria de 70% teria uma total de 3.500 votos (700 ações x 5). A minoria de 30% teria 1.500 votos (300 ações x 5), e, votando como um bloco em candidatos específicos, poderia assegurar para si uma representação no conselho diretor.

> **Votação cumulativa**
> Sistema de votação que estimula a representação da minoria, permitindo que os acionistas depositem todas suas ações (votos) em um candidato para o conselho diretor.

Por exemplo, se a minoria de 30% tiver dois candidatos contra os cinco candidatos da maioria, poderia ocorrer a seguinte votação:

Candidatos da Maioria Votos	Anos
A	700
B	700
C	700
D	700
E	700
Candidatos da minoria Votos	**Anos**
F	750
G	750

A maioria depositou seus 3.500 votos igualmente entre seus candidatos, e a minoria também depositou seus 1.500 votos igualmente entre seus dois candidatos. Nessa eleição, a minoria ganha dois assentos. Mesmo que a maioria depositasse mais votos para os candidatos de A a D, seria à custa do candidato E. Por exemplo, se a maioria depositar 800 votos para cada um dos candidatos de A a D, teria apenas 300 votos disponíveis para o candidato E. Esses 300 votos não são bastante para ganhar a eleição, e a minoria teria ganhado um assento no conselho diretor.[1]

Apesar de a votação cumulativa poder ajudar um grupo minoritário a obter representação, não pode assegurar representação se a minoria for muito pequena. Se a minoria neste exemplo fosse 15%, teria 750 votos, e a maioria de 85% teria 4.250 votos. Cada um dos cinco

---

[1] O número de ações (S) necessário para eleger uma quantidade específica de assentos pode ser determinado pela equação a seguir:

$$S = \frac{V \times P}{D+1} + 1.$$

A definição de cada símbolo é:
V: quantidade de ações votantes
P: quantidade de posições desejadas no conselho diretor
D: quantidade total de diretores a serem eleitos
Assim, no exemplo dado, se a minoria desejasse eleger dois assentos, teria de controlar 334 ações. Ou seja:

$$S = \frac{1.000 \times 2}{5+1} + 1 = 334{,}33.$$

Uma vez que controla apenas 300 ações, a minoria pode ter certeza de eleger apenas um diretor.

candidatos da maioria teria recebido 850 votos (4.250/5) e teria vencido qualquer candidato individual da minoria com 750 votos. Para a minoria ganhar representação, o total de seus votos combinados deve ser grande o bastante para exceder a capacidade de voto por assento da maioria.

Direitos de Preferência

Alguns acionistas têm **direitos de preferência**, que é o direito de manter sua propriedade proporcional na empresa. Se a empresa deseja vender ações adicionais para o público, essas novas ações devem inicialmente ser oferecidas aos acionistas existentes em uma venda chamada **oferta de direitos**. Se os acionistas quiserem manter sua propriedade proporcional na empresa, podem exercer seus direitos comprando as novas ações. No entanto, se não quiserem se aproveitar dessa oferta, podem vender seu privilégio para quem quiser comprar as novas ações.

> **Direitos de preferência**
> Direito de os acionistas atuais manterem sua propriedade proporcional na empresa.
>
> **Oferta de direitos**
> Venda de novos títulos aos acionistas oferecendo-lhes a opção (direito) de comprar novas ações.

Os direitos de preferência podem ser ilustrados por um exemplo simples. Se uma empresa tem mil ações emitidas e uma pessoa possui cem ações, essa pessoa possui 10% das ações da empresa. Se a empresa quiser vender 400 novas ações e os acionistas tiveram direito de preferência, essas novas ações devem ser oferecidas aos acionistas existentes antes de serem vendidas ao público. A pessoa que possui cem ações teria o direito de comprar 40, ou 10%, das novas ações. Se a compra for efetuada, então a posição relativa do acionista é mantida, uma vez que possui 10% das ações da empresa, tanto antes como depois da venda das novas ações.

Apesar de o direito de preferência ser exigido em alguns estados para incorporação, sua importância diminuiu. (Direitos de oferta são mais comuns em países estrangeiros como o Reino Unido.) Algumas empresas mudaram seus estatutos para eliminar os direitos de preferência. Por exemplo, a AT&T solicitou a seus acionistas que renunciassem a esses direitos. A lógica foi que emitir novas ações por meio de direitos de oferta era mais caro que vender as ações ao público por subscrição. Os investidores que desejassem manter suas posições relativas ainda poderiam comprar as novas ações, e todos os acionistas seriam beneficiados pela redução de custos e a flexibilidade dada à administração da empresa. A maioria dos acionistas aceitou a solicitação da administração e votou a favor de renunciarem a seus direitos de preferência.

POLÍTICA DE DIVIDENDOS

Após uma corporação ter ganho lucros, a administração deve decidir o que fazer com esse lucro: retê-lo e aumentar os investimentos de cada acionista da empresa, ou distribuí-lo em **dividendos em dinheiro**. Se os lucros são distribuídos, há uma saída de caixa da empresa. Se os lucros forem retidos, a administração colocará os fundos para trabalhar comprando ativos geradores de lucro ou liquidando dívidas pendentes.

> **Dividendos em dinheiro**
> Distribuição de lucros na forma de dinheiro.

Para ver o impacto de distribuir ou não distribuir dividendos em dinheiro, analise a seção de patrimônio líquido do balanço de uma empresa. Na maioria dos balanços, o patrimônio dos acionistas é relacionado após o passivo e impostos diferidos (caso haja). Existem três registros essenciais: as ações em circulação, o capital adicional integralizado (que pode também ser referido como "capital integralizado") e os lucros retidos. Um quarto registro, ações em tesouraria, pode aparecer se a empresa tiver recomprado algumas de suas ações em circulação. As ações em circulação mostram os vários tipos de ação que a empresa emitiu. Um registro típico é como a seguir:

Ações ordinárias ($ 1 nominal, 50.000 ações autorizadas, 35.000 ações emitidas)	$ 35.000

O capital adicional integralizado representa os fundos pagos em excesso do valor nominal das ações quando estas foram inicialmente vendidas. Se o valor nominal for $ 1 e as ações são vendidas por $ 5, $ 1 é creditado às ações ordinárias e o saldo de $ 4 é considerado capital integralizado. Se todas as 35.000 ações no exemplo forem vendidas a $ 5, o registro do capital integralizado é:

| Capital adicional integralizado | $ 140.000 |

O terceiro registro nas ações ordinárias é o lucro retido, que representa os lucros acumulados da empresa que não foram distribuídos. (O registro pode ser negativo se a empresa vem operando com prejuízo, que, nesse caso, é chamado "prejuízo acumulado" ou uma expressão semelhante que sugira que a empresa vem operando com prejuízo.) O lucro retido representa o lucro não distribuído desde seu início e, como as ações ordinárias e o capital integralizado, representa um investimento na empresa pelos acionistas ordinários. Visto que esses acionistas receberiam os lucros se fossem distribuídos, os lucros retidos são parte da contribuição dos acionistas para a empresa.

Se essa empresa tivesse lucros retidos no valor de $ 234.000, o registro no balanço seria:

| Lucros retidos | $ 234.000 |

A seção do patrimônio líquido completa dessa empresa é como a seguir:

Ações ordinárias ($ 1 nominal, 50.000 ações autorizadas, 35.000 ações emitidas)	$ 35.000
Capital adicional integralizado	$ 140.000
Lucros retidos	$ 234.000
Total patrimônio líquido	$ 409.000

O patrimônio líquido total é a soma dos três registros individuais e representa a contribuição total dos acionistas para a empresa. Observe que nem o patrimônio total ou nem lucros retidos são ativos. Patrimônio líquido e lucros retidos não são dinheiro! Embora a empresa possa manter caixa ou títulos de curto prazo, que podem ser chamados "equivalentes de caixa", *lucros retidos não são sinônimo de caixa.*

A distribuição de dividendos não afeta o capital integralizado, assim o exemplo simples a seguir exclui o capital integralizado. Inicialmente, o balanço da empresa é como a seguir:

Ativos		Passivo e Patrimônio líquido	
Ativos	$ 10.000	Dívidas	$ 3.000
		Ações ordinárias	4.000
		Lucros retidos	3.000
	10.000		10.000

Durante o ano, a empresa ganha $ 1 mil. O impacto da política de dividendo no balanço da empresa depende de se a empresa (1) distribui os lucros, (2) retém os lucros e adquire mais ativos, ou (3) retém os lucros e paga dívidas. O impacto dessas alternativas é como a seguir:

O balanço depois do lucro de $ 1 mil e,

1. distribuindo os lucros:

Ativos		Passivo e Patrimônio líquido	
Ativos	$ 10.000	Dívidas	$ 3.000
		Ações ordinárias	4.000
		Lucros retidos	3.000
	10.000		10.000

2. retendo os lucros e investindo os fundos em ativos geradores de lucro:

Ativos		Passivo e Patrimônio líquido		
Ativos	Aumento de — $ 11.000	Dívidas	$ 3.000	aumento em
	ativos em	Ações ordinárias	4.000	lucros retidos
	$ 1.000	Lucros retidos	4.000 —	de $ 1.000
	11.000		11.000	

3. retendo os lucros e usando os fundos para reduzir uma dívida em aberto:

Ativos		Passivo e Patrimônio líquido		
Ativos	$ 10.000	Dívidas	Redução em — $ 2.000	aumento em
		Ações ordinárias	dívida de 4.000	lucros retidos
		Lucros retidos	$ 1.000 4.000 —	de $ 1.000
	10.000		10.000	

Como o primeiro caso ilustra, se os lucros são distribuídos como dividendos em dinheiro, o patrimônio líquido da empresa não aumenta. Se a administração deseja investir em ativos adicionais, terá de utilizar uma fonte de fundos alternativa. Essa quantia poderá ser emprestada, o que poderá aumentar o risco financeiro da empresa. Ou os fundos poderão ser obtidos pela emissão de ações adicionais, mas poderá não fazer sentido distribuir lucro e então emitir novas ações para aumentar o patrimônio líquido. A retenção de lucros alcançará o mesmo efeito e não envolve os custos associados com a venda de novas ações.

No segundo e terceiro casos, a empresa reteve todos os lucros, e assim os lucros retidos aumentaram por $ 1 mil. No caso 2, os lucros retidos adicionais são usados para adquirir ativos adicionais, e no terceiro caso, os lucros retidos adicionais são usados para quitar uma dívida.

Poucas empresas distribuem todos os seus lucros e muitas não distribuem lucros. Uma vez que os acionistas são os donos da empresa e têm direito aos lucros, a dúvida é: o que os acionistas querem? O que é melhor para eles, investimentos adicionais na empresa ou dividendos em dinheiro? Estas parecem ser perguntas fáceis de ser respondidas, mas na realidade, não são. Normalmente, muitos acionistas diferentes possuem ações, e alguns podem estar buscando receita por meio dos dividendos e outros podem estar buscando ganhos de capital.

A decisão relativa à distribuição de lucros é, algumas vezes, vista como aquela da administração servindo a vários clientes. A finalidade é identificar o que os clientes (os acionistas) desejam e satisfazê-los. Aposentados, pessoas buscando uma renda suplementar, gerentes de fundos de pensão e fundos mútuos, e acionistas corporativos, podem preferir dividendos a ganhos de capital. Outros investidores com uma renda corrente podem preferir ganhos de capital que podem ser realizados no futuro quando os fundos forem necessários. Se a administração conseguir identificar quais desses grupos são os acionistas principais, então a política de dividendo pode ser projetada para satisfazer as necessidades desses acionistas.

Realmente, a decisão de reter (os lucros) em lugar de distribuí-los pode ser irrelevante. Suponha que no início do ano uma ação esteja sendo vendida a $ 100 e que uma pessoa compre 100 ações ($ 10 mil). Durante ao ano, a empresa ganha $ 10 por ação. Como resultado do aumento do lucro, o valor da ação sobe para $ 110, e as ações desse acionista agora valem $ 11 mil.

Se a empresa distribuir lucros, o acionista recebe $ 1 mil ($ 10 x 100 ações). No entanto, o valor da ação cairá pelo valor do dividendo, e assim o preço retornará aos $ 100 originais. (O fato de o valor de uma ação diminuir pelo valor do dividendo é explicado na seção sobre dividendos em dinheiro.) O investidor não vai experimentar nenhum ganho ou perda de capital, e terá ganho 10% no investimento (os $ 1 mil em dividendos divididos pelos $ 10 mil do custo do investimento).

Suponha que a empresa não distribua os lucros, e o investidor necessite do dinheiro. A pessoa poderá vender 9 ações para obter $ 990 (9 ações × $ 110 por ação). Naturalmente, o investidor manterá 91 ações no valor de $ 10.010. Exceto pela diferença de $ 10, resultado da incapacidade de vender ações fracionárias, a posição do investidor é a mesma que antes, quando os lucros foram distribuídos. Em qualquer caso, o investidor tem $ 1 mil em dinheiro e $ 10 mil em ações.

Essa discussão sugere que a posição do acionista não é afetada pela política de dividendos da empresa. Os custos da transação, como as comissões sobre a compra e venda dos títulos ou os honorários dos bancos de investimento na venda de novos títulos, impostos e as necessidades de caixa da empresa afetam a política de dividendos da empresa individual.

Impacto dos Custos de Transação

Caso um investidor tenha de vender parte de seus investimentos para gerar caixa, isso é o que define a distribuição dos lucros em dinheiro. Não é eficaz em termos de custo vender 9 ações. A comissão consumiria grande parte dos resultados da venda. Essa despesa é evitada pelo recebimento de dividendos. No entanto, se a administração paga dividendos e a seguir é obrigada a vender ações adicionais para levantar fundos, a empresa iria ocorrer em honorários bancários que poderiam ser evitados se os lucros tivessem sido retidos.

Esses custos de transação não são um argumento decisivo a favor ou contra a distribuição de dividendos. Se os acionistas principais da corporação querem dividendos, então pode haver uma economia líquida de custos na distribuição de lucros e um financiamento de novas ações. Os acionistas que querem as ações adicionais podem comprá-las e, nesse caso, eles arcam com a despesa. Se os acionistas principais da empresa buscam ganhos de capital, pode então haver uma economia líquida de custos em reter os ganhos. Aqueles acionistas que desejarem dinheiro poderão vender parte de seus investimentos e, nesse caso, eles arcarão com a despesa.

Impacto dos Impostos

Os impostos têm um impacto importante nas decisões financeiras, e a política de dividendos não é uma exceção. Considere o exemplo anterior no qual o acionista ou recebeu um dividendo em dinheiro ou vendeu parte de seus investimentos. Os dividendos estão sujeitos ao imposto de renda federal, enquanto os lucros da venda de títulos estão sujeitos ao imposto federal sobre ganhos de capital. Se as alíquotas desses impostos forem iguais, então o imposto não influi. Porém, podem não ser iguais. Em 2005, a alíquota mais alta de imposto federal sobre a maioria dos pagamentos de dividendos era 15%. A alíquota do imposto federal sobre ganhos de capital dependia de se o ganho era de longo prazo (mais de um ano) ou de curto prazo (um ano ou menos). Enquanto os ganhos de longo prazo pagavam até 15%, os ganhos de curto prazo pagavam mais.

Mesmo que dividendos e ganhos de capital paguem a mesma alíquota, ainda resta um argumento em favor do ganho de capital. Os dividendos recolhem o imposto quando são recebidos; o imposto sobre ganhos de capital é diferido até que a as ações sejam vendidas. Se uma corporação retém lucros e cresce, o valor das ações deve aumentar em resposta ao crescimento. Você não pagará qualquer imposto sobre esse crescimento até que venda as ações. (Sempre existe a possibilidade de que a alíquota possa mudar. Se você segue uma estratégia de investimento baseada apenas em evitar impostos, você poderá ter uma surpresa desagradável se a alíquota do imposto for alterada.)

A Necessidade de Fundos da Empresa

A discussão anterior sugeriu que os custos de transação e os impostos podem afetar a política de dividendos de uma empresa. A necessidade de caixa da empresa pode também ser afetada. Por exemplo, no Capítulo 24, um orçamento de caixa ilustra um caso no qual a necessidade de fundos de uma empresa flutua durante o ano. Tais variações em necessidade de caixa afetam a capacidade de a empresa pagar dividendos. Se a administração tem de pagar dividendos durante um período quando a empresa não tem caixa suficiente, esses pagamentos exigirão que ela tome dinheiro emprestado. A administração pode relutar em tomar fundos apenas para pagar os dividendos, uma vez que esse empréstimo gerará pagamentos de juros e do principal. Assim, a flutuação das necessidades de caixa da empresa pode ter um impacto sobre a conveniência de distribuir dividendos em dinheiro, bem como a capacidade da empresa de pagar os dividendos.

Empresas em setores cíclicos têm um problema semelhante, exceto que ele está disperso sobre um período mais longo. Essas empresas estão basicamente em setores que produzem bens de capital (fabricantes de maquinário e ferramentas para máquinas) ou bens duráveis (automóveis e casas). Empresas em setores cíclicos experimentam flutuações nos lucros que afetam tanto sua capacidade de pagar dividendos quanto sua necessidade de reter lucros. Durante períodos de prosperidade econômica, seus lucros tendem a expandir, o que pode permitir dividendos mais altos. No entanto, a administração pode preferir reter os lucros para ajudar a financiar as operações da empresa durante períodos de menor atividade econômica e estagnação. Nas recessões, os lucros da empresa podem diminuir severamente, ou a empresa pode até operar com prejuízo. Se a empresa tiver anteriormente retido lucros, sua capacidade de superar a estagnação econômica será aumentada.

A inflação também tem um impacto na política de dividendos. Uma vez que o custo das instalações e equipamentos aumenta durante um período de inflação, a empresa precisará de mais fontes de fundos para financiar a substituição de ativos gastos. Observe que essa substituição de instalações e equipamentos não é a mesma coisa que a expansão das operações da empresa; inflação significa que a empresa terá de gastar mais para manter suas operações atuais. Tais gastos exigem financiamento, e a retenção de lucros é uma fonte desses fundos. Certamente, se a empresa distribuir seus lucros, deverá encontrar outras fontes de fundos para substituir as instalações e equipamentos obsoletos.

A discussão anterior indicou que não existe uma única política de dividendos que todas as empresas seguem. Motivos como comissão de corretagem explicam por que o investidor individual pode preferir dinheiro a ganhos de capital. Outras razões, tais como diferimento de impostos sobre ganhos de capital, explicam por que o investidor individual pode preferir a retenção de lucros. Existem também razões como a disponibilidade de oportunidades de investimento ou a necessidade de caixa que explicam por que a administração pode preferir reter os lucros.

Se administração busca maximizar a riqueza dos acionistas, a decisão de dividendos depende basicamente de quem tem o melhor uso para o dinheiro – o acionista ou a empresa. Contudo, a administração pode não saber os usos alternativos do dinheiro pelos acionistas, ou pode escolher ignorar os usos alegados dos acionistas, e decide reter os lucros. Os acionistas que não gostarem da política de dividendo da empresa poderão, então, vender suas ações. Se os acionistas gostarem da política de dividendos, poderão comprar mais ações. Se os vendedores excederem os compradores, o valor das ações diminuirá, e a administração tomará consciência das preferências dos acionistas por dividendos em dinheiro em vez da retenção de lucros.

DIVIDENDOS EM DINHEIRO

A política de dividendos é uma questão de quanto do lucro de uma empresa deve ser distribuído. As empresas que pagam dividendos em dinheiro normalmente têm uma política que é ou expressa ou implicitamente conhecida pela comunidade

Índice de pagamento
Relação entre o dividendo em dinheiro e o lucro.

de investidores. Se uma empresa norte-americana paga um dividendo em dinheiro, o valor em dólar é normalmente estável e bem conhecido. A proporção distribuída dos lucros é medida pelo **índice de pagamento**, que é o dividendo em dinheiro dividido pelo lucro por ação. Se o valor em dólar do dividendo é estável, o índice de pagamento flutuará com as flutuações do lucro. A estabilidade dos dividendos, juntamente com as flutuações nos lucros, significa que o valor do lucro retido varia a cada ano e que a administração decidiu manter um dividendo estável ao custo de aumentos estáveis nos lucros retidos.

Empresas norte-americanas que pagam dividendos em dinheiro distribuem um dividendo regular em bases trimestrais. Algumas poucas empresas fazem distribuições mensais, e outras pagam semestral ou anualmente. Empresas estrangeiras normalmente pagam semestralmente os dividendos em dinheiro. Por exemplo, a Canon Inc. pagou $ 0,127 em junho de 2003 e $ 0,199 em dezembro de 2003. Mesmo que o valor do dividendo seja estável, as flutuações nas taxas de câmbio resultam que os valores dos dividendos recebidos variam a cada pagamento.

Enquanto a maioria das empresas com políticas de dividendo em dinheiro pagam regularmente dividendos trimestrais, existem outros tipos de políticas de dividendos. Algumas empresas pagam dividendos trimestrais mais extras. A Redwood Trust paga um dividendo trimestral, mas pode distribuir um dividendo extra ao final do ano se a empresa tiver um bom ano. Em 2004, a empresa pagou um dividendo extra de $ 5,50. Tal política é apropriada para uma empresa em um setor cíclico, pois os lucros flutuam, e a empresa pode ser pressionada a manter um valor alto de dividendos trimestrais normais. Tendo um conjunto de pagamento suplementado por extras em anos bons, a empresa mantém um pagamento fixo e um suplemento quando apropriado.

À medida que os lucros crescem, a empresa pode aumentar seus dividendos em dinheiro. Existe, no entanto uma relutância em aumentar os dividendos em dinheiro imediatamente após um aumento no lucro. Essa defasagem ocorre por causa da resistência da administração em reduzir os dividendos em dinheiro se os lucros diminuem. A administração aparentemente teme que a redução venha a ser interpretada como um sinal de fraqueza econômica. A má vontade de cortar dividendos tem resultado em uma tendência de a administração aumentar os dividendos apenas quando é certeza que o nível mais alto de lucros pode ser mantido.

Distribuir dividendos leva tempo. O primeiro passo é a reunião de dividendo dos diretores da empresa. Se decidirem distribuir um dividendo em dinheiro, são estabelecidas duas datas importantes. A primeira determina quem deverá receber o dividendo. Em uma data específica, o registro de acionistas da corporação é fechado e todos que possuam ações ao final daquele dia recebem o dividendo. Esta é chamada **data de registro**. Se os investidores compram ações após

> **Data de registro**
> Dia no qual um investidor tem de possuir a ação para receber o pagamento do dividendo.
>
> **Ex-dividendo**
> Compra de ações com exclusão de qualquer pagamento de dividendo.

a data de registro, não recebem o dividendo. A ação é comprada com exclusão do dividendo; isso é referido como **ex-dividendo**, uma vez que o preço da ação não inclui o pagamento do dividendo. O dia ex-dividendo são dois dias úteis antes da data de registro, porque a data de liquidação são três dias úteis após a transação.

A segunda data importante é o dia em que o dividendo é distribuído, ou a **data de pagamento ou data de distribuição**. A data de distribuição pode ser muitas semanas após a data de registro, uma vez que a companhia tem de definir os proprietários na data do registro e processar os cheques. A empresa poderá não realizar ela mesma essa tarefa; em vez disso,

> **Data de pagamento ou data de distribuição**
> Dia no qual um dividendo é pago aos acionistas.

usa seu banco comercial, serviço pelo qual o banco cobra uma taxa. O dia em que o dividendo é recebido pelo acionista é assim, provavelmente, muitas semanas após o conselho diretor anunciar o pagamento do dividendo.

O período para a declaração e pagamento de um dividendo é ilustrado pela linha de tempo a seguir:

Data da declaração (1º de julho)	Data de ex-dividendo (30 de julho)	Data de registro (1º de agosto)	Data de distribuição (1º de setembro)

Em 1º de julho, o conselho diretor declara um dividendo a ser pago em 1º de setembro a todos os acionistas com registro em 1º de agosto. Para receber o dividendo, a pessoa tem de possuir a ação no fechamento dos negócios do dia 1º de agosto. Para possuir a ação em 1º de agosto, a ação deve ter sido comprada em, ou antes, de 29 de julho. Se a ação foi comprada em 29 de julho, a data de liquidação ocorrerá após três dias, em 1º de agosto (supondo três dias úteis), assim o acionista possui as ações no encerramento do dia 1º de agosto. Se o investidor compra a ação em 30 de julho, não possuirá a ação em 1º de agosto (o vendedor possui a ação) e não poderá ser o proprietário do registro em 1º de agosto. Em 30 de julho, a ação é negociada ex-dividendo, ou "ex-div", e o comprador não recebe o dividendo.

Nas publicações financeiras, compras de ações no dia ex-dividendo são indicadas por um X ao lado do volume de vendas. O registro a seguir indica que as ações da Sun Company negociadas neste dia foram compradas com exclusão do dividendo.

Ação	Dividendo	Vendas	Fechamento	Variação líquida
Sun Co.	2	X 135	47,25	+ 0,25

O dividendo trimestral de $ 0,50 ($ 2,00/4) será pago aos proprietários de registro do dia anterior e não aos investidores que compraram a ação no dia ex-dividendo. Neste exemplo havia uma variação líquida de 0,25 no preço da ação para o dia ex-dividendo. Isso indica que o preço de fechamento do dia anterior era $ 47,50 e não $ 47, como poderia ser esperado do aumento de 0,25 do dia. Uma vez que os compradores correntes não receberão o dividendo de 0,50, o preço da ação está reduzido pelo (valor do) dividendo. A variação líquida no preço da ação no dia anterior é calculada a partir do preço ajustado ($ 47,50 menos o dividendo de $ 0,50).

BONIFICAÇÕES EM AÇÕES

Algumas empresas pagam **bonificações em ações** além, ou em lugar de, dividendos em dinheiro. Por exemplo, durante 2005, a Tootsie Roll distribuiu um dividendo de 3% além do seu dividendo em dinheiro. Infelizmente, os recebedores podem entender mal o que estão recebendo. Apesar de as bonificações em ações alterarem os registros no patrimônio líquido da empresa em seu balanço, *elas não aumentam os ativos da empresa*. Como os ativos e sua administração produzem o lucro da empresa, uma bonificação em ações não aumenta por si só o poder potencial de lucro da empresa.

Bonificações em ações
Distribuição de lucros paga em ações adicionais.

A seção de patrimônio líquido de um balanço a seguir é usada para ilustrar uma bonificação em ações.

Patrimônio líquido: ações ordinárias ao valor nominal de $ 1 (2.000.000 autorizadas; 1.000.000 emitidas)	1.000.000
Capital adicional integralizado	500.000
Lucros retidos	5.000.000
	$ 6.500.000

Uma bonificação em ações não afeta os ativos e passivos de uma empresa. Apenas são afetados por uma bonificação em ações os registros na seção do patrimônio líquido do balanço. A bonificação em ações transfere valores dos lucros retidos para o capital em ações ordinárias e o capital adicional integralizado. O valor transferido depende da (1) quantidade de novas ações emitidas por meio da bonificação em ações e (2) do preço de mercado da ação. Se a companhia mencionada anteriormente emitiu uma bonificação em ações de 10% quando o preço de mercado da ação ordinária era $ 20 por ação, isso causaria uma emissão de 100.000 ações com um valor de $ 2.000.000. Esse valor é subtraído dos lucros retidos e transferido para o capital em ações ordinárias e capital integralizado adicional. O valor transferido para o capital em ações ordinárias será 100.000 vezes o valor nominal da ação ($ 1 x 100.000 = $ 100.000). O valor restante ($ 1.900.000) é transferido para o capital integralizado adicional. A seção do patrimônio líquido então fica:

Patrimônio Líquido: ações ordinárias ao valor nominal de $ 1 (2.000.000 autorizadas; 1.100.000 emitidas)	1.100.000
Capital adicional integralizado	2.400.000
Lucros retidos	3.000.000
	$ 6.500.000

Apesar de ter havido um aumento na quantidade de ações emitidas, não houve aumento de caixa e nenhum aumento de ativo que pudesse ser usado para obter lucros. Tudo o que aconteceu foi uma recapitalização: os registros do patrimônio líquido foram alterados.

A bonificação em ações não aumenta sua riqueza, mas aumenta o número de ações que você possui. No exemplo dado anteriormente, se você possuía 100 ações antes da bonificação, você possuía ações no valor de $ 2 mil. Depois da bonificação em ações, você possui 110 ações, e estas 110 ações ainda valem $ 2 mil, porque o preço cai de $ 20 para $ 18,18 ($ 2.000/110 = $ 18,18). Por que o preço da ação diminui? A resposta é porque existem mais 10% de ações emitidas, mas não houve qualquer aumento nos ativos e na capacidade de lucro da empresa. As ações velhas foram *diluídas* e, dessa forma, o preço da ação tem de diminuir para indicar essa **diluição**. Se o preço da ação não diminuísse, todas as empresas poderiam tornar seus acionistas mais ricos declarando bonificações em ações. Mas os investidores logo iriam entender que as bonificações em ações não aumentam os ativos e lucros e a capacidade de lucrar da empresa, e não estariam dispostos a pagar o preço antigo por um número maior de ações. O preço de mercado iria diminuir para ajustar-se à diluição das ações antigas, e isso é o que acontece.

Diluição
Redução no lucro por ação como resultado da emissão de ações adicionais.

O maior equívoco relativo à bonificação em ações é que ela aumenta a capacidade da empresa de crescer. Se a bonificação em ações fosse um substituto para o dividendo em dinheiro, a afirmativa seria parcialmente verdadeira, pois a empresa ainda tem o ativo caixa que teria sido pago aos acionistas se fosse declarado um dividendo em dinheiro. A empresa, no entanto, ainda teria o dinheiro se não tivesse pago o dividendo em dinheiro, uma vez que uma empresa pode reter seu caixa e não pagar um dividendo. Assim, a decisão de pagar bonificações em ações não aumenta o caixa da empresa; é a decisão de *não pagar dividendos em dinheiro* que conserva o caixa.

DESMEMBRAMENTO DE AÇÕES

Desmembramento de ações
Recapitalização alcançada pela mudança na quantidade de ações em circulação.

Após o preço de uma ação ter aumentado substancialmente, a administração pode escolher desmembrar a ação. Esse **desmembramento de ações** reduz o preço da ação e é mais acessível aos investidores. A crença de que os investidores preferem ações mais baratas e que reduzir o preço da ação beneficia os acionistas por aumentar o mercado para sua ação está implícita nessa afirmativa.

Como a bonificação em ações, o desmembramento é uma recapitalização que altera a seção do patrimônio líquido no balanço. Não afeta os ativos ou passivos da empresa. Não aumenta a capacidade de lucrar da empresa, e a riqueza do acionista não é aumentada a menos que outros investidores prefiram ações de preços mais baixos e aumentem a demanda para essa ação.

A seção do patrimônio líquido de um balanço usado para ilustrar a bonificação em ações será empregada agora para demonstrar um desmembramento de ações de dois por um. Em um desmembramento de dois por um, uma ação velha torna-se duas ações novas, e o valor nominal da ação é dividido ao meio de $ 1 para $ 0,50. Não há mudança no capital integralizado adicional, lucros retidos ou patrimônio líquido total. Tudo o que aconteceu é que agora existe o dobro de ações emitidas, e cada ação vale a metade de uma ação antiga.

Patrimônio Líquido: ações ordinárias ao valor nominal de $ 0,50 (2.000.000 autorizadas; 2.000.000 emitidas)	1.000.000
Capital adicional integralizado	500.000
Lucros retidos	5.000.000
	$ 6.500.000

Desmembramentos de ações podem ser feitos em quaisquer combinações de termos, tal como quatro por um ou sete por quatro, mas os desmembramentos mais comuns são dois por um ou três por dois. Existem também desmembramentos inversos, que reduzem a quantidade de ações e aumentam o preço da ação. Por exemplo, a Agere Sustems desmembrou suas ações de uma para dez em 2005. Assim, cem ações tornaram-se dez ações após o desmembramento.

Todos os desmembramentos de ações afetam o preço das ações. Com um desmembramento de dois por um, o preço da ação é cortado ao meio. Um desmembramento de um para dez aumenta o preço por um fator de 10. Um método fácil de encontrar o preço de uma ação após o desmembramento é multiplicar o preço da ação antes do desmembramento pela recíproca dos termos do desmembramento. Por exemplo, se uma ação está sendo vendida por $ 54 por ação e o desmembramento é 3 para 2, então o preço da ação após o desmembramento será $ 54 x 2/3 = $ 36.

Desmembramentos de ações, como bonificações em ações, não aumentam, por si mesmos, sua riqueza, pois o desmembramento não aumenta os ativos e a capacidade de lucrar da empresa. Tudo o que muda é a quantidade de ações e seu preço. (Em uma cena do lindo filme *Rainman*, Raymond [o Rainman, interpretado por Dustin Hoffman] recebe quatro varetas. Raymond diz que ele sempre recebe oito varetas, assim seu irmão, interpretado por Tom Cruise, corta-as ao meio e diz: "Agora você tem oito". Este é um desmembramento de ações de dois por um. Quatro varetas tornam-se oito. É como cortar uma pizza em oito fatias em lugar de quatro. O tamanho da pizza mantém-se o mesmo; você apenas tem mais pedaços.)

O motivo normal fornecido pela administração para desmembrar uma ação é que um valor de venda mais baixo aumenta a liquidez das ações. Ou seja, o desmembramento produz maior distribuição de propriedade e aumenta o interesse do investidor na empresa. Esse maior interesse e liquidez podem, em última análise, levar o valor da ação a aumentar. Por exemplo, se a Ford desmembra suas ações (como fez em 1988), a distribuição maior pode conduzir a um aumento em vendas. Maiores vendas então produzem maiores lucros e um aumento no preço das ações. Se um cenário como este ocorrer (e não há evidência de que ocorrerá), o acionista atual será beneficiado; no entanto, a fonte de um aumento de preço subseqüente no valor da ação seria ainda o aumento nos lucros e não o desmembramento da ação.

Um desmembramento de ações pode até levar a pessoa a pensar que a ação mais barata aumentará mais que a ação mais cara. Se uma ação de $ 50 é desmembrada em duas por uma, 100 ações tornam-se 200 ações e o preço torna-se $ 25. Se a ação aumentar $ 5, o ganho é de $ 1 mil em lugar de $ 500. Essa linha de raciocínio supõe que uma ação de $ 25 aumentará em 20%, mas uma ação de $ 50 aumentará apenas 10%. Naturalmente, se uma ação de $ 25 aumenta 20%, não há razão por que a mesma ação custando $ 50 não deva também aumentar 20%, para $ 60. O aumento em valor será de $ 1 mil em ambos os casos.

Existe ainda uma razão para preferir a ação mais cara. Empresas de corretagem completa tendem a cobrar comissões baseadas no número de ações, além do preço. A comissão de corretagem completa de 200 ações ao preço de $ 25 é maior que a comissão de 100 ações ao preço de $ 50, mesmo que o valor de ambas as transações seja $ 5 mil. (O autor uma vez ouviu dois corretores discutindo a diferença em suas comissões antes e depois do desmembramento da Disney de quatro por um. A diferença excedia a $ 100. Isso pagaria a entrada na Disneylândia.)

PLANO DE REINVESTIMENTO DE DIVIDENDOS

Muitas empresas que pagam dividendos em dinheiro também têm **planos de reinvestimento de dividendos**, algumas vezes chamados **Drips**[2]. Estes permitem aos acionistas terem dividendos em dinheiro utilizados para comprar ações adicionais. Na maioria dos planos, um banco age em nome da corporação e de seus acionistas. O banco recebe os dividendos e, em alguns planos, oferece aos acionistas a opção de fazerem contribuições adicionais em dinheiro. O banco reúne todos os fundos e compra as ações no mercado secundário. Considerando que o banco compra um grande bloco de ações, recebe uma redução substancial no custo da comissão por ação comprada. Esses honorários de corretagem reduzidos são distribuídos por todas as ações, assim, até mesmo o menor investidor recebe a vantagem da redução do honorário de corretagem. O banco cobra um honorário pelos seus serviços, mas esse honorário é normalmente pequeno e não anula a economia potencial dos honorários de corretagem.

> **Planos de reinvestimento de dividendos (Drips)**
> Planos que permitem aos acionistas terem dividendos em dinheiro reinvestidos em ações adicionais em vez de receber o dividendo em dinheiro.

No segundo tipo de plano de reinvestimento, a empresa emite novas ações e o dinheiro vai diretamente para ela. O investidor pode também ter a opção de fazer contribuições adicionais em dinheiro. Esse tipo de plano oferece ao investidor uma vantagem extra porque os honorários de corretagem são completamente evitados. O valor total do dividendo em dinheiro é utilizado para comprar ações, com o custo de emissão pago pela empresa.

Talvez a mais importante vantagem para os investidores em planos de reinvestimento de dividendos seja a "poupança forçada". Tal poupança forçada pode ser desejável se você deseja poupar, mas tem uma tendência a gastar dinheiro uma vez que o receba. Os planos também oferecem vantagens para a empresa. Eles criam bom conceito e podem resultar em algumas reduções de custo (por exemplo, custos menores na preparação e postagem dos cheques de dividendos). Os planos de reinvestimento que resultam em novas emissões de ações também aumentam a base patrimonial da empresa.

RECOMPRA DE AÇÕES

Uma empresa que tenha caixa pode escolher recomprar algumas de suas próprias ações. Recompras de ações reduzem a quantidade de ações em circulação. Uma vez que o lucro

---

[2] Dividends Reinvestment Plan no original. (NT)

será distribuído por um número menor de ações, o lucro por ação deverá aumentar. Um lucro por ação mais alto pode então conduzir a um preço mais alto das ações no futuro.

A recompra de ações pode ser vista como uma alternativa para o pagamento de dividendos em dinheiro. Em vez de distribuir o dinheiro como dividendo, a empresa se oferece para comprar as ações de seus acionistas. Isso dá aos acionistas uma grande vantagem. Eles têm a opção de vender ou reter suas ações. Se acreditam que o potencial da empresa é suficiente para garantir a retenção das ações, não têm de vendê-las. A decisão de vender fica com o acionista.

Uma recompra particularmente digna de nota ocorreu quando a Teledyne comprou 8,7 milhões de suas ações a $ 200 cada para um desembolso total de $ 1,74 bilhão. A Teledyne inicialmente ofereceu recomprar 5 milhões de ações a $ 200. Naquele momento, a ação estava sendo vendida a $ 156, assim, a oferta representou um prêmio de 28% sobre o preço da época. O grande prêmio provavelmente fez que mais do que 5 milhões de ações fossem oferecidas. Enquanto a Teledyne poderia ter dividido suas compras, escolheu, em vez disso, aceitar todas as ações. O resultado foi reduzir a quantidade de ações em circulação em 40%. A redução da quantidade de ações da Teledyne em circulação aumentou o lucro por ação da companhia em mais de $ 7. Depois que a recompra foi completada, o preço da ação continuou a aumentar e foi vendida *por mais de $ 240 por ação dentro de poucas semanas*. Obviamente, o mercado de títulos acreditou que a recompra era no melhor interesse dos acionistas remanescentes!

RESUMO

A ação representa a propriedade (patrimônio líquido) de uma corporação. Os acionistas ordinários são os proprietários residuais e têm o último direito sobre os lucros e ativos da corporação e após as obrigações da empresa com os credores e acionistas preferenciais terem sido satisfeitas. Os acionistas ordinários têm o direito de votar por suas ações e eleger o conselho diretor da empresa. Uma vez que uma corporação tenha gerado lucros, os lucros ou são distribuídos ou retidos. A retenção dos lucros é uma fonte importante de fundos para a corporação e aumenta o investimento dos acionistas na empresa. Lucros retidos podem ser utilizados para financiar o crescimento futuro ou resgatar dívidas existentes.

Muitas corporações distribuem uma parte de seus lucros sob a forma de dividendos em dinheiro. Algumas corporações pagam bonificações em ações, o que aumenta a quantidade de ações, mas não reduz os ativos da empresa. Desmembramentos de ações alteram a quantidade de ações em circulação e, como as bonificações em ações, não afetam os ativos, passivos ou a capacidade de lucrar da empresa. Desmembramentos de ações e bonificações em ações afetam o preço da ação em proporção à quantidade de ações emitidas.

Muitas empresas oferecem planos de reinvestimento de dividendos como uma conveniência para os acionistas. Esses planos permitem aos acionistas acumularem ações com pouco ou nenhum custo. Ocasionalmente, a corporação escolherá recomprar ações. Tais recompras podem ser uma alternativa à distribuição de dividendos em dinheiro. Se os acionistas atuais querem reter sua propriedade na empresa, podem escolher não vender suas ações.

REVISÃO DOS OBJETIVOS

Agora que completou este capítulo, você deve ser capaz de:

1. Identificar as características da ação ordinária (página 182).

2. Explicar por que o voto cumulativo pode dar à minoria de acionistas representação no conselho diretor de uma empresa (páginas 182-184).

3. Comparar o impacto de reter lucros *versus* pagar dividendos em dinheiro sobre o balanço de uma corporação (páginas 185-186).

4. Explicar por que as comissões de corretagem e os impostos sobre o ganho de capital podem afetar a preferência de um investidor pela distribuição ou a retenção de lucros (página 187).

5. Identificar as datas importantes para a distribuição de um dividendo em dinheiro (páginas 189-190).

6. Comparar o impacto de um dividendo em dinheiro, bonificação em ações e desmembramento de ações sobre o balanço de uma empresa (páginas 188-193).

7. Listar as vantagens associadas aos planos de reinvestimento de dividendos e a recompra de ações (páginas 193-194).

PROBLEMAS

1. A West Wind Inc. tem 5.000.000 de ações em circulação com um valor de mercado de $ 60 por ação. Espera-se que o lucro líquido do próximo ano seja $ 6.900.000. Qual impacto terá um desmembramento três por um no lucro por ação e no preço da ação?

2. Sharon Bohnette possui 1.000 ações da Northern Chime Company. Existem quatro posições a serem eleitas no conselho diretor e a Sra. Bohnette é uma das candidatas. No método tradicional de eleição, quantos votos pode ela depositar em si mesma? Quantos votos poderá depositar em si mesma no sistema de eleição cumulativa?

3. A Jersey Mining lucra $ 9,50 por ação, que é vendida a $ 90 e paga $ 6 de dividendo por ação. A ação é desmembrada em duas por uma e é declarada um dividendo em dinheiro de $ 3.

    a. Qual será o novo preço da ação?

    b. Se o lucro total da empresa não mudar, qual será o índice de pagamento antes e depois do desmembramento?

4. A empresa A tem os seguintes itens selecionados em seu balanço:

Caixa	$ 28.000.000
Ações ordinárias (valor nominal $ 50; 2.000.000 de ações em circulação)	100.000.000
Capital integralizado adicional	10.000.000
Lucros retidos	62.000.000

Qual seria o valor de cada uma dessas contas após:

   a. um dividendo em dinheiro de $ 1 por ação?

   b. uma bonificação em ações de 5% (o valor justo de mercado é $ 100 por ação)?

   c. um desmembramento reverso de um por dois?

5. A Jackson Entreprises tem as seguintes contas de patrimônio líquido:

Ações ordinárias (valor nominal $ 1; 100.000 ações em circulação)	$ 100.000
Capital integralizado adicional	200.000
Lucros retidos	225.000

O conselho diretor declarou uma bonificação em ações de 20% em 1º de janeiro e um dividendo em dinheiro de $ 0,25 em 1º de março. Quais variações ocorrerão nas contas de patrimônio líquido depois de cada transação se o preço da ação for $ 4?

6. O balanço de uma empresa tem os seguintes registros:

Caixa $	10.000.000
Passivo Total	30.000.000
Ações ordinárias (valor nominal de $ 5, 2.000.000 de ações em circulação)	10.000.000
Capital integralizado adicional	3.000.000
Lucros retidos	42.000.000

Qual será o valor de cada uma dessas contas após:

a. um desmembramento de três por um?

b. um dividendo em dinheiro de $ 1,25 por ação?

c. uma bonificação em ações de 10% (o preço atual da ação é $ 15 por ação)?

7. Qual efeito terá um desmembramento de ações de dois por um sobre os itens a seguir encontrados nas demonstrações financeiras de uma empresa?

a. lucro por ação $ 4,20;

b. patrimônio líquido total $ 10.000.000;

c. dívida de longo prazo $ 4.300.000;

d. capital integralizado adicional $ 1.534.000;

e. número de ações emitidas $ 1.000;

f. lucro $ 4.200.000.

8. Uma empresa tem o seguinte balanço:

Ativos		Passivo e Patrimônio líquido	
Caixa	$ 20.000	Contas a pagar	$ 20.000
Contas a receber	110.000	Dívida de longo prazo	100.000
Estoques	120.000	Ações ordinárias (valor nominal $ 8; 4.000 ações em circulação)	32.000
Instalações e equipamento	250.000	Capital integralizado adicional	148.000
		Lucros retidos	200.000
	$ 500.000		$ 500.000

a. Prepare um novo balanço mostrando o impacto de um desmembramento de três por um. Se o preço corrente de mercado da ação for $ 54, qual será o preço após o desmembramento?

Ativos		Exigibilidades e Patrimônio líquido	
Caixa	$ _____	Contas a pagar	$ _____
Contas a receber	_____	Dívida de longo prazo	_____
Estoques	_____	Ações ordinárias (valor nominal $ _____; _____ ações em circulação)	_____
Instalações e equipamento	_____	Capital integralizado adicional	_____
		Lucros retidos	_____
	$ _____		$ _____

b. Prepare um novo balanço mostrando o impacto de uma bonificação em ações de 10%. Depois da bonificação, qual será o novo preço da ação ordinária?

Ativos		Exigibilidades e Patrimônio líquido	
Caixa	$ _____	Contas a pagar	$ _____
Contas a receber	_____	Dívida de longo prazo	_____
Estoques	_____	Ações ordinárias (valor nominal $ ____; ____ ações em circulação)	_____
Instalações e equipamento	_____	Capital integralizado adicional	_____
		Lucros retidos	_____
	$ _____		$ _____

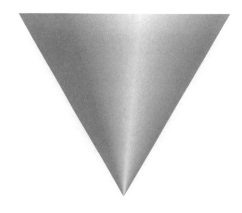

AVALIAÇÃO DE AÇÕES

Se eu oferecesse pagar a você $ 3.345 após dez anos, quanto essa quantia valeria hoje em dia? Se eu oferecesse $ 268 anualmente pelos próximos dez anos, quanto valeria hoje essa anuidade? Qual é a melhor oferta? Como você responderia a essas perguntas?

Você deveria compreender imediatamente que essas perguntas são ilustrações do valor do dinheiro no tempo, abordado no Capítulo 7. Para encontrar os valores presentes, deveria descontar a quantia total de $ 3.345 e descontar a anuidade de $ 268 usando uma taxa qualquer para determinar seus valores presentes. Se essa taxa fosse 9%, os valores presentes da soma total e da anuidade seriam $ 1.413 e $ 1.720, respectivamente. Se você tivesse que escolher, a anuidade de $ 268 seria melhor, porque seu valor presente é mais alto.

Esse processo de descontar fluxos de caixa futuros é a essência da avaliação e surge no decorrer deste texto. O valor presente de um título é o valor presente dos pagamentos de juros e o reembolso do principal. O valor presente de um equipamento ou instalação é o valor presente das entradas futuras geradas pelos ativos. O mesmo conceito aplica-se ao valor de uma ação. O que você pensa que uma ação vale depende dos fluxos de caixa futuros que a ação vai gerar.

Este capítulo aplica o conceito de descontar fluxos de caixa futuros para avaliar ações. Identificar e estimar esses fluxos de caixa futuros não é fácil. Inicialmente, o capítulo explica um modelo de crescimento de dividendos que é um exemplo de fluxos de caixa descontados. Dividendos futuros são descontados de volta ao valor presente para determinar o valor da ação. Infelizmente, o valor de dividendos futuros não pode ser conhecido com exatidão, e muitas empresas comumente não pagam dividendos. Como alternativa para modelos de avaliação de fluxos de caixa descontados, vários índices como preço-lucro são usados para comparar ações. Este capítulo termina com uma discussão dessas ferramentas pragmáticas para avaliar ações ordinárias.

AVALIAÇÃO DE AÇÕES ORDINÁRIAS: O VALOR PRESENTE E O CRESCIMENTO DOS DIVIDENDOS

A avaliação das ações ordinárias envolve trazer ao valor presente os pagamentos futuros ao fator de desconto apropriado. O fator de desconto é a taxa de retorno requerida. Assim, a avaliação envolve descontar fluxos de caixa futuros (dividendos) de volta ao valor presente à taxa de retorno requerida pelo investidor. O valor presente é então comparado com o preço atual (da ação) para determinar se a ação é uma boa compra.

Dividendos Constantes

O processo de avaliação e seleção de um título é rapidamente ilustrado pelo caso simples no qual uma ação ordinária paga um dividendo fixo de $ 1 para o qual não se espera variação. Assim, o fluxo de caixa antecipado é:

Ano	1	2	3	4	...
	$ 1	$ 1	$ 1	$ 1	...

O valor corrente desse fluxo de pagamentos indefinido depende da taxa de desconto (a taxa de retorno requerida pelo investidor). Se essa taxa for 10%, o valor da ação é:

$$V = \frac{\$1}{(1+0,1)^1} + \frac{\$1}{(1+0,1)^2} + \frac{\$1}{(1+0,1)^3} + \frac{\$1}{(1+0,1)^4} + \cdots$$
$$V = \$10,00.$$

Esse processo é expresso na equação a seguir, na qual as variáveis são o dividendo (D) e a taxa de retorno requerida (κ):

$$V = \frac{D}{(1+k)^1} + \frac{D}{(1+k)^2} + \frac{D}{(1+k)^n},$$

que simplificado é:

$$V = \frac{D}{k}. \qquad \text{11.1}$$

Se uma ação paga um dividendo de $ 1 e sua taxa de retorno exigida é 10%, sua avaliação é:

$$V = \frac{D}{k} = \frac{\$1}{0,1} = 10,00.$$

Se você compra essa ação por $ 10,00, seu retorno (antes de considerar qualquer variação de preço) é 10%. Se pagar mais, o retorno será menor, e se comprar a ação por menos de $ 10,00, seu retorno será mais alto.

Dividendos Crescentes

Não existe, no entanto, razão para antecipar que os dividendos de ações ordinárias serão fixos indefinidamente no futuro. As ações ordinárias oferecem o potencial para crescimento, tanto em valor quanto em dividendos. Por exemplo, se o investidor espera o dividendo atual de $ 1 crescer anualmente a uma taxa de 6%, o valor antecipado dos pagamentos será:

Ano	1	2	3	...
	$1,06	$1,124	$1,191	...

O valor corrente desse fluxo de pagamentos de dividendos crescentes também depende da taxa de desconto (a taxa de retorno requerida pelo investidor). Se essa taxa for 10%, o valor da ação será:

$$V = \frac{\$1,06}{(1+0,1)^1} + \frac{\$1,124}{(1+0,1)^2} + \frac{\$1,191}{(1+0,1)^3} + \cdots$$

> **Modelo de crescimento do dividendo**
> Modelo de avaliação de ações ordinárias que desconta os dividendos futuros.

Nesse formato, o valor não pode ser determinado. Se, no entanto, você supor que o dividendo vá crescer (g) indefinidamente à mesma taxa, o **modelo de crescimento do dividendo** é:

$$V = \frac{D(1+g)^1}{(1+\kappa)^1} + \frac{D(1+g)^2}{(1+\kappa)^2} + \frac{D(1+g)^3}{(1+\kappa)^3} + \cdots + \frac{D(1+g)^n}{(1+\kappa)^n},$$

que simplificado é:

$$V = \frac{D_0(1+g)}{\kappa - g}. \qquad 11.2$$

O valor intrínseco da ação depende (1) do dividendo atual, (2) do crescimento desse dividendo, e (3) da taxa de retorno requerida. A aplicação desse modelo pode ser ilustrada por um exemplo simples. Se sua taxa de retorno requerida é 10% e a ação está pagando atualmente um dividendo de $1 por ação que está crescendo indefinidamente no futuro a uma taxa de 6% ao ano, seu valor é:

$$V = \frac{\$1(1+0,06)}{0,1 - 0,06} = \$26,50.$$

Qualquer preço maior que $26,50 resultará em um rendimento total menor que 10%. Inversamente, um preço menor que $26,50 produzirá um retorno superior a 10%.

Esse retorno pode ser determinado rearranjando-se, a equação e substituindo o preço atual pelo valor da ação. Assim, o retorno (r) de um investimento em ações é:

$$r = \frac{D_0(1+g)}{P} + g. \qquad 11.3$$

$D_0(1+g)/P$ é o retorno do dividendo, e g, a taxa de crescimento esperada do dividendo. Se o preço fosse $30, o retorno antecipado seria:

$$r = \frac{\$1(1+0,6)}{\$30} + 0,06$$
$$= 9,5\%.$$

Uma vez que 9,5% é inferior aos 10% requeridos, você não comprará a ação. Se o preço é $15, o retorno antecipado é:

$$r = \frac{\$1(1+0,06)}{\$15} + 0,06$$
$$= 13,1\%.$$

Esse retorno é maior que os 10% requerido por você. Uma vez que a ação oferece um retorno superior, ela está subvalorizada, e você vai comprá-la. (Você deve observar que a avaliação compara valores em dólares. Ou seja, o valor em dólar da ação é comparado com seu preço. Os retornos comparam porcentagens. Ou seja, a porcentagem de retorno esperado é comparada com o retorno requerido. Em qualquer caso, a decisão será a mesma. Se a avaliação excede o preço, o retorno esperado excede o retorno requerido.)

Apenas ao preço de $26,50 a ação oferece um retorno de 10%. A esse preço, o retorno antecipado da ação iguala o retorno requerido, que é o retorno disponível em investimentos alternativos do mesmo risco (ou seja, $r = \kappa$). O investimento vai render 10% porque o rendimento do dividendo durante o ano é 4% e os dividendos estão crescendo anualmente a uma taxa de 6% (ou seja, o ganho esperado de capital é 6%). Essas relações são ilustradas na Figura 11.1, que mostra o crescimento em dividendos e o preço da ação, que produzirá um retorno constante de 10%. Após 12 anos, o dividendo terá aumentado para $2,01, e o preço da ação será $53,32. O retorno anual desse investimento continua 10%. Durante o ano, o dividendo cresceu para $2,13, produzindo um rendimento de 4% de dividendos, e o preço cresceu anualmente à taxa de 6%.

Observe que as linhas na Figura 11.1 que representam o dividendo e o preço da ação são curvas. Os dividendos e o preço da ação estão aumentando à mesma taxa, mas não estão aumentando pelo mesmo valor a cada ano. Esta é outra ilustração de capitalização, à medida que os dividendos (e presumivelmente os lucros) e o preço da ação são capitalizados anualmente a 6%.

Os lucros e os dividendos de uma empresa não precisam aumentar regularmente a essa taxa. A Figura 11.2 ilustra um caso no qual os lucros de uma empresa aumentam anualmente a uma média de 6%, mas as variações ano a ano distanciam-se de 6%. Essas flutuações não são por elas mesmas necessariamente motivo para preocupação. A empresa existe dentro do ambiente econômico, que flutua com o tempo. Fatores como recessão ou aumento nos preços da gasolina podem afetar os lucros durante determinado ano. Se esses fatores continuam a incomodar a empresa, obviamente, vão desempenhar papel importante na avaliação das ações. No entanto, a ênfase no modelo de avaliação de dividendo está no aumento dos dividendos e no crescimento dos lucros para pagá-los durante um período de anos. Essa dimensão de tempo mais longa suaviza as flutuações temporárias de lucros e dividendos.

O modelo de avaliação das ações ordinárias apresentado até agora presume que (1) os dividendos da empresa crescerão indefinidamente a uma determinada taxa e (2) o lucro da empresa aumenta e assim os dividendos podem também crescer. Essas suposições não precisam ser ajustadas, e, desse modo, o modelo pode ter de ser modificado de forma que diferentes configurações de crescimento possam ser incluídas na avaliação.

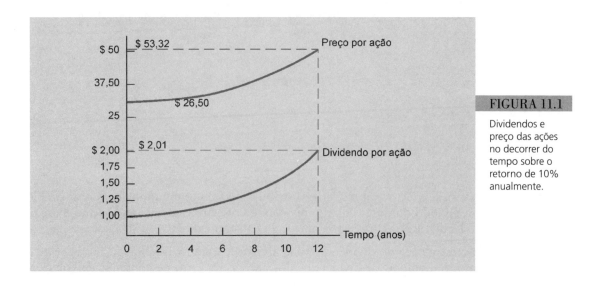

FIGURA 11.1

Dividendos e preço das ações no decorrer do tempo sobre o retorno de 10% anualmente.

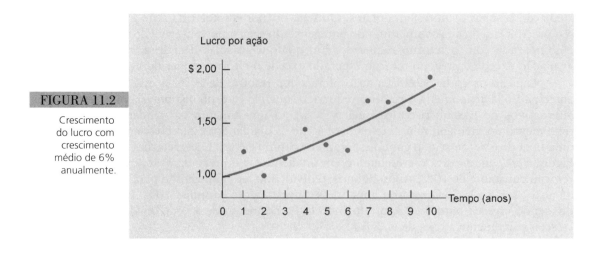

FIGURA 11.2

Crescimento do lucro com crescimento médio de 6% anualmente.

Crescimento Irregular dos Dividendos

Os dividendos podem crescer (ou decrescer), e esses incrementos não precisam ser a uma taxa constante. Por exemplo, uma pequena empresa emergente pode não pagar dividendos e reter todo o lucro para financiar sua expansão. Depois de alcançar determinado nível de crescimento, a administração pode começar a pagar dividendos em dinheiro. A taxa inicial de crescimento do dividendo pode ser muito alta, mesmo porque um crescimento de $ 0,02 para $ 0,04 é um aumento de 100%. À medida que a empresa amadurece e a taxa de crescimento do lucro diminui, a taxa de crescimento do dividendo também diminui. O dividendo da empresa poderá então crescer a uma taxa estável. Esse modelo de dividendos é ilustrado na tabela a seguir, que representa o dividendo em dinheiro e a porcentagem de variação em relação ao ano anterior:

Ano	Dividendo em dinheiro	Porcentagem de variação do dividendo
1	–	–
2	–	–
3	$ 0,10	–
4	0,20	100%
5	0,35	75,0
6	0,50	42,9
7	0,60	20,0
8	0,66	10,0
9	0,726	10,0
10	0,799	10,0
⋮	⋮	⋮

Inicialmente (anos 1 e 2), a empresa não distribuiu dividendo em dinheiro. Os anos 3 a 7 representam um período durante o qual o dividendo cresceu rapidamente. Do ano 8 até o futuro indefinido, os dividendos crescem a uma taxa constante de 10%.

O modelo de crescimento do dividendo pode ainda ser usado para avaliar a ação. Cada um dos pagamentos individuais de dividendos dos anos 1 ao 7 são descontados de volta ao presente na taxa requerida (por exemplo, 12%) e são somados:

$$V = \frac{\$0,00}{(1,12)^1} + \frac{0,00}{(1,12)^2} + \frac{0,10}{(1,12)^3} + \frac{0,20}{(1,12)^4} + \frac{0,35}{(1,12)^5} + \frac{0,50}{(1,12)^6} + \frac{0,60}{(1,12)^7}$$

$$= \$0,00 + 0,00 + 0,10(0,712) + 0,20(0,636) + 0,35(0,567) + 0,50(0,507) + 0,60(0,452)$$

$$= \$0,92.$$

Dessa forma, o fluxo de dividendos durantes os anos 1 a 7 atualmente vale $ 0,92.

Para os anos 8 e todos os subseqüentes, os dividendos crescem anualmente em 10%, assim, o modelo de crescimento constante dos dividendos pode ser aplicado. O valor dos dividendos futuros é:

$$V = \frac{\$0,60(1+0,1)}{0,12 - 0,10} = \$33.$$

Esse valor, no entanto, é ao final do ano 7, dessa maneira, os $ 33 têm de ser descontados de volta ao presente a 12% para determinar o valor corrente:

$$\frac{\$33}{(1,12)^7} = \$33(0,452) = \$14,92.$$

(O 0,452 é o fator de juros do valor presente de $ 1 a 12% por sete anos.)

O valor da ação é a soma de duas partes: o valor presente dos dividendos durante o período do crescimento variável ($ 0,92) mais o valor presente dos dividendos durante o período de crescimento estável ($ 14,92). Assim, o valor da ação é:

$$V = \$0,92 + \$14,92 = \$15,84.$$

Apesar de a ilustração anterior parecer complicada, o processo de avaliação não é. A avaliação continua o valor presente dos fluxos de caixa futuros (ou seja, os pagamentos de dividendos). Cada pagamento futuro antecipado é descontado de volta para o presente à taxa de retorno requerida, e os valores presentes de cada pagamento são somados para determinar o valor atual da ação. Dessa forma, a avaliação de uma ação ordinária e as avaliações de ações preferenciais, títulos e instalações e equipamentos envolvem o mesmo processo básico. Cada ativo vale o valor presente das entradas de caixa esperadas que o ativo vai gerar.

RISCO E AVALIAÇÃO DAS AÇÕES

A discussão anterior mostrou um modelo de avaliação de ações com base nos fluxos de caixa descontados. No entanto, nada foi dito com relação ao risco associado a uma ação em particular. Nem todas as empresas são igualmente arriscadas, e você requer um retorno mais alto das ações com mais risco.

Tal ajuste de risco pode ser parte do processo de avaliação, porque o retorno exigido pelos investidores (k) pode ser ajustado pelo risco. No modelo de precificação de ativos de capital (Capítulo 8), o retorno requerido foi dividido em dois componentes: (1) o retorno livre de risco que você pode ganhar em um título sem risco como as notas do Tesouro (*Treasury bills*) e (2) um prêmio de risco. O prêmio de risco é também composto por dois componentes: (1) o retorno adicional que o investimento em títulos oferece acima da taxa livre de risco e (2) a volatilidade de determinada ação em relação ao mercado como um todo. A volatilidade de cada ação é medida pelo beta (β), e o retorno adicional é medido pela diferença entre o retorno esperado no mercado (r_m) e a taxa livre de risco (r_f). Essa diferença ($r_m - r_f$) é o prêmio de risco requerido para induzir as pessoas a comprar ações.

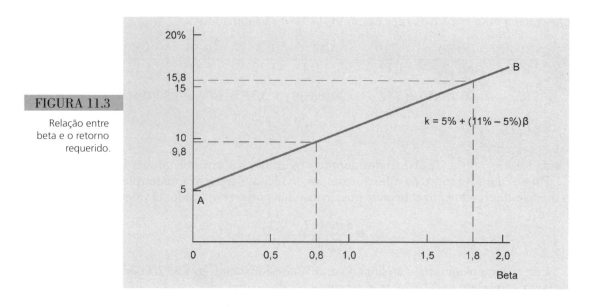

FIGURA 11.3
Relação entre beta e o retorno requerido.

Para induzir o investidor a comprar determinado título, o prêmio de risco associado com o mercado tem de ser ajustado pelo risco associado com o título em particular. Esse ajuste é obtido usando o beta da ação, de forma que o retorno requerido para investir em dada ação, conforme especificado na Equação 11.4, é:

$$\kappa = r_f + (r_m - r_f)\beta. \qquad 11.4$$

A relação entre o retorno exigido e o beta é ilustrada na Figura 11.3. Essa **curva do mercado de títulos** (AB) representa todos os retornos requeridos associados com cada nível de risco de mercado. Nessa figura, a taxa livre de risco é 5% e o retorno esperado do mercado é 11%. Assim, para um beta de 0,8, o retorno exigido é 9,8% [0,05 + (0,11 − 0,05)0,8 = 9,8%], e para um beta de 1,8, o retorno exigido é 15,8% [0,05 + (0,11 − 0,05)1,8 = 15,8%].

> **Curva do mercado de títulos**
> Linha especificando o retorno requerido para diferentes níveis de risco.

A linha AB corta o eixo vertical na taxa corrente livre de risco (5%). A inclinação da reta é a diferença entre o retorno do mercado e a taxa livre de risco (0,11 − 0,05). Movimentos ao longo da linha representam mudanças no risco como medidos pelo beta (ou seja, o aumento no beta de 0,8 para 1,8 e o correspondente aumento no retorno requerido de 9,8% para 15,8%). A linha se desloca, caso a taxa livre de risco ou o retorno esperado do mercado mudem. Tal deslocamento é ilustrado na Figura 11.4, na qual a taxa livre de risco aumenta de 5% para 6% e o retorno esperado do mercado aumenta de 11% para 12%. A curva do mercado de títulos desloca-se de AB para A'B'. Desse modo, o retorno requerido a cada nível de risco (em cada beta) correspondentemente aumenta. O retorno requerido para uma ação com um beta de 0,8 agora passa a ser 10,8%, enquanto o retorno requerido para uma ação com um beta de 1,8 aumenta para 16,8%.

O modo como esse desconto ajustado pelo risco pode ser aplicado na avaliação de uma ação específica está ilustrado pelo exemplo a seguir. De 1999 a 2004, o dividendo da ExxonMobil aumentou a uma taxa de crescimento anual composta por aproximadamente 5,4%. De acordo com o Value Line Investment Survey,[1] a ação tem um beta de 0,8. Se: (1) as notas do Tesouro dos Estados Unidos (*Treasury bills*) com 6 meses de duração oferecessem

---

[1] *Value Line Investment* é um site de aconselhamento financeiro nos Estados Unidos. Disponível em: www.valueline.com. Acesso em: 11 abr. 2008. (NT)

um retorno livre de risco de 3,5%, (2) um investidor esperasse que o mercado fosse crescer anualmente a uma taxa composta por 9,5% (aproximadamente 6 pontos percentuais mais que a taxa livre de risco), e, (3) o crescimento do dividendo continuasse indefinidamente a 5,4%, qual seria o preço máximo que o investidor deveria pagar pela ação?

O primeiro passo para responder a essa pergunta é determinar o retorno requerido ajustado pelo risco:

$$\kappa = r_f + (r_m - r_f)b$$
$$= 0,035 + (0,095 - 0,035)0,8$$
$$= 0,083 = 8,3\%.$$

A seguir, o retorno requerido ajustado pelo risco é usado no modelo de crescimento do dividendo apresentado anteriormente:

$$V = \frac{D_0(1+g)}{k-g}$$
$$= \frac{1,10(1+0,054)}{0,083 - 0,054}$$
$$= \$ 39,98.$$

Se o preço da ação for inferior a $ 39,98, a ação está subavaliada e deve ser comprada. Ao contrário, se o preço exceder $ 39,98, a ação está superavaliada e deve ser vendida.

Apesar de esse procedimento trazer um ajustamento de risco para o modelo de avaliação, lembre-se de que os resultados ou conclusões só podem ser tão bons quanto os dados utilizados. Enquanto esse modelo e outros apresentados neste texto (por exemplo, o valor presente líquido de um investimento mostrado no Capítulo 22) são teoricamente sólidos, sua exatidão depende dos dados utilizados. Quaisquer estimativas – a taxa de crescimento, o

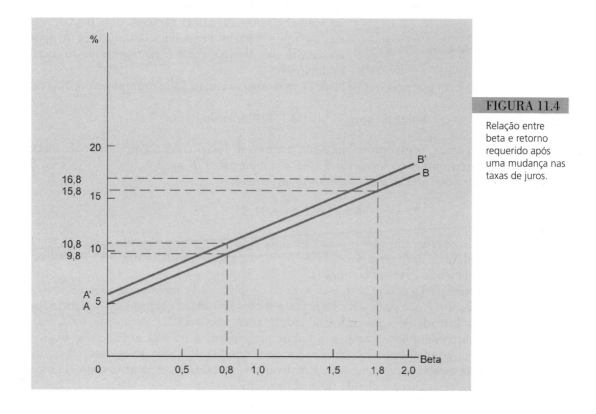

FIGURA 11.4

Relação entre beta e retorno requerido após uma mudança nas taxas de juros.

retorno esperado do mercado, o coeficiente beta – podem estar incorretas e, nesse caso, a avaliação resultante estará incorreta. Por exemplo, se a taxa esperada de crescimento fosse aumentada de 5,4 para 6,4, o efeito seria aumentar a avaliação de $ 39,98 para $ 61,60. Como pode ser visto nessa ilustração, a pequena mudança na taxa de crescimento produz uma grande mudança na avaliação da ação.

O problema de dados incorretos não significa que o uso de modelos em decisões financeiras é indesejável. Sem tais modelos não haveria meios de avaliar um ativo. Palpites, intuição ou apenas adivinhação seriam então utilizados para avaliar e selecionar ativos. Modelos teóricos forçam os investidores e administradores financeiros a identificar as forças econômicas reais (como de ganhos e taxas de crescimento) e alternativas (por exemplo, a taxa livre de risco e o retorno ganho pelo mercado como um todo). Avaliações de ações baseadas em fluxos de caixa descontados são fundamentalmente sólidas e são a base teórica para o valor do investimento.

TÉCNICAS ALTERNATIVAS DE AVALIAÇÃO: MODELOS MULTIPLICADORES

Ainda que o modelo de crescimento do dividendo possa ser teoricamente sólido, é difícil de tornar-se operacional. Existem, por exemplo, problemas associados com a estimativa de índices futuros de crescimento e determinação do retorno requerido adequado. Além disso, nem todas as ações ordinárias pagam dividendos em dinheiro. De fato, a grande maioria das ações negociadas através do mercado Nasdaq de ações não paga dividendos e não se pode esperar que distribuam dividendos em um futuro previsível. Sem um pagamento de dividendo, o numerador do modelo de crescimento do dividendo é $ 0, o que torna o valor igual a $ 0.

O Coeficiente Preço-Lucro

Um método alternativo utiliza uma variedade de modelos multiplicadores. Ou seja, o valor da ação é relacionado a uma variável como lucros, vendas ou valor contábil vezes um multiplicador. A mais comum dessas abordagens é o coeficiente preço-lucro ou **índice P/L**.

Índice P/L
O índice entre o preço de uma ação e o lucro por ação.

A técnica P/L é em essência muito fácil. O valor de uma ação é um múltiplo específico do lucro. Isto é:

$$\text{Valor da ação} = \text{Lucros} \times \text{Múltiplo do lucro}.$$

Para usar essa técnica, o investidor necessita apenas do lucro e do multiplicador de lucro adequado. Por exemplo, se o lucro for $ 2,45 e o multiplicador apropriado, 13 (ou seja, o índice P/L apropriado for 13), então o valor da ação será:

$$\$ 2,45 \times 13 = \$ 31,85.$$

Esse valor é então comparado com o preço atual da ação. Se o preço é menor que $ 31,85, a ação está subavaliada e deve ser comprada. Se o preço da ação for maior que $ 31,85, a ação está superavaliada e não deve ser comprada.

O uso dos índices P/L, porém, não está livre de problemas. Primeiro, quais lucros devem ser usados no cálculo? Você pode selecionar tanto lucros históricos quanto lucros planejados. Se forem lucros históricos, você utilizará lucros antes das receitas extraordinárias, não recorrentes, ou lucros líquidos? Se forem lucros projetados, qual será a projeção? Lucros projetados podem estar disponíveis em serviços de aconselhamento de investimentos, como a Value Line Investment Survey, ou em estimativas da internet. As estimativas, no entanto, serão diferentes, e permanece a dúvida de qual delas utilizar.

O problema seguinte é determinar o múltiplo adequado. Uma solução possível é usar os índices P/L históricos. A maioria das empresas tende a negociar dentro de um limite de valores de P/L. Por exemplo, por dez anos, o índice P/L histórico inferior da Bristol-Myers Squibb ficou na média de 18,8, enquanto o índice P/L histórico superior teve uma média de 27,8. Assim, se os lucros estimados forem $ 2, o preço da ação deverá tender a ser negociado entre $ 37,60 ($ 2,00 × 18,8) e $ 55,60 ($ 2,00 × 27,8). Se a ação for negociada fora desse limite, isso sugere que atualmente está sub ou superavaliada.

Essa utilização de índices P/L fornece uma amplitude de valores, mas não um valor único. Para obter um valor único, o investidor teria de determinar um multiplicador único de lucro. Se o índice P/L médio de todas as empresas do setor for 13,2, então esse multiplicador de lucro pode ser aplicado a uma empresa específica dentro do setor. Por exemplo, se o índice P/L médio do setor de produtos para o lar, artigos de toucador e remédios for 13,2 e espera-se que (a ação da) Bristol-Myers Squibb ganhe $ 2, então o valor da ação é $ 26,40 (13,2 × $ 2,00).

Essa aplicação dos índices P/L para avaliações sugere que existe um único índice P/L para todas as empresas dentro de um setor. Isto é, naturalmente, uma supersimplificação, uma vez que existem diferenças entre empresas dentro de um setor, tais como tamanho, linhas de produtos, fontes de financiamento e operações domésticas *versus* estrangeiras. Esses fatores podem afetar o risco associado como uma empresa em particular, assim, utilizar um único índice P/L médio para avaliar todas as empresas pode ser inapropriado.

O Coeficiente Preço-Vendas

Um índice de avaliação alternativo que tem alcançado alguma proeminência é o índice entre o preço da ação e as vendas (P/V). Esse índice oferece uma particular vantagem sobre o índice P/L. Se uma empresa não tem lucros (e muitas empresas, principalmente pequenas empresas que estão apenas começando, operam com prejuízo), o índice P/L não tem qualquer sentido. O índice P/V, no entanto, pode ser computado mesmo que a empresa esteja operando com prejuízo, permitindo, assim, comparações de todas as empresas, incluindo aquelas que não são lucrativas.

Mesmo que a empresa tenha lucro e um índice P/L positivo, o índice preço-vendas permanece uma ferramenta útil de análise. O lucro é, em última análise, relacionado com as vendas. Um índice P/V baixo indica uma avaliação baixa; o mercado acionário não está colocando um grande valor nas vendas da empresa. Mesmo que a empresa esteja operando com prejuízo, um índice P/V baixo pode indicar um investimento subavaliado. Um pequeno aumento na lucratividade pode transformar essas vendas em um grande aumento no preço da ação. Quando a empresa retorna à lucratividade, o mercado pode reagir aos lucros, e ambos os índices, P/L e P/V, aumentam. Assim, um baixo índice corrente preço-vendas pode sugerir que existe um potencial considerável para o preço de uma ação aumentar. Tal potencial não existiria se a ação estivesse sendo vendida por alto índice preço-vendas.

A fragilidade fundamental aplicável aos índices P/L também se aplica aos índices de preço-vendas. Essencialmente, não existe um índice apropriado ou correto a ser usado para avaliar uma ação. Enquanto um investidor pode acreditar que um índice P/L baixo indica fragilidade financeira, outro investidor pode chegar a uma conclusão oposta. O mesmo se aplica aos índices preço-vendas. Enquanto alguns investidores e analistas financeiros isolam empresas com baixos índices, outros analistas afirmam o contrário. Baixos índices preço-vendas são característicos de empresas que estão com mau desempenho e não valem um preço mais alto. O índice baixo então não indica subavaliação, mas é um exemplo de fragilidade financeira.

O Coeficiente Preço-Registros

Uma alternativa aos índices P/L e P/V para escolha de ações é o índice do preço da ação para o valor contábil por ação. (*Valor contábil* é outro termo para o patrimônio líquido encontrado no balanço de uma empresa.) Em essência, a aplicação é a mesma que a dos outros dois índices. O investidor ou o analista de títulos comparam o preço da ação com seu valor contábil por ação. Um índice baixo sugere que a ação está subavaliada, enquanto um índice alto sugere o oposto. Novamente, determinar o que constitui um valor alto ou baixo fica a critério do analista, mas o índice (como todos os índices) facilita a comparação entre empresas.

AVALIAÇÃO DE AÇÕES E UMA PALAVRA DE CAUTELA

Os métodos de avaliação descritos neste capítulo podem lhe dar a impressão de que a avaliação de ações é mecânica. Nada poderia estar mais longe da verdade. A avaliação de ações é normalmente subjetiva, e as técnicas de análise podem ser manipuladas para alcançar qualquer resultado preconcebido. Por exemplo, se você quer comprar uma ação, aumentar sua avaliação torna fácil racionalizar a compra. Taxas de crescimento aumentadas, coeficientes betas mais baixos ou estimativas altas de lucros fazem uma ação parecer melhor e podem justificar sua compra. A recíproca será verdadeira se você quer se convencer a vender.

Você precisa compreender que a avaliação de ações e a seleção de títulos não são mecânicas. Nem tampouco científicas. Julgamento pessoal e expectativa desempenham papel importante na avaliação de ativos. E poucos investidores e analistas de títulos estarão consistentemente corretos. Esta, naturalmente, é a idéia básica da hipótese do mercado eficiente descrita no Capítulo 3. Mercados de títulos são extremamente competitivos. Os preços tendem a refletir expectativas e mudanças em informações afetam rapidamente os preços dos títulos e, dessa forma, poucos investidores superam consistentemente o mercado em uma base ajustada pelo risco.

RESUMO

Conceitualmente, avaliação é o processo de descontar fluxos de caixa futuros. Esse processo é importante porque você necessita de uma estimativa do valor de um ativo, seu preço, antes de comprá-lo.

Um modelo possível de fluxo de caixa descontado para avaliar ações ordinárias é o modelo de crescimento dos dividendos. Em sua forma mais simples, o modelo assume que o dividendo atual crescerá indefinidamente no futuro a uma taxa constante. Esse crescimento dos dividendos é descontado de volta para o presente usando o retorno requerido pelo investidor. O retorno requerido é especificado pelo modelo de precificação de ativos de capital, no qual o retorno depende da taxa livre de risco mais um prêmio de risco. O prêmio de risco depende do retorno do mercado e do risco sistemático associado com a ação conforme medido pelo seu coeficiente beta.

Métodos alternativos ao modelo do crescimento do dividendo usam índices para determinar o valor de uma ação. Essas técnicas incluem o índice preço-lucro (P/L), o índice preço-vendas (P/V) e o preço-registro (P/R). Em cada caso, o lucro e as vendas da empresa e o valor contábil são multiplicados por um fator apropriado para avaliar a ação. Esse valor é então comparado ao preço da ação para determinar se a ação deve ser vendida ou comprada.

A avaliação de ações pode ser subjetiva, uma vez que o modelo de crescimento dos dividendos estima os dividendos futuros, a taxa de crescimento da empresa, o retorno esperado do mercado, e uma estimativa do risco sistemático da empresa. Os índices P/L, P/V e P/R usam estimativas do multiplicador adequado. Manipulando os dados, é possível justificar praticamente qualquer avaliação de ação e, dessa maneira, racionalizar qualquer curso de ação.

REVISÃO DOS OBJETIVOS

Agora que completou este capítulo, você deve ser capaz de:

1. Calcular o valor de uma ação ordinária usando o modelo de crescimento dos dividendos para determinar se a ação está super ou subavaliada (páginas 199-232).
2. Especificar os elementos da curva de mercado de títulos (páginas 203-204).
3. Ajustar o retorno requerido ao risco (páginas 203-206).
4. Descrever o impacto das mudanças nos dividendos, a taxa de crescimento, o retorno esperado do mercado e o beta do valor de uma ação (páginas 203-206).
5. Usar modelos multiplicadores como o índice preço-lucro (P/L) para avaliar ações ordinárias (páginas 206-208).

PROBLEMAS

1. O modelo de crescimento do dividendo por ser usado para avaliar uma ação:

$$V = \frac{D_0(1+g)}{\kappa - g}$$

   a. Qual é o valor da ação, se:

   $$D_0 = \$2$$
   $$\kappa = 10\%$$
   $$G = 6\%$$

   b. Qual seria o valor dessa ação se o dividendo fosse aumentado para $ 3 e as demais variáveis permanecessem constantes?
   c. Qual seria o valor dessa ação, se o retorno exigido fosse reduzido para 7,5% e as demais variáveis permanecessem constantes?
   d. Qual seria o valor dessa ação, se a taxa de crescimento diminuísse para 4% e as demais variáveis permanecessem constantes?
   e. Qual seria o valor dessa ação, se o dividendo fosse aumentado para $ 2,30, a taxa de crescimento diminuísse para 4% e o retorno requerido se mantivesse em 10%?

2. No ano passado a Artwork Inc. pagou um dividendo de $ 3,50. Você acredita que a taxa de crescimento da empresa seja de 10% e requer um retorno de 15% para esse tipo de investimento em títulos. Qual seria o preço máximo que estaria disposto a pagar pela ação?

3. Um investidor com um retorno requerido de 14% para investimentos em ações ordinárias de alto risco analisou três empresas e tem de decidir qual, e se alguma delas, comprar. As informações são as seguintes:

Empresa	A	B	C
Lucro atual	$ 2,00	$ 3,20	$ 7,00
Dividendo atual	$ 1,00	$ 3,00	$ 7,50
Taxa de crescimento esperada em dividendos e lucro	7%	2%	–1%
Preço atual de mercado	$ 23	$ 47	$ 60

   a. Qual é o preço mais alto que o investidor deve pagar por ação com base no modelo de crescimento do dividendo?
   b. Se o investidor comprar a ação A, qual é a porcentagem de retorno subtendida?
   c. Se o índice P/L apropriado for 12, qual será o preço máximo que o investidor dever pagar por ação? Você daria uma resposta diferente se o P/L adequado fosse 7?
   d. O que significa o crescimento negativo da taxa da ação C?

4. A (ação) TSC Inc. é vendida a $ 26 e paga um dividendo anual por ação de $ 1,30, o qual você espera que vá aumentar 12%. Qual seu retorno esperado nessa ação? Qual seria o retorno esperado se o preço fosse $ 40 por ação?

5. A Jersey Jewel Mining tem um coeficiente beta de 1,2. Atualmente, a taxa livre de risco é 5% e o retorno antecipado do mercado, 11%. A JJM paga um dividendo de $ 4,50 que está crescendo a 6% ao ano.

    a. Qual é o retorno requerido para a JJM?
    b. Tendo em vista o retorno requerido, qual é o valor da ação?
    c. Se a ação está sendo vendida por $ 80, o que você deve fazer?
    d. Se o coeficiente beta diminui para 1,0, qual será o novo valor da ação?
    e. Se o preço se mantiver em $ 80, qual curso de ação você deveria tomar dada a avaliação em (*d*)?

6. A taxa de retorno livre de risco é 3% e o retorno esperado do mercado, 8,7%. A ação A tem um beta de 1,4, uma taxa de crescimento de lucros e dividendo de 5%, e um dividendo atual de $ 2,60 por ação.

    a. Qual deve ser o preço de mercado da ação?
    b. Se o preço atual de mercado da ação for $ 27, o que você deveria fazer?
    c. Se o retorno esperado do mercado aumentar para 10% e as outras variáveis se mantiverem constantes, qual seria o valor da ação?
    d. Se o retorno livre de risco aumentar para 4,5% e o retorno do mercado aumentar para 10,2%, qual será o valor da ação?
    e. Se o coeficiente beta cair para 1,1 e as demais variáveis se mantiverem constantes, qual será o valor da ação?
    f. Explique por que o valor das ações muda de *c* a *e*.

7. Estima-se que a curva do mercado de títulos seja:

$$\kappa = 5\% + (10{,}4\% - 5\%)b.$$

Você está considerando duas ações. O beta de A é 1,4. A empresa oferece um retorno de dividendos durante o ano de 4% e uma taxa de crescimento de 7%. O beta de B é 0,8. A empresa oferece um dividendo durante o ano de 5% e uma taxa de crescimento de 3,8%.

    a. Qual é o retorno requerido para cada título?
    b. Por que taxas de retorno requerido são diferentes?
    c. Considerando que A ofereça um crescimento potencial maior, deveria ser comprada?
    d. Uma vez que B oferece retorno de dividendos mais altos, deveria ser comprada?
    e. Qual(is) ação(ões) deveria(m) ser comprada(s)?

8. Atualmente, duas ações pagam cada uma um dividendo de $ 1,75 por ação. Espera-se que os dividendos de cada empresa cresçam anualmente à taxa de 8%. A empresa A tem um coeficiente beta de 0,88, enquanto o coeficiente beta da empresa B é 1,35.

    a. Se o retorno atual das obrigações do Tesouro (*Treasury bills*) é 6,4% e você espera o mercado crescer a uma taxa de anual de 12,1%, quais são as avaliações dessas duas ações usando o modelo de crescimento do dividendo?
    b. Por que suas avaliações são diferentes?
    c. Se o preço da ação A fosse $ 51 e da ação B, $ 42, o que você deveria fazer?

9. O modelo de crescimento do dividendo,

$$V = \frac{D_0(1+g)}{\kappa - g}$$

sugere que um aumento na taxa de crescimento do dividendo vá aumentar o valor de uma ação. No entanto, um aumento no crescimento poderá exigir um aumento em lucros retidos e uma redução nos dividendos atuais. Assim, a administração pode estar diante de um dilema: dividendos atuais *versus* crescimento futuro. Nesse momento, o retorno requerido pelos investidores é de 13%. O dividendo atual é $1 por ação e é esperado que cresça 7% por ano; desse modo, o preço atual de mercado da ação é $17,80. A administração pode fazer um investimento que irá aumentar a taxa de crescimento da empresa para 10%, mas o investimento irá requerer um aumento nos lucros retidos, assim, o dividendo da empresa terá de ser reduzido para $0,60 por ação. A administração deve fazer o investimento e reduzir o dividendo?

AS CARACTERÍSTICAS DOS TÍTULOS DE LONGO PRAZO

Em *O Mercador de Veneza*, Antonio selou sua dívida com Shylock com uma "*libra de carne*". Hoje, os termos de contrato não são tão severos, mas ainda podem liquidar uma empresa. Quando a Eastern Airlines entrou com pedido de falência, os credores garantidos com penhora sobre os aviões da companhia aérea tinham o direito de tomar posse dos aviões. Sem seus aviões, a Eastern estaria liquidada, nunca voaria novamente.

Muitas empresas e governos emitem títulos de longo prazo (obrigações) para financiar expansões de instalações e equipamentos ou para aumentar estoques e outros ativos. Por exemplo, em 2005 a Alcoa tinha mais de $ 5,3 bilhões em títulos em aberto. Grandes empresas de serviço público, como a Southern Company, tinham mais de $ 10 bilhões em dívidas de longo prazo. Financiar ativos fixos, como usinas hidrelétricas, com títulos oferece à empresa a vantagem da alavancagem financeira, e a dívida pode ser paga pelo fluxo de caixa gerado pelos ativos.

Os mercados para títulos não são muito diferentes em essência dos mercados de ações de empresas. Os títulos são inicialmente vendidos pelos banqueiros de investimento e são colocados privadamente com investidores específicos, tais como plano de pensão. Uma vez emitidos, desenvolve-se um mercado secundário no qual se pode comprar e vender títulos. Você provavelmente não está pensando em investir em títulos, pois as ações recebem mais publicidade. Isso é lamentável, porque os títulos da dívida oferecem renda de juros, segurança do principal e potencial de diversificação. Embora não haja exigência de que títulos façam parte da sua carteira, certamente você deveria considerar incluí-los.

Este capítulo cobre características dos títulos de longo prazo, como o juro que pagam e a baixa do principal. O próximo capítulo preocupa-se com o valor dos títulos e como são calculados os rendimentos. A ênfase inicial será na variedade de dívidas corporativas, mas as características gerais dos títulos de longo prazo também se aplicam a títulos do governo, que serão cobertos mais tarde neste capítulo.

CARACTERÍSTICAS DE TODOS OS TÍTULOS DE DÍVIDA

Todos os **Títulos** (ou seja, instrumentos de dívida de longo prazo) compartilham um número de características. Eles são obrigações de seus emitentes por um valor específico, denominado **principal**. Praticamente todas as dívidas têm uma **data de vencimento**; devem ser pagas em uma data específica. Se o vencimento ocorre após um ano, trata-se de uma dívida de longo prazo. Quando essa dívida é emitida, o período pode variar de alguns anos até vinte ou trinta anos. (A Coca-Cola tem títulos em aberto que vencem em 2093!) Os proprietários de instrumentos de dívida recebem pagamentos (**juros**). Os pagamentos são normalmente fixos e são conhecidos como "cupons". O juro não pode ser confundido com outras formas de retorno, como dividendos em dinheiro, pagos pelas ações ordinárias e preferenciais. Os dividendos vêm dos ganhos da empresa, enquanto os juros são uma despesa. Algumas vezes, o juro é chamado **rendimento** e pode ser expresso como **rendimento corrente** e **rendimento até o vencimento**. A diferença entre os dois será discutida no próximo capítulo sobre rendimentos.

> **Título de longo prazo**
> Instrumento de dívida de longo prazo que especifica (1) o **principal** (o valor devido), (2) o **juro** (pagamento pelo uso do principal), e (3) a **data de vencimento** (o dia em que a dívida tem de ser paga).
>
> **Rendimento**
> Retorno de uma obrigação expresso como (1) o **rendimento corrente** (juro dividido pelo preço atual da obrigação) ou (2) o **rendimento até o vencimento** (retorno ganho por manter o título até seu vencimento.)

Cada acordo de dívida tem condições que o devedor deve satisfazer, e estas são estabelecidas em um documento legal denominado **contrato**. Uma das exigências mais freqüentes é a garantia que o tomador deve oferecer para assegurar o empréstimo. Por exemplo, a garantia para uma hipoteca é o edifício e o terreno. Outros ativos, como títulos ou estoques de propriedade do tomador, podem também ser oferecidos para garantir o empréstimo. Se o tomador ficar inadimplente (em outras palavras, se o tomador falhar em pagar o juro ou deixar de satisfazer outras condições da escritura), o credor pode confiscar a garantia e vendê-la para recuperar o principal.

> **Contrato**
> Documento especificando os termos de uma emissão de dívida.

Exemplos de outras restrições comuns a empréstimos são (1) limites sobre o pagamento de dividendos, (2) limite sobre a emissão de dívidas adicionais, e (3) a exigência de resgatar periodicamente uma parte da dívida. Esses exemplos não cobrem todas as condições possíveis de determinado empréstimo. Uma vez que cada empréstimo é negociado separadamente, existe uma grande oportunidade para diferenças sutis entre os acordos de empréstimos. O ponto importante, contudo, é que, se qualquer parte do acordo de empréstimos for violada, o credor pode declarar que a dívida está inadimplente e que o total do empréstimo é devido. A **inadimplência** não é apenas a incapacidade de pagar o juro. A impossibilidade de satisfazer *qualquer* condição do contrato coloca o empréstimo em inadimplência, mesmo que o juro continue sendo pago.

> **Inadimplência**
> Fracasso em satisfazer os termos especificados no contrato de uma emissão de dívida.

Muitos instrumentos de dívida são comprados por investidores que podem estar alheios aos termos da escritura. Mesmo que estejam conscientes dos termos, os investidores podem estar muito dispersos geograficamente para tomar uma atitude conjunta em caso de default. Para proteger seus interesses, é nomeado um **curador** para cada emissão de títulos mantidos pelo público. É obrigação do curador assegurar-se de que os termos do contrato sejam preservados e tomar atitudes corretivas, caso a empresa descumpra os termos do contrato. Caso a empresa falhe nos pagamentos dos juros ou em outros termos contratuais, o curador poderá levá-la à justiça em nome de todos os compradores dos títulos para proteger seu principal.

> **Curador**
> Representante dos direitos dos possuidores de títulos que impõe os termos do contrato.

Outra característica de toda dívida é o risco – risco de que o juro não seja pago, risco de que o principal não seja reembolsado, risco de que o preço do título diminua, e risco de que a inflação diminua o poder de compra dos pagamentos de juros e do reembolso do principal. O risco de inadimplência é específico da empresa, de forma que o impacto de uma falha no pagamento de juros dos títulos ou de uma retirada de circulação seja reduzido por meio da construção de uma carteira de títulos diversificada. As outras fontes de risco, no entanto, se aplicam a todos os títulos e não podem ser reduzidas pela construção de uma carteira diversificada.

O risco de inadimplência no pagamento do juro e do principal varia com os diferentes tipos de títulos. Um título do governo federal não tem risco de inadimplência em seu pagamento de juro e reembolso do principal. A razão para a segurança absoluta é que o governo tem o poder de imprimir dinheiro. O governo sempre pode emitir o dinheiro necessário para pagar os juros e reembolsar o principal. (Não existe, no entanto, garantia do que o dinheiro vai comprar.)

A dívida de empresas e indivíduos não é tão isenta de risco, uma vez que ambos podem não cumprir com suas obrigações. Para ajudar compradores potenciais de instrumentos de dívida, foram desenvolvidos os serviços de **avaliação de créditos** (Moody's, Dun & Bradstreet e Standard & Poor's). Esses serviços classificam o grau de risco de um instrumento de dívida. O Quadro 12.1 mostra as classificações de risco oferecidas pela Moody's e Standard & Poor's. Obrigações de alta qualidade recebem uma classificação de triplo A, enquanto as obrigações de qualidade inferior recebem classificações progressivamente mais baixas. Apesar de nem todos os instrumentos de dívidas serem classificados, os serviços cobrem uma quantidade significativa de obrigações.

> **Avaliação de crédito**
> Planos de classificação projetados para indicar os riscos associados a determinado instrumento de dívida.

A classificação tem papel importante no mercado de títulos de dívidas. Considerando que o risco de inadimplência pode ser substancial para títulos de má qualidade, algumas instituições financeiras e investidores não compram títulos com uma classificação de crédito baixa. Se a classificação da dívida de uma empresa ou município diminui, a entidade pode ter dificuldade em vender seus títulos. Assim, corporações e governos municipais procuram manter um bom crédito, uma vez que boas classificações de créditos reduzem o custo do empréstimo e aumentam a negociabilidade do título.

O título também está sujeito ao risco das flutuações de preços. Uma vez que tenha sido emitido, o preço de mercado do título aumentará ou diminuirá, dependendo das condições do mercado. Se as taxas de juros aumentam, o preço do título tem de diminuir para que seu pagamento fixo de juro seja competitivo. O oposto é verdade se as taxas de juros diminuem. O preço do título aumentará, porque os pagamentos fixos de juros o tornam mais atraente, e os compradores oferecem preços mais elevados pelos títulos. Por que ocorrem essas flutuações nos preços dos instrumentos de dívida será explicado em mais detalhe no próximo capítulo sobre a precificação dos instrumentos de dívida.

Existe, contudo, uma característica das dívidas que compensa parcialmente o risco das flutuações de preço. O possuidor sabe que a dívida finalmente vencerá; o principal deve ser reembolsado. Assim, se o preço diminui e o instrumento de dívida é vendido com desconto (inferior ao valor de face), o preço do título tem de aumentar à medida que for se aproximando do vencimento. Portanto, no dia do vencimento, o valor total do principal terá de ser reembolsado.

O risco final que todos os investidores têm de enfrentar é a inflação, que reduz o poder de compra do juro e do principal. Se os financiadores antecipam inflação, exigirão uma taxa de juros mais alta para ajudar a proteger seu poder de compra. Por exemplo, se a taxa de inflação for 4%, os credores poderão exigir 6%, o que dá a eles 2% em termos reais. Enquanto a inflação causa a deterioração do valor real do capital, a taxa de juros compensa parcialmente os efeitos da inflação. Dessa forma, os credores devem exigir uma taxa de juro pelo menos igual à taxa de inflação para manter seu poder de compra.

TABELA 12.1 Classificação de títulos

Classificação dos títulos da Mergent's

Aaa	Títulos da mais alta qualidade.	Ba	Títulos de qualidade especulativa cujas características não podem ser consideradas bem seguras.
Aa	Títulos de alta qualidade.		
A	Títulos cuja segurança do principal e juro é considerada adequada, mas pode ser prejudicada no futuro.	B	Títulos que não têm características de um investimento desejável.
Baa	Títulos de grau médio que não são nem altamente protegidos nem mal assegurados.	Caa	Títulos mal classificados e que podem Inadimplir.
		Ca	Títulos especulativos que normalmente entram em inadimplência.
		C	Títulos com pequena probabilidade de qualquer investimento de valor (classificação mais baixa).

As classificações Aa até B, 1, 2 e 3 representam as classificações alta, média e baixa dentro da classe.

Classificações Standard & Poor's

AAA	Títulos da mais alta qualidade.	BB	Títulos de grau médio para baixo com poucas características de investimento desejável.
AA	Títulos de dívidas de alta qualidade.		
A	Títulos que têm uma forte capacidade de pagar juros e principal, mas podem ser suscetíveis a efeitos adversos.	B e CCC	Títulos basicamente especulativos com grandes incertezas e grande risco se expostos a condições adversas.
BBB	Títulos que têm uma capacidade adequada de pagar juro e principal, mas são mais vulneráveis às condições econômicas adversas ou mudanças de circunstâncias.	C	Títulos em relação aos quais nenhum juro está sendo pago.
		D	Títulos inadimplentes.

Mais (+) e menos (−) são utilizados para mostrar poder relativo dentro de uma categoria de classificação.

Fonte: Adaptado do *Mergter's Bond Record*, jan. 2005, e *Standard & Poor's Bond Guide*, jan. 2005.

TIPOS DE TÍTULOS CORPORATIVOS

As corporações emitem uma variedade de obrigações. Estas incluem:

- títulos hipotecários
- certificados de custódia de equipamento
- debêntures
- debêntures subordinadas
- títulos de renda
- títulos conversíveis
- títulos com taxa de juros variável
- títulos de cupom zero

Cada tipo de título tem características que os diferenciam uns dos outros. Você precisa estar atento a essas diferenças, pois alguns tipos de títulos são decididamente mais arriscados.

Títulos Hipotecários

Títulos hipotecários são emitidos para comprar ativos imobiliários específicos, e os ativos adquiridos servem como **colateral**. Isso significa que os ativos estão penhorados para garantir a dívida. Se a empresa não cumprir com o pagamento dos juros ou reembolso do principal, os credores podem tomar posse da propriedade dada em penhor. Podem então decidir utilizar o ativo imobilizado ou vendê-lo. Embora o penhor de uma propriedade possa reduzir o risco de perda, os tomadores raramente se interessam em tomar posse e operar a propriedade. Os emprestadores ganham seu retorno por meio dos pagamentos de juros e não pela operação dos ativos imobilizados. Os credores raramente são qualificados para operar os ativos se fossem apossar-se deles. Se os credores fossem forçados a vender os ativos, poderiam encontrar poucos compradores e ter de vender a um preço reduzido. Por exemplo, se uma escola deixar de pagar o juro da hipoteca de seus dormitórios, o que os credores podem fazer com os prédios, se tomarem posse deles? Embora o penhor de ativos aumente a segurança do principal, os tomadores preferem o pagamento no vencimento do juro e do principal.

> **Títulos Hipotecários**
> Títulos assegurados por um direito sobre bens imóveis.
>
> **Colateral**
> Ativos usados para garantir um empréstimo ou instrumento de dívida.

Certificados de Custódia de Equipamento

Certificados de custódia de equipamento são emitidos para financiar equipamentos específicos, e os ativos são penhorados como garantia. Esses certificados são basicamente emitidos por estradas de ferro (por exemplo, Southern Pacific) e empresas aéreas (por exemplo, Delta Airlines) para financiar equipamento móvel e aviões, e esse equipamento é a garantia. Essa garantia é considerada de excelente qualidade, pois, ao contrário dos ativos fixos, esse equipamento pode ser facilmente *movimentado* e vendido para ferrovias e companhias aéreas, caso a empresa não cumpra com os certificados.

> **Certificados de Custódia de Equipamento**
> Títulos especiais emitidos por empresas de transporte que são garantidos pelo equipamento comprado com o empréstimo.

Uma ilustração típica deste tipo de título é o certificado de custódia de equipamento de 8,41 por cento emitido pela CSX para adquirir vagões abertos de carga. A CSX é obrigada a resgatar anualmente o valor específico dos certificados, que iniciaram com $ 3.289.427 em 1993 e aumentaram para $ 10.647.655 em 2006. Os lucros gerados pelos vagões garantiram o juro e o reembolso do capital. No caso de inadimplência, o curador poderia vender o equipamento para recuperar os fundos devidos aos proprietários dos certificados.

Debêntures

Debêntures são títulos *não garantidos* apoiados pelo crédito geral da empresa. Esse tipo de dívida é mais arriscado, porque em caso de inadimplência ou falência, as dívidas garantidas são resgatadas antes das debêntures. Algumas debêntures são **debêntures subordinadas** e estas são ainda mais arriscadas porque são subordinadas a outras dívidas da empresa. Mesmo as dívidas não garantidas têm uma posição superior a essas debêntures subordinadas. Esses títulos estão entre os tipos mais arriscados de dívidas emitidas e normalmente têm taxas de juros mais altas ou

> **Debêntures**
> Títulos não garantidos.
>
> **Debêntures subordinadas**
> Títulos com menos direitos (subordinados) sobre os ativos da empresa que os direitos dos demais instrumentos de dívida.

outras características, como sua convertibilidade em ações da empresa, para compensar os emprestadores pelo risco aumentado.

As instituições financeiras geralmente preferem que uma empresa venda debêntures para o público em geral. Uma vez que as debêntures são títulos gerais da empresa, não prendem seus ativos. Caso a empresa necessite de dinheiro adicional, pode usar esses ativos como garantia. As instituições financeiras estarão mais dispostas a emprestar fundos adicionais a essas empresas em virtude das garantias. Caso os ativos já tenham sido anteriormente penhorados, a empresa sentiria falta dessa flexibilidade em seu financiamento.

Enquanto o uso de debêntures pode não reduzir a capacidade da empresa de emitir dívidas adicionais, a inadimplência nas debêntures normalmente significa que todas as dívidas superiores estão inadimplentes. Uma cláusula freqüente nos contratos estipula que *se qualquer dívida da empresa estiver inadimplente*, todas as dívidas emitidas estarão (também) inadimplentes, e, nesse caso, o credor pode declarar todas as dívidas vencidas. Assim, uma empresa não deve se expor demais pelo uso excessivo de dívidas não garantidas mais do que deveria usar valores excessivos de dívidas garantidas.

Títulos de Renda

Títulos de renda exigem que os juros sejam pagos apenas se a empresa obtiver renda. Se a empresa for incapaz de cobrir suas despesas, não estará legalmente obrigada a pagar os juros dessas dívidas. Estas estão entre as mais arriscadas de todos os tipos de dívidas corporativas e raramente são emitidas. Existe, no entanto, um tipo de obrigação usado freqüentemente pelos governos estaduais e locais que é semelhante aos títulos de renda corporativos. São os **títulos de receita**, que pagam o juro apenas se a receita for ganha. Exemplos desse tipo são os títulos emitidos para financiar estradas com pedágio, como a New Jersey Turnpike. O juro sobre a dívida é pago se o pedágio gerar receita suficiente (depois das despesas operacionais) para cobrir o pagamento dos juros.

Títulos de renda
Títulos cujo juro será pago somente se a empresa tiver obtido ganhos.

Títulos de receita
Títulos amparados pelos ativos que a dívida financiou; os títulos de receita são emitidos pelos governos estadual e local.

Títulos Conversíveis

Títulos conversíveis são um tipo de título híbrido. Tecnicamente, são uma dívida: os títulos pagam juro, que é uma obrigação fixa da empresa, e têm uma data de vencimento. Mas esses títulos possuem uma característica especial – podem ser convertidos em uma quantidade determinada de ações ordinárias. Por exemplo, os títulos conversíveis da Continental Airlines podem ser trocados por 25 ações ordinárias da empresa. O valor ou preço de mercado desses títulos depende tanto do valor das ações quanto dos juros que o título paga.

Títulos conversíveis
Títulos que podem ser convertidos em (trocados por) ações por opção do possuidor.

Esse tipo de título oferece ao investidor as vantagens tanto da dívida quanto do patrimônio. Se o valor das ações aumentar, o valor do título tem de aumentar. O investidor tem a oportunidade de ganho de capital, caso o preço da ação ordinária aumente. Se, no entanto, o preço da ação ordinária não aumentar, o investidor ainda possui o título da dívida da empresa. A empresa tem de pagar juros sobre essa dívida e deve saldá-la em seu vencimento. Assim, o investidor tem a segurança de um investimento em um instrumento de dívida.

Os títulos conversíveis também oferecem à empresa várias vantagens. Primeiro, se a empresa der aos investidores a característica de conversibilidade, será capaz de emitir a obrigação com uma taxa de juros mais baixa. Segundo, o preço de conversão é definido acima do preço de mercado quando o título é emitido. Se o título for convertido, a empresa emite menos ações que teria emitido se tivesse vendido ações ordinárias. Dessa forma, a posição corrente dos acionistas é menos diluída pela emissão de títulos conversíveis. Terceiro, quando o título conversível é emitido, a administração da empresa não planeja ter de resgatá-lo. Em vez disso, a administração espera que o título seja convertido em ação, e essa conversão finda a necessidade de resgatar a dívida. Quarto, quando a dívida é convertida, a transferência de dívida para ação ordinária aumenta a base patrimonial da empresa. Uma vez que a empresa então estará menos alavancada financeiramente, poderá, então, emitir dívidas adicionais.

Títulos conversíveis parecem oferecer vantagens a ambos, investidores e empresas. Têm sido um veículo popular de financiamentos para empresas, de grandes empresas estabelecidas, como a IBM, a pequenas empresas. No entanto, uma vez que os títulos conversíveis misturam elementos de dívida e patrimônio líquido, são difíceis de analisar. Por essa razão, uma discussão detalhada é protelada até o Capítulo 15.

Títulos com Taxa de Juros Variável

A maior parte dos títulos efetua *pagamentos iguais* periódicos, mas títulos com cupons variáveis tornaram-se uma alternativa popular para a obrigação tradicional com um cupom fixo. Esses **títulos com taxa de juros variável** fazem pagamentos que variam com as mudanças na taxa de inflação ou nas taxas de juros. Por exemplo, a SML Corporation, que é a fonte principal da nação de fundos privados para empréstimos para a alta educação, emitiu títulos com taxas de juros variável em 2005. Os pagamentos de juro serão feitos *mensalmente* e consistem em um valor fixo mais um valor ajustado a cada mês de acordo com as mudanças no Índice de Preços ao Consumidor (IPC – *Consumer Price Index*). Inicialmente, o título pagava uma taxa anual de 4,95%, consistindo em um fixo de 1,8% mais 3,15%, o qual era o ajuste para a mudança no IPC.

> **Títulos com taxa de juros variável**
> Instrumentos de dívida de longo prazo cujos pagamentos de juros variam com as mudanças nas taxas de juros de curto prazo ou com o Índice de Preços ao Consumidor.

Obrigação com Cupom Zero

Enquanto a maioria dos títulos periodicamente paga juros, existem títulos que não os pagam. Esses **títulos com cupom zero** são vendidos com um desconto sobre o valor de face e os juros acumulados. No vencimento, o investidor recebe o valor de face do título. A emissão pioneira foi um título da JC Penney, que foi vendido em 1981 por $ 330 e pagou $ 1.000 no vencimento em 1989. Se você comprasse o título quando foi lançado e o mantivesse até o seu vencimento, ganharia um retorno de 14,86%.[1]

> **Título com cupom zero**
> Títulos que inicialmente são vendidos por um valor descontado que resulta em um juro, sendo o título pago em seu vencimento.

Depois do sucesso inicial, várias outras empresas, incluindo a IBM Credit Corporation, (o braço financeiro da IBM), emitiu títulos semelhantes. Em cada caso, a empresa não faz pagamentos de juros em dinheiro. O título é vendido ao valor descontado, e o retorno do investidor se acumula com a apreciação do título à medida que se aproxima do vencimento.

Uma característica fiscal, no entanto, reduz a atratividade dos títulos com cupom zero. O IRS[2] taxa o juro acumulado como se já tivesse sido recebido. Você deve pagar imposto de

---

[1] Este retorno é calculado como a seguir:

$$\$330(1+i)^8 = \$1.000$$
$$(1+i)^8 = \$1.000/\$330 = 3{,}0303$$
$$I = (3{,}0303)^{0{,}125} - 1 = 14{,}86$$

Se fosse usada uma calculadora financeira, o rendimento seria determinado como a seguir: $PV = -330$; $N = 8$; $PMT = 0$; $FV = 1.000$, e $I = ?$. Quando esses dados são registrados na calculadora, $I = 14{,}86\%$.

[2] IRS – Internal Revenue Service – é o correspondente norte-americano da Secretaria da Receita Federal no Brasil. (NT)

renda federal no juro ganho, mesmo que só vá receber os fundos no vencimento do título. Assim, os títulos de cupom zero são de pouco interesse para os investidores, exceto como parte dos planos de pensão com imposto adiado, porque o imposto sobre o juro acumulado na conta é postergado até que os fundos sejam retirados. Dessa forma, a razão principal para adquirir uma obrigação de cupom zero é usá-la em conjunto com um plano de pensão com imposto adiado.

Títulos de Altos Rendimentos – *Junk Bonds*

Títulos de altos rendimentos (títulos de empresas de alto risco)[3] não são um tipo específico de obrigação, mas um nome dado a dívidas de má qualidade (ou seja, títulos classificados abaixo de triplo B). Títulos de empresas de alto risco normalmente são debêntures e podem ser subordinadas a outras obrigações de dívida da empresa. A má qualidade dessa dívida exige que os títulos ofereçam retornos altos, o que pode ser três ou quatro pontos percentuais acima do retorno disponível em títulos de alta qualidade. Os títulos de empresa de alto risco são adquiridos por instituições financeiras e pessoas que estão acostumadas a investir em dívidas de má qualidade e que estão dispostas a aceitar o risco maior para obterem os retornos maiores.

> **Títulos podres de alto risco**
> Dívidas de má qualidade com retornos altos e alta probabilidade de inadimplência.

TÍTULOS ESTRANGEIROS

Empresas norte-americanas também podem emitir títulos em países estrangeiros para levantar fundos para investimento no exterior, como instalações e equipamentos. Por exemplo, a Exxon Mobil informou em seu relatório 10K de 2002[4] que tinha uma dívida de longo prazo de $6,7 bilhões, dos quais $670 milhões (10,1%) era pagável em países estrangeiros. Esses títulos classificam-se em dois tipos básicos, dependendo da moeda na qual são denominados. Companhias norte-americanas podem vender títulos denominados na moeda local (por exemplo, libras britânicas) ou podem vender no exterior títulos denominados em dólares norte-americanos. Analogamente, empresas não norte-americanas podem vender títulos denominados em sua moeda local ou em uma moeda estrangeira. Se esses títulos forem emitidos nos Estados Unidos por uma empresa estrangeira e denominados em dólares norte-americanos, são chamadas *Yankee bonds*.[5]

Empresas que vendem títulos denominados em outras moedas têm o risco associado às variações na taxa de câmbio. Assim, emitentes de "Yankee bonds" assumem o risco associado às flutuações do valor do dólar. Se o valor do dólar aumentar, será necessária mais moeda local para liquidar a dívida. Naturalmente, o inverso também é aplicável. Se o valor do dólar cair, a empresa lucraria porque seria preciso menos moeda local para pagar os títulos.

> **Eurobônus**
> Título vendido em um país estrangeiro, mas denominado na moeda da empresa emitente.

Eurobônus são vendidos fora do país de emissão, mas denominados na moeda da companhia emitente.

---

[3] A tradução literal seria algo como títulos podres. É uma forma pejorativa de identificar títulos de alto rendimento e risco elevado avaliados como tal pelas agências de classificação de risco. (NRT)

[4] Um formulário 10K é um relatório de negócios e financeiro oficial anual, preparado pelas companhias abertas e protocolado na Securities and Exchange Commission. Esse documento contém informações amplas sobre a companhia, incluindo informações financeiras detalhadas, um resumo dos negócios, uma lista de propriedades, subsidiárias, procedimentos legais etc.
The University of Delaware Library, em www2.lib.udel.edu/subj/bsec/resguide/annual10.htm, visitado em 15 maio 2008. (NT)

[5] Literalmente, "títulos Ianques". (NT)

Tais títulos podem ser denominados em libras ou ienes, significando que o termo não está limitado apenas a moedas européias. Se a IBM vende Eurobônus na Europa, promete fazer pagamentos em dólares e evita o risco associado a variações na taxa de câmbio. Investidores norte-americanos que comprem esses títulos também não precisam converter o pagamento da moeda local para dólares e, dessa forma, também evitam o risco de câmbio. Investidores estrangeiros, no entanto, têm de converter os pagamentos em dólares para sua moeda, e não evitam o risco de alterações no câmbio. Esta é uma realidade essencial: quando os investimentos e as moedas cruzam fronteiras internacionais, alguém tem de arcar com o risco associado a flutuações nas taxas de câmbio.

Apesar de os Eurobônus serem instrumentos de dívida, são diferentes dos títulos emitidos nos Estados Unidos. Primeiro, eles pagam juros anualmente em vez de semestralmente, assim, seus retornos não são comparáveis aos retornos dos títulos norte-americanos, a menos que ajustados para as diferenças na capitalização. Segundo, os Eurobônus não são registrados na SEC para a venda nos Estados Unidos; desse modo, os investidores norte-americanos têm de comprá-los em outro país. Terceiro, apesar de o juros estar sujeito ao imposto de renda federal, nenhum imposto é retido, e, assim, esses títulos podem ser adquiridos por indivíduos (tanto norte-americanos quanto não norte-americanos) com a finalidade de evasão ilegal de impostos. Na medida em que isso é verdade, os preços dos Eurobônus podem ser artificialmente aumentados, de forma que seus retornos sejam menores que aqueles de títulos comparáveis sujeitos à retenção de impostos.

TÍTULOS REGISTRADOS E ESCRITURADOS

No passado, os títulos eram emitidos no formato ao portador com cupons físicos anexos. A posse do título era evidência de propriedade, e o proprietário destacava os cupons de juros e os enviava ao agente pagador para cobrança. As pessoas que possuíam esses títulos e viviam dos pagamentos fixos de juros eram chamadas "cortadores de cupons". Dentro da legislação atual, novas emissões de títulos de cupons não são mais permitidas. (Elas são um meio fácil de evadir rendas e impostos estaduais. Títulos de cupons são emitidos em países estrangeiros.) Mesmo que os títulos de cupom não sejam mais emitidos, a palavra *cupom* continua sendo usada para significar o pagamento periódico de juro feito por um título. Atualmente, os títulos são emitidos nos formatos escriturado ou registrado.

Mesmo os títulos registrados estão cessando de existir porque a tendência atual é emitir títulos escriturados. Todos os títulos do Tesouro dos Estados Unidos são agora emitidos na forma escriturada, e o mesmo se aplica a muitos títulos municipais e de corporações. Nenhum título físico é emitido; em vez disso, é mantido pelo emissor (ou o banco que atua como agente de transferência e pagamento) um registro de proprietários. Tal sistema é obviamente mais barato que emitir certificados físicos reais.

RESGATE DE DÍVIDA

As dívidas devem, em última análise, ser reembolsadas. Isso normalmente ocorre antes da data de vencimento. Quando um título é emitido, normalmente é especificado um método para resgates periódicos, porque muito poucas dívidas emitidas são resgatadas em um único pagamento na data final de vencimento. Em vez disso, uma parte da emissão é resgatada sistematicamente a cada ano. Esse resgate sistemático pode ser obtido emitindo o título em séries ou tendo um fundo de amortização. Além disso, mudanças dramáticas nas taxas de juros podem levar uma corporação a resgatar os títulos antes do vencimento, por recompra, ou liquidando a dívida.

Títulos em Série

Em uma emissão de **títulos em série**, alguns títulos vencem a cada ano. Esse tipo de título é geralmente emitido por uma corporação para financiar equipamentos específicos (por exemplo, os vagões ferroviários CSX), e o equipamento é penhorado como garantia. À medida que o equipamento é depreciado, o fluxo de caixa gerado pelos lucros e a despesa de depreciação são usados para resgatar os títulos em cada série conforme vencem.

> **Títulos em série**
> Dívida emitida em uma série de forma que alguns títulos vençam periodicamente.

A Tabela 12.1 corresponde a uma tabela de pagamentos para uma emissão típica de títulos em série. A emissão total dos Títulos da Norfolk Redevelopment and Housing Authority Educational Facility Revenue Bonds é de $ 9.115.000. A maior parte dos títulos é resgatada em série por um período de 14 anos. O valor do débito resgatado a cada ano começa como $ 280 mil em 2000 e aumenta para $ 515 mil em 2013. (Observe que o juro pago por título na série aumenta à medida que aumenta o prazo de vencimento. Essa relação positiva entre o tempo e a taxa de juro descreve uma curva crescente de retorno.) Essa emissão particular também inclui $ 3.775.000 em títulos que vencem em 2019.

Enquanto alguns títulos de corporações são emitidos em série, como os certificados fiduciários de equipamento da CSX, a maioria dos títulos seriais é emitida pelos governos estaduais e locais. Os fundos obtidos pela emissão dos títulos são utilizados para melhorias de capital, como novos edifícios escolares. Os títulos em série são então resgatados durante alguns anos pela receita de impostos ou taxas cobradas pela unidade governamental. (Títulos municipais serão cobertos mais tarde na seção de títulos do governo.)

$ 9.115.000
Norfolk Redevelopment and Housing Authority
Educational Facility Revenue Bonds
Tidewater Community College
Series de 1999

Data de vencimento	Valores	Taxas de juros
2000	$ 280.000	3,65%
2001	290.000	4,15
2002	305.000	4,30
2003	315.000	4,40
2004	330.000	4,50
2005	345.000	4,65
2006	365.000	4,75
2007	380.000	4,85
2008	400.000	4,95
2009	420.000	5,05
2010	440.000	5,15
2011	465.000	5,25
2012	490.000	5,35
2013	515.000	5,40
2019	3.775.000	5,65

TABELA 12.2

Exemplo de um título em série

Fundos de Amortização – *Sinking Funds*

Fundos de amortização são geralmente utilizados para facilitar o resgate de títulos corporativos. Um **fundo de amortização** é um pagamento periódico com a finalidade de resgatar a dívida emitida. O pagamento pode ser feito por um curador, que investe o dinheiro para ganhar juros. Os pagamentos periódicos mais o juro resgatam a dívida quando ela vence.

> **Sinking Funds – Fundos de Amortização**
> Série de pagamentos periódicos para resgatar uma emissão de títulos.

Em outro tipo de fundos de amortização, a empresa é obrigada a resgatar um valor específico do principal a cada ano. A empresa pode identificar aleatoriamente os títulos a serem resgatados. Uma vez que o fundo de amortização tenha selecionado os títulos específicos, os titulares devem entregá-los para receber o principal. Não existe uma razão para os titulares dos títulos continuarem a mantê-los, pois o pagamento de juros cessa.

Uma variação desse tipo de fundo de amortização permite que a empresa recompre os títulos no mercado aberto em vez de aleatoriamente selecionar e resgatá-los ao valor nominal. Se os títulos estão presentemente sendo vendidos com desconto, a empresa não precisa gastar $1.000 para resgatar os títulos. Por exemplo, se o preço corrente de um título for $800, a empresa pode resgatar um título de $1.000 com um desembolso de apenas $800. Essa recompra satisfaz as exigências do fundo de amortização e obviamente é vantajosa para a empresa.

Recomprando Dívidas

Se as taxas de juros aumentarem e os preços dos títulos diminuírem, uma empresa pode resgatar uma dívida recomprando-a. As recompras podem ser feitas de tempos em tempos, e os vendedores dos títulos não precisam saber que a empresa está comprando os títulos. A empresa pode também anunciar a intenção de comprar e resgatar os títulos a um preço específico. Os proprietários dos títulos podem então vender seus títulos a um preço especificado.

A vantagem para a empresa em resgatar dívida que está sendo vendida com desconto é a economia imediata. Se $1.000 de títulos estão sendo vendidos atualmente por $600, a empresa reduz sua dívida em $1.000 com uma saída de caixa de apenas $600. Existe uma economia de $400 (em outras palavras, ganho extraordinário) em comprar e resgatar a dívida com desconto.

Esse ganho gera uma renda para os acionistas da empresa. Por exemplo, em 2001, a *RCN* ganhou mais de $409 milhões pela recompra com desconto de $816 milhões de suas dívidas em longo prazo.

Aparentemente, esse método pode parecer ser um meio desejável de resgatar dívidas, mas tais aparências podem ser enganosas. Usar dinheiro para recomprar dívida é uma decisão de investimento, como comprar instalações e equipamentos. Se a empresa recompra a dívida, não pode usar o dinheiro para outra finalidade. A questão é, qual é a melhor utilização do dinheiro: comprar outros ativos geradores de lucro ou resgatar a dívida? Diferentemente de um fundo de amortização (que a administração tem de satisfazer), recomprar a dívida é um ato voluntário. Quanto mais baixo o preço da dívida, maior o benefício potencial da compra, mas a administração da empresa deve determinar se esta é a melhor utilização do recurso escasso da companhia – dinheiro.

Resgatando a Dívida

Alguns títulos têm **característica de chamada (*call feature*)**, que permite ao emitente resgatar o título antes do vencimento. Se as taxas de juros diminuem depois que um título foi emitido, pode ser vantajoso para a empresa emitir um novo título com taxas de juros mais baixas. Os resultados podem então

> **Característica de chamada**
> O direito de um devedor de resgatar (chamar) um título antes do vencimento.

ser utilizados para resgatar o título mais antigo com a taxa de juros mais elevada. A empresa "chama" o título antigo e o resgata.

Sem dúvida, tal reembolso lesa os proprietários dos títulos, que perdem os instrumentos de retorno mais alto. Para proteger esses credores, uma característica de chamada normalmente tem uma *multa de chamada*, como um ano de juros. Se a emissão inicial tinha uma taxa de juros de 9%, a empresa teria de pagar $ 1.090 para resgatar uma dívida no valor de $ 1 mil. Enquanto tal multa de chamada protege os possuidores de títulos, uma empresa ainda pode refinanciar se as taxas de juros diminuírem o bastante para justificar o pagamento da multa de chamada.

TÍTULOS DO GOVERNO

Além das corporações, os governos federal, estadual e municipal emitem uma variedade de instrumentos de dívida para buscar recursos de pessoas, empresas e outros governos com fundos para investir. As características gerais desses títulos são basicamente as mesmas que as de uma dívida corporativa; pagam juros e têm de ser resgatados em um período específico no futuro. Os títulos podem ser resgatáveis, e, embora muitos não tenham fundos de amortização, a dívida é normalmente emitida em séries, de forma que uma série específica normalmente vença.

Dívidas do Governo Federal

O governo federal emite títulos que variam de notas do Tesouro de curto prazo a títulos do Tesouro de longo prazo com denominações variando de $ 50 a $ 1 milhão. A variedade dessa dívida é mostrada na Tabela 12.2, que mostra o tipo de dívida, o prazo, o valor pendente e a porcentagem da dívida total composta por emissão. A ênfase está em financiamentos de curto a médio prazos, basicamente, porque as taxas de juros de dívidas de curto prazo são normalmente menores que as de longo prazo. Assim, o uso de dívidas de curto prazo em lugar de longo prazo reduz a despesa de juros do Tesouro.

Talvez a dívida mais procurada do governo federal sejam os títulos de poupança série EE que são emitidos em denominações tão pequenas quanto $ 50 e vendidos com desconto, de forma que os ganhos em juros acumulam, mas não são pagos até que o título seja resgatado ou vença.[6] Os títulos EE são projetados para atrair os fundos de investidores modestos e competir diretamente com outros veículos de poupança, como contas de poupança ou certificados de depósito emitidos pelos bancos. Os títulos EE têm uma característica importante que os diferencia de veículos tradicionais de poupança: o juro ganho pode ter o imposto adiado até que você resgate a obrigação ou ela vença (o que ocorrer antes). Embora você possa preferir pagar o imposto à medida que o juro acumula, a maioria das pessoas aproveita-se do adiamento do imposto.

Os títulos da série EE são uma ilustração de uma obrigação sem mercado secundário. A maioria das notas e dos títulos do Tesouro do governo federal pode ser comprada e vendida nos mercados secundários. Notas do Tesouro são títulos de curto prazo emitidos pelo governo federal que competem contra outros instrumentos do mercado monetário.

---

[6] Efetivo em 1º de maio de 1995, o prazo do novo título EE foi definido como 17 anos. Se os títulos não são resgatados no vencimento, continuarão a ganhar juros por um período adicional de 13 anos, para um total de 30 anos. A taxa de juros foi dividida em uma taxa de curto prazo que é aplicável aos primeiros cinco anos e uma taxa de longo prazo aplicável aos últimos 12 anos. As taxas de juros são anunciadas a cada 1º de maio e de novembro e são aplicáveis pelos seis meses seguintes. Para os anos 1 a 5, a taxa será 8,5% de uma média da taxa paga pelos títulos do Tesouro de seis meses para os três meses anteriores. Para os anos 6 a 17, a taxa será 85% de uma média da taxa paga pelos títulos do Tesouro de cinco anos para os três meses anteriores. O juro é adicionado ao valor do título a cada seis meses após sua compra.

Dívidas de médio prazo do governo federal consistem em notas do Tesouro, que são emitidas em denominações de $ 1 mil até mais de $ 100 mil com vencimento em um a dez anos. Os títulos do Tesouro são emitidos em denominações de $ 1 mil a $ 1 milhão e vencem em mais de dez anos a partir da data de emissão. Novas emissões de títulos do Tesouro podem ser compradas por meio de bancos e empresas de corretagem. Essas empresas cobram comissões, mas o investidor pode evitar esses honorários comprando esses títulos por intermédio de qualquer dos bancos do Federal Reserve.

Uma vez que você compre uma nota ou título do Tesouro, eles podem ser vendidos imediatamente, porque existe um mercado ativo desses títulos. Cotações, no entanto, diferem dos preços de compra e venda para ações. Enquanto a ação da IBM pode ser cotada a 90,24–90,25, as cotações para os títulos do Tesouro são dadas em 32 avos. Um preço de 90:26 significa $ 90 26/32 por $ 100 do valor de face e 101:24 significa $ 101 24/32 por $ 100 do valor de face. Se um título é cotado a 101:23–101:24 ele tem um preço de compra (quantia oferecida) de 101 23/32 ($ 1.017,19) e um preço de venda de $ 101 24/32 ($ 1.017,50) para uma obrigação de $ 1.000.

Notas do Tesouro são cotadas em *termos de rendimento*. Uma cotação típica pode ser:

Compra	Venda p
2,66	2,65

o que significa que a nota é avaliada de forma que o preço de venda renda 2,66%, mas o preço de venda que você paga renda 2,65%. (O cálculo desses rendimentos será ilustrado no próximo capítulo sobre precificação de títulos.) Esses rendimentos parecem estar ao contrário. Uma vez que o preço de compra é mais alto, o retorno que você ganha é mais baixo (2,65). No entanto, o operador intermediário paga a você quando você vende a nota. Lembre-se de que os operadores intermediários lucram com o *spread*. Eles compram de você a um preço mais baixo (retorno mais alto) e vendem para você ao preço mais alto (retorno mais baixo).

Os títulos do Tesouro estão entre os investimentos mais seguros disponíveis porque não há dúvida de que o governo federal possa pagar o juro e resgatar sua dívida. Existem, no entanto, maneiras pelas quais você pode perder quando investe nesses títulos. Como será explicado no próximo capítulo, mudanças na taxa corrente de juros fazem com que o preço dos títulos flutue, assim você pode comprar um título do Tesouro e seu preço de mercado pode diminuir.

TABELA 12.3

A variedade e valor das dívidas do governo federal em janeiro de 2005

	Período até o vencimento	Valor (em bilhões de dólares)	Porcentagem da dívida total
Notas do Tesouro	Até 1 ano	$ 984,8	12,9%
Títulos de prazo Intermediário	1 ano a 10 anos	2.167,3	28,4
Títulos de longo prazo	10 ou mais anos	539,4	7,1
Títulos protegidos da Inflação	vários vencimentos	267,3	3,5
Títulos de poupança	vários vencimentos	204,4	2,7
Outros*	vários vencimentos	3.464,5	45,4
		$ 7.627,7	100,0%

*Dívida primária mantida pela agências do governo dos Estados Unidos, fundos fiduciários e governos estaduais e locais.

Fonte: Bureau of Public Debt (**http://www.publicdebt.treas.gov** ou por meio de **http://mayo.swlearning.com**)

Segundo, quando você reinveste o juro ou o principal, as taxas de juros podem estar mais baixas, de forma que você tenha de assumir essa taxa de risco de reinvestimento. Terceiro, se a inflação aumentar, o poder de compra do pagamento é diminuído. Existe também o risco associado com as taxas de câmbio. Embora esse risco possa não se aplicar a você, aplica-se a todos que têm de converter dólares para sua moeda. Certamente o declínio no dólar durante 2004 inflingiu perdas aos investidores estrangeiros que possuíam títulos do Tesouro. Naturalmente, se o dólar se fortalecesse, esses investidores experimentariam retornos mais altos à medida que os pagamentos de juros comprassem mais unidades de sua moeda.

Títulos Municipais

Governos estaduais e municipais também emitem uma variedade de instrumentos de dívida para financiar despesas de capital, tais como escolas e estradas. O governo então resgata a dívida à medida que as instalações são utilizadas e os fundos são levantados por meio dos impostos, como imposto territorial, ou mediante receitas geradas pelas instalações, como os pedágios coletados da New Jersey Turnpike.

O fator básico que diferencia os títulos dos governos estadual e municipal de outras formas de dívida é a vantagem fiscal que oferecem aos investidores. O juro ganho nas dívidas estaduais e municipais é isento da taxação federal. Apesar de os governos estadual e municipal poderem taxar o juro, o governo federal não pode. Dessa forma, esses títulos são freqüentemente referidos como **títulos isentos de impostos**. (De maneira recíproca, o juro ganho na dívida do governo federal é isento do imposto de renda dos governos estadual e municipal.) Considerando que o juro pago por todas as outras dívidas, incluindo títulos do governo federal e corporativos, está sujeito ao imposto de renda federal, essa isenção é vantajosa para os governos estaduais e municipais. Eles são capazes de emitir dívidas com custos de juros substancialmente mais baixos.

Os investidores estão dispostos a aceitar uma taxa de juros mais baixa nos títulos dos governos estadual e municipal, pois o retorno é equivalente aos retornos mais altos em outras dívidas (após a dedução dos impostos destas). Por exemplo, se uma pessoa estiver na faixa de imposto de renda federal de 28%, o retorno após o imposto será o mesmo para um título corporativo pagando 7,0% e um título municipal que pague 5,04%. O retorno após o imposto é 5,04% em qualquer caso.

O investidor individual pode determinar os retornos equivalentes nos títulos isentos de impostos usando a equação a seguir:

$$i_c(1-t) = i_m \qquad \textbf{12.1}$$

na qual i_c é a taxa de juros paga nas dívidas corporativas, i_m é a taxa de juros paga pelos títulos municipais, e t é a faixa de imposto (de renda) das pessoas. Assim, se um título corporativo paga 7,0% e a faixa de imposto da pessoa é 28%, o retorno equivalente em um título municipal será 0,07(1 − 0,28) = 0,0504 = 5,04%.

Apesar de os títulos estaduais e municipais oferecerem uma grande vantagem fiscal, elas sujeitam o investidor ao risco. A inflação corrói o poder de compra do juro e do principal, e flutuações nas taxas de juros levam os preços dos títulos municipais a flutuar. Taxas de juros mais baixas reduzem a capacidade do investidor de reinvestir às taxas anteriores, mais altas, e esta é a possibilidade de inadimplência.

Há pouco o que você possa fazer para reduzir os riscos associados com a inflação e flutuações nas taxas de juros, mas você pode reduzir o impacto do risco de inadimplência. Primeiro, adquira uma carteira bem diversificada de títulos isentos de impostos, o que diversifica o risco entre muitos governos estaduais e locais. Segundo, limite as compras a títulos com altas classificações de crédito, como triplo ou duplo A. Terceiro, adquira títulos que sejam assegurados. Várias companhias de seguros garantem títulos municipais com relação ao pagamento de juros e reembolso do principal. Comprando títulos assegurados, você tem um direito tanto com o governo que emitiu os títulos quanto com a companhia de seguros que os garantiu.

RESUMO

Este capítulo discutiu as características gerais das dívidas de longo prazo (títulos). Enquanto uma corporação pode emitir uma variedade de títulos, diversificando desde títulos hipotecários assegurados até debêntures subordinadas não asseguradas e títulos de renda, as condições gerais de cada emissão incluem a taxa de juro do cupom e a data de vencimento. Um curador é nomeado para cada emissão a fim de proteger os direitos dos investidores individuais. Os riscos associados com o investimento em títulos incluem inadimplência no pagamento dos juros e do principal, aumento nas taxas de juros que diminuem o valor corrente do mercado do título, e perda do poder de compra pela inflação.

Os títulos podem ser resgatados por meio do uso de um fundo de amortização, o que exige que o emitente resgate um valor específico de títulos a cada ano ou faça pagamentos periódicos para resgatar a dívida emitida. Alguns títulos são emitidos em séries. A cada ano, uma das séries dentro da emissão é resgatada. Os títulos também podem ser resgatáveis antes do vencimento (chamadas), o que permite ao emitente resgatar toda a emissão antes do vencimento. Um título será chamado apenas se as taxas de juros tiverem diminuído. Se as taxas de juros aumentarem e fizerem com que o valor de um título diminua, seria mais vantajoso para o emitente recomprar os títulos em lugar de chamá-los e resgatá-los ao valor de face.

Os governos, da mesma forma que as corporações, também emitem títulos. As características gerais e os riscos associados em investir em títulos governamentais são os mesmos que os dos títulos corporativos. A grande diferença entre títulos governamentais e corporativos é o imposto sobre a renda de juro. O juro dos títulos dos governos estaduais e municipais é isento da taxação de imposto de renda federal, enquanto o juro sobre a dívida federal é isento da taxação estadual. O juro ganho com um investimento em dívida corporativa pode ser taxado pelos governos federal, estadual ou municipal. A isenção de imposto sobre o juro ganho nas dívidas estaduais e municipais aumenta a atratividade dos títulos municipais, à medida que os investidores procuram reduzir suas obrigações fiscais.

REVISÃO DOS OBJETIVOS

Agora que completou este capítulo, você deve ser capaz de:

1. Identificar as características gerais dos títulos (páginas 213-215).
2. Explicar os papéis do curador e das classificações de risco (páginas 213-214).
3. Diferenciar os tipos de títulos corporativos (páginas 215-220).
4. Comparar os meios para resgatar títulos (páginas 220-223).
5. Diferenciar os tipos de dívida do governo federal (páginas 223-226).
6. Isolar a característica fiscal associada aos títulos municipais (páginas 225-226).

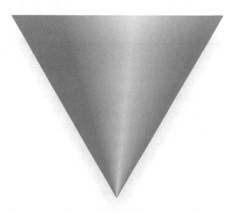

AVALIAÇÃO E RENDIMENTO DE TÍTULOS

Agora que você conhece as características dos títulos, vamos ver a formação de preços deles e o cálculo dos retornos que você ganha. Certamente você precisa saber o custo do título e o retorno potencial antes de comprá-lo! O valor ou o preço de um título depende dos fluxos de caixa futuros: o juro (o cupom) e o reembolso do principal. Como será explicado a seguir, esse valor varia com as mudanças nas taxas de juros.

O retorno também depende dos fluxos de caixa futuros. Em vez de perguntar qual é o valor presente dos pagamentos futuros de juros e o reembolso do principal, determinar o rendimento reverte o processo. Isto é, se um título custa um valor específico, paga juros a cada ano e reembolsa o principal após uma quantidade de anos, qual será seu retorno (rendimento)?

Este capítulo é dedicado apenas a esses dois tópicos. No entanto, é um capítulo importante, pois explica e ilustra os fatores que afetam os preços e rendimentos dos títulos. A primeira seção cobre a avaliação e a segunda, os rendimentos. Ao final do capítulo é fornecida uma variedade de problemas. Sinceramente, recomendo que trabalhe esses problemas para testar sua capacidade de calcular preços e retornos de títulos.

AVALIAÇÃO DE TÍTULOS

Você compra títulos da mesma maneira que compra ações; no entanto, apenas os preços de alguns títulos são fornecidos na imprensa financeira como o *Wall Street Journal*. Os preços são cotados em centenas de dólares, assim, 98 representa $ 980 para um título de $ 1.000 e 56,7 representa $ 567 para um título de $ 1.000.

Os preços dos títulos sem dúvida são diferentes. Em janeiro de 2005, um título do governo federal era vendido por 148 ($ 1.480), enquanto outro era vendido por 62,3 ($ 623). Embora ambos os títulos tenham um valor de face de $ 1.000, um está sendo vendido por um considerável prêmio sobre seu valor nominal e o outro, com um grande desconto sobre seu valor nominal. Por que um está sendo vendido com prêmio e o outro com desconto? A explicação depende do valor do juro pago em cada título, o período dos pagamentos e o reembolso do principal.

O preço de um título (em dada classe de risco) depende de (1) o juro pago pelo título, (2) a taxa de juro que você pode ganhar em títulos concorrentes, e (3) a data de vencimento. Parte do valor do título é o valor presente dos pagamentos de juros. O restante do valor do título é o valor presente do reembolso do principal. Assim, o preço de um título é a soma do valor presente de ambos: os pagamentos dos juros e o reembolso do principal.

Esse valor é expresso algebricamente na Equação 13.1. (Mais tarde, esse valor será apresentado em termos das fórmulas do valor presente discutidas no Capítulo 7.) O valor de um título é:

$$P_B = \frac{PMT}{(1+i)^1} + \frac{PMT}{(1+I)^2} + \cdots + \frac{PMT}{(1+i)^n} + \frac{FV}{(1+i)^n} \qquad 13.1$$

em que P_B indica o preço atual do título; PMT, o pagamento periódico do juro; n, o número de anos (pagamentos) até o vencimento; FV, o valor do principal a ser recebido no futuro; e i, a taxa atual de juro.

O cálculo do preço de um título usando a Equação 13.1 pode ser ilustrado por um exemplo simples. Uma empresa possui em aberto um título de $ 1.000 que vence em três anos com uma taxa de cupom de 6% ($ 60 anuais). Tudo que é necessário para determinar o preço do título é a taxa corrente de juro, que é a taxa de juro que está sendo paga anualmente por títulos concorrentes, emitidos recentemente com o mesmo prazo até o vencimento e o mesmo grau de risco. Se títulos comparáveis produzem 6%, então o preço desse título terá o valor de face ($ 1.000) de:

$$P_T = \frac{\$60}{(1+0{,}06)^1} + \frac{\$60}{(1+0{,}06)^2} + \frac{\$60}{(1+0{,}06)^3} + \frac{\$1.000}{(1+0{,}06)^3}$$

$$= \$56{,}60 + 53{,}40 + 50{,}38 + 839{,}62$$

$$= \$1.000{,}00.$$

Se títulos comparáveis são vendidos com um juro de 8%, esse título não será atrativo para os investidores. Eles não estarão dispostos a pagar $ 1.000 por um título que rende 6% quando podem comprar títulos pelo mesmo preço que rendem 8%. Para que esse título concorra com os demais, seu preço deve ser reduzido o bastante para render 8%. Em termos da Equação 13.1, o preço tem de ser:

$$P_T = \frac{\$60}{(1+0{,}08)^1} + \frac{\$60}{(1+0{,}08)^2} + \frac{\$60}{(1+0{,}08)^3} + \frac{\$1.000}{(1+0{,}08)^3}$$

$$= \$60(0{,}926) + \$60(0{,}857) + \$60(0{,}794) + \$1.000(0{,}794)$$

$$= \$55{,}56 + \$51{,}42 + 47{,}64 + 794$$

$$= \$948{,}62.$$

O preço do título tem de diminuir para aproximadamente $ 949. O título deve ser vendido com *desconto* (um preço inferior ao principal estabelecido) para ser competitivo com os títulos comparáveis. Nesse preço, você ganhará $ 60 de juro por ano e $ 51 em ganhos de capital pelos três anos para um retorno anual total de 8% sobre o investimento. O ganho de capital ocorre porque o título é comprado por $ 948,62, mas, em seu vencimento, você receberá $ 1.000.

Se dívidas comparáveis rendessem 4%, o preço do título do exemplo anterior aumentaria. Nesse caso, o preço do título seria:

$$P_T = \frac{\$ 60}{(1+0,04)^1} + \frac{\$ 60}{(1+0,04)^2} + \frac{\$ 60}{(1+0,04)^3} + \frac{\$ 1.000}{(1+0,04)^3}$$

$$= \$ 60(0,962) + \$ 60(0,925) + 60(0,889) + \$ 1.000(0,889)$$

$$= \$ 1.055,56.$$

Dessa forma, o título deverá ser vendido como um *prêmio* (sobre seu valor nominal). Apesar de poder parecer implausível vender como um prêmio, isso ocorreria se o juro de mercado caísse abaixo da taxa do cupom do título.

Usando Tabelas de Juros para Determinar o Preço de um Título

Esses cálculos são longos e seriam consideravelmente piores se o título vencesse após vinte anos. A quantidade de cálculos, no entanto, pode ser reduzida quando você compreende que a avaliação de um título tem dois componentes: um fluxo de pagamentos de juros e um reembolso final do principal. Uma vez que os pagamentos de juros são fixos e pagos a cada ano, podem ser tratados como uma anuidade. O reembolso do principal pode ser tratado como um pagamento simples de um valor único. Assim, o preço de um título é

Preço do título = cupom × fator de juro para o valor presente de uma anuidade de $ 1,00 + principal + fator de juro para o valor presente de $ 1,00

= cupom × $PVAIF$[1] + principal × $PVIF$. [2]

Se um título de $ 1.000 paga $ 60 de juro por ano e vence após três anos, seu valor corrente será o valor presente da anuidade de $ 60 para três anos e o valor presente de $ 1.000, que será recebido após três anos. Se a taxa de juro for 8%, o valor corrente do título será

$$P_T = \$ 60(PVAIF8I, 3N) + \$ 1.000(PVIF8I, 3N)$$
$$P_T = \$ 60(2,577) + \$ 1.000(0,794) = \$ 948,62.$$

Aqui, o fator de juro é 2,577 para o valor presente de uma anuidade de $ 1 a 8% por três anos e 0,794 é o fator de juro para o valor presente de $ 1 a 8% após três anos. Esta é a mesma resposta que foi encontrada anteriormente, mas a quantidade de cálculos aritméticos foi reduzida.

Considerando que a maioria dos títulos paga juros semestralmente, o exemplo anterior deve ser ajustado para pagamentos semestrais de juros. Primeiro, divida o cupom por 2 para

---

[1] *PVAIF – Present Value Annuity Interest Factor* – Fator de juro para o valor presente de uma anuidade. (NT)

[2] *PVIF – Present Value Interest Factor* – Fator de juro para o valor presente. (NT)

estabelecer o pagamento semestral ($60/2 = $30); segundo, divida a taxa de juro por 2 para determinar a taxa de juro semestral (8%/2 = 4%); e, terceiro, multiplique o número de anos por 2 para estipular a quantidade de períodos, indicado pela letra n quando diferente de um ano (3 x 2 = 6). Depois desses ajustes, o valor do título será:

$$P_T = \$30(PVAIF4I, 6N0 + \$1.000(PVIF4I, 6N)$$
$$= \$30(5,242) + \$1.000(0,790) = \$947,26.$$

Essa avaliação é marginalmente menor que quando foi usada a capitalização anual, uma vez que o preço do título tem de diminuir um pouco mais para compensar pela capitalização mais freqüente. Se as taxas de juros aumentam e o preço do título diminui, o declínio será maior quando o preço for calculado utilizando pagamentos semestrais, porque o investidor renuncia a mais juros provenientes de taxas mais altas quando o juro é pago semestralmente. O preço mais baixo compensa o comprador pela perda de juro.

Usando uma Calculadora Financeira para Determinar o Preço de um Título

Em muitos casos, as tabelas de juros são impraticáveis para determinar o preço de um título. As tabelas são construídas com unidades distintas como vinte anos ou 5%. O preço de um título que vence em 19,4 anos não pode ser determinado. O mesmo se aplica se a taxa de juro corrente for 5,42%. Você poderia fazer a interpolação, mas isso apenas aumentaria a quantidade de cálculos.

Se usar uma calculadora financeira (ou um programa de computador), esses problemas desaparecem. Além disso, o preço de um título é fácil de ser calculado utilizando-se uma calculadora financeira. Considere o título com cupom de 6% que vence em três anos que foi usado no exemplo anterior. Se a taxa de juros corrente for 8%, registre o pagamento ($PMT = 60$), o valor do principal ($FV = 1.000$), a quantidade de anos ($N = 3$), e a taxa corrente ($I = 8$). Instrua a calculadora a resolver para o valor presente ($PV = ? = -948,50$). Esta é basicamente a mesma resposta encontrada usando as tabelas de juros com uma pequena diferença, que é o resultado de arredondamento. Também observe que o valor presente da calculadora é um número negativo. Você deve pagar $948,50 (um desembolso) para receber os pagamentos de juro e o reembolso do principal, sendo ambos entradas de dinheiro. (Se você precisar determinar o valor do título usando pagamentos semestrais de juros, registre $N = 6$, $PMT = 30$, $FV = 1.000$ e $I = 4$. A calculadora fornece a resposta $947,60.)

A Relação Inversa entre Mudanças nas Taxas de Juros e os Preços dos Títulos

Os exemplos precedentes ilustram uma conclusão geral importante: *os preços dos títulos e as mudanças nos juros de mercado são inversamente relacionados*. Quando as taxas de juros aumentam, os preços dos títulos diminuem. Quando os juros diminuem, os preços dos títulos aumentam. Taxas de juros mais altas reduzem o valor corrente dos títulos. Você está descontando os pagamentos futuros a uma taxa mais alta, o que reduz seu valor corrente. Taxas de juros mais baixas aumentam o valor corrente de um título. Você está descontando o pagamento futuro a uma taxa mais baixa, o que aumenta o valor corrente.

Você pode ver essa relação inversa no exemplo a seguir, que usa um título de dez anos com um cupom anual de 8%. A primeira coluna apresenta várias taxas de juros e a segunda fornece o preço correspondente do título.

Essa relação negativa entre o preço de um título e as mudanças nas taxas de juros é, naturalmente, o risco da taxa de juro discutido no Capítulo 8.

Apesar de todos os títulos mostrarem essa volatilidade de preços, as flutuações de preços de títulos com prazos de vencimento mais longos tendem a ter flutuações de preços maiores

Taxa de juros corrente	Preço do título
12%	$ 774
11	823
10	877
9	936
8	1.000
7	1.070
6	1.147
5	1.232

que os títulos com prazos de vencimento mais curtos. Você pode ver essa relação comparando o impacto das mudanças nas taxas de juros sobre os preços de dois títulos com prazos de vencimento diferentes. A ilustração a seguir repete a anterior, mas adiciona o preço de um título com cupom de 8% que vence após vinte anos.

Taxa de juros atual	Preço do título de dez anos	Preço do título de vinte anos
12%	$ 774	$ 701
11	823	761
10	877	830
9	936	909
8	1.000	1.000
7	1.070	1.106
6	1.147	1.229
5	1.232	1.374

Em ambos os casos, uma taxa de juros mais alta leva o título a ser vendido com um desconto, mas o declínio de preço é maior para o título que vence após vinte anos. E o juro mais baixo faz com que o preço do título de vinte anos tenha um prêmio maior ao ser vendido.

Se você espera que as taxas de juros diminuam, também estará esperando que os preços dos títulos aumentem. A recíproca também é verdadeira. Se você espera que as taxas de juros aumentem, está esperando que os preços dos títulos diminuam. Se puder antecipar corretamente a direção das mudanças nas taxas de juros, também antecipará corretamente a direção da mudança dos preços dos títulos.

Você, no entanto, pode antecipar incorretamente a mudança nas taxas de juros e sofrer perdas no mercado de títulos. Se comprar títulos antecipando uma redução nas taxas de juros e estas subirem, experimentará uma perda. O valor de mercado de seus títulos diminuirá e comprar títulos de prazos mais longos resultará em perdas maiores. Existe, no entanto, uma coisa em seu favor. O título tem, em última análise, de ser resgatado. Tendo em vista que o principal deve ser pago, um erro de investimento pode ser corrigido quando o preço do título aumentar à medida que se aproxima de sua data de vencimento. A perda será eventualmente suprimida (admitindo que o emissor não vá inadimplir). A correção, no entanto, pode levar anos, durante os quais você terá perdido os altos rendimentos que estavam disponíveis após ter feito a compra inicial.

RENDIMENTOS

A palavra *rendimento* é freqüentemente usada em relação ao investimento em títulos. Dois usos importantes da palavra são rendimento corrente e rendimento anualizado até o vencimento. Esta seção mostra a diferença entre esses dois rendimentos.

Rendimento Corrente

O rendimento corrente (RC) é a porcentagem que você recebe anualmente. É simplesmente:

$$\text{RC} = \frac{\text{Pagamento anual de juro}}{\text{Preço do título}}.$$ 13.2

Se o título tem uma taxa de cupom de 6% e é vendido por $ 948,62, o rendimento corrente é

$$\frac{\$60}{\$948,62} = 6,3\%.$$

O rendimento corrente é importante porque dá a você uma indicação do retorno corrente que será ganho pelo investimento. Os investidores que buscam altos retornos correntes preferem títulos que oferecem alto rendimento atual.

O rendimento corrente, no entanto, pode ser enganoso, pois deixa de considerar qualquer mudança no preço do título que possa ocorrer se este for mantido até o vencimento. Obviamente, se um título for comprado com desconto, seu valor tem de aumentar à medida que se aproxima do vencimento. O oposto ocorre se o título for comprado com prêmio, porque seu preço diminuirá à medida que o vencimento se aproximar. Por essa razão, é desejável saber o rendimento até o vencimento do título.

Rendimento até o Vencimento

O rendimento até o vencimento considera ambos: o juro corrente e qualquer mudança no valor do título quando for mantido até o vencimento. Se um título for comprado por $ 948,62 e mantido até o vencimento após três anos, você receberá um retorno de 8%. Este é o rendimento até o vencimento, pois esse retorno considera não apenas o retorno de juro corrente de 6,3%, mas também a valorização do preço do título de $ 948,62 na época da compra até $ 1.000, no vencimento. Uma vez que o rendimento até o vencimento considera tanto o fluxo do rendimento de juro quanto a mudança de preço, é uma medida mais precisa do retorno oferecido aos investidores pelo título no decorrer de sua vida.

O rendimento até o vencimento pode ser determinado usando a Equação 13.1. Essa equação é:

$$P_B = \frac{PMT}{(1+i)^1} + \frac{PMT}{(1+i)^2} + \cdots + \frac{PMT}{(1+i)^n} + \frac{FV}{(1+i)^n}.$$

Você usou anteriormente essa equação para determinar o preço do título. Dados o pagamento de juro (o cupom ou PMT), o reembolso do principal (FV), a data de vencimento (n), e a taxa corrente de uma dívida comparável (i), você determinou o preço do título. Você usou também a equação para determinar o rendimento até o vencimento pela substituição do preço corrente do título. Se comprar o título pelo preço dado e o mantiver até o vencimento, o i é o retorno (o rendimento até o vencimento) que você ganha no investimento.

Usar as tabelas de juro para determinar o retorno até o vencimento pode ser uma tarefa tediosa. Por exemplo, se um título de $ 1.000 que vence em três anos e paga $ 100 anualmente fosse vendido por $ 952 e o investidor quiser saber o retorno até o vencimento, o cálculo seria:

$$\$952 = \frac{\$100}{(1+i)^1} + \frac{\$100}{(1+i)^2} + \frac{\$100}{(1+i)^3} + \frac{\$1.000}{(1+i)^3}.$$

Resolver essa equação pode ser uma tarefa formidável porque não existe um cálculo aritmético simples para determinar o valor de i. Em vez disso o investidor escolhe um valor para *i* e o coloca na equação. Se esse valor iguala os lados esquerdo e direito da equação, então o valor de *i* é o rendimento até o vencimento.

Se o valor não igualar os dois lados da equação, outro valor tem de ser escolhido. Esse processo é repetido até que seja encontrado um valor para *i* que iguale ambos os lados da equação. Obviamente, este pode ser um processo tedioso. Por exemplo, suponha que você selecione 14% e o substitua no lado direito da equação:

$$P_T = \frac{\$100}{(1+0,14)^1} + \frac{\$100}{(1+0,14)^2} + \frac{\$100}{(1+0,14)^3} + \frac{\$1.000}{(1+0,14)^3}.$$

Uma vez que você tem tanto uma taxa de juro (0,14) quanto o número de anos (3), os fatores de juro para o valor presente de uma anuidade e o de um dólar podem ser obtidos nas tabelas de juros apropriadas e usados para determinar o valor do título àquela taxa para esse período até o vencimento. Isto é,

$$P_T = \$100(PVAIF14I, 3N) + \$1.000(PVIF14I, 3N)$$
$$= \$100(2,322) + \$1.000(0,675)$$
$$= \$907,20.$$

Se o rendimento até o vencimento fosse 14%, o título seria vendido a $907,20; no entanto, está sendo vendido por $952, assim 14% não pode ser o retorno até o vencimento. O retorno que você escolheu está muito alto, o que leva o valor presente (o preço do título) a ser muito baixo. Você precisa escolher outro, mais baixo e repetir o processo. (Se o valor que você obtiver for maior que o preço corrente, a taxa selecionada é muito baixa, e você deverá optar por uma taxa mais alta.) Se tivesse escolhido 12%, então

$$P_T = \$100(PVAIF12I, 3N) + \$1.000(PVIF12I, 3N)$$
$$= \$100(2,402) + \$1.000(0,712)$$
$$= \$952,20.$$

Assim, o rendimento até o vencimento é 12%.

O processo anterior o conduz a utilizar uma calculadora financeira (ou programa de computador) para calcular o rendimento até o vencimento. Além disso, considerando que as tabelas de juro têm apenas taxas e número de períodos inteiros, o rendimento até o vencimento resultante é normalmente aproximado. No entanto, o uso de tabelas de juros para resolver a equação é importante do ponto de vista de aprendizado. O rendimento até o vencimento é a única taxa que iguala ambos os lados da equação de avaliação do título. Se você apenas coloca números em uma calculadora ou computador, poderá não perceber o que o rendimento até o vencimento realiza. Uma vez que tenha entendido o processo e o que o rendimento até o vencimento informa a você, então é aceitável o uso de um método mais conveniente. (O cálculo de retornos coberto no Capítulo 16 utiliza o mesmo processo, assim, aprender a usar uma calculadora financeira ou um programa de computador também facilitará a realização desses cálculos.)

Para usar uma calculadora financeira, insira o preço do título como o valor presente (PV = −9,52), os pagamentos de juro (PMT = 100), valor no vencimento (FV = 1.000), o número de períodos (N = 3) e instrua a calculadora a determinar a taxa (I =? = 12) que é o rendimento até o vencimento. Observe que o preço do título é mostrado como um número negativo. Você faz esse pagamento (uma saída de dinheiro) e recebe os reembolsos do juro e do principal (as entradas de dinheiro).

Uma Comparação entre o Rendimento Corrente e o Rendimento até o Vencimento

O rendimento corrente e o rendimento até o vencimento são iguais apenas se o título for vendido pelo valor do principal ou ao par. *Se o título for vendido com desconto, o rendimento até o vencimento será maior que o rendimento corrente.* Isso pode ser demonstrado por meio do título do exemplo anterior. Quando é vendido com desconto (como $ 952), o rendimento corrente é apenas 10,5%. No entanto o rendimento até o vencimento é 12%. O aumento no valor do título aumenta seu retorno, e assim o rendimento até o vencimento excede o rendimento corrente.

Se o título for vendido com um prêmio, o rendimento corrente excede o rendimento até o vencimento. Por exemplo, se o título for vendido por $ 1.052, o rendimento corrente será 9,5% ($ 100/$ 1.052) e o rendimento até o vencimento será 8%. O rendimento até o vencimento é menor porque a perda que ocorre quando o preço do título diminui de $ 1.052 para $ 1.000 no vencimento foi incorporada no cálculo do rendimento.

A Tabela 13.1 apresenta o rendimento atual e o rendimento até o vencimento para diferentes preços de um título com um cupom de 8% que vence em dez anos. Como pode ser visto na tabela, quanto maior o desconto (ou menor o prêmio), maiores serão ambos, o rendimento corrente e o rendimento até o vencimento. Por exemplo, quando o título é vendido por $ 882, o rendimento até o vencimento é 9,9%, mas aumenta para 11,5% quando o preço diminui para $ 798.

O Rendimento até o Vencimento e Retornos

Você deve compreender que o rendimento até o vencimento e o rendimento que você recebe em um investimento em título não precisam ser iguais. Para ganhar o rendimento até o vencimento, você tem de manter o título até seu vencimento. Se o emitente resgata o título, você não receberá o rendimento até o vencimento. Se você vender o título, não há razão para acreditar que seu retorno será o mesmo que o rendimento até o vencimento. Além disso, o rendimento até o vencimento é uma taxa composta. Se você gastar os pagamentos de juros, não haverá capitalização. Enquanto você receber uma taxa de juros simples, este não será o rendimento até o vencimento. Para alcançar uma taxa composta, você deve reinvestir os pagamentos de juros. Quando reinveste esses pagamentos, você pode ganhar mais se as taxas de juros aumentarem, mas ganhará menos se diminuírem. Para ganhar o rendimento até o vencimento, você tem de reinvestir todos os pagamentos de juros a essa taxa. Por essas razões, é altamente improvável que ganhe o rendimento até o vencimento.

TABELA 13.1 Rendimentos correntes e rendimentos até o vencimento para um título de dez anos com um cupom anual de 8%

Preço do Título	Cupom	Rendimento corrente	Rendimento até o vencimento
$ 1.107	8,0%	7,2%	6,5%
1.048	8,0	7,6	7,3
1.000	8,0	8,0	8,0
967	8,0	8,3	8,5
911	8,0	8,8	9,4
882	8,0	9,1	9,9
883	8,0	9,6	10,8
798	8,0	10,0	11,5

RESUMO

O preço atual de um título depende dos pagamentos de juros do título (o cupom) e o reembolso do principal, ambos descontados ao presente à taxa corrente de juros sobre uma dívida comparável. Quando as taxas de juros aumentam, os preços dos títulos existentes diminuem, mas juros em declínio fazem os preços dos títulos existentes aumentarem. Essas flutuações de preços acontecem porque os títulos pagam um valor fixo de juros a cada ano.

Uma vez que o preço de um título flutua com as mudanças nas taxas de juros, ele pode ser vendido com um desconto abaixo de seu valor de face ou com um prêmio acima de seu valor de face. O rendimento corrente representa o pagamento anual de juro relacionado ao preço do título. O rendimento até o vencimento iguala o preço do título com o valor presente do juro e do principal reembolsados. Se um título é vendido com desconto, seu rendimento até o vencimento excede o rendimento corrente. Se o título é vendido com um prêmio, o rendimento até o vencimento é menor que o rendimento corrente. Uma vez que o rendimento até o vencimento se decompõe em algum prêmio ou desconto no cálculo do rendimento, ele é um indicador melhor do retorno que um investidor realmente recebe a partir da data de compra até o vencimento do título.

REVISÃO DOS OBJETIVOS

Agora que completou este capítulo, você deve ser capaz de:

1. Determinar o preço de um título (páginas 228-261).
2. Explicar a relação entre as mudanças nas taxas de juros e o preço dos títulos (páginas 230-231).
3. Calcular o rendimento até o vencimento (páginas 232-233).
4. Diferenciar o rendimento corrente do rendimento até o vencimento (página 234).
5. Demonstrar quando o rendimento corrente excede (ou é menor que) o rendimento até o vencimento (página 234).
6. Explicar por que o retorno realizado de um investimento em um título não pode igualar o rendimento até o vencimento (página 234).

PROBLEMAS

Antes de resolver esses problemas, aqui vão dois comentários. Primeiro, a maioria dos títulos paga juros semestrais, mas os pontos mostrados por esses problemas aplicam-se tanto a pagamentos anuais como a pagamentos semestrais. Pergunte a seu instrutor qual você deve usar, pagamentos anuais ou semestrais, para resolver os problemas. Segundo, vários dos problemas contêm perguntas que não são cobertas claramente neste capítulo, como fundos de amortização e características de chamada. Se necessário, revise o material no capítulo anterior.

1. Um título de $ 1.000 tem um cupom de 6% e vence após dez anos.
    a) Qual deve ser o preço do título se uma dívida comparável rende 8%?
    b) Qual deve ser o preço se uma dívida comparável rende 8% e o título vence após cinco anos?
    c) Por que os preços em *a* e *b* são diferentes?
    d) Quais são os rendimentos correntes e os rendimentos até o vencimento em *a* e *b*?
2. a) Um título de $ 1.000 tem um cupom de 2,5% e vence após dez anos. Se as taxas de juros correntes são de 10%, qual deveria ser o preço do título?
    b) Se após seis anos as taxas de juros continuarem em 10%, qual deve ser o preço do título?

c) Mesmo que as taxas de juros não se modifiquem em *a* e *b*, por que o preço do título mudou?

d) Mude a taxa de juro em *a* e *b* para 6% e refaça suas respostas. Mesmo que a taxa de juros seja 6% em ambos os cálculos, por que os preços títulos são diferentes?

3. Um título com 15 anos para o vencimento tem um pagamento semestral de juro de $ 40. Se o título for vendido a seu valor ao par, quais são o rendimento corrente e o rendimento até o vencimento do título?

4. A Blackstone, Inc. tem em aberto um título de cinco anos que paga $ 60 anualmente. O valor de face de cada título é $ 1.000, e o título é vendido a $ 890.

   a) Qual é a taxa de cupom do título?
   b) Qual é o rendimento corrente?
   c) Qual é o rendimento até o vencimento?

5. Um título que vence em dez anos e tem um cupom de 5% está sendo vendido por $ 690.

   a) Qual é o rendimento corrente?
   b) Qual é o rendimento até o vencimento?
   c) Se após cinco anos o rendimento até o vencimento for 10%, qual será o preço do título?

6. Seu corretor oferece para vender um título com classificação AAA por $ 1.200 com um cupom de 10% e vencimento em oito anos. Considerando que a taxa de juros em dívidas comparáveis é 8%, seu corretor está avaliando o título adequadamente?

7. Há dez anos, seu avô comprou para você um título de $ 1.000 de 25 anos com uma taxa de cupom de 10%. Você agora quer vendê-lo e lê que os rendimentos são de 8%. Qual preço deve receber pelo título?

8. O título A tem as seguintes condições:

   - Taxa de juro do cupom: 10%.
   - Principal: $ 1.000.
   - Prazo de vencimento: 8 anos.

   O título B tem as seguintes condições:

   - Taxa de juro do cupom: 5%.
   - Principal: $ 1.000.
   - Prazo de vencimento: 8 anos.

   a) Qual deve ser o preço de cada título, se as taxas de juros forem de 10%?
   b) Qual deve ser o preço de cada título, se, depois de passados cinco anos, os juros estão em 10%?
   c) Qual será o preço de cada título, se, depois de passados oito anos, os juros estão em 8%?

9. Um título tem as seguintes características:

   - Taxa de juro do cupom: 8%.
   - Principal: $ 1.000.
   - Prazo de vencimento: 10 anos.

   a) Quando o portador receberá no vencimento do título?
   b) Se a taxa corrente de juros em dívidas comparáveis é 12%, qual deve ser o preço desse título? Você suporia que a empresa faria uma chamada desse título? Por quê?
   c) Se o título tem um fundo de amortização que exige que a empresa reserve anualmente com o agente fiduciário fundos suficientes para resgatar toda a emissão até o vencimento, quanto a empresa deve remeter a cada ano durante dez anos se o fundo rende 9% ao ano e existem $ 120 milhões em aberto?

10. Você recebeu a seguinte informação relativa a um fundo de amortização de debêntures resgatável apenas no vencimento:

    - Principal: $ 1.000.
    - Taxa de juro do cupom: 7%.

- Prazo de vencimento: 15 anos.
- Fundo de amortização: 5% dos títulos em aberto resgatados anualmente; o saldo no vencimento.

a) Se você comprar o título hoje por seu valor de face e as taxas de juros subirem para 12% depois de passados três anos, qual será seu ganho (perda) de capital?
b) Se você mantiver o título por 15 anos, quanto deverá receber no vencimento?
c) Qual é o rendimento corrente do título neste momento?
d) Usando seu preço fornecido em *a*, qual deve ser o rendimento até o vencimento?
e) Existe alguma razão para acreditar que o título será resgatado (chamado) depois de passados três anos, se as taxas de juros diminuírem?
f) Qual proporção da dívida total é resgatada pelo fundo de amortização?
g) Quais ativos garantem o título?
h) Se o pagamento final para resgatar o título for $ 1.000, quanto a empresa terá de investir anualmente para acumular esse valor, se ela é capaz de ganhar 7% sobre os fundos investidos?

AÇÕES PREFERENCIAIS

As ações preferenciais são como um cachorro vira-lata. Legalmente, são patrimônio líquido, mas suas características assemelham-se mais a uma dívida do que a ações ordinárias. Muitas companhias, principalmente instituições financeiras, como Bank of America, Citicorp e Merrill Lynch, emitiram uma variedade de ações preferenciais que poderiam atrair tipos específicos de investidores ou que poderiam ser adequadas para tipos específicos de contas de investimento.

Este é um capítulo relativamente curto. Descreve as características essenciais das ações preferenciais, como podem ser avaliadas e as ferramentas utilizadas para analisá-las. A maior parte do material você já viu anteriormente nos capítulos sobre ações ordinárias e títulos. O que é novo é a aplicação às ações preferenciais.

AS CARACTERÍSTICAS DAS AÇÕES PREFERENCIAIS

> **Ação preferencial**
> Classe de ação (patrimônio líquido) que tem uma preferência sobre as ações ordinárias e sobre os lucros e ativos da empresa.

Ação preferencial é um instrumento de patrimônio líquido que normalmente paga um dividendo fixo. Enquanto a maioria das empresas tem apenas uma emissão de ações ordinárias, elas podem ter muitas emissões de ações preferenciais. A Virginia Electric and Power (subsidiária da Dominion Resources) tem oito emissões de ações preferenciais. Em sete casos, a taxa de dividendo é fixa. Assim, para a série de preferenciais de $ 5,00, o dividendo anual é $ 5,00, o qual é distribuído à taxa de $ 1,25 por ação por trimestre. Para as demais emissões, o dividendo é vinculado aos rendimentos dos títulos de curto prazo do mercado monetário e varia trimestralmente.

O dividendo é pago com base nos lucros da empresa. Se esta não tem lucro, não pode declarar e pagar os dividendos das ações preferenciais. Caso a empresa omita os dividendos das ações preferenciais, o dividendo é tido como **atrasado**. A empresa não é obrigada a remover esse atraso. No entanto, em muitos casos, qualquer dividendo omitido tem de ser pago no futuro antes que qualquer outro dividendo possa ser pago aos possuidores de ações ordinárias. Nesses casos, nos quais os dividendos preferenciais acumulam, são chamados **ações preferenciais cumulativas**. A maioria das ações preferenciais é cumulativa, mas existem exemplos de **ações preferenciais não cumulativas** cujos dividendos não precisam ser acumulados se não forem pagos. Por exemplo, a Aegon, uma companhia de seguros de vida e de saúde, emitiu uma ação preferencial perpétua e não cumulativa em 2005. O dividendo anual é 6,35%, mas o pagamento não é uma obrigação legal da empresa e a Aegon não é obrigada a repor qualquer pagamento faltante.

> **Atrasado**
> Dividendo de uma ação preferencial cumulativa que não foi pago e está acumulado.
> **Ação preferencial cumulativa**
> Ação preferencial cujo dividendo acumulado não foi pago.
> **Ação preferencial não cumulativa**
> Ação preferencial cujo dividendo não acumula, caso a empresa omita um pagamento de dividendo.

Para os investidores possuidores de ações preferenciais de empresas com dificuldades financeiras, a diferença entre ações preferenciais cumulativas ou não pode ser imaterial. Obrigar a empresa a pagar dividendos para extinguir o atraso pode enfraquecê-la ainda mais e prejudicar os proprietários de ações preferenciais mais do que abrir mão do dividendo. Uma vez que a empresa tenha readquirido sua rentabilidade, extinguir o atraso pode se tornar importante para ambos, tanto os possuidores de ações quanto a empresa, principalmente se esta precisar levantar fundos externos. Por exemplo, tanto a Unisys quanto a Chrysler pagaram os atrasos de suas ações preferenciais quando readquiriram a rentabilidade.

Uma vez emitida uma ação preferencial, a corporação poderá nunca ter de resgatá-la porque esta pode ser perpétua. Isso pode ser tanto uma vantagem quanto uma desvantagem. Se a empresa não precisa resgatar as ações preferenciais, não necessita gerar dinheiro para resgatá-las. A empresa pode, em vez disso, usar seus fundos em qualquer outra coisa (por exemplo, para comprar equipamento). No entanto, caso a empresa venha a querer modificar sua estrutura de capital e substituir dívidas de financiamento por ações preferenciais, poderá ter dificuldade em resgatá-las. A empresa poderá ter de comprar suas ações preferenciais no mercado aberto (*open market*) e, para induzir os possuidores a vender suas ações preferenciais, terá provavelmente de aumentar o preço de compra delas.

Para manter algum controle sobre as ações preferenciais, a empresa normalmente adiciona uma característica de chamada, que lhe dá a opção de chamar e resgatar a emissão. Apesar de os termos de uma característica de chamada variarem com cada emissão de ações preferenciais, as características gerais são semelhantes. Em primeiro lugar, a chamada é opção da empresa. Em segundo, o preço de chamada é especificado. Em terceiro, a empresa poderá pagar uma penalidade de chamada (por exemplo, um ano de dividendos). Em quarto, depois que as ações preferenciais são chamadas, os pagamentos futuros de dividendos cessam, o que obriga os possuidores a entregar seus títulos.

A característica de chamada trabalha em benefício do emitente, uma vez que dá à administração a opção de resgatar as ações. Muitas emissões de ações preferenciais também têm um fundo de amortização obrigatório e datas de vencimento. Por exemplo, as ações preferenciais da Virginia Electric and Power exigem que a empresa resgate 15 mil ações anualmente a $ 100 por ação. Tal fundo obrigatório de amortização favorece os investidores, uma vez que a empresa tem de gerar os fundos para resgatar sistematicamente as ações. Essas emissões de ações preferenciais são semelhantes a títulos, que não são perpétuos e devem ser resgatados por meio do fundo de amortização ou eventualmente chegar a uma data final de vencimento.

COMPARAÇÃO ENTRE AÇÕES PREFERENCIAIS E TÍTULOS

Como as ações preferenciais pagam um dividendo fixo, são compradas basicamente por investidores buscando um fluxo constante de rendas. Considerando-se que as ações preferenciais pagam um dividendo fixo, são analisadas e avaliadas como um título. Mas as ações preferenciais são diferentes das dívidas de longo prazo, como a discussão subseqüente demonstrará, e essas diferenças são significativas.

Primeiro, para o investidor a ação preferencial é mais arriscada que os títulos de dívida. As condições de um título de dívida são uma obrigação legal da empresa. Se a corporação deixar de pagar o juro ou de satisfazer qualquer uma das condições da escritura, os possuidores dos títulos podem processar a empresa para obrigá-la a pagar os juros ou buscar a liquidação da empresa para proteger o principal dos possuidores dos títulos. Possuidores de ações preferenciais não têm esse poder, porque a empresa não é legalmente obrigada a pagar os dividendos das ações preferenciais.

Além disso, os títulos de dívida têm de ser resgatados, enquanto as ações preferenciais podem ser perpétuas. Se o título é perpétuo, a única forma de recuperar o valor investido é vender as ações preferenciais no mercado secundário. Você não pode supor que o emitente resgate de um título perpétuo, e o preço de uma ação preferencial perpétua flutuará mais que o preço de um título de dívida de longo prazo com uma vida finita.

Segundo, a diferença de rendimento entre as ações preferenciais e os títulos de dívida é menor do que seria esperado com base nos diferenciais de risco. Essa diferença pequena pode ser explicada pela legislação de imposto de renda das corporações. Dividendos pagos por uma corporação a outra recebem um tratamento fiscal favorável. Apenas 30% dos dividendos são taxados como renda da corporação que recebe os dividendos. Assim, para uma empresa como uma companhia de seguros com imposto de renda das corporações na alíquota de 34%, essa proteção é importante. Se a empresa receber $ 100 de juros, terá um rendimento líquido de apenas $ 66, pois $ 34 são impostos. No entanto, se essa companhia tiver a receber $ 100 em dividendos de ações preferenciais, apenas $ 30 estarão sujeitos ao imposto de renda federal. Assim, a empresa paga apenas $ 10,20 ($ 30 x 0,34) de imposto e mantém os restantes $ 89,80 dos dividendos.

Por essa razão, um investidor corporativo pode escolher comprar ações preferenciais em lugar de títulos de dívidas de longo prazo. O impacto dessa preferência é elevar os preços das ações preferenciais, o que reduz seus rendimentos. Uma vez que os investidores individuais não gozam dessa vantagem fiscal, podem preferir títulos que ofereçam rendimentos comparáveis às ações preferenciais, mas que sejam menos arriscados. Para induzir esses investidores a comprar ações preferenciais, a empresa normalmente oferece outras vantagens, como a conversibilidade das ações preferenciais em ações ordinárias da empresa.

Um terceiro ponto de diferença (do ponto de vista da corporação emitente) entre dívida e ação preferencial é que o juro da dívida é dedutível do imposto de renda, enquanto o dividendo sobre as ações preferenciais não o é. Os dividendos das ações preferenciais são pagos sobre o lucro. Essa diferença no tratamento fiscal da despesa de juros e dividendos sobre ações preferenciais afeta o lucro da empresa disponível para os possuidores de suas ações ordinárias.

Considere uma empresa com um lucro operacional de $ 1 milhão (ou seja, lucro antes dos juros e impostos). A empresa tem 100 mil ações ordinárias emitidas pendentes e está na alíquota de 40% de imposto de renda das corporações. Se a empresa emitir $ 2 milhões de *dívida* com uma taxa de juro de 10%, seu *lucro por ação ordinária* é:

Lucro antes dos juros e do imposto de renda	$ 1.000.000
Juro	200.000
Lucro antes do imposto de renda	800.000
Imposto de renda	320.000
Lucro líquido	$ 480.000
Lucro por ação ordinária: $ 480.000/100.000 = $ 4,80	

Se a empresa tivesse emitido $ 2 milhões em *ações preferenciais* que também pagassem 10%, o lucro por ação ordinária seria:

Lucro antes dos juros e do imposto de renda	$ 1.000.000
Juro	00
Lucro antes do imposto de renda	1.000.000
Imposto de renda	400.000
Lucro líquido antes dos dividendos preferenciais	$ 600.000
Dividendos das ações preferenciais	200.000
Lucro disponível para as ações ordinárias	$ 400.000
Lucro por ação ordinária: $ 400.000/100.000 = $ 4,00	

O uso de ações preferenciais resultou em lucros menores por ação ordinária. Essa redução nos lucros é o resultado do tratamento fiscal diferente do juro, que é uma despesa dedutível, e o dividendo das ações preferenciais, que não é dedutível.

AVALIAÇÃO (PRECIFICAÇÃO) DAS AÇÕES PREFERENCIAIS

O processo de avaliação (precificação) das ações preferenciais desconta as entradas futuras de caixa (dividendos) de volta ao presente usando a taxa de desconto apropriada. Se a ação preferencial é perpétua, o dividendo fixo (D_p) continuará indefinidamente. Esses dividendos são descontados pelo rendimento ganho das ações preferenciais emitidas recentemente (κ_p). O valor presente de uma ação preferencial (P_p) é

$$P_p = \frac{D_p}{(1+k_p)^1} + \frac{D_p}{(1+k_p)^2} + \frac{D_p}{(1+k_p)^3} + \cdots$$

o que é reduzido a:

$$P_p = \frac{D_p}{\kappa_p}. \quad \text{14.1}$$

Assim, se uma ação preferencial paga um dividendo anual de $ 4 e a taxa de desconto adequada for 8%, o valor presente da ação será:

$$P_p = \frac{\$4}{(1+0{,}08)^1} + \frac{\$4}{(1+0{,}08)^2} + \frac{\$4}{(1+0{,}08)^3} + \cdots$$

$$P_p = \frac{\$4}{0{,}08} = \$50.$$

Se você comprar essa ação preferencial por $ 50, pode esperar um ganho de 8% ($ 50 × 0,08 = $ 4) no investimento. Naturalmente, o retorno realizado no investimento não será conhecido até você vender a ação e ajustar esse retorno de 8% para qualquer ganho ou perda de capital. No entanto, ao preço atual, a ação preferencial está sendo vendida como um rendimento de 8% de dividendo.

Se a ação preferencial tem uma duração finita, esse fato tem de ser considerado na determinação do seu valor. O valor a ser reembolsado quando a ação preferencial for resgatada deve ser descontado de volta ao valor presente. Assim, quando a ação preferencial tem uma duração finita, a equação da valorização torna-se:

$$P_P = \frac{D_p}{(1+\kappa_p)^1} + \frac{D_p}{(1+\kappa_p)^2} + \cdots + \frac{D_p}{(1+\kappa_p)^n} + \frac{S}{(1+\kappa_p)^n}.$$ **14.2**

S representa o valor que é reembolsado quando a ação preferencial é resgatada após um número n de anos. Se a ação preferencial do exemplo anterior for resgatada após trinta anos a $ 100 por ação, seu valor corrente será:

$$P_P = \frac{\$4}{(1+0,08)^1} + \cdots + \frac{\$4}{(1+0,08)^{30}} + \frac{\$100}{(1+0,08)^{30}}$$

$$= \$4(PVAIF8I, 30N) + \$100(PVIF8I, 30N)$$

$$= \$4(11,258) + \$100(0,099)$$

$$= 54,93.$$

Solução com Calculadora

Tecla de função	Valor inserido
PMT =	4
PV =	100
i =	8
N =	30
PV =	?
Tecla de função	Resposta
PV =	-54,97

Observe que 11,258 é o fator de juro para o valor presente de uma anuidade de $ 1 por trinta anos a 8%. (Apêndice D), e 0,099 é o fator de juro para o valor presente de $ 1 a ser recebido após trinta anos quando o rendimento é 8% (Apêndice B). Em vez de ser avaliada em $ 50, a ação preferencial seria avaliada em $ 54,93. Esse rendimento é ainda de 8%, mas o retorno, nesse caso, consiste em um rendimento de dividendo corrente de 7,28% ($ 4 ÷ $ 54,93) e um ganho de capital à medida que o preço da ação sobe de $ 54,93 para $ 100 durante trinta anos.

Uma vez que uma ação preferencial paga um dividendo fixo, seu preço aumenta e diminui com as mudanças nas taxas de juros. Se a taxa aumenta, as entradas futuras de caixa são descontadas a uma taxa mais alta, o que leva o preço da ação preferencial a diminuir. Quando as taxas de juros diminuem, as taxas de desconto também diminuem, levando os preços da ação preferencial a aumentar. Da mesma forma que os preços dos títulos se movem no sentido inverso às mudanças nas taxas de juros, os preços da ação preferencial também se movem inversamente às taxas de juros.

ANÁLISE DAS AÇÕES PREFERENCIAIS

Como a ação preferencial é um investimento que produz lucro, a análise está basicamente preocupada com a capacidade da empresa de satisfazer os pagamentos de dividendos. Apesar de os dividendos em última análise terem de estar relacionados com os lucros correntes e a capacidade futura de lucros da empresa, os dividendos preferenciais são pagos a partir do caixa. Mesmo que a empresa esteja operando com prejuízo, ela pode ainda ser capaz de pagar dividendos aos acionistas preferenciais se tiver caixa suficiente. Na realidade, os dividendos em caixa podem ser pagos, apesar de o déficit de lucros indicar que esperam que as perdas sejam temporárias e que a empresa esteja financeiramente forte.

Uma análise dos relatórios financeiros da empresa (como os índices utilizados para analisar as condições financeiras de uma empresa no Capítulo 9) pode revelar a posição de liquidez e rentabilidade da companhia. Quanto mais líquida e rentável, mais seguros devem ser os pagamentos de dividendos. O investidor pode também analisar como a empresa está cobrindo seus dividendos preferenciais computando o índice **lucro-número de dividendos preferenciais**:

> **Lucro-número de dividendos preferenciais**
> Índice calculado por meio da divisão dos lucros pelas necessidades de dividendos preferenciais.

$$\frac{\text{Lucro após imposto de renda}}{\text{Dividendos das ações preferenciais}}.$$

Quanto maior o índice, mais seguro deverá ser o dividendo das ações preferenciais. Observe que o numerador usa o lucro *total*. Apesar de os dividendos das ações preferenciais serem subtraídos do lucro total para encontrar o lucro disponível para os possuidores de ações ordinárias, todo o lucro da empresa está disponível para pagar o dividendo das ações preferenciais.

Uma variação desse índice é o **lucro por ação preferencial**. Esse índice é:

> **Lucro por ação preferencial**
> Índice calculado por meio da divisão do lucro total pela quantidade de ações preferenciais emitidas.

$$\frac{\text{Lucro após imposto de renda}}{\text{Quantidade de ações preferenciais emitidas}}.$$

Quanto maior o lucro por ação preferencial, mais seguro será o pagamento de dividendo. No entanto, nenhum desses índices mostra se a empresa tem *caixa suficiente* para pagar os dividendos. Eles podem apenas indicar até que ponto o lucro cobre as necessidades de dividendos das ações preferenciais.

A maneira pela qual cada índice é calculado pode ser ilustrada pelo exemplo simples a seguir. Uma empresa tem lucro de $ 6 milhões e está na alíquota de 40% de imposto de renda. A empresa tem 100 mil ações preferenciais emitidas, e cada ação paga um dividendo de $ 5. O índice lucro-número de dividendos preferenciais é

$$\frac{\$ 6.000.000 - \$ 2.400.000}{500.000} = 7,2$$

e o lucro por ação preferencial é

$$\frac{\$ 6.000.000 - \$ 2.400.000}{100.000} = \$ 36.$$

Ambos os índices, na realidade, mostram a mesma coisa. No primeiro, os dividendos preferenciais são cobertos por um múltiplo de 7,2:1. O segundo índice mostra um lucro por ação preferencial de $ 36, que é 7,2 vezes o dividendo de $ 5 pago por ação.

AS DESVANTAGENS DAS AÇÕES PREFERENCIAIS DA PERSPECTIVA DE UM INVESTIDOR

Apesar de a maioria das ações preferenciais oferecerem a vantagem de um fluxo de lucro fixo, essa vantagem pode ser mais que compensada por várias desvantagens. Como qualquer título de renda fixa, a ação preferencial não oferece nenhuma proteção para a inflação. Se a taxa de inflação aumenta, o poder de compra real do dividendo é diminuído. Além disso, a inflação mais alta provavelmente conduzirá a taxas de juros mais altas, o que reduzirá o valor de mercado de todos os títulos de renda fixa, incluindo ações preferenciais. Assim, taxas de inflação mais altas tornam as ações preferenciais duplamente desvantajosas, já que o poder de compra do dividendo e o valor de mercado da ação vão ambos diminuir. (Essa desvantagem, naturalmente, aplica-se a todos os títulos de renda fixa e de longo prazo.)

Ações preferenciais podem ser menos negociáveis que outros títulos. A possibilidade de determinada ação preferencial ser negociada depende do tamanho da emissão. Se a ação preferencial é comprada por companhias de seguros e planos de pensão, o mercado para as ações restantes pode ser pequeno, assim, o *spread* entre os preços de compra e venda pode ser substancial. Enquanto isso, pode não ser uma desvantagem se você pretende manter o título indefinidamente; isso reduzirá a atratividade da ação preferencial.

Os impactos da inflação e da negociabilidade reduzida não são as únicas desvantagens associadas com as ações preferenciais. Outras desvantagens foram citadas no capítulo, mas não foram explicitamente mencionadas como desvantagens. A primeira destas é a posição inferior das ações preferenciais em relação às obrigações de dívidas. O investidor deve compreender que a ação preferencial é perceptivelmente mais arriscada que títulos. Por exemplo, a Zapata Corporation omitiu dividendos em suas duas emissões de ações preferenciais, mas continuou a realizar os pagamentos dos juros dos seus títulos. Uma dessas ações preferenciais era não cumulativa, assim esses pagamentos de dividendos foram perdidos para sempre.

A segunda desvantagem que foi mencionada previamente é que os rendimentos oferecidos pelas ações preferenciais são provavelmente insuficientes para justificar o risco adicional. Os rendimentos das ações preferenciais não são necessariamente mais altos que aqueles disponíveis nos títulos devido à vantagem fiscal que as ações preferenciais oferecem aos investidores corporativos. Apenas 30% dos dividendos pagos por uma corporação e recebidos por uma segunda corporação estão sujeitos ao imposto de renda das corporações. Essa vantagem fiscal aumenta artificialmente o preço das ações preferenciais e reduz o rendimento, uma vez que, se não pode tirar vantagem da brecha legal, você pode obter um rendimento inferior após ajustar para o risco adicional associado com investimento em um título que está subordinado aos títulos da empresa.

RESUMO

A ação preferencial legalmente é patrimônio líquido, mas suas características são mais semelhantes àquelas dos títulos do que de ações ordinárias. A ação preferencial paga um dividendo fixo que pode acumular se não for pago. Algumas ações preferenciais são perpétuas e, nesse caso, a empresa nunca tem de resgatá-las. Outras emissões, no entanto, têm reembolso obrigatório do principal em uma data específica. A ação preferencial pode também ter fundos de amortização obrigatórios que sejam resgatáveis.

Os dividendos pagos aos acionistas preferenciais são distribuições de lucros. Diferente dos pagamentos de juros aos portadores de títulos, dividendos de ações preferenciais não são despesas dedutíveis. A falta de dedutibilidade reduz a atratividade das ações preferenciais para os emitentes.

Uma vez que as ações preferenciais pagam um dividendo fixo, sua avaliação é a mesma de um título. O dividendo fixo é descontado de volta ao presente a uma taxa apropriada. Se aplicável, o reembolso do valor principal é também descontado de volta ao presente. Taxas de juros mais altas fazem que o preço das ações preferenciais caia, mas taxas de juros mais baixas fazem os preços subirem. A análise da ação preferencial é baseada na capacidade da empresa de cobrir (isto é, pagar) o dividendo. Valores numéricos mais altos para os índices lucro-número de dividendos preferenciais e lucro por ação preferencial sugerem que a empresa será capaz de fazer os pagamentos dos dividendos.

REVISÃO DOS OBJETIVOS

Agora que completou este capítulo, você deve ser capaz de:
1. Listar as características da ação preferencial (páginas 239-240).
2. Comparar ações preferenciais e títulos (páginas 240-241).
3. Calcular lucro por ação, lucro por ação preferencial e lucro-número de dividendos preferenciais (páginas 241-242).
4. Determinar o valor de uma ação preferencial (páginas 241-242).
5. Isolar a relação entre mudanças de juros e o preço de uma ação preferencial (página 244).

PROBLEMAS

1. A Big Oil Inc. possui uma ação preferencial que paga um dividendo anual de $ 9. Se a taxa de retorno requerida pelos investidores for 13%, qual será o valor de mercado das ações? Se o retorno requerido diminuir para 11%, qual será a mudança no preço da ação?

2. Quais devem ser os preços das seguintes ações preferenciais se títulos comparáveis rendem 7%? Por que as avaliações são diferentes?
   a) MN Inc., preferenciais $ 8 ($ 100 ao par)
   b) CH Inc., preferenciais $ 8 ($ 100 ao par) com resgate obrigatório após vinte anos.

3. Repita o problema anterior, mas assuma que os rendimentos comparáveis sejam 10%.

4. Você está considerando comprar ações preferenciais de uma empresa, porém está preocupado com sua capacidade de pagar os dividendos. Para ajudar a acalmar a situação, você calcula o índice lucro-número de dividendos preferenciais para os últimos três anos a partir dos seguintes dados dos relatórios financeiros das empresas.

Ano	X1	X2	X3
Lucro operacional	$ 12.000.000	$ 15.000.000	$ 17.000.000
Juro	3.000.000	5.900.000	11.000.000
Imposto de renda	4.000.000	5.400.000	4.000.000
Dividendos preferenciais	1.000.000	1.000.000	1.500.000
Dividendos ordinários	3.000.000	2.000.000	—

O que sua análise indica sobre a capacidade da empresa de pagar dividendos preferenciais?

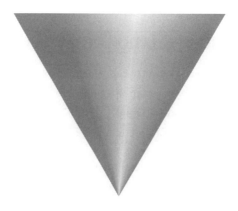

TÍTULOS CONVERSÍVEIS

Os capítulos anteriores estudaram as características de títulos, ações preferenciais e sua avaliação. Este capítulo adiciona outra variante – títulos e ações preferenciais que podem ser convertidos em ações ordinárias. Dessa forma, o valor de um título conversível é relacionado ao seu valor como dívida e seu valor como ação ordinária. Isso pode tanto ser uma vantagem como uma desvantagem. Se a taxa de juros diminui, o valor de um título conversível (ou ação preferencial) deve aumentar. No entanto, quando as taxas de juros aumentam e o preço das ações diminui, um título conversível é duplamente prejudicado. O valor do título, tanto como ação quanto como dívida, diminui; assim o preço do título conversível e a ação preferencial conversível tem de diminuir.

Este é outro capítulo relativamente curto dedicado somente aos (títulos) conversíveis. A ênfase está nos títulos conversíveis, mas as características das ações preferenciais conversíveis são essencialmente as mesmas. O capítulo inicia explicando as características da conversão, seguido pelo valor de um título conversível como ação e como dívida e o prêmio que você paga por um (título) conversível. Este capítulo termina com uma discussão do retorno que você precisa ganhar no investimento em um (título) conversível.

CARACTERÍSTICAS DOS TÍTULOS CONVERSÍVEIS

Títulos conversíveis são debêntures, ou seja, instrumentos de dívida que podem ser convertidos por *opção do possuidor* em ação da empresa emissora. Desde que a empresa tenha garantido ao possuidor o direito de converter os títulos, estes são, na maioria das vezes, subordinados às demais dívidas da empresa. Eles também tendem a oferecer uma taxa de juros (taxa de cupom) inferior àquela que está disponível na dívida não conversível. Portanto, a característica de conversibilidade significa que a empresa pode emitir títulos de qualidade inferior a um custo de juros mais baixo. Os investidores estão dispostos a aceitar essa qualidade e renda reduzidas porque o valor de mercado aumentará se o preço da ação subir. Esses investidores estão, assim, trocando qualidade e juros por possíveis ganhos de capital.

> **Títulos conversíveis**
> Títulos que podem ser convertidos (trocados) por ações de acordo com opção do proprietário do título.

Considerando que os títulos conversíveis são instrumentos de dívidas de longo prazo, eles têm características que são comuns a todos os títulos. Normalmente, são emitidos em denominações de $ 1.000, pagam juros semestrais e têm data fixa de vencimento. Porém, se você converte o título em ação, a data de vencimento é irrelevante, pois os títulos são retirados quando convertidos. Títulos conversíveis freqüentemente têm uma exigência de fundo de amortização, o qual, como a data de vencimento, é sem sentido, uma vez que os títulos sejam convertidos.

Os títulos conversíveis são *sempre chamados*. A empresa usa a chamada para forçar você a converter os títulos. Uma vez que um título é chamado, você precisa convertê-lo, ou qualquer valorização no preço que tenha resultado de um aumento no valor da ação será perdida. Tal conversão forçada é extremamente importante para a empresa emitente, porque não mais terá de quitar a dívida.

Títulos conversíveis são atraentes para alguns investidores porque oferecem as características de segurança da dívida. A empresa tem de satisfazer as condições da escritura, e os títulos necessitam ser resgatados se não forem convertidos. Os fluxos de receita dos juros normalmente excedem os rendimentos de dividendos que podem ser ganhos com as ações da companhia. Além disso, uma vez que os títulos podem ser convertidos em ações, você compartilhará do crescimento da empresa. Se o preço da ação aumenta em resposta ao crescimento da empresa, o valor do título conversível também deve aumentar. É essa combinação da segurança da dívida e a possibilidade de ganho de capital que torna os títulos conversíveis um investimento atraente, principalmente ao investidor que deseja lucro e algum ganho de capital.

Como todos os investimentos, os títulos conversíveis sujeitam você ao risco. Se a empresa falir, você perderá os fundos investidos na dívida. Isso é particularmente verdadeiro em relação aos títulos conversíveis, pois normalmente são subordinados às demais dívidas da empresa. Assim, os títulos conversíveis são menos seguros que a dívida principal ou dívidas garantidas por garantias adicionais. No caso de uma inadimplência ou falência, proprietários de títulos conversíveis poderão, na melhor das hipóteses, realizar apenas uma parte do valor principal investido. No entanto, sua posição ainda é melhor que a dos acionistas.

Inadimplência não é a única fonte potencial de risco para os investidores. Os títulos conversíveis são negociados ativamente, e seus preços podem – e realmente o fazem – flutuar. Como será explicado na próxima seção, seu preço é derivado parcialmente do valor da ação na qual será convertido. Flutuações no valor da ação produzem flutuações nos preços do título. Essas variações de preços são, *além da* movimentação de preços, causadas pela mudança nas taxas de juros. Assim, durante períodos de juros mais altos e preços de ações baixos, os preços dos títulos são duplamente prejudicados. Seus cupons de juros baixos levam seus preços a baixar mais que aqueles das dívidas não conversíveis. Dessa maneira, além da diminuição do valor da ação na qual poderão ser convertidos, resulta em reduções de preços consideráveis nos títulos conversíveis.

AVALIAÇÃO DOS TÍTULOS CONVERSÍVEIS

O valor de um título conversível é derivado de (1) o valor da ação na qual poderá ser convertido e (2) o valor do título como um instrumento de dívida. Apesar de cada um desses fatores afetar o preço de mercado do título, a importância de cada elemento varia com as condições instáveis nos mercados de títulos. Em última análise, a avaliação de um título conversível é difícil, porque é um título híbrido que combina dívida e patrimônio líquido.

Esta seção tem três subdivisões. A primeira considera o valor do título somente como ação. A segunda cobre o valor do título apenas como um instrumento de dívida, e a última seção combina esses dois valores para mostrar a natureza híbrida dos títulos conversíveis. Para diferenciar o valor do título como uma ação de seu valor como uma dívida, são adicionados subscritos ao símbolo usado. S[1] representa ação e D representará dívida.

O Título Conversível como Ação

O valor de um título conversível em termos da ação na qual poderá ser convertido (C_S) depende (1) do valor do principal do título ou valor de face – *Face Value* – (FV)[2] do título, (2) o preço de conversão por ação do título (P_c) e (3) o preço de mercado da ação ordinária (P_S).[3] O principal dividido pelo preço de conversão do título fornece o número de ações no qual o título poderá ser convertido. Por exemplo, se um título de $ 1.000 pode ser convertido a $ 20 por ação, poderá ser convertido em 50 ações ($ 1.000/$ 20). O número de ações multiplicado pelo preço de mercado de uma ação resulta no valor do título em termos de ações. Se o título é conversível em 50 ações e a ação é vendida a $ 15 por ação, o título tem valor $ 750 em termos de ações.

Esse valor de conversão do título em ações é expresso pela Equação 15.1:

$$C_S = \frac{FV}{P_e} \times P_S \qquad \qquad 15.1$$

e é mostrado na Tabela 15.1. Nesse exemplo, um título de $ 1.000 é convertido em 50 ações (um preço de conversão de $ 20 por ação). A primeira coluna inclui vários preços da ação. A segunda coluna apresenta o número de ações nas quais o título é conversível (nesse caso, 50 ações). A terceira coluna contém o valor do título em termos de ação (o produto dos valores nas duas primeiras colunas). Assim, se o preço da ação for $ 15, o valor de conversão do título será $ 1.000/$ 20 × $ 15 = $ 750. Como pode ser visto na tabela, o valor do título em termos de ação aumenta à medida que o preço da ação aumenta.

TABELA 15.1
Relação entre o preço de uma ação e o valor de um título conversível.

Preço da ação	Número de ações nos quais o título é conversível	Valor do título em termos de ações
$ 0	50	$ 0
5	50	250
10	50	500
15	50	750
20	50	1.000
25	50	1.250
30	50	1.500

---

[1] No original inglês é usada a letra S de *stock*.

[2] Não confundir com valor futuro – *Future Value* (*FV*). (NRT)

[3] P_S: abreviação de preço da ação (*Stock Price*). (NRT)

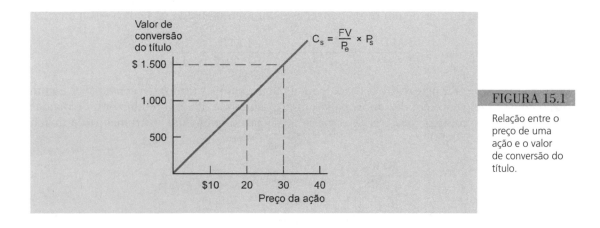

FIGURA 15.1

Relação entre o preço de uma ação e o valor de conversão do título.

Essa relação entre o preço da ação e o valor de conversão do título é ilustrada na Figura 15.1. O preço da ação (P_S) é fornecido no eixo horizontal, e o valor de conversão do título (C_S) é mostrado no eixo vertical. À medida que o preço da ação aumenta, o valor de conversão do título aumenta. Isso pode ser visto no gráfico pela linha C_S, que representa o valor do título em termos de ação. A linha C_S é uma linha reta que passa pela origem. Se ação não tem valor, o valor do título em termos de ação é também nulo. Se o preço de conversão do título e o preço de mercado da ação são iguais (isto é, $P_S = P_e$, que, no caso, é $20), o valor do título como ação é igual ao valor principal. À medida que o valor do título sobe acima do preço de realização do título, o valor do título em termos de ações aumenta a um valor superior ao valor principal da dívida.

O valor de mercado de um título conversível não pode ser inferior ao valor do título convertido em ações. Se o preço do título fosse inferior ao seu valor como ação, existiria uma oportunidade de lucro. Você compraria o título conversível, exerceria a capacidade de convertibilidade e, ao mesmo tempo, venderia as ações adquiridas por meio da conversão. Você realizaria então um lucro igual à diferença entre o preço do título conversível e o valor de conversão do título. Por exemplo, se, no caso anterior, o título estivesse sendo vendido por $ 800, quando a ação era vendida por $ 20, o título valeria $ 1.000 em termos de ações ($ 20 × 50). Você compraria o título por $ 800, convertê-lo-ia, venderia as 50 ações por $ 1.000 e ganharia $ 200 de lucro (antes das comissões).

Enquanto você e outros investidores buscarem comprar os títulos, o preço destes aumentará. O aumento de preço continuaria até que não houvesse mais oportunidade para lucrar, o que ocorreria quando o preço do título fosse igual a ou maior que o valor do título como ação. Assim, o valor do título em termos de ação define seu preço mínimo. O preço de mercado de um título conversível será pelo menos igual ao seu valor de conversão.

O preço de mercado do título conversível, no entanto, raramente é igual ao seu valor de conversão. O título normalmente é vendido com um prêmio sobre seu valor de conversão, porque o título conversível pode também ter valor como um instrumento de dívida. Como um título genuíno (não conversível), compete com outras dívidas não conversíveis. Como a característica de conversão, esse elemento de dívida pode afetar o preço do título. Seu impacto é importante, por ter o efeito de colocar um preço mínimo no título conversível, dando aos investidores em títulos conversíveis um elemento de segurança que falta nas ações.

O Título Conversível como Dívida

O valor de um título conversível como dívida (C_D) está relacionado (1) à taxa de juro anual ou à taxa de cupom que o título paga (PMT), (2) à taxa de juro corrente paga sobre dívidas não conversíveis comparáveis (i), e (3) à exigência de que o principal ou valor de face (FV) seja resgatado no vencimento (após n anos), se o título não for convertido. Em termo de cálculos de valor presente, o valor de um título conversível como uma dívida não conversível é:

$$C_D = \frac{PMT}{(1+i)^1} + \frac{PMT}{(1+i)^2} + \cdots + \frac{PMT}{(1+i)^n} + \frac{FV}{(1+i)^n}.$$

Certamente, esta é a Equação 13.1, usada para avaliar qualquer título não conversível. Se um título conversível vence em dez anos, paga um juro anual de 5% e o rendimento de dívidas não conversíveis comparáveis é 8%, o valor desse título como um instrumento de dívida convencional é $ 798,50:

$$\begin{aligned}C_D &= \frac{\$\,50}{(1+0{,}08)^1} + \frac{\$\,50}{(1+0{,}08)^2} + \cdots + \frac{\$\,50}{(1+0{,}08)^9}\\ &= \frac{\$\,50}{(1+0{,}08)^{10}} + \frac{\$\,50}{(1+0{,}08)^{10}}\\ &= \$\,50(PVAIF8I, 10N) + \$\,1.000(PVIF8I, 10N)\\ &= \$\,50(6{,}710) + \$\,1.000(0{,}463) = \$\,798{,}50.\end{aligned}$$

A relação entre o preço da ação ordinária e o valor desse título como dívida não conversível está ilustrada na Figura 15.2. Essa figura consiste em uma linha horizontal (C_D), que mostra qual deveria ser o preço ($ 798,50) do título se não fosse conversível em ações; nesse caso, o preço é independente do valor da ação. O valor principal do título é também mostrado na Figura 15.2 pela linha tracejada FV, que está acima da linha C_D. O valor principal excede o valor do título como uma dívida pura porque esse título tem de ser vendido com desconto para ser competitivo com um título não conversível.

Solução com Calculadora

Tecla de função	Entrada de dados
FV =	1.000
PMT =	50
I =	8
N =	10
PV =	?
Tecla de função	Resposta
PV =	-798,70

O valor do título conversível como uma dívida varia com as taxas de juros do mercado. Uma vez que o juro pago pelo título é fixo, o valor do título como uma dívida varia inversamente em relação às taxas de juros. Um aumento na taxa de juros faz esse valor diminuir; uma redução nas taxas de juros faz o valor aumentar.

A relação entre o valor do título conversível anterior como dívida e várias taxas de juros é mostrada na Tabela 15.2. A primeira coluna contém várias taxas de juros; a segunda coluna apresenta a taxa de juro nominal (cupom); e a última coluna fornece o valor do título como uma dívida não conversível (como determinado usando uma calculadora financeira). A relação inversa é facilmente evidente, pois à medida que a taxa de juros aumenta de 3% para 12%, o valor do título diminui de $ 1.170 para $ 604,48.

O valor do título como uma dívida não conversível é importante porque define outro valor mínimo que o título vai impor ao mercado. A esse preço, o título conversível é

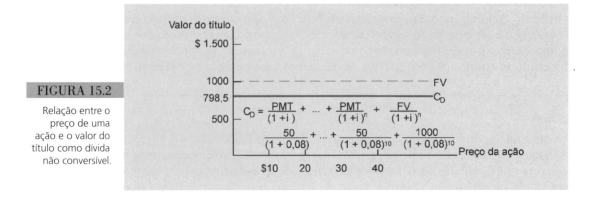

FIGURA 15.2

Relação entre o preço de uma ação e o valor do título como dívida não conversível.

Taxa de juro	Taxa do cupom	Valor de um título de dez anos
3%	5%	$ 1.170,60
4	5	1.081,11
5	5	1.000,00
6	5	926,40
7	5	859,53
8	5	798,70
10	5	692,77
12	5	604,48

TABELA 15.2

Relação entre taxas de juros e o valor do título.

competitivo com as dívidas não conversíveis do mesmo vencimento e grau de risco. Se o título fosse vendido abaixo desse preço, ofereceria um rendimento que é maior que o da dívida não conversível. Os investidores comprariam o título conversível para atingir esse rendimento mais alto e ofereceriam preços mais altos para o título até que seu rendimento fosse comparável ao da dívida não conversível. Assim, o valor do título como uma dívida não conversível torna-se o piso de preço do título não conversível. Mesmo se o valor da ação na qual o título será convertido diminuísse, esse piso interromperia a queda no preço do título conversível.

O preço mínimo corrente de um título conversível combina seu valor como ação e seu valor como dívida. Isso é ilustrado na Figura 15.3, que combina as figuras anteriores para o valor do título em termos de ação e o valor do título como dívida não conversível. O preço do título é sempre igual ou maior que a mais alta das duas valorizações. Se o preço do título conversível estiver abaixo de seu valor como ação ordinária, os investidores ofereceram preços mais altos. Se o título for vendido por um preço inferior ao seu valor como dívida, os investidores em instrumentos de dívida ofereceriam um preço mais alto.

Enquanto o preço mínimo do título conversível é tanto seu valor em termos de ação como seu valor como dívida não conversível, a importância desses determinantes varia (preço da ação menos P_{S1} na Figura 15.3); o preço mínimo é definido pelo valor do título como dívida. No entanto, para preços de ações maiores que P_{S1} é o valor do título como ação que determina o preço mínimo.

O Valor do Título como um Título Híbrido

O preço de mercado (P_m) do título conversível combina ambos, o valor de conversão do título e seu valor como dívida não conversível. Se o preço da ação cair abaixo do preço de conversão do título, o preço de mercado do título conversível seria influenciado basicamente pelo valor do título como uma dívida não conversível. Em realidade, o título seria avaliado como se fosse um instrumento de débito puro. À medida que o preço da ação aumenta, o valor de conversão do título cresce e desempenha um papel cada vez mais importante na determinação do preço de mercado do título conversível. A preços de ações suficientemente altos, o preço de mercado do título é idêntico ao seu valor de conversão.

Essas relações são ilustradas na Figura 15.4, que reproduz a Figura 15.3 e adiciona a ela o preço de mercado do título conversível (P_m). Para preços de ações ordinárias abaixo de P_{s1}, o preço de mercado é idêntico ao valor do título como dívida não conversível. Para preços de ações ordinárias acima de P_{s2}, o preço do título é idêntico ao seu valor como ação ordinária. Nesses preços extremos de ações, o título pode ser analisado como se fosse dívida pura ou ação. Para todos os preços entre esses dois extremos, o preço de mercado do título conversível é influenciado pelo valor do título como uma dívida não conversível e como ação.

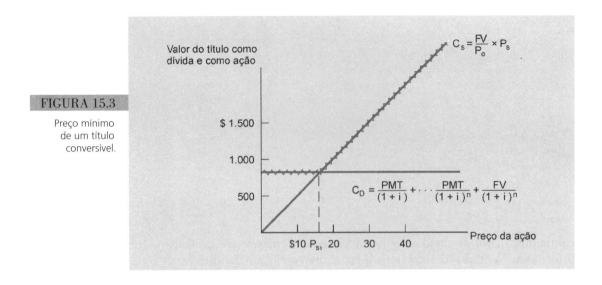

FIGURA 15.3

Preço mínimo de um título conversível.

PRÊMIOS PAGOS POR DÍVIDAS CONVERSÍVEIS

Uma forma de analisar um título conversível é medir o prêmio sobre o valor do título como dívida ou como ação. Por exemplo, se determinado título conversível está obtendo um prêmio mais alto que pago por títulos conversíveis semelhantes, talvez esse título devesse ser vendido. Ao contrário, se o prêmio é baixo, o título pode ser um bom investimento. Naturalmente, o prêmio mais baixo pode indicar fragilidade financeira e, nesse caso, o título não seria um bom investimento. Assim, um prêmio mais baixo não é razão suficiente para adquirir um título conversível, mas pode sugerir que o título seja considerado para compra após análise adicional.

Os prêmios pagos por um título conversível são mostrados na Figura 15.3, que reproduz a Figura 15.1 e acrescenta o valor do título como dívida não conversível (coluna 4) juntamente com preços de mercado hipotéticos para o título (coluna 5). O prêmio que um investidor paga por um título conversível pode ser visto de duas formas: o prêmio sobre o valor do título como ação ou o prêmio sobre o valor do título como dívida. A coluna 6 mostra o prêmio em termos de ação. Esta é a diferença entre o preço de mercado do título e seu valor como ação (o valor na coluna 5 menos o valor na coluna 3). Esse prêmio diminui à medida que o preço da ação aumenta e desempenha papel mais importante na determinação do preço do título. A coluna

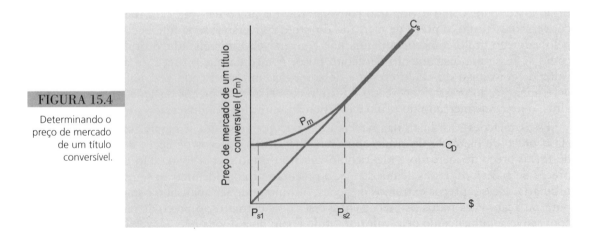

FIGURA 15.4

Determinando o preço de mercado de um título conversível.

7 contém o prêmio em termos de dívida não conversível. Esta é a diferença entre o preço de mercado do título e seu valor como dívida (o valor na coluna 5 menos o valor na coluna 4). Esse prêmio aumenta à medida que o preço da ação aumenta, porque o elemento dívida no título é menos importante.

A relação inversa entre os dois prêmios é também ilustrada na Figura 15.5. Os prêmios são mostrados pelas diferenças entre a linha representando o preço de mercado (P_m) e as linhas representando o valor do título em termos de ação (C_S) e o valor do título como uma dívida não conversível (C_D).

Quando o preço da ação é baixo e o título está sendo vendido perto de seu valor como dívida, o prêmio acima do valor do título como ação é substancial, mas o prêmio sobre o valor como dívida é pequeno. Por exemplo, em P_{s1} o preço da ação é $ 10, o valor do título em termos de ação é $ 500 (linha AB na Figura 15.5), e o prêmio é $ 298,50 (linha BC). No entanto, o título está sendo vendido por seu valor como dívida não conversível ($ 798,50), e não há prêmio sobre seu valor como dívida. Quando o preço da ação é $ 25 e o título está sendo vendido por $ 1.300, o prêmio em termos de ação é apenas $ 50 (linha EF). No entanto, o prêmio do título sobre seu valor como dívida não conversível é $ 501,50 (linha DF).

Como esses exemplos mostram, o prêmio pago pelo título sobre seu valor como ação diminui à medida que seu valor como ação diminui e o preço da ação aumenta. Essa redução no prêmio é o resultado do aumento da influência do valor da conversão no preço de mercado do título e a redução da influência do elemento dívida no preço do título.

À medida que o preço da ação aumenta, a característica de segurança da dívida diminui. Se o preço da ação ordinária parar de aumentar e começar a diminuir, então o preço do título conversível pode declinar consideravelmente antes de alcançar o preço mínimo definido pela dívida não conversível. Por exemplo, se o preço da ação diminuísse de $ 30 para $ 15 (uma redução de 50%), o preço do título conversível poderia cair de $ 1.500 para $ 798,50 (uma queda de 46,8%). Tal redução de preço indicaria que o piso de valor de $ 798,50 teve pouco impacto na redução do preço do título.

Além disso, à medida que o preço da ação (e, conseqüentemente, o preço do título conversível) aumenta, a probabilidade de que o título seja resgatado aumenta. Quando o título é resgatado, ele pode valer apenas seu valor como ação. O resgate força o possuidor a converter o título em ação. Por exemplo, quando o preço da ação é $ 30, o título vale $ 1.500 em termos de ação. Caso a empresa resgate o título e ofereça para resgatá-lo por seu valor nominal ($ 1.000), ninguém aceitaria a oferta. Em vez disso, os possuidores de títulos converteriam o título em $ 1.500 em ações. Se o investidor pagasse um prêmio sobre esse

Preço da ação	Ações nas quais o título pode ser convertido	Valor do título em termos de ação	Valor do título como dívida não conversível	Preço hipotético do título conversível	Prêmio em termos ação*	Prêmio em termos de dívida não conversível**
$ 0	50	$ 0	$ 798,50	$ 798,50	$ 798,50	$ 0,00
5	50	250	798,50	798,50	548,50	0,00
10	50	500	798,50	798,50	298,50	0,00
15	50	750	798,50	900,00	150,00	101,50
20	50	1.000	798,50	1.100,00	100,00	301,50
25	50	1.250	798,50	1.300,00	50,00	501,50
30	50	1.500	798,50	1.500,00	0,00	701,50

TABELA 15.3

Prêmio pago por dívida conversível.

* O prêmio em termos de ação é igual ao preço hipotético do título conversível menos o valor do título em termos de ação.

** O prêmio em termos de dívida não conversível é igual ao preço hipotético do título conversível menos o valor do título como uma dívida não conversível.

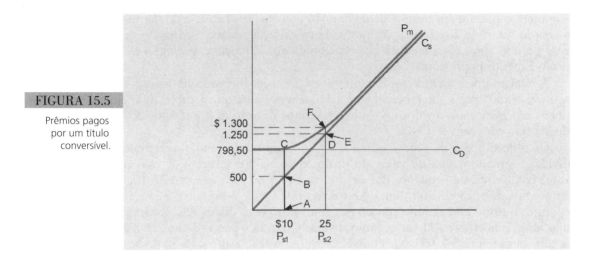

FIGURA 15.5

Prêmios pagos por um título conversível.

valor de conversão (como $ 1.600) e o título fosse resgatado, o investidor teria um prejuízo. Assim, a probabilidade de um resgate aumenta, a disposição de pagar um prêmio sobre o valor do título como ação diminui, e o preço do título conversível em última análise converge para seu valor como ação.

Esse declínio no prêmio também significa que o preço da ação aumentará mais rapidamente que o preço do título. Como pode ser visto na Tabela 15.3 e na Figura 15.5, o preço de mercado do título conversível aumenta e diminui com o preço da ação, porque o valor de conversão do título não aumenta tão rapidamente quanto o valor de conversão do título. Por exemplo, quando o preço da ação aumentou de $ 20 para $ 25 (um aumento de 25%), o preço do título conversível aumentou de $ 1.100 para $ 1.300 (um aumento de 18,2%). A razão para essa diferença na taxa de crescimento é a redução do prêmio pago pelo título conversível. Uma vez que o prêmio diminui à medida que o preço da ação aumenta, a taxa de aumento no preço da ação deve exceder a taxa de crescimento do preço do título. Em resumo, títulos conversíveis oferecem aos investidores a oportunidade de algum crescimento de capital com menos risco.

AÇÕES PREFERENCIAIS CONVERSÍVEIS

Além dos títulos conversíveis, as empresas podem usar **ações preferenciais conversíveis**. Como o nome indica, essa ação é conversível em ações ordinárias da corporação emitente. Apesar de a ação preferencial conversível ser semelhante à dívida conversível, existem diferenças importantes. As diferenças são basicamente as mesmas que existem entre ações preferenciais e dívidas não conversíveis. Ação preferencial é um instrumento de patrimônio líquido. Assim, a empresa pode deixar de pagar o dividendo. Além disso, a ação preferencial pode ser um título perpétuo e não ter de ser resgatado. No entanto, as ações preferenciais conversíveis são sempre resgatáveis, assim a empresa pode forçar os investidores a converter as ações preferenciais em ações ordinárias.

Ação preferencial conversível
Ação preferencial que pode ser convertida em ação ordinária por opção do possuidor.

O valor da ação preferencial conversível (como os títulos conversíveis) é derivado do preço da ação na qual poderá ser convertida e o valor da ação não conversível comparável. Como os títulos conversíveis, esses valores definem pisos nos preços da ação preferencial conversível. Não pode ser vendida por qualquer período abaixo de seu valor como ação. Se pudesse, os investidores comprariam a ação preferencial, o que aumentaria seu preço. Assim, o valor mínimo da ação preferencial conversível (como o valor mínimo do título conversível) tem de ser igual ao valor de conversão da ação (P_e). Sob a forma de equação, isso é:

$$P_e = P_S \times N \qquad 15.2$$

no qual P_s é o preço de mercado da ação na qual a ação preferencial conversível poderá ser convertida, e N é a quantidade de ações que um investidor obtém através da conversão. A Equação 15.2 é semelhante à Equação 15.1, que deu o valor do título conversível como ação.

O valor da ação preferencial conversível como ação preferencial não conversível (P) está relacionado ao dividendo que paga (D) e ao fator de desconto apropriado (k), que é o rendimento ganho na ação preferencial não conversível concorrente. No formato de equação, seria:

$$P = \frac{D}{k}, \qquad 15.3$$

que é a mesma do valor do título conversível como uma dívida, se a ação preferencial não tiver data de vencimento. Esse valor define um piso no preço da ação preferencial conversível, porque a esse preço ela é competitiva com as ações preferenciais não conversíveis.

Como os títulos conversíveis, a ação preferencial conversível é um título híbrido cujo valor combina seu preço tanto como ação quanto ação preferencial não conversível. A ação preferencial conversível tende a ser vendida com prêmio tanto sobre seu valor como ação quanto seu valor como ação preferencial pura. As Figuras 15.4 e 15.5, que ilustram o valor de títulos conversíveis em vários preços das ações nas quais poderão ser convertidos, também são aplicáveis à ação preferencial conversível. A diferença básica é o prêmio que a ação preferencial impõe sobre o valor como ação ordinária. Esse prêmio tende a ser menor. Esse prêmio reduzido ocorre porque a ação preferencial não tem a segurança associada com a dívida. Assim, seu preço normalmente impõe um prêmio menor sobre seu valor como ação.

RESGATANDO CONVERSÍVEIS E RETORNOS DE INVESTIMENTO

Quando uma companhia emite um título conversível, a expectativa é que o título nunca será resgatado. A administração não planeja resgatar esse título; em vez disso, espera forçar a conversão. Uma vez convertido, o título deixa de existir.

Para forçar a conversão, o valor da ação tem de aumentar. O valor do aumento é impossível de determinar, mas você pode tirar algumas conclusões criteriosas. Primeiro, se o título de $1.000 for conversível em 50 ações ($20 por ação), o preço da ação deve exceder $20. Ninguém vai converter o título em ações, se o valor da conversão for inferior ao valor de face de $1.000. Se o título fosse resgatado, eles receberiam os $1.000 e não converteriam. Segundo, o preço da ação tem de aumentar o bastante para também cobrir qualquer penalidade de resgate. Você não fará a conversão a menos que o valor da ação exceda o valor principal mais a penalidade de resgate. Se o título tem uma penalidade de resgate de $50, o preço da ação tem de aumentar para $21, a fim de cobrir tanto o principal de $1.000 como a penalidade ($21 × 50 ações = $1.050).

Mesmo que o preço da ação tenha aumentado o suficiente para cobrir o principal e a penalidade de resgate, a administração pode não resgatar o título imediatamente. Suponha que a ação esteja sendo vendida por $22, assim o valor de conversão será $1.100 ($22 × 50). A administração resgata o título e o preço da ação diminui imediatamente para $20. O que você fará? A resposta óbvia é que você não vai converter e aceitar o equivalente a $1.000 de ações, quando pode receber $1.050, o principal mais a penalidade. O preço da ação precisa aumentar o suficiente para permitir a possibilidade de que o preço da ação possa diminuir de forma que a conversão não ocorra. Você não pode saber antecipadamente quanto a ação precisa aumentar para evitar esse risco, mas é razoável admitir que, quando o preço da ação ultrapassa o preço de conversão, a probabilidade de o título ser resgatado aumenta. Certamente, se o preço da ação é inferior ao preço de conversão, não existe praticamente qualquer possibilidade de que a administração resgate o título.

O retorno que você pode, em última análise, receber em um (título) conversível depende do que acontece com a ação. Se a ação não chega a lugar algum, o retorno do conversível depende apenas do juro e do seu custo do título. Se você compra um título conversível de 5% por $ 1.000 e o mantém até o vencimento, ganha um retorno de 5%. Se você compra o título com um desconto ($ 895) ou prêmio ($ 1.076) e mantém o título até o vencimento, ganha o rendimento até o vencimento. Esse rendimento foi ilustrado no Capítulo 13. (Ver as aplicações da Equação 13.1 para ilustrar o cálculo do rendimento até o vencimento.)

Se tudo o que você ganha é apenas o rendimento até o vencimento, certamente ficará desapontado. Nesse caso, você estaria em melhor situação comprando um título não conversível que teria pago mais juro e gerado um retorno mais alto. Uma razão básica para comprar um título conversível é participar de qualquer aumento no preço da ação. Se esse aumento de preço não ocorre, uma fonte de seu retorno esperado não é alcançada.

Assim, o retorno que você ganha depende dos juros e qualquer valorização gerada por um aumento no preço da ação. Suponha que você fosse comprar o título por $ 1.000 e receber $ 50 anualmente em pagamentos de juros. O preço da ação aumenta para $ 30, portanto, o valor do título em termos de ação é $ 1.500 (50 ações × $ 30). Se o título é convertido ou se o vende por seu valor de conversão, você ganhará $ 50 por ano de juro mais o ganho de capital de $ 500. (O valor do ganho de capital seria maior se comprasse o título com desconto e menor se pagasse um prêmio.)

O cálculo real do retorno é coberto no próximo capítulo. Esse cálculo inclui o juro, o aumento de preço e quanto tempo você manteve o título. Esse cálculo é outra ilustração do valor do dinheiro no tempo e é importante porque se aplica tanto a investimentos em instalações e equipamentos como a ações e títulos. O retorno antecipado em um investimento em instalações e equipamento é necessário para a administração determinar se os ativos devem ser adquiridos. Esse processo de tomada de decisão será coberto no Capítulo 22 sobre orçamento de capital.

RESUMO

Um título conversível é um instrumento de dívida que pode ser convertido em ações por opção do possuidor. O valor do título depende do valor da ação na qual o título pode ser convertido e do valor do título como um instrumento de dívida. À medida que o preço da ação aumenta, o valor dos títulos conversíveis também aumenta. Uma vez que o preço aumenta com o preço da ação, o título oferece a você uma oportunidade de ganho de capital.

O título paga juro e seu valor como um instrumento de dívida define um piso para o preço dos títulos. Esse piso reduz seu risco de perda. Se o preço da ação diminui, o valor do título também diminuirá. Mas o preço da ação diminuirá mais rapidamente, porque o valor do título como uma dívida interromperá o declínio do preço do título.

A ação preferencial conversível é semelhante à dívida conversível, exceto que não tem a segurança subentendida de um instrumento de dívida. O preço de uma (ação) preferencial conversível é relacionado ao seu valor de conversão, ao fluxo do rendimento do dividendo e ao retorno que os investidores podem receber em uma ação preferencial não conversível.

O retorno que você ganha depende basicamente do valor da ação subjacente. Se o preço da ação não valoriza, você ganha um retorno como se o título fosse não conversível (ou seja, o rendimento até o vencimento). Se o preço da ação aumenta, o retorno é relacionado ao juro pago, ao valor do título em termos de ação, e por quanto tempo você manteve o título.

REVISÃO DOS OBJETIVOS

Tendo concluído este capítulo, você deverá ser capaz de
1. Enumerar as características dos títulos conversíveis (página 247).
2. Calcular o valor de um título conversível como ação (páginas 248-249).
3. Calcular o valor de um título conversível como dívida (páginas 249-251).
4. Descrever os prêmios pagos por um título conversível (páginas 252-254).
5. Explicar por que um título conversível é sempre resgatável e quando a empresa pode resgatar o título (páginas 255-256).
6. Determinar o que afeta o retorno sobre um investimento em um conversível (páginas 255-256).

PROBLEMAS

1. Dadas as informações a seguir relativas a um título conversível, responda às questões:
   - Principal: $ 1.000
   - Cupom: 5%
   - Vencimento: 15 anos
   - Preço de resgate: $ 1.050
   - Preços de conversão: $ 37 (ou seja: 27 ações)
   - Preço de mercado da ação ordinária: $ 32
   - Preço de mercado do título: $ 1.040
       a) Qual é o rendimento corrente do título?
       b) Qual é o valor do título baseado no preço de mercado da ação ordinária?
       c) Qual é o valor da ação ordinária baseado no preço de mercado do título?
       d) Qual é o prêmio em termos de ação que o investidor paga quando ele ou ela compra o título conversível em lugar da ação?
       e) Títulos não conversíveis são vendidos com um rendimento anual até o vencimento de 7%. Se esse título não tivesse a característica de conversão, qual deveria ser o preço aproximado do título?
       f) Qual é o prêmio em termos de dívida que o investidor paga quando ele ou ela compra o título conversível em lugar de um título não conversível?
       g) Qual é a probabilidade que uma corporação resgate esse título?
       h) Por que os investidores estão dispostos a pagar os prêmios mencionados nas questões *d* e *f*?

2. Dadas as informações a seguir relativas a um título conversível:
   - Cupom 6% ($ 50 por título de $ 1.000)
   - Preço de conversão: $ 25
   - Data de vencimento: 20 anos
   - Preço de resgate: $ 1.040
   - Preço da ação ordinária: $ 30
       a) Se esse título fosse não conversível, qual seria aproximadamente seu valor se a taxas de juros comparáveis fossem 9%?
       b) Em quantas ações o título pode ser convertido?
       c) Qual é o valor do título em termos de ações?
       d) Qual é o preço mínimo corrente que o título vai impor?
       e) Existe alguma razão para prever que a empresa resgatará o título?
       f) O que os investidores recebem se não converterem o título quando resgatado?
       g) Se os títulos fossem resgatados, seria vantajoso convertê-los?

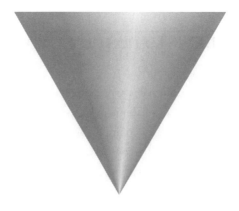

RETORNO DOS INVESTIMENTOS

Se você comprar ações e títulos, qual retorno pode esperar? Um meio de responder a essa pergunta é determinar os retornos históricos e admitir que, durante um longo período, retornos históricos projetam retornos futuros. Ou seja, se o retorno histórico sobre investimentos em ações ordinárias for 10%, então, no decorrer do tempo, investimentos em ações ordinárias continuarão a gerar retornos de 10%.

Essa suposição naturalmente não se manterá para períodos curtos. Os preços dos títulos flutuam diariamente. Houve períodos (1998-1999) em que os preços das ações aumentaram drasticamente, mas, certamente, também houve períodos (2000-2002) nos quais os preços das ações caíram. Se você comprou ações em meados dos anos de 1990 e vendeu no final de 1999, provavelmente saiu-se muito bem. Durante esse período, escolher uma ação cujo preço aumentasse posteriormente era como atirar em peixes em um barril. Era difícil errar.

Se, no entanto, você chegou atrasado à festa e começou a comprar ações em 2000, provavelmente chegou ao final de 2002 com uma ressaca! Em 2005, o índice Nasdaq do mercado de ações indicava que essas ações eram vendidas por menos da metade de seu preço máximo em 2000. A menos que tivesse vendido o índice Nasdaq a descoberto, você sofreu um prejuízo.

Este capítulo cobre dois tópicos: o cálculo dos retornos e os retornos históricos que essas classes de títulos obtiveram. Uma vez que os retornos históricos são agregados, é possível que investidores particulares tenham se saído melhor que as médias. Se alguns investidores saíram-se melhor, outros também foram mal. No entanto, é pouco provável que você tenha lido a respeito desses investidores nas publicações financeiras ou os assistiu sendo entrevistados na TV. Os vencedores são motivo de artigos e o dinheiro tende a segui-los. Os fundos fluem para os gerentes de carteira que se saem bem, e, desse modo, superar as médias· é obviamente importante da perspectiva deles. Mas existem milhares de gerentes de carteiras e a grande maioria receberá retornos que apenas refletem o mercado.

OS CÁLCULOS DOS RETORNOS

Para responder à pergunta sobre quais retornos foram ganhos, é necessário determinar como os retornos são calculados. O cálculo mais simples é o *holding period return* (HPR). Esse retorno é calculado pela divisão do ganho (ou perda) mais qualquer rendimento (dividendos ou juros) pelo preço de compra.

> **Holding period return (HPR)**
> Retorno total (renda mais aumento de preço durante um período específico) dividido pelo custo do investimento.

Ou seja:

$$HPR = \frac{P_1 + D - P_0}{P_0},\qquad\text{16.1}$$

em que P_1 é o preço de venda, D é o rendimento, e P_0 é o preço de compra. Se você comprou uma ação por $\$40$, recebeu $\$2$ de dividendos e vendeu a ação por $\$50$, o *holding period return* foi:

$$HPR = \frac{\$50 + \$2 - \$40}{\$40} = 30\%.$$

O *holding period return* tem um ponto fraco importante porque deixa de considerar o período consumido para obter-se o retorno. Esse problema é imediatamente visível se a informação do exemplo anterior tiver sido uma ação que custou $\$40$, pagou dividendos anuais de $\$1$ e foi vendida ao término do *segundo ano* por $\$50$. Dada essa informação, qual será o retorno? Enquanto o *holding period return* continua o mesmo, 30% é certamente mais alto que o retorno anual real. Se o período for maior que um ano, o *holding period return superavalia* o retorno anual real. (Ao contrário, para um período menor que um ano, o *holding period return* subavalia o verdadeiro retorno anual.)

Como o *holding period return* é fácil de ser calculado, ele é utilizado com freqüência, produzindo resultados enganosos. Considere o seguinte exemplo. Você compra uma ação por $\$10$ e a vende após dez anos por $\$20$. Qual será o *holding period return* desse investimento? Essa pergunta simples pode produzir diversas respostas enganosas. Você pode responder dizendo: "Dobrei meu dinheiro!", ou "Ganhei 100%!" Isso realmente soa impressionante, mas desconsidera completamente o *período* necessário para dobrar seu dinheiro. Você pode calcular a média aritmética e afirmar que ganhou 10% por ano (100% ÷ 10 anos). Esse número é menos impressionante que a afirmação de que o retorno será de 100%, mas também é enganoso porque deixa de levar em conta os juros compostos. Alguns dos retornos ganhos durante o primeiro ano, por seu lado, obtiveram um retorno em anos subseqüentes, o que não se levou em consideração quando você calculou a média dos retornos durante os dez anos.

A maneira correta de determinar um retorno anualizado que foi ganho é expressar a pergunta como a seguir: "A que taxa $\$10$ crescem até $\$20$ depois de dez anos?" Você deveria reconhecer isso como outro exemplo de valor do dinheiro no tempo. A equação usada para responder a essa pergunta é:

$$P_0(1+r)^n = P_n.$$

Solução com Calculadora

Tecla de função	Entrada de dados
PV =	-10
FV =	20
PMT =	0
N =	10
I =	?

Tecla de função	Resposta
I =	7,18

P_0 é o custo do título, r é a taxa de retorno por período, n é a quantidade de períodos (isto é, anos) e P_n é o preço ao qual o título é vendido. Quando os valores adequados são substituídos, a equação torna-se:

$$\$10(1+r)^{10} = \$20.$$

Resolvendo para *r* retornos:

$$\$10(1+r)^{10} = \$20,00$$
$$(1+r)^{10} = 2$$
$$r = \sqrt[10]{2} - 1 = 1,0718 - 1 = 7,18\%$$

o que significa que a taxa de retorno anual é 7,18%. A taxa de retorno correta do investimento (excluindo qualquer rendimento de dividendos) é consideravelmente menos impressionante que "Dobrei meu dinheiro!" ou "Ganhei 10% ao ano".

No exemplo anterior, você conheceu os valores inicial e final. Suponha que tenha calculado a porcentagem de retorno de cada ano e também a média. Essa abordagem é aceitável? Por exemplo, suponha que tenha comprado uma ação por $ 20 e seu preço subiu para $ 25. O retorno é 25% ($ 5/$ 20). O preço do ano seguinte declinou para $ 20, uma perda de 20% (–$ 5/$ 25). Você obviamente não ganhou nada ao longo do período e o retorno deveria indicar esse fato.

Se, no entanto, ao calcular a média dos retornos, o investimento gerou um retorno positivo:

$$\frac{25\% - 20\%}{2} = 2,5\%.$$

Devido à mágica dos números, você ganhou um retorno positivo de 2,5%, mesmo que o investimento não tenha produzido nem ganho nem perda. A menos que queira exagerar seu retorno, *não calcule média de mudanças percentuais positivas e negativas*.

O método correto de determinar o retorno anualizado é calcular uma média geométrica. No primeiro ano, a ação aumentou de $ 20 para $ 25 (ou $ 25 ÷ 20 = 1,25). No segundo ano, a ação declinou de $ 25 para $ 20 (ou $ 20 ÷ $ 25 = 0,80). A média geométrica é:

$$\sqrt[2]{(1,25)(0,80)} = 1,00,$$

assim, o retorno será 1,00 – 1,00 = 0,0%. (Observe que você subtrai 1 para obter a variação líquida. Vamos voltar ao exemplo anterior do retorno ganho pela ação de $ 10 que você vendeu após dez anos por $ 20. Você subtraiu 1,0 do 1,078 para determinar o retorno de 7,18%. Esse 1,0, que você subtraiu, representa o valor investido inicialmente.)

As médias geométricas são normalmente usadas para obter taxas de retorno por um período de anos. Suponha que os retornos anuais sejam os seguintes:

Ano	Retorno anualizado
1	25%
2	3
3	–18
4	–10
5	15

O retorno geométrico médio é

$$\sqrt[5]{(1,25)(1,03)(0,82)(0,90)(1,15)} - 1 = 0,0179 = 1,79\%.$$

Esse retorno anual é inferior ao retorno (médio) aritmético de 3% que seria obtido somando cada um dos retornos e dividindo por 5. Como no exemplo anterior, a média dos retornos anuais positivos e negativos (isto é, o cálculo de uma média aritmética) superestima o retorno real.

A inclusão do rendimento torna o cálculo do retorno mais difícil. Considere o exemplo que iniciou esta seção no qual você comprou uma ação por $ 40, recebeu $ 2 de dividendos por dois anos e então vendeu a ação por $ 50. Qual foi a taxa de retorno? O *holding period return* está superavaliado porque deixa de considerar o valor do dinheiro no tempo. Se você computar a taxa de crescimento e considerar apenas o custo original e o valor final, o retorno está subavaliado, pois os pagamentos de dividendo estão excluídos.

Esses problemas podem ser evitados calculando-se a **taxa interna de retorno** de um investimento, que é a taxa que iguala o valor presente de todos os fluxos de entrada com o custo presente do investimento. Um exemplo de taxa interna de retorno é o rendimento até o vencimento de um título no Capítulo 13. (Taxas internas de retorno também são aplicáveis a investimentos em instalações e equipamentos. Ver o Capítulo 22.) Uma vez que o rendimento até o vencimento iguala o valor presente do pagamento de juro e principal com o custo do título, esta é a taxa interna de retorno do investimento.

> **Taxa interna de retorno**
> Retorno percentual que iguala o valor presente dos fluxos de caixa de entrada de um investimento com seu custo.

A equação geral para a taxa interna de retorno (*r*) para uma ação é:

$$P_0 = \frac{D}{(1+r)} + \cdots + \frac{D_n}{(1+r)^n} + \frac{P_n}{(1+r)^n}. \qquad 16.2$$

D é o dividendo anual recebido durante *n* anos, e P_n é o preço recebido pela ação no *n*-ésimo ano. Se a taxa interna de retorno fosse computada para o exemplo anterior de uma ação de $ 40 de custo, que pagou um dividendo anual de $ 1 e foi vendida ao final do segundo ano por $ 50, a equação da solução seria:

$$\$ 40 = \frac{\$ 1}{(1+r)} + \frac{\$ 1}{(1+r)^2} + \frac{\$ 50}{(1+r)^2}.$$

Observe que existem três fluxos de entrada de caixa: o dividendo recebido a cada ano e o preço de venda. A taxa interna de retorno iguala *todos* os fluxos de entrada de caixa para o investidor com o custo do investimento. Esses fluxos de entrada de caixa incluem pagamentos periódicos e também o preço de venda. (O cálculo do retorno do período de retenção combina o dividendo mais o ganho de capital do investimento e os trata como ocorrendo ao final como um único fluxo de entrada de caixa.)

Como no retorno até o vencimento, não existe uma solução manual fácil para essa equação. Mesmo que você arrisque resolver por tentativa e erro usando uma tabela de juros, a resposta seria apenas uma aproximação. No entanto, uma calculadora financeira ou um programa como o Excel pode resolver o problema com precisão e rapidez. Quando os dados são registrados em uma calculadora financeira, a taxa interna de retorno sobre o investimento 14,17% é rapidamente determinada. Esses 14,17% são a verdadeira taxa anualizada de retorno sobre o investimento. (O uso de uma calculadora financeira facilita o cálculo da taxa interna de retorno, mas calculadoras têm pontos fracos. Nesse exemplo, os pagamentos anuais são iguais e são registrados na calculadora como uma anuidade. Se os pagamentos anuais fossem desiguais, cada um deles teria de ser registrado individualmente. Como as calculadoras limitam a quantidade de registros individuais, não podem ser usadas para determinar a taxa interna de retorno para problemas com um grande número de fluxos de entrada de caixa.)

	Solução com Calculadora
Tecla de função	Entrada de dados
PV =	-40
FV =	50
PMT =	1
N =	2
I =	?
Tecla de função	Resposta
I =	14,17

A taxa interna de retorno tem uma grande deficiência: admite que os fluxos de entrada de caixa sejam *investidos à taxa interna de retorno do investimento*. No exemplo anterior, isso quer dizer que $ 1 recebido no primeiro ano é reinvestido a 14,17%. Se o pagamento anualizado do dividendo for reinvestido a uma taxa inferior ou não for reinvestido (por exemplo, for um gasto), o retorno verdadeiro anualizado sobre o investimento será menor que a taxa determinada pela equação. Ao contrário, se ganhar mais de 14,17% quando $ 1 for reinvestido, o retorno verdadeiro do investimento será maior que a taxa interna de retorno determinada pela equação. No entanto, esse ponto fraco é pequeno quando comparado com a deficiência associada ao *holding period return*.

RETORNOS HISTÓRICOS DE INVESTIMENTOS

Foram conduzidos vários estudos por acadêmicos sobre os retornos ganhos pelos investimentos em ações ordinárias. (Empresas de corretagem, serviços de consultoria de investimentos e outras instituições financeiras também calcularam retornos, mas você deve ser cético a respeito dos resultados.) Um dos primeiros estudos revelou que as taxas anuais de retorno dos investimentos em todas as ações ordinárias listadas na Nyse[1] de 1926 a 1963 foram 9,5%.[2] Esses retornos foram ainda maiores durante os anos 1950 e início dos anos 1960, quando o país e o mercado de ações experimentaram prosperidade e um crescimento rápido. Durante esse período, as taxas anuais de retorno aproximaram-se de 15%.

Ibbotson e Sinquefield inicialmente estenderam os resultados dos estudos anteriores até 1981.[3] Seu estudo era mais abrangente que os anteriores, porque não considerava apenas ações, mas também títulos corporativos, títulos e notas do governo federal e a taxa de inflação. Desde 1981, os resultados são atualizados e esse trabalho é considerado o estudo mais definitivo das taxas de retorno em investimentos alternativos.[4] Um resumo dos resultados é apresentado na Tabela 16.1. Como pode ser visto na tabela, as taxas anuais de retorno para ações ordinárias, conforme medido pelo índice de ações ordinárias 500 da Standard & Poor's, foi 10,2%. Se apenas ações menores forem consideradas, a taxa anual de retorno sobe para 12,1%. Ibbotson Associates definem ações pequenas como o quinto menor da Bolsa de Valores de Nova York em valor de mercado (ou seja, preço multiplicado pelo número de ações em circulação).

A Tabela 16.1 também inclui as taxas de retorno anuais ganhas pelas dívidas de longo prazo das corporações, títulos do governo federal e notas do Tesouro. Além disso, a tabela contém o desvio-padrão de cada taxa de retorno, que indica o risco associado. Como deveria ser esperado, o risco é maior para ações pequenas. Enquanto seu retorno anual foi de 12,1%, o desvio-padrão foi de 33,2%, o que mostra que, em 68% dos anos, o retorno anual variou entre 45,3% e –21,1%. Este é um intervalo de retornos muito grande, quando comparado ao das notas do Tesouro, que teve um desvio-padrão de 3,2%. Naturalmente, se você limita a carteira a títulos mais arriscados e for forçado a vender as ações, poderia experimentar uma perda grande se a venda ocorresse durante um mercado em declínio como em 2000-2002. Ao contrário, durante alguns anos, as ações mais arriscadas produziram um retorno mais alto.

A Tabela 16.1 mostra a taxa anual de inflação. Observe que a taxa ganha pelas notas do Tesouro excedeu levemente a taxa de inflação. Isso sugere que o investidor que está preocupado em manter o poder de compra pode atingir esse objetivo (pelo menos antes de considerarmos o imposto de renda federal) adquirindo notas do Tesouro. A tabela também sugere que, no decorrer do tempo, o rendimento das ações tende a ser 6% a 7% acima da taxa das notas do Tesouro. Essa informação pode ser importante quando se tenta estabelecer o retorno necessário para justificar a compra de patrimônio. Por exemplo, um retorno corrente de 2,5% sobre as notas do Tesouro sugere que pode ser necessário um retorno de 9,5% para

---

[1] Nyse – New York Stock Exchange (Bolsa de Valores de Nova York). (NT)

[2] FISHER, Lawrence; LORIE, James H. Rates of return on investments in common stock: The year-by-year record, 1926-1965. *Journal of Business*, v. 40, p. 1-26, jul. 1968.

[3] IBBOTSON, Robert; SINQUEFIELD, Rex. *Stocks, bonds, bills and inflation*: The past and the future. Charlottesville, VA: Financial Analysis Research Foundation, 1982.

[4] As atualizações anuais são publicadas por Ibbotson Associates nos *Stocks, Bonds, Bills and Inflation (SBBI) Yearbook*. Informações relativas aos SBBI estão disponíveis em http://www.ibbotsonm com ou pelo site: http://www.mayo.swlearning.swlearning.com.

Título	Taxa de retorno anual	Desvio-padrão do retorno
Ações ordinárias de grandes empresas	10,2%	20,5%
Ações de pequenas empresas	12,1	33,2
Títulos corporativos de longo prazo	5,9	8,7
Títulos de longo prazo do governo	5,5	9,4
Notas do Tesouro	3,8	3,2
Taxa de inflação	3,0	4,4

TABELA 16.1

Taxas de retorno anuais, 1926-2002, estimadas por Ibbotson Associates.

Fonte: *Stocks, Bonds, and Inflation, 2003 Yearbook*. Chicago: Ibbotson Associates, 2003. (Dados do Anuário SBBI atualizados anualmente.)

justificar a compra de ações ordinárias de uma corporação (antes de ajustar o risco associado com a empresa específica).

A SUPOSIÇÃO DE REIVESTIMENTO

Antes de tirar conclusões precipitadas sobre quanto um investidor no mercado de ações ganhará, você deveria entender que estudos de retornos de investimentos são agregados. Sua carteira pode não refletir o retorno do mercado. Estudos de retornos históricos fazem uma suposição básica de que você poderá não ser capaz de satisfazer. Os estudos calculam taxas internas de retorno que supõem que os fluxos de saída de caixa sejam reinvestidos à taxa interna de retorno. Para a maioria das pessoas, essa suposição não se aplica. Enquanto obviamente não se aplica se você gastar os pagamentos, a suposição ainda não seria aplicável mesmo que o rendimento fosse reinvestido. Pelo fato de você precisar pagar imposto de renda sobre o dividendo e a renda de juro, os fundos disponíveis seriam reduzidos. Se todos os fundos fossem reinvestidos, você teria de pagar o imposto das outras fontes. Em qualquer caso, a comparabilidade dos retornos históricos com o retorno que você ganhou é reduzida. (Este é, naturalmente, o mesmo problema coberto no Capítulo 17. Naquela discussão, o retorno de um fundo mútuo é declarado antes do imposto de renda, enquanto a pessoa não tiver de pagar o imposto de renda sobre as distribuições, de forma que os retornos realizados sejam após o imposto de renda.)

Na melhor das hipóteses, os retornos históricos podem ser tomados como os pontos iniciais da valorização da ação. Podem ser usados no modelo de precificação de ativo imobilizado para ajudar a determinar o retorno exigido, o qual em retorno é usado como o fator de desconto no modelo de crescimento de dividendo. Assim, os retornos históricos são importantes para determinar se uma ação está sobre ou subavaliada.

RESUMO

O retorno que um investidor ganha depende do fluxo da renda (dividendos ou juros), do preço pago pelo título e do preço de venda. O *holding period return* é a porcentagem ganha sobre um investimento sem considerar por quanto tempo o investidor manteve o título. Levando-se em conta que o *holding period return* desconsidera o tempo, não inclui o impacto da composição. O *holding period return* normalmente superavalia o retorno verdadeiro, composto por um retorno para títulos mantidos por mais de um ano.

O verdadeiro retorno anualizado, que também é referido como a taxa interna de retorno, determina a taxa que iguala o valor presente dos fluxos de entrada de caixa de um investimento e seus fluxos de saída. Esse retorno inclui o custo inicial de um investimento, quaisquer dividendos ou juros recebidos, o preço de venda e o período. O cálculo produz a verdadeira taxa de retorno composta.

Estudos de retorno de investimentos em ações ordinárias revelaram que os investidores ganharam, durante um longo período, retornos superiores a 10%. Esse retorno anualizado varia com o período selecionado e varia de ano para ano. Os retornos anualizados foram mais altos para as pequenas ações, mas seus retornos são também mais variáveis. Títulos e notas do Tesouro geraram retornos inferiores aos das ações, porém seus retornos foram menos variáveis, indicando que esses investimentos eram de menor risco.

REVISÃO DOS OBJETIVOS

Tendo concluído este capítulo, você deverá ser capaz de

1. Comparar taxas de retorno (páginas 259-262).
2. Diferenciar o período de manutenção e a taxa anualizada de retorno (páginas 259-261).
3. Comparar retornos agregados sobre classes diferentes de ativos (páginas 262-263).
4. Diferenciar o retorno de um investidor e retornos históricos (páginas 262-263).

PROBLEMAS

1. Quais são o *holding period return* e o retorno composto anualizado se você compra uma ação por $ 30 e vende por $ 90 após dez anos?

2. Você vendeu uma ação por $ 50 que havia comprado cinco anos antes por $ 24. Qual foi o *holding period return*? Demonstre que esse retorno superavalia o retorno composto anualizado.

3. Uma ação custa $ 90 e paga um dividendo anual de $ 4. Se você espera vender a ação depois de cinco anos por $ 100, qual é o seu retorno antecipado no investimento?

4. Um título de $ 1.000 tem um cupom de 4% e é vendido atualmente por $ 900. O título vence depois de cinco anos. Qual é o rendimento antecipado do título? Compare esse retorno com a resposta do problema anterior.

5. Você comprou 100 ações em um fundo fiduciário imobiliário a $ 30 por ação. O fundo pagou os seguintes dividendos anuais:

Ano	Dividendo
1	$ 2,00
2	1,50
3	2,34
4	2,76

    Qual foi seu retorno anualizado sobre o investimento se você vendeu a ação por (a) $ 30 e (b) $ 50?

6. Você investiu $ 1.000 em ações de uma grande companhia e $ 1.000 em um título corporativo. Se ganhar o retorno fornecido na Tabela 16.1 e mantiver cada título por 20 anos, quais são os valores finais para cada investimento? Se continuar a manter todos os títulos e ganhar o mesmo retorno por 30 anos, quanto a ação vai gerar mais que o título durante todo o período? (Quando você investe para a aposentadoria, deve pensar a respeito da resposta desse problema.)

7. Admita que a taxa de inflação na Tabela 16.1 continua indefinidamente e que o custo de um automóvel é atualmente $ 25.000. Quanto custará esse veículo daqui a 25 anos?

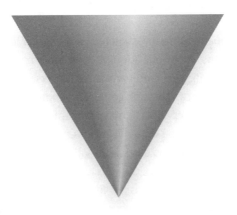

COMPANHIAS DE INVESTIMENTO

Você troca o óleo do seu carro ou alguém faz isso por você? E o cartucho da sua impressora? Cola o papel de parede e pinta a sua casa ou usa o serviço de um pintor? E quanto a uma janela quebrada ou um vaso sanitário entupido? Essas são apenas algumas de muitas perguntas possíveis com a mesma idéia básica: você mesmo faz ou recorre a um profissional? Todos nós fazemos algumas coisas por conta própria, mas muitas vezes utilizamos os serviços de terceiros. Talvez você use um desentupidor para desobstruir o vaso sanitário, mas, para problemas mais sérios, chame o encanador. As razões são óbvias e podem incluir a falta das habilidades necessárias, de ferramentas ou de tempo para executar a tarefa.

O mesmo se aplica à sua carteira de investimentos: você seleciona ações específicas ou deixa que alguém tome essas decisões? Muitas pessoas preferem não administrar os próprios investimentos, delegando essa autoridade a um administrador de carteiras. As razões são óbvias e podem incluir a falta das habilidades necessárias, de ferramentas ou de tempo para executar a tarefa.

Os fundos mútuos não existiriam se todos administrassem as próprias carteiras de investimentos. Em certos casos, você não pode selecionar ações e títulos específicos mesmo que queira fazê-lo. Os planos de aposentadoria de assalariados freqüentemente oferecem opções de investimento, mas não permitem selecionar ativos específicos. Talvez suas opções incluam um fundo de renda fixa de médio prazo, um fundo de títulos de longo prazo, um fundo mútuo de crescimento, um fundo global e um fundo imobiliário. Mas você não pode selecionar os ativos específicos controlados por alternativa. Em vez disso, os administradores de carteiras do fundo investem suas contribuições, e são esses administradores de carteiras que selecionam os ativos individuais que compõem o fundo.

Este capítulo discute as companhias de investimento, em especial os fundos mútuos. Mesmo que administre os próprios investimentos, você pode adquirir ações em uma companhia de investimento para satisfazer a uma necessidade específica da carteira, como a diversificação por meio de investimentos externos. Este capítulo descreve os mecanismos de compra e venda de ações, sua tributação e os custos e possíveis benefícios associados às companhias de investimento. O capítulo inclui uma discussão dos fatores a serem considerados na escolha de uma das milhares companhias de investimento disponíveis. Esses fatores incluem sua alocação de ativos entre alternativas de investimento, as taxas associadas a cada fundo e o desempenho anterior do fundo. O capítulo termina com uma descrição das companhias de investimento especializadas, como os fundos de índice e os fundos negociados em bolsa. Esses fundos oferecem uma alternativa que talvez deva ser considerada mesmo que você administre a própria carteira e selecione ações e títulos específicos.

COMPANHIAS DE INVESTIMENTO: ORIGENS E TERMINOLOGIA

As companhias de investimento não são um desenvolvimento recente; elas foram estabelecidas na Grã-Bretanha na década de 1860. Inicialmente, essas companhias de investimento eram conhecidas como *fundos*, pois os títulos eram mantidos em um fundo para os acionistas da empresa. Essas companhias vendiam uma quantidade específica de ações e usavam os lucros para adquirir ações de outras empresas. Hoje em dia, companhias desse tipo são conhecidas como **companhias de investimento fechadas**, pois o número de cotas é fixo (ou seja, fechado).

Companhia de investimento fechada
Companhia de investimento com um número fixo de ações em circulação que são compradas e vendidas através de mercados secundários.

Os primeiros fundos ofereciam um número específico de cotas. Atualmente, porém, o tipo mais comum de companhia de investimento não faz isso. Em vez disso, o número de ações varia conforme os investidores compram mais ações ou as revendem. Essas **companhias de investimento abertas** geralmente são chamadas **fundos mútuos**. Esses fundos surgiram em 1924, quando o Massachusetts Investor Trust ofereceu novas ações e resgatou (comprou) ações existentes por exigência dos acionistas.

Companhia de investimento aberta
Fundo mútuo que emite novas ações e compromete-se a resgatá-las por solicitação do acionista.

Fundo mútuo
Companhia de investimento aberta que emite e resgata suas ações de acordo com a demanda.

O fundamento lógico das companhias de investimento é simples e atraente. As companhias recebem os fundos de muitos investidores e os usam conjuntamente para comprar títulos. Os investidores individuais recebem (1) a vantagem da administração profissional do seu dinheiro, (2) os benefícios da participação em uma carteira diversificada, (3) a possível economia em comissões, visto que a companhia de investimento compra e vende em grandes blocos, e (4) serviços de custódia, como a guarda de certificados e o recebimento e desembolso de fundos.

As vantagens oferecidas pelos fundos e o aumento generalizado do preço dos títulos ajudam a explicar por que tanto o número de fundos mútuos como o valor de suas ações vêm crescendo desde a década de 1940. Essa tendência acentuou-se consideravelmente nos anos 1990. De 1990 a 1999, os ativos dos fundos mútuos cresceram de $570,8 bilhões para $5.233,2 bilhões.

Infelizmente, os preços das ações caíram subseqüentemente e os ativos dos fundos mútuos também haviam diminuído para $4.109,6 bilhões no final de 2002. Em 2003 e 2004, a alta de preços das ações e as contribuições adicionais dos investidores aumentaram os ativos dos fundos mútuos para $6.193,8 bilhões, segundo o Investment Company Institute.

As companhias de investimento recebem um tratamento fiscal especial. Suas rendas de dividendos e juros e ganhos de capital realizados são isentos de tributação no nível de pessoa jurídica. Em vez disso, esses lucros são tributados no imposto de renda de seus acionistas.

Por essa razão, a renda auferida pelas companhias de investimento e os ganhos de capital realizados são distribuídos. As companhias de investimento, porém, oferecem aos seus acionistas a opção de reinvestir essas distribuições por meio do fundo. Embora não eliminem as responsabilidades fiscais dos acionistas, esses reinvestimentos são uma maneira conveniente de acumular ações. As vantagens oferecidas pelos planos de reinvestimento de dividendos de companhias específicas (discutidas no Capítulo 10) também se aplicam aos planos de reinvestimento de dividendos oferecidos pelas companhias de investimento. Indubitavelmente, a vantagem mais importante é o elemento de poupança forçada. Como você não recebe o dinheiro, não há qualquer tentação de gastá-lo. Em vez disso, os fundos são recanalizados imediatamente para ativos geradores de renda adicionais.

Um termo encontrado freqüentemente em conexão com uma companhia de investimento é o seu **valor líquido dos ativos** (**NAV** ou ***net asset value***) por ação. O valor líquido dos ativos por ação de uma companhia de investimento é o valor total de suas ações, títulos, dinheiro em espécie e outros ativos, menos qualquer passivo (por exemplo, despesas acumuladas), dividido pelo número de ações em circulação.

> **Valor líquido dos ativos (NAV)**
> Valor patrimonial de uma ação de uma companhia de investimento; os ativos da companhia de investimento, menos os passivos, divididos pelo número de ações em circulação.

Portanto, o valor líquido dos ativos pode ser obtido da seguinte maneira:

Valor das ações possuídas	$ 1.000.000
Valor da dívida	+1.500.000
Valor dos ativos totais	$ 2.500.000
Passivo	−100.000
Valor líquido	$ 2.400.000
Número de ações em circulação	1.000.000
Valor líquido dos ativos por ação	$ 2,40

O valor líquido dos ativos é importante porque qualquer alteração nesse valor modifica o valor das cotas da companhia de investimento. Quando há uma valorização dos ativos da empresa, o valor líquido dos ativos aumenta, o que tende a provocar alta no preço das ações da companhia de investimento.

Tomando-se como base o número de fundos mútuos e seus ativos totais, as companhias de investimento abertas são mais importantes que as companhias de investimento fechadas. Esta discussão, porém, começa com as companhias de investimento fechadas, que se desenvolveram antes dos fundos mútuos. As companhias de investimento fechadas também têm características semelhantes às da negociação com ações discutida no Capítulo 3.

COMPANHIAS DE INVESTIMENTO FECHADAS

Como explicado na seção anterior, a diferença entre companhias de investimento fechadas e abertas está na natureza da sua estrutura de capital. Uma companhia de investimento fechada tem uma estrutura de capital definida, que pode ser totalmente composta por ações ou por uma combinação de ações e títulos de dívida. O número de ações e o valor dos títulos de dívida que a companhia pode emitir são especificados. Em uma companhia de investimento aberta (um fundo mútuo), o número de ações em circulação varia conforme estas são compradas e resgatadas pelos investidores. Como a companhia de investimento fechada tem um número especificado de ações, para investir em determinada companhia é necessário comprar ações existentes dos acionistas atuais. Da mesma forma, se você possui ações e deseja liquidar sua posição, terá que vendê-las. Portanto, as ações de companhias de investimento fechadas são compradas e vendidas exatamente como são negociadas as ações da IBM. Ações dessas companhias são negociadas na Bolsa de Nova York e em outras bolsas norte-americanas, bem como no mercado de ações Nasdaq.

O preço de mercado das ações de uma companhia fechada não precisa necessariamente corresponder ao seu valor líquido dos ativos por ação: ele pode estar acima ou abaixo desse valor, dependendo da demanda e da oferta de ações no mercado secundário. Se o preço de mercado está abaixo do valor líquido dos ativos das ações, as ações estão sendo vendidas com um **desconto**. Se o preço de mercado está acima do valor líquido dos ativos das ações, as ações estão sendo vendidas com um **prêmio**.

Desconto
Amplitude em que o preço da ação de uma companhia de investimento fechada é menor que o valor líquido dos ativos por ação.

Prêmio
Amplitude em que o preço da ação de uma companhia de investimento fechada é maior que o valor líquido dos ativos por ação.

Essas diferenças entre o valor líquido dos ativos por ação e o preço das ações de uma companhia de investimento são mostradas na Tabela 17.1, que fornece o preço, o valor líquido dos ativos e o desconto ou prêmio, em 15 de junho de 2005, para companhias de investimento selecionadas. Muitas companhias de investimento fechadas são vendidas com desconto (ou seja, abaixo do seu valor líquido dos ativos). A causa desse desconto é desconhecida, mas uma possível explicação é a tributação. O impacto potencial da tributação de ganhos de capital sobre o preço das ações é mostrado no exemplo a seguir.

Uma companhia de investimento fechada inicialmente vende ações a $ 10 e usa os resultados para comprar ações de outras companhias. Desconsiderando-se os custos da transação, o valor líquido dos ativos de uma ação é $ 10 e as ações podem ser negociadas no mercado secundário a $ 10. Subseqüentemente, o valor da carteira da companhia sobe para $ 16 (ou seja, o valor líquido dos ativos é de $ 16). A companhia tem um ganho de capital potencial de $ 6 por ação. Se for realizado e esses lucros forem distribuídos, o valor líquido dos ativos retornará a $ 10 e cada acionista receberá $ 6 em ganhos de capital *tributáveis*.

Suponha, porém, que os ganhos de capital não sejam realizados (o valor líquido dos ativos permanece em $ 16). Qual será o preço de mercado das ações? É difícil determinar isso, mas ele provavelmente estará abaixo de $ 16. Por quê? Suponha que você tenha comprado uma ação por $ 16 e a empresa, em seguida, tenha realizado e distribuído os $ 6 de ganho de capital. Após a distribuição dos $ 6, você seria responsável por qualquer tributação de ganhos de capital, mas o valor líquido dos ativos da ação cairia para $ 10.

Obviamente, isso não é vantajoso. Talvez os investidores só estejam dispostos a comprar as ações com um desconto que atenue o impacto potencial dos ganhos de capital realizados e dos impostos sobre ganhos de capital subseqüentes. Suponha que a ação tenha custado $ 14 (ou seja, tenha sido vendida com um desconto de $ 2 sobre o valor líquido dos ativos) e a companhia tenha realizado e distribuído os ganhos. Você pagou $ 14, possui uma ação com um valor líquido dos ativos de $ 10 e recebe um ganho de capital de $ 6. Embora tenha de pagar o imposto sobre ganhos de capital apropriados, o impacto foi reduzido porque você só pagou $ 14 para adquirir a ação cujo valor total é $ 16 (os $ 10 de valor líquido dos ativos mais os $ 6 de ganho de capital).

Embora muitas companhias de investimento fechadas sejam vendidas com desconto, algumas são vendidas com prêmio. Por exemplo, em 2005, o Fundo da Malásia foi vendido a $ 6,36 quando seu valor líquido dos ativos era de $ 6,17 – um prêmio de 3,1% sobre o valor líquido dos ativos. Muitas vezes, as companhias de investimento fechadas que são vendidas com um prêmio têm uma carteira especializada que interessa a alguns investidores. Por exemplo, alguns países, como a Malásia ou a Índia, impõem severas restrições aos investimentos externos. Caso alguém queira adquirir ações de companhias desses países (talvez devido ao crescimento potencial ou para fins de diversificação), uma companhia de investimento fechada pode ser a única maneira de fazer esses investimentos. O efeito disso é elevar o preço das ações, de modo que a companhia de investimento fechada passa a ser vendida com um prêmio sobre seu valor líquido dos ativos.

Empresa	Valor líquido dos ativos	Preço	Desconto como porcentagem do valor líquido dos ativos
Adams Express (ADX)	$ 15,07	$ 12,97	13,9%
General American Investors (GAM)	36,57	31,25	14,5
Salomon Brothers Fund (SBF)	14,92	12,86	13,8

TABELA 17.1

Valor líquido dos ativos e preços de mercado de companhias de investimento fechadas selecionadas em junho de 2005.

Fonte: Relatórios disponíveis nos sites das companhias na internet.

Como as ações podem ser vendidas com um desconto ou um prêmio relativo ao seu valor líquido dos ativos, é possível que o preço de mercado de uma companhia de investimento fechada flutue acima ou abaixo do seu valor líquido dos ativos. Considerando-se que o preço de mercado pode mudar com relação ao valor líquido dos ativos, você está sujeito a uma fonte adicional de risco. O valor do investimento pode cair tanto porque o valor líquido dos ativos diminuiu, como porque as ações são vendidas com um desconto maior sobre seu valor líquido dos ativos.

Alguns investidores encaram o preço de mercado relativo ao valor líquido dos ativos como um guia para a compra e venda de ações de uma companhia de investimento fechada. Se as ações estiverem sendo vendidas com um desconto suficiente, são consideradas para compra. Se estiverem sendo vendidas com um pequeno desconto ou um prêmio, são consideradas para venda. Evidentemente, determinar o prêmio que justificará a venda ou o desconto que justificará a compra não é simples (e pode ser arbitrário).

Fonte de Retorno do Investimento em Companhias de Investimento Fechadas

Lucros são a diferença entre receitas e custos. O investimento em companhias de investimento fechadas envolve vários custos. Em primeiro lugar, como as ações são compradas no mercado secundário, você paga a comissão de corretagem pela compra e por qualquer venda subseqüente. Em segundo, a companhia de investimento cobra uma taxa para administrar os ativos. Essa taxa de administração é subtraída de qualquer renda ganha pelos ativos do fundo e varia de 0,5% a 2% do valor líquido dos ativos. Além disso, quando compra ou vende títulos, a companhia de investimento também tem de pagar comissões de corretagem, as quais são repassadas para você.

A compra de ações em companhias de investimento fechadas, portanto, envolve três custos com os quais você deve arcar. Alguns investimentos alternativos, como contas de poupança em bancos comerciais, não acarretam essas despesas. Apesar das comissões de corretagem que incidem sobre a compra de ações como as da IBM, as outras despesas associadas a uma companhia de investimento fechada são evitadas.

Os investidores em companhias de investimento fechadas podem obter retornos de várias maneiras. Quando a companhia de investimento recebe dividendos e juros em sua carteira de ativos, essa renda é distribuída aos acionistas na forma de dividendos. Em segundo lugar, quando o valor dos ativos da empresa aumenta, a companhia pode vender esses ativos e realizar lucros. Esses lucros são então distribuídos como ganhos de capital aos acionistas. Terceiro, o valor líquido dos ativos da carteira pode aumentar, o que tende a provocar alta do preço de mercado das ações do fundo. Nesse caso, você pode vender as ações e realizar um ganho de capital. Quarto, o preço de mercado das ações pode subir com relação ao valor líquido dos ativos (ou seja, o prêmio pode aumentar ou o desconto pode diminuir); você pode então obter um lucro com a venda dessas ações.

Essas fontes de retorno são ilustradas na Tabela 17.2, que apresenta as distribuições e alterações de preço do Salomon Brothers Fund entre 31 de dezembro de 1997 e 31 de dezembro de 2003. Como pode ser visto na ilustração, a companhia de investimento distribuiu dividendos em dinheiro de $ 0,27 e ganhos de capital de $ 3,19 em 1998. O valor líquido dos ativos subiu de $ 18,51 para $ 18,76 e o preço das ações também aumentou (de $ 17,625 para $ 18,19). Um investidor que comprasse ações em 31 de dezembro de 1997 teria obtido um retorno total de 22,8% (antes das comissões) sobre o investimento.[1]

O potencial de perda também é exemplificado na Tabela 17.2. Um investidor que comprasse as ações em 31 de dezembro de 1999 teria sofrido uma perda em 2000. Embora o Salomon Brothers Fund tenha distribuído $ 0,14 de renda por ação e $ 2,41 em ganhos de capital, a queda no preço das ações neutralizou com folga essas distribuições de renda e ganhos de capital.

FUNDOS MÚTUOS

As companhias de investimento abertas, geralmente denominadas fundos mútuos, são semelhantes às companhias de investimento fechadas, com algumas diferenças importantes. A primeira delas está relacionada à forma como suas ações são compradas e vendidas. As ações de fundos mútuos não são negociadas como outras ações e títulos. Em vez disso, você compra ações diretamente da empresa. Depois de receber o dinheiro, o fundo mútuo emite novas ações e compra ativos com esses fundos recém-adquiridos. Caso possua ações do fundo e queira liquidar sua posição, você deve revender essas ações ao fundo. As ações são resgatadas e o fundo efetua o pagamento com seus recursos em caixa. Se não tiver recursos suficientes em caixa, o fundo terá de vender alguns dos títulos que possui para obter o dinheiro e resgatar as ações. O fundo não pode suspender esse resgate, exceto em uma emergência e, mesmo assim, apenas mediante autorização da Securities and Exchange Commission (SEC).

Uma segunda diferença importante entre companhias de investimento abertas e fechadas está relacionada ao custo do investimento. Os fundos mútuos colocam continuamente à venda novas ações pelo seu valor líquido dos ativos mais uma comissão de venda, que geralmente é chamada *taxa de carregamento*. A taxa de carregamento pode variar de zero, para **fundos mútuos sem carregamento**, até 3% a 6% para **fundos com carregamento**. Quando você revende sua posição ao fundo, as ações são resgatadas pelo seu valor líquido dos ativos. A maioria dos fundos não cobra pelo resgate, mas alguns aplicam uma taxa se as ações forem resgatadas logo após a compra (por exemplo, nos seis meses subseqüentes). Essas comissões de saída são concebidas para desestimular o resgate rápido das ações.

> **Fundo sem carregamento**
> Fundo mútuo que não cobra uma comissão de vendas quando alguém compra ações do fundo.
>
> **Fundo com carregamento**
> Fundo mútuo que cobra comissões quando alguém compra ações do fundo.

Além das taxas de carregamento, os investidores em fundos mútuos devem pagar taxas de administração, que são deduzidas da renda auferida pela carteira do fundo. O fundo também paga comissões de corretagem quando compra e vende títulos. O custo total do investimento em fundos mútuos pode ser substancial quando todos os custos (taxas de carregamento e administração e comissões de corretagem) são considerados. Evidentemente, o custo do investimento é substancialmente reduzido quando o investidor compra ações em fundos isentos de encargos de admissão. Mesmo assim, o investidor deve pagar as taxas de administração e custos de comissão.

---

[1] O cálculo do retorno anual é:

$$\frac{\$18,19 + \$0,27 + \$3,19 - \$17,625}{\$17,625} = 22,8\%.$$

Distribuições e alterações de preço	2003	2002	2001	2000	1999	1998	1997
Distribuições de renda por ação	$ 0,13	0,11	0,11	0,14	0,18	0,27	$ 0,27
Distribuições de ganhos de capital por ação	—	$ 0,07	0,33	2,41	3,63	3,19	$ 2,63
Valor líquido dos ativos no final do ano	$ 14,04	10,75	14,07	16,27	19,24	18,76	$ 18,51
Preço de mercado no final do ano	$ 12,03	9,12	12,42	16,25	20,375	18,19	$ 17,625
Retorno anual baseado no preço de mercado do ano anterior		Perda percentual anual			Ganho percentual anual		
a. Rendimento de dividendos	1,4%	0,8	0,7	0,7	1,0	1,5	1,7%
b. Rendimento de ganhos de capital	—	0,5	1,8	11,8	20,2	18,1	16,4%
c. Alteração do preço	31,9%	−35,2	−13,4	−20,2	12,0	3,2	10,2%
Retorno total	33,3%	−33,9	−10,9	−7,7	33,2	22,8	28,3%

TABELA 17.2

Retornos anuais de um investimento no Salomon Brothers Fund, uma companhia de investimento fechada.

Fonte: Relatórios anuais do Salomon Brothers Fund.

Alguns fundos sem carregamento (e mesmo alguns fundos com carregamento) adotaram uma regra da SEC, que permite aos administradores usar os ativos do fundo para pagar despesas de comercialização. São conhecidas como taxas 12b-1 (ou plano 12b-1), uma designação baseada nas regras da SEC, que permitem aos fundos cobrar essa despesa. A taxa cobre ampla variedade de despesas, como propaganda, distribuição de materiais informativos sobre o fundo e até pagamento de comissões de venda a corretores. Diferentemente da taxa de carregamento, que é uma despesa única e antecipada incidindo sobre a compra das ações, as taxas 12b-1 podem ser uma *despesa anual contínua*. Após alguns anos, esse custo, como de fato acontece com freqüência, pode ultrapassar a taxa de carregamento.

A terceira diferença entre companhias de investimento fechadas e abertas é a origem dos retornos ao investidor. Qualquer renda é distribuída como dividendos e os lucros realizados são distribuídos. Quando o valor líquido dos ativos das ações aumenta, o investidor pode resgatá-las pelo preço valorizado. Portanto, de modo geral, o fundo mútuo aberto oferece aos investidores as mesmas fontes de retorno da companhia de investimento fechada, com uma exceção. No caso de companhias de investimento fechadas, o preço das ações pode subir em relação ao valor líquido dos ativos das ações. A possibilidade de uma redução do desconto ou aumento do prêmio é uma possível fonte de retorno que só está disponível nas companhias de investimento fechadas. Nos fundos mútuos, ela não existe, pois você *nunca pode comprar as ações com desconto*. Os fundos mútuos são vendidos pelo seu valor líquido dos ativos ou com um prêmio (a taxa de carregamento) e são resgatados pelo seu valor líquido dos ativos menos qualquer taxa aplicável.

Os dados de fundos mútuos são divulgados pela imprensa financeira usando o seguinte formato geral:

	NAV	NET CHG	YTD %RET
First Fund	11,12	+0,03	−12,4

As informações são limitadas ao nome do fundo (First Fund), seu valor líquido dos ativos (11,12), a variação do valor líquido dos ativos com relação ao dia anterior (+0,03) e o retorno percentual do fundo desde o início do ano civil (o ano até o presente momento, YTD, que, para o First Fund, era −12,4). O relatório também pode incluir o retorno durante um período mais longo, como três anos. Como *os retornos não refletem qualquer taxa de carregamento ou de resgate*, os valores percentuais não indicam necessariamente o retorno que você teria obtido durante o período em questão.

Embora possam gerar um retorno, as compras de ações em companhias de investimento também sujeitam o investidor a risco. Como muitas companhias de investimento montam carteiras diversificadas, o impacto de um investimento específico sobre o resultado da carteira como um todo é reduzido. Portanto, o risco não sistemático associado aos títulos de determinada empresa é pequeno. Mesmo assim, o investidor deve arcar com o risco não sistemático associado à estratégia e à administração da companhia de investimento em questão. (Essa fonte de risco pode ser reduzida adquirindo as ações em várias companhias de investimento, com diferentes estratégias e administradores de carteiras.)

Outras fontes de risco não podem ser eliminadas por meio da compra de ações de fundos mútuos e companhias de investimento fechadas. Se os preços dos títulos em geral caírem, o valor da companhia de investimento provavelmente também cairá. Não é possível à administração de um fundo prever sistematicamente as alterações do mercado e ajustar sua carteira para acompanhá-las. O valor da carteira tende a mover-se com o mercado. Portanto, o risco associado aos movimentos no mercado não é eliminado com a compra de ações em companhias de investimento. E essa conclusão geral aplica-se a todas as fontes de risco não diversificável. As variações nas taxas de juros, o impacto de inflação e o risco da taxa de câmbio não são reduzidos pela aquisição de uma carteira bem diversificada, e essa conclusão também se aplica a compras de ações de uma companhia de investimento bem diversificada.

AS CARTEIRAS DE FUNDOS MÚTUOS

Os fundos mútuos podem ser classificados pelo *objetivo do investimento*, como renda ou crescimento, ou pelo *estilo de investimento*. Os fundos de renda priorizam ativos que geram renda: eles compram ações e títulos que pagam dividendos ou rendem juros. O Value Line Income Fund é um exemplo de fundo cujo objetivo é renda. Praticamente todos os ativos são ações rentáveis, como as de empresas de serviços públicos, que pagam dividendos com aumentos periódicos à medida que suas receitas crescem.

Os fundos de crescimento priorizam a valorização dos ativos, colocando pouca ênfase na renda corrente. A carteira do Value Line Fund é um exemplo de um fundo de crescimento. A maioria dos ativos consiste em ações ordinárias de companhias com potencial de crescimento. Essas ações de crescimento incluem ações de companhias bem conhecidas, assim como de companhias menores que podem oferecer um potencial de crescimento superior. Um fundo equilibrado (por exemplo, o Fidelity Balanced Fund) combina renda e crescimento. Esses fundos possuem ampla variedade de ações, algumas das quais oferecem crescimento potencial e outras são basicamente geradoras de renda. Uma carteira equilibrada também pode incluir dívida de curto e de longo prazo e ações preferenciais. Essa carteira busca atingir um equilíbrio entre renda de dividendos e juros e valorização do capital.

Os fundos mútuos também podem ser classificados de acordo com o *estilo de investimento*. O estilo de investimento refere-se à filosofia ou à estratégia de investimento adotada pelo administrador da carteira. Os estilos possíveis incluem o porte das empresas adquiridas pelo fundo ou a abordagem (crescimento ou valor) usada para selecionar empresas.

O porte das empresas pode ser de *grande, média* ou *pequena capitalização*. A *capitalização* corresponde ao valor de mercado da empresa. O valor de mercado é o número de ações em circulação multiplicado pelo preço de mercado. As ações de grande capitalização são as das maiores companhias, cujo valor de mercado supera $ 10 bilhões. Uma ação de pequena capitalização refere-se a uma companhia muito menor, cujo valor total pode ser inferior a $ 500 milhões. A capitalização média está, obviamente, entre os dois extremos. (A diferença entre ações de pequena, média ou grande capitalização é arbitrária. Uma ação de pequena capitalização pode ser definida com base em um valor total de mercado inferior a $ 1 bilhão, inferior a $ 500 milhões ou inferior a $ 300 milhões. A definição adotada pelo fundo geralmente é especificada em seus prospectos.)

Duas ações exemplificam essa diferença no porte da empresa. A Pier 1 Imports tem 100.779.000 ações em circulação; a um preço de $ 16, o valor total das ações é de $ 1,6 bilhão. Trata-se de uma empresa de tamanho modesto; portanto, as ações da Pier 1 Imports poderiam ser classificadas como de média capitalização. A Coca-Cola tem mais de 3,491 bilhões de ações e, a um preço de $ 45, o valor total excede $ 157 bilhões. As ações da Coca-Cola são de grande capitalização. É óbvio que a Pier 1 Imports é pequena em comparação com a Coca-Cola e não seria um investimento aceitável para uma carteira de grande capitalização.

Uma estratégia alternativa ao investimento com base na capitalização é o investimento baseado no *crescimento* ou *valor*. O administrador da carteira de um fundo de crescimento identifica as empresas que oferecem crescimento excepcional usando técnicas que analisam o potencial de crescimento de um setor e a posição da empresa dentro desse setor. Um administrador de valor adquire ações que estejam subvalorizadas ou "baratas". A abordagem de valor enfatiza a análise de fundamentos e é baseada em ferramentas de investimento, como índices P/L e comparações das demonstrações financeiras. Muitas ações de empresas de tecnologia ilustram a diferença entre as abordagens de crescimento e de valor. A Amazon.com pode ser atraente para administradores de carteiras de crescimento, porque foi a primeira companhia a comercializar livros pela internet e tem grande potencial de crescimento. De uma perspectiva de valor, a companhia tem receitas pequenas ou nulas e vende substancialmente acima do seu valor, com base em suas demonstrações contábeis. Essa ação teria pouco interesse para investidores de valor.

Um fundo pode ter mais de um estilo, como "pequena capitalização–valor", indicando que o administrador da carteira adquire ações de pequenas empresas que parecem estar subvalorizadas. Um fundo de "pequena capitalização–crescimento" priorizaria pequenas companhias que ofereçam potencial de crescimento, mas não operem necessariamente com lucro. Sem lucros, o índice P/L de uma empresa não pode ser calculado, o que dificulta as comparações com outras.

AS CARTEIRAS DE FUNDOS MÚTUOS ESPECIALIZADOS

As companhias de investimento inicialmente buscavam agregar os fundos de muitos poupadores e investi-los em uma carteira diversificada de ativos. Essa diversificação dilui o risco do investimento e reduz o risco de perda para o investidor individual. Embora determinada companhia de investimento tenha uma meta específica, como crescimento ou renda, sua carteira é suficientemente diversificada para reduzir o elemento de risco não sistemático.

Atualmente, porém, existem fundos que se afastaram desse conceito de diversificação e redução do risco. Em vez de proporcionar isso aos investidores, um grupo representativo de empresas norte-americanas, muitos fundos foram criados para oferecer investimentos especializados. Por exemplo, uma companhia de investimento pode ser limitada a investimentos em títulos de determinado setor da economia ou em um ramo específico, como a ASA, Limited (um fundo de ouro). Há também fundos especializados em um tipo específico de título, como o American General Bond Fund.

Além desses fundos especializados, estabeleceram-se várias companhias de investimento que oferecem alternativas reais aos tipos tradicionais de fundos mútuos. Por exemplo, os fundos mútuos do mercado monetário oferecem uma maneira de investir indiretamente em instrumentos do mercado monetário, como títulos do Tesouro e certificados de depósito negociáveis. Os fundos que adquirem títulos estrangeiros oferecem uma maneira de investir em ações de companhias localizadas na Europa e na Ásia. De um ponto de vista norte-americano, existem basicamente três tipos de fundos mútuos com investimentos internacionais. Os **fundos globais** investem em títulos estrangeiros e norte-americanos. Muitos fundos mútuos norte-americanos são globais, pois mantêm alguma parte de suas carteiras em investimentos externos. Embora não sejam especializados em títulos estrangeiros, esses fundos efetivamente oferecem as vantagens associadas aos investimentos externos: retornos proporcionados pelo crescimento econômico global, diversificação de ativos cujos retornos não estão positivamente correlacionados e possíveis retornos adicionais de mercados financeiros estrangeiros ineficientes.

> **Fundo global**
> Fundo mútuo cuja carteira inclui empresas estrangeiras e norte-americanas, especialmente aquelas com operações internacionais.

Além dos fundos globais, existem os **fundos internacionais**, que investem exclusivamente em títulos estrangeiros e não contêm títulos norte-americanos, e os **fundos regionais**, que se especializam em certa região geográfica, como a Ásia. Ainda que os fundos regionais sejam obviamente especializados, os fundos internacionais também podem se especializar em países específicos durante determinados períodos.

> **Fundo internacional**
> Fundo mútuo cuja carteira é limitada a títulos não-americanos.
>
> **Fundo regional**
> Fundo mútuo que se especializa em empresas de determinada região geográfica.
>
> **Fundo de índice**
> Fundo mútuo cuja carteira procura duplicar um índice de preços de ações.

A finalidade de um **fundo de índice** é quase diametralmente oposta à finalidade tradicional de um fundo mútuo. Em vez de identificar títulos específicos para aquisição, a administração desses fundos tenta fazer uma cópia exata da composição de um índice, como o 500 Index da Standard & Poor. Esses fundos, portanto, deveriam operar em consonância com o mercado como um todo. Embora geralmente não possam oferecer melhor desempenho que o mercado, eles também não ficam abaixo desse desempenho. Parte da popularidade desses fundos tem sido atribuída ao baixo desempenho dos fundos mútuos em geral, no passado. (Os retornos obtidos pelos fundos mútuos serão discutidos na próxima seção.) Embora não estejam imunes a qualquer dos riscos associados às flutuações de preços no mercado como um todo, esses fundos de fato eliminam o risco associado à seleção de títulos específicos (ou seja, o risco não sistemático).

Além de eliminar os riscos específicos de ativos, os fundos de índice ajudam a administrar o risco sistemático. Os fundos de índice permitem que os investidores ajustem suas carteiras de acordo com o nível de risco sistemático que estão dispostos a aceitar. Alterando a proporção de ativos isentos de risco em uma carteira diversificada, você pode estabelecer diferentes níveis de risco e retorno. Assim, os investidores conservadores podem investir boa parte de seus recursos em ativos isentos de risco (como contas de poupança com garantia federal, ações de fundos mútuos do mercado monetário e títulos do Tesouro norte-americano) e uma pequena proporção em um fundo de índice. Essas carteiras teriam uma expectativa de retorno modesta, porém seu risco seria praticamente nulo. Investidores mais agressivos podem comprometer maior proporção de seus recursos em um fundo de índice. Os investidores estariam esperando alto retorno, pois estão arcando com um risco maior.

OS RETORNOS OBTIDOS COM INVESTIMENTOS EM FUNDOS MÚTUOS

Como explicado anteriormente, os títulos de companhias de investimento oferecem várias vantagens aos indivíduos. Em primeiro lugar, você aufere as vantagens de uma carteira diversificada, o que reduz o risco. Alguns investidores podem não dispor de recursos suficientes para montar uma carteira diversificada; nesse sentido, a compra de ações de uma companhia de investimento permite que esses investidores sejam proprietários de parte de uma carteira com essas características. Segundo, a carteira é administrada profissionalmente e sob supervisão contínua. Talvez você não disponha de tempo ou de conhecimentos especializados para administrar a própria carteira e, exceto no caso de grandes carteiras, pode não ter recursos para contratar uma administração profissional. Ao adquirir ações de uma companhia de investimento, você está comprando os serviços de uma administração profissional. Terceiro, os detalhes administrativos e aspectos de custódia da carteira (por exemplo, o manuseio físico dos títulos) ficam a cargo da administração da companhia.

Embora as companhias de investimento ofereçam vantagens, há também desvantagens. Os serviços prestados por uma companhia de investimento não são exclusivos e podem ser obtidos em outros lugares. Além disso, o investidor pode adquirir uma carteira diversificada com apenas uma quantia modesta de capital. A diversificação não exige 100 ações diferentes. Se você tiver $20 mil, poderá produzir uma carteira razoavelmente diversificada investindo $2 mil em ações de oito a dez companhias de diferentes setores. Não é necessário comprar ações em uma companhia de investimento para obter a vantagem da diversificação.

Estudos de Retornos

As companhias de investimento de fato oferecem a vantagem da administração profissional, mas essa administração não é uma garantia de desempenho superior ao do mercado. Um fundo específico pode produzir bons resultados em dado ano, mas deixar a desejar nos anos subseqüentes. Vários estudos foram realizados para determinar se administração profissional dos fundos mútuos resulta em desempenho superior.

O primeiro estudo, conduzido para a SEC, constatou que o desempenho de fundos mútuos não foi significativamente diferente do desempenho de uma carteira não administrada com ativos semelhantes. O desempenho de cerca de metade dos fundos foi superior aos índices da Standard & Poor, mas a outra metade ficou abaixo desses medidores agregados do mercado. Além disso, não havia qualquer evidência de desempenho superior de um fundo específico ao longo de vários anos. Esses resultados iniciais foram confirmados por estudos subseqüentes.

TABELA 17.3 Retornos anualizados para diferentes períodos de vários tipos de fundos mútuos.

	Retorno	Desvio-padrão do retorno
1985–1994		
Fundos de crescimento	13,1%	12,2%
Fundos de crescimento agressivos	14,4	16,7
Fundos de crescimento e renda	11,8	10,9
Fundos equilibrados	11,7	10,9
Fundos internacionais	16,7	21,2
S&P 500	14,3	12,2
1993–1997		
Fundos de crescimento	17,4%	11,3%
Fundos de crescimento agressivos	17,0	15,5
Fundos de crescimento e renda	17,3	9,9
Fundos equilibrados	13,4	7,1
Fundos internacionais	10,8	11,9
S&P 500	20,2	11,0
1996–2000		
Fundos de crescimento	16,1%	19,5%
Fundos de crescimento agressivos	14,5	32,5
Fundos de crescimento e renda	14,3	17,4
Fundos equilibrados	11,4	11,0
Fundos internacionais	8,3	22,7
S&P 500	18,3	17,7
1999–2003		
Fundos de crescimento	0,9%	21,7%
Fundos de crescimento agressivos	NA	NA
Fundos de crescimento e renda	NA	NA
Fundos equilibrados	3,7	10,4
Fundos internacionais	3,2	18,9
S&P 500	–0,5	18,3

Fonte: Adaptado de *The individual investor's guide to the top mutual funds*, várias edições. Chicago: American Association of Individual Investors. Informações sobre a AAII estão disponíveis no seu site **http://www.aaii.org** ou por meio de **http://mayo.swlearning.com**.

Quando as taxas de carregamento são incluídas na análise, o retorno obtido pelos investidores tende a ser menor do que seria obtido com uma seleção aleatória de títulos.

A Tabela 17.3, que fornece retornos anualizados e seus desvios-padrão para várias classes de fundos em diferentes períodos, corrobora essas conclusões. Os dados da Tabela 17.3 foram fornecidos pela American Association of Individual Investors (AAII), uma entidade sem fins lucrativos cuja finalidade é "ajudar indivíduos a tornarem-se administradores eficazes dos próprios ativos por meio de programas de educação, informação e pesquisa". A AAII não é uma organização comercial que apóia o setor de fundos mútuos. Com a exceção dos fundos internacionais entre 1985 e 1994, nenhum dos grupos de fundos obteve retornos superiores aos do índice S&P 500 no período de 1985 a 2000. Além disso, os desvios-padrão dos fundos muitas vezes foram superiores ao desvio-padrão dos retornos do S&P 500. Esses resultados sugerem que os investidores experimentaram retornos menores com maior risco! O risco adicional não parece ter sido recompensado. Os investidores teriam obtido melhores resultados simplesmente comprando um fundo de índice, como os que serão discutidos adiante neste capítulo.

O período de 1999 a 2003 fornece resultados diferentes. O índice S&P 500 gerou retornos negativos e os outros grupos alcançaram retornos marginalmente positivos. Como o mercado de ações declinou entre 2000 e 2002, esses resultados podem ser uma aberração. Você deve notar também a mudança na ênfase dos fundos. Não são mais relatados retornos a partir de fundos de crescimento agressivos ou de fundos de crescimento e renda. Em vez disso, a AAII começou a relatar retornos obtidos por fundos de grande, média e pequena capitalização e fundos setoriais.

Consistência dos Retornos

A discussão anterior sugere que os fundos mútuos, tomados como um todo, não superaram de forma consistente o desempenho do mercado. É possível que fundos específicos tenham melhor desempenho que o mercado ou pelo menos superem de maneira consistente outros fundos? Se um tipo de fundo supera invariavelmente outros fundos, a implicação para os investidores é óbvia: comprar ações em um fundo que tenha se saído bem, com base na premissa de que os fundos com melhor desempenho manterão esse padrão.

É indubitável que a cobertura, pela mídia financeira popular, dos fundos que se saíram bem durante dado período estimula o público a investir nesses fundos. O dinheiro flui para os fundos com melhor histórico e, como as taxas aumentam à medida que os fundos administrados crescem, não chega a ser surpreendente que os fundos mútuos busquem qualquer evidência de desempenho superior.

A consistência de desempenho de um fundo mútuo é intuitivamente atraente. Essa consistência parece ser aplicável a muitas áreas da vida, particularmente entre esportistas profissionais. As equipes do New York Yankees e Atlanta Braves disputam as finais praticamente todos os anos. Entretanto, o princípio dos mercados eficientes indica que o contrário pode ser aplicável aos fundos mútuos. Essencialmente, a pergunta é: se o desempenho anterior de uma ação não tem qualquer poder profético, por que o desempenho histórico de um fundo mútuo teria esse poder? A resposta, obviamente, pode estar nas habilidades superiores dos administradores dos fundos. Se os administradores de fundos têm habilidades superiores, então a carteira que eles administram deve ter um desempenho invariavelmente superior às carteiras de administradores menos aptos.

Foram realizados estudos para determinar a consistência dos retornos dos fundos. Os estudos não-acadêmicos tendem a ser indicativos de consistência. Os resultados são consistentes ao longo de diferentes períodos; por exemplo, os retornos ao longo de 26 semanas prevêem os retornos das próximas 26 semanas e os retornos ao longo de um ano prevêem os retornos no ano subseqüente. Os resultados tendem a ser melhores para períodos mais longos. Os fundos com retornos mais elevados ao longo de um período de cinco anos saíram-se sistematicamente melhor que os fundos com retornos mais baixos nos dois anos subseqüentes.

Os resultados de estudos acadêmicos, porém, são ambíguos. Embora alguns corroborem essa consistência, em outros isso não acontece.[2] Pelo menos um estudo explicou a consistência observada com base no objetivo ou no estilo do fundo de investimentos e não na habilidade do administrador da carteira.[3] Por exemplo, suponha que ações de grande capitalização tenham um bom desempenho, enquanto as ações de pequeno capitalização tenham um desempenho insatisfatório. Os fundos mútuos de grande capitalização deverão superar de forma consistente o desempenho dos fundos de pequena capitalização. Quando os retornos são padronizados com base no estilo de investimento, a consistência dos retornos desaparece. O desempenho superior dos fundos mútuos de grande capitalização resulta de movimentos do mercado e *não da habilidade dos administradores da carteira*. O desempenho consistentemente melhor das ações de grande capitalização dão a impressão de que os fundos mútuos de grande capitalização são aqueles que geram sistematicamente melhores resultados. Essas constatações, evidentemente, confirmam o conceito dos mercados eficientes. Nenhum conjunto de administradores de carteiras é superior a qualquer outro.

SELECIONANDO UM FUNDO MÚTUO

Você pode escolher entre cerca de 8 mil fundos. Não é possível comprar todos. Assim, embora as companhias de investimento o livrem da necessidade de selecionar ações e títulos específicos, elas não o livram da necessidade de selecionar um fundo específico.

Um bom ponto de partida é comparar suas metas financeiras com os objetivos do fundo. Se sua meta básica é crescimento de longo prazo, um fundo de títulos ou do mercado monetário não é apropriado. Esses fundos seriam adequados para investidores que precisem de um aumento do seu fluxo de renda corrente (o fundo de renda fixa) ou de um investimento líquido de curto prazo (o fundo do mercado monetário). Suas necessidades de serviços de custódia, diversificação e administração tributária também podem afetar a decisão. Fatores adicionais que devem ser considerados são descritos a seguir.

Taxas e Despesas

Como explicado anteriormente neste capítulo, os investidores em fundos mútuos pagam ampla variedade de taxas. Isso inclui a taxa de carregamento (a comissão de venda paga ao corretor ou consultor financeiro pela compra das ações), taxas de administração, taxas 12b-1 e custos de transação pagos pelo fundo. Se a taxa de carregamento vale o seu preço é, evidentemente, algo aberto a debate, mas há pouca evidências de que os fundos que cobram essa taxa produzam retornos superiores aos dos fundos isentos de carregamento. O carregamento deve ser justificado com base nos serviços recebidos. Você deve encontrar um corretor ou consultor financeiro cujas recomendações e assistência valham o custo.

Adquirindo fundos isentos de carregamento, a despesa de carregamento é evitada. Mesmo assim, você ainda terá de pagar taxas de administração, despesas operacionais e custos de transação, que se aplicam a todos os fundos. Embora não possam ser evitadas, essas despesas diferem entre os vários fundos. Você deve considerar esses custos, pois eles obviamente

---

[2] Uma amostra dessa pesquisa inclui KAHN, Ronald N.; RUDD, Andrew. Does historical performance predict future performance? *Financial Analysts Journal*, p. 43–51, nov./dez. 1995; GOETZMANN, William N.; IBBOTSON, Roger G. Do winners repeat? *Journal of Portfolio Management*, p. 9–18, inverno de 1994; e BAUMAN, W. Scott; MILLER, Robert E. Can managed portfolio performance be predicted? *Journal of Portfolio Management*, p. 31–39, verão de 1994.

[3] Ver, por exemplo, DETZEL, F. Larry; WEIGAND, Robert A. Explaining persistence in mutual fund performance. *Financial Services Review*, v. 7, n. 1, p. 45–55, 1998; e PORTER, Gary E.; Trifts, Jack W. Performance of experienced mutual fund managers. *Financial Services Review*, v. 7, n. 1, p. 56–68, 1998.

diminuem os retornos. Taxas de administração e despesas operacionais mais altas que a média, bem como rotatividade freqüente da carteira, que gera custos maiores de transação, são possíveis sinais de advertência que você deve considerar ao selecionar um fundo mútuo específico.

Talvez seja particularmente aconselhável analisar as taxas 12b-1, que são despesas de comercialização lançadas anualmente por muitos fundos isentos de carregamento (e até por alguns fundos que cobram carregamento). Ao longo de um período de vários anos, as taxas 12b-1 podem ultrapassar as despesas de carregamento. Uma taxa 12b-1 de $ 0,50 anuais excede uma taxa de carregamento de $ 3,00 após seis anos. Caso você mantenha as ações por dez anos e pague a taxa 12b-1 a cada ano, teria sido melhor comprar um fundo com taxa de carregamento sem a taxa 12b-1.

O Cronograma de Distribuição e Imposto de Renda

A tributação é outra consideração importante ao comprar ações de um fundo mútuo. As questões de tributação basicamente abrangem o momento da distribuição do fundo e a capacidade do fundo de minimizar suas obrigações fiscais. Enquanto muitas companhias norte-americanas distribuem dividendos trimestralmente, a maioria dos fundos mútuos faz duas distribuições. A primeira é uma distribuição de renda após seis meses. Uma segunda distribuição, no fim do ano, engloba renda e ganhos de capital. Conforme o preço de uma ação é ajustado para baixo para o dividendo (ver a discussão sobre distribuição de dividendos no Capítulo 10), o valor líquido dos ativos do fundo diminui com base na quantia de dividendo. Por exemplo, se o valor líquido dos ativos (NAV) for $ 34 e o fundo distribuir $ 2 ($ 0,50 de renda e $ 1,50 de ganhos de capital), o NAV cairá para $ 32.

Se comprar as ações pelo NAV ($ 34) imediatamente antes da distribuição, você pagará o imposto. Ainda que a valorização possa ter ocorrido antes da compra das ações, você terá de pagar o imposto apropriado sobre a distribuição. Logo, talvez seja desejável adiar a compra até depois que o fundo distribua os dividendos e o NAV caia para $ 32.

Eficiência Tributária

Como diferentes estratégias de carteira dos fundos mútuos podem gerar diferenças nas obrigações tributárias, talvez um fundo que gere menos impostos seja preferível. A capacidade de um fundo de obter retorno sem gerar um grande volume de obrigações fiscais freqüentemente é referida como a eficiência tributária do fundo. Obviamente, se o fundo nunca realizar qualquer ganho de capital e não receber qualquer renda, não haverá nenhuma distribuição e você estará isento de obrigações fiscais. Isso, porém, é improvável. (Mesmo um fundo de índice administrado de forma passiva pode receber renda de dividendos de sua carteira. Essa renda é distribuída e o investidor torna-se sujeito à tributação na distribuição.)

No outro extremo estão os fundos que freqüentemente fazem uma rotação de suas carteiras. Como cada venda de títulos é um evento tributável, a alta rotatividade indica que o fundo *não* gerará ganhos de capital no longo prazo. As distribuições de ganhos de capital serão de curto prazo e estarão sujeitas à taxação dentro da alíquota marginal do imposto de renda federal do acionista e não dentro da alíquota mais baixa dos ganhos de capital de longo prazo.

Um "índice de eficiência tributária" permite fazer comparações com base na capacidade de um fundo de reduzir as obrigações fiscais do acionista. O índice expressa os retornos pós-tributação como uma porcentagem dos retornos pré-tributação. O cálculo de um índice de eficiência tributária depende de certas premissas sobre as alíquotas de impostos. No exemplo a seguir, a alíquota de imposto de renda é de 35% e a alíquota do imposto sobre ganhos de capital de longo prazo é de 15%. A distribuição de $ 2 pelo Fundo A consiste totalmente na renda e, portanto, o imposto é de $ 0,70 (0,35 × $ 2,00 = $ 0,70) e o valor líquido recebido pelo investidor após o imposto é $ 1,30. Se o retorno pré-tributação for de 10%, o retorno pós-tributação será de 6,5% ($ 1,30/$ 2,00). O índice de eficiência tributária é 65 (6,5%/10%). A distribuição de $ 2 pelo Fundo B consiste exclusivamente em ganhos de capital de longo prazo realizados, que geram $ 0,30 em impostos (0,15 × $ 2,00). O retorno pós-tributação é de 8,5% ($ 1,70/$ 2,00) e, portanto, o índice de eficiência tributária é 85. Como o índice de eficiência tributária dos fundos é, respectivamente, 65 e 85, B é mais eficiente em termos tributários do que A.

Esse índice, embora possa parecer atraente, tem deficiências. Para construir o índice de eficiência tributária, é necessário submeter os retornos às alíquotas fiscais apropriadas vigentes quando os retornos foram obtidos. As alíquotas fiscais variam quando a legislação fiscal é alterada, mas, mesmo sem alterações nessa legislação, as alíquotas apropriadas de imposto de renda podem variar conforme você passa de uma faixa tributável para outra. O índice de eficiência tributária varia entre investidores e as classificações publicadas de eficiência tributária podem não ser adequadas para um investidor cuja faixa de tributação seja diferente da que foi utilizada na construção do índice.[4]

Uma segunda deficiência é o fato de que alto índice de eficiência tributária pode ser atingido em determinado ano quando o fundo não realiza ganhos de capital. Se esses ganhos forem realizados subseqüentemente, o índice de eficiência tributária cairá. Por esse motivo, o índice deve ser calculado ao longo de um período de vários anos para eliminar o impacto das variações no momento das vendas de títulos de um ano para outro.

Uma terceira deficiência é que a alta eficiência pode não alterar a classificação de desempenho. Fundos com objetivos e estilos semelhantes (por exemplo, crescimento de longo prazo por meio de investimentos em ações de grande capitalização) podem gerar obrigações fiscais semelhantes. Suponha que o retorno de um fundo seja 20%, enquanto outro gera 16%. Todos os ganhos são distribuídos e são de longo prazo. Como a eficiência tributária de ambos os fundos é a mesma, suas classificações relativas permanecem inalteradas. O desempenho é inferior tanto pré como pós-tributação.

FUNDOS DE ÍNDICE E FUNDOS NEGOCIÁVEIS EM BOLSA

Poucos fundos superam o desempenho do mercado por um longo período. Esse resultado não deveria ser surpreendente em um ambiente de mercado financeiro eficiente. Com o tempo, a maioria dos retornos deve espelhar o mercado, a menos que a carteira seja mais arriscada que o mercado. Como os fundos mútuos têm despesas (por exemplo, despesas operacionais e taxas de administração), o retorno após esses custos deve ser inferior ao retorno do mercado, que não é reduzido por qualquer despesa.

A incapacidade de muitos fundos mútuos de superar o desempenho do mercado tem levado a um aumento na popularidade dos fundos de índice, que espelham o mercado (ou uma subseção do mercado). Seu apelo é óbvio. Eles oferecem (1) diversificação da carteira, (2) uma carteira passiva com rotatividade mínima e supervisão mínima, o que resulta em despesas mais baixas, e (3) menor tributação, pois o fundo de índice tem poucos ganhos de capital realizados.

---

[4] *The individual investor's guide to the top mutual funds*, publicado pela American Association of Individual Investores, fornece tanto os retornos reais como os retornos ajustados pela tributação. Na edição de 2005, os retornos de 2004 foram ajustados usando uma alíquota de imposto de renda de 35% e uma alíquota de imposto sobre ganhos de capital de longo prazo de 15%. Por exemplo, as ações do Fidelity Small Cap exibiram um retorno de 14,5%, mas o retorno ajustado pela tributação foi 13,4%. As alíquotas de 35% e 15% não seriam aplicáveis a todos os investidores, mas refletiam a pior alternativa em 2004.

Base para adquirir fundos de índice pode ser encontrada tanto na imprensa popular como na literatura profissional.[5] Evidentemente, não é surpreendente constatar que os defensores ferrenhos dos mercados eficientes são favoráveis aos fundos de índice. Mesmo que opte por fundos de índice, você ainda precisará escolher: há cerca de 50 fundos mútuos que acompanham o Índice S&P 500. Além disso, os fundos de índice não estão limitados aos que copiam o S&P 500. Por exemplo, o fundo Dreyfus S&P MidCap Index especializa-se em ações de média capitalização, que correspondem ao Índice S&P MidCap 400. O fundo Vanguard Balanced Index imita uma combinação de ações e títulos. O fundo Schwab International Index acompanha as 350 maiores empresas não-americanas.

Uma alternativa ao fundo de índice é o fundo negociável em bolsa ou ETF (*exchange-traded fund*), que é uma evolução do fundo do índice. Embora os fundos de índice permitam que o investidor assuma uma posição no mercado como um todo, as compras e os resgates só ocorrem no final do dia, quando o valor líquido dos ativos do fundo é determinado. Os SPDRs (Standard & Poor's Depository Receipts, geralmente pronunciados como "spiders" em inglês) superam essa limitação. As ações podem ser compradas e vendidas em uma bolsa de valores; elas são negociadas como ações e títulos.

O primeiro SPDR abrangia todas as ações do índice S&P 500. O segundo era baseado no índice de ações S&P MidCap e foi rapidamente seguido por SPDRs baseados em subseções do índice de ações S&P 500. Hoje em dia, existe amplo leque de fundos negociáveis em bolsa (iShares, street-TRACKS e HOLDRs, uma abreviação de Holding Company Depository Receipts) abrangendo índices de ações estrangeiros e setores específicos (por exemplo, empresas farmacêuticas). Há até mesmo um fundo negociável em bolsa que acompanha a lista *Fortune 500*. Em cada caso, as ações são negociadas na Bolsa de Nova York ou no mercado de ações Nasdaq, permitindo que os investidores assumam posições em vários mercados de capital sem ter de selecionar ações individuais.

RESUMO

Em vez de investir diretamente em títulos, você pode comprar ações de companhias de investimento. Essas empresas, por sua vez, investem os fundos em vários ativos, como ações e títulos.

Existem dois tipos de companhias de investimento. Uma companhia de investimento fechada tem um número específico de ações que são compradas e vendidas exatamente como se fossem ações de companhias como a IBM. Uma companhia de investimento aberta (um fundo mútuo) tem um número variável de ações que são vendidas diretamente a investidores. Os investidores que desejam liquidar seus investimentos revendem essas ações à empresa.

As companhias de investimento oferecem várias vantagens, inclusive administração profissional, diversificação e serviços de custódia. Os dividendos e juros obtidos sobre os ativos da companhia são distribuídos aos acionistas. Além disso, quando o valor dos ativos da companhia aumenta, os acionistas lucram com a realização e distribuição de ganhos de capital.

Os fundos mútuos podem ser classificados pelos tipos de ativos que possuem. Alguns priorizam os ativos geradores de renda, como títulos, ações preferenciais e ações ordinárias de companhias que distribuem uma grande proporção de sua renda. Outros fundos mútuos priorizam o crescimento do valor dos seus ativos líquidos por meio de investimentos em

---

[5] Ver, por exemplo, MALKIEL, Burton G. *A random walk down Wall Street*, 8. ed. Nova York: W.W. Norton, 2003; e BOGLE, John C. Selecting equity mutual funds. *Journal of Portfolio Management*, p. 94–100, inverno de 1992; Os argumentos de Bogle, porém, podem não ser totalmente isentos – foi ele quem introduziu o primeiro fundo de índice, o Vanguard 500, em 1976.

empresas com o potencial de crescer e gerar ganhos de capital. Há também companhias de investimento especializadas em ações de grande ou pequena capitalização, em setores específicos da economia e em títulos isentos de impostos. Existem até fundos mútuos que duplicam um índice do mercado de ações.

Para selecionar uma companhia de investimento, você deve comparar os próprios objetivos aos desse fundo específico. O desempenho anterior do fundo também pode ser usado como parâmetro de seleção; entretanto, retornos históricos podem não indicar retornos futuros. São raras as administrações de fundos mútuos que superaram o desempenho do mercado ao longo de vários anos. Em vez disso, os fundos mútuos tendem a atingir aproximadamente os mesmos resultados do mercado como um todo. Esse desempenho é compatível com a hipótese do mercado eficiente, que sugere que poucos investidores, ou nenhum, superam o desempenho do mercado por um longo período.

REVISÃO DOS OBJETIVOS

Agora que completou este capítulo, você deve ser capaz de

1. Diferenciar companhias de investimento fechadas e abertas (páginas 266-269).
2. Determinar o valor líquido dos ativos de um fundo (página 267).
3. Comparar o desconto ou prêmio de uma companhia de investimento fechada (páginas 267-269).
4. Relacionar as fontes de retorno de uma companhia de investimento (páginas 269-270).
5. Citar vários custos associados ao investimento em um fundo mútuo (páginas 270-272).
6. Diferenciar fundos mútuos com base em suas carteiras (páginas 270-273).
7. Explicar por que os retornos de fundos mútuos ao longo do tempo tendem a acompanhar o mercado como um todo (páginas 275-276).
8. Identificar vários fatores a serem considerados ao selecionar uma companhia de investimento para possível inclusão em sua carteira (páginas 277-279).

PROBLEMAS

1. Qual é o valor líquido dos ativos de uma companhia de investimento com $ 10 milhões de ativos, $ 600 mil de passivo circulante e 1.200.000 ações em circulação?
2. Se o valor líquido dos ativos de um fundo mútuo for $ 23,40 e o fundo vende suas ações por $ 25, qual será a taxa de carregamento como porcentagem do valor líquido dos ativos?
3. Um investidor compra ações de um fundo mútuo por $ 20. No fim do ano, o fundo distribui um dividendo de $ 0,58 e o valor líquido dos ativos por ação é $ 24,31 após a distribuição. Qual será o retorno percentual do investidor sobre o investimento?
4. Se um investidor compra ações de um fundo mútuo sem carregamento por $ 30 e depois de cinco anos as ações valorizam-se para $ 50, qual será (1) o retorno percentual e (2) a taxa de retorno anual usando o valor do dinheiro no tempo?
5. Há doze meses, você comprou ações de um fundo mútuo sem carregamento por $ 22,50 por ação. O fundo distribuiu dividendos em dinheiro de $ 0,75 e ganhos de capital de $ 1,25 por ação. Se o valor líquido dos ativos do fundo atualmente é $ 24,45, qual foi seu retorno anual sobre o investimento? Se o valor das ações tivesse sido $ 21,24, qual teria sido o seu retorno anual?
6. O Fundo Global de Crescimento é um fundo com carregamento que cobra uma taxa antecipada de carregamento de 6%. Ele começou o ano com um valor líquido dos ativos (NAV) de $ 16,50. Durante o ano, o fundo distribuiu $ 1,05 e, no fim do ano, seu NAV era $ 17,95. Qual foi o retorno do fundo e qual foi o retorno de cada investidor? Por que são diferentes?
7. Uma companhia de investimento fechada tem um valor líquido dos ativos de $ 12,75. Há um ano, as ações eram vendidas com um desconto de 20%, mas esse desconto diminuiu para 10%. Se a companhia distribuiu $ 1,25 por ação, qual foi o retorno de um investimento nessas ações antes de serem consideradas as comissões sobre a compra?

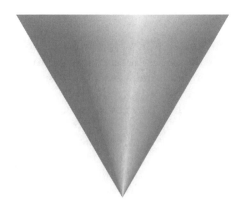

PARTE 4

Em 2005, a ExxonMobil (XOM) tinha ativos de $ 195.256.000.000. Imagine administrar esse volume de ativos! A Vermont Teddy Bear (BEAR) tinha ativos de $ 27.313.000. Alguém também deve ser responsável pela gestão dos ativos da Vermont Teddy Bear, e os administradores financeiros tanto da ExxonMobil como da Vermont Teddy Bear têm de encontrar fontes de financiamento para reforçar os ativos de suas respectivas empresas.

A administração dos ativos dessas empresas é importante, mas tem pouco impacto sobre você ou eu (a menos que trabalhemos para uma delas). O financiamento desses ativos, porém, pode nos afetar. A poupança de pessoas físicas, de outras empresas e de governos é a fonte dos financiamentos que permitem à ExxonMobil e à Vermont Teddy Bear adquirir seus ativos. A saúde dos nossos investimentos pode ser substancialmente afetada pela administração dos ativos dessas empresas. Mesmo que não tenhamos investimentos diretos em qualquer delas, talvez tenhamos ações de fundos mútuos ou planos de pensão que investem na ExxonMobil ou na Vermont Teddy Bear.

As Partes 1 a 3 deste livro abrangeram áreas de finanças que afetam as vidas de qualquer pessoa: instituições financeiras e investimentos individuais. Esta seção é dedicada à gestão financeira do ponto de vista empresarial. Mesmo que poucos indivíduos sejam administradores financeiros, eles podem ter contato com componentes específicos de finanças

FINANÇAS CORPORATIVAS

corporativas (por exemplo, a forma como a ExxonMobil financia seus ativos). E, evidentemente, alguém que se torne um empresário e dirija a própria empresa estará enfrentando muitas das mesmas decisões exigidas de um administrador financeiro corporativo, mas sem contar com os especialistas que estão disponíveis em qualquer empresa de grande porte!

Os capítulos da Parte 4 cobrem ampla variedade de decisões financeiras corporativas: a gestão de ativos de curto e longo prazos, como esses ativos devem ser financiados, qual é a combinação ideal de dívida e patrimônio líquido, como planejar o momento em que a empresa precisará de financiamento, como analisar o desempenho da empresa e como determinar se a empresa deve crescer por meio de investimentos em instalações e equipamentos. As decisões financeiras permeiam praticamente todas as decisões de uma empresa, porque a maioria das decisões empresariais tem implicações financeiras. Portanto, é desejável que os estudantes de áreas não financeiras estejam cientes dos componentes do processo de tomada de decisões financeiras. Esses conhecimentos facilitarão suas comunicações com outras áreas e estimularão o seu progresso dentro da comunidade empresarial.

FORMAS DE TRIBUTAÇÃO DE EMPRESAS E CORPORAÇÕES

O restante deste texto aborda a gestão financeira básica a partir de uma perspectiva empresarial. Embora seja aplicável a todas as empresas, o tema destina-se especialmente àquelas que disponham de recursos suficientes para fazer a análise. Porém, se você estiver considerando a possibilidade de abrir o próprio negócio, boa parte deste material será aplicável às suas operações. O conhecimento do material exposto nos próximos dez capítulos deverá aumentar sua capacidade de administrar a sua empresa de forma lucrativa.

Este capítulo contém uma breve revisão das formas de tributação comercial e empresarial. Se você já está familiarizado com esse material, avance para o próximo capítulo, que descreve as primeiras ferramentas usadas para ajudar na tomada de decisões financeiras empresariais.

EMPRESAS INDIVIDUAIS, SOCIEDADES E CORPORAÇÕES

A maioria das empresas pode ser classificada como empresa individual, sociedade ou corporação. (Outras formas de negócios incluem sindicatos, fundos e sociedades anônimas.) O que predomina, por larga margem, são as empresas individuais. Segundo o Censo Econômico dos Estados Unidos, existiam 17.176.000 empresas individuais contra apenas 1.759.000 sociedades e 4.710.000 corporações. (Dados do censo estão disponíveis no site do U.S. Census Bureau, em **http://www.census.gov**, que pode ser acessado por meio de **http://mayo.swlearning.com**). As corporações, porém, geraram a maior parte das receitas ($ 15,89 bilhões) e dos lucros ($ 915 milhões), embora as empresas individuais tenham gerado receitas de $ 870 bilhões e lucros de $ 187 bilhões. Obviamente, as corporações detêm a maior parte da capacidade produtiva do país, geram a maioria das vendas e auferem a maioria dos lucros. As empresas individuais são basicamente empreendimentos familiares limitados a pequenos negócios, como a loja da esquina. No entanto, muitas grandes corporações começaram modestamente e o mundo empresarial norte-americano está repleto de histórias de pessoas talentosas que transformaram seu pequeno negócio em uma empresa líder do setor.

Uma empresa **individual**, como o nome indica, tem apenas um proprietário. A empresa pode empregar outras pessoas e contrair empréstimos, mas o proprietário individual arca com o risco da propriedade e beneficia-se dos lucros eventualmente obtidos.

> **Empresa individual**
> Empresa com um único proprietário.

Estes são elementos importantes de uma empresa individual, pois a organização não tem existência sem seu proprietário. A empresa não é uma pessoa jurídica que possa ser responsabilizada por suas ações. O proprietário individual é responsável pelas ações da companhia e responde legalmente por suas dívidas. Os proprietários individuais arcam com o risco de propriedade, e esse risco não está limitado aos seus investimentos pessoais. Eles podem perder mais que o dinheiro investido em sua empresa, pois podem ser responsabilizados pelas dívidas contraídas para operá-la. Entretanto, como a empresa individual não é uma entidade jurídica, não paga imposto de renda. Os lucros são considerados renda do proprietário individual e estão sujeitos apenas à tributação de renda pessoal.

Uma **sociedade** é semelhante a uma empresa individual; a diferença é que a empresa tem pelo menos dois proprietários (ou sócios). Embora uma sociedade possa ter apenas dois proprietários, não há qualquer limite ao número máximo de sócios. Uma sociedade não tem vida sem seus sócios. Os sócios são os proprietários, colhendo os benefícios e arcando com os riscos da propriedade. Cada sócio contribui com alguma coisa para a empresa, e essa contribuição não precisa necessariamente ser financeira. Por exemplo, vários sócios podem contribuir com fundos e outros com conhecimentos especializados.

> **Sociedade**
> Empresa formada por dois ou mais indivíduos, cada um dos quais é responsável pelas dívidas da empresa.

Os direitos e as obrigações dos sócios são estabelecidos quando a sociedade é formada. Os mais importantes são a participação dos sócios nos lucros e a extensão da sua responsabilidade. No caso mais simples, cada sócio contribui com alguma porcentagem dos fundos necessários para operar a empresa e recebe essa mesma porcentagem dos lucros. Entretanto, nem todos os acordos societários são tão simples. Por exemplo, se um sócio contribui com dinheiro e o outro com conhecimentos especializados, talvez a divisão de lucros não seja igualitária. Em vez disso, a distribuição é estabelecida mutuamente pelos sócios.

Ao formar uma sociedade, é importante ter um acordo por escrito que defina claramente os direitos e deveres de cada sócio. Em geral, todos os sócios arcam com o risco do empreendimento. Cada sócio responde pela dívida total da empresa; portanto, a responsabilidade individual de cada sócio não está limitada à sua participação na empresa. Embora os credores inicialmente tentem obter o pagamento das dívidas pela própria empresa, eles podem processar os sócios para que efetuem o pagamento, caso a empresa deixe de honrar suas dívidas. Caso um sócio seja incapaz de honrar sua parte nessas obrigações compartilhadas, os outros sócios são responsáveis por essas dívidas. Além disso, a participação de um sócio na empresa pode ser confiscada para quitar dívidas pessoais. Embora os credores devam inicialmente processar o indivíduo para que quite suas dívidas pessoais, caso isso não aconteça, os credores podem ter direito legal sobre sua participação na sociedade. Essas demandas e contestações tendem a ser complexas, mas a ordem geral é que os credores pessoais inicialmente têm direitos legais sobre o patrimônio pessoal dos sócios e os credores da empresa inicialmente têm direitos legais sobre os ativos da sociedade. Caso o patrimônio pessoal seja insuficiente para quitar as dívidas individuais, os credores podem requerer seus direitos sobre a participação desse sócio na sociedade. Caso os ativos da empresa sejam insuficientes, os credores da sociedade podem fazer requerer seus direitos sobre os sócios individuais.

Há um tipo de sociedade que garante responsabilidade limitada a determinados sócios. Essas sociedades são chamadas **sociedades limitadas**; nesse caso, os sócios limitados respondem apenas pela sua participação. Embora possam ter **responsabilidade limitada**, esses sócios não têm qualquer controle sobre as operações da empresa. Esse controle cabe aos sócios restantes (ou gerais), que têm responsabilidade ilimitada. Essa forma de sociedade é popular para tipos arriscados de empreendimentos, como prospecção e mineração, perfuração de poços de gás e petróleo e negócios imobiliários. As ações de várias sociedades limitadas (por exemplo, a Kinder Morgan) são negociadas na Bolsa de Nova York. Essas sociedades são semelhantes a fundos mútuos, porque também não pagam imposto de renda. A sociedade distribui receitas aos sócios, que são responsáveis pelo imposto apropriado.

> **Sociedade limitada**
> Sociedade em que alguns dos sócios têm responsabilidade limitada e não respondem pelas dívidas da empresa.
>
> **Responsabilidade limitada**
> Situação em que um indivíduo responde apenas pelo próprio investimento na empresa.

Uma **corporação** é uma entidade econômica jurídica artificial estabelecida por um Estado. Cada corporação deve ser incorporada em um Estado. As variações na legislação estadual fizeram que alguns Estados se tornassem mais populares que outros para a constituição de corporações. Segundo as leis estaduais, a empresa recebe um certificado de incorporação informando o nome, o local do escritório central, a finalidade e o número de cotas de participação acionária (ações de propriedade) que estão autorizadas (ou seja, o número de ações que a empresa pode emitir). Além do certificado de incorporação, a empresa recebe uma **carta patente** que especifica a relação entre a corporação e o Estado. Na reunião inicial de acionistas, são estabelecidos os **estatutos**, que definem as regras com base nas quais a empresa será administrada (por exemplo, os direitos de voto dos acionistas).

> **Corporação**
> Entidade econômica criada por um Estado, com direito de possuir ativos, assumir dívidas e realizar atividades específicas.
>
> **Carta patente**
> Documento especificando a relação entre uma empresa e o Estado no qual foi incorporada.
>
> **Estatutos**
> Documento especificando a relação entre uma corporação e seus acionistas.

Aos olhos da lei, uma corporação é uma entidade jurídica separada dos seus proprietários. Ela pode assinar contratos e é legalmente responsável por suas obrigações. Isso diferencia significativamente as corporações das empresas individuais e sociedades. Depois que a empresa é incorporada, seus proprietários respondem apenas pela quantia investida. Os proprietários de corporações têm "responsabilidade limitada", e essa responsabilidade limitada é uma vantagem importante da incorporação. Os credores podem processar a empresa para exigir pagamento caso ela esteja inadimplente, mas não podem processar os acionistas.

Para muitas corporações pequenas, porém, a responsabilidade limitada não existe. É comum que os credores exijam que os acionistas usem seu patrimônio pessoal como garantia dos empréstimos contraídos por pequenas corporações. Assim, se a corporação continuar inadimplente, os credores poderão seqüestrar os ativos fornecidos como garantia pelos acionistas. Quando isso ocorre, a responsabilidade dos acionistas não é limitada ao seu investimento inicial. Na prática, a responsabilidade limitada efetivamente ocorre em grandes corporações que dispõem de ativos para serem dados como garantia ou de uma classificação de crédito suficiente para contrair empréstimos sem garantias. Portanto, um investidor sabe que, ao comprar ações de uma empresa como a General Motors, o máximo que pode ser perdido é a quantia investida. Se a empresa for à falência, os credores não poderão seqüestrar os ativos dos acionistas. Essa responsabilidade limitada é uma vantagem importante da incorporação de uma empresa, pois grandes corporações (por exemplo, a United Airlines e a Enron) também vão à falência.

Uma segunda vantagem da incorporação é a permanência. Como é estabelecida pelas leis do Estado, a corporação será permanente até ser dissolvida pelo Estado. As empresas individuais e sociedades cessam quando um dos proprietários morre ou vai à falência. A sociedade deve ser reformulada para continuar a operar. As corporações, porém, continuam a existir quando um dos proprietários morre. As ações tornam-se parte do espólio do proprietário falecido e são transferidas aos herdeiros. A empresa continua a operar e não é necessário formar uma nova corporação. A permanência é uma vantagem importante da incorporação, caso os proprietários acreditem que a empresa deverá crescer e continuar operando por muitos anos, porque as despesas da reformulação de uma sociedade entre os proprietários são evitadas.

Uma terceira vantagem potencial da incorporação é a facilidade com que o título de propriedade pode ser transferido de um investidor para outro. Tudo o que é necessário para essa transferência é a venda, pelo investidor, da participação acionária (que é sua prova de propriedade) e a inclusão do novo proprietário no registro de acionistas da empresa. Essas transferências ocorrem diariamente por meio de mercados organizados de títulos, como a Bolsa de Nova York.

A incorporação também pode oferecer à empresa a vantagem de permitir a obtenção de grandes quantias de dinheiro por meio da emissão de títulos e ações. A responsabilidade limitada dos acionistas, o potencial de ganhos de capital e a existência de mercados secundários em que os títulos podem ser comprados ou vendidos são vantagens associadas à incorporação e que não existem para as empresas não incorporadas. Corporações como a IBM podem emitir novos títulos ou ações para aumentar o capital. Mesmo empresas com classificação de crédito inferior podem ser capazes de obter fundos por meio da emissão de novos títulos, embora tenham de pagar taxas de juros mais elevadas para induzir os investidores a comprá-los.

Empresas S e Sociedades de Responsabilidade Limitada (LLC)

Há uma opção disponível aos acionistas de pequenas corporações que lhes permite gozar das vantagens associadas às corporações (como permanência, responsabilidade limitada e facilidade de transferência) sem a desvantagem da dupla tributação (a tributação da renda corporativa e a tributação subseqüente dos dividendos recebidos pelos acionistas). Uma corporação que tenha 35 acionistas ou menos pode optar por ser tributada como uma **empresa S**. Quando a empresa opta pela tributação como empresa S, seus lucros não estão sujeitos à tributação de renda corporativa federal. Em vez disso, os lucros da empresa são tributadas como renda dos seus acionistas. Portanto, o tratamento fiscal é o mesmo aplicado aos lucros de sociedades ou empresas individuais.

Empresa S
Corporação que é tributada como se fosse uma sociedade.

Embora evite o problema da dupla tributação, a opção pela condição de empresa S também significa que os acionistas individuais são responsáveis pelos impostos de renda apropriados. Essa tributação é aplicável mesmo que a corporação não distribua seus lucros como dividendos. Se a empresa retiver os lucros para reinvestimento, os acionistas terão de pagar impostos sobre os lucros não distribuídos. Caso a administração deseje reter lucros para financiar seu crescimento futuro, a opção pela tributação como empresa S seria uma decisão equivocada. Seria melhor para a empresa ter seus lucros tributados em nível corporativo e reter (não distribuir) esses lucros.

Uma alternativa à empresa S é a sociedade de responsabilidade limitada (LLC, *limited liability company*), que é uma nova modalidade de negócios cuja popularidade vem crescendo desde que passou a receber tratamento fiscal favorável da Receita Federal dos Estados Unidos. Para fins tributários, essas empresas podem se candidatar ao tratamento como sociedades; ou seja, não há qualquer imposto de renda no nível de empresa. Os lucros (ou prejuízos) fluem para os proprietários, que pagam o imposto de renda federal apropriado. Embora ambas estejam isentas de taxação como empresas, as LLCs são diferentes das empresas S. Uma empresa S não pode ter mais de 35 acionistas, que devem ser cidadãos norte-americanos ou estrangeiros residentes. As LLCs não estão sujeitas a essa limitação. Investidores estrangeiros, corporações ou sociedades podem ter participação acionária em uma sociedade por cotas de responsabilidade limitada.

As LLCs também oferecem a vantagem da responsabilidade limitada. Os proprietários da LLC não respondem pelas dívidas da empresa. Embora essa responsabilidade limitada seja aplicável às sociedades limitadas, existem diferenças importantes entre LLCs e sociedades limitadas. Estas devem ter pelo menos um sócio geral que administre a empresa e seja responsável por suas dívidas. As LLCs não estão sujeitas a essa restrição. Os proprietários da empresa podem participar ativamente da sua administração sem serem pessoalmente responsáveis.

Essas vantagens da LLC – a transferência da incidência do imposto de renda federal e a responsabilidade limitada – explicam por que as LLCs tornaram-se uma forma popular de empresa que tende a substituir muitas sociedades e empresa S. Entretanto, as ações dessas empresas não são registradas na SEC e não são negociadas publicamente. Portanto, a LLC não substituirá as corporações publicamente controladas.

TRIBUTAÇÃO CORPORATIVA

As empresas individuais e sociedades não estão sujeitas a imposto de renda. Os lucros gerados por essas empresas fluem diretamente para os proprietários, que pagam o imposto de renda apropriado. Muitas corporações, porém, são tributáveis em vários níveis de governo. Os lucros, os ganhos de capital e até mesmo a propriedade podem estar sujeitos a tributação. Essa discussão é limitada ao imposto de renda corporativo federal.

Em janeiro de 2005, a estrutura fiscal corporativa federal para lucros obtidos em 2004 era a seguinte:

Lucro corporativo tributável	Taxa marginal de imposto
$ 0–50.000	15%
$ 50.001–75.000	25
$ 75.001–100.000	34
$ 100.001–335.000	39
$ 335.001–10.000.000	34
$ 10.000.001–15.000.000	35
$ 15.000.001–18.300.000	38
mais de $ 18.300.000	35

Se uma corporação receber $ 40 mil, o imposto será:

$$\$ 40.000 \times 0,15 = \$ 6.000.$$

Se o lucro for de $ 70 mil, o imposto de renda será:

$$(\$ 50.000 \times 0,15) + (\$ 20.000 \times 0,25) = \$ 12.500.$$

O imposto é calculado sobre o lucro em ambas as faixas de tributação e as duas quantias são somadas. Ou seja, $ 50 mil são taxadas a 15% e os $ 20 mil restantes a 25%, resultando em um total de impostos devidos de $ 12.500.

Se a empresa receber $ 200 mil, o imposto será:

$$(\$ 50.000 \times 0{,}15) + (\$ 25.000 \times 0{,}25) + (\$ 25.000 \times 0{,}34) + (\$ 100.000 \times 0{,}39) = \$ 61.250$$

Observe que, com o aumento do lucro, a alíquota sobe para 35%, mas há níveis de lucro tributados em 39% e 38%. A faixa de tributação de 39% recupera os benefícios das faixas tributárias inferiores de 15% e 25%. A faixa de tributação de 38% recupera os benefícios da faixa de 34%. No momento em que excede $ 18.300.000, *todo* o lucro da empresa é tributado em 35%.

Sob essa estrutura fiscal, a alíquota máxima é aplicada a praticamente todas as corporações de porte significativo. Com certeza, para as empresas negociadas publicamente, o investidor deve estimar o imposto de renda corporativo como aproximadamente um terço dos lucros pré-tributação. Se a alíquota da empresa for menor, talvez o investidor deva se perguntar por quê. Uma alíquota fiscal menor no momento pode ser indicativa de alguma aberração fiscal temporária, como perda tributária transportada (como será visto na próxima seção). Esses benefícios temporários podem cessar no futuro, de modo que a baixa tributação atual pode implicar maior tributação futura com redução dos lucros pós-taxação.

TRIBUTAÇÃO DE PERDAS CORPORATIVAS

Nem todas as corporações são lucrativas. Algumas operam com prejuízo, e esse prejuízo, como os lucros, possui conseqüências fiscais. Todas as empresas devem declarar seus lucros e pagar impostos de renda adequados em cada exercício fiscal. Mas uma empresa com muitos anos de operação pode operar com prejuízo durante alguns anos e gerar lucros em outros. A legislação fiscal corporativa federal permite que os prejuízos de um ano compensem os lucros dos anos lucrativos, o que faz que, ao longo de um período de anos, sejam tributadas os lucros líquidos da empresa após as perdas e não apenas seus lucros nos anos lucrativos.

Quando uma corporação opera com prejuízo durante o exercício fiscal atual, esse prejuízo pode ser transportado retroativamente para compensar os lucros obtidos nos três anos anteriores. (A corporação pode optar por transportar o prejuízo para exercícios subseqüentes, o que pode ser desejável, caso a administração espere atingir uma faixa de tributação mais elevada no futuro.) Se a perda for transportada retroativamente, a corporação receberá uma restituição de impostos pagos anteriormente. Caso persista qualquer prejuízo porque as perdas totais excederam os lucros dos três anos anteriores, esse prejuízo remanescente é transportado para a frente, podendo compensar os lucros de até 15 anos subseqüentes. Nesse caso, o transporte da perda para os exercícios subseqüentes elimina os impostos futuros.

O impacto do transporte de perdas para exercícios anteriores ou futuros pode ser visto nas ilustrações a seguir. Em todos os casos, a corporação apresentou prejuízo no ano corrente (ou seja, no ano 4). Presume-se que a alíquota do imposto de renda corporativo seja de 30%. A perda de $ 1 mil no ano 4 é usada para contrabalançar os lucros totais nos anos 1 e 2 e $ 200 dos lucros no ano 3. Assim, os $ 120 de impostos pagos nos anos 1 e 2 e os $ 60 de impostos pagos no ano 3 são restituídos no ano 4. O prejuízo de $ 1 mil no ano 4 recupera os impostos pagos nos anos 1 e 2 e parte dos impostos do ano 3.

Caso A	Ano					
	1	2	3	4	5	6
Lucros	$ 400	400	400	(1.000)	400	400
Impostos	$ 120	120	120	0	120	120
(Restituição de impostos)				($ 300)		
Impostos líquidos pagos (após restituição)	0	0	$ 60	0	120	120

Dois pontos importantes devem ser salientados. Em primeiro lugar, observe que o prejuízo é usado inicialmente contra o lucro do ano 1: Se esse lucro não exaure o prejuízo, o resto é transportado para o ano 2 para compensar o lucro daquele ano. Novamente, se os lucros não exaurem o prejuízo, o resto é transportado para o ano 3. O prejuízo só será transportado para a frente, para os anos 5, 6 e assim por diante, caso exceda a soma dos lucros nos anos 1, 2 e 3. Além disso, observe que o prejuízo é usado inicialmente contra o lucro do ano 1 e não do ano 3. O prejuízo é transportado retroativamente três anos e, em seguida, qualquer prejuízo remanescente é transportado para a frente.

Caso A	Ano							
	1	2	3	4	5	6	7	8
Lucros	$ 400	400	400	(1.500)	—	—	—	—
Impostos	$ 120	120	120	0	—	—	—	—
(Restituição de impostos)				($ 360)				
Impostos líquidos pagos (após restituição)	0	0	0	0				

No caso B, como o prejuízo no ano 4 excede os lucros combinados dos anos 1 a 3 (prejuízo de $ 1.500 contra $ 1.200 de lucros combinados), o prejuízo remanescente de $ 300 é transportado para contrabalançar os lucros obtidos nos anos subseqüentes. Os $ 360 de impostos pagos anteriormente serão totalmente restituídos e a corporação não terá de pagar imposto de renda federal corporativo sobre os próximos $ 300 de lucros. Evidentemente, essa economia futura de impostos depende da geração subseqüente de receitas pela empresa. Na ilustração, ainda não existem receitas futuras; portanto, essa economia potencial de impostos ainda pode ser perdida.

Caso A	Ano							
	1	2	3	4	5	6	7	8
Lucros	—	—	—	($ 1.500)	400	600	800	1.000
Impostos	—	—	—	0	$ 120	180	240	300
(Restituição de impostos)	—	—	—	—	($ 120)	(180)	(200)	—
Impostos líquidos pagos (após restituição)	—	—	—	0	0	0	$ 40	300

No caso C, como a empresa não teve lucros nem prejuízos nos três primeiros anos, então os $ 1.500 de prejuízo são totalmente transportados para a frente. A ordem do transporte futuro é cronológica; portanto, todo o lucro de $ 400 no ano 5 é compensado, bem como os lucros de $ 600 no ano 6. Os lucros dos anos 5 e 6 são contrabalançados por apenas $ 1 mil do prejuízo de $ 1.500 no ano 4. Os $ 500 restantes são usados para compensar parcialmente os $ 800 obtidos no ano 7. Depois do ano 7, porém, todo o prejuízo terá sido usado para compensar os lucros e, portanto, qualquer lucro obtido no ano 8 ($ 1 mil) estará sujeito à cobrança do imposto de renda corporativo federal.

RESUMO

A maioria das empresas são firmas individuais, sociedades ou corporações. As diferenças entre elas estão relacionadas ao número de proprietários, à permanência da empresa, à facilidade de transferência da propriedade, à responsabilidade dos proprietários e à tributação. O desenvolvimento das empresas S e sociedades de responsabilidade limitada (LLCs) tornou menos nítidas as distinções entre corporações e outras formas de empresa.

Em termos de receitas e lucros, as corporações são a forma mais importante de empresa. As corporações são estabelecidas em um Estado e recebem uma carta patente que especifica a relação entre o Estado e a corporação. A relação entre a empresa e seus proprietários (acionistas) é especificada nos estatutos. As vantagens das grandes corporações controladas publicamente incluem permanência, facilidade de transferência da propriedade e responsabilidade limitada.

As empresas estão sujeitas à tributação pelos governos federal e estadual. A alíquota do imposto de renda corporativo federal sobe até 35% à medida que o lucro tributável de uma empresa aumenta. Quando a corporação opera com prejuízo, as perdas podem ser transportadas retroativamente até três anos para contrabalançar lucros tributados anteriormente. Com esse transporte retroativo, a corporação recebe uma restituição de impostos. Se os lucros dos três anos anteriores não foram suficientes para exaurir o prejuízo, qualquer prejuízo remanescente é transportado para a frente e usado para compensar lucros futuros. Esse transporte pode abranger até 15 anos no futuro; entretanto, para que o transporte futuro do prejuízo produza economias de tributação, é necessário que a empresa gere lucros no futuro.

REVISÃO DOS OBJETIVOS

Tendo concluído este capítulo, você deverá ser capaz de

1. Enumerar as diferenças e semelhanças entre os formatos de empresa (páginas 285-288).
2. Calcular o valor dos impostos devidos para determinado lucro tributável (páginas 288-289).
3. Calcular a restituição de imposto para determinado prejuízo (páginas 289-290).

PROBLEMAS

1. Dadas as seguintes informações, qual é a alíquota fiscal federal da empresa?
   Lucro tributável: $ 2.000
   Lucro tributável: $ 65.000
   Lucro tributável: $ 1.000.000
   Lucro tributável: $ 50.000.000

2. Nos últimos cinco anos, a empresa A foi consistentemente lucrativa. Seus lucros pré-tributação foram os seguintes:

Ano	1	2	3	4	5
Lucros	$ 1.000	3.000	4.300	5.200	4.400

   a. Se a alíquota do imposto corporativo era de 25%, qual foi o valor dos impostos sobre lucros pagos pela empresa a cada ano?
   b. Infelizmente, no ano 6 as vendas da empresa caíram significativamente, o que resultou em um prejuízo de $ 10.800. Qual será o impacto do prejuízo sobre os impostos pagos pela empresa nesses seis anos?

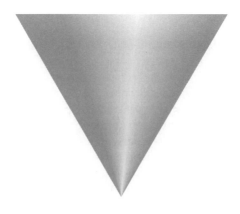

ANÁLISE DO PONTO DE EQUILÍBRIO E PERÍODO DE RECUPERAÇÃO DO INVESTIMENTO

A administração precisa de métodos que lhe permitam selecionar investimentos de longo prazo em instalações e equipamentos. Essas técnicas podem variar das mais simples às mais complexas. Este capítulo aborda duas variações de um método simples de tomada de decisões de investimento. Em ambos os casos, a ênfase está em evitar prejuízos. O primeiro, conhecido como análise do ponto de equilíbrio (*breaken-even point analysis*), pergunta qual deve ser o volume produzido para cobrir todos os custos – ou seja, para deixar de ter prejuízo. O segundo, conhecido como período de recuperação do investimento, pergunta com que rapidez a empresa recuperará o custo de um investimento.

Observe que nenhuma dessas duas técnicas considera os lucros nem o tempo necessário para atingir o equilíbrio e recuperar os custos. Como a ênfase está exclusivamente na cobertura de todos os custos, em tese é possível selecionar um investimento que jamais será lucrativo.

Para grandes empresas, essas técnicas não são aceitáveis. Para a administração de uma pequena empresa, essa análise é melhor que nenhuma análise e pode ser aceitável em termos pragmáticos. Na pior das hipóteses, a determinação do nível de produção necessário para evitar prejuízos e do tempo necessário para recuperar os custos fornece à administração algumas informações básicas úteis. Embora não possa determinar se uma decisão gerará lucros, a análise ajuda a administração a decidir quais novos produtos devem ser desenvolvidos e quais mercados devem ser explorados. Se o nível de vendas previsto para um novo produto não tiver um ponto de equilíbrio, a produção não deve ser iniciada! Se um investimento demorar muitos anos para recuperar seus custos, talvez seja mais prudente que a administração recue e invista os escassos recursos da empresa em outro lugar.

ANÁLISE DO PONTO DE EQUILÍBRIO (*BREAK-EVEN POINT*)

A **análise do ponto de equilíbrio** determina o nível de vendas que não gera lucros nem prejuízos e, portanto, permite que a empresa "saia do prejuízo". A análise do ponto de equilíbrio também possibilita que a administração determine os efeitos sobre o nível de lucros causados por (1) flutuações nas vendas, (2) flutuações nos custos e (3) mudanças nos custos fixos em relação aos custos variáveis. A análise do ponto de equilíbrio é baseada nestas três relações matemáticas: a relação entre (1) produção e receitas totais (vendas), (2) produção e custos variáveis de produção e (3) produção e custos fixos de produção.

> **Análise do ponto de equilíbrio**
> Técnica usada para determinar o nível de produção em que as despesas totais igualam as receitas totais (não gerando lucros nem prejuízos).

A relação entre produção e receitas totais (RT) é o número de unidades vendidas (Q) vezes o preço (P) de cada unidade. Isso pode ser expresso como uma equação simples: a receita total é igual ao preço multiplicado pela quantidade vendida. Em forma simbólica, essa equação é expressa da seguinte maneira:

$$RT = P \times Q. \quad\quad\quad 19.1$$

Quanto maior for o número de unidades vendidas a determinado preço, maior será a receita total da empresa. Essa relação é exemplificada nas três primeiras colunas da Tabela 19.1, que apresenta os custos e as receitas de uma empresa utilizados na análise do ponto de equilíbrio. A primeira coluna mostra o preço do produto e a segunda, a quantidade vendida. A multiplicação dessas duas fornece a receita total na terceira coluna. Por exemplo, como o preço unitário é $2, a receita total para um nível de vendas de mil unidades é $2 mil.

Na Figura 19.1, a receita total é dada por uma linha reta que atravessa a origem, porque, com zero unidades de produção, não pode haver receita. À medida que a produção cresce, a receita total aumenta. A taxa de aumento da receita total (a inclinação da linha) é o preço de venda do produto. Essa taxa é constante, pois se presume que cada unidade adicional de produção seja vendida ao preço estabelecido.

Os custos de produção são divididos em duas classes: (1) custos que variam com a produção, como as despesas de mão-de-obra; e (2) custos que não variam com a produção, como as despesas administrativas ou os gastos com juros. Essa classificação de custos é arbitrária, porque custos fixos podem se tornar variáveis e custos variáveis podem se tornar fixos. Por exemplo, uma empresa pode mudar sua equipe de administração e alterar suas despesas administrativas fixas. Acordos trabalhistas também podem transformar certos custos variáveis em custos fixos. Por exemplo, um acordo trabalhista pode exigir o pagamento de indenizações rescisórias. Nesse caso, a empresa pode relutar em demitir trabalhadores, o que faz que o custo de mão-de-obra se torne fixo e independente do nível de produção. Essas restrições tornam mais difícil a classificação real dos custos como fixos e variáveis, mas não invalidam o conceito de que alguns custos são fixos e independentes do nível de produção, enquanto outros variam de acordo com o nível de produção.

Os **custos fixos** (CF) não variam com o nível de produção e podem ser expressos por esta equação simples:

> **Custos fixos**
> Os custos que não variam com o nível de produção.

$$\text{Custos fixos} = \text{Constante}. \quad\quad\quad 19.2$$

Na Tabela 19.1, a quarta coluna fornece os custos fixos de operação. Esses custos fixos serão de $1 mil, quer a empresa produza 10 ou 100 unidades de produto. A relação entre produção e custos fixos é mostrada na Figura 19.1 como uma linha horizontal (CF) que cruza o eixo y em a, para o valor fixo em dólares ($1 mil). A linha C não tem inclinação, pois os custos fixos não aumentam nem diminuem com o nível de produção. Eles são independentes do nível de produção.

Custos variáveis
Os custos que variam com o nível do produto.

Os **custos variáveis** (CV) mudam de acordo com o nível de produção: quanto maior é a produção da empresa, maiores os custos variáveis totais de produção. Essa relação também pode ser expressa por uma equação simples:

$$CV = \text{Custo variável por unidade} \times \text{Quantidade} = VQ. \quad \textbf{19.3}$$

A equação declara que os custos variáveis são os custos variáveis por unidade multiplicados pela quantidade produzida, em que V é o custo variável por unidade produzida. Conforme o nível de produção aumenta, os custos variáveis crescem proporcionalmente. Essa relação é mostrada na quinta e sexta colunas da Tabela 19.1, que fornecem o custo variável por unidade ($\$1$) e os custos variáveis totais de produção. Com nível zero de produção, não há custos variáveis. Cada unidade adicional de produção adiciona $\$1$ aos custos variáveis da empresa. Assim, com 200 unidades de produção, esses custos são de $\$200$, e, com mil unidades de produção, esses custos aumentam para $\$1$ mil.

Os custos variáveis totais são representados na Figura 19.1 pela linha CV. A linha dos custos variáveis passa pela origem, o que indica que, se as operações cessassem, a empresa não teria nenhum custo variável de operação. Isso é diferente dos custos fixos, que continuarão a existir mesmo que a empresa interrompa a produção. Por exemplo, durante uma greve os custos variáveis de mão-de-obra cessam, mas certos custos (como juros ou depreciação) não desaparecem apenas porque a empresa parou a produção. Uma fábrica que não esteja operando em virtude de uma greve não está gerando produção e vendas, o que coloca a administração sob pressão para chegar a um acordo antes que os custos fixos tornem-se um ônus intolerável.

Os **custos totais** (CT) de produção são a soma dos custos fixos e custos variáveis ($CT = CF + CV$). Na Tabela 19.1, os custos totais de operação são mostrados na sétima coluna, que é a soma das colunas 4 e 6. Na Figura 19.1, os custos totais são representados por CT, que é a soma vertical de CF e CV.

Custos totais
Soma dos custos fixos e variáveis.

Quando uma empresa atinge o ponto de equilíbrio, seus custos totais de produção são iguais às suas **receitas totais** e a empresa não está tendo lucro nem prejuízo. Se a empresa produzisse menos, teria prejuízo. A administração sabe que deve manter ao menos aquele nível de produção para cobrir todos os seus custos. Caso não acredite que o

Receitas totais
O preço vezes a quantidade vendida.

TABELA 19.1
Relações entre produção e receitas, produção e custos e produção e lucros.

1 P	2 Q	3 RT	4 FC	5 V	6 CV	7 CT	8 Lucros (prejuízos)
$2	0	$0	$1.000	$1	$0	$1.000	($1.000)
2	200	400	1.000	1	200	1.200	(800)
2	400	800	1.000	1	400	1.400	(600)
2	600	1.200	1.000	1	600	1.600	(400)
2	800	1.600	1.000	1	800	1.800	(200)
2	1.000	2.000	1.000	1	1.000	2.000	0
2	1.200	2.400	1.000	1	1.200	2.200	200
2	1.400	2.800	1.000	1	1.400	2.400	400
2	1.600	3.200	1.000	1	1.600	2.600	600
2	1.800	3.600	1.000	1	1.800	2.800	800
2	2.000	4.000	1.000	1	2.000	3.000	1.000

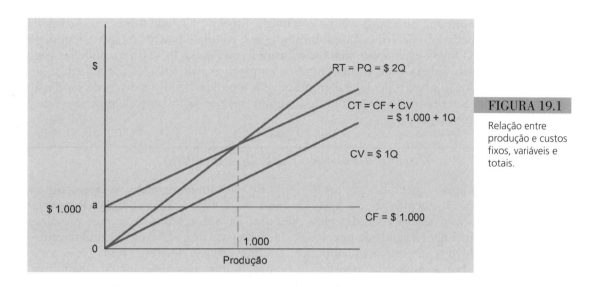

FIGURA 19.1

Relação entre produção e custos fixos, variáveis e totais.

nível de produção de equilíbrio possa ser atingido e a produção vendida, a administração deve fazer alterações. Por exemplo, talvez ela decida manter o nível de produção, mas encontrar uma maneira de diminuir os custos unitários de produção.

No ponto de equilíbrio, os custos totais devem ser iguais à receita total, ou seja:

$$RT = CT. \qquad \text{19.4}$$

Em seguida, substitua as Equações 19.1, 19.2 e 19.3 na Equação 19.4 e resolva para determinar o nível de equilíbrio de produção (Q_E):

$$PQ_E = CF + VQ_E$$

$$PQ_E - VQ_E = CF$$

$$Q_E(P - V) = CF$$

$$Q_E = \frac{CF}{P - V}. \qquad \text{19.5}$$

Como CF é o custo fixo de produção e V, o custo variável por unidade de produção, a equação para o nível de equilíbrio de produção é:

$$\text{Ponto de equilíbrio de produção} = \frac{\text{Custos fixos}}{\text{Preço do produto} - \text{Custo variável por unidade}}.$$

Observe que a Equação 19.5 utiliza um subscrito. Enquanto Q representa qualquer nível de produção, o subscrito E indica um nível específico de produção. No caso, ele representa o nível de produção que iguala receitas e custos, ou o "ponto de equilíbrio" (*break-even point*) da empresa.

Se essa equação for aplicada ao exemplo da Tabela 19.1, o *break-even point* (ponto de equilíbrio) será:

$$Q_E = \frac{\$\,1.000}{\$\,2 - \$\,1}$$

$$Q_E = 1.000$$

Essa resposta é a mesma obtida na oitava coluna da Tabela 19.1, que fornece os lucros da empresa. Esses lucros são determinados subtraindo-se a coluna 7 (custos totais) da coluna 3 (receitas totais). O *break-even point* também é ilustrado na Figura 19.1. Como pode ser visto na Figura 19.1 e na Tabela 19.1, o custo total da empresa excede sua receita total em todos os níveis de produção abaixo de mil e a empresa gera lucro em todos os níveis de produção superiores a mil. Seu *break-eve point* (ponto de equilíbrio) ocorre quando ela produz e vende mil unidades de produção.

Usos da Análise do Ponto de Equilíbrio

A administração pode exprimir o ponto de equilíbrio em termos de todas as operações da empresa. Na carta aos acionistas da Agere Systems em 2005, a administração discutiu as medidas que estavam sendo adotadas para melhorar as operações e reduzir os prejuízos. Essas alterações incluíam a venda de operações, o fechamento de instalações para diminuir os custos fixos e reduzir o número de funcionários. A administração descreveu essas ações como "necessárias para baixar nosso ponto de equilíbrio e melhorar nosso desempenho financeiro".

Além de indicar o nível de produção que deve ser obtido para evitar prejuízos, a análise do ponto de equilíbrio é uma maneira de a administração analisar os efeitos de alterações de preços e custos. Por exemplo, quais seriam os efeitos de uma queda no preço do produto na Tabela 19.1? Se, como resultado do aumento da concorrência, o preço do produto caísse de $ 2 (coluna 1 da Tabela) para $ 1,50, a análise do ponto de equilíbrio indicaria que a empresa agora teria de vender pelo menos 2 mil unidades de produto [$ 1 mil/($ 1,50 – $ 1) = 2.000] para cobrir seus custos totais. Embora a diminuição do preço possa gerar um aumento das vendas, a administração tem como prever um aumento suficiente das vendas para absorver 2 mil unidades de produção? Um exemplo de alteração de custos poderia ser a sugestão do departamento de propaganda de lançar uma campanha agressiva para aumentar as vendas. A administração pode usar a análise do ponto de equilíbrio para verificar até que ponto o nível de produção deverá ser expandido para cobrir o custo adicional de publicidade. Se a campanha publicitária adicionar $ 0,25 ao custo unitário do item, o ponto de equilíbrio passará a ser:

$$\frac{\$\,1.000}{\$\,2 - \$\,1{,}25} = 1.333$$

A campanha publicitária trará prejuízo à empresa se não for possível prever um nível de vendas de 1.333 unidades.

A análise do ponto de equilíbrio também pode ser usada para apurar a substituição de custos fixos por custos variáveis (por exemplo, a substituição de equipamento por trabalho). Embora os equipamentos possam ser eficazes em termos de custos, talvez exijam um nível mais alto de vendas para que a empresa atinja o ponto de equilíbrio. Se esse nível de vendas mais elevado não puder ser alcançado, a substituição pode transformar uma empresa lucrativa em uma que opera com prejuízo. (As implicações da substituição de custos fixos por custos variáveis serão discutidas e exemplificadas no próximo capítulo, na seção sobre alavancagem operacional.)

PERÍODO DE RECUPERAÇÃO DO INVESTIMENTO

O **período de recuperação do investimento** determina quanto tempo será necessário até que as entradas de caixa de um investimento reponham o custo do investimento (a saída de caixa inicial). Se um investimento custar $ 1 mil e as entradas de caixa anuais forem de $ 250, o período de recuperação do investimento será de quatro anos ($ 1 mil/$ 250). Se quatro anos forem um período aceitável

> **Período de recuperação do investimento**
> Tempo necessário para recuperar o custo de um investimento.

para recuperar o custo inicial, o investimento será feito. Note que cabe à administração determinar o que é um período aceitável, e que essa determinação pode ser subjetiva.

O período de recuperação do investimento também pode ser usado para avaliar investimentos alternativos. Quanto mais rápida for a recuperação da saída de caixa inicial, mais preferível será o investimento. Se quatro investimentos de $ 1 mil tivessem as seguintes entradas de caixa:

Ano	A	B	C	D
1	$ 250	$ 334	$ 400	$ 100
2	250	333	300	200
3	250	333	200	300
4	250	—	100	400
5	250	—	—	—

o investimento B seria preferível, porque recuperaria os $ 1 mil em três anos, enquanto os outros investimentos demorariam quatro anos.

Obviamente, o método de recuperação do investimento é uma maneira simples de avaliar alternativas e selecionar projetos de investimento. Há muitas falhas na técnica, mas é melhor utilizar o método de recuperação do investimento do que tomar decisões de investimento de longo prazo sem usar qualquer técnica de orçamento de capital. A incapacidade de prever com precisão o futuro sugere que a ênfase no futuro imediato pode ser uma maneira desejável, ou ao menos pragmática, de selecionar uma entre várias alternativas de investimento.

As críticas ao método de recuperação do investimento mostram por que outras técnicas de orçamento de capital são superiores. As deficiências incluem as seguintes: (1) o custo dos fundos (o custo de capital discutido no Capítulo 21) é omitido; (2) o cronograma do fluxo de caixa é ignorado; e (3) as entradas de caixa após o período de recuperação do investimento são desconsideradas. Cada um desses pontos fracos será discutido sucintamente. A forma como essas limitações podem ser superadas será examinada subseqüentemente no Capítulo 22, nas seções sobre os métodos de orçamento de capital de valor atual líquido e taxa interna de retorno.

A ausência de atenção ao custo de capital significa que usos alternativos do dinheiro são ignorados. A empresa precisa levantar fundos para adquirir um investimento e esses fundos têm um custo, o custo de capital. Um investimento deve ser capaz de gerar um retorno suficiente para compensar os investidores pelo uso de seu capital. Como o período de recuperação do investimento preocupa-se exclusivamente com a recuperação do capital investido, nada diz sobre o retorno gerado pelo investimento.

Essa deficiência torna-se mais grave quando outros pontos fracos são considerados. Considere os investimentos C e D na tabela. A incapacidade do método de recuperação do investimento de diferenciar o cronograma dos fluxos de caixa significa que, se for estritamente aplicado, o método não conseguirá estabelecer uma diferenciação entre os fluxos de caixa dos investimentos C e D. Ambos têm um período de recuperação do investimento de quatro anos. Evidentemente, C é superior, porque gera maior entrada de caixa nos anos iniciais, proporcionando fundos que podem ser reinvestidos em outros lugares.

A terceira limitação é que não são levadas em consideração as entradas de caixa recebidas após o período de recuperação do investimento. Essa falha ao considerar os fluxos de caixa após o período de recuperação do investimento resultaria na seleção dos investimentos B, C e D antes de A. O bom senso indica que A é superior. B, C e D recuperam apenas o custo de $ 1 mil. Eles não oferecem nenhum retorno. Um investimento precisa gerar fluxo de caixa após o período de recuperação do investimento para ser lucrativo, e mesmo assim o investimento pode não ser selecionado quando o custo de capital é usado na análise.

Apesar das críticas sistemáticas, o método de recuperação do investimento continua sendo usado porque (1) é de fácil compreensão, (2) é fácil de aplicar e (3) evita a necessidade de fazer projeções para o futuro mais distante. Quanto mais incerto é o futuro, mais válida tende a ser a utilização do método de recuperação do investimento. Assim, embora goze de escasso apoio teórico, o método de recuperação do investimento é fundamentado em termos práticos. Ele é fácil de executar e enfatiza o retorno imediato do custo do investimento. Talvez a administração de uma pequena empresa simplesmente não disponha de tempo, conhecimentos ou capacidade para realizar os tipos mais sofisticados de orçamento de capital.

RESUMO

O nível de equilíbrio de produção ocorre quando as receitas cobrem exatamente as despesas. As receitas dependem do número de unidades vendidas e do seu preço. As despesas totais dependem dos custos fixos, que são independentes do nível de produção, e dos custos variáveis, que aumentam e diminuem de acordo com as alterações no nível de produção. Embora não determine o nível de produção mais lucrativo, a análise do ponto de equilíbrio é uma ferramenta útil quando a administração pretende introduzir um novo produto ou substituir custos fixos por custos variáveis.

O período de recuperação do investimento determina o tempo necessário para que as entradas de caixa de um investimento recuperem o custo do investimento ou da saída inicial de caixa de um investimento. Os investimentos com recuperação mais rápida são preferíveis. Assim como a análise do ponto de equilíbrio, o período de recuperação do investimento não determina a lucratividade de um investimento ou sua contribuição para o valor da empresa. Essa técnica também tem deficiências significativas, como o fato de ignorar o cronograma das entradas de caixa.

Tanto a análise do ponto de equilíbrio como o período de recuperação do investimento são relativamente fáceis de executar e interpretar. Por esse prisma, talvez seja justificável que a administração de uma empresa recorra a qualquer dessas técnicas por razões pragmáticas. Essa justificativa pode ser particularmente verdadeira para uma empresa de pequeno porte cuja administração careça de tempo e recursos para executar uma análise mais detalhada e teoricamente correta.

REVISÃO DOS OBJETIVOS

Tendo concluído este capítulo, você deverá ser capaz de

1. Diferenciar custos fixos de custos variáveis (páginas 293-294).
2. Calcular o ponto de equilíbrio de produção (página 295).
3. Identificar um possível uso para a análise do ponto de equilíbrio (página 296).
4. Determinar o período de recuperação de um investimento (páginas 296-298).
5. Citar várias deficiências associadas ao uso do período de recuperação do investimento como método de seleção de investimentos de longo prazo (páginas 296-298).

PROBLEMAS

1. A administração acredita que pode vender um novo produto por $ 8,50. Os custos fixos de produção são estimados em $ 6 mil e os custos variáveis em $ 3,20 por unidade.

    a. Complete o quadro a seguir para os níveis fornecidos de produção, especificando as relações entre quantidade e custos fixos, quantidade e custos variáveis e quantidade e custos totais.

Quantidade	Receita total	Custos variáveis	Custos fixos	Custos totais	Lucros (Prejuízo)
0					
500					
1.000					
1.500					
2.000					
2.500					
3.000					

    b. Determine o ponto de equilíbrio usando o quadro anterior e use a Equação 19.5 para confirmar o ponto de equilíbrio de produção.

    c. O que aconteceria às tabelas de receitas totais, custos totais e ao ponto de equilíbrio de produção, se a administração determinasse que os custos fixos seriam de $ 10 mil em vez de $ 6 mil?

2. A administração de uma empresa deseja introduzir um novo produto. O produto, que será vendido a $ 4 por unidade, pode ser produzido usando-se duas escalas diferentes de operação. Na primeira, os custos totais são:

$$CT = \$\,3.000 + \$\,2{,}8Q.$$

Na segunda escala de operação, os custos totais são:

$$CT = \$\,5.000 + \$\,2{,}4Q.$$

    a. Qual é o ponto de equilíbrio de produção para cada escala de operação?

    b. Quanto a empresa lucrará com cada escala de operação se as vendas atingirem 5 mil unidades?

    c. Metade dos custos fixos são não-monetários (depreciação). Todas as outras despesas são em dinheiro (despesas de caixa). Se as vendas forem de 2 mil unidades, *as entradas de caixa cobrirão as despesas de caixa* para cada escala de operação?

    d. Os níveis previstos de vendas são:

Ano	Unidades vendidas
1	4.000
2	5.000
3	6.000
4	7.000

Se a administração optar pela escala de produção com custo fixo maior, o que poderá esperar nos anos 1 e 2? Qual poderia ser a justificativa da administração para escolher essa escala de operação? Caso as vendas atinjam apenas 5 mil unidades por ano, a escala de operação terá sido escolhida corretamente?

3. Uma empresa tem os seguintes cronogramas de receita total e custo total:

$$RT = \$\,2Q$$
$$CT = \$\,4.000 + \$\,1{,}5Q.$$

    a. Qual é o ponto de equilíbrio de produção? Qual é o nível de lucro com vendas de 9 mil unidades?

    b. Como resultado de um avanço tecnológico significativo, o cronograma de custo total mudou para:

$$CT = \$\,6.000 + \$\,0{,}5Q.$$

Qual é o ponto de equilíbrio de produção? Qual é o nível de lucro com vendas de 9 mil unidades?

4. O fabricante de um produto que tem um custo variável de $ 2,50 por unidade e custo total fixo de $ 125 mil deseja determinar o nível de produção necessário para evitar prejuízos.

   a. Que nível de vendas é necessário para atingir o ponto de equilíbrio, se o produto for vendido a $ 4,25? Qual será o lucro ou o prejuízo do fabricante com vendas de 100 mil unidades?
   b. Se os custos fixos aumentarem para $ 175 mil, qual será o novo nível de vendas necessário para atingir o ponto de equilíbrio?
   c. Se os custos variáveis diminuírem para $ 2,25 por unidade, qual será o novo nível de vendas necessário para atingir o ponto de equilíbrio?
   d. Se os custos fixos aumentarem para $ 175 mil e os custos variáveis caírem para $ 2,25 por unidade, qual será o novo ponto de equilíbrio de vendas?
   e. Se uma proporção significativa dos custos fixos fosse não monetária (depreciação), a incapacidade de atingir o ponto de equilíbrio de vendas significaria que a empresa seria incapaz de honrar suas obrigações correntes na data do vencimento? Suponha que $ 100 mil dos custos fixos de $ 125 mil acima sejam devidos à depreciação. Que nível de vendas constituiria o ponto de equilíbrio de *caixa*?

5. Três investimentos de $ 5 mil cada têm os fluxos de caixa a seguir. Classifique-os com base nos períodos de recuperação do investimento. Intuitivamente, essa classificação faz sentido?

Ano	A	B	C
1	$ 2.000	$ 3.000	$ 500
2	2.000	2.000	1.000
3	2.000	1.000	3.000
4	2.000	500	7.000
5	2.000	0	9.000

ALAVANCAGEM

Segundo Disraeli, "aquilo que prevemos raramente ocorre; o que menos esperávamos geralmente acontece". Talvez isso explique por que o lucro de $ 3,97 por ação da UAL (United Airlines) em 1989 transformou-se em um prejuízo de $ 9,92 em 1992. O lucro por ação recuperou-se para $ 4,82 em 1995 e chegou a $ 9,97 em 1999. No biênio 2001-2002, porém, as perdas ultrapassaram $ 30 por ação e logo depois a UAL entrou em processo de falência. É difícil acreditar que a administração tenha planejado uma lucratividade tão volátil. O imprevisto aconteceu e as decisões da administração sobre operações e financiamento ampliaram as alterações do lucro por ação.

Uma possível razão para essa volatilidade é o uso da alavancagem por parte da administração. A alavancagem operacional refere-se ao uso de fatores fixos de produção, como instalações e equipamentos, no lugar de fatores variáveis de produção. A substituição de mão-de-obra por máquinas pode gerar o mesmo nível de produção e alterar o lucro operacional da empresa, mas também pode aumentar a volatilidade do lucro operacional e os riscos. A alavancagem financeira corresponde ao uso de financiamento por dívida em vez de financiamento do patrimônio. A substituição de patrimônio por dívida pode alterar o lucro líquido e o retorno sobre o patrimônio, mas também pode aumentar a volatilidade do lucro líquido e os riscos.

Este capítulo aborda apenas dois tópicos: a alavancagem operacional e financeira e seus efeitos sobre o lucro líquido e os riscos da empresa. Para alguns administradores, a alavancagem é o "nome do jogo". O uso eficaz da alavancagem lhes permite aumentar o retorno sobre o patrimônio e elevar o valor da empresa. Mas o uso da alavancagem também aumenta os riscos. Riscos excessivos são contraproducentes e podem diminuir o valor da empresa. Certamente, deve haver um nível ótimo ou ideal de utilização da alavancagem que aumente os retornos sem aumentar indevidamente os riscos. Este capítulo, porém, aborda apenas o impacto da alavancagem operacional sobre o lucro líquido e os riscos. A combinação ideal de dívida e financiamento do patrimônio será discutida no próximo capítulo, sobre custo de capital e estrutura ideal de capital.

ALAVANCAGEM OPERACIONAL

Dado nível de produção pode ser atingido com diferentes combinações de fatores de produção. Um fazendeiro e um trator podem arar um campo, mas o mesmo resultado poderia ser obtido com mais trabalhadores usando enxadas. Embora exagerado, esse exemplo ilustra o fato de que, se o objetivo for um campo arado, há mais de um método para atingir os mesmos resultados.

Uma empresa que use mais fatores de produção fixos (custos fixos) em vez de fatores variáveis (custos variáveis) está empregando alavancagem operacional. Arar o campo com um fazendeiro e um trator, em vez de utilizar vários agricultores com enxadas, ilustra o uso de mais custos fixos (o custo do trator) no lugar de custos variáveis (o custo de cada agricultor). Ao utilizar vários agricultores em vez de comprar o trator, você ganha flexibilidade. Você pode reduzir seus custos diminuindo a força de trabalho. Ou pode aumentar a produção acrescentando mais um trabalhador, o que aumenta seus custos. Por outro lado, se você comprou o trator, seus custos serão os mesmos se o trator for usado intensivamente ou passar a maior parte do tempo parado no galpão.

Alavancagem operacional é o uso de fatores fixos (custos fixos) em vez de custos variáveis.

> **Alavancagem operacional**
> Uso de fatores fixos de produção (custos fixos) em vez de fatores variáveis de produção (custos variáveis) para produzir determinado nível de produto.

A alavancagem operacional também é uma importante fonte de risco. Considere a Tabela 20.1. Na parte (a), os custos fixos são de $ 1 mil e os custos variáveis são de $ 1 por unidade. Na parte (b), os custos fixos e variáveis são diferentes. Para todos os níveis de produto, os custos fixos de produção são de $ 1.500 e os custos variáveis caem para $ 0,70 por unidade. Como a administração substituiu custos variáveis por fixos, o custo variável por unidade é menor. É possível perceber imediatamente que os prejuízos serão maiores ($ 1.500 contra $ 1 mil) se a empresa não tiver produção, e o ponto de equilíbrio de produção aumenta de mil para 1.154 unidades. O aspecto mais importante, porém, é que, tendo sido ultrapassado o ponto de equilíbrio, os lucros aumentam mais rapidamente. Antes, um aumento de 250 unidades gerava lucros adicionais de $ 250. Depois da substituição, um aumento de 250 unidades gerará lucros adicionais de $ 325. O aumento das vendas gerará lucros mais substanciais, mas o contrário também é verdadeiro. Uma queda das vendas gerará prejuízos maiores. Este é, evidentemente, o risco associado ao uso de mais alavancagem operacional. A administração pode aumentar os lucros, mas isso também aumenta o risco de maiores prejuízos.

GIRO DO ATIVO IMOBILIZADO: UMA MEDIDA DE ALAVANCAGEM OPERACIONAL

Quando uma empresa tem custos fixos substanciais, ela detém grande quantidade de alavancagem operacional. Uma das maneiras de medir a alavancagem operacional é a razão entre vendas e ativos fixos, descrita no Capítulo 9 como giro do ativo imobilizado. O baixo giro de ativos imobilizados indica que a empresa usa investimentos substanciais em instalações e equipamentos e que esses investimentos são necessários para gerar vendas. Os ativos fixos têm custos (como depreciação) que ocorrem independentemente do volume de vendas. Uma vez que esses custos fixos tenham sido cobertos, os lucros tendem a subir mais rapidamente que os lucros de uma empresa cujos custos variem de acordo com o volume de vendas.

A Tabela 20.2 mostra a razão entre receitas e ativos fixos (giro do ativo fixo) em três empresas com receitas superiores a $ 10 bilhões. A tabela classifica as empresas da menor para a maior razão entre volume de vendas (receitas) e ativos fixos, informando o setor de atuação de cada empresa. Como seria de esperar, a Southern Company precisa ter investimentos

TABELA 20.1
Relação entre produção, receitas, custos e lucros/prejuízos.

(a) Custos fixos = $ 1.000; custos variáveis = $ 1,00

Preço*	Quantidade	Receita total	Custos fixos	Custos variáveis	Total de variáveis	Custos totais*	Custos e lucros/prejuízos
$ 2	0	$ —	$ 1.000	$ 1,00	$ 0,00	$ 1.000,00	($ 1.000,00)
2	250	500	1.000	1,00	250,00	1.250,00	(750,00)
2	500	1.000	1.000	1,00	500,00	1.500,00	(500,00)
2	750	1.500	1.000	1,00	750,00	1.750,00	(250,00)
2	1000	2.000	1.000	1,00	1.000,00	2.000,00	0,00
2	1250	2.500	1.000	1,00	1.250,00	2.250,00	250,00
2	1500	3.000	1.000	1,00	1.500,00	2.500,00	500,00
2	1750	3.500	1.000	1,00	1.750,00	2.750,00	750,00
2	2000	4.000	1.000	1,00	2.000,00	3.000,00	1.000,00
2	2250	4.500	1.000	1,00	2.250,00	3.250,00	1.250,00
2	2500	5.000	1.000	1,00	2.500,00	3.500,00	1.500,00

(b) Custos fixos = $ 1.500; custos variáveis = $ 0,70

Preço*	Quantidade	Receita total	Custos fixos	Custos variáveis	Total de variáveis	Custos totais*	Custos e lucros/prejuízos
$ 2	0	$ —	$ 1.500	$ 0,70	$ 0,00	$ 1.500,00	($ 1.500,00)
2	250	500	$ 1.500	0,70	175,00	1.675,00	(1.175,00)
2	500	1.000	$ 1.500	0,70	350,00	1.850,00	(850,00)
2	750	1.500	$ 1.500	0,70	525,00	2.025,00	(525,00)
2	1.000	2.000	$ 1.500	0,70	700,00	2.200,00	(200,00)
2	1.154	2.308	$ 1.500	0,70	807,80	2.307,80	0,20
2	1.250	2.500	$ 1.500	0,70	875,00	2.375,00	125,00
2	1.500	3.000	$ 1.500	0,70	1.050,00	2.550,00	450,00
2	1.750	3.500	$ 1.500	0,70	1.225,00	2.725,00	775,00
2	2.000	4.000	$ 1.500	0,70	1.400,00	2.900,00	1.100,00
2	2.250	4.500	$ 1.500	0,70	1.575,00	3.075,00	1.425,00
2	2.500	5.000	$ 1.500	0,70	1.750,00	3.250,00	1.750,00

*por unidade.

substanciais em instalações e equipamentos para gerar receitas. Para cada $ 1 de receita, a empresa tem mais de $ 2,38 em ativos fixos. A necessidade de investimentos substanciais também se aplica a uma refinaria de petróleo (ConocoPhillips). Outras empresas podem não necessitar de grandes investimentos em instalações e equipamentos para gerar vendas. A Sun Microsystems gera $ 6,53 para cada $ 1 investido em ativos fixos.

Embora praticamente todas as empresas possuam alguns ativos fixos, as companhias que geram serviços podem ter investimentos mínimos em plantas e equipamentos. Por exemplo, as empresas que criam software precisam de poucos ativos fixos. A Wind River Systems, que desenvolve sistemas operacionais e serviços de engenharia, não registrou em seu relatório anual de 2004 nenhum investimento em plantas e apenas uma quantia modesta em equipamentos.

Alavancagem Operacional e Risco

A discussão anterior sugere que o lucro operacional subirá e cairá mais rapidamente em uma empresa que use alavancagem operacional. Esta seção compara a alavancagem operacional de dois setores, empresas aéreas e varejo, mostrando como ela afeta o nível de risco associado a cada setor.

As empresas aéreas são um excelente exemplo de setor com alta quantidade de alavancagem operacional. Em sua grande maioria, os custos das empresas aéreas são fixos (por exemplo, a depreciação de aviões e equipamentos). Outros custos também são fixos. Depois da decolagem, o custo do vôo é praticamente o mesmo se o avião estiver lotado ou transportando apenas um passageiro. A diferença entre o ponto de equilíbrio e um vôo lucrativo freqüentemente é uma questão de alguns poucos passageiros. Quando o ponto de equilíbrio

TABELA 20.2

Índice de giro do ativo imobilizado – razão entre receitas e ativos fixos – em empresas selecionadas (receitas e ativos em bilhões de dólares).

Empresa	Setor	Receitas	Ativos fixos	Receitas para ativos fixos
Southern Company	Concessionária de gás e eletricidade	$ 11,9	28,4	0,42
ConocoPhillips	Refino de petróleo	135,1	50,9	2,65
Sun Microsystems	Sistemas de redes de computadores	11,1	1,7	6,53

Fonte: 2004 annual reports.

do número de passageiros é atingido, a lucratividade do vôo aumenta rapidamente, pois os custos fixos estão sendo divididos por um número crescente de passageiros. Portanto, uma vez que um nível de operação lucrativo tenha sido alcançado, o nível de lucros cresce rapidamente com cada aumento no número de passageiros transportados.

As vendas no varejo são um tipo de operação completamente diferente. Uma empresa pode ter poucos custos fixos (como o aluguel do prédio) e muitos custos variáveis. Quando a empresa amplia a produção, esses custos variáveis (por exemplo, salários e custo dos bens vendidos) também aumentam. Essas operações não têm uma grande quantidade de alavancagem operacional, pois o aumento das vendas não produz um aumento substancial da lucratividade.

A Figura 20.1 compara uma empresa aérea com um varejista para ilustrar como as alterações nas vendas têm maior impacto sobre os lucros da empresa com maior grau de alavancagem operacional. A metade superior da figura é um gráfico de ponto de equilíbrio de uma empresa aérea; a metade inferior é um gráfico de ponto de equilíbrio de um varejista. Para facilitar a comparação, as curvas tanto do nível de equilíbrio de produção (Q_E) como da receita total (RT) são idênticas para ambas as empresas. A diferença entre as duas empresas reside integralmente nas suas curvas de custo. O varejista tem custos fixos menores (0R contra 0S), mas sua curva do custo total aumenta mais rapidamente.

Os efeitos dessas diferenças de custos (ou seja, a diferença de alavancagem operacional) podem ser vistos ao longo do eixo horizontal. Quando a produção aumenta de Q_E para Q_1, os lucros são maiores para a empresa aérea do que para o varejista (AB contra CD). Quando a produção diminui de Q_E para Q_2, os prejuízos são maiores para a empresa aérea do que para o varejista (EF contra GH). A empresa aérea experimenta maiores flutuações de lucros e prejuízos com as mesmas alterações nas receitas porque tem um grau mais elevado de alavancagem operacional.

Essas flutuações dos lucros indicam que a empresa aérea é a empresa de maior risco. Nos períodos de queda de vendas, ela terá mais prejuízos que o varejista. As empresas com mais alavancagem operacional são as de maior risco, porque seus lucros são mais variáveis. Embora possam não obter um rápido aumento dos lucros quando as vendas crescem, as empresas com menos alavancagem operacional não experimentam uma rápida queda quando as vendas caem. Em sua maioria, os custos são variáveis e também diminuem quando a produção e as vendas caem.

Essas diferenças de alavancagem operacional indicam que certos negócios são intrinsecamente mais arriscados que outros. Para qualquer empresa, o risco emana de duas fontes: a natureza do negócio e a forma como a empresa é financiada (*risco comercial* e *risco financeiro*). As empresas aéreas, portanto, têm alto grau de risco comercial, ao passo que os varejistas, em especial os que vendem produtos essenciais como alimentos e roupas, podem não ter um risco comercial tão elevado.

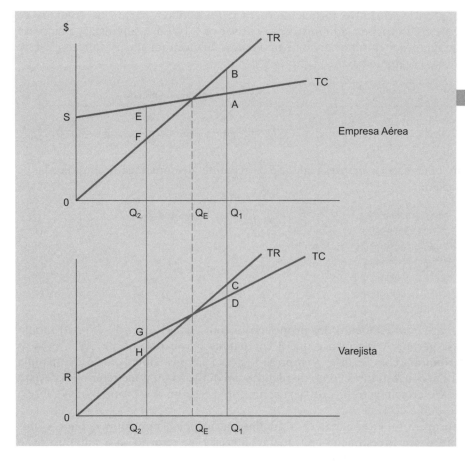

FIGURA 20.1

Análise do ponto de equilíbrio e das flutuações no lucro de uma empresa aérea e um varejista.

ALAVANCAGEM FINANCEIRA

A seção anterior demonstrou como o uso de alavancagem operacional pode aumentar o lucro operacional da empresa, mas maior alavancagem operacional está associada a mais volatilidade. Pequenas alterações nas vendas e receitas são ampliadas e a empresa torna-se arriscada. O uso de financiamento da dívida em vez do patrimônio tem o mesmo impacto sobre o lucro líquido. Pequenas alterações das receitas são ampliadas; o maior uso da alavancagem financeira pode aumentar o retorno sobre o patrimônio, mas a empresa torna-se mais arriscada.

A **alavancagem financeira** ocorre quando a empresa assume contratos fixos para obter fundos. Quando uma empresa emite papéis de dívida, como títulos (e ações preferenciais, que pagam dividendos fixos) ou quando faz empréstimos bancários, está se comprometendo com um contrato. Esse contrato exige que a empresa cumpra determinadas obrigações fixas, como pagamento de juros e do principal. A empresa, porém, pode lucrar mais com os fundos do que se comprometeu a pagar. Na forma mais simples, uma empresa pode contrair um empréstimo de fundos a 10% e ganhar 12%. Os 2% adicionais fluem para os proprietários (ou seja, para o patrimônio) e aumentam o retorno obtido pelos acionistas.

O funcionamento da alavancagem financeira pode ser demonstrado por meio de um exemplo simples. A empresa A precisa de $100 de capital para operar e pode obter esse

> **Alavancagem financeira**
> Uso dos fundos de outra pessoa ou empresa em troca do compromisso de pagar um retorno fixo pelos fundos; uso de financiamento por dívida ou de ações preferenciais.

dinheiro de seus proprietários. De forma alternativa, pode obter parte dos recursos de acionistas e parte de credores. Se a administração obtiver os $ 100 dos acionistas, a empresa não usará nenhum financiamento por dívida e não estará financeiramente alavancada. Nesse caso, a empresa teria o seguinte balanço simples:

Ativos		Passivo e patrimônio líquido	
Caixa	$ 100		
		Patrimônio líquido	$ 100

Ao entrar em operação, a empresa geraria a seguinte demonstração simplificada de resultado do exercício:

Vendas	$ 100
Despesas	80
Lucro antes dos juros e impostos	$ 20
Impostos (40%)	8
Lucro líquido	$ 12

Que retorno sobre o investimento dos proprietários (ou seja, retorno sobre o patrimônio líquido) a empresa gerou? A resposta é que a companhia gerou retorno de 12%, pois os investidores contribuíram com $ 100 e a empresa lucrou $ 12 pós-tributação. A companhia pode pagar os $ 12 aos investidores como dividendos em dinheiro ou pode reter os $ 12 para ajudar a financiar seu crescimento futuro. Seja como for, o retorno dos proprietários sobre o seu patrimônio líquido é de 12%.

Usando alavancagem financeira, talvez a administração possa aumentar o retorno dos proprietários sobre o seu investimento. O que aconteceria ao retorno se a administração conseguisse tomar emprestada parte do capital necessário para operar a empresa? A resposta depende (1) da proporção do capital total que é financiada pelo empréstimo e (2) da taxa de juros que deverá ser paga aos credores. Se a administração tomasse emprestados 40% ($ 40) do capital da empresa a juros de 5%, o balanço seria:

Ativos		Passivo e patrimônio líquido	
Caixa	$ 100	Débito	$ 40
		Patrimônio líquido	$ 60

Como contraiu um empréstimo de $ 40, agora a companhia precisa pagar juros. Portanto, a empresa tem uma nova despesa que deverá ser paga antes de gerar qualquer lucro para os detentores de ações ordinárias. A demonstração simples de resultado do exercício passa a ser:

Vendas	$ 100,00
Despesas	80,00
Lucro antes dos juros e impostos	$ 20,00
Despesas com juros	2,00
Lucro tributável	$ 18,00
Impostos	7,20
Lucro líquido	$ 10,80

O uso de dívida faz que o lucro líquido caia de $ 12 para $ 10,80. Que efeito esse método de financiamento tem sobre o retorno dos proprietários? Ele aumenta de 12% para 18%! Como essa diminuição do lucro líquido produz um aumento do retorno dos proprietários?

Índice de endividamento (Dívida/Ativo total)	0%	20	50	70	90
Quantia da dívida em aberto	$ 0	20	50	70	90
Patrimônio líquido	$ 100	80	50	30	10
Vendas	$ 100	100	100	100	100
Despesas	$ 80	80	80	80	80
Lucros antes dos juros e impostos	$ 20	20	20	20	20
Despesas com juros (taxa de juros de 5%)	$ 0	1	2,50	3,50	4,50
Renda tributável	$ 20	19	17,50	16,50	15,50
Imposto de renda (alíquota de 50%)	$ 10	9,50	8,75	8,25	7,75
Lucro líquido	$ 10	9,50	8,75	8,25	7,75
Retorno sobre o patrimônio líquido	10%	11,87	17,50	27,50	77,50

TABELA 20.3

Relação entre o índice de endividamento e o retorno sobre o patrimônio líquido.

A resposta é que os proprietários só investiram $ 60 e esses $ 60 lhes proporcionaram $ 10,80. Eles obtiveram um retorno de 18% sobre o seu dinheiro, contra apenas 12% obtidos anteriormente.

O retorno adicional tem duas origens. Em primeiro lugar, a empresa tomou dinheiro emprestado e comprometeu-se a pagar um retorno fixo de 5%. A empresa, porém, conseguiu lucrar mais de 5% com esse dinheiro, e esse lucro adicional coube aos seus proprietários. Em segundo lugar, a empresa não arcou totalmente com o ônus do custo dos juros. A legislação fiscal federal permite a dedução de juros como uma despesa antes de determinar o lucro tributável; assim, as despesas com juros são compartilhadas com o governo. Quanto maior for a alíquota de imposto de renda corporativo, maior será a parte dessa despesa com juros que é subvencionada pelo governo. Nesse caso, o governo arcou com 40% da despesa com juros, ou $ 0,80, na forma de perda de receita tributária. Se a alíquota de imposto de renda corporativo fosse de 50%, o governo perderia $ 1 em impostos ao permitir a dedução da despesa com juros.

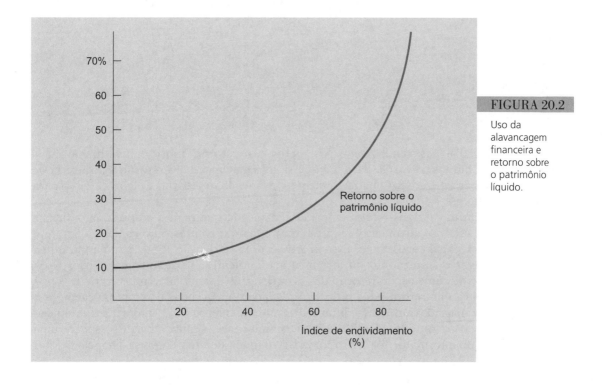

FIGURA 20.2

Uso da alavancagem financeira e retorno sobre o patrimônio líquido.

Como mostrado no exemplo anterior, a administração de uma empresa pode aumentar o retorno dos proprietários por meio da utilização de dívida (alavancagem financeira). Ao aumentar a proporção dos ativos da empresa que são financiados por dívida, a administração consegue aumentar o retorno sobre o patrimônio líquido. A Tabela 20.3 mostra os efeitos de vários níveis de financiamento por dívida (medidos pelo índice de endividamento) sobre (1) os lucros líquidos da empresa e (2) o retorno sobre o patrimônio dos investidores. A tabela foi construída usando uma alíquota de tributação de 50%. Presume-se que a taxa de juros seja de 5% para qualquer proporção dos ativos da empresa financiados pela dívida. Essa premissa pouco realista será abandonada adiante neste capítulo. A Figura 20.2 representa graficamente o retorno sobre o patrimônio apresentado na Tabela 20.3. Tanto na tabela como na figura é possível notar que, à medida que o índice de endividamento aumenta, o retorno sobre o patrimônio dos proprietários não só aumenta como também cresce a um ritmo mais acelerado. Isso indica dramaticamente como o uso da alavancagem financeira pode aumentar o retorno sobre o patrimônio líquido de uma empresa.

ALAVANCAGEM FINANCEIRA E RISCO

Visto que o uso da alavancagem financeira aumenta o retorno dos proprietários sobre o patrimônio líquido, a pergunta inevitável é: por que não utilizar quantidades cada vez maiores de financiamento por dívida? A resposta é que, ao aumentar a sua alavancagem financeira, a empresa torna-se mais arriscada. Essa intensificação do risco aumenta (1) o potencial de flutuações nos retornos dos proprietários e (2) a taxa de juros que os credores cobram pelo uso de seu dinheiro.

Pode-se constatar que a alavancagem financeira aumenta o risco potencial para os proprietários empregando o mesmo exemplo simples da seção anterior. O que aconteceria ao retorno sobre o patrimônio líquido se as vendas caíssem 10% (de $ 100 para $ 90) e as despesas permanecessem inalteradas? As demonstrações financeiras das empresas sem e com alavancagem financeira seriam:

	Empresa não alavancada (Índice de endividamento de 0%)	Empresa alavancada (Índice de endividamento de 40%)
Vendas	$ 90,00	$ 90,00
Despesas	80,00	80,00
Lucros antes dos juros e impostos	$ 10,00	$ 10,00
Juros	—	2,00
Renda tributável	$ 10,00	$ 8,00
Impostos (alíquota de 40%)	4,00	3,20
Lucro líquido	$ 6,00	$ 4,80

A queda de 10% nas vendas reduz os lucros e o retorno sobre o investimento dos proprietários em ambos os casos. Para a empresa não alavancada, o retorno agora seria de 6% ($ 6/$ 100); para a empresa financeiramente alavancada, o retorno desaba de 18% para 8% ($ 4,80/$ 60).

Por que o retorno cai mais para a empresa alavancada que para a empresa não alavancada? A resposta está no pagamento de juros fixos. Quando emprestou o capital, a empresa comprometeu-se a pagar juros fixos. Esse acordo é uma obrigação legal estipulando que a empresa deve pagar o empréstimo ou tornar-se inadimplente. O pagamento de juros fixos, que foi uma fonte de aumento do retorno dos proprietários quando as vendas eram de $ 100, provoca maior queda no retorno dos proprietários quando as vendas da empresa caem. Se a empresa estivesse mais alavancada (se o índice de endividamento fosse maior), a diminuição do retorno sobre o patrimônio líquido teria sido ainda mais significativa. Isso sugere uma conclusão geral: quanto maior for a proporção dos ativos de uma empresa financiados por

Índice de endividamento	0%	20	50	70
A				
Lucros antes dos juros e impostos	$ 20,00	20,00	20,00	20,00
Juros de 5%	ND	$ 1,00	2,50	3,50
Renda tributável	$ 20,00	19,00	17,50	16,50
Impostos (alíquota de 40%)	$ 8,00	7,60	7,00	6,60
Lucro líquido	$ 12,00	11,40	10,50	9,90
Retorno sobre o patrimônio líquido	12,00%	14,25	21,00	33,00
B				
Lucros antes dos juros e impostos	$ 20,00	20,00	20,00	20,00
Taxa de juros	ND	6,00%	10,00	12,00
Juros	ND	$ 1,20	5,00	8,40
Renda tributável	$ 20,00	18,80	15,00	11,60
Impostos (alíquota de 40%)	$ 8,00	7,52	6,00	4,64
Lucro líquido	$ 12,00	11,28	9,00	6,96
Retorno sobre o patrimônio líquido	12,00%	14,10	18,00	23,20

TABELA 20.4

Relação entre aumento da taxa de juros e retorno sobre o patrimônio líquido (Alíquota fiscal = 40%).

obrigações fixas, maior será a variabilidade potencial do retorno dos proprietários. Pequenas alterações de receitas ou custos produzirão maiores flutuações nos lucros líquidos da empresa.

As empresas que utilizam alto volume de alavancagem financeira são vistas pelos credores como de risco. Os credores podem se recusar a emprestar a uma empresa altamente alavancada ou fazê-lo somente com taxas de juros mais altas ou sob condições de empréstimo mais rigorosas. Com o aumento da taxa de juros, o retorno dos proprietários sobre seu investimento na empresa diminui. Isso pode ser visto no exemplo da Tabela 20.4, que mostra o que acontece com o retorno dos investidores quando a taxa de juros aumenta. O primeiro caso (A) ilustra o retorno quando a taxa de juros é mantida constante à medida que mais endividamento é utilizado. O segundo caso (B) pressupõe que as taxas de juros subam quando o índice de endividamento aumenta para compensar os credores pelo maior risco. Em ambos os casos, a última linha informa o retorno sobre o patrimônio líquido dos proprietários; como seria de esperar, a maior despesa com juros reduz o retorno dos proprietários. Isso pode ser visto comparando a última linha de ambos os casos. Entretanto, embora o retorno possa diminuir quando a taxa de juros aumenta, ele ainda pode ultrapassar o retorno obtido quando nenhuma dívida é usada; nesse caso, a alavancagem financeira continua a ser favorável.

Enquanto o retorno sobre os ativos financiados por dívida exceder o custo da dívida pós-tributação (ou seja, a taxa de juros ajustada pela economia de impostos), a alavancagem financeira será favorável e aumentará o retorno sobre o investimento dos proprietários. Esse custo da dívida pós-tributação é:

$$k_d = i(1 - t).\qquad\qquad\textbf{20.1}$$

O custo da dívida pós-tributação (k_d) depende da taxa de juros (i) e da taxa marginal de imposto empresa (t). Quanto maior for a taxa marginal de imposto (alíquota), menor será o custo efetivo da dívida, pois a economia de impostos, resultante da dedução das despesas com juros do lucro tributável, será maior. Esse custo da dívida pós-tributação é o verdadeiro custo do uso do financiamento por dívida. Embora a taxa de juros paga pelo uso de fundos emprestados obviamente afete o custo do empréstimo, é o custo do empréstimo pós-tributação que determina se a alavancagem financeira é favorável.

O uso do custo efetivo da dívida para determinar se a alavancagem financeira é favorável pode ser ilustrado com o primeiro exemplo apresentado neste capítulo. Quando não usou financiamento por dívida, a empresa obteve um retorno de 12% sobre seus ativos pós-tributação. Entretanto, o custo efetivo da dívida era de apenas:

$$0,05(1 - 0,4) = 0,03 = 3\%,$$

portanto, a alavancagem financeira era favorável. Enquanto a empresa conseguir contrair empréstimos com um custo efetivo de 3% e fazer que esses fundos gerem um retorno de 12%, a alavancagem financeira lhe será favorável.

Na verdade, nesse exemplo, a alavancagem financeira teria sido favorável com uma taxa de juros de 12, 15 ou até 18%, porque o custo efetivo da dívida após o ajuste pela tributação teria sido de 7,2; 9 e 10,8%, respectivamente. Somente a 20% a alavancagem financeira seria desfavorável, pois, nesse ponto, os juros cobrados teriam aumentado o suficiente para absorver cada dólar obtido com o dinheiro emprestado. Se a empresa tivesse financiado suas operações com $60 de patrimônio líquido e $40 de dívida a 20%, sua demonstração de resultado do exercício seria a seguinte:

Vendas	$100,00
Despesas	80,00
Lucro antes dos juros e impostos	$20,00
Despesas com juros	8,00
Renda tributável	$12,00
Impostos	4,80
Lucro líquido	$7,20

O retorno sobre o patrimônio líquido é de 12% ($7,20/$60), que é exatamente o retorno sobre o patrimônio líquido obtido pela empresa não alavancada.

Por que as taxas de juros podem ser tão altas e a alavancagem financeira ainda ser favorável? Uma razão importante é a capacidade da empresa de deduzir as despesas com juros antes de determinar o lucro tributável. Somente quando o custo da dívida pós-tributação excede o retorno obtido sobre os ativos da empresa adquiridos pelo financiamento por dívida, a alavancagem financeira torna-se desfavorável. No exemplo anterior, o custo da dívida pós-tributação terá de subir para 12% (custo da dívida pré-tributação de 20%) para que a alavancagem financeira seja desfavorável.

A capacidade de compartilhar com o governo a despesa com juros estimula o uso do financiamento por dívida. As corporações cuja alíquota de imposto de renda federal é de 35% compartilham com o governo federal quase um terço de suas despesas com juros. Do ponto de vista da empresa, o pagamento de juros de $1 aos credores reduz os impostos da empresa em $0,35. O custo verdadeiro dos juros de $1 é de apenas $0,65, o que faz que as leis fiscais sejam um incentivo importante para o uso da alavancagem financeira.

ALAVANCAGEM FINANCEIRA PELO FINANCIAMENTO DE AÇÕES PREFERENCIAIS

Nas seções anteriores, a alavancagem financeira era obtida com o uso do endividamento. A alavancagem financeira também pode ser atingida por meio da utilização de ações preferenciais, porque essas ações têm dividendos fixos. (Os dividendos fixos são semelhantes ao pagamento de juros fixos.) As diferenças entre financiamento por dívida e de ações preferenciais estão no fato de que os dividendos de ações preferenciais não são uma obrigação contratual nem uma despesa que goze de deduções fiscais. O fato de que o dividendo não é uma obrigação contratual constitui a principal vantagem do financiamento de ações preferenciais. As ações preferenciais são de menor risco para a empresa que o financiamento por dívida. Caso a empresa não consiga honrar o pagamento de dividendos, os proprietários das ações preferenciais não podem forçá-la a fazer esse pagamento. No caso da dívida, se a empresa não pagar os juros, os credores podem levá-la à justiça para forçar o pagamento ou a falência.

Embora o financiamento de ações preferenciais seja um meio menos arriscado de adquirir alavancagem financeira, outra diferença entre esse método e o financiamento por dívida desestimula substancialmente o uso de ações preferenciais. Os juros, ao contrário dos dividendos de ações preferenciais, são uma despesa com dedução fiscal, o que significa que o custo efetivo do financiamento por dívida é menor. Quando uma empresa contrai um empréstimo a 8%, o custo verdadeiro é menor em razão da legislação tributária. Quando uma empresa emite ações preferenciais e paga um dividendo de 8%, o custo verdadeiro para a empresa é 8%. Como o custo do financiamento por dívida é compartilhado com o governo, as empresas tendem a usar a dívida em vez de ações preferenciais como uma maneira de obter alavancagem financeira.

A incapacidade de deduzir os dividendos de ações preferenciais reduz o impacto da alavancagem financeira. A diferença no retorno ao acionista comum como resultado da utilização de financiamento por dívida e de ações preferenciais é ilustrada no exemplo a seguir. A empresa emite $ 50 em ações ordinárias e precisa de mais $ 50. Ela pode emitir $ 50 de dívida com uma taxa de juros de 5% ou $ 50 de ações preferenciais com um dividendo de 5%. Em ambos os casos, a empresa adquire $ 50 e paga $ 2,50, seja em juros ou em dividendos. Entretanto, os lucros disponíveis ao acionista comum são maiores quando a dívida é usada em vez das ações preferenciais. Isso é comprovado nas seguintes demonstrações de resultados:

	Financiamento por dívida	Financiamento pelo uso de ações preferenciais
Vendas	$ 100,00	$ 100,00
Despesas	80,00	80,00
Lucro antes dos juros e impostos	$ 20,00	$ 20,00
Juros	2,50	—
Renda tributável	$ 17,50	$ 20,00
Impostos (50%)	8,75	10,00
Lucro líquido	$ 8,75	$ 10,00
Dividendos de ações preferenciais	—	2,50
Lucro disponível para ações ordinárias	$ 8,75	$ 7,50

Quando o financiamento por dívida é usado, os lucros disponíveis aos acionistas comuns são de $ 8,75, contra apenas $ 7,50 quando as ações preferenciais são usadas. Logo, o retorno sobre o investimento dos acionistas comuns é maior (17,5% contra 15%) quando o financiamento por dívida é usado. A capacidade da empresa de compartilhar suas despesas de juros com o governo federal estimula o uso do financiamento por dívida em vez do financiamento de ações preferenciais. O uso do financiamento de ações preferenciais tem declinado ao longo do tempo, e esse declínio é parcialmente explicado pelo tratamento fiscal desfavorável concedido às ações preferenciais.

RESUMO

A alavancagem operacional ressalta a importância dos custos fixos com relação aos custos variáveis. As empresas com custos fixos substanciais têm alavancagem operacional. Essas companhias precisam obter alto nível de vendas para atingir o ponto de equilíbrio. As empresas cujos custos flutuam de acordo com o nível de produção não têm alavancagem operacional; elas conseguem obter lucros com um nível baixo de produção. Entretanto, quando os níveis lucrativos de produção são atingidos, a companhia com mais alavancagem operacional experimenta um crescimento mais rápido do lucro operacional para alterações semelhantes na produção. A maior variabilidade do lucro operacional aumenta o risco comercial associado à empresa.

Todos os ativos devem ser financiados. Há duas fontes básicas de financiamento: dívida e patrimônio líquido. Uma empresa que usa financiamento por dívida está financeiramente alavancada. Quando a empresa consegue obter mais ganhos com os fundos obtidos por meio da emissão de dívida do que deve pagar em juros, esse resíduo é incorporado ao patrimônio líquido. O uso eficaz do financiamento por dívida permite que a empresa aumente o retorno dos proprietários sobre o seu investimento.

Embora o uso eficaz do financiamento por dívida aumente o retorno sobre o patrimônio líquido, ele também aumenta o risco financeiro. Mesmo que experimente uma queda de vendas ou das margens de lucro, a empresa continua obrigada a pagar os juros e quitar o principal. Caso contrário, ela pode entrar em processo falimentar. Portanto, embora o uso do financiamento por dívida possa aumentar o retorno sobre o patrimônio líquido durante períodos de sucesso e crescimento, o contrário pode ocorrer durante períodos de dificuldade. Nessas circunstâncias, o uso do financiamento por dívida reduz o retorno sobre o patrimônio líquido, pois a empresa precisa cumprir as obrigações fixas de seu financiamento por dívida.

REVISÃO DOS OBJETIVOS

Agora que completou este capítulo, você deverá ser capaz de

1. Determinar as fontes de alavancagem operacional e financeira (página 302).
2. Explicar o impacto da alavancagem sobre o lucro operacional e o lucro líquido (página 302).
3. Ilustrar o efeito da substituição de custos variáveis por custos fixos sobre a volatilidade dos lucros (páginas 302-303).
4. Explicar como o uso da alavancagem financeira afeta o retorno sobre o patrimônio líquido (páginas 305-308).
5. Determinar o custo da dívida (páginas 309-310).
6. Comparar o uso da dívida e de ações preferenciais como fonte de alavancagem financeira (páginas 310-311).

PROBLEMAS

1. A empresa A tem $ 10 mil em ativos totalmente financiados pelo patrimônio líquido. A empresa B também tem $ 10 mil em ativos, mas esses ativos são financiados por $ 5 mil de dívida (a uma taxa de juros de 10%) e $ 5 mil de patrimônio líquido. Ambas as empresas vendem 10 mil unidades de produção a $ 2,50 por unidade. Os custos variáveis de produção são de $ 1 e os custos fixos de produção são de $ 12 mil. (Para facilitar o cálculo, presume-se que não haja incidência de imposto de renda.)

   a. Qual é a receita operacional (Ebit) de ambas as empresas?
   b. Quais são os lucros após os juros?
   c. Se as vendas aumentassem 10% para 11 mil unidades, qual seria o aumento percentual dos lucros de cada empresa após os juros? Para responder à pergunta, determine os lucros pós-tributação e calcule o aumento percentual desses lucros com base nas respostas obtidas na parte *b*.
   d. Por que as alterações percentuais são diferentes?

2. Preencha a tabela usando as informações a seguir.

   Ativos necessários para a operação: $ 2.000

   Caso A – a empresa é financiada exclusivamente pelo patrimônio líquido.

   Caso B – a empresa usa 30% de dívida com taxa de juros de 10% e 70% de patrimônio líquido.

   Caso C – a empresa usa 50% de dívida com taxa de juros de 12% e 50% de patrimônio líquido.

	A	B	C
Dívida em aberto	$	$	$
Patrimônio líquido dos acionistas			
Lucro antes dos juros e impostos	300	300	300
Despesas com juros			
Lucros pré-tributação			
Impostos (40% do lucro)			
Lucro			
Retorno sobre o patrimônio líquido dos acionistas	%	%	%

O que acontece com a taxa de retorno sobre o investimento dos acionistas conforme o valor da dívida aumenta? Por que a taxa de juros aumentou no caso C?

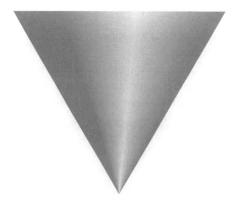

CUSTO DE CAPITAL

Qual foi o processo usado para selecionar uma ação no Capítulo 10? A resposta a essa questão é que você determinou o valor da ação ou o seu retorno esperado e comparou esses valores com o preço da ação ou o seu retorno requerido. Ou seja, você descontou os fluxos de caixa futuros para estabelecer o seu valor presente. Se o valor presente excedesse o preço da ação, você compraria essa ação. Se o valor presente fosse menor que o preço da ação, você venderia essa ação, caso a possuísse. Se não possuísse a ação, mas quisesse correr o risco, você a venderia a descoberto.

De forma alternativa, você poderia ter estimado o retorno da ação, comparado esse valor com o seu retorno requerido e agido de acordo com o resultado. Se o retorno esperado excedesse o seu retorno requerido, você compraria a ação. Se o retorno esperado fosse menor que o retorno requerido, você a venderia. Ambas as técnicas conduzem à mesma conclusão; a única diferença substancial entre as duas está nas unidades. A avaliação é expressa em dólares e os retornos, em porcentagens.

O processo de tomada de decisões de investimento é o mesmo para os administradores de uma empresa. Eles comparam o valor presente de entradas de caixa futuras com o custo corrente do investimento ou o retorno esperado do investimento com o retorno requerido. A terminologia empregada pode diferir dos termos usados na seleção de ações, mas o processo é o mesmo.

O processo de investimento em instalações e equipamentos requer uma estimativa do custo dos fundos usados para financiar a compra do ativo. Esse custo é conhecido como custo de capital e depende do custo das diversas fontes de fundos. Uma empresa pode contrair empréstimos junto a várias fontes e pode emitir ações ordinárias e preferenciais para levantar fundos. Credores e acionistas não são altruístas. Os credores exigem o pagamento de juros e os acionistas querem obter um retorno na forma de dividendos e valorização do preço. Como todas as fontes de fundos têm um custo, a pergunta a ser feita é: qual é a melhor combinação de financiamento por dívida e patrimônio líquido que minimiza o custo de capital da empresa? Essa combinação é conhecida como a estrutura ótima de capital da empresa.

Este capítulo é voltado para a determinação do custo de capital e a estrutura ótima de capital da empresa; o próximo capítulo usa esse custo de capital para selecionar um entre vários empregos alternativos do capital de uma empresa. O capítulo começa com os custos dos vários componentes da estrutura de capital da empresa. A seguir, é discutido o custo ponderado do capital e a determinação da estrutura ótima de capital. Tendo sido determinada essa estrutura de capital, ela deve ser mantida, pois é a que gera o menor custo dos fundos.

A manutenção da estrutura ótima de capital não significa que o custo de capital seja fixo. Como o custo de financiamentos adicionais pode aumentar mesmo que a estrutura ótima de capital seja mantida, é necessário estabelecer uma diferenciação entre o custo médio do capital e o custo de fundos adicionais, que é o custo marginal do capital. O capítulo termina associando o custo de capital ao valor das ações da empresa e mostrando como o uso excessivo da alavancagem financeira tende a resultar em maior custo de capital e menor valorização das ações.

COMPONENTES DO CUSTO DE CAPITAL

Embora possa aumentar o retorno sobre o patrimônio líquido dos acionistas, o uso da alavancagem financeira também pode aumentar o risco associado à empresa. Isso sugere uma pergunta: qual é a melhor combinação de financiamento por dívida e patrimônio líquido? A melhor combinação das fontes de financiamento da empresa é a sua **estrutura ótima de capital**. A estrutura ótima de capital aproveita as vantagens da alavancagem financeira sem aumentar indevidamente os riscos financeiros. De fato, ela minimiza o custo geral de financiamento da empresa.

Estrutura ótima de capital
Combinação de financiamento por dívida e do patrimônio líquido que minimiza o custo médio do capital.

Para determinar a estrutura ótima de capital, o gerente financeiro deve inicialmente estabelecer o custo de cada fonte de financiamento e, em seguida, determinar qual combinação dessas fontes minimiza o custo geral. Esse custo mínimo de capital é importante, porque o gerente financeiro deve ser capaz de avaliar as oportunidades de investimento. A escolha dos investimentos requer conhecimentos sobre o custo de capital da empresa, pois um investimento deve gerar um retorno suficiente para cobrir o custo dos fundos usados para adquirir os ativos. Assim, a determinação do custo de capital da empresa é necessária para a aplicação correta das técnicas de orçamento de capital que serão explicadas no próximo capítulo.

Esta seção aborda a determinação dos custos dos componentes da estrutura de capital da empresa. Tendo determinado esses custos, o gerente financeiro constrói uma média ponderada dos vários custos. A estrutura ótima de capital é determinada variando a combinação de fontes de capital e recalculando as médias ponderadas.

Custo da Dívida

Como explicado no capítulo anterior, o custo efetivo ou verdadeiro da dívida (k_d) depende da taxa de juros (i), da alíquota de imposto de renda corporativo (t) e do risco. Para determinada classe de risco, o custo pós-tributação é:

$$k_d = i(1-t). \qquad 21.1$$

Observe que o custo da dívida não é a taxa de juros, mas a taxa de juros ajustada com base na dedução fiscal das despesas com juros. Note também que o custo da dívida depende da taxa corrente de juros. Esta não é a taxa de juros pela qual a empresa emitiu dívida no passado. Quando uma empresa tem uma dívida em circulação que foi emitida há dez anos com uma taxa de juros fixada acima ou abaixo da taxa de juros corrente, é a *taxa de juros corrente que é usada para determinar o custo corrente de capital da empresa.* Quando a dívida mais antiga foi emitida, a taxa anterior foi usada para determinar o custo de capital da empresa à época. O custo corrente é a taxa de juros que a empresa deve pagar correntemente para contrair um empréstimo, ajustada com base na dedução fiscal corrente.

O custo da dívida é afetado por quaisquer custos de lançamento associados à emissão de novos títulos e pelo prazo de vigência da dívida. Os custos de lançamento pagos a bancos de investimento reduzem os lucros obtidos com a venda e aumentam o custo dos juros por dólar tomado em empréstimo. Quanto maiores forem os custos de lançamento, maior será a taxa de juros efetiva.

O custo da dívida também depende de seu prazo de vigência. A dívida de curto prazo geralmente está associada a um retorno inferior (custo dos juros menor) ao da dívida de longo prazo. Se a empresa emitir dívida de longo prazo, a despesa com juros provavelmente será mais elevada que no financiamento de curto prazo. Entretanto, ao usar a dívida de longo prazo, a empresa evita os problemas de retirada do mercado ou rolamento (refinanciamento) da dívida de curto prazo, evitando assim o risco associado ao refinanciamento da dívida de curto prazo.

O custo da dívida também depende do nível de risco da empresa. O risco está relacionado à natureza da empresa (risco comercial) e ao uso de alavancagem financeira (risco financeiro). Quanto mais intensivo for o uso de financiamento por dívida pela empresa, maior será a possibilidade de que deixe de honrar as obrigações da sua dívida. Esse aumento do risco de inadimplência significa que, à medida que o uso da alavancagem financeira pela empresa se intensifica, a taxa de juros sobre o dinheiro tomado em empréstimo aumenta. Isso é ilustrado pela linha k_d na Figura 21.1. Inicialmente, o custo da dívida pode ser estável, pois a empresa usa mais alavancagem financeira sem aumentar o risco para os credores. Conforme o uso da dívida aumenta, o custo da dívida começa a subir, porque os credores exigem mais juros como compensação pelo aumento do risco de prejuízo.

Custo das Ações Preferenciais

O preço ou o valor das ações preferenciais depende dos dividendos e do retorno necessário para induzir os investidores a comprá-las. A equação para a avaliação de uma ação preferencial perpétua é:

$$P_p = \frac{D_p}{k_p}.$$

P_p é o preço da ação preferencial, D_p é o dividendo pago pela ação preferencial e k_p é o retorno necessário para induzir os investidores a comprar a ação. Essa equação pode ser rearranjada para isolar o retorno ou o custo da ação preferencial para a empresa.

$$P_p \times k_p = D_p$$
$$k_p = \frac{D_p}{P_p}. \qquad \textbf{21.2}$$

Como mostra a equação, o custo da ação preferencial para a empresa depende do seu dividendo e do preço que os investidores estão dispostos a pagar pela ação. Se a ação preferencial pagar um dividendo de $1 e for vendida por $12, o custo da ação preferencial para a empresa será:

$$k_p = \frac{\$1{,}00}{\$12{,}00} = 0{,}0833 = 8{,}33\%.$$

Os 8,33% são o custo dos fundos, caso a empresa use correntemente o financiamento com ações preferenciais.

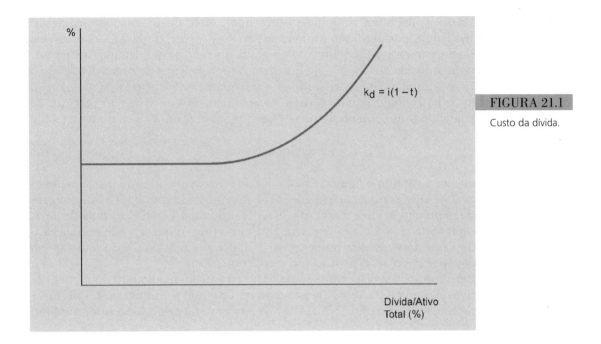

FIGURA 21.1
Custo da dívida.

Para uma nova emissão de ações preferenciais, a empresa deve utilizar o preço líquido pós-venda da ação, do qual é deduzida a despesa da venda. Por exemplo, se essa empresa emitisse novas ações preferenciais e tivesse de pagar uma taxa de subscrição de 7%, o resultado líquido seria de apenas $ 11,16 [$ 12,00(1 − 0,07)] por ação. Portanto, o custo de financiamento com ações preferenciais seria:

$$k_p = \frac{\$\,1,00}{\$\,11,16} = 8,96\%.$$

O custo da venda de novas ações ao público aumenta o custo das ações preferenciais. No caso, o custo aumentou em mais da metade de um ponto percentual.

Do ponto de vista da empresa, o custo das ações preferenciais é superior ao custo da dívida. Esse diferencial de custo resulta da legislação federal de imposto de renda; os *juros, ao contrário dos pagamentos de dividendos, podem ser deduzidos dos impostos*. O maior custo das ações preferenciais é um argumento em favor do uso do endividamento. Nos últimos anos, o financiamento com ações preferenciais tem sido relativamente incomum em comparação com o financiamento por dívida. Embora a ação preferencial não submeta a empresa a obrigações legais de pagamento de dividendos e outras vinculações contratuais, seu custo adicional ofusca essas vantagens.

Custo das Ações Ordinárias

O custo das ações ordinárias é o retorno requerido pelos investidores para comprar ações ordinárias da empresa. Esse custo das ações ordinárias é um custo de oportunidade: é o retorno que os investidores poderiam obter com os usos alternativos do seu dinheiro. O custo aplica-se tanto às ações existentes como a novas ações que sejam emitidas pela empresa.

Como o custo das ações ordinárias é um custo de oportunidade, não há qualquer despesa identificável, como juros, que o gerente financeiro possa utilizar para determinar o custo desses fundos. Entretanto, o gerente financeiro sabe que o *custo das ações ordinárias excede o custo da dívida*. Não há nenhuma vantagem fiscal associada ao patrimônio líquido, pois os dividendos são pagos em dólares pós-tributação (ou seja, os dividendos não são dedutíveis do imposto de renda), ao passo que os juros são pagos em dólares pré-tributação (ou seja, os juros são uma despesa dedutível do imposto de renda). Além disso, as ações ordinárias representam propriedade e, portanto, são títulos mais arriscados que as obrigações da dívida da empresa. Embora a empresa seja legalmente obrigada a pagar juros e cumprir os termos contratuais de seus acordos de dívida, não há qualquer obrigação legal de pagar dividendos.

Como o patrimônio líquido é mais arriscado que a dívida para o investidor, uma maneira de estimar o custo de patrimônio líquido é começar pela taxa de juros paga ao detentor de títulos da dívida e adicionar um prêmio de risco. Nessa especificação, o custo do patrimônio líquido é:

$$k_e = i + \text{Prêmio de risco.} \qquad 21.3$$

Aqui, k_e é o custo de patrimônio líquido e i é a taxa de juros que está sendo paga em novas emissões de títulos da dívida (a taxa corrente de juros, não ajustada com base nas vantagens fiscais). Em seguida, o prêmio de risco associado às ações ordinárias é somado à taxa de juros. Embora o gerente financeiro saiba a taxa de juros, o valor do prêmio de risco não é conhecido. A quantificação do valor desse prêmio pode ser encarada como uma suposição baseada em fatores concretos ou, para os mais céticos, como mera conjectura.

Uma abordagem alternativa à determinação do custo do patrimônio líquido é o modelo de precificação de ativos de capital (CAPM) apresentado no Capítulo 8 e usado no Capítulo 11 para atribuir valor a ações ordinárias. No CAPM, o retorno requerido sobre o patrimônio líquido era:

$$k_e = r_f + (r_m + r_f)\text{beta.}$$

Nessa especificação, o custo do patrimônio líquido depende da taxa de juros isenta de risco (r_f) mais um prêmio de risco. O prêmio de risco depende (1) da diferença entre o retorno no mercado como um todo (r_m) e a taxa de juro isenta de risco e (2) do coeficiente beta da empresa, que mede o risco sistemático associado a ela.

Como é o retorno necessário para induzir os investidores a comprar as ações, esse retorno requerido pode ser visto como o custo de patrimônio líquido da empresa. Observe que, para tornar o CAPM operacional, o gerente financeiro precisa de estimativas da taxa de juro isenta de risco, do retorno no mercado e do coeficiente beta. Portanto, ele encontrará nesse processo os mesmos problemas que você enfrenta para usar o modelo como uma ferramenta de avaliação de ações ordinárias. Não obstante, essa abordagem é teoricamente superior ao uso da taxa de juros que incide sobre os títulos da empresa com o acréscimo de um prêmio de risco, porque especifica com mais precisão o prêmio de risco associado ao investimento na ação.

Uma terceira abordagem define o custo de patrimônio líquido em termos do retorno esperado da ação pelos investidores, que é o retorno em dividendos esperado mais o crescimento esperado (ou seja, os ganhos de capital). No Capítulo 11, o retorno sobre ações ordinárias (r) era:

$$r = \text{Retorno em dividendos} + \text{Taxa de crescimento}$$
$$r = \frac{D_0(1+g)}{P} + g. \qquad 21.4$$

Como na abordagem baseada no CAPM, o gerente financeiro deve tornar o modelo operacional. Embora o dividendo corrente e o preço da ação sejam conhecidos, é necessário fazer estimativas sobre os ganhos de capital futuros. Este, evidentemente, é o mesmo problema que enfrentaria ao tentar utilizar o modelo de avaliação de ações ordinárias (o modelo de dividendo-crescimento) do Capítulo 11.

Embora pareçam ser diferentes, essas três abordagens são essencialmente iguais. O método da taxa de juros mais prêmio de risco e o método CAPM são semelhantes. Entretanto, o CAPM especifica mais claramente o prêmio de risco em termos do retorno de um título isento de risco, o retorno no mercado e o risco sistemático associado a essa empresa específica.

O método CAPM e o método do retorno esperado são idênticos quando se presume que os mercados financeiros estejam em equilíbrio. Se essa premissa for verdadeira, o retorno requerido determinado com base no CAPM será também o retorno esperado pelos investidores, determinado com base no retorno em dividendos esperado mais o ganho de capital esperado. Por exemplo, se o retorno esperado excedesse o retorno requerido, os investidores forçariam um aumento no preço das ações, provocando uma queda no retorno esperado. Se o retorno esperado fosse menor que o retorno requerido, o contrário ocorreria. Os investidores tentariam vender as ações, provocando uma queda no seu preço e aumentando o retorno. Essas flutuações cessam no mercado em equilíbrio, quando o retorno requerido é igual ao retorno esperado.

O mesmo argumento pode ser expresso em termos da avaliação de uma ação e seu preço. Quando o preço da ação é menor que a avaliação, os investidores tentam comprá-la e terminam aumentando o seu preço. Quando o preço excede a avaliação, os investidores tentam vendê-la, o que provoca uma queda no preço. O incentivo para que os preços das ações parem de flutuar ocorre quando o preço e a avaliação são iguais. Portanto, com os mercados de ações em equilíbrio, o preço de uma ação deve ser igual à sua avaliação e o retorno requerido, igual ao retorno esperado.

Quando os mercados de ações estão em equilíbrio, o preço da ação pode ser substituído por seu valor no modelo de dividendo-crescimento ($V = P$):

$$P = \frac{D_0(1+g)}{k_e - g}.$$

Rearranjando os termos, o retorno requerido é:

$$k_e - g = \frac{D_0(1+g)}{P}$$

$$k_e = \frac{D_0(1+g)}{P} + g. \qquad \text{21.5}$$

Nessa forma, o retorno requerido é a soma do retorno em dividendos mais o ganho de capital. Isso é idêntico ao retorno do investidor e pode ser usado como o custo da ação ordinária.

A Equação 21.5 expressa o custo de patrimônio líquido com base na premissa de que a empresa não precisa emitir novas ações. O custo de patrimônio líquido é o custo dos lucros retidos. Se a empresa tivesse que emitir ações adicionais, não receberia o preço de mercado das ações, pois teria de pagar os custos de lançamento associados à venda dessas novas ações. Para fazer o ajuste relativo a essa despesa, os custos de lançamento (F) devem ser subtraídos do preço das ações, de modo a produzir o resultado líquido para a empresa. Esse custo de novas ações (k_{ne}) é expresso como:

$$k_{ne} = \frac{D_0(1+g)}{P - F} + g. \qquad \text{21.6}$$

Obviamente, quanto maiores forem os custos de lançamento, menor será a quantia obtida com a venda de cada nova ação e maior será o custo do patrimônio líquido.

O exemplo a seguir demonstra como o modelo do custo de ações ordinárias, descrito anteriormente, é utilizado. Os lucros de uma empresa vêm crescendo à taxa anual de 7%. As ações ordinárias estão pagando correntemente $\$0{,}935$ por ação, e esse dividendo crescerá 7% ao ano, de modo que os dividendos do ano sejam de $\$1$ [ou $D_0(1+g) = \$1$]. Se as ações ordinárias estiverem sendo vendidas a $\$25$, o custo das ações ordinárias da empresa será:

$$ke = \frac{\$0{,}935(1 + 0{,}07)}{\$25} + 0{,}07$$
$$= 0{,}04 + 0{,}07 = 0{,}11 = 11\%.$$

Isso informa à administração que os investidores exigem correntemente um retorno de 11% sobre o seu investimento nas ações. Esse retorno consiste no pagamento de dividendos de 4% mais crescimento de 7%. Se a administração não conseguir proporcionar esse retorno aos acionistas comuns, haverá uma queda no preço das ações ordinárias.

Se a empresa tiver exaurido seus lucros retidos e precisar emitir novas ações, o custo das ações ordinárias terá de subir para cobrir os custos de lançamento. Se esses custos forem de $1 por ação (4% do preço das ações), a empresa obterá um resultado líquido de $24 por ação e o custo de patrimônio líquido será:

$$k_{ne} = \frac{\$0,935(1+0,07)}{\$25 - \$1} + 0,07$$
$$= 0,0417 + 0,07 = 11,17\%.$$

O custo de patrimônio líquido agora é maior. A empresa precisa obter um retorno de 11,17% para cobrir os custos de lançamento e o retorno requerido pelos investidores.[1]

Como a discussão indica, o custo das ações ordinárias pode ser examinado do ponto de vista do investidor ou da empresa. O retorno requerido pelos investidores é o custo de patrimônio líquido para a empresa, pois esse retorno deve ser atingido para que os investidores direcionem seus fundos para a empresa. Se esse custo não for atingido, o valor das ações cairá, pois os investidores transferirão seus fundos para investimentos alternativos. O menor preço das ações aumenta o custo do levantamento de fundos por meio de uma nova emissão de ações. O menor preço das ações também prejudica os funcionários da empresa, caso sua remuneração esteja vinculada ao valor das ações.

Além dos dividendos e do potencial de crescimento, o valor da empresa também depende do risco. O aumento do risco aumenta o retorno requerido; os fundos obtidos por meio da emissão de ações tornam-se mais caros. A empresa terá de obter maior retorno sobre seus investimentos para compensar os investidores acionários pelo risco adicional.

O risco depende parcialmente da natureza da empresa (risco comercial) e parcialmente de como a administração financia as operações da empresa (risco financeiro). A relação entre risco financeiro e custo de patrimônio líquido é ilustrada na Figura 21.2, que associa o custo de patrimônio líquido (k_e) ao uso de alavancagem financeira pela empresa. A mesma relação entre custo da dívida e uso de alavancagem financeira pela empresa foi mostrada anteriormente na Figura 21.1. Em ambos os casos, o custo de patrimônio líquido e o custo da dívida podem ser inicialmente estáveis, mas, em algum momento, ambos começam a subir conforme a empresa torna-se financeiramente mais alavancada e, portanto, de maior risco.

CUSTO DE CAPITAL: UMA MÉDIA PONDERADA

O **custo de capital** para a empresa é uma média ponderada dos custos de dívida, ações preferenciais e ações ordinárias. O peso atribuído a cada fator depende da proporção dos ativos da empresa financiados por fonte de financiamento. A administração deve determinar a combinação ideal das diversas fontes de modo a minimizar o custo médio ponderado dos fundos e maximizar o valor do investimento dos proprietários na empresa.

> **Custo de capital**
> Média ponderada dos custos das fontes de financiamento de uma empresa.

---

[1] Os custos de lançamento são uma saída de caixa que ocorre quando os títulos são emitidos. Essa despesa é capitalizada no balanço como um ativo que é depreciado ou "amortizado" ao longo da vida do título (por exemplo, os custos de lançamento associados à emissão de um título de dez anos são baixados ao longo de dez anos). A depreciação gera uma entrada de caixa que recaptura os custos de lançamento. Embora a baixa do ativo capitalizado restaure a saída de caixa inicial, as saídas e entradas ocorrem em momentos diferentes. A saída ocorre primeiro, o que aumenta o custo de uma nova emissão de títulos.

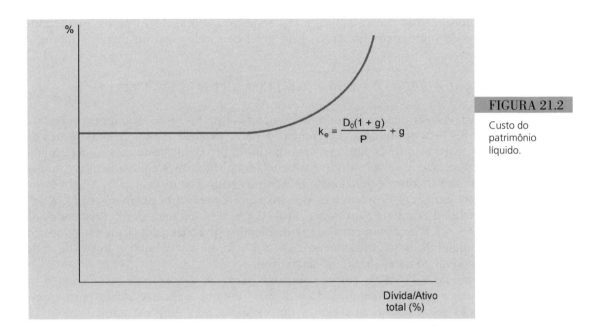

FIGURA 21.2
Custo do patrimônio líquido.

A determinação da estrutura ótima de capital da empresa requer uma compreensão de como o custo médio ponderado dos fundos é derivado. Esta seção desenvolve o custo médio ponderado dos fundos. A próxima seção ilustra a forma como a estrutura ótima de capital é determinada.

A administração calcula que o custo corrente de cada tipo de financiamento é o seguinte:

Custo da dívida	5,20%
Custo das ações preferenciais	8,96
Custo das ações ordinárias (lucros retidos)	11,00

A proporção (peso) dos ativos da empresa financiados por cada tipo de financiamento é:

Dívida	40%
Ações preferenciais	10
Ações ordinárias (lucros retidos)	50

Para encontrar o custo de capital, multiplique o peso de cada componente da estrutura ótima de capital pelos seus respectivos custos e some os resultados. Para essa empresa, o resultado seria:

	Custo × Peso = Custo ponderado
Dívida	5,20% × 0,40 = 2,080%
Ações preferenciais	8,96 × 0,10 = 0,896
Ações ordinárias	11,00 × 0,50 = 5,500
	Custo de capital = 8,476%

O processo de determinação do custo dos fundos é generalizado na Equação 21.7:

$$k = w_1 k_d + w_2 k_p + w_3 k_e. \qquad \text{21.7}$$

A equação declara que o custo de capital (k) é uma média ponderada na qual os custos da dívida (k_d), das ações preferenciais (k_p) e do patrimônio líquido (k_e) são ponderados com base no peso da sua utilização (ou seja, w_1, w_2 e w_3, respectivamente). Esses pesos, juntamente com o custo de cada fonte, determinam o custo geral de fundos. Na ilustração anterior, o custo de capital é:

$$k = (0,4)5,20 + (0,1)8,96 + (0,5)11,00 = 0,08476 = 8,476\%.$$

Para essa empresa, o custo médio ponderado de capital é de 8,476%. A empresa precisará obter ao menos 8,476% sobre seus investimentos para justificar o uso de suas fontes de financiamento. É esse custo de capital que será usado no próximo capítulo para determinar se uma empresa deve fazer determinado investimento em instalações e equipamentos (ou seja, o custo de capital será o fator de desconto utilizado no orçamento de capital).

Se efetivamente ganhar 8,476 centavos pós-tributação para cada dólar investido, a empresa disporá de 2,080 centavos para pagar juros, 0,896 centavo para pagar dividendos de ações preferenciais e 5,5 centavos para pagar dividendos de ações ordinárias ou reinvestir na empresa, estimulando o seu crescimento. Os 8,476 centavos cobrem o custo de cada componente individual do custo de capital da empresa.

Se ganhar mais de 8,476%, a empresa poderá pagar as despesas de sua dívida e os dividendos das ações preferenciais e ainda terá mais do que seria necessário para suprir o retorno esperado pelos acionistas comuns. Por exemplo, se a empresa ganhar 10% (10 centavos de dólar), 2,080 centavos serão pagos aos credores e 0,896 centavos, aos acionistas preferenciais. Isso deixa 7,024 centavos de dólar para os acionistas comuns, o que excede os 5,5 centavos requeridos como retorno para ações ordinárias. A empresa tanto pode aumentar seus dividendos como aumentar sua taxa de crescimento reinvestindo os lucros. Em ambos os casos, o interesse dos investidores provocará um aumento do preço das ações. Como o retorno de um investimento na ação excedeu o retorno requerido pelos investidores, o valor dessa empresa aumentou.

A ESTRUTURA ÓTIMA DE CAPITAL

A seção anterior mostrou como determinar o custo ponderado de capital da empresa. Nessa demonstração, o custo da dívida era menor que o custo do patrimônio líquido, porque a dívida é menos arriscada para o investidor e o tomador do empréstimo pode deduzir o pagamento de juros antes de determinar seu lucro tributável. Se a dívida custa menos que o patrimônio líquido, a administração não poderia reduzir o custo de capital da empresa substituindo o patrimônio líquido mais caro pela dívida mais barata? A resposta é, ao mesmo tempo, "sim" e "não". *Inicialmente*, quando a administração faz a substituição pela dívida mais barata, o custo de capital cai. Porém, à medida que a dívida passa a financiar maior proporção dos ativos e a empresa torna-se financeiramente mais alavancada, os custos tanto da dívida como do patrimônio líquido aumentam. Cabe à administração determinar a combinação ideal de financiamento por dívida e patrimônio líquido que minimize o custo de capital da empresa. Esse conflito na escolha entre dívida e patrimônio líquido é bem-compreendido por muitos dirigentes corporativos, como demonstra essa declaração extraída de um relatório anual da Coca-Cola:

Nossa empresa mantém níveis de endividamento que consideramos prudentes com base em nosso fluxo de caixa, cobertura de juros e porcentagem de dívida sobre o capital. Utilizamos o financiamento por dívida para reduzir nosso custo geral de capital, o que aumenta o nosso retorno sobre o patrimônio líquido dos acionistas.

O processo de determinação da estrutura ótima de capital é exemplificado na Tabela 21.1. A primeira coluna da tabela mostra a proporção de financiamento por dívida. A segunda e terceira colunas fornecem, respectivamente, o custo da dívida pós-tributação e o custo do patrimônio líquido. (Para facilitar o cálculo, presume-se que a empresa não tenha ações

Proporção de financiamento da dívida	Custo da dívida	Custo do patrimônio líquido	Custo ponderado
0%	4%	10,0%	10,00%
10	4	10,0	09,40
20	4	10,0	08,80
30	4	10,0	08,20
40	4	10,5	07,90
50	5	11,5	08,25
60	6	13,0	08,80
70	8	15,0	10,10
80	10	18,0	11,60
90	15	22,0	15,70

TABELA 21.1

Determinação da estrutura ótima de capital.

preferenciais.) O custo da dívida é menor que o custo do patrimônio líquido e ambos são inicialmente constantes dentro de uma faixa de índices de endividamento. Os custos tanto da dívida como do patrimônio líquido começam a subir conforme a empresa torna-se mais alavancada financeiramente. A quarta coluna apresenta o custo médio ponderado de capital, que incorpora o custo da dívida e o custo do patrimônio líquido, ponderados pela proporção de ativos financiados para cada um.

Se a empresa for totalmente financiada pelo patrimônio líquido, o custo médio ponderado de capital será o custo do patrimônio líquido. Quando a empresa começa a substituir o financiamento do patrimônio líquido pelo financiamento mais barato da dívida, o custo médio ponderado de capital é reduzido. Com o aumento do uso da dívida, o custo médio ponderado de capital inicialmente cai.

Entretanto, essa queda não é mantida indefinidamente à medida que a empresa continua fazendo a substituição pela dívida mais barata. Eventualmente, tanto o custo da dívida como o custo do patrimônio líquido começam a subir, porque os credores e investidores acreditam que o aumento da alavancagem financeira aumenta o nível de risco da empresa. A princípio, os aumentos do custo da dívida e do custo do patrimônio líquido podem ser insuficientes para interromper a queda do custo ponderado do capital. Porém, à medida que os custos de dívida e do patrimônio líquido continuam aumentando, o custo médio de capital atinge um ponto mínimo e, em seguida, começa a subir. Na tabela, essa estrutura ideal de capital ocorre com 40% de endividamento (40% de financiamento por dívida contra 60% de financiamento do patrimônio líquido). Quando dívida adicional é usada, os custos tanto da dívida como do patrimônio líquido sobem o suficiente para aumentar o custo de capital.

Essa determinação da estrutura ótima de capital também é ilustrada pela Figura 21.3, que representa graficamente o custo da dívida (k_d), o custo do patrimônio líquido (k_e) e o custo médio ponderado de capital (k) fornecidos na Tabela 21.1. Como pode ser percebido à primeira vista no gráfico, quando o uso da dívida aumenta, o custo médio ponderado de capital inicialmente cai, atingindo um ponto mínimo com o endividamento de 40% ($D_1 = 40\%$ e $k_1 = 7,9\%$) e, em seguida, começa a aumentar.

A estrutura ótima de capital é alcançada no ponto mínimo da estrutura de custo médio ponderado de capital. O gerente financeiro deve buscar essa combinação de fontes de financiamento, que é a que envolve menor custo dos fundos.

Esse custo mínimo de capital deve ser utilizado para avaliar possíveis investimentos; ele será empregado nas técnicas de orçamento de capital discutidas no próximo capítulo. À medida que cresce e faz investimentos adicionais em instalações e equipamentos, a empresa também precisa ampliar suas fontes de financiamento. Essas fontes adicionais devem manter a estrutura ótima de capital da empresa. Investimentos adicionais (ou marginais) são financiados por fundos adicionais (ou marginais). Contanto que a estrutura ótima de capital seja mantida, os fundos adicionais deverão ter o mesmo custo da média ponderada (ou seja,

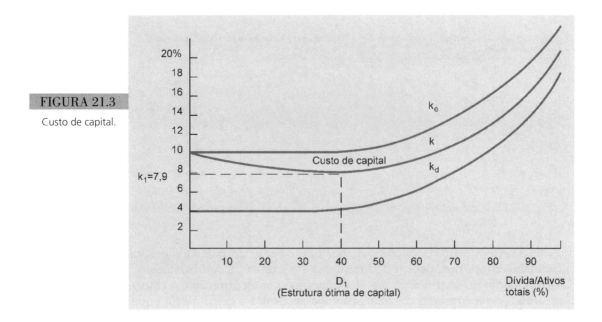

FIGURA 21.3

Custo de capital.

o custo marginal ponderado dos fundos é igual ao custo médio de capital da empresa). Evidentemente, se os investimentos adicionais aumentarem o nível de risco da empresa ou os custos de lançamento associados à emissão de novos títulos aumentarem, o custo dos fundos adicionais também aumentará. Nesse caso, que será discutido na próxima seção, o custo dos fundos marginais ultrapassa o custo médio ponderado de capital da empresa.

Para muitas empresas, a estrutura ótima de capital consiste em uma faixa de financiamentos por dívida. No exemplo apresentado na Tabela 21.1 e na Figura 21.3, o custo médio ponderado de capital mostra poucas variações na faixa de financiamento por dívida, que vai de 30% a 50%. Isso indica que os efeitos do financiamento por dívida na redução do custo de capital da empresa são alcançados quando 30% dos ativos da empresa são financiados por endividamento. O uso adicional da dívida, porém, só começa a aumentar o custo de capital quando mais de 50% dos ativos são financiados por endividamento. Portanto, a estrutura ótima de capital consiste em uma faixa de relações entre financiamento por dívida e de patrimônio líquido, e não apenas uma combinação específica de dívida e patrimônio líquido.

O fato de a estrutura ótima de capital ser uma faixa, e não uma combinação específica, é importante do ponto de vista prático. Novas emissões de dívida ou ações ordinárias são feitas com pouca freqüência e, quando isso acontece, o valor da emissão em dólares pode ser substancial. Em razão do custo da emissão, uma empresa não vende novos títulos por quantias triviais de moeda. Assim, quando novos títulos são emitidos, a proporção entre financiamento por dívida e do patrimônio líquido é alterada. Se a estrutura ótima de capital não fosse uma faixa, cada nova emissão de títulos alteraria o custo de capital da empresa. Como a estrutura ótima de dívida é uma faixa, a empresa tem mais flexibilidade para emitir novos títulos e pode ajustar suas emissões de títulos às condições do mercado. Por exemplo, caso acredite que as taxas de juros tendam a aumentar, a administração pode optar pela emissão de títulos da dívida agora e recorrer ao financiamento do patrimônio líquido em uma data futura. Essa flexibilidade quanto aos tipos de títulos emitidos resulta, em parte, do fato de que a estrutura ótima de capital é uma faixa de proporções entre financiamento por dívida e do patrimônio líquido. Porém, mesmo a existência de uma faixa não significa que (1) uma empresa pode usar sempre o mesmo tipo de financiamento, ou que (2) não é importante para a empresa buscar uma estrutura ótima de capital. A determinação da estrutura ótima de capital é essencial quando a administração deseja maximizar o valor da empresa.

O CUSTO MARGINAL DE CAPITAL

Tendo sido determinada a estrutura ótima de capital, o gerente financeiro deve mantê-la. A preservação da estrutura ótima de capital, porém, não significa necessariamente que o custo de capital seja constante. O custo de fundos adicionais (o **custo marginal de capital**) pode aumentar. Se o custo da dívida ou o custo do patrimônio líquido aumentar conforme a empresa usa mais financiamento por dívida e patrimônio líquido, o custo marginal de capital aumentará, embora a estrutura ótima ideal de capital seja preservada. Por exemplo, o custo das ações ordinárias depende do uso de lucros retidos ou da emissão de novas ações pela empresa. Novas ações custam mais que os lucros retidos devido aos custos de lançamento. O custo marginal de capital aumentará quando novas ações forem emitidas, mesmo que a combinação ótima de financiamento por dívida e patrimônio líquido seja preservada.

Custo marginal de capital
Custo de fontes adicionais de financiamento.

Considere o exemplo da Tabela 21.1, no qual o custo ótimo de capital era de 7,9%, com 40% de dívida e 60% de patrimônio líquido. Esse custo consistia nos 4% de custo da dívida pós-tributação mais os 10,5% de custo do patrimônio líquido. Esse custo de patrimônio líquido é o custo dos lucros retidos, porque esses fundos são utilizados antes que a empresa emita ações ordinárias novas (e mais caras).

Suponha, porém, que a empresa tenha oportunidades adicionais de investimento que exijam mais que os seus lucros retidos. Ela poderia tomar em empréstimo todos os fundos necessários, o que aumentaria seu uso da alavancagem financeira. Essa linha de ação seria indesejável, pois a empresa deixaria de manter sua estrutura ótima de capital. Para manter a estrutura ótima de capital, a empresa terá de emitir ações adicionais (e pagar os custos de lançamento associados), tomando simultaneamente em empréstimo alguns fundos adicionais, caso queira fazer esses investimentos. A empresa precisará tomar em empréstimo 40% dos fundos adicionais e emitir novas ações para cobrir os 60% restantes do financiamento adicional. O aumento dos custos do patrimônio líquido devido aos custos de lançamento resulta no aumento do custo de capital, embora a proporção de dívida para patrimônio líquido seja mantida.

Para ilustrar esse aumento do custo de capital, suponha que os 10,5% de custo do patrimônio líquido consistam na seguinte relação entre pagamento de dividendos e taxa de crescimento:

$$k_e = \frac{\$0,95(1+0,055)}{\$20} + 0,055$$

$$k_e = \frac{\$1,00}{\$20} + 0,055 = 0,05 + 0,055 = 10,5\%.$$

Quando os lucros retidos forem exauridos, a empresa terá de emitir novas ações com um custo de lançamento de $1 por ação, o que significa que receberá $19 por ação. O custo dessas novas ações (k_{ne}) é:

$$k_{ne} = \frac{0,95(1+0,055)}{\$20 - \$1} + 0,055$$

$$k+ne = \frac{\$1,00}{\$19} + 0,055 = 0,0526 + 0,055 \, 10,76\%.$$

O custo das ações ordinárias aumenta de 10,5% para 10,76%, e o custo de capital da empresa aumenta para:

$$k = (0,4)(4\%) + (0,6)(10,76\%) = 8,056\%.$$

O custo de capital aumentou de 7,9% para 8,056%, embora a administração esteja mantendo a estrutura ideal de capital de 40% de dívida e 60% de patrimônio líquido.

Qual desses dois custos (7,9% ou 8,056%) a empresa utilizará para tomar decisões de investimento? A resposta depende do número de oportunidades de investimento disponíveis. Se a empresa não dispuser de oportunidades suficientes para consumir seus lucros retidos, o custo de capital será de 7,9%. Entretanto, quando os lucros retidos forem exauridos e novas ações precisarem ser vendidas, o custo de capital da empresa aumentará para 8,056%. Nesse ponto, o índice de 8,056% deverá ser utilizado para avaliar oportunidades adicionais de investimento, porque se trata do custo de capital da empresa.

O exemplo a seguir ilustra esse processo, em que investimentos adicionais são feitos mantendo-se a estrutura ótima de capital à medida que o custo de financiamento muda. A empresa deseja atualmente fazer seis investimentos de $1 milhão. (Lembre-se de que as técnicas de seleção de investimentos serão discutidas no próximo capítulo. Na verdade, a determinação do custo de capital e a decisão de fazer investimentos de longo prazo estão associadas, mas só é possível discutir uma peça do quebra-cabeça de cada vez!) A empresa tem $10 milhões em ativos, dos quais 40% financiados com dívida e 60%, com patrimônio líquido. Essa estrutura ótima de capital foi determinada anteriormente e tem um custo de capital de 10,5%. As informações utilizadas para determinar esse custo de capital foram:

1. um custo da dívida pós-tributação de 4%,
2. dividendos correntes de $0,95, que aumentarão para $1 durante o ano,
3. um preço de $20 por ação,
4. uma taxa de crescimento de 5,5%.

Durante o período em que os investimentos planejados deverão ser feitos, a empresa gerará lucros retidos de $1.200.000. Além disso, os credores informaram à administração que, se a empresa contrair empréstimos de mais de $2 milhões, a taxa de juros terá de ser aumentada mesmo que a empresa mantenha a sua estrutura de capital. O impacto desse aumento aumentará o custo da dívida pós-tributação para 5%. Qual será o custo marginal de cada dólar adicional para a empresa?

Esta é a pergunta mais difícil feita neste capítulo. A administração sabe que a estrutura ótima de capital é de 40% de dívida e que essa estrutura deve ser mantida. Para cada $400 mil adicionais de fundos obtidos por empréstimo, a empresa precisará dispor de $600 mil de patrimônio líquido novo. Assim, os $1.200.000 de novos lucros retidos permitirão obter $800 mil de capital adicional emprestado, totalizando $2 milhões de novos financiamentos. O custo desses fundos é:

$$k = (0,4)(4\%) + (0,6)(10,5\%) = 7,9\%.$$

Ou seja, o custo dos primeiros $2 milhões de fundos adicionais (isto é, o custo marginal) é de 7,9%. Entretanto, $2 milhões não cobrem todas as oportunidades de investimento.

Como ainda são necessários $4 milhões adicionais para fazer todos os investimentos desejados, o gerente financeiro decide emitir $2.400.000 em ações adicionais (0,6 × $4.000.000); esses $2.400.000 de ações adicionais permitem contrair dívidas adicionais de $1.600.000, mantendo o nível de 40% de financiamento por dívida. Qual será o custo dos fundos adicionais? Se o custo da dívida pós-tributação permanecer em 4% e o custo de novas ações for de 10,76%, o custo de capital da empresa será:

$$k = (0,4)(4\%) + (0,6)(10,76\%) = 8,056\%.$$

Entretanto, o custo da dívida pós-tributação permanecerá em 4%? A resposta é positiva apenas para os primeiros $2 milhões; acima desse valor, a dívida adicional terá um custo pós-tributação de 5%. O gerente financeiro pretendia tomar em empréstimo $800 mil para serem utilizados em conjunção com os $1.200.000 de lucros retidos e mais $1.600.000 para serem utilizados com os $2.400.000 levantados com a emissão de novas ações. Isso totaliza $2.400.000 em empréstimos. Somente os primeiros $2 milhões terão um custo

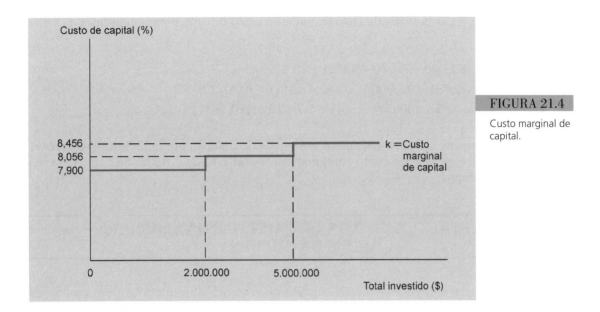

FIGURA 21.4

Custo marginal de capital.

pós-tributação de 4%. Os $400 mil remanescentes custarão 5%. Mais uma vez, o custo de capital muda, embora a combinação ideal de financiamento por dívida e patrimônio líquido seja mantida. O custo de capital agora aumenta para:

$$k = (0{,}4)(5\%) + (0{,}6)(10{,}76\%) = 8{,}456\%.$$

Esses diferentes custos de capital são ilustrados na Figura 21.4, que mostra o custo marginal de capital da empresa. Como são necessários fundos adicionais, o custo marginal de capital aumenta. O primeiro aumento ocorre em $2 milhões, quando a empresa exaure seus lucros retidos. O segundo incremento ocorre em $5 milhões, quando a empresa exaure sua capacidade de endividamento com o menor custo da dívida pós-tributação. Como essas quantias ($2 milhões e $5 milhões) são determinadas? Esses pontos de mudança no cronograma do custo marginal de capital podem ser determinados pela seguinte equação:

$$\text{Ponto de mudança} = \frac{\text{Total de fundos disponíveis a determinado custo}}{\text{Proporção desse componente na estrutura de capital}}. \quad 21.8$$

Por exemplo, havia $1.200.000 em lucros retidos disponíveis e o patrimônio líquido respondia por 60% da estrutura de capital. Logo, o ponto de mudança para os lucros retidos é:

$$\text{Ponto de mudança (lucros retidos)} = \frac{\$\,1.200.000}{0{,}6} = \$\,2.000.000.$$

O cálculo do custo de capital dos primeiros $2 milhões usa o custo mais baixo dos lucros retidos (10,5%). Quando o valor de $2 milhões é excedido, o custo mais alto das novas ações (10,76%) deve ser utilizado.

A mesma lógica aplica-se ao custo da dívida. O ponto de mudança da dívida é:

$$\text{Ponto de mudança (dívida mais barata)} = \frac{\$\,2.000.000}{0{,}4} = \$\,5.000.000.$$

Enquanto o total de fundos tomados em empréstimo for menor que $5 milhões, o menor custo da dívida pós-tributação (4%) será aplicável, mas quando o capital total exceder $5 milhões, o custo mais alto da dívida pós-tributação (5%) deverá ser utilizado.

Quando essas peças individuais são agrupadas, o custo de capital para diferentes quantias de fundos é:

$ 0 a $ 2.000.000 : $(0,4)(4\%) + (0,6)(10,5\%) = 7,9\%$

$ 2.000.001 a $ 5.000.000 : $(0,4)(4\%) + (0,6)(10,76\%) = 8,056\%$

acima de $ 5.000.000 : $(0,4)(5\%) + (0,6)(10,76\%) = 8,456\%$.

Esta é, evidentemente, a escala dos custos marginais de fundos apresentada na Figura 21.4, que ilustra os incrementos no custo marginal de capital e o nível de fundos em que esses incrementos ocorrem.

A ESTRUTURA ÓTIMA DE CAPITAL E O VALOR DAS AÇÕES DA EMPRESA

O uso eficaz da alavancagem financeira aumenta o retorno sobre o patrimônio líquido da empresa e os lucros por ação. Os lucros por ação aumentam porque, conforme usa mais financiamento por dívida e se torna mais alavancada financeiramente, a empresa emite menos ações. Como os lucros são divididos por menos ações, os lucros por ação aumentam. Esse aumento na utilização de dívida, com lucro mais elevado por ação, resulta em aumento do preço das ações? Qual é a relação entre a estrutura ótima de capital e o preço das ações?

Estas são perguntas importantes e difíceis que são exploradas mais detalhadamente nos textos avançados de finanças. A discussão a seguir apenas pode, na melhor das hipóteses, indicar a relação entre os componentes do custo de capital, a estrutura ótima de capital e a valorização das ações.

Como o objetivo da administração é maximizar o valor das ações da empresa, a estrutura ótima de capital é a combinação de financiamento por dívida e patrimônio líquido que maximiza o valor das ações. O gerente financeiro substitui dívida por patrimônio líquido, enquanto essa substituição aumenta os lucros por ação sem aumentar indevidamente o risco associado ao financiamento por dívida. O aumento dos lucros por ação, quando associado apenas a um acréscimo moderado do risco, tende a aumentar o valor das ações. Entretanto, se a empresa continuar a substituir dívida por patrimônio líquido e a utilizar mais alavancagem financeira, o elemento de risco aumentará a tal ponto que anulará a vantagem dos lucros mais elevados por ação. O efeito final é uma queda no preço das ações.

Esse dilema é exemplificado na Tabela 21.2. Como a empresa precisa de $ 1.000, o gerente financeiro avalia o impacto de tomar esses fundos em empréstimo. Na parte I, a primeira linha contém a quantidade de dívida a ser emitida em incrementos de $ 100. A segunda linha apresenta o custo da dívida pré-tributação (a taxa de juros) e a terceira linha, o custo do patrimônio líquido. Conforme a empresa torna-se mais alavancada financeiramente, o custo da dívida pré-tributação e o custo do patrimônio líquido aumentam. A quarta linha indica que, à medida que a empresa usa mais financiamento por dívida, o número de ações em circulação é reduzido (menos ações terão de ser emitidas para levantar o capital necessário).

A parte II apresenta uma demonstração simples de resultado do exercício da empresa conforme ela passa a usar mais dívida. A receita operacional ($ 250) é a mesma independentemente da opção de financiamento. Com o maior uso da dívida (e o aumento da taxa de juros cobrada), a despesa com juros cresce, reduzindo os lucros tributáveis e, conseqüentemente, os impostos. Como a menor tributação não compensa totalmente o pagamento de juros mais elevados, o lucro líquido cai. Apesar disso, os lucros por ação aumentam, porque os lucros menores são divididos por um menor número de ações.

As partes III e IV apresentam o valor das ações e o custo de capital com as várias combinações de financiamento por dívida e patrimônio líquido. Inicialmente, o uso da alavancagem financeira aumenta o valor das ações. Esses valores são derivados usando o

TABELA 21.2 Determinação da estrutura ótima de capital usando o valor de mercado das ações.

I.

Total da dívida	$ 0	$ 100	$ 200	$ 300	$ 400	$ 500	$ 600
Taxa de juros	10%	10%	10%	11%	12%	14%	16%
Custo do patrimônio líquido	15%	15%	15,5%	16,6%	17,8%	19,4%	21,5%
Número de ações em circulação	10	9	8	7	6	5	4

II.

Lucro antes dos juros e impostos	$ 250	$ 250	$ 250	$ 250	$ 250	$ 250	$ 250
Juros	$ —	$ 10	$ 20	$ 33,0	$ 48,0	$ 70	$ 96,0
Lucro antes dos impostos	$ 250	$ 240	$ 230	$ 217,0	$ 202,0	$ 180	$ 154,0
Impostos (alíquota de 40%)	$ 100	$ 96	$ 92	$ 86,8	$ 80,8	$ 72	$ 61,6
Lucro líquido	$ 150	$ 144	$ 138,00	$ 130,20	$ 121,20	$ 108,00	$ 92,40
Lucro por ação	$ 15	$ 16	$ 17,25	$ 18,60	$ 20,20	$ 21,60	$ 23,10

III.

Valor de uma ação	$ 100	$ 106,67	$ 111,29	$ 112,05	$ 113,48	$ 111,34	$ 107,44

IV.

Custo do capital	15%	14,1%	13,6%	13,6%	13,56%	13,9%	14,36%

modelo de dividendo-crescimento:

$$V = \frac{D_0(1+g)}{k_e - g}.$$

Para simplificar o exemplo, suponha que todos os lucros sejam distribuídos. Portanto, o valor das ações é:

$$V = \frac{D_0(1+g)}{k_e - g} = \frac{\text{Lucro por ação}}{k_e}$$

quando $g = 0$. Assim, quando o lucro por ação é de $ 17,25 (com dívida de $ 200), o valor das ações é $ 17,25/0,155 = $ 111,29.

Como pode ser visto na parte III, o valor das ações inicialmente cresce porque a empresa está empregando com sucesso a alavancagem financeira. Entretanto, conforme a empresa se torna mais alavancada financeiramente, o aumento do risco começa a anular a vantagem de alavancagem financeira. O valor das ações atinge um máximo e depois começa a cair.

A combinação de financiamento por dívida e patrimônio líquido que maximiza o valor das ações também é a estrutura ótima de capital da empresa. Isso é demonstrado na parte IV, que mostra o custo de capital. Nesse exemplo, o custo mínimo de capital ocorre quando a empresa tenta utilizar $ 400 de dívida, de modo que 40% de seus ativos sejam financiados com dívida e 60%, com patrimônio líquido. Nessa estrutura de capital, o custo mínimo de capital é:

$$k = w_d(k_d)(1-t) + w_e(k_e)$$
$$= (0,4)(0,12)(1-0,4) + (0,6)(0,178) = 13,56\%.$$

A Tabela 21.2 apresenta o mesmo conceito mostrado na Tabela 21.1, mas associa a maximização do valor das ações à minimização do custo dos fundos da empresa. A combinação de financiamento por dívida e patrimônio líquido que minimiza o custo de capital também maximiza o valor das ações. Essa afirmação parece intuitivamente correta. Se o gerente financeiro conseguir minimizar o custo dos fundos da empresa, isso tende a beneficiar os proprietários da companhia. Se o gerente financeiro não estiver minimizando o custo de capital, a empresa não será tão atraente para os investidores e o valor de suas ações cairá. Portanto, a maximização do valor da empresa requer a minimização do custo de capital.

REVISÃO DO CUSTO DE CAPITAL E ÁREAS PROBLEMÁTICAS

Nenhum tópico desta seção é mais importante que a determinação do custo dos fundos e da estrutura ótima de capital de uma empresa. Como a discussão anterior indicou, essa determinação é um procedimento complexo e de difícil aplicação prática. A discussão a seguir reitera algumas das áreas problemáticas e revela outras que até agora foram deixadas de lado.

Em primeiro lugar, para determinar o custo de capital, o gerente financeiro deve conhecer todos os componentes de custos. Como mencionado anteriormente, a estimativa do custo do patrimônio líquido exige informações (a taxa de crescimento futura dos dividendos, o coeficiente beta da empresa, a taxa isenta de risco adequada, o retorno esperado no mercado e assim por diante) que não são facilmente observáveis. Estimativas imprecisas resultarão na medição imprecisa do custo do patrimônio líquido e em uma estimativa incorreta do custo de capital.

Em segundo lugar, o gerente financeiro precisa saber como o mercado avaliará as ações depois que a decisão de financiamento for tomada. Isso é, evidentemente, impossível de determinar. Obviamente, o gerente financeiro toma a decisão de financiamento prevendo que o mercado tratará as ações de determinada maneira, mas as condições mudam e a estrutura financeira correta prevista para dado ambiente pode não ser correta em um ambiente diferente. A intensa utilização da alavancagem de financiamento por dívida durante o período de aquisições alavancadas no final da década de 1980 resultou em queda nos preços das ações de algumas empresas no início da década de 1990. Em retrospecto, tudo parece fazer sentido, mas decisões financeiras devem ser tomadas pensando no futuro.

Terceiro, a discussão examinou a estrutura ideal de capital em termos de maximização do valor das ações de uma empresa. Isso pode ser aceitável para empresas negociadas publicamente, porém a vasta maioria das empresas não se enquadra nessa categoria. Embora a maioria das empresas privadas seja de pequeno porte, a determinação de seus custos de capital continua a ser importante. (Como será explicado no próximo capítulo, essa determinação é uma parte crítica para a decisão de investir em instalações e equipamentos.) Os gerentes financeiros de empresas privadas de pequeno porte não têm meios para determinar o valor corrente do patrimônio líquido dessas empresas ou o impacto que suas decisões terão sobre esse valor.

Quarto, uma teoria financeira notável argumenta que a estrutura de capital de uma empresa pode ser irrelevante. Essa conclusão é derivada de várias premissas importantes, uma das quais é a de que em uma empresa que usa muito pouca alavancagem financeira, os investidores podem substituir a própria alavancagem para a alavancagem da empresa. Considere uma empresa sem financiamento por dívida. Os investidores podem tomar dinheiro emprestado para comprar ações. Nesse caso, os acionistas estão substituindo o uso da alavancagem financeira por parte da empresa pela própria alavancagem. Se a empresa usa uma grande quantidade de alavancagem financeira, os acionistas podem manter carteiras com dinheiro e ações, o que reduz o impacto da utilização intensiva de alavancagem financeira pela empresa. Considerando-se que os acionistas podem alterar suas carteiras para compensar a utilização da alavancagem financeira por uma empresa, pode-se argumentar que a estrutura ideal de capital é irrelevante. O importante é o lucro operacional que a empresa gera, e não como esse lucro é dividido entre os credores na forma de pagamento de juros e proprietários na forma de dividendos e ganhos de capital.[2]

RESUMO

Todos os ativos devem ser financiados. Embora possa haver ampla variedade de títulos, existem, em última análise, apenas duas fontes: dívida e patrimônio líquido. Uma empresa que use financiamento por dívida ou financiamento com ações preferenciais está alavancada financeiramente. O uso da alavancagem financeira pela empresa aumenta o risco, o que pode resultar no aumento do custo dos componentes da estrutura de capital da empresa.

Um componente da estrutura de capital, o custo da dívida, depende da taxa de juros que deverá ser paga e da economia de impostos resultante da dedutibilidade dos pagamentos de juros. Outro componente, o custo das ações preferenciais, depende dos dividendos pagos e dos resultados líquidos da venda das ações preferenciais. O terceiro componente, o custo das ações ordinárias, depende do uso de lucros retidos ou emissão de novas ações pela empresa. Novas ações ordinárias são mais caras devido aos custos de lançamento associados à sua venda.

O custo das ações ordinárias enquadra-se no conceito de custo de oportunidade: é o retorno necessário para induzir os investidores a adquirir as ações. Esse custo pode ser determinado acrescentando um prêmio sobre o patrimônio líquido à taxa de juros paga aos credores, como os detentores de títulos. Uma abordagem alternativa para determinar o custo das ações ordinárias é usar o modelo de precificação de ativos de capital, que incorpora o retorno de um título isento de risco, o retorno no mercado como um todo e o risco sistemático (de mercado) associado às ações. Uma terceira abordagem usa o retorno de dividendos esperado e o crescimento esperado para determinar o custo das ações ordinárias.

Cabe à administração determinar a melhor combinação de financiamento por dívida e patrimônio líquido, ou seja, a estrutura ótima de capital da empresa. Essa estrutura beneficia-se da alavancagem financeira sem aumentar indevidamente o risco. Essa combinação de financiamento por dívida e de patrimônio líquido minimiza o custo geral de capital e maximiza o valor das ações ordinárias.

Tendo sido determinada a estrutura ótima de capital, essa combinação de dívida e patrimônio líquido deve ser mantida. Entretanto, ainda que a proporção seja mantida, o custo marginal de capital pode aumentar quando a empresa tiver de pagar custos de lançamento e emitir dívida mais arriscada, com uma taxa de juros maior, para levantar fundos adicionais.

REVISÃO DOS OBJETIVOS

Tendo concluído este capítulo, você deverá ser capaz de

1. Identificar os componentes da estrutura de capital de uma empresa (página 315).
2. Diferenciar os fatores que afetam o custo da dívida, o custo das ações preferenciais e o custo das ações ordinárias (páginas 315-320).
3. Calcular o custo de capital (página 321-322).
4. Explicar por que o custo de capital de uma empresa muda quando há alterações em sua estrutura de capital (páginas 322-324).
5. Determinar a estrutura ótima de capital da empresa (páginas 322-324).

---

[2] Uma discussão dessa premissa e da teoria segundo a qual a política de dividendos é irrelevante pode ser encontrada em BRIGHAM, Eugene; EHRHARDT, Michael *Financial management*: Theory and practice. 10. ed. Mason, Ohio: Thomson South-Western, 2002, p. 669-719.

6. Diferenciar o custo médio do custo marginal de fundos (páginas 325-328).
7. Explicar a relação entre a estrutura ótima de capital e o valor das ações de uma empresa (páginas 328-330).

PROBLEMAS

1. A HBM, Inc. tem a seguinte estrutura de capital:

Ativos	$ 400.000	Dívida	$ 140.000
		Ações preferenciais	20.000
		Ações ordinárias	240.000

A ação ordinária é vendida correntemente por $ 15, paga um dividendo em dinheiro de $ 0,75 por ação e apresenta um crescimento anual de 6%. A ação preferencial paga um dividendo em dinheiro de $ 9 e é vendida correntemente por $ 91. A dívida paga juros de 8,5% ao ano e a empresa enquadra-se na faixa de tributação marginal de 30%.

   a. Qual é o custo da dívida pós-tributação?
   b. Qual é o custo das ações preferenciais?
   c. Qual é o custo das ações ordinárias?
   d. Qual é o custo médio ponderado de capital da empresa?

2. A Sun Instruments espera emitir novas ações a $ 34 por ação, com custos estimados de lançamento de 7% do preço de mercado. A empresa correntemente paga dividendos de $ 2,10 em dinheiro e tem uma taxa de crescimento de 6%. Quais são os custos dos lucros retidos e das novas ações ordinárias?

3. Uma empresa tem correntemente o seguinte balanço:

Ativos	$ 100	Dívida	$ 10
		Patrimônio líquido	$ 90

   a. Qual é o custo médio ponderado de capital da empresa em várias combinações de dívida e patrimônio líquido, com base nas informações a seguir?

Dívida/Ativos	Custo da dívida pós-tributação	Custo do patrimônio líquido	Custo de capital
0%	8%	12%	?
10	8	12	?
20	8	12	?
30	8	13	?
40	9	14	?
50	10	15	?
60	12	16	?

   b. Construa um balanço hipotético indicando a estrutura ótima de capital da empresa. Compare esse balanço com o balanço corrente da empresa. Que linha de ação a empresa deve adotar?

Ativos	$ 100	Dívida	$?
		Patrimônio líquido	$?

   c. Quando uma empresa substitui inicialmente financiamento do patrimônio líquido por dívida, o que acontece ao custo de capital, e por quê?
   d. Quando uma empresa usa excessivamente o financiamento por dívida, por que o custo de capital aumenta?

4. O gerente financeiro de uma empresa determina as seguintes programações de custo da dívida e custo do patrimônio líquido para várias combinações de financiamento por dívida:

Dívida/Ativos	Custo da dívida pós-tributação	Custo do patrimônio líquido
0%	4%	8%
10	4	8
20	4	8
30	5	8
40	6	10
50	8	12
60	10	14
70	12	16

a) Determine a estrutura ótima de capital (ou seja, a combinação ótima de financiamento por dívida e patrimônio líquido).

b) Por que o custo de capital cai inicialmente quando a empresa substitui financiamento do patrimônio líquido por dívida?

c) Por que o custo dos fundos tende a aumentar conforme a empresa torna-se mais alavancada financeiramente?

d) Por que o financiamento por dívida é mais comum que o financiamento com ações preferenciais?

e) Se os juros não fossem uma despesa com dedutibilidade fiscal, que efeito isso teria sobre o custo de capital da empresa? Por quê?

5. a. Com base nos seguintes dados, determine a estrutura ótima de capital da empresa:

Dívida/Ativos	Custo da dívida pós-tributação	Custo do patrimônio líquido
0%	8%	12%
10	8	12
20	8	12
30	9	12
40	9	13
50	10	15
60	12	17

b. Se a empresa estivesse usando 60% de dívida e 40% de patrimônio líquido, o que isso lhe diria sobre o uso de alavancagem financeira pela companhia?

c. Que duas razões explicam por que a dívida é mais barata que o patrimônio líquido?

d. Se a empresa estivesse usando 30% de dívida e 70% de patrimônio líquido e obtivesse um retorno de 11,7% sobre um investimento, isso significaria que os acionistas receberiam menos que o seu retorno requerido de 12%? Que retorno os acionistas receberiam?

6. A administração de uma empresa conservadora adotou uma política de nunca permitir que a dívida ultrapasse 30% do financiamento total. Como lucrará $ 10 milhões e distribuirá 40% em dividendos, a empresa terá $ 6 milhões para acrescentar aos lucros retidos. Correntemente o preço da ação é $ 50; a empresa paga dividendos de $ 2 por ação, com um crescimento anual esperado de 10%. Se a empresa vender novas ações, receberá o valor líquido de $ 48. Dadas essas informações, qual é:

a. o custo dos lucros retidos;

b. o custo de novas ações ordinárias?
A taxa de juros da dívida de longo prazo da empresa é 10% e a empresa enquadra-se na faixa de tributação de 32%. Se a empresa emitir mais de $ 2.400.000, a taxa de juros aumentará para 11%. Dadas essas informações, qual é:

c. o custo da dívida;

d. o custo da dívida acima de $ 2.400.000?
   A empresa levanta fundos em incrementos de $ 3 milhões, consistindo em $ 900 mil de dívida e $ 2.100.000 de patrimônio líquido. Essa estratégia mantém a estrutura de capital de 30% de dívida e 70% de patrimônio líquido. Desenvolva a programação do custo marginal de capital até $ 12 milhões. Que impacto cada um desses fatores teria sobre a programação do custo marginal de capital?
e. a alíquota de imposto de renda da empresa aumenta;
f. a empresa retém todos os seus lucros e o preço das ações não é afetado;
g. $ 12 milhões são insuficientes para financiar oportunidades de investimento atraentes.

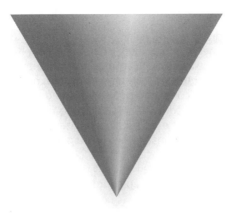

ORÇAMENTO DE CAPITAL

Segundo Henry David Thoreau, "a bondade é o único investimento que nunca falha". Muitos gerentes financeiros e investidores certamente sabem, com base em sua própria experiência, que alguns investimentos realmente falham! Porém, de acordo com Gilbert e Sullivan, "nada arriscado, nada ganho". Embora Gilbert e Sullivan estivessem se referindo ao amor, o conceito obviamente também se aplica aos investimentos. Você não pode ganhar se não estiver no jogo, e este é o dilema enfrentado por gerentes financeiros e por todos os investidores. É preciso investir para obter um retorno, mas isso também acarreta o risco de que o retorno esperado não seja atingido.

Este capítulo aborda os investimentos de longo prazo em instalações e equipamentos. A ConocoPhillips investiu mais de $ 6 bilhões em instalações, equipamentos e atividades de exploração adicionais em 2003. Trata-se de um volume substancial de investimentos de longo prazo em ativos para apenas um ano. Uma empresa muito menor, Chesapeake Corporation, cujos ativos totais correspondem a cerca de 2% dos ativos totais da ConocoPhillips, adquiriu $ 52 milhões em instalações e equipamentos.

A administração de ambas as empresas teve de decidir quais investimentos de longo prazo deveriam ser feitos. Esse processo de seleção é o orçamento de capital. O orçamento de capital responde a questões como: (1) uma máquina velha deve ser substituída por uma nova?; (2) o nível de operação da empresa deve ser expandido com a aquisição de novas instalações e equipamentos?; ou (3) qual de duas máquinas novas concorrentes a empresa deve comprar? Essas decisões são cruciais para a vida e a lucratividade da empresa. As técnicas de orçamento de capital, que ajudam nesse processo decisório, são fundamentais para aumentar a riqueza da empresa e dos seus acionistas.

Este capítulo ocupa-se dos métodos de orçamento de capital. Inicialmente, a discussão é voltada para a determinação das entradas e de saídas de caixa adequadas em um investimento. A maior parte do Capítulo 22 descreve e ilustra os métodos de valor presente líquido e taxa interna de retorno do orçamento de capital. Todas as ilustrações usam números simples. Embora poucos investimentos custem $ 1 mil ou gerem entradas de caixa de $ 400 por ano durante quatro anos, esses exemplos facilitam a compreensão.

Em seguida, o capítulo explora o uso do valor presente líquido e da taxa interna de retorno para optar entre investimentos mutuamente excludentes. Embora o valor presente líquido e a taxa interna de retorno muitas vezes produzam a mesma classificação de investimentos concorrentes, a possibilidade de classificações discrepantes efetivamente existe. Esta seção inclui uma discussão dos fatores que podem levar a classificações conflitantes e de como isso pode ser resolvido.

A última seção do Capítulo 22 introduz a análise de risco no orçamento de capital. Praticamente todos os investimentos envolvem risco, e as técnicas utilizadas para integrar o risco à análise de títulos também são aplicáveis à análise de instalações e equipamentos. Essa integração pode ser obtida alterando o fluxo de caixa de um investimento ou o custo do capital utilizado para descontar o fluxo de caixa de um investimento. Como os ajustes de risco são um tema complexo, as técnicas desenvolvidas em cursos avançados de orçamento de capital são abordadas aqui apenas de maneira introdutória.

AVALIAÇÃO E DECISÕES DE INVESTIMENTO DE LONGO PRAZO

O processo de investimento em instalações e equipamentos é essencialmente idêntico ao do investimento em títulos. No Capítulo 13, o valor atual de um título foi determinado descontando os pagamentos futuros de juros e a liquidação do principal com base no retorno de instrumentos de dívida comparáveis. No Capítulo 11, os pagamentos futuros de dividendos e o crescimento dos dividendos da empresa foram descontados retroativamente até o presente com base no retorno requerido para determinar o valor de uma ação. Ambos os modelos são ilustrações de fluxos de caixa descontados: as entradas de caixa futuras são descontadas retroativamente até o presente e comparadas ao custo (as saídas de caixa) necessário para fazer o investimento.

Conceitualmente, um investimento em instalações e equipamentos não é diferente do investimento em uma ação ou título. Os investimentos em instalações e equipamentos exigem que a administração estime as entradas de caixa futuras, desconte-as retroativamente até o presente no custo de capital da empresa e compare esse valor presente com o custo acarretado pelo investimento. Esse processo de determinar o valor do investimento em instalações e equipamentos e selecionar um dentre vários investimentos de longo prazo é conhecido como **orçamento de capital**.

Orçamento de capital
Processo de seleção de investimentos de longo prazo, basicamente em instalações e equipamentos.

Embora um investimento em instalações e equipamentos possa ser conceitualmente idêntico ao investimento em um ativo financeiro de longo prazo, existem diferenças importantes. A avaliação, a compra ou a venda de títulos existentes transferem riqueza existente. O comprador fornece dinheiro em troca do título e o vendedor recebe dinheiro pelo título. Há uma transferência de ativos entre os dois participantes. Muitos investimentos em instalações e equipamentos, porém, *criam nova riqueza*. Os novos equipamentos e instalações serão usados para criar novos produtos e serviços. Se forem lucrativos, esses novos produtos deverão aumentar o valor da empresa. Ou seja, a criação de nova riqueza pela empresa traduz-se na elevação do preço das suas ações.

Alguns desses investimentos são óbvios, como o apoio às pesquisas para o desenvolvimento de novos produtos ou a aquisição de novas instalações e equipamentos para aumentar a produção e introduzir os produtos existentes em novos mercados. As técnicas de orçamento de capital, no entanto, também são aplicadas a outras decisões, como substituir ou não as instalações e equipamentos existentes antes do término de sua vida útil ou quitar ou não uma emissão de títulos antes do seu vencimento. Em certos casos, como a aquisição da sede da empresa, as decisões de investimento de longo prazo devem ser feitas mesmo que nenhum fluxo de caixa específico possa ser gerado ou associado aos investimentos.

Ocasionalmente, as decisões de investimento de longo prazo podem estar além do controle do gerente financeiro. A instalação de equipamentos de controle da poluição exigidos pela legislação ambiental ou o cumprimento de novos padrões de segurança demandam investimentos obrigatórios por parte da empresa. A opção não é entre fazer ou não o investimento, mas qual das alternativas disponíveis empregar. Evidentemente, a empresa poderia cessar as operações e evitar assim a necessidade de fazer o investimento, mas, em muitos casos, esta não é uma opção viável. As empresas automotivas não deixarão de produzir automóveis para evitar um investimento em equipamentos que instalam uma melhoria de segurança necessária.

Alguns investimentos de longo prazo geram retornos rapidamente; outros exigem anos para maturar e, mesmo assim, podem jamais gerar lucro. Por exemplo, uma empresa farmacêutica pode investir quantias substanciais em uma pesquisa visando à criação de um novo medicamento, mas pode acabar não obtendo êxito. A Merck, em seu relatório anual de 2004, declarou que seu crescimento de longo prazo seria resultante dos seus investimentos em pesquisa. Esse compromisso depende de saídas de caixa no presente. Presumivelmente, a administração da Merck terá de determinar quais dos medicamentos que estão sendo desenvolvidos oferecem maior potencial de lucratividade, podendo contribuir para o crescimento da empresa e aumentar o valor das suas ações.

IMPORTÂNCIA DO FLUXO DE CAIXA

Todos os investimentos envolvem custos. Em certos casos, essas saídas de caixa são rapidamente identificáveis. Quando a Hertz adquire novos carros, esses custos são conhecidos. Outras saídas de caixa associadas ao investimento podem não ser identificáveis com tanta facilidade. A Hertz precisará fazer investimentos adicionais em instalações de armazenagem e manutenção? Terá de abrir novas filiais para locação de veículos? Deverá contratar mais empregados e investir no seu treinamento? Essas saídas de caixa associadas aos novos veículos podem ser substanciais, transformando o que à primeira vista parecia ser um investimento lucrativo em uma iniciativa financeiramente contraproducente.

Além de identificar e quantificar as saídas de caixa, o gerente financeiro deve estimar as entradas de caixa resultantes do investimento. Nos investimentos para a fabricação de produtos existentes, essas estimativas podem ser relativamente fáceis. Por sua vez, novos produtos ou propostas de entrada em novos mercados exigem estimativas de vendas e despesas que não estão prontamente disponíveis. Essas estimativas estão sujeitas a distorções intrínsecas. Quando deseja ingressar em um novo mercado, a administração tende a fazer estimativas excessivamente otimistas sobre os fluxos de caixa futuros. A história dos negócios está repleta de exemplos de empresas que ingressaram em novos mercados, sofreram graves prejuízos e se retiraram. A RCA começou a fabricar computadores em concorrência direta com a IBM e a Midway Airlines entrou no mercado da Filadélfia competindo diretamente com a USAir. Ambas as decisões provavelmente foram tomadas depois de intensos debates e análises dos fluxos de caixa esperados. Ambas fracassaram.

A demonstração dos fluxos de caixa foi discutida no Capítulo 9, e as despesas não monetárias de depreciação foram adicionadas de volta aos lucros para determinar o fluxo de caixa das operações. (A depleção, que ocorre quando recursos naturais são utilizados, e a amortização, que é o processo de alocação do custo de um ativo intangível ou não físico, também são despesas não monetárias que contribuem para o fluxo de caixa da empresa.) Observe que a ênfase não está nos lucros contábeis. A depreciação (e as despesas de depleção e amortização), o adiamento de despesas com imposto de renda do período atual para algum período subseqüente ou alguma mudança nos ativos correntes, como um aumento de contas a receber ou de estoque, afetam os fluxos de caixa. O que é importante para a decisão de investir em um ativo de longo prazo é o impacto do investimento sobre esses fluxos de caixa.

Considere a situação a seguir, em que o gerente financeiro deve tomar uma decisão sobre a compra de novos equipamentos que custarão $ 50 mil e exigirão um desembolso de $ 5 mil para serem instalados. Para tomar a decisão, o gerente financeiro precisa determinar o fluxo de caixa gerado pelo investimento. O custo de instalação de $ 5 mil é uma saída de caixa corrente que será recuperada ao longo dos mesmos cinco anos em que o equipamento será depreciado. O lucro operacional anual estimado gerado pelos equipamentos será de $ 17.200 antes da despesa anual de depreciação. Além disso, o investimento da empresa em estoque aumentará $ 2 mil e suas contas a receber aumentarão $ 3 mil. Esses aumentos de estoque e de contas a receber são saídas de caixa que exigirão fundos adicionais. No quinto ano, o estoque e as contas a receber terão voltado ao nível corrente (ou seja, ao nível anterior ao investimento nos equipamentos). Nesse momento, os equipamentos serão removidos a um custo de $ 4.500. Se a alíquota de imposto de renda for de 20%, quais serão (1) os lucros contábeis e (2) o fluxo de caixa gerado pelo investimento?

As respostas para ambas as questões nos anos 1, 2 a 4 e 5 são as seguintes:

	Ano 1	Anos 2 a 4	Ano 5
Determinação do lucro			
Lucro pré-depreciação e impostos	$ 17.200	$ 17.200	$ 17.200
Depreciação	10.000	10.000	10.000
Depreciação das despesas de instalação	1.000	1.000	1.000
Despesas de remoção	0	0	4.500
Renda tributável	6.200	6.200	1.700
Impostos (20%)	1.240	1.240	340
Renda líquida	$ 4.960	$ 4.960	$ 1.360
Determinação dos fluxos de caixa			
Renda líquida	$ 4.960	$ 4.960	$ 1.360
Depreciação	10.000	10.000	10.000
Depreciação das despesas de instalação	1.000	1.000	1.000
Alterações no estoque e nas contas a pagar	(5.000)	0	5.000
Fluxo de caixa	$ 10.960	$ 15.960	$ 17.360

O lucro previsto é de $ 4.960 por ano nos anos 1 a 4 e $ 1.360 no ano 5, mas os fluxos de caixa são de $ 10.960 no ano 1, $ 15.960 por ano nos anos 2 a 4 e $ 17.360 no ano 5. Como os lucros e fluxos de caixa podem ser tão diferentes?

A cada ano, a receita operacional é reduzida pela depreciação tanto dos equipamentos como da despesa de instalação, que foi capitalizada. (Para simplificar o exemplo, o requisito de que a depreciação seja iniciada somente após seis meses transcorridos [a convenção de "meio-ano"] é ignorado. Na verdade, a despesa de instalação seria somada ao custo dos equipamentos para determinar a base depreciável e essa quantia seria distribuída ao longo do período. Essa apresentação, porém, exemplifica o fato de que a depreciação inclui outros custos associados à colocação do equipamento em uso, como comissões e despesas de instalação.) Estas são despesas não monetárias que reduzem a renda para fins tributários. Observe também que há uma despesa de remoção no ano 5. Como ocorre no final da vida útil do investimento, ela não é depreciada; é apenas incorporada às despesas, o que reduz o lucro tributável no quinto ano. O contrário também pode acontecer: o equipamento é vendido e há uma entrada de caixa. (Se for feita a um valor superior ao valor contábil do ativo, a venda também aumentará o lucro tributável e os impostos.)

O lucro líquido nos anos 1 a 5 não representa dinheiro. O fluxo de caixa é determinado somando-se de volta as despesas não monetárias e fazendo quaisquer outros ajustes que gerem ou consumam recursos monetários. A cada ano, os $ 11 mil de despesas não monetárias são somados de volta ao lucro líquido. (Lembre-se de que a saída de caixa ocorreu quando o equipamento foi adquirido e os custos de instalação foram pagos.) Essa soma retroativa das despesas não monetárias aumenta o fluxo de caixa gerado pelo investimento. De modo inverso, no ano 1, o investimento requer um aumento do estoque e das contas a receber. Esses aumentos são saídas de caixa que reduzem o fluxo de caixa do investimento no ano 1. Entretanto, quando o estoque e as contas a receber são reduzidos aos níveis anteriores no ano 5, há uma liberação de caixa. As reduções de estoque e contas a receber são fontes de fundos que contribuem para o fluxo de caixa do investimento no ano 5.

A diferença entre o lucro líquido e o fluxo de caixa torna-se imediatamente perceptível quando são comparados os dois níveis mínimos. Um investimento de $ 55 mil ($ 50 mil da compra do equipamento mais $ 5 mil de despesa de instalação) gera $ 4.960 de lucro nos anos 1 a 4 e só $ 1.360 no ano 5. Este não parece ser um investimento atraente — $ 55 mil para gerar menos de $ 5 mil de lucro anual durante os cinco anos. Entretanto, o mesmo investimento gera $ 10.960 em dinheiro no ano 1, $ 15.960 nos anos 2 a 4 e $ 17.360 no ano 5. A empresa recupera com folga o desembolso inicial de $ 55 mil em dinheiro. Dessa perspectiva, o investimento parece mais atraente.

O fato de que o investimento agora parece mais atraente não é uma justificativa para fazê-lo. Em vez disso, o gerente financeiro deve aplicar um ou mais dos métodos de orçamento de capital descritos a seguir para determinar se o investimento representa um uso sensato de um recurso escasso – o capital da empresa.

INTRODUÇÃO AOS MÉTODOS DE ORÇAMENTO DE CAPITAL DE FLUXO DE CAIXA DESCONTADO

Dois métodos de orçamento de capital são o valor presente líquido (*net present value* – NPV) e a taxa interna de retorno (*internal rate of return* – IRR). Ambos são técnicas de fluxos de caixa descontados. Os fluxos de caixa futuros são trazidos de volta para o presente; ou seja, ambas as técnicas utilizam explicitamente o valor do dinheiro no tempo. Ambas reconhecem que (1) as decisões de investimento são feitas no presente, (2) as entradas de caixa são geradas no futuro, e (3) as entradas de caixa devem ser comparadas às saídas de caixa necessárias para realizar o investimento.

O valor presente líquido e a taxa interna de retorno utilizam as mesmas informações básicas, mas as processam de maneiras diferentes. O **valor presente líquido (NPV)** desconta as entradas de caixa futuras ao custo de capital da empresa para determinar o valor presente do investimento. Em seguida, esse valor presente é comparado ao custo presente (saídas de caixa) da realização do investimento. A **taxa interna de retorno (IRR)** determina o retorno que iguala o valor presente das entradas e saídas de caixa do investimento.

> **Valor presente líquido (NPV)**
> Valor presente dos fluxos de caixa de um investimento menos o custo do investimento.
>
> **Taxa interna de retorno (IRR)**
> Taxa de retorno que iguala o valor presente dos fluxos de caixa de um investimento ao custo da realização do investimento.

Em seguida, esse retorno é comparado ao custo de capital necessário para fazer o investimento.

Apesar das semelhanças, há uma diferença essencial entre as duas técnicas: o tratamento do fator de desconto que cada uma delas emprega. Essa diferença pode ser importante quando as duas técnicas fornecem resultados conflitantes sobre os investimentos que devem ser selecionados. Embora esse conflito possa não ocorrer, a possibilidade existe e será exemplificada na seção que aborda a escolha entre investimentos mutuamente excludentes.

A discussão inicial explicará, com exemplos, o valor presente líquido e a taxa interna de retorno. Vários símbolos serão utilizados:

- C: o custo do investimento (a saída de caixa inicial)
- $CF_1, CF_2, \ldots CF_n$: as entradas de caixa geradas pelo investimento nos anos um, dois e assim por diante até o último ano (n)
- n: o número de anos em que o investimento gera entradas de caixa
- PV: o valor presente das entradas de caixa do investimento
- NPV: o valor presente líquido (PV menos C)
- k: o custo de capital da empresa
- r: a taxa interna de retorno do investimento

Como as entradas de caixa e o número dos anos são estimativas, não é possível determinar com certeza esses pagamentos. Inicialmente, a discussão evitará a questão do risco; nenhum ajuste será feito para investimentos mais arriscados. A inclusão do risco será discutida adiante neste capítulo.

VALOR PRESENTE LÍQUIDO

A técnica de valor presente líquido de orçamento de capital determina o valor presente das entradas de caixa e subtrai o custo do investimento desse valor presente. A diferença é o valor presente líquido. Esse processo é ilustrado no exemplo a seguir. Uma empresa está considerando um investimento que custa $ 1 mil e tem as seguintes entradas de caixa estimadas:

Ano	Investimento A Entrada de caixa
1	$ 400
2	400
3	400
4	400

A administração deve fazer esse investimento? Para responder a essa pergunta, a administração precisa saber o valor presente líquido dos fluxos de caixa. Para determinar o valor presente líquido, a empresa deve conhecer o custo dos fundos utilizados para adquirir o ativo (o custo de capital, discutido no capítulo anterior). Se o custo de capital for de 8%, o valor presente do investimento será a soma do valor presente de cada fluxo de caixa descontada a 8%. O processo de determinação do valor presente desse investimento é ilustrado a seguir:

Solução com Calculadora

Tecla de função	Entrada de dados
FV =	0
PMT =	400
I =	8
N =	4
PV =	?
Tecla de função	Resposta
PV =	-1.324,85

Ano	Entrada de caixa	×	Fator de juros	=	Valor presente
1	$ 400		0,926		$ 370,40
2	400		0,857		342,80
3	400		0,794		317,60
4	400		0,735		294,00
					∑ = 1.324,80

Os valores presentes individuais são somados para obter o valor presente do investimento. No caso, o valor presente é $ 1.324,80. Como o custo do investimento é $ 1 mil, o valor presente líquido (NPV) é

$$NPV = \$ 1.324,80 - \$ 1.000 = \$ 324,80.$$

Como o valor presente líquido é *positivo*, o investimento mais que cobre todo o custo dos fundos. O *NPV adicional aumenta o valor da empresa*; portanto, o investimento deve ser feito.

Esse processo é aplicado a todas as oportunidades de investimento da empresa para determinar seus respectivos valores líquidos presentes. Suponha que a empresa esteja considerando os seguintes investimentos, além do que foi discutido anteriormente:

Ano	Entradas de caixa Investimento B	C	D
1	$ 295	$ 250	$ 357
2	295	150	357
3	295	330	357
4	295	450	357

A administração determina o valor presente líquido de cada investimento. O procedimento geral utilizado no investimento A é repetido com cada investimento.

No investimento B, o valor presente líquido é:

$$NPV = \$295(3{,}312) - \$1.000 = \$977 - \$1.000 = (\$23).$$

(3,312 é o fator de juros para o valor presente de uma anuidade de $ 1% a 8% durante quatro anos.) Como o valor presente líquido do investimento B é *negativo*, a empresa *não* deve fazer o investimento.

Solução com Calculadora

Tecla de função	Entrada de dados
FV =	0
PMT =	295
I =	8
N =	4
PV =	?
Tecla de função	Resposta
PV =	-977,08

Os valores líquidos presentes dos investimentos C e D são ($ 47) e $ 182, respectivamente. (Recomendamos que confira esses resultados para testar sua capacidade de calcular o valor presente líquido de um investimento.) Esses resultados fornecem a seguinte classificação de todos os quatro investimentos:

Investimento	Valor presente líquido
A	$ 325
D	182
B	-(23)
C	-(47)

A empresa deve fazer os investimentos A e D (com um desembolso total de $ 2 mil) porque seus valores líquidos presentes são positivos. A empresa deve rejeitar os investimentos B e C pois seus valores líquidos presentes são negativos. Observe que *a empresa aceita todos os investimentos cujo valor líquido presente é positivo.*

A técnica de valor presente líquido de orçamento de capital pode ser expressa em termos mais formais. Primeiro, determine o valor presente (PV) descontando a entrada de caixa (CF) gerada a cada ano pelo custo de capital da empresa (k). Portanto, o valor presente de um investimento é:

$$PV = \frac{CF_1}{(1+k)^1} + \frac{CF_2}{(1+k)^2} + \cdots + \frac{CF_n}{(1+k)^n}. \quad \text{22.1}$$

Segundo, determine o valor presente líquido (NPV) do investimento subtraindo a saída de caixa (C) do investimento do valor presente. Ou seja:

$$PNV = PV - C. \quad \text{22.2}$$

Se o valor presente líquido for positivo, o investimento deve ser feito. Se o valor presente líquido for negativo, a empresa não deve fazer o investimento. Os critérios de aceitação e rejeição para o método de valor presente líquido de orçamento de capital são resumidos da seguinte maneira:

Aceitar o investimento se
$PV - C = PNV \geq 0.$

Rejeitar o investimento se
$PV - C = PNV < 0.$

Se o $NPV = 0$, a empresa está na margem. O investimento não aumenta nem diminui o valor da empresa, mas cobre o custo dos fundos. Como os investidores obterão o seu retorno requerido, o investimento deve ser feito.

TAXA INTERNA DE RETORNO

O método de taxa interna de retorno de orçamento de capital determina o índice de retorno que iguala o valor presente das entradas de caixa ao valor presente das saídas de caixa do investimento. Essa particular taxa de retorno é conhecida como taxa interna de retorno porque é um índice exclusivo (interno) desse investimento. Na prática, o método da taxa interna de retorno é baseado na seguinte equação:

$$\text{Custo presente} = \text{Valor presente das entradas de caixa.} \qquad 22.3$$

O método pode ser ilustrado pelos mesmos exemplos utilizados para ilustrar a abordagem do valor presente líquido. As informações relativas ao investimento A são inseridas na equação para determinar o valor presente. Ou seja:

$$\$1.000 = \frac{\$400}{(1+r)^1} + \frac{\$400}{(1+r)^2} + \frac{\$400}{(1+r)^3} + \frac{\$400}{(1+r)^4}.$$

Em seguida, a equação é resolvida para a incógnita r, que é a taxa interna de retorno. Como o investimento é uma anuidade, o cálculo é fácil:

$$\$1.000 = \$400 \times \text{fator de juros para o valor presente de uma}$$
$$\text{anuidade de \$1 durante quatro anos.}$$

A solução do fator de juros $(PVAIF, ?I, 4N)$ produz:

$$\$400(PVAIF, ?I, 4N) = \$1.000$$
$$PVAIF, ?I, 4N = \$1.000/\$400 = 2,50.$$

Solução com Calculadora

Tecla de função	Entrada de dados
FV =	0
PMT =	400
I =	-1000
N =	4
I =	?
Tecla de função	Resposta
I =	21,86

Em seguida, deve-se localizar 2,50 na tabela de juros para o valor presente de uma anuidade de quatro anos ($n = 4$). Isso resulta em uma taxa interna de retorno de aproximadamente 20% (21,86% com o uso de uma calculadora financeira).

A empresa deve fazer esse investimento? A resposta é "sim", porque a taxa interna de retorno excede o custo de capital da empresa. A taxa interna de retorno do investimento, superior a 20%, é maior que o custo de capital de 8% da empresa. Portanto, o investimento deve ser feito.

Solução com Calculadora

Tecla de função	Entrada de dados
FV =	0
PMT =	7295
I =	-1.000
N =	4
I =	?
Tecla de função	Resposta
I =	6,97

Como é feito com o valor presente líquido, o gerente financeiro calcula a taxa interna de retorno para cada investimento. Para o investimento B, ela seria:

$$\$1.000 = \frac{\$295}{(1+r)^1} + \frac{\$295}{(1+r)^2} + \frac{\$295}{(1+r)^3} + \frac{\$295}{(1+r)^4}.$$

$$\$1.000 \$295/PVAIF, ?I, 4N$$

$$PVAIF, ?I, 4N = \$1.000/\$295 = 3,389.$$

Localizando 3,389 na tabela de juros para o valor presente de uma anuidade por quatro anos, constatamos que a taxa interna de retorno é 7%. Como 7% é menor que o custo de capital, o investimento não deve ser feito.

As taxas internas de retorno dos investimentos C e D são calculadas da mesma maneira. Como o investimento D é uma anuidade, sua taxa interna de retorno pode ser calculada da mesma maneira que os investimentos A e B, verificando-se que é de 16%. O investimento C, porém, não é uma anuidade. A menos que esteja usando uma calculadora financeira que aceite entradas de caixa desiguais ou um programa que calcule taxas internas de retorno, você terá de solucionar o problema por tentativa e erro. Selecione uma taxa qualquer, como 10%, e determine o valor presente das entradas de caixa. Se esse valor presente for igual a $ 1 mil, você resolveu para a taxa interna de retorno. Ou seja:

$$\$1.000 = \frac{\$250}{(1+0,1)^1} + \frac{\$250}{(1+0,1)^2} + \frac{\$250}{(1+0,1)^3} + \frac{\$250}{(1+0,1)^4}$$

$$= \$250(0,909) + \$150(0,826) + \$330(0,751) + \$450(0,683).$$

Como o valor presente das entradas de caixa é menor que $ 1 mil, 10% é um valor excessivo. Uma taxa menor é selecionada e o processo é repetido até que os valores presentes das entradas e saídas de caixa sejam iguais. Isso ocorre em aproximadamente 6%:

$$\$1.000 \approx \$250(0,943) + \$150(0,890) + \$330(0,840) + \$450(0,792)$$
$$\approx \$235,75 + \$133,50 + \$277,20 + \$356,40 = \$1.002,85.$$

Dados esses índices de retorno internos, a classificação dos quatro investimentos é:

Investimento	Taxa interna de retorno
A	20%
D	16
B	7
C	6

A empresa deve fazer os investimentos A e D, porque suas taxas internas de retorno excedem o custo de capital da empresa, mas deve rejeitar os investimentos B e C, pois suas taxas internas de retorno são menores que o custo de capital da empresa (inferiores a 8%). O custo total desses investimentos será de $ 2 mil. Mais uma vez, observe que a empresa faz *todos os investimentos cujas taxas internas de retorno excedem o custo de capital da empresa*. Como no método de valor presente líquido de orçamento de capital, a taxa interna de retorno parte da premissa de que a empresa tem ou pode obter os fundos necessários para fazer todos os investimentos aceitáveis.

O processo de cálculo da taxa interna de retorno deve lhe parecer familiar, pois você já fez esse cálculo antes. Ele apareceu no Capítulo 7, que discute o valor do dinheiro no tempo. Veja, particularmente, o exemplo 5 e os problemas 28 a 30. O cálculo também foi usado para determinar o rendimento de um título até o vencimento. Na verdade, o retorno até o vencimento é a taxa interna de retorno de um título, caso todos os pagamentos de juros sejam feitos e o título seja resgatado pelo valor de face na data de vencimento. O processo foi utilizado no Capítulo 16 em retornos históricos obtidos por vários investimentos, como ações. O retorno de um investimento em ações é igual à diferença entre o custo inicial de um investimento (a saída de caixa) e as entradas de caixa geradas pelos pagamentos de dividendos e a venda subseqüente das ações. O retorno anualizado de qualquer investimento é sua taxa interna de retorno.

O método da taxa interna de retorno de orçamento de capital pode ser expresso resumidamente em termos simbólicos. A taxa interna de retorno é o valor *r*, que iguala

$$C = \frac{CF_1}{(1+r)^1} + \cdots + \frac{CF_n}{(1+r)^n} = \sum_{t=1}^{n} \frac{CF_t}{(1+r)^t} \qquad \text{22.4}$$

e os critérios de aceitação de um investimento são

$$\text{se } r \geq k, \text{ aceitar o investimento}$$
$$\text{se } r < k, \text{ rejeitar o investimento.}$$

Se $r = k$, novamente, a empresa está na margem. O investimento não aumenta nem diminui o valor da empresa, mas cobre o custo dos fundos, inclusive os retornos requeridos pelos proprietários.

Apesar dos critérios de aceitação anteriores, a administração pode não aceitar todos os investimentos com taxa interna de retorno maior que o custo de capital. Em vez disso, a administração pode estabelecer uma taxa de retorno mais elevada (ou **taxa mínima de atratividade**) para ser utilizada como critério de aceitação para a seleção de investimentos. Por exemplo, se o custo de capital for 10%, a empresa pode aprovar todos os investimentos com taxa interna de retorno maior que 15%. Essa taxa mínima de atratividade ajuda a empresa a ajustar-se para o risco, pois exclui os investimentos com menores taxas internas de retorno previstas.

> **Taxa mínima de atratividade**
> Retorno necessário para justificar a realização de um investimento; geralmente estipulado acima do custo de capital da empresa.

COMPARAÇÃO DO VALOR PRESENTE LÍQUIDO COM A TAXA INTERNA DE RETORNO

Os métodos da taxa interna de retorno e do valor presente líquido para orçamento de capital são muito semelhantes. Ambos usam todos os fluxos de caixa gerados por um investimento, e os dois levam em consideração o cronograma desses fluxos de caixa. Ambos os métodos incorporam explicitamente à análise o valor do dinheiro no tempo. Quando os dois métodos são comparados,

Valor presente líquido:

$$NPV = \frac{CF_1}{(1+k)^1} + \cdots + \frac{CF_n}{(1+k)^n} - C.$$

Taxa interna de retorno:

$$C = \frac{CF_1}{(1+r)^1} + \cdots + \frac{CF_n}{(1+r)^n}$$

a diferença é o fator de desconto. A abordagem do valor presente líquido usa o custo de capital da empresa para descontar as entradas de caixa. O método da taxa interna de retorno determina a taxa de retorno que iguala o valor presente das entradas de caixa ao custo presente (as saídas de caixa presentes). O uso de fatores de desconto diferentes resulta em diferentes critérios de aceitação. Na abordagem do valor presente líquido, um investimento deve render um valor presente líquido igual ou maior que zero para ser aceito. No método da taxa interna de retorno, a taxa interna de retorno do investimento deve ser igual ou maior que o custo de capital da empresa para ser aceito.

Embora a diferença óbvia entre as duas técnicas seja o fator de desconto, e o resultado diferente decorra dos critérios de aceitação, os fatores de desconto distintos baseiam-se em uma premissa importante e sutil. Essa premissa envolve a taxa de reinvestimento. A técnica do valor presente líquido parte da premissa de que os fundos obtidos nos anos um, dois e assim por diante são *reinvestidos ao custo de capital da empresa*. A taxa interna de retorno parte da premissa de que os fundos obtidos nos anos um, dois e assim por diante são *reinvestidos à taxa interna de retorno do investimento*.

Considere o investimento utilizado anteriormente neste capítulo para ilustrar ambas as técnicas. Seus fluxos de caixa eram os seguintes:

Ano	Entrada de caixa
1	$ 400
2	400
3	400
4	400

Quando o custo de capital era 8%, determinou-se que o valor presente líquido do investimento era $ 324,80. A premissa de reinvestimento requer que os $ 400 recebidos no ano um sejam investidos a 8% nos três anos subseqüentes. Os $ 400 recebidos no ano dois serão reinvestidos a 8% nos dois anos subseqüentes, e os $ 400 recebidos no ano três serão reinvestidos a 8% por um ano. Se esses fundos não forem reinvestidos a 8%, o valor presente líquido não será $ 324,80. Se a taxa de reinvestimento for maior, o valor presente líquido ultrapassará $ 324,80; se a taxa de reinvestimento for menor, o valor presente líquido ficará abaixo de $ 324,80.

Quando a técnica da taxa interna de retorno foi aplicada às entradas de caixa dadas anteriormente, o retorno calculado foi de aproximadamente 22%. A premissa de reinvestimento requer que todas as entradas de caixa sejam reinvestidas a essa taxa. Assim, os $ 400 recebidos no primeiro ano devem ser reinvestidos a 22% nos três anos subseqüentes, e a mesma taxa de reinvestimento é exigida para cada entrada de caixa subseqüente. Se esses fundos reinvestidos renderem menos que 22%, a taxa interna de retorno real será menor que 22%. Se esses fundos reinvestidos renderem mais de 22%, a taxa interna de retorno real será maior que 22%.

Em muitas decisões de investimento, a taxa de reinvestimento atual pode não ser importante. Ela seria irrelevante no exemplo dado se este fosse o único investimento considerado pelo gerente financeiro. Entretanto, quando o gerente financeiro precisa avaliar investimentos e optar entre investimentos concorrentes (como será exigido na próxima seção), a taxa de reinvestimento percebida pode ser crucial para o processo decisório.

A incapacidade do gerente financeiro de determinar a taxa à qual os fundos serão reinvestidos é um sólido argumento em favor da adoção da técnica do valor presente líquido em detrimento da taxa interna de retorno. A suposição de que as entradas de caixa serão reinvestidas ao custo de capital da empresa é uma premissa mais conservadora. Considere o exemplo anterior. A técnica do valor presente líquido pressupõe que os $ 400 recebidos no primeiro ano serão reinvestidos a 8%, ao passo que a taxa interna de retorno exigia uma taxa de reinvestimento de 22%. Certamente será mais fácil reinvestir os fundos à taxa menor. Além disso, caso nenhum investimento dessa natureza seja encontrado, o dinheiro sempre pode ser usado para reduzir o capital da empresa. Os $ 400 de caixa gerados durante o primeiro ano, por exemplo, podem ser usados para resgatar parte da dívida e das ações emitidas para fazer o investimento. Como esses fundos custam 8%, seu resgate significa que o gerente financeiro conseguirá evitar esse custo mesmo que não consiga obter um rendimento melhor em outro lugar.

CLASSIFICAÇÃO DE ALTERNATIVAS DE INVESTIMENTO

Na seção anterior, a empresa fez todos os investimentos cujo valor presente líquido era positivo ou aqueles nos quais a taxa interna de retorno excedia o custo de capital da empresa. Como foram aceitos todos os investimentos que satisfaziam esses critérios, não foi necessário avaliar investimentos. Entretanto, em certas circunstâncias, a administração precisará avaliar investimentos e escolher entre as alternativas disponíveis.

A necessidade de avaliar investimentos ocorre quando os investimentos são mutuamente excludentes. **Investimentos mutuamente excludentes** são aqueles em que a seleção de uma das alternativas automaticamente elimina o outro investimento. Por exemplo, a terra utilizada para determinado tipo de construção não pode ser usada para outro tipo de estrutura. Os investimentos mutuamente excludentes também ocorrem quando vários investimentos produzem resultados semelhantes. Quando um desses investimentos alternativos é selecionado, os demais são excluídos. Os estudantes conhecem bem esse tipo de problema. Quando você seleciona uma classe no período A, todas as outras classes desse período são excluídas. Ou, então, quando você seleciona uma seção de um curso sobre finanças, todas as outras seções são excluídas. Essas opções são mutuamente excludentes.

> **Investimentos mutuamente excludentes**
> Dois investimentos em que a aceitação de um automaticamente exclui a aceitação do outro.

Quando existem investimentos mutuamente excludentes, é necessário avaliar e classificar as propostas de investimento para selecionar primeiro os mais rentáveis. Em alguns casos, essa classificação não acarretará qualquer problema. Considere as propostas de investimento hipotéticas a seguir. Cada uma custa $ 1 mil e tem o seguinte valor presente líquido e taxa interna de retorno:

Novo investimento	Valor presente líquido	Taxa interna de retorno
A	$ 22	19%
B	43	37
C	5	9
D	6	10

A e B são mutuamente excludentes, e C e D são mutuamente excludentes. Portanto, B é selecionada e A é excluída, e D é selecionada em detrimento de C. Tanto a técnica do valor presente líquido como a da taxa interna de retorno selecionam B em vez de A e D em vez de C. Observe também que o investimento D é feito, mas não A, embora A tenha um valor presente líquido superior ao de D. Isso ocorre porque a aceitação de B automaticamente exclui A. A aceitação de D é irrelevante para a aceitação de A, pois a aceitação de A depende do seu valor presente líquido com relação a B e não a qualquer outro investimento.

No exemplo anterior, tanto a técnica de valor presente líquido como a de taxa interna de retorno selecionaram B em vez de A e D em vez de C. A pergunta que se impõe é: as duas técnicas sempre produzem a mesma classificação? A resposta é "não". Há duas situações em que as classificações podem divergir: quando os cronogramas dos fluxos de caixa diferem e quando os custos dos investimentos diferem. Essas disparidades, evidentemente, são irrelevantes quando os investimentos são independentes. A empresa pode selecionar (ou rejeitar) qualquer dos investimentos. Mas essas diferenças podem ser cruciais se a empresa precisar optar entre os investimentos A e B, e o valor presente líquido favorece A e a taxa interna de retorno favorece B. Na prática, o gerente financeiro terá de optar por um dos dois métodos de orçamento de capital para determinar qual dos dois investimentos de longo prazo deverá ser feito.

Diferenças no Cronograma dos Fluxos de Caixa

Considere os dois investimentos mutuamente excludentes a seguir. Cada investimento custa $ 10 mil, mas as entradas de caixa ocorrem em períodos de tempo diferentes.

	Entradas de caixa	
Ano	A	B
1	$ 12.400	–
2	–	–
3	–	$ 15.609

A entrada de caixa do investimento A é obtida no ano 1, ao passo que o investimento B tem uma entrada de caixa mais elevada, mas leva mais tempo para ganhar aqueles fundos. Como os dois investimentos são mutuamente excludentes, a empresa deve escolher entre as duas alternativas. Isso exige que o gerente financeiro classifique os dois investimentos.

A determinação do valor presente líquido e da taxa interna de retorno de cada investimento é fácil. Se o custo de capital da empresa for 10%, o valor presente líquido de cada investimento será:

Solução com Calculadora

Tecla de função	Entrada de dados
PV =	?
FV =	12.400
PMT =	0
N =	1
I =	10
Tecla de função	Resposta
PV =	-11.276

$$NPV_A = \frac{\$12.400}{(1+0,1)} - \$10.000 = \$12.400(0,909) - \$10.000$$
$$= 11.272 - \$10.000 = \$1.272.$$

$$NPV_B = \frac{\$15.609}{(1+0,1)^3} - \$10.000 = \$15.609(0,751) - \$10.000$$
$$= 11.722 - \$10.000 = \$1.722.$$

A taxa interna de retorno para cada investimento é:

$$\$10.000 = \frac{\$12.400}{(1+r_A)} \quad e \quad \$10.000 = \frac{\$15.569}{(1+r_B)^3}.$$

Solução com Calculadora

Tecla de função	Entrada de dados
PV =	?
FV =	15.609
PMT =	0
N =	3
I =	10
Tecla de função	Resposta
PV =	-11.727

A solução de r_A para o investimento A resulta em:

$$\$12.400 IF = \$10.000$$
$$IF = \frac{10.000}{12.400} = 0,8065 \quad e \quad r_A = 24\%.$$

A solução de r_B para o investimento B resulta em:

$$\$12.400 IF = \$10.000$$
$$IF = \frac{10.000}{12.400} = 0,8065 \quad e \quad r_A = 24\%.$$

Os resultados são sintetizados a seguir:

	Investimento A	Investimento B
Valor presente líquido	$ 1.272	$ 1.722
Taxa interna de retorno	24%	16%

Imediatamente, o gerente financeiro enfrenta um dilema. O investimento A tem a maior taxa interna de retorno, mas o investimento B tem o maior valor presente líquido. Qual investimento é preferível? Se os investimentos não fossem mutuamente excludentes, a empresa faria ambos. Porém, como no caso os investimentos são mutuamente excludentes, a administração precisa escolher entre as duas alternativas. A pergunta, então, passa a ser como solucionar as conflitantes sinalizações.

A conciliação depende da resposta a uma segunda pergunta: o que a empresa fará com a entrada de caixa gerada pelo investimento A no ano um (ou seja, qual é a taxa de reinvestimento)? Com certeza, a empresa não deixará esses fundos parados, mas os investirá no ano dois. Se a empresa selecionar o investimento B, receberá os fundos no ano três e, portanto, não poderá reinvesti-los nos anos um e dois. A escolha entre o investimento A e o investimento B depende do que a empresa pode fazer com os fundos gerados no ano um pelo investimento A. De fato, a empresa deve considerar um terceiro investimento que comece no ano dois e possa ser financiado com os fundos gerados pelo investimento A.

Suponha que a empresa possa reinvestir os $ 12.400 a 14% nos dois anos subseqüentes. Qual seria o valor final do investimento? Ou seja, qual seria o valor futuro do investimento A se os fundos reinvestidos crescessem à taxa anual de 14% durante dois anos? A resposta é:

$$\$\,12.400(1+0{,}14)^2 = \$\,12.400(1{,}300) = \$\,16.120.$$

Se os $ 12.400 forem reinvestidos a 14% durante dois anos, o valor final do investimento A será $ 16.120, que é maior que o valor final do investimento B ($ 15.609). Portanto, as sinalizações conflitantes dos métodos de valor presente líquido e taxa interna de retorno estão resolvidas. A empresa deve fazer o investimento A porque seu valor final ($ 16.120) excede o valor final ($ 15.609) do investimento B.

No exemplo, o conflito foi resolvido em favor do investimento A. Isso, porém, poderia ser diferente. Suponha que a empresa possa investir os $ 12.400 recebidos no ano um a apenas 12%, em vez de 14%. A empresa ainda selecionaria o investimento A? A resposta é não, porque a 12% os $ 12.400 cresceriam apenas para:

Solução com Calculadora

Tecla de função	Entrada de dados
PV =	-12.400
FV =	?
PMT =	0
N =	2
I =	14
Tecla de função	Resposta
FV =	16.115

$$\$\,12.\,400(1+0{,}12)^2 = \$\,12.\,400(1{,}254) = \$\,15.549{,}60.$$

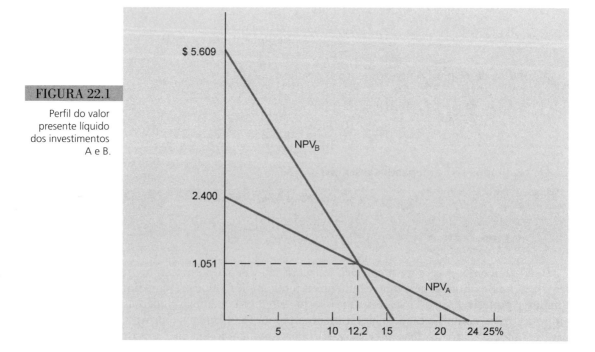

FIGURA 22.1

Perfil do valor presente líquido dos investimentos A e B.

Se a entrada de caixa fosse reinvestida a 12%, o valor final do investimento A seria $ 15.549,60, que é menor que o valor final do investimento B ($ 15.609). Portanto, o investimento B seria selecionado.

Como esses exemplos comprovam, a reconciliação do conflito entre o valor presente líquido e a taxa interna de retorno depende do que a empresa pode fazer com as entradas de caixa recebidas nos anos iniciais da vida útil de um investimento. Se a empresa tiver alternativas que ofereçam retornos elevados, a melhor opção será o investimento com entradas de caixa iniciais mais significativas, mesmo que seu valor presente líquido seja menor. O valor presente líquido mais baixo é compensado pelos retornos obtidos quando os fundos são reinvestidos a taxas rentáveis. O contrário acontece quando as entradas de caixa iniciais são reinvestidas a taxas menos rentáveis. Nesse caso, os fundos obtidos pelo reinvestimento não são suficientes para justificar a opção pelo investimento com menor valor presente líquido e, portanto, o conflito é resolvido em favor do investimento com valor presente líquido mais alto, apesar do seu horizonte de tempo mais longo.

Solução com Calculadora

Tecla de função	Entrada de dados
PV =	-12.400
FV =	?
PMT =	0
N =	2
I =	12
Tecla de função	Resposta
FV =	15.555

Essa conclusão geral é ilustrada na Figura 22.1, que mostra um perfil do valor presente líquido de dois investimentos com diferentes custos de capital. Se o fator de desconto for 0%, os valores líquidos presentes dos investimentos A e B serão de $ 2.400 e $ 5.609, respectivamente. Conforme os fatores de desconto aumentam, os valores líquidos presentes caem. Quando os fatores de desconto são suficientemente altos, os valores líquidos presentes caem para zero. Isso ocorre a 24% para o investimento A e a 16% para o investimento B, que correspondem à taxa interna de retorno de cada um desses investimentos. Como a taxa interna de retorno iguala o custo de um investimento ao valor presente de suas entradas de caixa, o valor presente líquido deve ser igual a zero.

O valor presente líquido do investimento B excede o valor presente líquido do investimento A enquanto o fator de desconto é menor que 12,2%.[1] Quando o fator de desconto é menor que 12,2%, o método do valor presente líquido seleciona o investimento B. Entretanto, quando o fator de desconto excede 12,2%, o valor presente líquido do investimento A é superior; portanto, o investimento A seria preferível. Logo, enquanto o fator de desconto (o custo de capital da empresa) exceder 12,2%, o valor presente líquido e o taxa interna de retorno fornecerão a mesma classificação: A é preferível a B. Porém, se o custo de capital for menor que 12,2%, as duas técnicas produzirão uma classificação contraditória, o que aumenta a importância da questão do reinvestimento. Se a taxa de reinvestimento for menor que 12,2%, o investimento B será preferível; os fundos ganhos por meio do reinvestimento das entradas de caixa anteriores do investimento A não compensarão o maior valor presente líquido do investimento B.

---

[1] Os dois fatores de desconto são iguais quando:

$$\frac{\$12.400}{(1+r)} = \frac{\$15.609}{(1+r)^3}$$

$$\frac{(1+r)^3}{(1+r)} = \frac{\$15.609}{\$12.400}$$

$$(1+r)^2 = 1{,}2588$$

$$1+r = \sqrt{1{,}2588}$$

$$r = 1{,}122 - 1$$

$$r = 12{,}2\%.$$

Diferenças de Custo

A seção anterior mostrou que diferenças no cronograma dos fluxos de caixa podem gerar classificações conflitantes dos investimentos com base no valor presente líquido e na taxa interna de retorno. O mesmo problema pode surgir caso haja uma diferença no custo de dois investimentos mutuamente excludentes. Considere os investimentos mutuamente excludentes a seguir:

	Investimento A	Investimento B
Custo	$ 1.000	$ 600
Fluxo de caixa no ano 1	$ 1.150	$ 700
Custo de capital: 10%		

Toda a entrada de caixa ocorre no ano um, mas os custos dos investimentos diferem. (No exemplo anterior, as entradas de caixa ocorriam em anos diferentes e os custos dos investimentos eram iguais.) Os valores presentes líquidos dos dois investimentos são:

$$NPV_A = \$\,1.150(0,909) - \$\,1.000 = \$\,45,35$$
$$NPV_B = \$\,700(0,909) - \$\,600 = \$\,36,30.$$

A taxa interna de retorno de A é:

$$\$\,1.000 = \$\,1.150/(1 + r_A)$$
$$1 + r_A = \$\,1.150/\$\,1.000 = 1,15$$
$$r_A = 1,15 - 1 = 0,15 = 15\%.$$

A taxa interna de retorno de B é:

$$\$\,600 = \$\,700/(1 + r_B)$$
$$1 + r_B = \$\,700/\$\,600 = 1,167$$
$$r_B = 1,167 - 1 + 0,167 = 16,7\%.$$

Resumidamente, estes são os resultados:

	Investimento A	Investimento B
Valor presente líquido	$ 45,35	$ 36,30
Taxa interna de retorno	15%	16.7%

Mais uma vez, há um conflito. O valor presente líquido de A excede o valor presente líquido de B, mas suas taxas internas de retorno estão invertidas. A taxa interna de retorno de B excede a taxa interna de retorno de A.

A causa do conflito é a diferença na quantia investida. O investimento A custa mais, e esses fundos adicionais rendem 15%. Como esses ganhos contribuem para o valor presente líquido do investimento, o NPV de A excede o valor presente líquido de B, embora B obtenha uma taxa de retorno mais alta sobre a pequena quantia investida.

Pode-se resolver o conflito perguntando o que a empresa poderá fazer com o dinheiro economizado se selecionar B em vez de A. Se não houver nenhum investimento alternativo para os $ 400, o conflito é resolvido em favor de A. Embora a taxa interna de retorno de A seja menor, é melhor investir $ 1 mil e aumentar o valor da empresa em $ 45,35 do que investir $ 600 e aumentar o valor da empresa em $ 36,30 (15% de $ 1 mil é melhor que 16,5% de $ 600 ou 0% de $ 400.)

Presumir um retorno de 0% não é razoável, pois a empresa sempre pode recuperar seu custo de capital. (A administração pode economizar 10% readquirindo ações e resgatando a dívida.) Portanto, a pior alternativa de retorno não é 0%, mas o custo de capital.

Se a empresa ganha 10% sobre $400 e 16,7% sobre $600, o retorno sobre $1 mil é uma média ponderada:

$$(0,4)(10) + (0,6)(16,7) = 14,02\%.$$

Obviamente, 14,02% é inferior aos 15% da taxa interna de retorno do investimento A, que usa integralmente os $1 mil. Se a empresa ganha 13% sobre $400 e 16,7% sobre $600, o retorno sobre $1 mil é:

$$(0,4)(13) + (0,6)(16,7) = 15,22\%$$

e, nesse caso, a combinação do investimento B com os investimentos adicionais é superior a investir a quantia total no investimento A.

Pode-se chegar à mesma conclusão usando o valor presente líquido. O valor presente líquido do investimento B é somado ao valor presente líquido dos investimentos adicionais. Por exemplo, se os $400 forem investidos a 10%, a entrada de caixa no final do primeiro ano será de $440 (o retorno dos $400 investidos mais 10%). O valor presente líquido do investimento B mais o investimento adicional de $400 é:

$$NPV = \$700(0,909) + \$440(0,909) - (\$600 + \$400)$$
$$= \$1.036 - \$1.000 = \$36$$

que é inferior aos $45 oferecidos pelo investimento A. Um ganho de apenas 10% não aumenta o NPV total nem o valor da empresa. O total é, obviamente, inferior aos $45 oferecidos pelo investimento A.

Por sua vez, se os $400 fossem investidos a 13%, de modo que o fluxo de caixa no final do ano fosse de $452, o valor presente líquido do investimento B mais os $400 adicionais seria:

$$NPV = \$700(0,909) + \$452(0,909) - (\$600 + \$400)$$
$$= \$1.047 - \$1.000 = \$47.$$

O investimento B agora é a opção preferencial, pois seu valor presente líquido, quando combinado ao valor presente líquido dos investimentos adicionais, supera o valor presente líquido de todos os fundos investidos em A.

Como os exemplos anteriores demonstram, as abordagens de valor presente líquido e taxa interna de retorno para orçamento de capital não estão isentas de problemas. Embora isso não aconteça em muitos casos, os problemas podem surgir, caso o gerente financeiro precise selecionar entre investimentos alternativos, todos aceitáveis por eles mesmos. Existe alguma razão para favorecer uma das técnicas em detrimento da outra? A resposta é "sim". Muitas pessoas preferem a taxa interna de retorno porque talvez seja mais fácil de interpretar. Taxas internas de retorno são usadas com freqüência em finanças (o rendimento até o vencimento de um título, discutido no Capítulo 13, é um exemplo de taxa de retorno) e muitas comparações usam porcentagens (o retorno sobre os ativos ou o retorno sobre o patrimônio líquido são expressos como uma porcentagem). Isso faz que muitos gerentes financeiros sintam-se mais à vontade com a taxa interna de retorno do que com os números absolutos gerados pelo valor presente líquido. Por sua vez, o valor presente líquido é a técnica mais conservadora e pode ser preferível.

Esse conservadorismo resulta da premissa do reinvestimento. Se um investimento gera fluxo de caixa, na pior das hipóteses, esses fundos podem ser devolvidos às fontes de financiamento da empresa. O custo desses fundos é o custo de capital da empresa. Portanto, ao quitar o débito com algumas dessas fontes, o gerente financeiro ao menos está concretizando o uso alternativo do dinheiro da empresa. Como o valor presente líquido parte da premissa de que todas as entradas de caixa são reinvestidas ao custo de capital da empresa, não há razão para se acreditar que essa premissa não possa ser cumprida. Caso o gerente financeiro consiga encontrar usos alternativos melhores para o fluxo de caixa, esse reinvestimento deverá aumentar o valor da empresa.

Isso pode não acontecer quando a taxa interna de retorno é usada, pois essa técnica parte da premissa de que as entradas de caixa são reinvestidas à taxa interna de retorno. Evidentemente, talvez seja possível reinvestir as entradas de caixa a uma taxa mais alta e obter melhor rendimento, aumentando assim o valor da empresa. Mas se o fluxo de caixa for investido a uma taxa mais baixa, o retorno obtido não será igual à taxa interna de retorno. Se houver falha ao considerar a taxa de reinvestimento e isso resultar em decisões de investimento incorretas (como foi demonstrado anteriormente na escolha entre investimentos mutuamente excludentes), a técnica pode provocar uma diminuição do valor da empresa.

INTRODUÇÃO DO RISCO NO ORÇAMENTO DE CAPITAL

Na seção anterior, o valor presente líquido (NPV) e a taxa interna de retorno (IRR) foram usados para analisar e selecionar investimentos de longo prazo. No caso do valor presente líquido, os fluxos de caixa futuros eram descontados retroativamente até o presente, ao custo de capital da empresa. O valor presente resultante era subtraído do custo do investimento (a saída de caixa inicial) para determinar o NPV. Caso o NPV fosse positivo, o investimento era feito, pois contribuía para o valor da empresa. No caso da taxa interna de retorno, o índice que igualava as entradas de caixa futuras ao custo corrente era comparado ao custo de capital. Caso o IRR excedesse o custo de capital, o investimento era feito, porque, novamente, aumentava o valor da empresa.

Todos os fluxos de caixa futuros são, necessariamente, projeções; eles são valores esperados. Embora esses fluxos de caixa sejam incertos, o grau de incerteza difere entre investimentos alternativos. Anteriormente, a aplicação do valor presente líquido e da taxa interna de retorno presumia, implicitamente, que o risco associado a cada investimento era o mesmo. Ou seja, todos os fluxos de caixa eram tratados como se fossem conhecidos; não foi feita nenhuma tentativa de ajustar as entradas de caixa estimadas para a incerteza. Além disso, o custo de capital não foi ajustado para o risco associado a determinado investimento.

Alguns investimentos, porém, são mais arriscados que outros, e alguns podem ser arriscados isoladamente, mas não quando considerados no contexto da carteira. Esses investimentos podem até reduzir a exposição da empresa ao risco. Portanto, o primeiro passo para a inclusão do risco no processo de orçamento de capital é decidir se um projeto deve ser analisado isoladamente, como se fosse um projeto autônomo e sem qualquer impacto sobre o risco associado à empresa ou aos seus proprietários. Caso o investimento não deva ser analisado como um projeto autônomo, o gerente financeiro deve considerar o impacto do investimento quanto à exposição da empresa ou dos proprietários ao risco. O investimento reduz o risco associado à empresa? Esta é, evidentemente, a mesma consideração que você faz ao acrescentar um novo título à sua carteira: o investimento diversifica a carteira?

É muito mais fácil analisar o risco de um projeto de uma perspectiva autônoma, evitando a pergunta: como o investimento afeta o risco da empresa ou dos acionistas? Conceitualmente, isso é incorreto, porque os investimentos não são feitos no vácuo; porém, em muitos casos, a análise do risco autônomo é suficiente. Muitos projetos de investimento são pequenos com relação aos ativos totais da empresa e têm pouco ou nenhum impacto sobre a exposição da empresa ao risco. Por exemplo, quando a Limited Brands adquire um depósito centralizado para armazenar roupas antes da distribuição para suas lojas, o impacto desse investimento sobre o risco da empresa tende a ser pequeno ou nulo. Além disso, novos projetos geralmente são semelhantes às operações correntes. Esses investimentos oferecem pouco potencial de diversificação e não podem mudar a exposição da empresa ou dos acionistas ao risco. Por exemplo, se a GM construir uma nova fábrica para a introdução de um novo modelo de automóvel (por exemplo, o Saturn), o investimento não será diferente de muitas operações existentes na GM. Isso não ocorre, porém, quando o projeto específico é substancial em comparação com os investimentos típicos da empresa ou quando a empresa está ingressando em um novo mercado, como ocorreu quando a GM entrou em um novo campo com a aquisição da Electronic Data Systems. Nesse caso, o gerente financeiro deve considerar os possíveis efeitos sobre a carteira ou o impacto no risco dos proprietários.

Caso o investimento seja analisado no contexto da carteira, a pergunta básica é: o investimento reduz o risco dos proprietários? Se os investidores tiverem construído carteiras bem-diversificadas, a resposta deverá ser negativa. Como os acionistas de muitas empresas de capital aberto de fato possuem carteiras bem-diversificadas, o investimento da empresa em instalações ou equipamentos adicionais muito provavelmente oferecerá pouco potencial de diversificação.

Se os proprietários não tiverem carteiras bem-diversificadas, a resposta pode ser afirmativa. Caso o investimento reduza a correlação entre o rendimento das ações da empresa e o rendimento de outros títulos mantidos na carteira do investidor, o potencial para diversificação existe. Esse potencial pode ser especialmente importante para empresas de pequeno porte, estritamente controladas (ou não públicas), em que a empresa é o ativo principal do proprietário. Um investimento arriscado que reduza o risco geral da empresa pode ser vantajoso, porque reduz a exposição dos proprietários ao risco.

Para muitas empresas, os possíveis efeitos sobre a carteira podem ser ignorados por razões meramente pragmáticas. Como o gerente financeiro ignora até que ponto os acionistas estão dispostos a correr riscos ou se construíram carteiras bem-diversificadas, talvez seja impossível incorporar à análise de um investimento específico os efeitos potenciais sobre a carteira. Além disso, os acionistas podem alterar suas carteiras quando o risco muda. Quando um investimento de longo prazo em instalações ou equipamentos torna a empresa mais arriscada, os acionistas podem fazer substituições em suas carteiras, introduzindo títulos menos arriscados, para reduzir a sua exposição ao risco. Inversamente, quando o gerente financeiro faz investimentos que reduzem o risco e os acionistas preferem uma estratégia mais arriscada, os investidores podem comprar as ações na margem (ou seja, com fundos emprestados). Portanto, o impacto de um investimento específico da empresa sobre os acionistas pode não ser uma preocupação do gerente financeiro, pois os acionistas podem ajustar as próprias carteiras ao nível de risco que estão dispostos a aceitar.

AJUSTES DE RISCO NO ORÇAMENTO DE CAPITAL

Tendo decidido que o risco será incluído na análise do orçamento de capital, o próximo passo é determinar como ele pode ser incorporado às técnicas. Considere a equação para a determinação do valor presente líquido:

$$NPV = \frac{CF}{(1+k)^1} + \cdots + \frac{CF_n}{(1+k)^n} - \text{Custo}.$$

Como o custo do investimento (saídas de caixa) é conhecido, a incorporação do risco deve afetar as entradas de caixa estimadas do projeto (o numerador) ou o custo de capital usado para descontar as entradas (o denominador). O problema enfrentando pelo gerente financeiro é como tornar esse ajuste operacional.

Se o gerente financeiro estiver preocupado com o risco autônomo do investimento, a ênfase é colocada na variabilidade das entradas de caixa estimadas. Uma técnica possível é a "análise de sensibilidade", que determina o impacto sobre a entrada de caixa alterando uma variável de cada vez. A análise começa com as entradas de caixa esperadas e, em seguida, altera um dos parâmetros utilizados para determinar os fluxos de caixa. O que aconteceria se o preço do produto fosse aumentado e todas as outras variáveis, como o custo de produção, fossem mantidas constantes? Como essa alteração afetaria as entradas de caixa estimadas? Quanto mais sensível for a mudança nas entradas de caixa como resultado da alteração da variável, maior o risco associado ao investimento. Se as vendas responderem à mudança de preço, as entradas de caixa também responderão. Inversamente, se as receitas forem insensíveis a alterações de preço, as entradas de caixa estimadas serão mais certas e menos arriscadas. O mesmo princípio é aplicado a diversas variáveis para determinar a sensibilidade do valor presente líquido a cada variável. A análise de sensibilidade requer um grande número de cálculos, mas permite ao gerente financeiro, usando um modelo de planilha, determinar a sensibilidade do valor presente líquido às variáveis relevantes e compreender melhor o risco associado ao investimento.

Uma abordagem alternativa é a "análise de cenários", que adiciona a probabilidade dos resultados. Ela procura determinar não apenas qual será o impacto sobre as entradas de caixa e o valor presente líquido, caso as variáveis mudem, mas também qual é a probabilidade dessa mudança. Considere o investimento a seguir cujo valor presente líquido previsto reage a mudanças na economia. O estado da economia, o valor presente líquido estimado do investimento associado a cada estado da economia e a probabilidade de ocorrência são os seguintes:

Estado da economia	Probabilidade de ocorrência	Valor Presente líquido
Recessão	0,20	$ 0
Sem crescimento	0,30	100
Leve crescimento	0,50	300

O valor presente líquido esperado é uma média de cada cenário, ponderada pela probabilidade de sua ocorrência. Ou seja:

Valor Presente Líquido = (0,20)($ 0) + (0,30)($ 100) + (0,50)($ 300) = $ 180.

A variabilidade das entradas de caixa é medida pelo desvio-padrão dos fluxos de caixa, que é calculado da seguinte maneira:

(1) NPV individual	(2) NPV esperado	(3) Diferença (1) – (2)	(4) Diferença ao quadrado	(5) Probabilidade de ocorrência	(6) Diferença ao quadrado vezes probabilidade (4) x (5)
$ 0	$ 180	$ 180	$ 32.400	0,2	$ 6.480
100	180	80	6.400	0,3	1.920
300	180	120	14.400	0,5	7.200
			Soma das diferenças ponderadas ao quadrado:		15.600

O desvio-padrão é a raiz quadrada da soma das diferenças ponderadas elevadas ao quadrado:

$$\sqrt{15.600} = 12,5.$$

Quanto maior for o desvio-padrão, maior será a variabilidade do resultado e, conseqüentemente, maior será o risco associado ao investimento. (O mesmo cálculo foi exemplificado no Capítulo 8, sobre medição do risco.)

O desvio-padrão é um número absoluto e não deve ser comparado aos desvios-padrão de outros investimentos. As comparações são feitas calculando-se o coeficiente de variação, que é o desvio-padrão dividido pelo valor esperado. Nesse exemplo, o desvio-padrão é $ 125 e o valor presente líquido esperado é $ 180; portanto, o coeficiente de variação é $ 125/$ 180 = 0,69.

Como o valor numérico do coeficiente de variação é um número relativo, ele pode ser comparado ao mesmo valor estatístico em todos os investimentos para fins de classificação. Suponha que dois investimentos tenham diferentes valores líquidos presentes ($ 100 e $ 1 mil) e seus desvios-padrão sejam $ 10 e $ 20, respectivamente. O desvio-padrão do segundo investimento é maior, mas, quando é expresso relativamente ao NPV, o coeficiente resultante é menor: $ 10/$ 100 = 0,1 contra $ 20/$ 1.000 = 0,02. A variabilidade do segundo investimento é menor, o que indica mais certeza e menos risco. O coeficiente de variação de um investimento também pode ser comparado ao coeficiente de variação dos investimentos típicos da empresa para determinar se esse projeto específico é mais ou menos arriscado que o investimento médio da empresa.

A análise de sensibilidade e a análise de cenários são maneiras de incorporar o risco ao orçamento de capital ajustando as entradas de caixa de um investimento. Uma abordagem alternativa que também ajusta a entrada de caixa emprega "equivalentes de certeza".

Os equivalentes de certeza tentam expressar as entradas de caixa esperadas como entradas de caixa certas. Por exemplo, suponha que um investimento arriscado de $ 1 mil deva gerar as seguintes entradas de caixa esperadas:

Ano	1	2	3
	$ 300	$ 445	$ 568

Todas as entradas de caixa são esperadas e nenhuma é certa. Um uso alternativo dos $ 1 mil seria um título de três anos do Tesouro norte-americano, no valor de $ 1 mil, que paga $ 100 ao ano e devolve $ 1 mil no vencimento. As entradas de caixa esperadas são as seguintes:

Ano	1	2	3
	$ 100	$ 100	$ 1.100

Como serão pagas pelo governo federal, as entradas de caixa esperadas são praticamente garantidas e, portanto, certas.

Se o custo de capital da empresa for 12% e esse índice for usado para descontar os fluxos de caixa das obrigações do Tesouro, o valor presente líquido será:

$$NPV = \$100(0{,}893) + \$100(0{,}797) + \$1.100(0{,}712) - \$1.000$$
$$= \$952{,}20 - \$1.000 = (\$47{,}80).$$

O valor presente líquido é negativo e o investimento no título não será feito. Todavia, o valor presente líquido da alternativa de risco é:

$$NPV = \$300(0{,}893) + \$445(0{,}797) + \$568(0{,}712) - \$1.000$$
$$= \$1.026{,}98 - \$1.000 = \$26{,}98.$$

Como o valor presente líquido é positivo, o investimento deverá ser feito.

A decisão de fazer o investimento de risco e não o investimento certo pode não ser a mais correta, quando o risco é integrado à análise. Como o risco não foi considerado, os NPVs não são comparáveis. A pergunta, no caso, é: os dois conjuntos de fluxos de caixa podem ser expressos em uma base comum? Os equivalentes de certeza tentam responder a essa pergunta.

Suponha que o gerente financeiro acredite que os fluxos de caixa do investimento arriscado serão equivalentes a apenas 95% do investimento certo e essa porcentagem diminuirá em 5% a cada ano subseqüente. Do seu ponto de vista, os equivalentes de certeza dos fluxos de caixa são:

Ano	1	2	3
	(0,95)$ 300	(0,90)$ 445	(0,85)$ 568
	$ 285,00	$ 400,50	$ 482,80

Tendo sido feito esse ajuste para expressar os fluxos de caixa como se fossem certos, o investimento deve ser feito? Mais uma vez, os fluxos de caixa devem ser trazidos de volta ao presente. Para determinar o valor presente, uma nova pergunta surge: qual é o índice adequado para descontar os fluxos de caixa? A resposta não pode ser o custo de capital da empresa, pois esse custo incorpora o risco associado às fontes de financiamento da empresa. Em vez disso, a taxa de desconto adequada é o retorno isento de risco, pois, assim, os fluxos de caixa são considerados equivalentes às entradas de caixa certas.

Nesse exemplo, o título do Tesouro de três anos, isento de risco, oferecia 10%; portanto, esse mesmo índice pode ser aplicado às entradas de caixa do investimento que foram expressas em termos isentos de risco. Quando o índice de 10% é aplicado aos fluxos de caixa de certeza equivalente, o valor presente líquido passa a ser:

$$NPV = 285,00(0,909) + \$400,50(0,826) + \$482,80(0,751) - \$1.000$$
$$= \$952,46 - \$1.000 = (\$47,54).$$

Como o NPV é negativo, o investimento não deve ser feito.

Embora os equivalentes de certeza possam ser usados para ajustar os fluxos de caixa com relação ao risco, deve-se ter em mente que o método tem um problema significativo. Como os equivalentes de certeza são determinados? Essencialmente, o analista atribui os valores. Dois gerentes financeiros poderiam, e provavelmente o fariam, atribuir diferentes equivalentes de certeza e, portanto, chegar a conclusões opostas sobre a atratividade do mesmo investimento. Essa falta de objetividade é uma deficiência significativa da técnica e explica por que os gerentes financeiros tendem a relutar em utilizá-la.

Ajustando a Taxa de Desconto

Anteriormente, o risco era introduzido no orçamento de capital por meio do ajuste das entradas de caixa. Técnicas alternativas ajustam o custo de capital acrescentando um prêmio de risco ao fator de desconto nos projetos mais arriscados e reduzindo o fator de desconto nos projetos menos arriscados. O problema enfrentado pelo gerente financeiro é a determinação do prêmio de risco.

Um método possível requer um julgamento qualitativo pelo gerente financeiro. O custo de capital é o retorno requerido a ser utilizado com os investimentos de médio risco. Caso a empresa esteja expandindo produtos conhecidos para novos mercados comparáveis aos mercados existentes, o uso do custo de capital pode ser justificado. Entretanto, se o gerente financeiro estiver considerando novos produtos, um prêmio de risco é adicionado ao custo de capital. Inversamente, se os novos produtos forem menos arriscados que os investimentos típicos feitos pela empresa, o custo de capital pode ser reduzido.

Considere o exemplo a seguir. O gerente financeiro tem a seguinte programação de custo de capital ajustado pelo risco:

Risco do projeto	Custo de capital ajustado pelo risco
Baixo risco	6,5%
Risco médio	8,5%
Alto risco	10,5%
Risco extremamente alto	12,5%

Esses custos de capital ajustados pelo risco funcionam como taxas mínimas de atratividade aplicadas a diferentes projetos. Quando a abordagem do valor presente líquido é empregada, o custo de capital ajustado é usado para descontar as entradas de caixa estimadas. Se, depois de usar o custo de capital ajustado, o valor presente líquido for positivo, o investimento será feito. Quando a abordagem da taxa interna de retorno for empregada, o custo de capital ajustado será usado como critério para a tomada de decisões. Se a taxa interna de retorno de um investimento excede o custo de capital apropriado, o investimento é feito.

Essa abordagem, assim como a abordagem do equivalente de certeza, apresenta um problema: como o risco deverá ser medido e que prêmio de risco deverá ser adicionado? Uma das possibilidades é medir o risco usando a variabilidade dos fluxos de caixa. Conforme a variabilidade das entradas de caixa aumenta, o prêmio de risco é aumentado. Essa abordagem, porém, ainda não informa ao gerente financeiro qual deverá ser o prêmio de risco adicionado ao custo de capital da empresa. A quantidade do prêmio de risco continua dependendo da avaliação subjetiva do gerente financeiro.

Uma maneira alternativa de medir o risco é usar os coeficientes beta discutidos no Capítulo 8. Nesse capítulo, os coeficientes beta foram usados para indicar a volatilidade do retorno de uma ação com relação à volatilidade do mercado. Em seguida, os coeficientes beta foram aplicados no Capítulo 11 como parte da especificação, pelo modelo de precificação de ativos de capital, do retorno requerido para a avaliação de ações ordinárias. O mesmo conceito pode ser aplicado aos ajustes de risco no orçamento de capital. O retorno requerido ajustado pelo risco (custo de capital ajustado pelo risco) de um investimento (k_a) é:

$$k_a = r_f + (k - r_f)\beta.$$

Aqui, k é o custo de capital usado para os investimentos típicos ou médios feitos pela empresa, r_f é a taxa isenta de risco e β é o coeficiente beta associado ao investimento que está sendo considerado. Se a taxa isenta de risco for 3% e o custo de capital da empresa for 9%, a equação geral para o retorno requerido ajustado pelo risco será:

$$k_a = 0{,}03 + (0{,}09 - 0{,}03)\beta.$$

Essa equação é ilustrada pela linha xy na Figura 22.2, que indica que, à medida que o risco aumenta (o aumento de beta), o retorno requerido aumenta. Um investimento que tenha um beta estimado de 1,2 é mais arriscado que o investimento típico feito pela empresa. O retorno requerido ajustado é:

$$k_a = 0{,}03 + (0{,}09 - 0{,}03)1{,}2 = 0{,}102 = 10{,}2\%$$

que excede o custo de capital da empresa. Um investimento que tenha um beta de 0,7 é menos arriscado que o investimento típico da empresa. Seu retorno requerido ajustado é:

$$k_a = 0{,}03 + (0{,}09 - 0{,}03)0{,}7 = 0{,}072 = 7{,}2\%.$$

Esse retorno é menor que o custo de capital da empresa, porque esse investimento específico é menos arriscado que o investimento médio feito pela empresa.

Se esse ajuste de risco não for feito, um investimento aceitável poderá ser rejeitado ou um investimento inferior poderá ser aceito erroneamente. Considere o investimento A na Figura 22.2. Ele oferece um retorno de 7,2%, que é menos que os 9% de retorno requerido no investimento típico feito pela empresa. Como o retorno de 7,2% é menor que 9%, o investimento seria rejeitado.

Essa rejeição, porém, ocorreu antes que fosse considerado o risco associado ao investimento. Se o beta for 0,5, o retorno requerido para esse investimento será:

$$0{,}03 + (0{,}09 - 0{,}03)0{,}5 = 6{,}0\%.$$

Como o investimento oferece 7,2% em uma base ajustada pelo risco, ele deverá ser aceito.

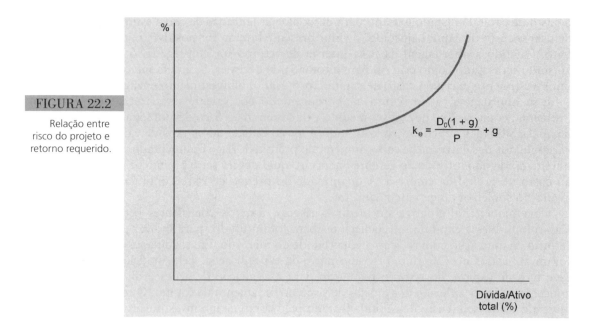

FIGURA 22.2
Relação entre risco do projeto e retorno requerido.

A situação inversa, a aceitação de um investimento inferior, também é possível. Considere o investimento B na Figura 22.2. Ele oferece um retorno de 10,2%, que excede os 9% de retorno requerido no investimento típico feito pela empresa. Como o retorno de 10,2% é maior que 9%, o investimento seria aceito.

Essa aceitação, porém, ocorreu antes que fosse considerado o risco associado ao investimento. Se o beta for 1,5, o retorno requerido para esse investimento será:

$$0,03 + (0,09 - 0,03)1,5 = 12,0\%.$$

Como o investimento oferece 10,2% em uma base ajustada pelo risco, ele deverá ser rejeitado.

Como os exemplos anteriores sugerem, investimentos com um coeficiente beta menor que 1,0 e um retorno menor que 9% podem ser rejeitados incorretamente, e investimentos com um beta maior que 1,0 e um retorno acima de 9% podem ser aceitos incorretamente. Essas decisões equivocadas de aceitação e rejeição são indicadas pelas áreas sombreadas na Figura 22.2. Todos os investimentos que ofereçam uma taxa interna de retorno acima da linha xy são aceitáveis, porque seu retorno excede o retorno requerido ajustado pelo risco. Todos os investimentos que ofereçam um retorno interno abaixo da linha xy são inaceitáveis, pois seu retorno é menor que o custo de capital ajustado pelo risco. Nesses casos, as taxas internas de retorno são menores que o retorno requerido ajustado pelo risco.

Embora essa discussão sugira maneiras de incorporar o risco aos processo de orçamento de capital, é difícil tornar esses ajustes de risco operacionais. A inclusão do risco só aumenta a precisão do orçamento de capital quando as estimativas de risco são precisas. Considere uma empresa farmacêutica cujos investimentos em pesquisa podem levar anos até que um novo produto seja desenvolvido e sua comercialização seja autorizada pelos órgãos governamentais. Como a empresa pode estimar o beta de um investimento dessa natureza? No Capítulo 11, os betas foram usados para avaliar uma ação. A estimativa do beta de uma ação era relativamente fácil. Os retornos históricos da ação e do mercado são conhecidos. Os principais problemas para estimar o beta e empregá-lo subseqüentemente foram: (1) determinar que medida do mercado utilizar, e (2) depois de estimar o beta, presumir que o beta histórico era uma medida precisa do beta corrente. Embora sejam relevantes, esses problemas parecem banais quando comparados ao problema de estimar um beta para um produto inexistente que pode resultar dos investimentos de uma empresa em pesquisa e desenvolvimento.

Portanto, o problema do gerente financeiro não é incluir ou não o risco no orçamento de capital, mas como medi-lo com precisão. Em certos casos, essa medição é altamente subjetiva, o que significa que a escolha dos investimentos também é subjetiva. Evidentemente, a existência de dados precisos é crucial para as decisões de orçamento de capital. Estimar os fluxos de caixa futuros de um investimento não é uma tarefa fácil; logo, não é nenhuma surpresa que a medição do risco do investimento seja uma tarefa extremamente difícil.

RESUMO

Orçamento de capital é o processo de tomada de decisões de investimento de longo prazo, como a expansão de instalações e equipamentos. Este capítulo abordou dois métodos de seleção de investimentos de longo prazo: o valor presente líquido e a taxa interna de retorno.

A técnica de valor presente líquido (NPV) determina o valor presente das entradas de caixa de um investimento e subtrai as saídas de caixa atuais para determinar o valor presente líquido. Caso o valor presente líquido seja positivo, o investimento deve ser feito. Se o gerente financeiro precisar avaliar investimentos concorrentes, são selecionados inicialmente os investimentos com valor presente líquido mais alto.

A taxa interna de retorno (IRR) determina o fator de desconto que iguala o valor presente das entradas e saídas de caixa de um investimento. Caso a taxa interna de retorno exceda o custo de capital da empresa, o investimento deve ser feito. Se o gerente financeiro precisar avaliar investimentos concorrentes, são selecionados inicialmente os investimentos com taxa interna de retorno mais alta.

As classificações determinadas pelo valor presente líquido e pela taxa interna de retorno podem ser conflitantes. Esses conflitos podem ocorrer quando existem diferenças nos custos dos investimentos ou no cronograma de seus fluxos de caixa. Os conflitos podem ser reconciliados por meio da análise das taxas de reinvestimento. Caso o gerente financeiro precise optar entre as técnicas de valor presente líquido e taxa interna de retorno, o valor presente líquido é preferível, pois adota premissas mais conservadoras sobre o reinvestimento do fluxo de caixa (ou seja, as entradas de caixa são reinvestidas ao custo de capital da empresa).

Ambas as técnicas de orçamento de capital, valor presente líquido e taxa interna de retorno, utilizam entradas de caixa previstas. Essas previsões são valores esperados que não podem ser determinados com certeza. O risco de um investimento pode ser analisado isoladamente; nesse caso, o gerente financeiro considera apenas o risco associado ao investimento. O risco de um investimento, porém, também pode ser analisado no contexto de uma carteira, considerando-se o seu impacto sobre a empresa e seus proprietários. Quando a abordagem da carteira é utilizada, os investimentos arriscados cujos retornos são fracamente ou mesmo negativamente correlacionados com os retornos de outros investimentos podem reduzir a exposição da empresa ao risco. A ausência de correlação possui um efeito de diversificação que reduz o risco da empresa.

Há também a possibilidade de que um investimento de longo prazo em instalações ou equipamentos reduza o risco dos proprietários. Quando os acionistas não têm carteiras bem-diversificadas, os investimentos da empresa que não estejam positivamente correlacionados com as carteiras dos proprietários reduzem o seu risco. Isso pode ser especialmente importante para os proprietários de empresas de pequeno porte ou de capital fechado, cujas carteiras talvez não sejam independentes da empresa. Nas empresas maiores e negociadas publicamente, porém, é razoável presumir que os acionistas tenham carteiras bem-diversificadas e os efeitos sobre a carteira desses investidores serão mínimos ou nulos.

A análise de risco pode ser incorporada ao orçamento de capital por meio do ajuste das entradas de caixa esperadas de um investimento ou do custo de capital da empresa. As entradas de caixa estimadas podem ser reformuladas com base na probabilidade de sua ocorrência ou na estimativa de seus equivalentes de certeza. O custo de capital da empresa pode ser ajustado usando-se um prêmio de risco ou aplicando-se o modelo de precificação de ativos de capital, que emprega coeficientes beta. Esses betas medem a volatilidade do retorno de um investimento em relação à volatilidade do retorno do investimento típico ou médio da empresa. Embora o ajuste tanto das entradas de caixa como do custo de capital possa ser utilizado, o problema enfrentado pelo gerente financeiro é a medição do risco e não a aplicação do ajuste de risco.

REVISÃO DOS OBJETIVOS

Tendo concluído este capítulo, você deverá ser capaz de

1. Diferenciar os lucros de um investimento dos seus fluxos de caixa (páginas 338-339).
2. Calcular o valor presente líquido de um investimento e sua taxa interna de retorno (páginas 340-344).
3. Determinar se um investimento deve ser feito usando NPV e IRR (páginas 340-344).
4. Descrever a premissa de reinvestimento empregado pelos métodos NPV e IRR de orçamento de capital (página 344).
5. Definir investimentos mutuamente excludentes e ser capaz de selecionar os mais favoráveis (páginas 345-352).
6. Diferenciar o risco autônomo do risco de carteira (páginas 352-353).
7. Explicar como as entradas de caixa podem ser ajustadas com base na probabilidade de sua ocorrência (páginas 353-359).
8. Ajustar o custo de capital da empresa com base na diferença do risco associado aos investimentos de longo prazo (páginas 354-359).
9. Demonstrar como os equivalentes de certeza e coeficientes beta podem ser utilizados para ajustes de risco ao aplicar o NPV e IRR (páginas 356-359).

PROBLEMAS

1. Você comprou por $ 23.958 máquinas que gerarão um fluxo de caixa de $ 6 mil durante cinco anos. Qual é a taxa interna de retorno do investimento?
2. O custo de capital de uma empresa é 10%. A empresa tem dois investimentos possíveis com as seguintes entradas de caixa:

	A	B
Ano 1	$ 300	$ 200
2	200	200
3	100	200

   a. Cada investimento custa $ 480. Que investimento(s) a empresa deve fazer com base no valor presente líquido?
   b. Qual é a taxa interna de retorno dos dois investimentos? Que investimento(s) a empresa deve fazer? A resposta é a mesma obtida na parte *a*?
   c. Se o custo de capital aumentar para 14%, que investimento(s) a empresa deve fazer?
3. Uma empresa tem as seguintes alternativas de investimento:

| | Entradas de caixa |||
	A	B	C
Ano 1	$ 1.100	$ 3.600	–
2	1.100	–	–
3	1.100	–	$ 4.562

Cada investimento custa $ 3 mil; os investimentos B e C são mutuamente excludentes e o custo de capital da empresa é 8%.
   a. Qual é o valor presente líquido de cada investimento?
   b. Com base nos valores líquidos presentes, que investimento(s) a empresa deve fazer? Por quê?
   c. Qual é a taxa interna de retorno de cada investimento?
   d. Com base nas taxas internas de retorno, que investimento(s) a empresa deve fazer? Por quê?
   e. Com base tanto nos valores líquidos presentes como nas taxas internas de retorno, que investimentos a empresa deve fazer?
   f. Se a empresa pudesse reinvestir os $ 3.600 obtidos no ano um do investimento B a 10%, que efeito essa informação teria sobre a sua resposta na parte e? A resposta seria diferente se o índice fosse 14%?
   g. Se o custo de capital da empresa fosse 10%, qual seria a taxa interna de retorno do investimento A?
   h. O método do período de recuperação do investimento do orçamento de capital seleciona qual investimento? Por quê? (Se necessário, releia o Capítulo 19.)

4. Seu diretor financeiro lhe pediu para calcular os valores líquidos presentes e taxas internas de retorno de dois investimentos mutuamente excludentes de $ 50 mil com os seguintes fluxos de caixa:

	Projeto A Fluxo de caixa	Projeto B Fluxo de caixa
Ano 1	$ 10.000	$ 0
2	25.000	22.000
3	30.000	48.000

Se o custo de capital da empresa fosse 9%, que investimento(s) você recomendaria? Sua resposta seria diferente se o custo de capital fosse 14%?

5. O custo de capital de uma empresa é 12%. A empresa precisa optar entre três investimentos; os respectivos fluxos de caixa são os seguintes:

	Entradas de caixa		
	A	B	C
Ano 1	$ 395	–	$ 1.241
2	395	–	–
3	395	–	–
4	–	$ 1.749	–

Cada investimento exige uma saída de caixa de $ 1 mil, e os investimentos B e C são mutuamente excludentes.
   a. Que investimento(s) a empresa deve fazer com base nos valores presentes líquidos? Por quê?
   b. Que investimento(s) a empresa deve fazer com base nas taxas internas de retorno? Por quê?
   c. Se todos os fundos forem reinvestidos a 15%, que investimento(s) a empresa deve fazer? Sua resposta seria diferente se a taxa de reinvestimento fosse 12%?

6. A administração da TSC, Inc. está avaliando um novo investimento de $ 90 mil com os seguintes fluxos de caixa estimados:

Ano	Fluxo de caixa
1	$ 10.000
2	25.000
3	40.000
4	40.000

Se o custo de capital da empresa é 10% e a conclusão do projeto exigirá gastos de $ 15 mil, a empresa deve fazer o investimento?

7. Um investimento com custos totais de $ 10 mil gerará receitas totais de $ 11 mil em um ano. A administração acredita que o investimento deva ser feito porque é lucrativo. Você concorda? Que informações adicionais você deseja? Se os fundos custam 12%, o que você recomendaria à administração? Sua resposta seria diferente se o custo de capital fosse 8%?

8. Um investidor compra um título por $ 949. O título paga $ 60 por ano durante três anos, quando matura e é resgatado por $ 1 mil. Qual é a taxa interna de retorno desse investimento? No Capítulo 13, como esse retorno era chamado?

9. A administração de uma empresa com um custo de capital de 12% está considerando um investimento de $ 100 mil com um fluxo de caixa anual de $ 44.524 durante três anos.

   a. Quais são o valor presente líquido e a taxa interna de retorno do investimento?
   b. A taxa interna de retorno parte da premissa de que cada fluxo de caixa seja reinvestido à taxa interna de retorno. Se essa taxa de reinvestimento for atingida, qual será o valor total dos fluxos de caixa no final do terceiro ano?
   c. A técnica do valor presente líquido parte da premissa de que cada fluxo de caixa seja reinvestido ao custo de capital da empresa. Qual seria o valor total dos fluxos de caixa no final do terceiro ano se os fundos fossem reinvestidos ao custo de capital da empresa?
   d. Por que a administração sabe que a premissa de reinvestimento para o método de valor presente líquido pode ser atingida, mas que a concretização da premissa de reinvestimento para a taxa interna de retorno é incerta?

10. (Esse problema combina elementos dos Capítulos 21 e 22.) O gerente financeiro determinou a seguinte progressão para o custo dos fundos:

Porcentagem de custo da dívida	Custo da dívida	Patrimônio líquido
0%	5%	13%
10	5	13
20	5	13
30	5	13
40	5	14
50	5	15
60	5	16

   a. Determine a estrutura ótima de capital da empresa.
   b. Construa um balanço simulado simples mostrando a combinação ótima de dívida e patrimônio líquido para o nível corrente de ativos da empresa.

Ativos	$ 500	Dívida	–
		Patrimônio líquido	–
			$ 500

   c. Um investimento custa $ 400 e oferece entradas de caixa anuais de $ 133 por cinco anos. A empresa deve fazer o investimento?
   d. Se a empresa fizer esse investimento adicional, como o seu balanço deverá ficar?

Ativos	–	Dívida	–
		Patrimônio líquido	–

   e. Se a empresa está operando com sua estrutura ótima de capital e um ativo de $ 400 rende 20%, que retorno os acionistas obterão sobre o seu investimento no ativo?

11. Os investimentos Rápido e Lento custam $ 1 mil cada, são mutuamente excludentes e têm os seguintes fluxos de caixa. O custo de capital da empresa é 10%.

	Entradas de caixa	
	R	L
Ano 1	$ 1.300	$ 386
2	–	386
3	–	386
4	–	386

   a. Segundo o método de orçamento de capital de valor presente líquido, que investimento(s) a empresa deve fazer?
   b. Segundo o método de orçamento de capital de taxa interna de retorno, que investimento(s) a empresa deve fazer?
   c. Se R for escolhido, os $ 1.300 poderão ser reinvestidos com um rendimento de 12%. Essa informação altera suas conclusões sobre o investimento em R e L? Para responder, presuma que os fluxos de caixa de L possam ser reinvestidos à sua taxa interna de retorno. Sua resposta seria diferente se os fluxos de caixa de L fossem reinvestidos ao custo de capital (10%)?

12. Uma empresa tem as alternativas de investimento a seguir. Cada uma dura um ano.

Investimento	A	B	C
Entrada de caixa	$ 1.150	560	600
Saída de caixa	$ 1.000	500	500

   O custo de capital da empresa é 7%. A e B são mutuamente excludentes, e B e C são mutuamente excludentes.

   a. Qual é o valor presente líquido do investimento A? Do investimento B? Do investimento C?
   b. Qual é a taxa interna de retorno do investimento A? Do investimento B? Do investimento C?
   c. Que investimento(s) a empresa deve fazer? Por quê?
   d. Se a empresa tivesse fontes ilimitadas de fundos, que investimento(s) ela deveria fazer? Por quê?
   e. Se houvesse alternativa, o investimento D, com a taxa interna de retorno de 6%, você mudaria sua resposta na parte *d*? Por quê?
   f. Se o custo de capital da empresa aumentasse para 10%, que efeito isso teria sobre a taxa interna de retorno do investimento A?

13. Uma empresa cujo custo de capital é 10% pode adquirir equipamentos por $ 113.479 e alugá-los a alguém por um período de cinco anos.

   a. Se a empresa cobrasse $ 36.290 por ano pelo aluguel dos equipamentos, quais seriam o valor presente líquido e a taxa interna de retorno do investimento? A empresa deve adquirir os equipamentos?
   b. Se os equipamentos não tivessem valor residual estimado, qual deveria ser o aluguel anual mínimo para que a empresa obtivesse os 10% exigidos sobre o investimento?
   c. Se a empresa pudesse vender os equipamentos no final do quinto ano por $ 10 mil e receber pagamentos anuais de aluguel de $ 36.290, quais seriam o valor presente líquido e a taxa interna de retorno do investimento? Qual é o impacto do valor residual?
   d. Se o valor residual de $ 10 mil levasse a empresa a cobrar somente $ 34.290 de aluguel, qual seria o impacto sobre o valor presente líquido do investimento?

14. Se o custo de capital fosse 9% e um investimento custasse $ 56 mil, você deveria fazer esse investimento caso os fluxos de caixa estimados fossem de $ 5 mil nos anos 1 a 3, $ 10 mil nos anos 4 a 6 e $ 15 mil nos anos 7 a 10?

15. A administração da Braden Boats, Inc. está considerando uma ampliação da linha de produtos da empresa que exige a compra de $ 175 mil em equipamentos adicionais, com custos de instalação de $ 15 mil e despesas de remoção de $ 2.500. Os custos dos equipamentos e da instalação serão depreciados por cinco anos usando depreciação em linha reta. Espera-se que a expansão aumente os lucros pré-depreciação e pré-impostos da seguinte maneira:

Anos 1 e 2	Anos 3 e 4	Ano 5
$ 70.000	$ 80.000	$ 60.000

A alíquota de imposto de renda da empresa é de 30% e o custo médio ponderado de capital é 10%. Com base no método de orçamento de capital de valor presente líquido, a administração deve realizar esse projeto?

16. Espera-se que um investimento de risco de $ 30 mil gere os seguintes fluxos de caixa:

Ano	1	2	3
	$ 14.000	$ 15.750	$ 18.000

A probabilidade de receber cada entrada de caixa é de 90%, 80% e 70%, respectivamente. Se o custo de capital da empresa for 12%, o investimento deverá ser feito?

17. Uma empresa tem as alternativas de investimento a seguir. Cada uma custa $ 13 mil e tem as entradas de caixa indicadas.

Fluxo de caixa	Ano 1	2	3	4
A	$ 4.300	$ 4.300	$ 4.300	$ 4.300
B	3.500	5.000	4.500	4.000
C	4.800	6.000	3.000	2.000

O investimento A é considerado um investimento típico da empresa. Os fluxos de caixa do investimento B variam ao longo do tempo, mas são considerados menos certos. Os fluxos de caixa do investimento C diminuem ao longo do tempo, mas, como a maioria dos fluxos de caixa ocorre no início da vida útil do investimento, eles são considerados mais certos. O custo de capital da empresa é 10%, porém o gerente financeiro usa uma taxa mínima de atratividade de 8% para projetos menos arriscados e 12% para projetos mais arriscados.

   a. Com base no custo de capital, algum desses investimentos deverá ser feito?
   b. Se o gerente financeiro usar um custo de capital ajustado pelo risco, algum desses investimentos deverá ser feito?
   c. As respostas de a e b seriam diferentes se os três investimentos fossem mutuamente excludentes?

18. Espera-se que um investimento de risco de $ 400 mil gere os seguintes fluxos de caixa:

Ano	1	2	3	4
	$ 145.300	$ 175.445	$ 156.788	$ 145.000

   a. Se o custo de capital da empresa for 10%, o investimento deve ser feito?
   b. Um uso alternativo dos $ 400 mil seria um título de quatro anos do Tesouro norte-americano que paga $ 28 mil ao ano e devolve $ 400 mil no vencimento. A administração acredita que as entradas de caixa do investimento de risco sejam equivalentes a apenas 75% do investimento certo, que paga 7%. Essa informação altera a decisão em *a*?

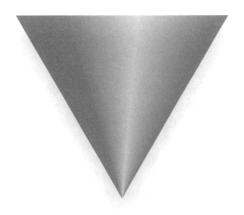

PREVISÃO

Em *Dom Quixote*, Cervantes sugeriu que estar "prevenido" é estar "preparado". Estar preparado é o objetivo do planejamento. A previsão das necessidades financeiras e a elaboração de planos financeiros devem prevenir a administração sobre possíveis problemas futuros. Ainda que nenhum problema importante seja identificado, esses planos financeiros ajudarão a determinar se e quando será necessário recorrer ao financiamento externo.

Esse processo de identificação de problemas e desenvolvimento de planos para adaptar-se às mudanças é ilustrado por duas empresas voltadas para diferentes facetas da assistência médica. A Owens & Minor é um dos dois maiores distribuidores do país de suprimentos médicos e cirúrgicos no atacado. A Schering-Plough é uma das principais empresas farmacêuticas do país. O ano de 1995 foi difícil para a Owens & Minor, porque os reguladores, clientes e provedores de assistência médica estavam cada vez mais preocupados com os custos. Apesar do crescimento de mais de 20% nas vendas, a empresa operou com prejuízo e o valor de suas ações caiu. Em seu relatório anual de 1995, a administração detalhou vários planos e iniciativas para melhorar a qualidade do serviço, aumentar o desempenho das divisões menos eficientes, enfatizar o controle de estoque e aumentar o fluxo de caixa.

Durante esse período, a administração da Schering-Plough enfrentou o mesmo ambiente econômico, mas 1995 foi outro ano de crescimento excepcional, com o valor da empresa aumentando para mais de $ 5 bilhões, novos produtos sendo desenvolvidos e planos sendo elaborados para gastar quase $ 700 milhões em pesquisa e desenvolvimento. A administração percebeu que a redução dos custos da assistência médica exigia a elaboração de planos de desenvolvimento contínuo voltados para produtos novos e superiores, de modo que a Schering-Plough se mantivesse competitiva.

Em meados da década de 2000, a situação se inverteu. As receitas e lucros da Owens & Minor cresceram sistematicamente entre 2000 e 2004. A empresa aumentou periodicamente seus dividendos em dinheiro e o preço das ações subiu. A Schering-Plough, por sua vez, apresentou uma queda das receitas e dos lucros por ação, o que resultou em uma redução dos dividendos. A patente de um dos medicamentos mais importantes da Schering-Plough, Claritin, expirou, e isso resultou em um aumento da concorrência por parte dos fabricantes de medicamentos genéricos. A Food and Drug Administration (FDA) – órgão norte-americano de controle de alimentos e medicamentos – detectou problemas dentro da organização nos processos de fabricação da empresa, e os problemas da Merck e da Pfizer com medicamentos analgésicos para a artrite colocaram todo o setor sob suspeição. Obviamente, prever as mudanças e desenvolver planos para enfrentar esses desafios era tão importante na década de 2000 para a administração de Schering-Plough como o planejamento havia sido para a administração da Owens & Minor em meados da década de 1990.

Embora seja aplicável a todas as facetas das operações de uma empresa, o planejamento é particularmente importante para a saúde financeira da empresa. A administração deve prever e antecipar os níveis de ativos necessários para planejar o seu financiamento. Sem fundos, uma empresa não pode crescer, e o momento de fazer planos para as necessidades futuras é hoje. Este capítulo ilustra duas técnicas, a porcentagem de vendas e a análise de regressão, que podem ser usadas para prever os níveis futuros de ativo e passivo. Se essas fontes de fundos previstas não cobrirem os usos previstos e desejados dos fundos, a administração deverá ser avisada com antecedência. Isso lhe permitirá obter o financiamento necessário para atingir a expansão prevista dos ativos.

PLANEJAMENTO

Planejamento é o processo de estabelecer objetivo e identificar cursos de ação (estratégias) para cumprir esse objetivo. O planejamento é como um mapa rodoviário; ele ajuda a localizar as estradas (ou os métodos alternativos) para chegar ao destino (ou ao objetivo). Em finanças, o objetivo da administração freqüentemente é declarado como a maximização do valor da empresa. As atribuições do gerente financeiro, como a decisão de adquirir instalações e equipamentos ou a busca de maneiras de financiar os ativos da empresa, são maneiras de atingir o objetivo desejado de aumentar o valor da empresa.

O gerente financeiro, porém, não trabalha no vácuo; ele deve operar dentro da estrutura da empresa. Além das finanças, a operação de uma companhia abrange comercialização, produção e administração. Os executivos graduados responsáveis pelas áreas funcionais e operações de uma empresa desenvolvem um plano estratégico. Esse plano é um guia geral para a administração e abrange o desenvolvimento de novos produtos por meio de pesquisa e desenvolvimento, a ampliação dos mercados atuais e a identificação de novos mercados para produtos existentes, o controle de custos e operações, a expansão (ou contração) de instalações e equipamentos requeridos por mudanças nas vendas previstas e o financiamento de instalações e equipamentos adicionais.

A gestão financeira é uma das partes do plano estratégico, assim como o planejamento para comercialização e produção. Planejamento financeiro é o processo de prever necessidades futuras e estabelecer cursos de ação hoje para cumprir objetivos financeiros no futuro. Portanto, a gestão e o planejamento financeiro ocupam-se do volume de fundos que serão necessários e de quanto desses fundos estarão disponíveis a partir de fontes geradas internamente. A necessidade de fontes externas suscita perguntas como estas: a empresa deve usar crédito de longo ou curto prazo? Qual é a melhor combinação de financiamento por dívida e patrimônio?

De certa maneira, praticamente todos os capítulos deste livro são voltados para o planejamento financeiro. Por exemplo, vários capítulos anteriores abordaram a ampla variedade de instrumentos de dívida e ações. O Capítulo 21 junta todas essas peças ao discutir a combinação ótima de financiamento por dívida e patrimônio. Essas informações são necessárias antes que os investimentos em instalações e equipamentos (orçamento de capital, discutido no Capítulo 22) possam ser feitos.

Várias técnicas específicas são usadas no processo de planejamento. Por exemplo, a análise do ponto de equilíbrio, que determina o nível de produção e de vendas necessário para evitar prejuízos, foi discutida no Capítulo 19. Esse tipo de análise ajuda a estabelecer planos de longo prazo, visto que a administração procura reduzir custos ou aumentar receitas quando percebe que a empresa pode operar com prejuízo. A análise do ponto de equilíbrio, juntamente com as técnicas de orçamento de capital descritas no Capítulo 22, é um componente crucial do planejamento financeiro de longo prazo.

Este capítulo adiciona mais duas ferramentas (a porcentagem de vendas e a análise de regressão) para facilitar o processo de planejamento. Ao identificar as entradas e as saídas de caixa esperadas da empresa e prever os níveis esperados de ativos, passivos e lucros retidos, esses métodos determinam se uma companhia precisará de financiamento adicional. Se a resposta for afirmativa, a administração pode começar a planejar formas de obter esses fundos. Se as previsões indicarem que a empresa terá excesso de fundos, a administração pode planejar como eles serão empregados.

FLUTUAÇÕES NAS NECESSIDADES DE ATIVOS

As empresas precisam de ativos para operar. A quantidade e o tipo dos ativos variam de acordo com o setor. Empresas aéreas e de serviços públicos têm basicamente ativos fixos. Varejistas necessitam de ativos correntes, como o estoque. Empresas prestadoras de serviços podem ter poucos ativos. Com exceção do espaço (que pode ser alugado), uma barbearia ou agência de viagens pode operar com poucos ativos.

Assim como a quantidade e o tipo dos ativos necessários para as operações variam de acordo com o setor, o nível dos ativos de uma empresa dentro de um setor também sofre alterações. Por exemplo, uma empresa que venda piscinas não precisará manter um estoque durante o inverno. Suas vendas são, obviamente, sazonais. Empresas cujas vendas são basicamente sazonais (ou cíclicas, como casas ou automóveis) experimentam aumentos e diminuições periódicas do nível de ativos necessários para suas operações.

Essas flutuações são ilustradas na Figura 23.1, que mostra o nível de vários ativos ao longo de um período. Os ativos fixos (0A) são predeterminados e não variam. Os ativos correntes foram divididos em dois grupos: aqueles que permanecem em um nível (AB) particular e aqueles que variam (BC). A empresa pode manter uma quantidade mínima de estoque, e provavelmente sempre terá algumas contas a receber. Além disso, tem ativos correntes que variam ao longo do tempo. O nível de estoque tende a flutuar de acordo com as alterações na demanda prevista, que, por sua vez, gerará diferentes totais de contas a receber e caixa. Essas flutuações nos níveis de estoque, contas a receber e caixa são indicadas por CD na Figura 23.1.

A empresa também pode necessitar de ativos adicionais à medida que se expande. Com a sua expansão, alguns ativos automaticamente crescem de acordo com o nível de vendas. Por exemplo, o nível de estoque cresce para suprir o maior volume de vendas. Outros ativos, especialmente ativos de longo prazo como instalações e equipamentos, não se expandem espontaneamente de acordo com o nível de produção. Inicialmente, as instalações e equipamentos existentes são usados mais intensivamente. O número de turnos é aumentado ou os empregados passam a fazer horas extras. Entretanto, caso o crescimento das vendas se mantenha, a administração expandirá os investimentos da empresa em instalações e equipamentos.

Essa diferença é apresentada na Figura 23.2. O lado esquerdo representa os ativos que aumentam com o crescimento da produção. Essa relação é mostrada pela linha *AA*, em

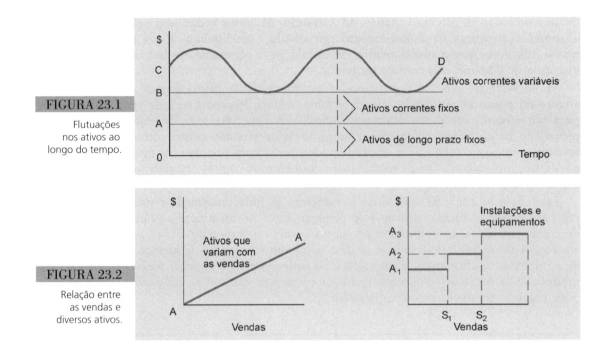

FIGURA 23.1 Flutuações nos ativos ao longo do tempo.

FIGURA 23.2 Relação entre as vendas e diversos ativos.

crescimento contínuo, que representa o nível desses ativos para cada nível de vendas. O lado direito representa os ativos que só aumentam depois que um nível mais alto de vendas for atingido. De vendas zero até S_1, o nível de instalações e os equipamentos permanece constante. Quando S_1 é atingido, qualquer aumento adicional do nível de produção exige a ampliação de instalações e equipamentos. O nível de ativos fixos cresce de A_1 para A_2. Esse nível mais alto de ativos é mantido até que as vendas aumentem de S_1 para S_2, quando as instalações e equipamentos devem ser novamente expandidos. Nesse ponto, o nível de ativos fixos aumenta para A_3.

Na discussão a seguir, presume-se inicialmente que a empresa possa expandir o nível de produção sem ter de aumentar a capacidade. Logo, somente os ativos que flutuam espontaneamente de acordo com o nível de vendas serão afetados pelo aumento (ou diminuição) das vendas. Tendo sido explicado como a porcentagem de vendas pode ser usada para prever ativos e passivos, a premissa de que a empresa tem excesso de capacidade é abandonada, de modo que a expansão do nível de vendas passa a exigir mais investimento em instalações e equipamentos. Como todos os ativos devem ser financiados, a expansão prevista dos ativos alerta o gerente financeiro sobre as necessidades futuras de fundos para a empresa.

PREVISÃO DE NECESSIDADES DE FINANCIAMENTOS EXTERNOS: PORCENTAGEM DAS VENDAS

A técnica de **porcentagem das vendas** para prever necessidades financeiras isola os itens de ativo e passivo que *mudam espontaneamente de acordo com o nível de vendas*, expressando-os individualmente como uma porcentagem das vendas. Em seguida, essas porcentagens são usadas para prever o nível de cada item de ativo e passivo. O aumento previsto do nível de ativos deve ser financiado, e o maior nível de passivo financia automaticamente parte da expansão dos ativos. A diferença entre os aumentos do ativo e do passivo deve ser financiada por outros meios.

> **Porcentagem das vendas**
> Técnica de previsão baseada na premissa de que itens específicos do ativo e do passivo variam em relação direta com o nível de vendas.

Que ativos variam de acordo com o nível de vendas? Considere uma empresa com o seguinte balanço:

Ativo		Passivo	
Caixa	$ 100	Contas a pagar	$ 200
Contas a receber	300	Promissórias a pagar	200
Estoque	300	Outras exigibilidades correntes	100
Instalações e equipamentos	500	Dívida de longo prazo	300
	$ 1.200	Patrimônio líquido	400
			$ 1.200

Muitos ativos variarão de acordo com o nível de vendas da empresa. Um nível mais alto de vendas exigirá que a companhia mantenha mais estoque e também aumentará as contas a receber, visto que as vendas a crédito devem acompanhar o crescimento geral das vendas. O nível de caixa também pode aumentar como conseqüência do aumento das vendas em dinheiro, e talvez a administração deseje aumentar seu nível de recursos em caixa para suprir a maior necessidade de liquidez resultante, por exemplo, das folhas de pagamento associadas ao maior volume de vendas. (Observe a diferença entre os dois conjuntos de suposições. O estoque e as contas a receber *aumentarão*. O nível de caixa *pode* aumentar. Essa diferença é importante.)

Enquanto os níveis de caixa, estoque e contas a receber aumentam conforme as vendas crescem, outros ativos não se expandem automaticamente. Por exemplo, talvez as instalações e os equipamentos não sejam aumentados, passando apenas a ser utilizados em um nível mais elevado de capacidade. Se o nível de vendas crescer o suficiente, mais instalações e equipamentos deverão ser adquiridos, mas nenhum aumento automático desses ativos fixos ocorre necessariamente como resultado do aumento do volume de vendas.

Todos os ativos que aumentam com o nível mais elevado de vendas devem ser financiados. Os fundos para financiar esses ativos precisam vir de algum lugar e uma fonte possível são os itens de passivo que também crescem espontaneamente de acordo com o nível de vendas. Se o passivo aumentar o suficiente, isso cobrirá a expansão dos ativos; caso contrário, a empresa terá de encontrar financiamento adicional para operar em um nível mais alto de vendas.

As contas a pagar são o principal item do passivo que aumenta com a expansão das vendas, pois os fornecedores aumentam os bens vendidos à empresa a crédito. Outras contas, como o pagamento de salários, também crescem automaticamente. As outras exigibilidades de curto prazo, como promissórias bancárias a pagar e a porção atual da dívida de longo prazo pagável no exercício fiscal corrente, não crescem automaticamente de acordo com o nível de vendas e, portanto, não são fontes automáticas de financiamento.

O balanço anterior pode ser usado para ilustrar o funcionamento da técnica de previsão pela porcentagem das vendas. Tendo sido identificados os ativos e as exigibilidades que variam espontaneamente de acordo com o nível de vendas, eles são expressos como uma porcentagem das vendas. Assim, se a empresa tiver um estoque de $ 300 e vendas de $ 2 mil, o estoque corresponde a 15% das vendas ($ 300/$ 2.000). A tabela a seguir expressa como uma porcentagem das vendas de todos os ativos e exigibilidades no balanço anterior, presumivelmente, varia de acordo com o nível de vendas:

Ativo		Passivo	
Caixa	5%	Contas a pagar	10%
Contas a receber	15%		
Estoque	15%		

A porcentagem das vendas relativa aos ativos e exigibilidades que não aumentam automaticamente de acordo com o nível de vendas não é calculada. Portanto, como pode ser visto na tabela, a razão de todos os ativos que variam com as vendas corresponde a 35% e a razão do passivo, 10%.

Tendo sido determinadas as porcentagens, o nível previsto de vendas é multiplicado por porcentagem para determinar o nível previsto de cada item do ativo e do passivo que será necessário para sustentar esse nível de vendas. Por exemplo, se a administração acredita que o nível de vendas aumentará para $ 2.400 (um aumento de 20%), a técnica de porcentagem das vendas preverá o seguinte nível de ativos e de exigibilidades para cada item do ativo e do passivo que varia com as vendas:

Ativo		Passivo	
Caixa	$ 120	Contas a pagar	$ 240
Contas a receber	360		
Estoque	360		

No caso, o método de previsão pela porcentagem das vendas estipula que o nível de estoque ($ 300) aumentará para $ 360 ($ 2.400 × 0,15), o nível de contas a receber ($ 300) aumentará para $ 360 ($ 2.400 × 0,15) e o nível de caixa ($ 100) aumentará para $ 120 ($ 2.400 × 0,05). A expansão automática dos ativos é de $ 140, como pode ser constatado multiplicando-se o aumento das vendas ($ 400) por 35%, que é a soma das taxas de todos os ativos que variam de acordo com o nível de vendas.

Paralelamente ao aumento dos ativos, as contas a pagar crescerão para $ 240 ($ 2.400 × 0,10). O aumento total dos ativos é de $ 140, enquanto o passivo aumenta $ 40. Esse aumento de $ 40 no passivo financiará apenas parte do aumento dos ativos. Logo, $ 100 ($ 140 − $ 40) dos ativos exigirão outras fontes de financiamento. Talvez a administração acredite que a empresa operará com lucro e esse lucro possa ser retido para financiar os ativos adicionais. Porém, os lucros pós-tributação teriam de atingir $ 100 para financiar a expansão dos ativos. Se a administração não puder prever lucros pós-tributação de $ 100, será necessário encontrar uma fonte externa de financiamento (como um empréstimo bancário) para financiar o aumento previsto dos ativos, tornado necessário pelo aumento das vendas.

Caso a administração preveja lucros de 5% sobre o total de vendas, com retenção de 60% desse lucro, o aumento previsto do patrimônio líquido será:

$$(0,05)(\$ 2.400)(0,6) = \$ 72.$$

Com base nesse aumento do patrimônio líquido e nos níveis previstos do ativo e do passivo correntes, a administração poderá construir o seguinte balanço simulado:

Ativo		Passivo	
Caixa	$ 120	Contas a pagar	$ 240
Contas a receber	360	Promissórias a pagar	200
Estoque	360	Outras exigibilidades correntes	100
Instalações e equipamentos	500	Dívida de longo prazo	300
	$ 1.340	Patrimônio líquido	472
			$ 1.312

Os lançamentos do balanço incluem os lançamentos previstos (ativos e passivos que mudaram espontaneamente de acordo com o nível de vendas), os lançamentos que não mudaram, como a dívida de longo prazo, e o novo patrimônio, que é o patrimônio anterior mais os lucros que deverão ser retidos.

Torna-se imediatamente óbvio que o balanço *não bate*. O aumento previsto dos ativos *excede* o aumento previsto do passivo mais patrimônio líquido. Os ativos totais excedem o passivo mais patrimônio líquido total em $ 28. Para atingir o aumento previsto dos ativos, a empresa terá de encontrar $ 28 de fontes *adicionais* de financiamento. Sem essas fontes adicionais, a expansão dos ativos não poderá ocorrer. Entretanto, como se trata de uma previsão e não de um balanço corrente, a administração agora tem a tarefa (e presumivelmente o tempo necessário) para obter as fontes adicionais de financiamento.

A administração tem várias opções. Qualquer aumento do patrimônio, do passivo ou diminuição dos ativos ajudará a fornecer o financiamento necessário. Por exemplo, a política de distribuição de dividendos pode ser alterada para reduzir os dividendos e aumentar a retenção de lucros. Outra possibilidade seria buscar um empréstimo bancário adicional. Caso a administração decida não reduzir os dividendos, optando em vez disso pelo aumento do seu endividamento bancário em $ 28, o balanço simulado passará a ser:

Ativo		Passivo	
Caixa	$ 120	Contas a pagar	$ 240
Contas a receber	360	Promissórias a pagar	228
Estoque	360	Outras exigibilidades correntes	100
Instalações e equipamentos	500	Dívida de longo prazo	300
	$ 1.340	Patrimônio líquido	472
			$ 1.340

O balanço agora bate; a soma dos ativos projetados é igual à soma projetada do passivo mais patrimônio líquido.

Esse exemplo ilustra a importância da premissa relativa ao aumento de caixa. A empresa precisava de $ 28 porque a expansão no uso de fundos (ou seja, as saídas de caixa previstas) excedia a expansão prevista das fontes (ou seja, as entradas previstas). Se o aumento de caixa de $ 20 pudesse ser evitado, a necessidade de fundos adicionais cairia para $ 8. Se a empresa pudesse reduzir seu caixa de $ 100 para $ 92 (ou seja, reduzir o caixa em $ 8), não seria necessário buscar financiamento adicional.

Até o presente momento, três soluções possíveis para a necessidade de financiamento adicional foram consideradas: (1) emprestar mais do banco, (2) reter mais lucros (distribuindo menos dividendos) e (3) reduzir o caixa existente. Estas não são as únicas soluções possíveis. Qualquer diminuição de um ativo ou aumento de passivo ou patrimônio líquido é uma entrada de caixa. O dilema da administração é determinar qual das numerosas possibilidades é a melhor solução para o problema previsto.

Note que, nesse exemplo, o aumento previsto dos ativos excede o aumento previsto do passivo mais patrimônio líquido. Esse resultado indica a necessidade de fundos adicionais. Se o aumento previsto dos ativos fosse menor que o aumento previsto do passivo mais patrimônio líquido, as entradas de caixa previstas excederiam as saídas. Nesse caso, a administração teria de decidir o que fazer com os fundos. Mais uma vez, existem numerosas possibilidades, variando desde o aumento dos pagamentos de dividendos até a reaquisição de ações ou o resgate de dívidas existentes. Uma prática comum é investir os fundos temporariamente em títulos de curto prazo do mercado monetário, como as obrigações do Tesouro.

De fato, muitas empresas investem qualquer excesso de fundos em títulos do mercado monetário. (A variedade desses instrumentos é descrita no Capítulo 4. Os títulos do mercado monetário normalmente são lançados sob a rubrica geral de equivalentes de caixa no balanço da companhia.) Mesmo empresas que tenham operado com prejuízo podem ter investimentos substanciais em equivalentes de caixa. Por exemplo, a Lucent, que operou com prejuízo em 2002 e 2003 e declarou um lucro modesto em 2004, mantinha caixa e equivalentes de caixa acima de $ 3,3 bilhões no final de seu exercício fiscal de 2004. A posse de equivalentes de caixa substanciais indica que a empresa provavelmente seja financeiramente sólida e capaz de honrar suas obrigações atuais na data de vencimento, mesmo que atualmente venha operando com prejuízo contábil.

A PORCENTAGEM DAS VENDAS RESUMIDA COMO UMA EQUAÇÃO

A seção anterior ilustra a técnica de previsão pela porcentagem das vendas, segundo a qual se um ativo ou exigibilidade corresponde a determinada porcentagem das vendas e as vendas têm um aumento percentual, esses ativos e exigibilidades também crescem na mesma porcentagem. Essa relação é mostrada na Figura 23.3. O eixo horizontal representa o nível de vendas e o eixo vertical, o nível de estoque. (Um gráfico semelhante pode ser desenhado para qualquer item do ativo ou passivo que varie de acordo com as vendas.)

A relação entre estoque e vendas é resumida pela seguinte equação:

$$I = bS. \qquad 23.1$$

I é o estoque; S é o nível de vendas; e b é a porcentagem das vendas, que também é a inclinação da linha. Uma vez que essa porcentagem seja conhecida, é fácil prever o nível de estoque associado a qualquer nível de vendas. Assim, se as vendas forem de $\$1.000$, o estoque será de $\$150$ ($\$1.000 \times 0,15$). Se as vendas crescerem para $\$20$ mil, o estoque precisará ser expandido para $\$3$ mil ($\$20.000 \times 0,15$). Por esse método, tudo o que é necessário para prever o nível do ativo é (1) a razão entre o nível corrente desse ativo e as vendas correntes e (2) o nível previsto de vendas.

O gerente financeiro pode usar uma equação simples resumindo (1) todos os ativos e exigibilidades, que variam com as vendas; (2) os lucros que a empresa obterá sobre as vendas projetadas; e (3) a distribuição desses lucros. A equação que sintetiza o método de previsão pela porcentagem das vendas é:

Requisitos de financiamento externo =

$$\left[\left(\frac{\text{Ativos que variam com as vendas}}{\text{Vendas}}\right) \times \text{Variação das vendas} - \left(\frac{\text{Exigibilidades que variam com as vendas}}{\text{Vendas}}\right) \times \text{Variação nas vendas}\right] - \text{Aumento no lucro retido}.$$

Em forma simbólica, essa equação, para calcular os requisitos de financiamento externo (*external funding requirements* – EFR), é:

$$EFR = \left[\frac{A}{S}(\Delta S) - \frac{L}{S}(\Delta S)\right] - (PS_1)R. \qquad 23.2$$

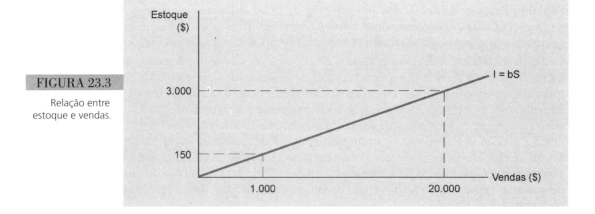

FIGURA 23.3

Relação entre estoque e vendas.

Embora possa parecer difícil, na verdade, é uma equação simples. A equação declara que os requisitos de financiamento externo da empresa são iguais aos fundos necessários para financiar os ativos gerados pela variação projetada (Δ) nas vendas (S) menos os fundos gerados pela variação das vendas e o aumento dos lucros retidos. Tanto os ativos como as exigibilidades que variam de acordo com o nível de vendas são expressos como uma porcentagem das vendas correntes (A/S e L/S, respectivamente). Os lucros retidos adicionais dependem da margem de lucro das vendas projetadas da empresa (PS_1) e da proporção dos lucros que será retida (R).

Suponha que uma empresa com vendas de $ 10 mil tenha o seguinte balanço:

Ativo		Passivo	
Contas a receber	$ 3.000	Contas a pagar	$ 2.500
Estoque	2.000	Dívida de longo prazo	4.000
Instalações e equipamentos	8.000	Patrimônio líquido	6.500
	$ 13.000		$ 13.000

As contas a receber, o estoque e as contas a pagar variam de acordo com as vendas; os outros lançamentos, não. Se a empresa expandir suas vendas de $ 10 mil para $ 12 mil, esses ativos e exigibilidades aumentarão espontaneamente. As contas a receber e o estoque correspondem a 50% das vendas, enquanto as contas a pagar correspondem a 25% das vendas. Logo, a primeira parte da equação é:

$$EFR = (0,5)(\$ 2.000) - (0,25)(\$ 2.000) = \$ 1.000 - \$ 500.$$

Os $ 1 mil são a saída de caixa projetada requerida pela expansão dos ativos. Os $ 500 são a entrada de caixa projetada resultante do crescimento das exigibilidades previstas.

Se a empresa lucra 5% sobre suas vendas totais e distribui 30% de seus lucros como dividendos, os 70% restantes são retidos. Os lucros retidos adicionais serão:

$$(0,05)(\$ 12.000)(0,7) = \$ 420.$$

Como isso também é uma entrada de caixa, as entradas de caixa totais serão:

$$\$ 500 + \$ 420 = \$ 920.$$

As entradas projetadas menos as saídas projetadas fornecem as necessidades externas de fundos da empresa. No exemplo, os fundos externos necessários serão:

$$EFR = (0,5)(\$ 2.000) - (0,25)(\$ 2.000) - (0,05)(\$ 12.000)(0,70)$$
$$= \$ 1.000 - \$ 500 - \$ 420$$
$$= \$ 80.$$

O aumento espontâneo dos ativos correntes requer $ 1 mil. O aumento espontâneo das exigibilidades gera apenas $ 500 e a empresa retém apenas $ 420 dos lucros gerados pelas vendas projetadas. Portanto, a empresa precisará de $ 80 em financiamento externo para cobrir o aumento previsto dos ativos.

Tendo feito essa análise, o gerente financeiro sabe que a empresa precisará de mais fundos. Uma possível fonte interna seria distribuir menos dividendos (reter mais lucros). Se a empresa retivesse todos os seus lucros, suas necessidades de financiamento externo seriam:

$$EFR = (0,5)(\$ 2.000) - (0,25)(\$ 2.000) - (0,05)(\$ 12.000)(1)$$
$$= \$ 1.000 - \$ 500 - \$ 600$$
$$= (\$ 100).$$

A empresa teria fundos suficientes e não precisaria buscar financiamento externo para cobrir a expansão dos ativos gerada espontaneamente pelo aumento das vendas.

O método de previsão pela porcentagem das vendas é uma técnica empregada para prever as necessidades de financiamento externo da empresa. Infelizmente, o método pode produzir estimativas imprecisas. Se essas estimativas subestimarem as necessidades financeiras, pode ser difícil obter créditos adicionais rapidamente. Se a técnica superestimar as necessidades financeiras, a empresa pode ser levada a emprestar mais que é necessário e, conseqüentemente, a arcar com despesas desnecessárias de juros.

A origem do problema é a premissa de que a porcentagem corrente permanecerá estável em todos os níveis de vendas. Essa premissa nem sempre é verdadeira; por exemplo, talvez a empresa consiga economizar no estoque à medida que eles aumentam, o que fará que a porcentagem do estoque com relação às vendas decline à medida que as vendas cresçam. O contrário também pode ocorrer, caso as vendas caiam. Talvez a empresa continue a manter itens no estoque, apesar da diminuição das vendas, ou quem sabe haja um intervalo entre a redução das vendas e o momento em que a empresa identifica os itens cuja saída é mais lenta e deixa de mantê-los em estoque. Portanto, o estoque como uma porcentagem das vendas pode aumentar quando o nível de vendas cai.

Embora a técnica da porcentagem das vendas possa gerar estimativas distorcidas, ela continua a ser usada como uma ferramenta de previsão por dois motivos. Em primeiro lugar, ela é simples e pragmática. Em segundo, se a alteração das vendas for relativamente pequena, a distorção da estimativa provavelmente não será significativa. Quanto maior for o aumento das vendas, maior será o viés; porém, se a administração estiver preocupada apenas com uma pequena alteração no nível de vendas, o uso do método de porcentagem das vendas para prever as necessidades financeiras pode ser suficiente.

PREVISÃO DE NECESSIDADES FINANCEIRAS EXTERNAS: ANÁLISE DE REGRESSÃO

A alternativa à porcentagem das vendas é a análise de regressão, que usa a relação entre o item do ativo ou do passivo e as vendas ao longo de vários anos. Por exemplo, a Tabela 23.1 mostra os níveis de estoque e de vendas de uma empresa nos últimos cinco anos. Essas informações indicam uma relação positiva entre o nível de estoque e as vendas, embora o estoque como uma porcentagem das vendas tenha declinado. Se esse declínio continuar, o uso de uma porcentagem determinada com base nas observações de apenas um ano tenderá a superestimar o nível de estoque.

Essa relação entre vendas e estoque é representada graficamente na Figura 23.4, que também indica uma tendência positiva, visto que os pontos estão subindo. O uso do gráfico nesse formato, porém, pode ser complicado. Por exemplo, seria difícil projetar o nível de estoque, caso o nível de vendas aumentasse para $2.500. Esse problema pode ser superado se os pontos forem expressos como uma equação.

A Figura 23.5 reproduz os pontos da Figura 23.4, mas também passa uma linha através desses pontos para que a relação entre estoque e vendas seja expressa por meio da seguinte equação linear simples:

TABELA 23.1

Níveis de estoque e vendas durante cinco anos.

Ano	Vendas	Estoque	Estoque como porcentagem das vendas
1	$1.000	$400	40%
2	1.200	470	39
3	1.400	500	36
4	1.700	530	31
5	2.000	600	30

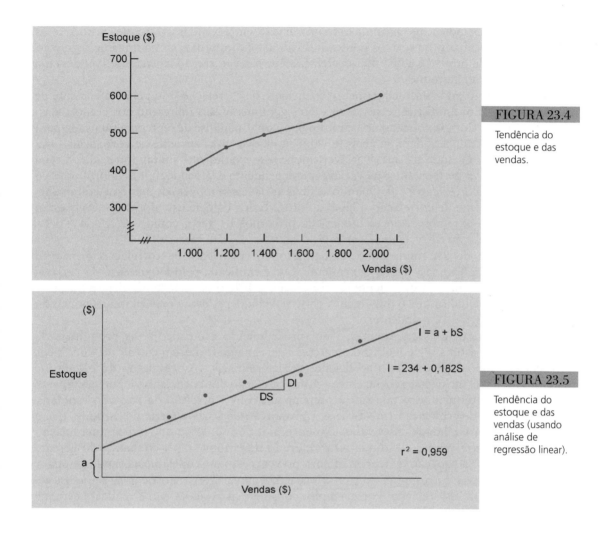

FIGURA 23.4 Tendência do estoque e das vendas.

FIGURA 23.5 Tendência do estoque e das vendas (usando análise de regressão linear).

$$I = a + bS. \qquad 23.3$$

A interseção vertical, a, fornece o nível de estoque que a empresa mantém mesmo quando o volume de vendas é mínimo. O índice de subida da linha é a inclinação ($\Delta I/\Delta S$), que é representada pelo símbolo b. A análise de regressão estima valores numéricos para a e b, a interseção e a inclinação.

Para essa empresa, a análise de regressão indica que a equação, para a relação entre estoque e vendas, é:

$$I = \$\,234{,}28 + 0{,}182S.$$

O valor de $\$\,234{,}28$ corresponde à interseção em y e indica o nível de estoque quando não há vendas. O valor de $0{,}182$ é a inclinação da linha e indica que, para um aumento de vendas de $\$\,1$ mil, o nível de estoque aumentará em $\$\,182$. (As maneiras de estimar a equação manualmente ou usando Excel são mostradas na Tabela 23.2 e no Quadro 23.3.)

Tendo sido estimada, a equação pode ser usada para prever o nível de estoque para qualquer nível de vendas. Por exemplo, se vendas forem de $\$\,3$ mil, a equação estima que o nível de estoque será $\$\,780$, o que é obtido inserindo-se o valor $\$\,3$ mil para as vendas e resolvendo a equação para determinar o estoque:

$$Estoque = \$\,234{,}28 + 0{,}182(\$\,3.\,000)$$
$$= \$\,780{,}28.$$

A Figura 23.5 indica que há uma estreita relação entre vendas e estoque, visto que as observações individuais (ou seja, os pontos individuais) ficam próximas da linha de regressão. Essa proximidade mostra que há alta correlação entre a variável independente (vendas) e a variável dependente (estoque).

Essa correlação pode ser medida pelo "coeficiente de correlação" ou pelo "coeficiente de determinação". Em estatística, esses coeficientes geralmente são representados como r e r^2, respectivamente. Como explicado no Capítulo 8, no qual a análise de regressão foi usada para estimar o coeficiente beta de uma ação, o valor numérico do coeficiente de correlação varia de $+1,0$ a $-1,0$. Quando as duas variáveis movem-se exatamente juntas (ou seja, há uma correlação positiva perfeita entre as variáveis independente e dependente), o valor numérico do coeficiente de correlação é 1,0. Quando as duas variáveis se movem de maneira exatamente oposta, o coeficiente de correlação é igual a $-1,0$. Todos os demais valores possíveis estão entre esses dois extremos. Valores numéricos próximos de zero, como $-0,12$ ou $+0,19$, indicam baixa relação entre as duas variáveis.

O coeficiente de determinação é o quadrado do coeficiente de correlação e mede a proporção da variação da variável dependente, que é explicada pelo movimento da variável independente. Assim, se o coeficiente de correlação é 0,1, o coeficiente de determinação é 0,01 ($0,1^2$), o que indica que o movimento da variável independente explica muito pouco do movimento da variável dependente.

O cálculo desses dois coeficientes é um procedimento estatístico e os programas de computador que estimam a equação de regressão geralmente fornecem os valores numéricos do coeficiente de correlação e do coeficiente de determinação. (O resultado do cálculo de regressão no Excel inclui esses coeficientes.) A interpretação dos coeficientes é potencialmente útil para o gerente financeiro que esteja preocupado com a precisão da equação estimada. O coeficiente de determinação (r^2) fornece a proporção da variabilidade do estoque, que é explicada pela variabilidade das vendas. No exemplo, r^2 é 0,959, o que indica uma relação muito estreita entre vendas e estoque. O r^2 elevado deve aumentar a confiança do gerente financeiro ao usar a equação de regressão para prever o estoque conforme as vendas mudam.

Mesmo que essa correspondência próxima entre as variáveis não ocorra, a análise de regressão resumirá essa relação. Por exemplo, considere as relações entre vendas e estoque apresentadas na Tabela 23.4 e na Figura 23.6.

TABELA 23.2 Cálculo manual da equação de regressão.

X	Y	X^2	Y^2	XY
1.000	400	1.000.000	160.000	400.000
1.200	470	1.440.000	220.900	564.000
1.400	500	1.960.000	250.000	700.000
1.700	530	2.890.000	280.900	901.000
2.000	600	4.000.000	360.000	1.200.000
$\Sigma X = 7.300$	$\Sigma Y = 2.500$	$\Sigma X^2 = 11.290.000$	$\Sigma Y^2 = 1.271.800$	$\Sigma XY^2 = 3.765.000$

n = número de observações (5).

$$\text{inclinação} = b = \frac{n\Sigma XY - (\Sigma X)(\Sigma Y)}{n\Sigma X^2 - (SX)^2}$$

$$= \frac{(5)(3.765.000) - (7.300)(2.500)}{(5)(11.290.000) - (7.300)(7.300)} = 0,182.$$

$$\text{interseção} = a = \frac{\Sigma Y}{n} - b\frac{\Sigma X}{n}$$

$$= \frac{2.500}{5} - (0,182)\frac{7.300}{5} = 234,28.$$

TABELA 23.3

Estimativa da equação de regressão no Excel.

Vendas = variável independente ou X
Estoque = variável dependente ou Y
Localize o programa de regressão no Excel em Ferramentas. Digite os dados.

	A	B	C
1	Ano	Estoque	Vendas
2	1	400	1.000
3	2	470	1.200
4	3	500	1.400
5	4	530	1.700
6	5	600	2.000

A coluna A informa o ano e as colunas B e C são usadas para estoque e vendas. Os dados do estoque estão nas células B2 a B6 e os dados das vendas, nas células C2 a C6.
Onde o programa de regressão solicita a variável Y, digite b2:b6. Para a variável X, digite c2:c6. Insira o resultado em algum lugar próximo dos dados sem sobrescrevê-los, como A8. O Excel rapidamente determinará a seguinte equação:

$$\text{Estoque} = \$234{,}34 + 0{,}182 \text{ Vendas}.$$

No caso A, as observações individuais relacionando vendas e estoque estão dispersas por todo o gráfico; mesmo assim, a técnica de regressão estima uma equação sintetizando as observações individuais. Como a correlação é baixa, com r^2 de apenas 0,216, a qualidade da equação como ferramenta de previsão é questionável.

A mesma conclusão sobre a capacidade de previsão da equação estimada aplica-se ao caso B. Nesse caso, as observações individuais para todos os níveis de vendas entre $ 1 mil e $ 2 mil estão acima da linha. Mesmo assim, a análise de regressão estima uma equação que resume a relação entre vendas e estoque. Embora a qualidade da equação seja bem alta ($r^2 = 0{,}813$), a capacidade de previsão da equação estimada está sob suspeita.

Esse exemplo salienta um possível problema da análise de regressão linear simples. Em primeiro lugar, a relação real entre as variáveis pode não ser uma linha reta. O Caso B na Figura 23.6 indica que a relação entre estoque e vendas é curvilínea. Os pontos sobem, mas parecem perder impulso à medida que o nível de vendas aumenta. Na inspeção visual, a verdadeira relação entre vendas e estoque parece ser a linha curva AB traçada através dos pontos. Uma equação para essa linha curva deverá fornecer previsões mais confiáveis que a equação da linha reta simples (linear) que foi estimada anteriormente.

Outra possível fonte de dificuldade com a regressão linear simples é a possibilidade de que diversas variáveis afetem a variável dependente. Por exemplo, o nível de estoque pode ser afetado não apenas pelas vendas, mas também pela disponibilidade dos bens, pela estação do ano ou pelo custo do crédito. Esta parece ser a situação no caso A na Figura 23.6, pois a relação entre estoque e vendas é fraca. Algum outro fator que não seja as vendas deve explicar o nível de estoque.

Esses problemas com a regressão linear simples podem ser solucionados usando a análise de regressão não-linear ou a regressão múltipla, que inclui mais de uma variável independente. Essas duas técnicas estatísticas são explicadas em textos mais avançados.

TABELA 23.4

Relação entre vendas e estoque.

Vendas	Estoque no caso A	Estoque no caso B
$ 1.000	$ 400	$ 400
1.200	380	550
1.400	600	600
1.700	500	700
2.000	450	750

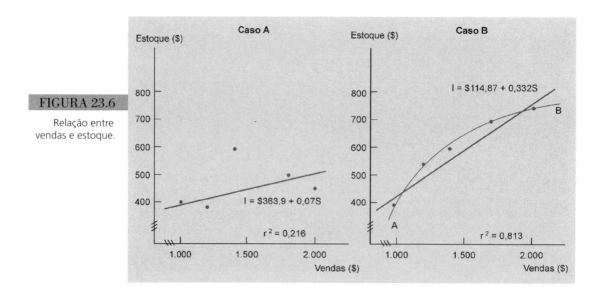

FIGURA 23.6 Relação entre vendas e estoque.

TABELA 23.5 Comparação das técnicas de previsão de porcentagem das vendas e regressão.

Vendas	Previsão pela porcentagem das vendas	Previsão por análise de regressão
	(Estoque = 0,30 Vendas)	(Estoque = $ 234,28 + 0,182 Vendas)
$ 1.500	$ 450	$ 507,28
2.000	600	598,28
2.500	750	689,28
3.000	900	780,28

Embora os métodos de análise de regressão não-linear e múltipla não sejam descritos aqui, é desejável comparar a regressão linear simples com a técnica de porcentagem das vendas para fins de previsão. A porcentagem das vendas é um caso simples de análise de regressão em que não há qualquer interseção e a inclinação é determinada pela origem e por uma única observação. A técnica de porcentagem das vendas parte da premissa de que a razão atual entre estoque e vendas permanecerá constante e adota essa razão como a inclinação da equação. Com base nessa premissa, a técnica em seguida projeta o nível de estoque. A análise de regressão, por sua vez, não adota essa premissa e formula uma equação usando várias observações que relacionam estoque e vendas.

As diferenças no poder preditivo das duas técnicas são demonstradas na Tabela 23.5, que é baseada no exemplo anterior. A primeira coluna fornece o nível de vendas e a segunda e terceira colunas fornecem os níveis de estoque estimados. A segunda coluna usa o método de porcentagem das vendas, que parte da premissa de que a razão de estoque para vendas seja constante (30%). A terceira coluna usa a equação de regressão (I = $ 234,28 + 0.182S), que foi formulada com base nos dados relativos aos níveis de estoque e vendas no passado.

Como pode ser visto no exemplo, quanto maior for o nível previsto de vendas, maior será o nível de estoque estimado. Entretanto, o nível de estoque estimado é maior no método de porcentagem das vendas do que na técnica de regressão. A técnica de porcentagem das vendas pode estar superestimando o nível de estoque desejável. Por exemplo, se o crescimento da empresa proporcionar economias na gestão do estoque, o nível de estoque não precisará continuar a crescer à mesma taxa. Logo, a razão entre estoque e vendas tenderá a cair. Sob essas circunstâncias, a análise de regressão fornece melhor estimativa do nível de estoque desejável e é um instrumento de previsão mais preciso.

PREVISÃO DE NECESSIDADES FINANCEIRAS EXTERNAS: ALTERAÇÕES NOS ATIVOS FIXOS

Na seção anterior, presumiu-se que, à medida que as vendas da empresa se expandissem, somente os ativos que mudavam espontaneamente de acordo com o nível de vendas variavam. Essa expansão das vendas só pode ocorrer se a empresa tiver excesso de capacidade. Nesta seção, a empresa precisará ampliar seu ativos fixos juntamente com os ativos que mudam espontaneamente de acordo com o nível de vendas.

Para facilitar a explicação, são mantidos os mesmos exemplos utilizados para demonstrar a porcentagem das vendas. A empresa tem o seguinte balanço:

Ativo		Passivo	
Caixa	$ 100	Contas a pagar	$ 200
Contas a receber	300	Promissória a pagar	200
Estoque	300	Outras exigibilidades correntes	100
Instalações e equipamentos	500	Dívida de longo prazo	300
	$ 1.200	Patrimônio líquido	400
			$ 1.200

As vendas foram de $ 2 mil e espera-se que aumentem para $ 2.400. Se a margem de lucro líquido sobre as vendas for de 10% e a empresa retém 40% de seus lucros, o método de porcentagem das vendas prevê os seguintes lançamentos projetados no balanço:

Ativo		Passivo	
Caixa	$ 120	Contas a pagar	$ 240
Contas a receber	360	Promissória a pagar	200
Estoque	360	Outras exigibilidades correntes	100
Instalações e equipamentos	500	Dívida de longo prazo	300
	$ 1.340	Patrimônio líquido	496
			$ 1.336

Caixa, contas a receber, estoque e contas a pagar aumentam, porque mudam espontaneamente de acordo com o nível de vendas. O patrimônio líquido aumenta em $ 96, visto que a empresa ganha $ 240 com suas vendas ($ 2.400 × 0,1 = $ 240) e retém 40% desse lucro ($ 240 × 0,4). Os outros lançamentos permanecem idênticos, pois não mudam de acordo com o nível de vendas.

No exemplo, os ativos aumentam em $ 140, ao passo que o passivo e o patrimônio líquido aumentam em $ 136. O balanço projetado, evidentemente, não bate; a diferença de $ 4 é igual à escassez de fundos projetada. O gerente financeiro teria de incluir nos planos um financiamento adicional de $ 4 para cobrir o crescimento projetado dos ativos. Como a quantia necessária é muito modesta, é seguro presumir que não será difícil obter esse financiamento adicional.

Suponha, porém, que a expansão das vendas também exija um aumento de $ 200 em ativos fixos. O balanço projetado ficaria assim:

Ativo		Passivo	
Caixa	$ 120	Contas a pagar	$ 240
Contas a receber	360	Promissória a pagar	200
Estoque	360	Outras exigibilidades correntes	100
Instalações e equipamentos	700	Dívida de longo prazo	300
	$ 1.540	Patrimônio líquido	496
			$ 1.336

A necessidade de financiamento da empresa é maior (ou seja, $ 204), visto que a expansão das vendas não pode ser obtida nesse exemplo sem ampliação das instalações e equipamentos.

Que opções estão disponíveis ao gerente financeiro para levantar os $ 204 necessários? Na verdade, o gerente financeiro tem várias opções. Em primeiro lugar, os valores mantidos em caixa podem ser reduzidos para adquirir outro ativo. Segundo, uma proporção maior dos lucros pode ser retida em vez de ser distribuída. Os lucros retidos, evidentemente, podem ajudar a financiar a ampliação projetada dos ativos. Terceiro, a empresa pode emitir dívida adicional, na forma de títulos, ou emitir ações adicionais para aumentar o caixa e adquirir outros ativos.

Obviamente, o gerente financeiro dispõe de vários cursos de ação possíveis. Como discutido no Capítulo 21, uma das perguntas a serem feitas é qual combinação de financiamento por dívida e patrimônio líquido seria a mais desejável para financiar a expansão. O uso do financiamento por dívida pode aumentar o retorno obtido pelos proprietários, mas o uso adicional de alavancagem financeira também aumenta o risco associado à empresa. Para os fins desta discussão, suponha que o gerente financeiro decida (1) reduzir os valores em caixa para $ 80, liberando $ 40; (2) distribuir apenas 40% dos lucros, retendo assim $ 144 em vez de $ 96; e (3) lançar dívida adicional para cobrir o déficit remanescente. Depois dessas alterações, o balanço projetado ficará assim:

Ativo		Passivo	
Caixa	$ 80	Contas a pagar	$ 240
Contas a receber	360	Promissória a pagar	200
Estoque	360	Outras exigibilidades correntes	100
Instalações e equipamentos	700	Dívida de longo prazo	416
	$ 1.500	Patrimônio líquido	544
			$ 1.500

A administração resolveu o problema financeiro usando uma combinação de redução do caixa existente, emissão de mais dívida de longo prazo e retenção de lucros. Esta, evidentemente, não é a única solução possível. Geralmente há muitas maneiras disponíveis para solucionar um problema. Cabe à administração analisar as diferentes soluções para determinar quais são viáveis e quais aumentam mais o valor da empresa.

RESUMO

A administração elabora planos estratégicos que estabelecem objetivos gerais para uma empresa. As estratégias concebidas para atingir os objetivos são executadas pelos vários dirigentes responsáveis pelos setores de operações, comercialização e finanças da organização. Os planos financeiros devem obedecer ao plano estratégico geral da companhia. Esses planos exigem previsões sobre quando uma empresa precisará de fontes externas de financiamento.

Certos ativos, como contas a receber e estoque, expandem-se automaticamente conforme as vendas de uma empresa aumentam. Outros ativos, como instalações e equipamentos, devem ser expandidos quando a companhia atinge determinado nível de vendas. Uma vez que essa capacidade seja alcançada, qualquer crescimento subseqüente exigirá investimentos adicionais em instalações e equipamentos.

Como todos os ativos precisam ser financiados, projetar o nível de ativos de uma empresa é crucial para a sua saúde financeira. Uma técnica de previsão usa a porcentagem das vendas. Ela expressa como uma porcentagem das vendas todos os ativos e exigibilidades que mudam espontaneamente de acordo com o nível de vendas. Em seguida, essa porcentagem é usada para prever o nível futuro desses ativos e exigibilidades conforme as vendas aumentem. Uma técnica de previsão mais sofisticada usa equações estimadas (análise de regressão) para estimar o nível de ativos e exigibilidades associados a vários níveis de vendas.

Qualquer dessas técnicas pode ser usada para construir um balanço projetado indicando os ativos futuros, exigibilidades futuras e patrimônio líquido futuro de uma organização. Caso os ativos estimados excedam o passivo mais patrimônio líquido estimado, o gerente financeiro deve começar a planejar hoje a obtenção do financiamento necessário pela previsão dos ativos futuros da empresa.

REVISÃO DOS OBJETIVOS

Tendo concluído este capítulo, você deverá ser capaz de

1. Identificar os ativos e exigibilidades que variam espontaneamente de acordo com o nível de vendas (páginas 366-360).

2. Ilustrar o método de previsão pela porcentagem das vendas (páginas 368-371).

3. Usar a análise de regressão para prever ativos e exigibilidades que mudam com as vendas (páginas 374-378).

4. Explicar como a política de distribuição de dividendos afeta a necessidade de financiamento externo (páginas 379-380).

5. Adicionar o impacto das alterações em quaisquer ativos que não mudem espontaneamente com as vendas (página 380).

PROBLEMAS

1. A SLM, Inc., com vendas de $ 1 mil, tem o seguinte balanço:

Balanço da SLM, Incorporated em 31/12/X0			
Ativo		**Passivo e patrimônio líquido**	
Contas a receber	$ 200	Contas comerciais a pagar	$ 200
Estoque	400	Dívida de longo prazo	600
Instalações	800	Patrimônio líquido	600
	$ 1.400		$ 1.400

A empresa lucra 10% sobre as vendas (pós-tributação) e não paga dividendos.

a. Determine os lançamentos do balanço relativos a vendas de $ 1.500 usando o método de previsão pela porcentagem das vendas.

b. A empresa precisará de financiamento externo para aumentar suas vendas para $ 1.500?

c. Construa o novo balanço e use uma nova emissão de dívida de longo prazo para cobrir qualquer déficit financeiro.

2. A EMM, Inc. tem o seguinte balanço:

Balanço da EMM, Incorporated em 31/12/X0			
Ativo		**Passivo e patrimônio líquido**	
Caixa	$ 1.000	Contas a pagar	$ 5.300
Contas a receber	7.200	Promissórias a pagar	3.200
Estoque	6.100		
Ativos de longo prazo	4.200	Patrimônio líquido	10.000
	$ 18.500		$ 18.500

a. Se a empresa espera que as vendas aumentem de $ 20 mil para $ 25 mil, quais são os níveis previstos de contas a receber, contas a pagar e estoque?

b. O crescimento das contas a pagar cobrirá o crescimento do estoque e das contas a receber?

c. Se lucrar 12% sobre as vendas pós-tributação e retiver todos esses lucros, a empresa cobrirá suas necessidades estimadas de financiamento de curto prazo?

d. Construa um novo balanço que incorpore a emissão de dívida de curto prazo adicional para cobrir as necessidades de financiamento adicional. Suponha que o caixa permaneça em $ 1 mil. Se o caixa também aumenta proporcionalmente às vendas, que impacto o aumento do caixa terá sobre as necessidades de fundos da empresa?

3. A EEM, Inc. tem o seguinte balanço:

Balanço da EMM, Incorporated em 31/12/X0			
Ativo		**Passivo e patrimônio líquido**	
Caixa	$ 1.000	Contas a pagar	$ 5.300
Contas a receber	7.200	Promissórias a pagar	3.200
Estoque	6.100		
Ativos de longo prazo	4.200	Patrimônio líquido	10.000
	$ 18.500		$ 18.500

As seguintes relações foram estimadas entre as vendas e os vários ativos e exigibilidades que variam de acordo com o nível de vendas:

$$\text{Contas a receber} = \$ 3.310 + 0,35 \text{ das Vendas}$$
$$\text{Estoque} = \$ 2.264 + 0,28 \text{ das Vendas}$$
$$\text{Contas a pagar} = \$ 1.329 + 0,22 \text{ das Vendas}$$

a. Se a empresa espera vendas de $ 25 mil, quais são os níveis previstos para os itens do balanço anterior?

b. O crescimento das contas a pagar cobrirá o crescimento do estoque e das contas a receber?

c. Se lucrar 12% sobre as vendas pós-tributação e retiver todos esses lucros, a empresa cobrirá suas necessidades estimadas de financiamento de curto prazo?

d. Construa um novo balanço que incorpore a emissão de dívida de curto prazo adicional para cobrir as necessidades de financiamento adicional. Suponha que o caixa permaneça em $ 1 mil.

e. Compare suas respostas nas partes *a-d* com suas respostas nas partes *a-d* do Problema 2.

4. A BBP, Inc., com vendas de $ 500 mil, tem o seguinte balanço:

Balanço da BBP, Incorporated em 31/12/X0			
Ativo		**Passivo e patrimônio líquido**	
Caixa	$ 25.000	Contas a pagar	$ 15.000
Contas a receber	50.000	Obrigações a vencer	20.000
Estoque	75.000	Promissórias a pagar	50.000
Ativo corrente	150.000	Passivo corrente	85.000
Ativo fixo	200.000	Ações ordinárias	100.000
		Lucros retidos	165.000
Total do ativo	$ 350.000	Total de passivo e patrimônio líquido	$ 350.000

A empresa lucra 15% sobre as vendas e distribui 25% de seus lucros. Usando a porcentagem das vendas, preveja um novo balanço para vendas de $ 600 mil, partindo da premissa de que o caixa muda de acordo com as vendas e a empresa não está operando a plena capacidade. A companhia precisará de financiamento externo? Sua resposta seria diferente se a empresa distribuísse todos os seus lucros?

5. Com vendas de $ 350 mil, a MJM, Inc. está operando a plena capacidade, mas a administração prevê que as vendas crescerão 25% durante o próximo ano. A empresa lucra 10% sobre as vendas e distribui 50% do lucro aos acionistas. Seu balanço atual é o seguinte:

Balanço da MJM, Incorporated em 31/12/X0			
Ativo		**Passivo e patrimônio líquido**	
Caixa	$ 7.500	Contas a pagar	$ 38.000
Contas a receber	30.000	Obrigações a vencer	45.000
Estoque	65.000	Promissórias a pagar	0
Ativo corrente	102.500	Passivo corrente	83.000
Instalações e equipamentos	100.000	Ações ordinárias	70.000
		Lucros retidos	49.500
Total do ativo	$ 202.500	Total de passivo e patrimônio líquido	$ 202.500

   a. Além do caixa, quais ativos e passivos aumentarão com o aumento das vendas, e em quanto, se a porcentagem das vendas for usada para prever esses aumentos?
   b. Qual será a necessidade de financiamento externo da empresa?
   c. Se o caixa não aumentasse e pudesse ser mantido em $ 7.500, qual seria o impacto do menor volume em caixa sobre a necessidade de financiamento externo da empresa?
   d. Se a empresa distribuísse 25% em vez de 50% de seus lucros, precisaria de financiamento externo?
   e. Construa um novo balanço partindo da premissa de que o caixa aumenta com o aumento das vendas e a empresa distribui 50% de seus lucros aos acionistas. Se a empresa precisar de financiamento externo, adquira os fundos emitindo uma nota promissória de curto prazo para um banco comercial. Compare essas estratégias de financiamento com as estratégias indicadas pelas respostas às partes *c* e *d*.

6. A HBM, Inc. tinha vendas de $ 10 milhões e uma margem de lucro líquido de 7% em 20X0. A administração espera que as vendas cresçam para $ 12 milhões e $ 14 milhões, respectivamente, em 20X1 e 20X2. A administração deseja saber se serão necessários fundos adicionais para financiar esse crescimento esperado. Atualmente, a empresa não está operando a plena capacidade e deve ser capaz de sustentar um aumento de 25% nas vendas. Entretanto, aumentos adicionais nas vendas exigirão $ 2 milhões em instalações e equipamentos para cada $ 5 milhões vendidos a mais. A empresa tem atualmente o seguinte balanço:

Balanço da HBM, Incorporated em 31/12/X0			
Ativo		**Passivo e patrimônio líquido**	
Caixa	$ 1.500.000	Obrigações a vencer	$ 1.500.000
Contas a receber	2.000.000	Contas a pagar	1.000.000
Estoque	1.500.000	Promissórias a pagar	500.000
Instalações e equipamentos	3.000.000	Dívida de longo prazo	3.000.000
		Patrimônio líquido	2.000.000
	$ 8.000.000		$ 8.000.000

A administração tem adotado uma política de distribuir ao menos 70% dos lucros como dividendos. A administração acredita que o método de previsão pela porcentagem das vendas é suficiente para responder à pergunta: "Será necessário obter financiamento externo?" Para utilizar essa técnica, a administração presumiu que as contas a receber, estoque, provisões e contas a pagar variarão de acordo com o nível de vendas. O caixa não mudará.

   a. Prepare balanços projetados para 20X1 e 20X2 incorporando qualquer necessidade de financiamento externo. Todos os fundos de curto prazo necessários deverão ser obtidos por meio de empréstimo bancário e qualquer excesso de fundos de curto prazo deverá ser investido de maneira apropriada. Qualquer financiamento de longo prazo que seja necessário deverá ser obtido por meio de dívida de longo prazo e/ou reduções apropriadas nos ativos de curto prazo.
   b. Se não distribuir 70% de seus lucros, a empresa poderá sustentar a expansão sem emitir dívida de longo prazo adicional?
   c. Se os credores da empresa na parte *a* exigissem uma razão atual de 2:1, isso afetaria o financiamento da empresa em 20X1 e 20X2? Em caso afirmativo, que medidas adicionais a empresa poderia adotar?
   d. Se as previsões baseadas na porcentagem das vendas forem substituídas pelas seguintes equações de regressão:

$$\text{Contas a receber} = \$ 100.000 + 0,12 \text{ das Vendas}$$
$$\text{Estoque} = \$ 250.000 + 0,15 \text{ das Vendas}$$
$$\text{Obrigações a vencer} = \$ 100.000 + 0,07 \text{ das Vendas}$$
$$\text{Contas a pagar} = \$ 250.000 + 0,08 \text{ das Vendas}$$

Qual seria a necessidade de financiamento externo por parte da empresa (caso exista) em 20X1 e 20X2?

   a. Se os credores da empresa na parte *d* exigirem uma razão atual de 2:1, isso afetaria o financiamento da empresa em 20X1 e 20X2? Em caso afirmativo, que medidas adicionais a empresa poderia adotar?
7. A EMM, Inc. tem o seguinte balanço:

Balanço da EMM, Incorporated em 31/12/X0			
Ativo		**Passivo e patrimônio líquido**	
Caixa	$ 3.200	Obrigações a vencer	$ 4.900
Títulos negociáveis	2.000	Contas a pagar	17.050
Contas a receber	17.130	Promissórias a pagar	7.000
Estoque	19.180		
		Dívida de longo prazo	22.000
		Ações ordinárias	20.000
Instalações e equipamentos	41.000	Lucros retidos	11.560
	$ 82.510		$ 82.510

As vendas estão atualmente em $ 160 mil, mas a administração espera que cresçam para $ 200 mil. Espera-se que a margem de lucro líquido seja de 10%, e a empresa distribui 60% de seus lucros como dividendos.

A administração da empresa está preocupada com a necessidade de obter financiamento externo para cobrir a expansão dos ativos exigida pelo crescimento das vendas. Para atingir vendas de $ 200 mil, a administração terá de *ampliar as instalações em $ 10 mil* e espera *aumentar seu caixa em $ 1 mil*. Entretanto, a posse de títulos negociáveis pode ser reduzida a zero.

   a. Com base na porcentagem das vendas e nas informações adicionais, a empresa precisará de financiamento externo? Em caso afirmativo, quanto?
   b. Construa um balanço simulado indicando os novos lançamentos previstos para vendas de $ 200 mil. Se a empresa tiver fundos em excesso, eles deverão ser investidos em títulos negociáveis. Se a empresa precisar de fundos, eles deverão ser obtidos por meio da emissão de nova dívida de longo prazo.

8. A BHM, Inc. tem o seguinte balanço:

Balanço da BHM, Incorporated em 31/12/X0				
Ativo			**Passivo e patrimônio líquido**	
Caixa		$ 1.000	Contas a pagar	$ 16.000
Títulos negociáveis		2.000	Obrigações a vencer	4.100
Contas a receber		14.130	Empréstimo bancário a pagar	5.000
Estoque		17.180	Dívida de longo prazo	12.000
Instalações e equipamentos		31.000	Ações ordinárias	10.000
			Lucros retidos	18.210
		$ 65.310		$ 65.310

As vendas estão atualmente em $ 80 mil, mas *espera-se que caiam* para $ 60 mil, o que exigirá uma contração dos ativos. Como a empresa está em processo de contração, a administração gostaria de resgatar a dívida de longo prazo; entretanto, os termos da emissão não permitem uma liquidação parcial. A administração gostaria de reter o empréstimo bancário de curto prazo, mas o banco não renovará o empréstimo se essa renovação deixar a companhia com uma razão atual menor que 2:1. Como a empresa está em contração, a administração gostaria de aumentar os títulos negociáveis em $ 1.500 como precaução contra emergências. Entretanto, se a empresa precisar de fundos para resgatar sua dívida, a administração está disposta a liquidar todos os títulos negociáveis. A margem histórica de 10% de lucro sobre as vendas da empresa e sua política de distribuição de 30% dos lucros serão mantidas.

Para ajudar a prever a posição financeira futura da empresa, preencha todos os lançamentos esperados no balanço a seguir, usando a porcentagem de vendas aplicada às contas a receber, estoque, contas a pagar e obrigações a vencer antes de qualquer alteração na estrutura da dívida da empresa:

Balanço da BHM, Incorporated em 31/12/X0				
Ativo			**Passivo e patrimônio líquido**	
Caixa		$ 1.000	Contas a pagar	$ 1.000
Títulos negociáveis			Obrigações a vencer	
Contas a receber			Empréstimo bancário a pagar	
Estoque			Dívida de longo prazo	
Instalações e equipamentos			Ações ordinárias	
			Lucros retidos	
		$ __		$ __

Em seguida, construa um novo balanço simulado que incorpore todas as alterações esperadas nos ativos, passivos e patrimônio líquido, partindo da premissa de que a companhia pagará os dividendos, e responda às perguntas subseqüentes. Se a empresa tiver excessos de caixa, some-os ao caixa existente.

   a. A empresa conseguirá reter o empréstimo bancário de curto prazo?
   b. A empresa conseguirá resgatar a dívida de longo prazo?
   c. Se não distribuir dividendos e retiver todos os seus lucros, a empresa conseguirá resgatar a dívida de longo prazo?

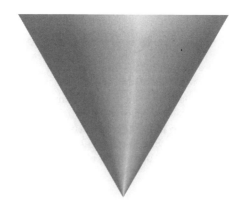

ORÇAMENTO DE CAIXA

Os capítulos anteriores abordaram ampla variedade de ferramentas que a administração pode utilizar para planejar e tomar decisões financeiras. Essas ferramentas incluem a análise do ponto de equilíbrio, o valor presente líquido, a taxa interna de retorno e os métodos de previsão. Este capítulo adiciona o orçamento de caixa.

Embora possam ser construídos orçamentos para qualquer período, o orçamento de caixa é basicamente uma ferramenta para analisar o cronograma diário do fluxo de caixa. Os recebimentos e desembolsos de caixa raramente são sincronizados. Quando os desembolsos precedem os recebimentos, os recursos devem ser obtidos em algum lugar; caso contrário, a empresa não conseguirá pagar suas contas no vencimento. O orçamento de caixa, que enumera os recebimentos e desembolsos de caixa esperados, prevê quando a companhia precisará de fundos e quando gerará recursos para resgatar eventuais empréstimos de curto prazo contraídos para cobrir os déficits de caixa.

Este é um capítulo curto abordando um único tema: o orçamento de caixa. Infelizmente o processo de orçamento pode ser tedioso, mas também é crucial para a saúde financeira da empresa. O capítulo descreve uma forma simples de construir um orçamento de caixa. Talvez você prefira outra forma ou um layout diferente. A substância e o princípio básicos, porém, permanecem inalterados e respondem às seguintes perguntas: quando o dinheiro entra e quando ele sai? A empresa precisará de fundos de curto prazo? E quando poderá resgatar eventuais empréstimos de curto prazo?

O ORÇAMENTO DE CAIXA

Para ajudar a determinar quando a empresa precisará de financiamento externo (por exemplo, um empréstimo bancário) para cobrir desembolsos de caixa, o gerente financeiro pode construir um **orçamento de caixa**. Trata-se simplesmente de uma tabela enumerando todas as saídas e as entradas de caixa da companhia. Um orçamento de caixa não é o mesmo que uma demonstração de resultado do exercício, que enumera receitas e despesas. Algumas receitas podem não ser em dinheiro. Por exemplo, uma venda a crédito gera receitas sem que o dinheiro seja cobrado imediatamente. O mesmo se aplica a uma compra a crédito. Embora essa compra possa ser uma despesa, o desembolso real de caixa ocorrerá no futuro. Além disso, a empresa pode fazer alguns pagamentos em dinheiro que não são despesas. Por exemplo, a liquidação do principal requer um desembolso de caixa, mas não é uma despesa.

> **Orçamento de caixa**
> Demonstração financeira projetada que enumera as entradas e as saídas de caixa durante um período.

O termo *orçamento* freqüentemente é encontrado em conjunção com planejamento financeiro e processo decisório. Um orçamento sempre é uma estimativa de recebimentos e desembolsos esperados em determinado período. Tanto residências como empresas podem elaborar esses planos, e certamente o orçamento do governo federal norte-americano é um dos documentos mais discutidos, emanado de Washington, DC. Seja qual for o caso, orçamentos sempre são dispositivos de planejamento, pois sua construção exige que os gerentes financeiros prevejam quando serão feitos desembolsos e quando ocorrerão recebimentos.

Além de serem dispositivos de planejamento, os orçamentos também podem ser usados como ferramentas de controle. Departamentos específicos dentro da empresa podem ter orçamentos que restrinjam sua capacidade de gastar ou exijam que as decisões sobre gastos em excesso sejam tomadas pela administração superior. Nessas circunstâncias, os orçamentos funcionam como limitadores das divisões da empresa, proporcionando à administração maior controle interno sobre suas operações. O orçamento também pode ser usado como uma ferramenta de avaliação do desempenho. O orçamento foi respeitado? Quais divisões dentro da empresa ultrapassaram o seu orçamento? A comparação do desempenho corrente com o desempenho esperado permite à administração identificar fontes de problemas financeiros.

O período de um orçamento é variável e depende da sua finalidade. Alguns orçamentos abrangem períodos curtos, como um semestre. Uma empresa com vendas sazonais ou flutuantes pode desenvolver um orçamento que cubra uma única estação. Outros orçamentos podem cobrir vários anos. Uma empresa pública pode ter um orçamento de despesas de capital em instalações e equipamentos abrangendo os recebimentos e desembolsos esperados durante cinco a dez anos.

Os orçamentos são ferramentas de planejamento particularmente úteis para curtos períodos. Um orçamento de caixa pode ser elaborado para três ou seis meses e usado para prever as necessidades de caixa da empresa em curto prazo. O orçamento de caixa ajuda o gerente financeiro a determinar se e *quando* será necessário dispor de recursos em caixa. O elemento do tempo é crucial, pois permite ao gerente financeiro entrar em contato com fontes de crédito em curto prazo antes que os fundos tornem-se necessários. Esse contato precoce indica que a administração da empresa está ciente de suas necessidades financeiras, o que tende a aumentar a confiança dos emprestadores. Essa confiança, por sua vez, tende a resultar em condições mais favoráveis, reduzindo o custo dos fundos.

DIFERENÇAS ENTRE UM ORÇAMENTO DE CAIXA E UMA DEMONSTRAÇÃO DE RESULTADO DO EXERCÍCIO

O orçamento de caixa e as demonstrações de resultados têm semelhanças, mas é importante conhecer suas diferenças. Ambos referem-se a um período, como um mês, um trimestre ou um ano. (Um balanço refere-se a um *ponto específico no tempo*, o que torna suas diferenças com o orçamento de caixa mais fáceis de perceber.) As demonstrações de resultados enumeram receitas e despesas. Os orçamentos de caixa enumeram recebimentos e desembolsos. As demonstrações de resultados são feitas em bases acumuladas. Uma venda a crédito gera uma acumulação de receitas e é lançada na demonstração de resultado do exercício. Como não ocorre nenhuma entrada de caixa até o recebimento, a venda a crédito seria excluída do orçamento de caixa. Um recebimento antecipado apareceria no orçamento de caixa.

Outras diferenças importantes incluem o tratamento da depreciação e a liquidação da dívida. Depreciação é uma despesa não monetária que aloca o custo de um investimento de longo prazo ao longo de um período. Essa alocação é uma despesa na demonstração de resultado do exercício, mas, como não há qualquer desembolso de caixa, a depreciação não aparece no orçamento de caixa. O resgate da dívida não é uma despesa e é excluído da demonstração de resultado do exercício. O resgate da dívida, porém, exige um desembolso de caixa e aparece no orçamento de caixa.

Esses exemplos ajudam a esclarecer as diferenças entre as duas demonstrações financeiras. A finalidade da demonstração de resultado do exercício é determinar o lucro, que não é o mesmo que dinheiro em caixa. O propósito do orçamento de caixa é estabelecer quando o dinheiro será necessário. Embora usem informações semelhantes, as duas demonstrações são claramente diferentes e não devem ser confundidas.

EXEMPLO DE ORÇAMENTO DE CAIXA

O orçamento de caixa é basicamente uma tabela relacionando tempo, desembolsos e recebimentos. As unidades de tempo podem ser meses, semanas ou até dias. Os itens de caixa são agrupados em entradas (recebimentos) e saídas (desembolsos). A diferença entre entradas e saídas é o resumo ou síntese que indica ao gerente financeiro se deve esperar sobras de caixa, que deverão ser investidas, ou déficits de caixa, que deverão ser financiados.

A construção de um orçamento de caixa sazonal para o verão é ilustrada no exemplo a seguir. O gerente financeiro determinou os níveis previstos de vendas para os próximos sete meses:

Maio	$ 15.500	Agosto	50.000	Novembro	10.000
Junho	20.000	Setembro	40.000		
Julho	30.000	Outubro	20.000		

Dessas vendas, 30% são em dinheiro e 70% a crédito. Das vendas a crédito, 90% são pagas após um mês e 10% após dois meses. Logo, o gerente financeiro espera que, das vendas previstas de $ 15 mil em maio, $ 4.500 serão em dinheiro ($ 15.000 × 0,3) e $ 10.500 serão a crédito ($ 15.000 × 0,7). Dessas vendas a crédito, $ 9.450 serão recebidas depois um mês ($ 10.500 × 0,9) e $ 1.050, depois de dois meses ($ 10.500 × 0,1).

Se a empresa tiver outros ativos que serão transformados em dinheiro durante o mesmo período, esses ativos também deverão ser incluídos no orçamento de caixa. Por exemplo, se a empresa tiver uma obrigação do Tesouro norte-americano no valor de $ 10 mil que será paga no dia 1º de junho, esses $ 10 mil deverão estar incluídos no orçamento de caixa. Como a finalidade é determinar o excesso ou escassez de dinheiro em caixa que a empresa deverá experimentar, todos os recebimentos de dinheiro devem ser incluídos no orçamento de caixa.

No caso, como as vendas da companhia são sazonais, ela deverá aumentar o estoque à espera dos negócios da estação. Conforme o estoque é produzido, a empresa precisará pagar pela mão-de-obra e pelas matérias-primas. Os desembolsos estimados em salários e matérias-primas para a estação são:

Maio	$ 3.000	Agosto	30.000	Novembro	3.000
Junho	25.000	Setembro	10.000		
Julho	38.000	Outubro	5.000		

Esses desembolsos estimados indicam que o aumento do estoque ocorre em junho, julho e agosto. As vendas, porém, ocorrem basicamente em julho, agosto e setembro. Há uma defasagem das vendas com relação ao reforço do estoque, que deverá ser coberto com o caixa da empresa.

Além das saídas de caixa que variam de acordo com o nível de produção, a empresa tem desembolsos fixos que não variam com o nível de operações. Esses desembolsos mensais são de $ 1.000 de juros e aluguel e $ 2 mil de despesas administrativas, totalizando $ 3 mil por mês. A empresa também terá de fazer um pagamento estimado de $ 2.500 de imposto de renda trimestral em setembro e um pagamento de $ 1.000 em 1º de agosto para resgatar parte de uma emissão de dívida. A administração gosta de manter um saldo de caixa mínimo de $ 10 mil como válvula de segurança em caso de emergência. A posição do caixa da empresa no início de maio é de $ 12 mil, o que excede o saldo de caixa mínimo desejável.

Agora, o gerente financeiro usa essas informações para obter estimativas do aumento ou diminuição líquida mensal da posição do caixa da empresa. O orçamento de caixa mensal é mostrado na Tabela 24.1. A primeira parte da tabela apresenta os recursos de caixa que a companhia espera receber mensalmente. A primeira linha da tabela informa as vendas e as três linhas seguintes, o caixa gerado pelas vendas: a linha 2 enumera as vendas em dinheiro; a linha 3 informa os recebimentos de vendas a crédito que ocorrerão depois de um mês; e a linha 4 informa os recebimentos de créditos que ocorrerão dois meses após as vendas. As setas mostram quando as vendas a crédito em maio produzirão entradas de caixa. A linha 5 informa outras fontes de entradas de caixa (por exemplo, os $ 10 mil da obrigação do Tesouro). A soma das linhas 2 a 5 produz os recebimentos de caixa mensais, que são informados na linha 6.

A segunda parte da tabela enumera os desembolsos de caixa mensais da empresa. A linha 7 fornece os desembolsos mensais que variam com o nível de vendas, enquanto a linha 8 fornece os desembolsos que não variam de acordo com o nível de vendas (juros, aluguel e despesas administrativas). A linha 9 inclui outros desembolsos de caixa (os $ 2.500 de pagamento de imposto e os $ 1 mil de resgate da dívida). O total dos pagamentos mensais em dinheiro é fornecido na linha 10.

A terceira parte da tabela sintetiza as duas partes anteriores e indica se a empresa terá uma entrada ou saída líquida de caixa durante o mês. Portanto, o orçamento de caixa estabelece se a empresa terá excesso de caixa, que poderá ser utilizado para adquirir ativos de curto prazo geradores de receita (como obrigações do Tesouro norte-americano), ou se o caixa será insuficiente, o que exigirá que a empresa obtenha um financiamento de curto prazo. A linha 11 é a diferença entre as linhas 6 e 10; ela indica a entrada ou a saída líquida de caixa durante o mês. A linha 12 informa a posição do caixa da empresa no início do mês. A soma das linhas 11 e 12 é igual à posição do caixa da empresa no final do mês, que é fornecida na linha 13. Observe que a posição do caixa pode ser negativa (veja julho, por exemplo), o que indica que a saída de caixa excedeu a entrada de caixa mais o caixa do período anterior. O nível mínimo desejável de caixa é informado na linha 14. A diferença entre a posição do caixa no fim do mês e o nível mínimo desejável é fornecida na linha 15 da tabela. Essa é a linha-síntese! Ela indica se a empresa terá excesso de caixa ou déficit de caixa.

Como são interpretadas as informações contidas no orçamento de caixa? Considere o mês de maio. A empresa tem uma saída líquida de caixa de $ 1.500 (linha 11), mas começou o mês com $ 12 mil em caixa. O caixa é suficiente para cobrir os desembolsos antecipados e manter o nível desejado de recursos. Isso é indicado na linha 15, que mostra que há excessos de caixa de $ 500 acima do saldo desejado.

Em junho, os desembolsos de caixa mais uma vez excedem os recebimentos (em $ 2.550). A diferença entre despesas e receitas, porém, é atenuada pelo recebimento do pagamento de

TABELA 24.1

Orçamento de caixa mensal (para as vendas de outono da empresa).

	Maio	Junho	Julho
Parte 1			
1 Vendas previstas	$ 15.000	$ 20.000	$ 30.000
2 Vendas em dinheiro	4.500	6.000	9.000
3 Contas recebidas (atraso de um mês)		9.450	12.600
4 Contas recebidas (atraso de dois meses)			1.050
5 Outras entradas de caixa		10.000	
6 Total de entradas de caixa	**4.500**	**25.450**	**22.650**
Parte 2			
7 Saídas de caixa variáveis	3.000	25.000	38.000
8 Saídas de caixa fixas	3.000	3.000	3.000
9 Outras saídas de caixa			
10 Total de saídas de caixa	**6.000**	**28.000**	**41.000**
Parte 3			
11 Ganho (ou perda) de caixa durante o mês (linha 6 menos linha 10)	(1.500)	(2.550)	(18.350)
12 Posição do caixa no início do mês	12.000	10.500	7.950
13 Posição do caixa no final do mês (linha 12 mais linha 11)	10.500	7.950	(10.400)
14 Menos o nível desejado de caixa	(10.000)	(10..000)	(10.000)
15 Excesso acumulado (ou déficit) de caixa (linha 13 menos linha 14)	**500**	**(2.050)**	**(20.400)**

$ 10 mil da obrigação do Tesouro. Aparentemente, o gerente financeiro já estava ciente das necessidades de caixa da empresa em junho e julho e adquiriu um título de curto prazo com vencimento em junho. Mesmo com essa entrada extra de caixa, a posição do caixa no final do mês baixa para $ 7.950 (linha 13), que é inferior em $ 2.050 ao saldo de caixa mínimo desejado (linha 15). Nesse ponto, o gerente financeiro terá de decidir se deixa a posição do caixa cair abaixo do nível mínimo desejável ou se contrai um empréstimo de $ 2.050 para manter o nível mínimo desejável de caixa. (Observe que o ganho [ou perda] de caixa em determinado mês é igual à diferença entre o excesso (ou déficit) cumulativo entre esse mês e o mês anterior. Assim em junho, a perda de caixa de $ 2.550 é igual à variação do caixa cumulativo de maio para junho. Durante o mês, o caixa caiu de $ 500 positivos para $ 2.050 negativos, totalizando uma perda de caixa de $ 2.550.)

Em julho, a diferença entre as saídas e as entradas de caixa cresce ainda mais. Os pagamentos antecipados em dinheiro excedem os recebimentos em $ 18.350, mesmo desconsiderando-se o nível mínimo desejável de caixa. Quando a saída corrente de caixa e o nível desejável de caixa são somados, o déficit cumulativo atinge $ 20.400 (linha 15). Logo, o gerente financeiro pode prever que a empresa precisará de $ 20.400 de financiamento de curto prazo para cobrir suas necessidades de caixa em junho e julho. Em agosto, as entradas de caixa excedem ligeiramente os desembolsos, reduzindo o déficit cumulativo para $ 19.100. Depois de agosto, a posição do caixa melhora substancialmente, quando os recebimentos começam a fluir para a empresa. Em setembro, a empresa terá gerado uma entrada de caixa de $ 30.100. Após setembro, a posição do caixa da empresa continua a melhorar e as sobras de caixa acumuladas crescem para $ 50.100 até o final de novembro. Portanto, o gerente financeiro pode prever a ocorrência de sobras de caixa, que poderão ser usadas para adquirir um ativo gerador de renda de curto prazo que vença quando o ciclo for reiniciado.

Caso o gerente financeiro decida manter o saldo de caixa mínimo de $ 10 mil e recorra a empréstimos bancários para obter os fundos necessários para cobrir os déficits de caixa, a empresa terá um empréstimo bancário de curto prazo em aberto em junho, julho e agosto.

TABELA 24.1 (continuação)

	Agosto	Setembro	Outubro	Novembro	Dezembro	
	$ 50.000	$ 40.000	$ 20.000	$ 10.000		
	15.000	12.000	6.000	3.000		
	18.900	31.500	25.200	12.600	6.300	
	1.400	2.100	3.500	2.800	1.400	700
	35.300	**45.600**	**34.700**	**18.400**		
	30.000	10.000	5.000	3.000		
	3.000	3.000	3.000	3.000		
	1.000	2.500				
	34.000	**15.500**	**8.000**	**6.000**		
	1.300	30.100	26.700	12.400		
	(10.400)	(9.100)	21.000	47.700		
	(9.100)	21.000	47.700	60.100		
	(10.000)	(10.000)	(10.000)	(10.000)		
	(19.100)	**(11.000)**	**(37.700)**	**(50.100)**		

O empréstimo será totalmente quitado no final de setembro, quando a empresa começará a acumular sobras de caixa que poderão ser investidas em títulos de curto prazo. Essa é a linha-síntese.

Em resumo, o orçamento de caixa ajuda a empresa a determinar quando precisará de financiamento externo de curto prazo e quando o empréstimo de curto prazo será liquidado. Nesse exemplo, além de prever quanto a companhia precisará ter em caixa em junho, julho e agosto, o gerente financeiro também sabe se a empresa gerará entradas de caixa suficientes para quitar o empréstimo de curto prazo. Portanto, o gerente financeiro poderá abordar o financiador com uma estimativa (1) das necessidades de caixa da empresa e (2) do tempo necessário para que a empresa quite o empréstimo. Essas informações são importantes para o financiador cujo objetivo é ganhar juros e recuperar o principal. Do ponto de vista do financiador, o orçamento de caixa é mais importante que a demonstração de resultado da empresa, porque mostra como o dinheiro será usado e quando será restituído.

A preparação do orçamento de caixa também permite que o gerente financeiro tente obter as melhores condições possíveis. Tendo previsto as necessidades financeiras da empresa, ele pode buscar os financiamentos necessários com antecedência. Esse planejamento melhora a posição do tomador do empréstimo na negociação e tende a resultar em condições de crédito mais favoráveis.

RESUMO

O orçamento de caixa enumera os recebimentos e desembolsos de caixa e permite que a administração da empresa planeje suas necessidades de caixa de curto prazo. Os recebimentos e desembolsos de caixa raramente são sincronizados. Quando os desembolsos precedem os recebimentos, os recursos devem ser obtidos de outra fonte. Inversamente, quando os recebimentos precedem os desembolsos, o excesso de caixa pode ser investido.

O orçamento de caixa prevê tanto o cronograma como os valores dos recebimentos e desembolsos de uma empresa. Caso haja um déficit previsto, a administração pode planejar o financiamento de curto prazo necessário. Sabendo quando os fundos serão necessários e quando os empréstimos de curto prazo poderão ser liquidados, a empresa provavelmente terá mais facilidade para obter esses fundos com menor custo de juros.

REVISÃO DOS OBJETIVOS

Tendo concluído este capítulo, você deverá ser capaz de

1. Diferenciar recebimentos e desembolsos (página 387).
2. Comparar o orçamento de caixa à demonstração de resultado do exercício (páginas 387-388).
3. Explicar a finalidade do orçamento de caixa (página 387).
4. Construir um orçamento de caixa (páginas 387-391).
5. Interpretar a linha-síntese de um orçamento de caixa (página 391).

PROBLEMAS

1. Uma empresa tem o seguinte padrão mensal de vendas:

Janeiro	$ 100
Fevereiro	300
Março	500
Abril	1.000
Maio	500
Junho	300

    Dessas vendas, 60% são a crédito e são recebidas após um mês. A companhia paga mensalmente salários correspondendo a 60% das vendas e tem desembolsos fixos (por exemplo, aluguel) de $ 100 por mês. Em março, a empresa recebe $ 200 de um título que venceu; em abril e junho, faz um pagamento de $ 200 de impostos. A administração sempre mantém um saldo de caixa de $ 150. Construa um orçamento de caixa que indique as necessidades mensais de financiamento de curto prazo da empresa. Sua posição de caixa inicial é $ 150.

2. A administração deseja saber se haverá uma necessidade de financiamento de curto prazo em fevereiro. As informações essenciais são as seguintes:

    a. As vendas estimadas em janeiro e fevereiro serão de $ 1 milhão e $ 800 mil, respectivamente.
    b. 60% das vendas são em dinheiro e 40% são vendas a crédito recebidas no mês subseqüente.
    c. Os desembolsos de caixa que variam com as vendas correspondem a 40% das vendas.
    d. Os desembolsos operacionais fixos são de $ 300 mil por mês.
    e. As despesas com depreciação são de $ 50 mil por mês.
    f. Um pagamento de impostos de $ 100 mil deverá ser feito em janeiro.
    g. Um título de $ 300 mil é devido e deverá ser pago em fevereiro.
    h. O saldo de caixa no início de janeiro é $ 12 mil.
    i. A administração deseja manter um saldo de caixa mínimo de $ 10 mil.
    j. As vendas a crédito em dezembro foram de $ 100 mil.

3. Refaça o orçamento de caixa da Tabela 24.1.

    a. Suponha que o nível mínimo desejável de caixa seja de $ 4 mil em vez de $ 10 mil. O que muda nas necessidades de fundos da empresa?

b. Suponha que 60% das vendas sejam em dinheiro, em vez de 30%, e o padrão dos recebimentos permaneça o mesmo (90% depois de um mês e 10% após dois meses). O que muda nas necessidades de fundos da empresa?

c. Suponha que tanto o nível mínimo desejável de caixa como as vendas mudem como nas partes *a* e *b*. Qual é a "linha-síntese" do orçamento de caixa revisto?

4. Dadas as seguintes informações, complete o orçamento de caixa:

   a. Os recebimentos ocorrem um mês depois da venda.
   b. As vendas a crédito foram de $ 80 mil em janeiro.
   c. A empresa tem um certificado de depósito de $ 40 mil com vencimento em abril.
   d. Os salários consomem $ 145 mil por mês.
   e. O pagamento mensal da hipoteca é de $ 25 mil.
   f. A depreciação mensal é de $ 20 mil.
   g. Um pagamento de $ 35 mil de imposto sobre a propriedade deverá ser feito em fevereiro.

	Fevereiro	Março	Abril
Vendas	$ 150.000	$ 200.000	$ 250.000
Vendas em dinheiro	30.000	20.000	60.000
Recebimentos	–	–	–
Outros recebimentos	–	–	–
Total de entradas de caixa	–	–	–
Salários	–	–	–
Outros desembolsos	–	–	–
Total de saídas de caixa	–	–	–
Variação líquida no mês	–	–	–
Caixa inicial	30.000	–	–
Caixa final	–	–	–
Nível necessário de caixa	10.000	10.000	10.000
Excesso (ou déficit) de caixa	–	–	–

5. Dadas as seguintes informações, faça o orçamento de caixa da empresa para os meses indicados e responda às perguntas.

   a. Todas as vendas são a crédito, com recebimento após 30 dias.
   b. Uma obrigação do Tesouro de $ 100 mil vence em março.
   c. Os desembolsos mensais fixos totalizam $ 25 mil.
   d. Os desembolsos variáveis correspondem a 40% das vendas e ocorrem um mês antes da vendas. (São fornecidos os desembolsos de caixa variáveis em abril.)
   e. Um pagamento de impostos de $ 30 mil deverá ser feito em abril.
   f. Um pagamento de $ 50 mil deverá ser recebido em fevereiro.
   g. O saldo de caixa inicial é de $ 20 mil.
   h. O saldo de caixa mínimo requerido é de $ 10 mil.

	Janeiro	Fevereiro	Março	Abril
Vendas	–	$ 200.000	$ 230.000	$ 200.000
Vendas em dinheiro	–	–	–	–
Recebimentos	–	–	–	–
Outros recebimentos	–	–	–	–
Total de entradas de caixa	–	–	–	–
Desembolsos variáveis	–	–	–	70.000
Desembolsos fixos	–	–	–	–
Outros desembolsos	–	–	–	–
Total de saídas de caixa	–	–	–	–
Variação líquida no mês	–	–	–	–
Caixa inicial	20.000	–	–	–
Caixa final	–	–	–	–
Nível necessário de caixa	10.000	–	–	–
Excesso de caixa para investimento	–	–	–	–
Financiamento de caixa	–	–	–	–

a. No final de março, quais serão (1) as contas a receber, (2) os títulos negociáveis e (3) as contas a pagar da empresa?
b. Qual é o maior empréstimo que a empresa poderá ter de contrair? Se sua resposta for "nenhum", dê uma razão que comprove essa resposta.
c. Se a empresa usasse depreciação acelerada em vez de depreciação em linha reta, como isso afetaria o orçamento de caixa?

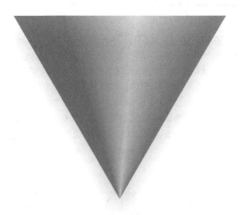

ADMINISTRAÇÃO DE ATIVOS CORRENTES

"Ontem é um cheque cancelado; amanhã é uma nota promissória; hoje é dinheiro na mão." Essa citação de Huber Tinley descreve a administração de ativos correntes. O objetivo essencial é aumentar a velocidade com que os ativos correntes fluem através do balanço. Ou seja, aumentar a velocidade com que o estoque é vendido, os valores a receber são recebidos e o dinheiro é colocado para trabalhar. Se não forem necessários imediatamente para ter mais estoque, adquirir instalações e equipamentos ou resgatar a dívida, os fundos podem ser investidos em títulos de curto prazo, como títulos comerciais corporativos ou obrigações do Tesouro norte-americano, para gerar renda de juros.

A quantidade de dinheiro e equivalentes de caixa que algumas empresas mantêm é substancial. A VF Corporation, fabricante dos jeans Lee e Wrangler e outros itens de vestuário informal, mantinha $485 milhões em caixa e em investimentos de curto prazo no início de 2005. A Coca-Cola Company, um dos líderes mundiais em refrigerantes, tinha mais de $6,7 bilhões em caixa e títulos negociáveis, o que correspondia a 55,4% dos ativos correntes totais da empresa. Outras organizações, porém, podem ter pouco dinheiro em caixa. A Chesapeake Corporation, fabricante de embalagens de papelão especiais, declarou $54,3 milhões em caixa. Essa quantia modesta correspondia a 16,1% dos ativos correntes totais da empresa e a menos de 4% dos seus ativos totais.

Este capítulo e o próximo abordam a gestão do capital de giro: ativos correntes e passivo circulante. Este capítulo trata da administração do caixa e de outros ativos correntes da empresa; o capítulo subseqüente discute as fontes de fundos de curto prazo. Os ativos correntes fluem através da empresa. O estoque é adquirido e subseqüentemente vendido à vista ou a crédito. As contas a receber são recebidas e o dinheiro é usado para adquirir outros ativos geradores de renda ou para resgatar a dívida. Em seguida, o ciclo é repetido à medida que a empresa adquire mais estoque para venda.

Este capítulo começa com uma discussão da política de capital de giro da empresa, seu ciclo operacional e a opção entre financiamento de longo ou de curto prazo. Discute-se a seguir a administração do estoque: o ciclo de estoque e o LEC ou lote econômico de compra. A próxima seção considera a administração das contas a receber: o estabelecimento da política de crédito e a análise das contas a receber. Quando essas contas são recebidas, há uma entrada de caixa na empresa; portanto, o capítulo termina com uma discussão dos vários títulos de curto prazo que podem ser adquiridos pelo gerente financeiro para investir temporariamente no caixa da empresa.

CAPITAL DE GIRO E SUA ADMINISTRAÇÃO

As operações diárias de uma empresa concentram-se na geração de vendas e na administração dos ativos correntes e do passivo circulante. Embora a opção entre investir em novas instalações e equipamentos ou resgatar uma emissão de títulos seja obviamente importante, essas decisões podem ser tomadas de maneira intermitente. A administração, porém, preocupa-se constantemente com os ativos correntes e a forma como são financiados. O controle de estoque, a venda do estoque, o recebimento das contas a receber, o investimento das sobras de caixa temporárias, a obtenção de fundos de curto prazo e o cumprimento das obrigações atuais no seu vencimento são atividades que exigem decisões diárias.

Os ativos correntes de uma empresa geralmente são designados como o seu **capital de giro**. A diferença entre seus ativos correntes e seu passivo circulante é o seu **capital de giro líquido**. A forma como uma empresa gerencia seus ativos de curto prazo e exigibilidades de curto prazo é a sua **política de capital de giro**. A administração do capital de giro é importante para a saúde de uma empresa, visto que muitos fracassos empresariais estão relacionados à má administração dos ativos correntes e seu financiamento. O investimento excessivo em estoque, a incapacidade de transformar as contas a receber em dinheiro ou de resgatar as próprias contas a pagar, ou o uso excessivo de financiamentos de curto prazo podem destruir rapidamente uma empresa que gerava receitas anteriormente e parecia ser lucrativa.

Capital de giro
Ativos de curto prazo; caixa, equivalente de caixa, contas a receber e estoque.

Capital de giro líquido
Diferença entre ativos correntes e passivo circulante.

Política de capital de giro
Gerenciamento de ativos e passivo de curto prazo.

As duas perguntas essenciais com relação ao capital de giro são: qual deve ser o nível dos diferentes ativos correntes? Como esses ativos devem ser financiados? A segunda questão se divide em duas perguntas adicionais: a administração deve recorrer a fontes de financiamento de curto ou de longo prazo? E, especificamente, que fontes devem ser utilizadas? As respostas a essas perguntas variam entre setores e entre empresas dentro de um mesmo setor.

EFEITO DO CICLO OPERACIONAL SOBRE A POLÍTICA DE CAPITAL DE GIRO

A política de capital de giro é afetada pelo ciclo operacional da empresa e pelo fato de que os recebimentos e desembolsos de caixa raramente são sincronizados. Quanto mais longo for o ciclo operacional, maior será o investimento da empresa em ativos correntes. Além disso, quanto menos sincronizados forem os recebimentos e desembolsos, maior será a necessidade de capital de giro.

Para ter um produto para vender, a empresa precisa de estoque. Algumas empresas (como Macy's e Limited Brands) compram estoque que pode ser vendido imediatamente. Outras, como a VF Corporation, fabricam as mercadorias (jeans Wrangler e Lee, roupas infantis Healthtex) que são compradas pela Macy's e pela Limited Brands. Esses fabricantes

Capítulo 25. Administração de Ativos Correntes

1º de janeiro →	10 de janeiro →	20 de janeiro →	30 de janeiro →	31 de janeiro
Empresa compra matérias-primas ($ 100) dos fornecedores.	Funcionários convertem matérias-primas em produtos acabados; $ 50 devidos aos funcionários.	Produtos são vendidos a crédito por $ 190.	Contas a receber são recebidas.	Todas as dívidas são pagas.
Matérias-primas $ 100	Produtos acabados $ 150	Contas a receber $ 190	Caixa $ 190	Caixa $ 40
Contas a pagar $ 100	Contas a pagar $ 100 Salários acumulados $ 50	Contas a pagar $ 100 Salários acumulados $ 50 Lucros retidos $ 40	Contas a pagar $ 100 Salários acumulados $ 50 Lucros retidos $ 40	Contas a pagar $ 0 Salários acumulados $ 0 Lucros retidos $ 40

TABELA 25.1
O ciclo operacional.

adquirem matérias-primas e empregam mão-de-obra para transformar as matérias-primas em produtos acabados. A existência de matérias-primas, trabalho em andamento e produtos acabados requer uma fonte de fundos. O pagamento dos fornecedores da empresa e da mão-de-obra que transforma as matérias-primas em produtos acabados também requer fundos. Entretanto, os produtos acabados só geram fundos depois que são vendidos. Além disso, se essas vendas forem a crédito, os fundos só serão obtidos quando as contas a receber forem efetivamente recebidas.

Esse ciclo operacional é exemplificado na Tabela 25.1, contendo uma linha do tempo em que uma empresa adquire matérias-primas, processa esses materiais, vende o estoque, recebe as vendas a crédito e paga os credores. O processo inteiro é comprimido em um mês e o balanço da empresa é fornecido para cada etapa do ciclo operacional. Em 1º de janeiro, a empresa compra $100 de matérias-primas a crédito de seus fornecedores. Nesse momento, a empresa tem $100 em ativos financiados por $100 em contas a pagar. Em 10 de janeiro, os funcionários da empresa convertem as matérias-primas em produtos acabados. Isso adiciona $50 ao valor das matérias-primas, e a empresa deve salários acumulados de $50. Agora a empresa tem $150 em ativos financiados pelas contas a pagar ($100) e pelos salários acumulados ($50).

Em 20 de janeiro, os produtos são vendidos a crédito por $190. Os ativos da empresa passam a ser os $190 de contas a receber, que são financiados pelos $100 de contas a pagar, $50 de salários acumulados e $40 de lucros retidos. Em 30 de janeiro, as contas a receber são recebidas e a empresa passa a ter $190 em caixa. Em 31 de janeiro, todos os débitos são quitados e o caixa da empresa cai para $40. As contas a pagar e salários acumulados cessam e a empresa retém os $40 de lucros, que financiam os $40 em caixa. O ciclo operacional está concluído. Os produtos foram produzidos e vendidos e as contas a receber foram recebidas. A empresa agora tem caixa e está pronta para repetir o ciclo.

Para algumas empresas, esse processo pode exigir um período mais longo. Considere o que acontece em uma empresa de construção. Uma casa leva vários meses para ser concluída e, durante todo esse tempo, as matérias-primas são convertidas no produto acabado. O construtor precisa de financiamento de curto prazo durante o processo de construção. Porém, quando a casa for vendida, o construtor poderá receber o pagamento rapidamente, caso um banco comercial ou uma financeira concedam um empréstimo mediante hipoteca ao comprador para que este, por sua vez, pague imediatamente o construtor. Para as empresas de construção, a necessidade de capital de giro e fundos de curto prazo é, basicamente, uma necessidade de financiar a construção – e não de financiar as contas a receber geradas pela venda. (Uma construtora pode reduzir o seu ciclo operacional exigindo pagamentos à medida que partes da estrutura sejam concluídas. Esses contratos baseados na porcentagem concluída são comuns no mercado imobiliário.)

As empresas que operam em outros setores podem não ter uma necessidade de capital de giro tão intensa porque seu ciclo operacional é diferente ou mais curto. Considere, por exemplo, uma concessionária de serviços públicos, como a Public Service Electric & Gas, que gera eletricidade. Os ativos primários da empresa são suas instalações e equipamentos. Ela tem pouco estoque e seus principais ativos de curto prazo são as contas a receber, que são recebidas continuamente conforme os usuários pagam suas contas. Uma empresa pública de eletricidade não experimenta o mesmo acúmulo de ativos de curto prazo de uma construtora. Em vez disso, a empresa emite contas de serviços para seus usuários e recebe pagamentos, diariamente. Ela precisa de menos fontes de recursos de curto prazo que muitas outras empresas, pois os pagamentos e recebimentos são praticamente sincronizados.

A política de capital de giro de uma empresa também é afetada pela natureza de suas vendas (em particular, se essas vendas forem cíclicas ou sazonais), pela política de crédito da empresa (sua disposição para vender a crédito) e pelo nível de riscos que os administradores estão dispostos a correr. As vendas cíclicas ou sazonais não são distribuídas ao longo de um período. A administração pode aumentar o investimento da empresa em estoque como preparação para o período de aumento das vendas (por exemplo, a temporada de inverno da Macy's). A empresa precisa de fundos para financiar esse estoque. Depois que o estoque é vendido, talvez a necessidade de financiamento persista caso as vendas tenham sido feitas a crédito. Depois que essas contas a receber são recebidas, a empresa usa o caixa para quitar os débitos que financiaram o aumento inicial do estoque e as contas a receber subseqüentes.

A política de crédito de uma empresa também pode afetar o seu capital de giro. Uma política de crédito tolerante ou permissiva pode ser adotada para aumentar as vendas, o que leva a empresa a vender mais rapidamente o seu estoque. Entretanto, essa política de crédito flexível gera mais contas a receber do que a empresa consegue suportar e pode retardar a reposição do caixa. Portanto, a empresa precisará de fontes de recursos suficientes para financiar as contas a receber adicionais.

A disposição da administração de correr riscos também afeta a política de capital de giro. Uma administração conservadora pode manter mais estoque para ter certeza de que nenhuma venda será perdida por falta de produtos em estoque ou para proteger-se contra interrupções do trabalho. O aumento do estoque exige financiamento. A disposição de correr riscos afeta ainda a escolha de fontes de financiamento para os ativos de curto prazo da empresa. Como será explicado na próxima seção, o uso de fundos de curto prazo em vez de longo prazo para financiar os ativos de curto prazo aumenta o elemento de risco, visto que acarreta riscos adicionais associados ao refinanciamento da dívida e alterações na taxa de juros de curto prazo.

FINANCIAMENTO E POLÍTICA DE CAPITAL DE GIRO

Todos os ativos devem ser financiados. Uma das tarefas mais importantes de um gerente financeiro é a escolha da modalidade de financiamento. Várias fontes de financiamento de longo prazo foram discutidas anteriormente (do ponto de vista do investidor) nos Capítulos 10 a 15, que abordaram os títulos e ações preferenciais e ordinárias. O próximo capítulo discutirá fontes específicas de financiamento de curto prazo. Esta seção aborda as vantagens e desvantagens do financiamento de curto e longo prazo e como esses fatores afetam o risco associado à política de capital de giro da empresa.

A Tabela 25.1 mostra como os ativos de uma empresa variam durante o seu ciclo operacional. Conforme os ativos correntes de uma empresa aumentam, suas fontes de financiamento também precisam aumentar. Na tabela, o aumento de ativos foi coberto por aumentos nas contas a pagar e nos salários acumulados. Evidentemente, estas não são as únicas fontes possíveis, mas um princípio importante das finanças estipula que o gerente financeiro deve tentar compatibilizar as fontes de financiamento com sua utilização.

As fontes de financiamento de curto prazo, como empréstimos de bancos comerciais, exigem refinanciamento freqüente; a dívida de longo prazo e o patrimônio não requerem refinanciamento freqüente, o que os torna apropriados para o financiamento de ativos de longo prazo. A empresa não deve usar fontes de curto prazo para financiar ativos de longo prazo. Podem transcorrer anos antes que os ativos de longo prazo gerem recursos; os empréstimos de curto prazo, porém, precisam ser quitados durante o ano fiscal corrente. Se esse crédito não puder ser refinanciado (por exemplo, usando fundos emprestados de uma fonte para quitar a dívida com outra fonte) ou renovado, a administração enfrentará um problema substancial para cumprir suas obrigações de curto prazo no vencimento.

Embora não seja recomendável que a empresa use financiamento de curto prazo para adquirir ativos de longo prazo (para isso devem ser usadas fontes de longo prazo), ela pode usar fontes de curto ou de longo prazo para adquirir ativos de curto prazo. Fontes de curto prazo podem ser usadas para financiar o estoque e as contas a receber, pois os fundos obtidos com a conversão dos ativos em dinheiro podem ser usados para quitar os empréstimos de curto prazo. Fontes de longo prazo podem ser utilizadas para financiar ativos correntes, pois essas fontes não acarretam o problema de refinanciamento freqüente.

Como é possível usar fontes de longo prazo para financiar ativos tanto de curto prazo como de longo prazo, por que um gerente financeiro usaria fontes de curto prazo? A resposta está relacionada ao custo e aos riscos associados a cada fonte. A opção pelas fontes de recursos de curto prazo em detrimento das fontes de longo prazo é, em última análise, uma questão de avaliar o impacto desses fundos sobre as receitas e o risco associado às opções de financiamento adotadas pela administração. Em geral, as fontes de curto prazo são mais arriscadas porque essas obrigações precisam ser refinanciadas. As fontes de longo prazo não exigem refinanciamento freqüente e não são tão arriscadas quanto as de curto prazo.

Se o uso das fontes de curto prazo aumenta o risco, surge novamente a questão: "Por que as empresas usam essas fontes?" Existem respostas tanto específicas como genéricas a essa pergunta. As respostas específicas serão desenvolvidas no próximo capítulo, que discute as fontes de financiamento de curto prazo. A resposta genérica é que as fontes de curto prazo geralmente são mais baratas que as fontes de longo prazo. (Essa relação entre a rentabilidade ou custo e o prazo de vigência de um instrumento de débito foi ilustrada na Figura 1.1, do Capítulo 1.) Os emprestadores de curto prazo aceitam taxas de juros mais baixas para o pagamento rápido do principal. Eles trocam parte do seu retorno pelo aumento da liquidez. Esse custo menor dos juros gera um aumento das receitas de empresas que usam financiamento por dívida de curto prazo e não de longo prazo.

O possível efeito sobre as receitas da empresa é mostrado a seguir. Este é o balanço da Empresa A:

Balanço da Empresa A em 31/12/X0			
Ativos		**Passivo e patrimônio líquido**	
Ativos	$ 10.000	Dívida	$ 6.000
		Patrimônio líquido	4.000

O balanço não especifica o prazo de vigência da dívida. Para fins meramente ilustrativos, adotaremos três premissas: (1) um ano a 8%; (2) cinco anos a 10%; e (3) 15 anos a 12%. Se as vendas atingirem $ 4 mil e as despesas, $ 2.500, o lucro obtido pela empresa em cada caso será:

	1	2	3
Vendas	$ 4.000	$ 4.000	$ 4.000
Despesas	2.500	2.500	2.500
Lucro antes das despesas com juros	1.500	1.500	1.500
Despesas com juros	480	600	720
Lucro após as despesas com juros	$ 1.020	$ 900	$ 780

O maior custo dos juros associados à dívida de longo prazo resulta em menor lucratividade. O menor custo dos juros associados à dívida de curto prazo produz os lucros mais elevados.

Agora, considere o que aconteceria com os lucros da empresa após um ano, se a taxa de juros de curto prazo aumentasse para 13%. As demonstrações de resultados passariam a ser:

	1	2	3
Vendas	$ 4.000	$ 4.000	$ 4.000
Despesas	2.500	2.500	2.500
Lucro antes das despesas com juros	1.500	1.500	1.500
Despesas com juros	780	600	720
Lucro após as despesas com juros	$ 720	$ 900	$ 780

Se a empresa optasse inicialmente pela dívida de curto prazo, seus lucros seriam reduzidos, uma vez que a dívida de curto prazo é mais cara. Os lucros provenientes do uso da dívida de médio e longo prazos (por exemplo, cinco e 15 anos, respectivamente) não seriam alterados. Mesmo que o custo da dívida de longo prazo fosse mais alto no momento (por exemplo, 15%), os lucros da empresa não seriam afetados. Por quê? Porque a empresa contraiu o empréstimo no passado a 12% e essa taxa é fixa durante o prazo de vigência da dívida. O custo atual da dívida de longo prazo só é relevante se a empresa estiver emitindo dívida de longo prazo.

Alterações significativas e rápidas no custo do crédito de curto prazo significam que a opção pelo financiamento de curto prazo pode afetar tanto a lucratividade como a exposição da empresa ao risco ao aumentar a variabilidade dos seus lucros. Os administradores de empresas que operam em setores cíclicos, como a construção, podem adotar uma política de capital de giro conservadora, recorrendo a fontes de financiamento de prazo mais longo. Os administradores de empresas com receita estável, como as empresas públicas de eletricidade, podem adotar uma política de capital de giro menos conservadora. Eles podem correr o risco de ter maior proporção dos ativos correntes financiados pelo passivo circulante.

As diferentes políticas de capital de giro são exemplificadas na Tabela 25.2, que mostra os ativos correntes, passivo circulante, razão corrente e capital de giro líquido da Coca-Cola e da LSI Logic. A presença de alta razão corrente e de alta quantia de capital de giro líquido é indicativa de uma política de capital de giro conservadora. Como pode ser visto na tabela, a LSI Logic possui uma razão corrente superior a 3:1 e um capital de giro líquido de $969 milhões, o que sugere um uso extremamente conservador do financiamento de curto prazo. A Coca-Cola, porém, possui uma razão corrente de apenas 1:1. A empresa parece adotar uma política de capital de giro extremamente agressiva. Por sua vez, a Coca-Cola tem mais de $9 bilhões em títulos negociáveis (basicamente, ações de empresas engarrafadoras), que a administração não classificou como ativos correntes. Como esses títulos podem ser vendidos, não há qualquer dúvida quanto à capacidade da Coca-Cola de cumprir suas obrigações atuais no vencimento.

IMPORTÂNCIA DO CAIXA PARA O GERENCIAMENTO DO CAPITAL DE GIRO

As seções anteriores explicaram a importância do ciclo operacional de uma empresa para o gerenciamento do capital de giro e o impacto da opção entre dívida de curto ou de longo prazo para financiar os ativos correntes sobre os lucros e o risco. Esta seção salienta a importância do caixa, diferenciando caixa de lucros.

As empresas operam no presente. Mesmo que a administração empregue corretamente as técnicas de orçamento de capital explicadas no Capítulo 22, o gerenciamento inadequado do capital de giro pode ser desastroso. A incapacidade de cumprir as obrigações correntes

Empresa	Setor	Ativos correntes*	Passivo circulante*	Razão atual	Capital de giro líquido*
Coca-Cola	Refrigerantes	$ 12.094	$ 10.971	1,1	$ 1.123
LSI Logic	Circuitos integrados e sistemas de armazenagem	1.365	396	3,45	969

*Ativos correntes, passivo circulante e capital de giro líquido em milhões.

TABELA 25.2
Políticas de capital de giro.

Fonte: Relatórios anuais de 2004.

freqüentemente é *a principal* causa do fracasso de uma empresa. A capacidade de gerar caixa é vital para a sobrevivência de uma empresa, e é importante ter em mente que operar com lucro não é o mesmo que gerar caixa. As empresas pagam suas obrigações com recursos em caixa e não com lucros. Uma empresa pode operar com lucro e não ter caixa.

Considere a empresa a seguir. Em 1° de janeiro, este é o seu balanço:

Ativos		Passivo e patrimônio líquido	
Caixa	$ 2.750	Passivo	$ 0
		Patrimônio líquido	2.750
		Lucros retidos	0
	$ 2.750		$ 2.750

As vendas unitárias mensais previstas são:

Janeiro	Fevereiro	Março	Abril	Maio
1.000	1.500	2.000	2.500	3.000

O custo unitário é $ 0,75 e as unidades serão vendidas a $ 1 (um lucro de $ 0,25 por unidade vendida). A administração precisa ter em estoque o suprimento de um mês no início de cada mês. Os fornecedores exigem pagamento contra entrega. A empresa vende a crédito com prazo de 30 dias corridos, mas não há inadimplência.

Para suprir as vendas previstas para janeiro, a administração compra e paga 1 mil unidades. O balanço da empresa passa a ser:

Ativos		Passivo e patrimônio líquido	
Caixa	$ 2.000	Passivo	$ 0
Estoque	750	Patrimônio líquido	2.750
		Lucros retidos	0
	$ 2.750		$ 2.750

O estoque aumenta em $ 750 e a compra é paga à vista. Como as vendas previstas são realizadas, o lucro da empresa em janeiro ficou em:

Receitas	$ 1.000
Custo dos produtos vendidos	750
Lucro	250

(Para simplificar o exemplo, presuma que não haja outras despesas nem imposto de renda sobre os lucros.) Para financiar o crescimento futuro, os lucros são retidos, o que faz que o balanço no final de janeiro seja:

Ativos		Passivo e patrimônio líquido	
Caixa	$ 2.000	Passivo	$ 0
Contas a receber	1.000	Patrimônio líquido	2.750
Estoque	0	Lucros retidos	250
	$ 3.000		$ 3.000

O estoque foi vendido e a empresa tem $ 1 mil em contas a receber; $ 250 foram adicionados aos lucros retidos.

Para suprir as vendas previstas para fevereiro, a administração compra 1.500 unidades ao custo de $ 1.125 e paga à vista. O balanço passa a ser:

Ativos		Passivo e patrimônio líquido	
Caixa	$ 875	Passivo	$ 0
Contas a receber	1.000	Patrimônio líquido	2.750
Estoque	1.125	Lucros retidos	250
	$ 3.000		$ 3.000

As vendas previstas para fevereiro são cumpridas. O lucro gerado é $ 1.500 − $ 1.125 = $ 375. Logo, o novo balanço no final de fevereiro é apresentado a seguir:

Ativos		Passivo e patrimônio líquido	
Caixa	$ 1.875	Passivo	$ 0
Contas a receber	1.500	Patrimônio líquido	2.750
Estoque	0	Lucros retidos	625
	$ 3.375		$ 3.375

As contas a receber de janeiro são recebidas, o que reforça o caixa, mas as vendas de fevereiro são a crédito, o que aumenta as contas a receber. Como a operação da empresa foi lucrativa, os lucros retidos aumentam.

O processo é repetido mais uma vez, a administração compra estoque (2.000 x $ 0,75 = $ 1.500) para as vendas previstas em março e o balanço passa a ser:

Ativos		Passivo e patrimônio líquido	
Caixa	$ 375	Passivo	$ 0
Contas a receber	1.500	Patrimônio líquido	2.750
Estoque	1.500	Lucros retidos	625
	$ 3.375		$ 3.375

A esta altura, você já deve ter percebido que, embora a empresa esteja operando com lucro, sua posição de caixa está se deteriorando.

Vejamos o que acontece em março. Os $ 1.500 do estoque são vendidos por $ 2 mil, gerando um lucro de $ 500. Os $ 1.500 de contas a receber são recebidos, mas as vendas a crédito geram $ 2 mil de novas contas a receber. Além disso, a administração compra 2.500 unidades (ao custo de $ 1.875) para as vendas previstas em abril. Qual será o balanço no final de março (início de abril)? A resposta é a seguinte:

Ativos		Passivo e patrimônio líquido	
Caixa	$ 0	Passivo	$ 0
Contas a receber	2.000	Patrimônio líquido	2.750
Estoque	1.875	Lucros retidos	1.125
	$ 3.875		$ 3.875

A empresa agora está sem dinheiro em caixa! Todos os seus ativos estão em contas a receber ou no estoque. Se esse processo for mantido, a empresa não conseguirá comprar o estoque necessário para maio. Como foi que isso aconteceu? O estoque está sendo vendido, as vendas são lucrativas e as contas a receber estão sendo recebidas. Onde está o problema e quais são as possíveis soluções?

O problema é que, para suprir as vendas crescentes, a administração precisa adquirir quantidades cada vez maiores de estoque, e esses desembolsos precedem os recebimentos. Há várias soluções possíveis para esse problema. Por exemplo, a administração pode encontrar outra fonte de fundos, acelerar o recebimento das suas contas a receber ou convencer seus fornecedores a adiar o pagamento imediato. Seja como for, a situação atual é insustentável.

O restante deste capítulo aborda o gerenciamento de ativos correntes específicos: estoque, contas a receber e caixa. Inicialmente, o tamanho ótimo de um pedido de estoque é determinado. A venda do estoque gera contas a receber ou caixa. Quando as contas a receber são recebidas, a empresa tem caixa, que pode ser usado para pagar as obrigações atuais ou ser investido. Como o caixa não gera renda, a última seção discute os equivalentes de caixa de curto prazo (instrumentos do mercado monetário) e o cálculo do rendimento que esses substitutos de caixa podem gerar.

O CICLO DE ESTOQUE

Uma empresa gera produtos para vender ou compra itens no atacado e os revende no varejo. Em ambos os casos, a empresa adquire estoque. O estoque precisa ser pago; para isso, ele deve ser financiado por fundos tomados em empréstimo ou pelo patrimônio líquido. Quanto mais rápido é o giro de estoque da empresa, menor é o financiamento necessário para abastecê-lo. (No Capítulo 9, um dos índices empregados para analisar uma empresa era seu giro de estoques.) O giro rápido indica que a empresa vende seu estoque rapidamente, com menor comprometimento dos seus fundos. O giro rápido, porém, não é algo intrinsecamente desejável, pois pode levar à situação em que a empresa não dispõe de estoque para atender aos compradores. A falta de estoque pode resultar em perda de vendas. Embora reduza as necessidades financeiras da companhia, o giro rápido do estoque também pode resultar em menores receitas.

O ciclo de estoque é mostrado na Figura 25.1. Inicialmente, a empresa adquire estoque (AB). Com o passar do tempo, parte dos itens em estoque é vendida e o estoque se reduz; em T_1, todo o estoque foi vendido e não há mais itens disponíveis. Nesse ponto, a empresa adquire mais estoque (AB) e o ciclo é repetido (T_1 a T_2).

Na realidade, a administração não deixaria o estoque cair a zero antes de reabastecer suas prateleiras. Em vez disso, ela manteria um nível mínimo de estoque (um **estoque de segurança**) para garantir que sempre haja estoque disponível para venda. Esse estoque de segurança é ilustrado na Figura 25.2. O nível mínimo de estoque (o estoque de segurança) é CA. O pedido de reposição do estoque é somado ao estoque de segurança, o que faz que a empresa tenha um estoque máximo igual a CB, que consiste no estoque de segurança CA

Estoque de segurança
Nível mínimo desejável do estoque como proteção contra a perda de vendas por esvaziamento do estoque.

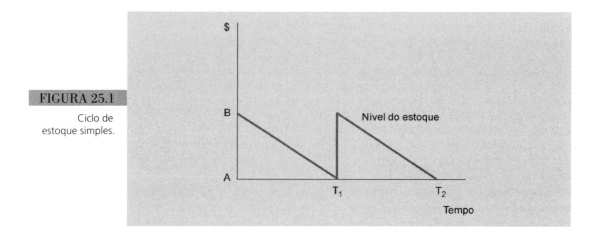

FIGURA 25.1
Ciclo de estoque simples.

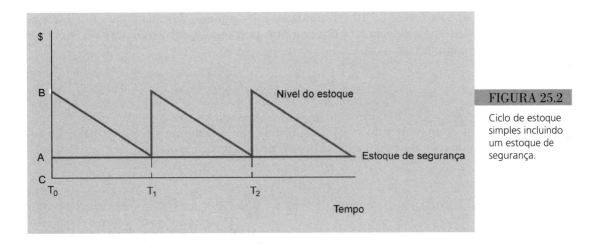

FIGURA 25.2

Ciclo de estoque simples incluindo um estoque de segurança.

mais o pedido AB. O estoque total é exaurido conforme as vendas são feitas. Quando o nível de estoque aproxima-se do estoque de segurança, a empresa faz novo pedido.

A administração poderia evitar a necessidade de um novo pedido de estoque se aumentasse a compra inicial. Dobrando a compra inicial, a administração pode dobrar o tempo transcorrido até que seja necessário fazer um novo pedido. Evidentemente, a empresa poderia evitar todos os ciclos de estoque se tivesse estoque suficiente. Entretanto, a manutenção do estoque acarreta custos; logo, a administração determina o melhor nível de estoque a ser adquirido para reduzir os custos da sua manutenção. Um modelo possível para determinar esse nível é o lote econômico de compra (LEC), discutido na próxima seção.

O LOTE ECONÔMICO DE COMPRA

O tamanho ideal de um pedido de estoque é o **lote econômico de compra (LEC)**, que é o tamanho do pedido que minimiza o custo total da manutenção e o processamento do estoque. Esse custo tem vários componentes e a minimização de um componente aumenta outro componente. Quais são esses componentes? Primeiro, há os custos de compra, que incluem transporte, corretagem e custos de processamento. Esses custos caem (são menores por unidade) à medida que o estoque aumenta.

Lote econômico de compra (LEC)
Tamanho ideal de um pedido de estoque.

Um segundo conjunto são os custos associados à manutenção do estoque. Esses custos incluem seguro, armazenamento e o custo de financiamento do estoque. Os custos de manutenção aumentam proporcionalmente ao tamanho do estoque, neutralizando o menor custo unitário obtido em compras maiores. Cabe à administração, portanto, estabelecer o ponto de equilíbrio entre as economias obtidas com compras maiores e o aumento dos custos de manutenção.

O custo total anual associado ao estoque é a soma dos custos de compra e manutenção. O custo de compra (OC) é o produto do (1) número de compras pelo (2) custo por compra (F). O número de compras depende do número de unidades vendidas (S) e do tamanho de cada compra (Q). O número de compras é igual ao número de unidades vendidas dividido pelo tamanho de cada compra. Logo, o custo de compra total é:

$$OC = \left(\frac{S}{Q}\right) F. \qquad 25.1$$

Se as vendas anuais forem de 10 mil unidades e o tamanho de cada compra de estoque for de 1.000 unidades, a empresa fará dez compras por ano. Se o custo de cada compra for $ 50,[1] o custo de compra total será $ 500.

$$OC = \left(\frac{10.000}{1.000}\right) \$50 = \$500.$$

O custo anual de manutenção (CC) é o produto do estoque médio (Q/2) pelos custos unitários de manutenção do estoque (C). O custo de manutenção total é:

$$CC = \left(\frac{Q}{2}\right) C. \qquad 25.2$$

Se a empresa comprar 1.000 unidades de estoque e as vender de maneira homogênea ao longo do ano, seu estoque médio será de 500 unidades (1.000/2). Se o custo unitário de manutenção for $ 10, o custo anual de manutenção será $ 5 mil.

$$CC = \left(\frac{1.000}{2}\right) \$10 = \$5.000.$$

O custo total de estoque (TC) é a soma dos dois componentes:

$$TC = OC + CC = \left(\frac{S}{Q}\right) F + \left(\frac{Q}{2}\right) C. \qquad 25.3$$

No exemplo, o custo total de estoque fica:

$$TC = \left(\frac{10.000}{1.000}\right)(\$50) + \left(\frac{1.000}{2}\right)(\$10) = \$5.500.$$

A relação entre estoque e custos de compra e entre estoque e custos de manutenção é mostrada na Tabela 25.3. A primeira coluna contém o nível de vendas estipulado, enquanto a segunda e terceira colunas fornecem vários tamanhos possíveis de compras e o número de compras de estoque para esse nível de vendas. À medida que o tamanho de cada compra aumenta, o número de compras se reduz. A quarta coluna especifica o custo da realização de uma compra. A coluna 5, que é o produto do número de compras pelo custo por compra (o produto das colunas 3 e 4), apresenta o custo de compra total associado aos vários níveis de estoque. Observe como o custo de compra total cai com compras maiores (níveis mais altos de estoque), pois a empresa está fazendo menos compras e, portanto, arcando com menos custos de compra.

A segunda parte da Tabela 25.3 mostra, na coluna 6, o nível médio de estoque (a coluna 2 dividida por 2) e o custo unitário de manutenção (coluna 7). O custo de manutenção total (coluna 8) é o produto das colunas 6 e 7. Observe como o custo de manutenção total aumenta proporcionalmente ao nível de estoque. Maiores níveis de estoque impõem maiores custos à empresa para a sua manutenção.

---

[1] Nesse exemplo, os custos de transporte e da compra são fixos em $ 50. O custo de cada compra é independente do tamanho do pedido e o custo total diminui à medida que o número de compras é reduzido. É possível, porém, que o custo por compra aumente com o tamanho da compra, mas o custo unitário continue caindo. Por exemplo, suponha que custe $ 2 enviar um livro e $ 3 enviar dois livros. Embora o custo da compra aumente quando a remessa é maior, o custo unitário do envio de dois livros é menor; nesse caso, remessas menos freqüentes, porém maiores, reduzirão o custo total da compra.

Capítulo 25. Administração de Ativos Correntes

TABELA 25.3 Relação entre estoque e custo de compra e entre estoque e custo de manutenção.

Vendas totais (S = 10.000 unidades)	Tamanho da compra de estoque	Número de compras	Custo por compra (F = $ 50)	Custo total de compra	Estoque médio	Custo unitário de manutenção (C = $ 10)	Custo total de manutenção	Custo total
10.000	50	200	$ 50	$ 10.000	25	$ 10	$ 250	$ 10.250
10.000	100	100	50	5.000	50	10	500	5.500
10.000	200	50	50	2.500	100	10	1.000	3.500
10.000	300	34	50	1.700	150	10	1.500	3.200
→ 10.000	316	32	50	1.600	158	10	1.580	3.180 ←
10.000	400	25	50	1.250	200	10	2.000	3.250
10.000	500	20	50	1.000	250	10	2.500	3.500
10.000	600	17	50	850	300	10	3.000	3.850
10.000	800	13	50	650	400	10	4.000	4.650
10.000	1.000	10	50	500	500	10	5.000	5.500

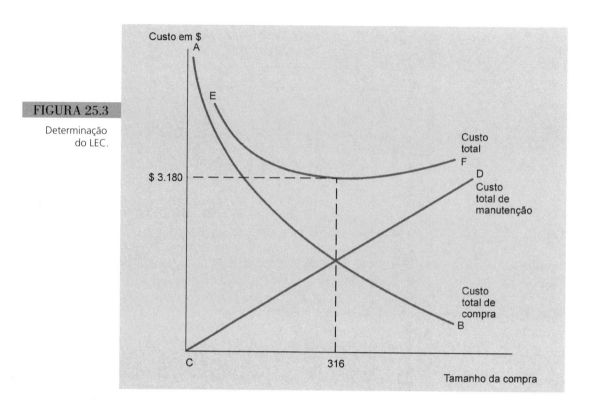

FIGURA 25.3
Determinação do LEC.

A soma do custo de compra total (coluna 5) e do custo de manutenção total (coluna 8) é o custo total associado a cada nível de estoque. Esse custo é mostrado na coluna 9. Como se pode perceber nesta coluna, o custo total cai inicialmente conforme o nível de estoque aumenta. Essa queda, porém, vai se atenuando e atinge um ponto mínimo em 316 unidades, quando o custo começa a crescer. O nível de estoque que minimiza o custo total de estoque é o tamanho ideal da compra que deve ser feita pela empresa. Essa quantidade é o "lote econômico de compra" ou LEC.

A inter-relação entre custos de compra e custos de manutenção demonstrada na Tabela 25.3 é representada graficamente na Figura 25.3. O eixo horizontal mede o tamanho da compra de estoque e o eixo vertical, o custo total associado a essa compra. A linha AB representa o custo de compra total, que cai à medida que o tamanho de cada compra aumenta. Essa queda ocorre porque o número total de compras é reduzido. A linha CD representa o custo de manutenção total, que aumenta proporcionalmente ao tamanho da compra. Esse aumento de custos deve-se ao fato de que a empresa tem mais itens em estoque. A linha EF combina esses dois custos e ilustra o custo total associado a cada nível de estoque. Ela demonstra claramente o declínio inicial do custo total, seu valor mínimo ($ 3.180 com uma compra de 316 unidades) e o aumento subseqüente conforme a compra de estoque excede 316 unidades.

Modelos matemáticos foram desenvolvidos para ajudar a determinar esse lote econômico de compra. Um modelo simples começa com a Equação 25.3:

$$TC = OC + CC = \left(\frac{S}{Q}\right)F + \left(\frac{Q}{2}\right)C$$

e, em seguida, o modelo determina o tamanho de compra que minimiza os custos totais. A solução resultante, conhecida como lote econômico de compra (LEC), é fornecida na Equação 25.4.[2]

$$EOQ = \sqrt{\frac{2SF}{C}}.\qquad\text{25.4}$$

O exemplo da Tabela 25.3 pode ser usado para demonstrar como essa fórmula funciona. Uma empresa usa 10 mil unidades de um item por ano, ao custo de manutenção de $ 10 por item. (O custo de manutenção também pode ser expresso como a porcentagem de custos de manutenção vezes o custo de uma unidade no estoque. Se o estoque custa $ 100 por unidade e o custo percentual de manutenção desse item é 10%, então seu custo de manutenção é $ 100 × 0,10 = $ 10.) O custo de uma compra é $ 50. Quando esses valores são substituídos na Equação 25.4, o lote econômico de compra fica:

$$EOQ = \sqrt{\frac{2(10.000)(\$50)}{\$10}} = 316.$$

Portanto, o lote econômico de compra para esse item é de 316 unidades.

Como essas informações estão relacionadas ao ciclo de estoque ilustrado na Figura 25.4? Nesse gráfico, um estoque de segurança de 50 unidades é adicionado. A compra inicial é de 366 unidades, que é a soma do estoque de segurança (50) com o lote econômico de compra (316). Como as vendas anuais são de 10 mil unidades, as vendas diárias são de:

$$\text{Vendas por dia} = 10.000/365 = 27{,}4.$$

Se as vendas diárias forem de aproximadamente 28 unidades, o lote econômico de compra será vendido em aproximadamente 11 dias.

$$\text{Duração do LEC} = \text{LEC/Vendas diárias}$$
$$316/28 = 11{,}3.$$

Essa passagem do tempo é mostrada na Figura 25.4, do dia 0 até o dia 11, quando o nível de estoque cai até o estoque de segurança e precisa ser reposto. Nesse ponto, repete-se o ciclo. A quantidade de estoque que a empresa deve comprar é o LEC, que permanece em 316 unidades, a não ser que os custos de manutenção ou de compra tenham mudado.

Quando a administração deve fazer o pedido dessas 316 unidades? A resposta depende do tempo transcorrido até a entrega. Por exemplo, se o transporte consome 5 dias e o LEC dura 11 dias, a administração deve fazer o pedido 6 dias depois de receber a reposição anterior para ter certeza de que a próxima compra será recebida em tempo hábil. Se a entrega se atrasar, a empresa começará a usar seu estoque de segurança; portanto, a possibilidade de

---

[2] Usa-se cálculo para determinar o LEC. A equação é a seguinte: $TC = (S)(F)(Q)^{-1} + (Q)(C)/2$.
Toma-se a primeira derivada em relação a Q: $d(TC)/d(Q) = -(S)(F)(Q^{-2}) + C/2$.
Iguala-se a primeira derivada a zero e determina-se o valor de Q:

$$(S)(F)(Q^{-2}) = C/2$$
$$C = \frac{2(S)(F)}{Q^2}$$
$$Q^2 = \frac{2(S)(F)}{C}$$
$$Q = \sqrt{\frac{2(S)(F)}{C}}.$$

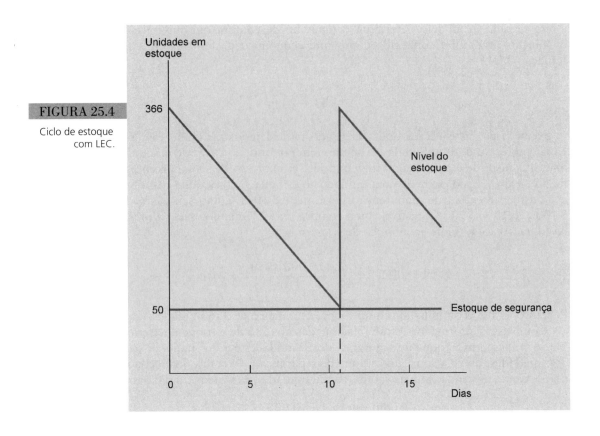

FIGURA 25.4
Ciclo de estoque com LEC.

atrasos na entrega é uma das razões para manter um estoque de segurança. Se a entrega for lenta, talvez o ponto de efetivação da nova compra preceda em várias semanas o momento em que esse estoque será necessário. Por exemplo, se a entrega demorar 14 dias, a empresa terá de fazer uma segunda compra antes que a primeira seja recebida, pois a duração do LEC é de 11 dias. Por sua vez, se a entrega for rápida, a nova compra poderá ser feita quando a data de reposição estiver próxima. Se a empresa puder receber a encomenda em um dia, o ponto de realização de uma nova compra será apenas um dia antes da necessidade de reposição.

Evidentemente, uma mudança em qualquer das variáveis usadas para calcular o LEC afetará a quantia desejável de cada compra. Por exemplo, se o custo de cada compra subir de $50 para $100, o lote econômico de compra passará a ser:

$$EOQ = \sqrt{\frac{2(10.000)(\$100)}{\$10}} = 447.$$

O aumento do custo de processamento da compra aumentou o tamanho ideal de reposição de 316 para 447 unidades. Se o custo de manutenção aumentasse de $10 para $20, o LEC cairia de 316 para 224:

$$EOQ = \sqrt{\frac{2(10.000)(\$50)}{\$20}} = 224.$$

Essas alterações de custos não produzem variações proporcionais no lote econômico de compra. A duplicação do custo da compra não duplica a quantidade do lote econômico de compra; a duplicação do custo de manutenção não reduz à metade a compra ideal. Há mais de uma variável afetando a quantidade ideal da compra. Quando uma variável muda e as outras não são afetadas, não há qualquer razão para presumir que ocorrerá uma alteração proporcional no lote econômico de compra. Em outras palavras, não há uma relação simples de proporcionalidade entre um componente dos custos e o LEC.

Deficiências do LEC

O modelo de LEC é um modelo simples para a determinação da quantidade de compra ideal. Ele se baseia em premissas simplificadas que dificilmente seriam aplicáveis a todas as empresas em todos os momentos. Evidentemente, essa mesma crítica poderia ser estendida a outros modelos explicados neste texto. Cada modelo depende de um conjunto de premissas. Entretanto, de todos os modelos apresentados aqui, o LEC simples talvez seja o que adota as premissas menos realistas.

Uma premissa básica é a de que as vendas ocorrem de maneira homogênea durante todo o período. É essa premissa que permite que a linha representando o nível de estoque na Figura 25.4 decline à taxa constante de 27,4 unidades por dia. As vendas, porém, geralmente variam ao longo de um período. Algumas vendas são sazonais, e mesmo vendas não sazonais podem ocorrer em diferentes ritmos durante o ano. Há períodos em que as vendas caem e o estoque é consumido a um ritmo mais lento. Mesmo a presença de vendas estáveis não significa que a mesma quantidade seja vendida diariamente, como sugere o modelo simples de LEC.

Além disso, o modelo de LEC simples não leva em consideração os descontos por quantidade ou os atrasos no processamento de pedidos. Naturalmente, tanto os descontos para compras volumosas como os atrasos na entrega podem afetar o nível de estoque mantido pela empresa. Há também um problema de aplicação do modelo quando a empresa tem muitos produtos em estoque. Um varejista como a Home Depot mantém um estoque de milhares de itens, o que torna impossível aplicar o modelo LEC. Por exemplo, como você alocaria os custos de transporte entre os vários itens recebidos em uma mesma entrega? Como não é possível determinar o custo de compra de cada item, o modelo não pode ser aplicado a itens específicos, somente a lotes.

Mesmo que o modelo possa ser expandido e tornado mais sofisticado, o conceito básico que ele ilustra permanece inalterado. O LEC busca determinar o tamanho de pedido que minimiza os custos totais de compra e processamento do estoque. Ele traz para o primeiro plano a *inter-relação entre custos de manutenção e de compra*. Como esses custos movem-se em direções opostas, o aumento de um tende a diminuir o outro. Se a administração subestimar o custo de compra (ou superestimar o custo de manutenção), a empresa poderá perder vendas em virtude da falta de estoque. Na situação oposta, em que a administração superestima o custo de compra (ou subestima o custo de manutenção), o efeito será a aquisição de uma quantidade excessiva de estoque. A manutenção de estoque em excesso é cara. Uma das maneiras mais rápidas de colocar uma empresa em dificuldades financeiras é manter um estoque excessivo, particularmente em períodos de juros crescentes ou vendas em queda. Nesse cenário, o estoque que não é vendido está sendo financiado com crédito de curto prazo cada vez mais caro.

Uma empresa poderia reduzir esses problemas se conseguisse coordenar melhor o recebimento do estoque com a sua venda. As matérias-primas chegariam no momento exato (*"just-in-time"*) do início do processo de produção, que seria concluído no momento exato (*"just-in-time"*) da entrega. Nesse caso, o estoque consistiria apenas em trabalho em processo para um fabricante e seria praticamente inexistente para um varejista.

Um sistema de estoque *"just-in-time"* é projetado para obter esse resultado. As matérias-primas chegam conforme se tornam necessárias e os produtos acabados são despachados imediatamente. O gerenciamento de estoque *just-in-time* exige (1) previsões de vendas altamente precisas e atualizadas com freqüência, (2) uma programação de produção flexível com prazos rígidos, (3) equipamentos confiáveis e programas de manutenção preventiva (uma quebra em qualquer parte do processo compromete toda a programação) e (4) comunicação freqüente e cooperação com os fornecedores.

Quando é bem-sucedido, o gerenciamento de estoque *just-in-time* elimina a necessidade de determinar o lote econômico de compra. O sistema *just-in-time* reduz a necessidade de manter estoques de segurança ou capacidade ociosa, pois as instalações e a mão-de-obra são usadas mais intensivamente, e aumenta a capacidade da empresa de responder às variações na demanda dos clientes. O sistema fabrica exatamente o que os clientes precisam no momento em que essa necessidade surge, permitindo que eles também instituam o seu próprio gerenciamento *just-in-time*. Os custos de transporte tendem a aumentar, pois a empresa precisa fazer remessas mais freqüentes (e menores); porém, o aumento da fidelidade dos fornecedores e compradores, as economias obtidas nos custos de manutenção do estoque e a necessidade de menos instalações e equipamentos resultam em um aumento dos lucros quando o gerenciamento de estoque *just-in-time* é empregado com sucesso.

Uma vantagem do *e-commerce* é a capacidade de controlar melhor o estoque e praticar o gerenciamento de estoque "*just-in-time*". Uma empresa como a Amazon.com não precisa alugar lojas de varejo ou manter grandes quantidades de itens em estoque. Em vez disso, ela aluga espaço de armazenamento centralizado barato. Embora mantenha algum estoque, a Amazon.com evita as despesas desnecessárias e reduz os custos de manutenção do estoque comprando itens de reposição conforme os itens são despachados; em alguns casos, ela evita até as despesas de envio cobrando esse serviço dos clientes.

Estoque Máximo, Mínimo e Médio

O LEC fornece a quantidade ideal da compra de estoque; isso, porém, não é o mesmo que o estoque máximo mantido pela companhia. Considere a empresa da Figura 25.4 no início do dia 1º. Seu estoque máximo é o LEC (316) mais o estoque de segurança (50). O estoque mínimo no final do dia 11 é o estoque de segurança, caso as vendas ocorram conforme previsto. Sem dúvida, o estoque mínimo possível é 0, caso todo o estoque de segurança seja vendido antes que o estoque de reposição seja recebido.

O estoque médio depende do LEC e do estoque de segurança. Se as vendas ocorrerem de forma homogênea durante todo o período (aproximadamente 28 unidades por dia), o estoque médio associado ao LEC deverá ser LEC/2. O estoque no início do dia 1º é de 316 unidades e no final do dia 11 é 0. A média desses dois números é 158 ([316 + 0]/2). No início do segundo dia, o estoque é de 288 unidades, porque 28 foram vendidas no primeiro dia. No final do décimo dia, o estoque é de 28 unidades. A média desses dois números é 158 ([288 + 28]/2). Usando um raciocínio semelhante, pode-se demonstrar que o estoque médio associado ao LEC sempre é LEC/2, contanto que as vendas ocorram de maneira homogênea durante todo o período.

O estoque médio associado ao estoque de segurança é a quantidade do estoque de segurança. Considere o estoque de segurança na Figura 25.4. No início do dia 1º, o estoque de segurança é de 50 unidades. No final do dia 11, o estoque de segurança continua a ter 50 unidades. A média desses dois números é, obviamente, 50. Contanto que o estoque de segurança não seja utilizado, sua média será de 50 unidades.

Evidentemente, o estoque médio da empresa é a soma das duas médias. Logo,

$$\text{Estoque médio} = LEC/2 + \text{Estoque de segurança}.$$

O estoque médio para a empresa da Figura 25.4 é de 208 unidades ([316/2] + 50), enquanto os níveis máximo e mínimo de estoque são, respectivamente, 366 e 50 unidades.

GERENCIAMENTO DE CONTAS A RECEBER

Como discutido na seção anterior, a administração deve equilibrar o custo de manutenção do estoque com os custos associados à exaustão do estoque e à encomenda/transporte de itens de reposição. O problema enfrentado pela administração com relação às contas a receber é semelhante. As despesas associadas à oferta de crédito e ao recebimento das contas devem ser comparadas aos custos associados à perda de vendas e receitas resultante da recusa de crédito.

As contas a receber provêm das vendas a crédito, em que a empresa aceita uma promessa de pagamento futuro em vez de dinheiro em caixa. A maioria dos consumidores recorre regularmente ao crédito, e muitas empresas (por exemplo, varejistas) também compram a crédito. Mas o crédito acarreta custos. Existem as taxas óbvias de processamento, pois a empresa precisa enviar contas para os clientes que receberam crédito e manter registros. Esses custos de processamento estimularam muitas empresas varejistas a aceitar cartões de crédito como MasterCard ou Visa. O varejista aceita o cartão e deixa o processamento e o recebimento das contas a receber a cargo do agente emissor. O varejista, porém, recebe apenas uma porcentagem das vendas a crédito – por exemplo, $ 0,98 para cada $ 1, e $ 0,02 restante fica com o agente recebedor. Embora reduza as receitas provenientes de uma venda, esse arranjo praticamente elimina os custos de processamento do crédito.

A oferta de crédito também envolve possibilidades de perda; nem todas as vendas a crédito são recebidas. Alguns compradores ficarão inadimplentes. Certamente, muitas contas são de excelente qualidade, como é ilustrado pelas contas a receber de empresas de serviços públicos. Essas contas geralmente são de alta qualidade porque a empresa pode forçar o pagamento ameaçando interromper o serviço. Uma maneira de aumentar a segurança das contas a receber é exigir que o comprador ofereça algum ativo como garantia do empréstimo. Em caso de inadimplência, o vendedor apropria-se do ativo, que pode ser vendido subseqüentemente. O vendedor, entretanto, pode ser incapaz de obter o valor total da conta a receber. Nesse caso, o vendedor continua tendo um crédito pendente com o comprador original, mas talvez esse crédito nunca seja recebido.

Política de Crédito

A política de crédito tem três componentes: a seleção dos clientes que receberão crédito, as condições do crédito e a política de cobrança. Embora todos os três componentes sejam importantes, a empresa está sujeita a restrições legais com relação à concessão de crédito e às condições. Por exemplo, talvez a empresa não possa agir de maneira discriminatória ao conceder crédito; este deve ser concedido a todos aqueles que atendam aos padrões. Além disso, a empresa não pode ser discriminatória com relação às condições oferecidas. Tendo sido estabelecidas, essas condições aplicam-se a todos.

Para determinar quem receberá crédito, a empresa estabelece padrões de crédito. Esses padrões levam em consideração fatores como a capacidade de pagamento do beneficiário, as garantias de que ele possa dispor para obter o crédito e seu histórico de pagamento. A capacidade de pagamento depende basicamente da renda e outras fontes de recursos do beneficiário. Pessoas com níveis mais elevados de renda têm mais capacidade de honrar os pagamentos de crédito e constituem um risco de crédito menor. Entretanto, o nível de renda não é a única consideração, pois uma pessoa (ou empresa) pode ter outras obrigações de dívida. Por esse motivo, o financiador também considera a quantidade de dívidas que o emprestador já tem em aberto. Ainda que possa parecer que essas informações são impossíveis de obter, não é assim que acontece na prática. O financiador pode solicitar essas informações diretamente e recusar-se a conceder o crédito se não forem fornecidas. Mesmo que as informações sejam fornecidas pelo tomador, é aconselhável confirmá-las junto a diferentes órgãos de proteção ao crédito. Essas empresas mantêm informações financeiras que podem ser adquiridas por empresas que busquem informações sobre tomadores de crédito potenciais.

As garantias referem-se a ativos específicos que podem ser oferecidos para garantir um empréstimo, reduzindo o risco de perda enfrentado pelo emprestador. Nem todos os ativos são boas garantias. Para ser uma boa garantia, o ativo deve ser vendável. Por essa razão, os títulos negociáveis, como ações e obrigações, são garantias excelentes, pois podem ser vendidos com facilidade. Imóveis também podem ser aceitos como garantia. Entretanto, a venda de um imóvel pode demorar, e durante todo esse tempo os fundos do credor estarão presos ao empréstimo inadimplente. Como a negociabilidade dos ativos difere, sua utilidade como garantia varia. A variação de negociabilidade e qualidade explica por que os credores emprestam diferentes quantias com base em ativos específicos. Quanto mais rapidamente um ativo puder ser vendido a um preço próximo ao valor avaliado, maior será sua utilidade como garantia do empréstimo.

É importante perceber que os credores não querem o bem usado como garantia do empréstimo. Por exemplo, um banco obtém seus lucros emprestando dinheiro; ele não opera no ramo da venda de ativos apreendidos em decorrência do não-pagamento de dívidas. Portanto, o papel desempenhado pela garantia é parcialmente psicológico. O objetivo é estimular o devedor a honrar os pagamentos necessários, porque sua inadimplência pode levar à perda do ativo oferecido como garantia. Como esse ativo vale mais que o total do empréstimo, o devedor estará sujeito a prejuízo, caso ele venha a ser vendido para honrar os pagamentos da dívida. A ameaça de prejuízo torna o uso de garantias mais eficaz, aumentando a probabilidade de que o devedor faça os pagamentos necessários.

Além da capacidade do devedor de honrar as obrigações da dívida e dos ativos disponíveis como garantia, o financiador considera o histórico de crédito do devedor. O devedor tem um histórico de pagamentos em atraso? Alguma vez ele declarou falência? Um bom histórico indica que o devedor é um risco menor. Novamente, essa informação pode ser obtida por meio de órgãos de avaliação de crédito e serviços de proteção ao crédito, que mantêm históricos de crédito de pessoas físicas abrangendo os sete anos anteriores (dez anos nos casos de falência anterior). Embora não garanta que o devedor continuará a ser um risco aceitável, esse histórico efetivamente diferencia devedores com um bom histórico de crédito daqueles que atrasaram pagamentos ou tornaram-se inadimplentes no passado.

Depois de determinar quem receberá o crédito, a empresa deve estabelecer as condições. As condições do empréstimo incluem seu prazo, o desconto (caso exista) para pagamentos antecipados e a penalidade para atrasos. No próximo capítulo, as condições de crédito comercial são ilustradas por termos como 2/10, n30. No caso, o prazo é de 30 dias com 2% de desconto caso o pagamento seja feito até o décimo dia. (Essas condições não especificam qualquer penalidade, caso o pagamento não seja feito até o 30° dia.) É comum que as condições sejam n30 (ou n60) com juros mensais de 1,5% (18% ao ano) sobre o saldo pendente depois de transcorridos os 30 dias iniciais. Essas condições permitem que o beneficiário use o crédito "gratuitamente" por 30 dias (ou 60 dias, se a condição for n60). O financiador está arcando com o empréstimo durante o prazo especificado e incorporou esse custo de crédito ao preço das mercadorias vendidas ao devedor. Como o crédito já foi incorporado aos custos, essas condições estimulam o devedor a adiar o pagamento até a data de vencimento do empréstimo.

Na verdade, é possível que o financiador não tenha muita flexibilidade nas condições oferecidas, pois a concorrência força as empresas a oferecer condições semelhantes. (Se um grande varejista em um shopping center aceitar Visa, praticamente todos os demais serão forçados a aceitar Visa.) Entretanto, embora a concorrência possa determinar as condições e restrições legais que limitam a seleção de tomadores de crédito potenciais, a empresa tem mais flexibilidade no que concerne à sua política de cobrança. Essa política pode variar do envio de uma segunda cobrança ou de um aviso de vencimento até a adoção de medidas mais duras, como ameaças de ação legal. O não recebimento força o financiador a (1) dar baixa no empréstimo como não cobrável; (2) adotar medidas mais drásticas, como cobrança judicial, para forçar o pagamento; ou (3) vender a conta para uma empresa de cobrança.

A Decisão de Conceder Crédito

Como todos os ativos, as contas a receber exigem financiamento. Todas as contas a receber devem oferecer um retorno ou benefício implícito (por exemplo, aumento das vendas ou dos lucros) para justificar o uso dos fundos. Quando não geram esse retorno, as vendas a crédito reduzem a lucratividade da empresa. Em última análise, portanto, a política de crédito é elaborada para garantir que a concessão de crédito aumentará a lucratividade da empresa.

A decisão de conceder crédito compara os benefícios do aumento das vendas (aumento das entradas de caixa) com os custos adicionais (saídas de caixa) associadas à concessão do crédito. Essas saídas incluem: (1) o custo dos produtos adicionais vendidos, (2) o custo da análise de cadastro, (3) as despesas de recebimento e inadimplência, e (4) o custo de manter as contas a receber. Suponha que uma empresa tenha vendas de $ 100 mil sem oferecer crédito, mas a administração acredite que as vendas possam ser aumentadas em 50% (de $ 100 mil para $ 150 mil) se a empresa oferecer aos clientes 30 dias de prazo para o pagamento (n30). A empresa deve fazer essa oferta?

A resposta depende dos custos associados às vendas adicionais. Para simplificar o exemplo, adotaremos as seguintes premissas:

1. O custo dos produtos adicionais vendidos é de 60% das vendas.
2. Os custos de análise de cadastro e cobrança são de $ 7 mil.
3. As novas vendas estarão sujeitas a uma inadimplência de 5%.
4. Além dos novos clientes, todos os clientes existentes, que anteriormente pagavam à vista, terão 30 dias para pagar.
5. O custo da captação dos fundos necessários para manter as contas a receber é de 10%.

Considere a seguinte demonstração de resultado projetada que resultaria da oferta de 30 dias de crédito aos clientes:

Vendas adicionais		$ 50.000
Custos		
Custo dos produtos adicionais vendidos ($ 50.000 × 0,6)	$ 30.000	
Custos de crédito/cobrança	7.000	
Despesas com inadimplência ($ 50.000 × 0,05)	2.500	
Custos de manutenção do estoque (juros)	1.250	
Custo total		40.750
Aumento líquido dos lucros		$ 9.250

Os custos de manutenção são calculados da seguinte maneira: as vendas anuais a crédito totalizarão $ 150 mil; todas as vendas serão a crédito. Como todas as contas a receber serão recebidas após 30 dias, o total de contas a receber será $ 150.000/12 = $ 12.500. Como o custo de manutenção das contas a receber é de 10%, a despesa com juros será de $ 1.250.

A análise indica um aumento líquido dos lucros de $ 9.250, o que justifica a concessão de crédito. Entretanto, várias premissas cruciais foram adotadas. A primeira e a mais importante é que a oferta de crédito aumentará as vendas. Se os concorrentes da empresa oferecerem condições semelhantes, talvez o aumento das vendas projetado não se concretize. Em segundo lugar, os custos eram conhecidos. Porém, um aumento em qualquer dos custos – mais despesas com cobrança, aumento da inadimplência (crédito ruim) ou aumento da taxa de juros – reduzirá os lucros. Terceiro, a análise presumiu que os pagamentos serão feitos no 30º dia. Se os clientes pagarem com atraso, as contas a receber permanecerão em aberto por um período mais longo, o que aumentará os custos de manutenção mesmo que a taxa de juros permaneça inalterada.

Em suma, a política de crédito de uma empresa, como todas as decisões econômicas, envolve o equilíbrio de variáveis antagônicas. Ao oferecer crédito, uma empresa pode aumentar suas vendas, mas essas vendas elevadas implicam aumento dos custos, inclusive o custo de processamento da cobrança, o custo de financiamento das contas e o risco de prejuízo.

Como em qualquer decisão de investimento, a política de crédito de uma empresa compara os benefícios potenciais da oferta de crédito (aumento das entradas de caixa) com o aumento das despesas (aumento das saídas de caixa). Caso esses benefícios excedam seus custos atuais, o crédito é concedido, pois a adoção de uma política de crédito dessa natureza aumenta o valor da empresa.

Análise de Contas a Receber

Tendo concedido o crédito, a administração deve supervisionar e analisar as contas a receber da empresa. Uma das técnicas usadas para monitorar as contas a receber é a análise do seu giro. Os índices de giro, como os que medem as vendas anuais/contas a receber ou o período médio de cobrança (dias em que o pagamento das vendas permanece em aberto), foram discutidos no Capítulo 9. Quanto maior for o giro das contas a receber, mais rápido será o seu recebimento e a conversão em dinheiro. Em seguida, essas entradas de caixa poderão ser usadas para adquirir outros ativos geradores de lucro ou para resgatar a dívida.

Giro de Contas a Receber

O potencial de economia proporcionado pelo aumento do giro das contas a receber pode ser visto no exemplo a seguir. O índice de giro médio do setor é 6 (ou seja, a cada dois meses). Essa empresa específica possui $100 milhões de vendas a crédito e $25 milhões de contas a receber. Logo, suas contas a receber têm um giro de quatro vezes ao ano (Vendas a crédito/Contas a receber = $100.000.000/$25.000.000 = 4). Se a empresa fosse capaz de igualar a média do setor, qual seria o seu total de contas a receber? A resposta é:

$$\frac{\text{Vendas a crédito}}{\text{Contas a receber}} = 6$$

$$6 = \frac{\$100.000.000}{X}$$

$$X = \$100.000.000 / 6 = \$16.666.667.$$

Se a empresa conseguisse obter um giro de contas a receber comparável à média do setor, suas contas a receber cairiam de $25 milhões para $16.666.667. Isso corresponde a uma redução líquida de $8.333.333 nas contas a receber. Se os fundos custam 10% ao ano, a redução nas contas a receber proporcionaria à empresa uma economia anual de $833.333 em financiamento ($8.333.333 × 0,10 = $833.333).

Cronogramas de Envelhecimento

Outra maneira de analisar as vendas a crédito é envelhecer as contas. Essa técnica constrói uma tabela mostrando o intervalo de tempo em que cada conta permaneceu em aberto (sem pagamento). O funcionamento dessa técnica é ilustrado no exemplo a seguir. Uma empresa tem um total de contas a receber de $1.100 abrangendo cinco clientes. O valor de cada conta e o número de dias em aberto são os seguintes:

Cliente	Valor da conta	Número de dias em aberto
A	$300	45
B	100	70
C	200	20
D	200	35
E	300	15

Com base nessas informações, a seguinte tabela pode ser construída:

Contas	Cronograma de envelhecimento (em dias)			
	0-30	31-60	61-90	Mais de 90
A	–	$ 300	–	–
B	–	–	$ 100	–
C	$ 200	–	–	–
D	–	200	–	–
E	300	–	–	–
	$ 500	$ 500	$ 100	$ 0
Porcentagem do total de contas a receber	45,5%	45,5%	9,1%	0%

A tabela mostra que $ 600 (ou 54,6%) das contas a receber estão em aberto há mais de um mês e que uma conta não foi paga por mais de dois meses.

Quando as contas a receber são envelhecidas, um padrão ou norma é estabelecido. Em seguida, se a porcentagem de contas lentas aumentar, o gerente financeiro terá identificado um problema e poderá adotar medidas para forçar a cobrança, ou então reconhecer as contas como ruins e deixar de lançá-las pelo valor declarado na contabilidade da empresa. As contas lentas, porém, não são necessariamente ruins, e podem até ser recebidas eventualmente. Em muitos casos, os melhores ou mais importantes clientes de uma empresa podem ser lentos para pagar. Isso pode ser particularmente verdadeiro quando o comprador é maior que o vendedor e responde por uma porcentagem substancial das suas vendas. Esse comprador tem poder suficiente para aproveitar-se do crédito e talvez o fornecedor menor não queira forçar o pagamento porque teme perder vendas futuras.

GERENCIAMENTO DE CAIXA

Depois que o estoque flui através da empresa para transformar-se em vendas e depois que as contas a receber são cobradas, o gerente financeiro deve decidir o que fazer com o caixa. O gerenciamento de caixa é importante, pois a empresa precisa ter liquidez suficiente para cumprir suas obrigações no vencimento. Entretanto, a liquidez reduz a lucratividade, porque o caixa por si só não gera renda. Para aumentar a lucratividade, é necessário usar o caixa para adquirir algum ativo que gere renda.

Políticas de Gerenciamento de Caixa

As políticas de gerenciamento de caixa procuram (1) acelerar os recebimentos e retardar os desembolsos, e (2) investir as sobras de caixa de curto prazo em ativos geradores de renda, particularmente títulos do mercado monetário que ofereçam rentabilidade e preservem a segurança do principal. O aumento da velocidade dos recebimentos não deve ser confundido com o aumento de giro de estoque ou das contas a receber. O giro desses ativos depende do controle de estoque e da política de crédito. O gerenciamento de caixa preocupa-se com a velocidade com que o caixa é processado, em especial a velocidade de compensação dos cheques.

Quanto mais rápida for a compensação dos cheques pagáveis à empresa, mais cedo ela poderá usar esses fundos. Da mesma forma, quanto mais lenta for a compensação dos cheques emitidos pela empresa, mais tempo ela terá para usar esses fundos. Caso consiga aumentar seu tempo de uso dos fundos, a empresa aumentará sua lucratividade. Uma extensão de apenas um dia pode gerar um ganho de milhares de dólares em juros. Por exemplo, suponha que uma empresa quisesse aumentar seu total em caixa em $ 1 milhão por dia. A 5%, essa retenção geraria diariamente $ 136,98 de juros ($ 1.000.000 × 0,05/365), ou $ 50 mil por ano.

Para gerar esse caixa adicional, a empresa pode estabelecer um sistema de cobrança por **lockbox**. Quando uma empresa cobra um cliente, este envia um cheque como pagamento, mas a empresa só pode usar esses fundos depois que o cheque for compensado. Em vez de manter um ponto central de recebimento para o qual todos os pagamentos são enviados, a empresa estabelece vários pontos de recebimento (o *lockbox*). Um banco local remove esses cheques e os processa imediatamente para pagamento. No final de cada dia, o banco transfere eletronicamente os fundos que foram compensados e estão disponíveis para utilização para um ponto central, que geralmente é outro banco em um centro financeiro (ou a sede da empresa). Com isso, os fundos ficam disponíveis e podem ser usados pela companhia para reduzir sua dívida circulante de curto prazo (e, portanto, reduzir sua despesa com juros) ou para investir em títulos de curto prazo.

> **Lockbox**
> Sistema de cobrança projetado para aumentar a velocidade do recebimento dos cheques de modo a poder usar os fundos mais rapidamente.

Para que um sistema de *lockbox* seja lucrativo, a empresa deve ter um volume suficiente de negócios. Os bancos que operam *lockbox*, processam os cheques e transferem eletronicamente os fundos cobram por esses serviços. Obviamente, a empresa terá de obter um retorno suficiente sobre os fundos adicionais gerados pelo sistema para justificar as despesas associadas ao uso de *lockbox*.

Os recebimentos em dinheiro também podem ser acelerados com o uso de transferências eletrônicas de fundos. Nesse sistema, os fundos são transferidos eletronicamente de uma conta para outra usando terminais de computador em vez de cheques. Por exemplo, você faz uma compra e usa um cartão de crédito. Isso gera uma transferência imediata de fundos da sua conta para a conta do vendedor. (O banco, porém, pode cobrar uma taxa do vendedor para oferecer esse serviço.)

O gerenciamento de desembolsos é, evidentemente, o contrário exato dos recebimentos. Exceto nos casos em que o pagamento imediato reduz os juros cobrados (por exemplo, um empréstimo bancário em que os juros devidos são calculados diariamente), a intenção é retardar o pagamento para que a empresa possa usar o dinheiro por mais tempo. Isso pode ser obtido efetuando pagamentos na sexta-feira, de modo que os cheques só possam ser compensados na semana seguinte, ou fazendo remessas de fundos sacados de bancos em outro local geográfico. Os destinatários dos cheques considerarão os fundos recebidos, embora a compensação dos cheques ainda possa demorar vários dias. Nesses casos, a empresa que desembolsa os fundos sacados contra um banco distante está aumentando a sua utilização do dinheiro à custa do destinatário do cheque.

Uma análise dos períodos de compensação de cheques pode sugerir maneiras de aumentar os fundos da organização. Por exemplo, suponha que uma empresa distribua cheques

TABELA 25.4
Velocidade de compensação de cheques.

Número de dias úteis para a compensação	Valor	Total cumulativo
1	$ 250.000	$ 250.000
2	250.000	500.000
3	120.000	620.000
4	80.000	700.000
5	70.000	770.000
6	60.000	830.000
7	60.000	890.000
8	40.000	930.000
9	25.000	955.000
10	15.000	970.000
Cheques ainda não compensados:	$ 30.000	

totalizando $ 1 milhão por todo o país. O gerente financeiro sabe que nem todos esses cheques serão compensados imediatamente. A Tabela 25.4 apresenta uma análise do tempo de compensação dos cheques. A primeira coluna informa o número de dias até a compensação e a segunda e terceira colunas apresentam o total diário e os totais cumulativos de cheques compensados. Como pode ser visto na ilustração, a empresa precisa de apenas $ 700 mil para honrar os cheques que são compensados nos quatro primeiros dias. Portanto, ela não precisa ter a quantia total de $ 1 milhão no banco quando o desembolso é feito. Se tivesse $ 1 milhão disponível agora, o gerente financeiro poderia investir esse dinheiro por alguns dias e ganhar juros, cuidando apenas para que haja fundos suficientes para cobrir os cheques conforme sejam compensados.

A capacidade do gerente financeiro de executar essa estratégia é reforçada por dois fatos. Primeiro, como a empresa obtém linhas de crédito de bancos comerciais, essas linhas podem ser usadas para cobrir os cheques, caso a compensação seja mais rápida que o previsto. Segundo, o mercado de investimentos de curto prazo é tão sofisticado que o gerente financeiro pode investir os fundos em excesso por períodos tão curtos quanto um único dia. Caso possa determinar que o dinheiro estará disponível por mais um dia, o gerente financeiro pode investi-lo por um período tão curto quanto este, em vez de deixá-lo ocioso.

TÍTULOS DO MERCADO MONETÁRIO E RENDIMENTO

As sobras de caixa de curto prazo podem ser investidas em ampla variedade de títulos do mercado monetário, inclusive papéis comerciais de empresas, certificados de depósito negociáveis emitidos por bancos ou títulos do Tesouro norte-americano. (No Capítulo 4, vários instrumentos do mercado monetário foram descritos na seção sobre fundos mútuos do mercado monetário.) Esses títulos com liquidez de curto prazo são comprados e vendidos no chamado *mercado monetário*. Esse nome diferencia os instrumentos de curto prazo dos instrumentos de longo prazo, como ações e títulos, que são negociados naquilo que às vezes é denominado *mercado de capitais*.

Embora existam muitos instrumentos do mercado monetário, todos têm características em comum. Todos os títulos do mercado monetário oferecem aos investidores rendimentos de curto prazo, liquidez e segurança do principal. Eles podem ser convertidos rapidamente em dinheiro com baixo risco de prejuízo. Conseqüentemente, esses instrumentos são um refúgio seguro para fundos que, de outra maneira, permaneceriam ociosos. Investidores individuais e gerentes financeiros de empresas (bem como governos e organizações sem fins lucrativos) podem investir nesses títulos e ganhar juros por curtos períodos.

Os rendimentos de instrumentos do mercado monetário são semelhantes, mas com algumas variações de acordo com o prazo e pequenas diferenças de risco. Por exemplo, em março de 2005 o rendimento de um CD negociável de três meses era de 2,99%, enquanto o CD negociável de seis meses pagava 3,24%. Os títulos do Tesouro, por serem considerados os instrumentos mais seguros do mercado monetário, são os que oferecem menor rendimento. O título de seis meses pagava 3,0%, ou 0,24% a menos que os 3,24% pagos pelo CD de seis meses. (Informações resumidas sobre índices estão disponíveis, convenientemente, em uma tabela do *The Wall Street Journal* chamada "Money Rates".)

Os instrumentos do mercado monetário são exemplos de títulos descontados. Eles não pagam uma taxa de juros definida; em vez disso, os títulos são vendidos com desconto. Embora a denominação para muitos instrumentos do mercado monetário seja $ 1 milhão, os títulos do Tesouro são vendidos em unidades de até $ 10 mil. Portanto, os títulos do Tesouro são um dos poucos títulos de curto prazo disponíveis a investidores individuais. (Os pequenos investidores participam indiretamente do mercado de instrumentos do mercado monetário ao adquirir cotas em fundos mútuos do mercado monetário, que investem em papéis comerciais, CD negociáveis e outros títulos do mercado monetário.)

Cálculo de Rendimentos

Como os instrumentos do mercado monetário são, em sua maioria, títulos descontados, a diferença entre o preço descontado e o valor nominal (ou valor de venda subseqüente) é a origem do retorno auferido pelo investidor. Por exemplo, um título de $ 10 mil, como um título do Tesouro norte-americano, é comprado por $ 9.791, sendo que a diferença de $ 209 entre o preço de venda e a quantia recebida quando o título é resgatado corresponde aos juros ganhos. (É também a quantia de juros que o emissor paga.) O valor dos juros e o período determinam o rendimento.

Infelizmente, a palavra "rendimento" é ambígua; ela pode ter mais de um significado. Você pode calcular o rendimento de desconto, o rendimento simples ou o rendimento composto anualizado.

O rendimento de "desconto" (y_d) e calculado da seguinte maneira:

$$y_d = \frac{\text{Valor nominal} - \text{Preço}}{\text{Valor nominal}} \times \frac{360}{\text{Dias até o vencimento}}. \qquad \textbf{25.5}$$

No exemplo anterior, o "rendimento de desconto" é:

$$y_d = \frac{\$\,10.000 - \$\,9.791}{\$\,10.000} \times \frac{360}{180} = 4,18\%.$$

O rendimento de desconto subestima o rendimento real, porque usa (1) o valor nominal e não a quantia que o indivíduo precisa investir, e (2) um ano de 360 dias.

Há um método alternativo que corrige ambos os problemas. O cálculo do rendimento "simples" (y_s) é:

$$y_s = \frac{\text{Juros ganhos}}{\text{Quantia investida}} \times \frac{360}{\text{Dias até o vencimento}}. \qquad \textbf{25.6}$$

Nesse exemplo, o rendimento simples é:

$$y_s = \frac{\$\,209}{\$\,9.791} \times \frac{365}{180} = 4,33\%.$$

O índice é mais alto que a taxa de desconto, pois usa a quantia investida ($ 9.791) em vez do valor do principal ($ 10 mil) no denominador e 365 dias em vez de 360 dias.

O rendimento simples, porém, não é a taxa anualizada real quando os juros compostos são levados em consideração. No exemplo anterior, o investimento tem um prazo de 180 dias, o que significa que o investidor pode repetir o processo duas vezes por ano. O rendimento "composto" anualizado (i) é determinado pela seguinte equação:

$$\$\,9.791(1 + i)^n = \$\,10.000$$

Solução com Calculadora

Tecla de função	Entrada de dados
PV =	-9.791
PMT =	0
FV =	10.000
N =	0,49315
I =	?
Tecla de função	Resposta
FV =	4,38

em que n é 180/365 ou 0,49315. Em outras palavras, a pergunta é: a que taxa $ 9.791 cresce para $ 10.000 em 0,49315 de um ano? A solução para a taxa de juros composta que o emissor está pagando e o investidor está recebendo é:

$$\$\,9.791(1 + i)^{0,49315} = \$\,10.000$$
$$(1 + i)^{0,49315} = \$\,10.000/\$\,9.791 = 1,02135$$
$$i = (1,02135)^{2,0278} - 1 = 4,38\%.$$

Portanto, a rentabilidade composta anualizada real é de 4,38%. ($[1,02135]^{2,0278}$ pode ser determinado usando uma calculadora eletrônica com uma tecla y^x. Digite 1,02135; pressione a tecla y^x; digite 2,0278 e pressione =.)

No exemplo, a diferença entre a taxa anualizada real e a taxa simples é pequena (4,38% contra 4,33%). Entretanto, conforme o período diminui (o que aumenta a freqüência da aplicação de juros compostos) e o valor do desconto aumenta (o que gera mais ganhos com juros), a diferença entre os dois cálculos aumenta. Suponha que você compre um título do Tesouro por $ 9.560 e o venda por $ 9.630 depois de 30 dias. A taxa simples é:

Solução com Calculadora

Tecla de função	Entrada de dados
PV =	-9.560
PMT =	0
FV =	9.630
N =	0,8219
I =	?
Tecla de função	Resposta
FV =	9,28

$$\frac{\$70}{\$9.560} \times \frac{365}{30} = 8{,}91\%.$$

A taxa de juros composta anualizada real é:

$$\$9.560(1+i)^{30/365} = \$9.630$$
$$\$9.560(1+i)^{0,08219} = \$9.630$$
$$(1+i)^{0,08219} = \$9.630/\$9.560 = 1{,}007322$$
$$i = (1{,}007322)^{12,1669} - 1 = 9{,}28\%.$$

A diferença entre a taxa simples e a taxa composta real é maior que no exemplo anterior.

A taxa de desconto e a taxa simples fornecem uma indicação menos precisa do rendimento anual real que está sendo obtido. Para optar entre vários instrumentos do mercado monetário com diferenças de preço, juros pagos e horizontes de tempo (e, portanto, diferenças na aplicação de juros compostos), é necessário que o gerente financeiro determine o rendimento real de cada título. A aplicação indiscriminada da taxa de desconto ou da taxa simples pode levar à escolha de um título com menor rendimento. O gerente financeiro pode selecionar uma alternativa com menor rendimento por uma razão válida, como um título de Tesouro em detrimento de um papel comercial, porque é a menos arriscada das duas alternativas. Mas isso é diferente de selecionar um título em vez de outro com base em estimativas imprecisas dos respectivos rendimentos.

RESUMO

Este capítulo abordou os ativos correntes de uma empresa. A forma como esses ativos são gerenciados e financiados constitui a política de capital de giro da empresa. Em geral, o custo de fundos de curto prazo é menor que o custo de fundos de longo prazo. Portanto, o uso do crédito de curto prazo tende a aumentar a lucratividade da empresa. Entretanto, as fontes de financiamento de curto prazo são mais arriscadas, já que elas precisam ser resgatadas ou renovadas no prazo máximo de um ano. As condições podem ser mais onerosas ou os custos maiores quando a empresa refinanciar essas obrigações de curto prazo.

O estoque é adquirido e vendido, gerando contas a receber ou caixa. Para facilitar o fluxo de ativos correntes através da empresa, o gerente financeiro analisa a velocidade de giro do estoque e das contas a receber e determina o nível de estoque a ser adquirido e mantido usando o modelo de lote econômico de compra (LEC).

O estoque é vendido à vista ou a crédito. A adoção de uma política de crédito mais tolerante pode gerar um aumento das vendas. Entretanto, o aumento das vendas a crédito exigirá que a empresa arque com mais contas a receber, que precisam ser financiadas. A política de crédito da empresa é um componente vital do gerenciamento do capital de giro, pois é ela que determina quem receberá crédito, em que condições e como será garantido o cumprimento dessas condições. O gerente financeiro lida com um dilema econômico típico: mais vendas com crédito mais fácil, mas com o custo adicional de manutenção das contas a receber. Tendo sido estabelecida a política de crédito, o gerente financeiro monitora a cobrança das contas a receber por meio de índices de giro e cronogramas de envelhecimento, que identificam as contas de recebimento mais lento.

O aumento do giro do estoque ou das contas a receber gera mais dinheiro em caixa, que pode ser usado para adquirir outros ativos geradores de renda ou para resgatar a dívida. Caso haja um descompasso temporário entre as entradas de caixa e o desembolso subseqüente, os fundos podem ser investidos em instrumentos do mercado monetário, inclusive títulos do Tesouro norte-americano, *commercial paper* (papéis comerciais) de empresas e certificados de depósito negociáveis. Os instrumentos do mercado financeiro são um refúgio seguro para fundos que são investidos por curtos períodos. Esses instrumentos oferecem ao gerente financeiro uma maneira de aumentar a lucratividade beneficiando-se das taxas de juro do mercado monetário em vez de manter os fundos em caixa sem gerar juros.

REVISÃO DOS OBJETIVOS

Tendo concluído este capítulo, você deverá ser capaz de

1. Definir capital de giro, capital de giro líquido, política de capital de giro (página 396).
2. Isolar o risco e as vantagens de uma política de capital de giro agressiva que enfatize o financiamento da dívida de curto prazo e não de longo prazo (páginas 399-401).
3. Explicar como o ciclo operacional gera flutuações na necessidade de ativos correntes (páginas 401-404).
4. Diferenciar lucros de dinheiro em caixa (página 401).
5. Calcular o lote econômico de compra (LEC) (páginas 405-411).
6. Determinar os estoques máximo, médio e mínimo usando o modelo LEC (página 412).
7. Enumerar os componentes da política de crédito (páginas 413-414).
8. Determinar se uma alteração da política de crédito aumentará os lucros (páginas 414-416).
9. Calcular os diferentes rendimentos anuais de um título descontado do mercado monetário (página 421).

PROBLEMAS

1. Uma empresa precisa de $ 1 milhão em fundos adicionais. Esses fundos podem ser obtidos contraindo um empréstimo de um ano em um banco comercial à taxa de 6% ou um empréstimo de cinco anos em uma seguradora à taxa de 9%. A alíquota fiscal é 30%.
    a. Qual será o lucro da empresa em ambos os casos, sabendo-se que seu lucro antes dos juros e impostos (Ebit) é de $ 430 mil?
    b. Se o Ebit permanecer em $ 430 mil no próximo ano, qual será o lucro da empresa em ambos os casos, se a taxa de juros de curto prazo for de 4%? E se a taxa de juros de curto prazo for de 14%?
    c. Por que os lucros tendem a flutuar mais com o uso de dívida de curto prazo do que com dívida de longo prazo? Se a dívida de longo prazo tivesse uma taxa de juros variável que flutuasse de acordo com as alterações das taxas de juro do mercado, o uso da dívida de curto prazo continuaria sendo mais arriscado que o uso da dívida de longo prazo?
2. A seguinte estrutura de taxas de juros é fornecida:

Prazo do empréstimo	Taxa de juros
1 ano	3%
2 anos	4%
5 anos	6%
10 anos	8%

Sua empresa precisa de $ 2 mil para financiar seus ativos. São relacionadas a seguir três possíveis combinações de fontes de financiamento:

(1)				(2)			
Ativos	$ 2.000	Passivos	$ 0	Ativos	$ 2.000	Passivo (empréstimo de um ano)	$ 800
		Patrimônio líquido	2.000			Patrimônio líquido	2.000

(3)			
Ativos	$ 2.000	Passivos	$ 800
		Passivo (empréstimo de dez anos)	1.200

a. A empresa espera gerar receitas de $ 2.400 e ter despesas operacionais de $ 2.080. Se a alíquota fiscal da empresa for 40%, qual será o retorno sobre o patrimônio líquido em cada caso?

b. Durante o segundo ano, as vendas caem para $ 2.100 e as despesas operacionais, para $ 1.900. A estrutura de taxas de juros passa a ser:

Prazo do empréstimo	Taxa de juros
1	ano 6%
2	anos 7%
5	anos 8%
10	anos 10%

Dadas as mesmas três alternativas do ano anterior, qual seria o retorno sobre o patrimônio da empresa durante o segundo ano?

c. Qual é a implicação do uso de dívida de curto prazo, em vez de dívida de longo prazo, durante esses dois anos?

3. a. Qual é o LEC de uma empresa que vende 5 mil unidades, se o custo de realização de uma compra for $ 5 e o custo de manutenção do estoque for de $ 3,50 por unidade?

b. Qual será a duração do LEC? Quantas compras serão feitas anualmente?

c. O gerente financeiro determina que, em função da queda das taxas de juro, se reduza o custo de manutenção do estoque para $ 1,80 por unidade. Quais são o novo LEC e o número anual de compras?

Dadas as seguintes informações:

Unidades vendidas por ano	30.000
Custo da realização de uma compra	$ 60,00
Custo de manutenção por unidade	$ 1,50
Unidades existentes no estoque de segurança	300

a. Qual é o LEC?
b. Qual é o estoque médio baseado no LEC e no estoque de segurança existente?
c. Qual é o nível máximo de estoque?
d. Quantas compras serão feitas anualmente?

4. A empresa Vidros Taylor tem vendas anuais de $ 1,75 milhão. Embora ela conceda crédito com prazo de 30 dias (n30), as contas a receber estão 20 dias atrasadas. Qual é a média de contas a receber em aberto e quanto a empresa economizaria em gastos com juros se os clientes pagassem em dia, sabendo-se que a manutenção das contas a receber custa à Vidros Taylor 10%?

5. Para aumentar as vendas, a administração está considerando a possibilidade de reduzir seus padrões de crédito. Espera-se que isso aumente as vendas em $ 125 mil. Infelizmente, também é previsto que 7% das vendas serão não cobráveis. O giro das contas a receber deverá ocorrer seis vezes por ano e a manutenção das contas a receber custa à empresa 10%. Os custos de cobrança serão 4% das vendas e o custo dos produtos adicionais vendidos será de $ 64 mil. O lucro aumentará?

6. Se as vendas de uma empresa são de $ 1,5 milhão e a manutenção dos ativos correntes custa 9%, qual será a economia potencial se a administração conseguir aumentar o giro do estoque de 3 para 4 vezes ao ano e aumentar o giro das contas a receber de 4,5 para 6 vezes por ano?

7. Em 1º de janeiro, a Oficina do Paulo tinha as seguintes contas a receber:

Conta a receber	Quantia devida	Dias em aberto
A	$ 1.000	35
B	2.500	42
C	1.500	57
D	3.500	29
E	1.200	48
F	3.100	52
G	1.700	39

Em 1º de março, as contas a receber da empresa eram:

Conta a receber	Quantia devida	Dias em aberto
A	$ 2.000	28
B	1.500	51
C	1.800	47
D	2.500	63
E	3.500	42
F	1.200	40
G	2.700	56

A oficina oferece prazos de pagamento de 30 dias corridos. Construa cronogramas de envelhecimento mostrando o valor e a porcentagem das contas a receber totais que estão com atraso de 0, 10, 20 e 30 dias. Houve alguma alteração nos recebimentos da empresa?

8. A ELLA T. Ltda. tem vendas anuais de 5.000 unidades; a administração decide estabelecer o modelo LEC. A empresa tem dois fornecedores possíveis:

Fornecedor A	Custos de envio $ 1.000
	Custo de manutenção por unidade $ 74
Fornecedor B	Custos de envio $ 800
	Custo de manutenção por unidade $ 80

   a. Qual é o LEC para cada fornecedor?
   b. Se a empresa estabelecer um estoque de segurança de 100 unidades, qual será o estoque médio para ambos os fornecedores?
   c. Qual será o estoque máximo e mínimo esperado da empresa com cada fornecedor?
   d. Se a entrega demora oito dias, qual será o nível de estoque da empresa quando ela fizer uma compra do fornecedor A?

9. A Brinquedos Gigantes Ltda. vende 100 mil unidades da Bolha Gigante. Atualmente, o estoque é financiado por empréstimos contraídos na rede bancária. A Brinquedos Gigantes paga $ 12,20 por Bolha Gigante. O custo de manutenção do estoque é de $ 3,20 por unidade e o custo do pedido de reposição do estoque é $ 400. Como as Bolhas Gigantes são importadas, a entrega geralmente demora 20 dias, podendo chegar até 30 dias. Para gerenciar o estoque com mais eficiência, a administração da Brinquedos Gigantes Ltda. decidiu usar o modelo LEC, além de um estoque de segurança, para determinar os níveis de estoque.

   a. Qual é o lote econômico de compra?
   b. Hoje é 1º de janeiro e o nível de estoque é de 10 mil unidades; quando o primeiro pedido deverá ser feito com base no lote econômico de compra?

c. A administração quer ter sempre uma quantidade suficiente de Bolhas Gigantes em estoque. Como a administração considera que os atrasos na entrega são a principal causa do esgotamento do estoque, qual deveria ser o estoque de segurança?
   d. Segundo a análise anterior, quais são o estoque máximo, o estoque mínimo e o estoque médio?
   e. Se as vendas de Bolhas Gigantes dobrarem, o estoque médio também dobrará?

10. A Empresa X tem vendas de $ 5 milhões; $ 3 milhões são em dinheiro, mas dois clientes que geram vendas de $ 2 milhões pagam com prazo de 30 dias. A administração acredita que as vendas aumentarão 20% se todos os clientes tiverem 30 dias para pagar. Dadas as informações a seguir, a empresa deve alterar a sua política de crédito?
   a. O custo dos produtos adicionais vendidos é de 70% das vendas.
   b. O custo das análises de cadastro e procedimentos de cobrança será de $ 5 mil.
   c. O nível de inadimplência das novas vendas será de 3%.
   d. O custo da captação dos fundos necessários para arcar com as contas a receber é de 12%.

11. Se você adquirir um certificado de depósito negociável de curto prazo (90 dias) de $ 10 mil por $ 9.814, quais são o rendimento de desconto, o rendimento simples e o rendimento composto real?

12. Qual é o rendimento composto de um título do Tesouro que custa $ 98.760 e será resgatado por $ 100 mil após 90 dias? Qual seria o valor do retorno adicional obtido se você tivesse adquirido um papel comercial de 90 dias, no valor de $ 100 mil, por $ 98.478?

13. Qual é a taxa de juros composta real de um contrato de recompra em que você adquire um título do Tesouro por $ 76.789 e compromete-se a vendê-lo após um mês (30 dias) por $ 77.345? Qual é o taxa de juros composta que você pagará se vender um título do Tesouro por $ 76.789 e recomprá-lo após 30 dias por $ 77.345?

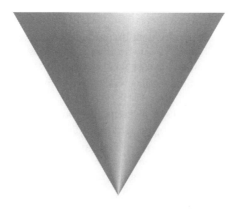

GERENCIAMENTO DO PASSIVO DE CURTO PRAZO

Ralph Waldo Emerson escreveu: "Pague cada dívida como se Deus tivesse redigido a fatura". Os credores de curto prazo, embora não sejam Deus, possuem um poder substancial. Quando uma empresa enfrenta dificuldades financeiras, o problema geralmente resulta da sua incapacidade de pagar seus credores de curto prazo. Mesmo organizações dotadas de ativos de longo prazo de qualidade podem ser levadas à falência se não conseguirem honrar suas obrigações correntes. Esse problema não está limitado às empresas. Governos e organizações de caridade também podem ir à falência se não conseguirem resgatar seu passivo circulante na data de vencimento.

Poucas empresas podem existir sem fundos de curto prazo. A Washington Real Estate Trust, uma empresa que tem propriedades e as aluga a terceiros, possui poucas obrigações de curto prazo. (Em 2004, $ 33 milhões de um passivo total de $ 645 milhões eram de curto prazo.) Em outros casos, uma grande proporção das obrigações da dívida de uma empresa é de curto prazo. O Goldman Sachs, grande banco de investimentos e distribuidor de títulos e valores mobiliários, declarou ativos de $ 531,4 bilhões, dos quais 70,5% eram financiados por diversas obrigações de dívida de curto prazo. Isso corresponde a uma dívida de curto prazo de $ 395,8 bilhões.

Os bancos comerciais são uma fonte importante de financiamento de curto prazo para empresas de grande e pequeno portes, em especial fabricantes, atacadistas e varejistas. Exceto quando a empresa é excepcionalmente arriscada, os bancos comerciais são, provavelmente, a mais importante fonte individual de fundos de curto prazo. A primeira seção deste capítulo concentra-se nos empréstimos de curto prazo feitos por bancos comerciais.

Muitas empresas usam seus fornecedores como fonte de fundos. Esse crédito comercial espontâneo é uma das principais fontes de financiamento de curto prazo para empresas de pequeno porte, especialmente varejistas. As empresas maiores e com crédito podem recorrer a fontes alternativas de crédito comercial, como os *commercial papers*, que são notas promissórias sem garantia emitidas por uma empresa que goze de excelente avaliação de crédito. Em virtude da ausência de garantia, o uso de *commercial paper* é limitado basicamente às grandes companhias. Embora os empréstimos bancários, o crédito comercial e os *commercial papers* sejam as principais fontes de financiamento de curto prazo, há outras fontes, como empréstimos garantidos, financiamento de armazéns e *factoring*.

O Capítulo 12 abordou diversos tipos de títulos corporativos, que são fontes de recursos de longo prazo. Este capítulo discute as fontes de curto prazo. (As fontes de médio prazo e os arrendamentos serão discutidos no próximo capítulo.) São descritas as condições gerais de cada fonte e incluídos exemplos da determinação da verdadeira taxa efetiva que está sendo paga pelo tomador. Como a terminologia usada para cada fonte varia, é difícil compará-las. A determinação da taxa de juros verdadeira estabelece um denominador comum para todas as fontes. Sem esse denominador comum, não haveria uma base efetiva para optar entre empréstimos de bancos comerciais, *commercial papers* ou crédito comercial.

PROVISÕES

No Capítulo 25, o ciclo operacional mostrou como a condução normal dos negócios gera acumulações. Salários, impostos e outras obrigações de curto prazo são acumulados com o passar do tempo. Subseqüentemente, essas acumulações são pagas em uma data específica.

Como o valor pago aos empregados (ou os impostos acumulados devidos ao governo, ou qualquer outra provisão) não é afetado pela data em que os pagamentos são realizados, é comum que as acumulações sejam encaradas como uma fonte gratuita de fundos. Se a administração conseguir convencer os empregados a trocar o pagamento quinzenal por mensal, as acumulações aumentarão. Esse aumento é uma fonte de financiamento, pois permite à empresa usar os fundos por mais tempo. De fato, a companhia está recebendo um empréstimo isento de juros de seus funcionários, que não são compensados pela maior espera até o pagamento.

Embora as empresas (assim como os governos ou as organizações sem fins lucrativos) possam usar esses recursos sem ônus, há limites para a expansão das acumulações como fonte de fundos. Ainda que saibam que seus salários não podem ser pagos diariamente, os trabalhadores não esperarão vários meses pelo pagamento. Portanto, o aumento das acumulações como fonte adicional de financiamento de curto prazo não é uma alternativa realista. Uma empresa com carência de financiamento de curto prazo terá de recorrer às fontes de curto prazo descritas neste capítulo.

EMPRÉSTIMOS DE BANCOS COMERCIAIS

Os bancos comerciais preocupam-se com a liquidez e a segurança do principal. Eles preferem fazer empréstimos de curta duração e, portanto, são uma das principais fontes de financiamento de curto prazo. Embora praticamente qualquer tipo de empresa possa obter um empréstimo bancário, os principais tomadores são atacadistas e varejistas. As empresas que têm grandes investimentos em ativos fixos não usam financiamentos bancários de curto prazo para adquirir esses ativos, porque esse tipo de financiamento seria inadequado. Os ativos de longo prazo devem ser financiados por instrumentos de longo prazo, como títulos ou patrimônio líquido. Atacadistas e varejistas, porém, operam com ativos de curto prazo, e os empréstimos bancários são um meio apropriado de financiar esses ativos.

Um empréstimo de um banco comercial é um pacote negociado entre o tomador e o banco. O pacote negociado inclui o valor do empréstimo, a data de vencimento, o total de juros, eventuais condições de garantia (ou seja, a alienação de ativos específicos), a subordinação da dívida e outras limitações impostas às atividades financeiras da empresa. Como está emprestando fundos próprios, geralmente o banco está em uma posição que lhe permite impor restrições financeiras. Por exemplo, o banco pode exigir que a empresa mantenha um índice de liquidez corrente mínimo (por exemplo, 2:1) ou impor limitações ao pagamento de dividendos.

A empresa pode tomar determinada quantia em empréstimo ou pode negociar o direito de receber dada quantia em empréstimo. O primeiro caso gera uma nota promissória; o segundo resulta no que é conhecido como uma linha de crédito. Uma **nota promissória** é um contrato entre o tomador e o banco comercial relativo a uma quantia específica durante certo período.

> **Nota promissória**
> Documento especificando a quantia devida, a taxa de juros, a data de vencimento e outras características de um empréstimo.

Quando a nota é assinada ("executada"), os fundos são creditados na conta do tomador no banco. A nota especifica a taxa de juros, as exigências de garantias (caso existam) e o cronograma de pagamento. A quitação do empréstimo pode ser feita por meio de um único pagamento ou de uma série de pagamentos divididos no tempo.

Uma **linha de crédito** é um acordo informal (não contratual) que concede à empresa o direito de contrair empréstimos até um valor máximo especificado sempre que precisar de fundos. Por exemplo, digamos que o gerente financeiro tenha obtido uma linha de crédito de $ 500 mil. Se a empresa precisar de $ 100 mil para financiar o estoque, o gerente financeiro

> **Linha de crédito**
> Acordo informal no qual o banco concede o direito de sacar fundos em empréstimo (a critério do mutuário) até uma quantia especificada.

sacará $ 100 mil da linha de crédito. Com isso, a empresa terá um empréstimo em aberto de $ 100 mil, mas ainda poderá emprestar mais $ 400 mil, se necessário. A linha de crédito proporciona ao tomador a flexibilidade de usar o crédito somente quando ele for necessário. Nesse tipo de acordo, a companhia dispõe de uma fonte de financiamento de curto prazo, mas não precisa usar esses fundos. Só há pagamento de juros quando a empresa efetivamente usa o empréstimo.

Uma alternativa à linha de crédito é o **contrato de crédito rotativo**. O crédito rotativo é semelhante à linha de crédito, no sentido de que o banco se dispõe a conceder à empresa créditos até um limite especificado sempre que ela precisar de fundos. Entretanto, a linha de crédito é um acordo informal, ao passo que o crédito rotativo é uma obrigação formal

> **Contrato de crédito rotativo**
> Contrato formal em que o banco concede o direito de sacar fundos em empréstimo até uma quantia especificada dentro de um período especificado.

assumida contratualmente pelo banco. O contrato tem um limite de tempo (geralmente variando de um ano a 15 meses), após o qual as condições são renegociadas. O banco cobra uma taxa contratual (taxa de consignação) pelo estabelecimento do crédito rotativo, que geralmente corresponde a 0,25% do total de crédito concedido. Por exemplo, um acordo de crédito rotativo de $ 10 milhões implica no pagamento de $ 25 mil.

As taxas cobradas pelos bancos comerciais para estabelecer linhas de crédito rotativo podem ser pagas no início ou no final do período contratado. Se for cobrada exclusivamente para estabelecer o crédito, a taxa é paga antecipadamente. Se a taxa for relativa ao saldo não utilizado, o banco não terá como saber esse valor antes do final do período contratado. Essas diferenças podem ser vistas nos seguintes exemplos de condições:

Banco A: $ 1 milhão de crédito rotativo por um ano, a 10%, com uma taxa de 0,5% sobre o total do empréstimo.
Banco B: $ 1 milhão de crédito rotativo por um ano, a 10%, com uma taxa de 0,5% sobre o saldo não utilizado do empréstimo.
Banco C: $ 1 milhão de crédito rotativo por um ano, a 10%, com uma taxa de 0,25% do total do empréstimo mais 0,25% do saldo não utilizado do empréstimo.

O Banco A deverá pagar $ 5 mil quando o crédito rotativo for concedido, independentemente de usá-lo ou não. Se o tomador não tiver esses $ 5 mil, poderá usar o próprio crédito para pagar a taxa. O Banco B deverá pagar $ 5 mil somente se o crédito não for utilizado. Naturalmente, esse pagamento não pode ser feito quando o crédito for concedido. (É comum que os bancos cobrem essa taxa em prestações mensais em vez de esperar até o final do período.) O Banco C deverá pagar inicialmente $ 2.500, com o restante dependendo do uso do crédito rotativo.

Os contratos de crédito rotativo geralmente são usados por grandes empresas e seu valor pode ser substancial. A VF Corporation, fabricante dos jeans Wrangler, roupas Healthtex e calçados Riders, declarou em seu relatório anual de 2004 que possuía uma linha de crédito rotativo isento de garantia de até $ 750 milhões. Como os empréstimos de crédito rotativo podem ser substanciais, em geral o banco distribui parte dos empréstimos por um grupo de bancos que participam do contrato de crédito rotativo.

O crédito rotativo, assim como a linha de crédito, é usado para financiar ativos de curto prazo. Entretanto, a empresa também pode usar o crédito rotativo para financiar o desenvolvimento de ativos de longo prazo. Por exemplo, uma empresa pode recorrer ao seu crédito rotativo para financiar a construção de instalações ou a aquisição de equipamentos. Ao término da construção, o crédito rotativo é transformado em um empréstimo de médio prazo ou a empresa quita o saldo pendente. Isso pode ser feito por meio da emissão de títulos de longo prazo, aumento de patrimônio líquido ou outra fonte de fundos que esteja disponível ao tomador.

Custo do Crédito em Bancos Comerciais

Os custos das linhas de crédito e do crédito rotativo, bem como suas taxas de juros efetivas, dependem das taxas de consignação cobradas, dos juros pagos, da quantia emprestada e do período em que a empresa usa esses fundos. Por exemplo, uma empresa obtém um crédito rotativo de $ 1 milhão à taxa anual de 6% (0,5% ao mês), além de uma taxa de comprometimento de 0,75% sobre o saldo *não utilizado*. Se a empresa usar o total de $ 1 milhão, pagará juros anuais de $ 60 mil. Se usar somente $ 600 mil no ano, o custo dos juros será $ 36 mil ($ 600.000 x 0,06) *mais* 0,75% do saldo não utilizado de $ 400 mil ($ 400.000 x 0,0075 = $ 3.000). A quantia total paga pelo uso de $ 600 mil será $ 39 mil ($ 36.000 + $ 3.000). Mesmo que não use o crédito, a empresa terá de pagar a taxa de comprometimento de $ 7.500, que é o custo de obter o crédito, mas não usá-lo.

Além das condições, o custo de um empréstimo bancário também varia de acordo com a qualidade do tomador. Os melhores riscos de crédito do banco pagam a *prime rate*[1]. Outros clientes podem ter de pagar a *prime rate* mais uma porcentagem, como 2%. Assim, se a *prime rate* for 6,5%, a taxa cobrada de outros clientes será 8,5%. Se a *prime rate* aumentar, o custo dos outros empréstimos também aumentará; portanto, qualquer taxa de juros vinculada à *prime rate* varia de acordo com essa taxa.

> **Prime rate**
> Taxa de juros cobrada pelos bancos comerciais em empréstimos aos seus melhores clientes.

Durante períodos de restrição de crédito, a *prime rate* pode aumentar muito rapidamente. Por exemplo, a *prime rate* era de 11,5% em julho de 1979, 15,5% em dezembro de 1979 e 20% em abril de 1980. O aumento de 11,5% para 20% ocorreu em *menos de um ano*. O período de julho de 1979 a abril de 1980 é atípico, mas ilustra a volatilidade potencial das taxas de juros de curto prazo.

Embora os bancos comerciais freqüentemente cobrem a *prime rate*, alguns credores corporativos de grande porte conseguem negociar empréstimos com juros abaixo dessa taxa.

---

[1] Taxa de juros básica utilizada por bancos comerciais norte-americanos em empréstimos a clientes preferenciais. (NRT)

Muitos empréstimos comerciais concedidos a empresas pelos maiores bancos do país são feitos a uma *prime rate* com desconto. Isso significa que, na prática, existem duas *prime rates*: a taxa anunciada e a taxa descontada, que está disponível para grandes tomadores corporativos.

Como o custo efetivo de um empréstimo bancário (ou de qualquer outro empréstimo) pode não corresponder à taxa de juros declarada, é importante ter meios para determinar a verdadeira taxa efetiva. Esse custo está relacionado aos juros pagos, à quantidade de fundos que o tomador pode usar e ao prazo do empréstimo. O banco comercial pode aumentar o custo de um empréstimo alterando a quantia que o tomador pode usar ou a duração do empréstimo.

A Equação 26.1 pode ser usada para calcular a taxa de juros simples de um empréstimo (i_{CB}) que é pago *com juros no vencimento*.

$$i_{CB} = \frac{\text{Juros pagos}}{\text{Valor do empréstimo que o mutuário pode usar}} \times \frac{12}{\text{Número de meses que a empresa tem para usar esse valor}}. \quad \textbf{26.1}$$

Essa equação só é apropriada se os juros e todas as demais taxas aplicáveis forem pagos no final do período e o empréstimo não for renovado, de modo que não haja juros compostos (ou seja, os juros são simples).

O uso dessa equação pode ser ilustrado por um exemplo simples, em que um tomador obteve um empréstimo de $ 1.000 com prazo de um ano e pagou $ 60 de juros ao quitar o empréstimo. Nesse caso, a taxa de juros é:

$$\frac{\$\,60}{\$\,1.000} \times \frac{12}{12} = 6\%.$$

Como o tomador usou os $ 1.000 durante todo o ano e pagou $ 60 para usar esses fundos, a taxa de juros verdadeira é de 6%.

Um método alternativo para determinar a taxa de juros expressa o problema em termos do valor do dinheiro no tempo. Esse exemplo tem uma única saída de caixa e uma única entrada de caixa. Para calcular a taxa de juros do empréstimo, a pergunta deve ser reformulada como "qual será a taxa de juros se eu emprestar $ 1.000 e pagar $ 1.060 após um ano?". Nesse formato, o cálculo será:

$$P_0(1+i)^n = P_n$$
$$\$\,1.000(1+i)^n = \$\,1.060$$
$$1+i = 1,06$$
$$i = 1,06 - 1 = 0,06 = 6\%.$$

Solução com Calculadora

Tecla de função	Entrada de dados
PV =	-1.000
FV =	1.060
PMT =	0
N =	1
I =	?

Tecla de função	Resposta
I =	6

Os 6% são os mesmos calculados anteriormente, porém essa abordagem produz taxas de juros compostas mais precisas se o empréstimo for renovado e os juros aplicáveis passarem a ser compostos e não simples.

A forma como os bancos (ou qualquer fonte de financiamento) podem aumentar a taxa de juros efetiva de um empréstimo pode ser ilustrada usando o exemplo simples anterior de um empréstimo de $ 1 mil com pagamento de juros de $ 60. Por exemplo, suponha que o tomador deva pagar os juros à vista (ou seja, o empréstimo tem um desconto antecipado). Nesse caso, o tomador não pode usar $ 1 mil, porque só recebe $ 940 ($ 1.000 − $ 60). Na prática, o tomador está pagando $ 60 pelo uso de $ 940, o que aumenta o custo do empréstimo para:

$$\frac{\$\,60}{\$\,940} \times \frac{12}{12} = 6,38\%.$$

O cálculo alternativo é:

$$\$ 940(1 + i)^1 = \$ 1.000$$
$$1 + i = 1,0638$$
$$i = 1,06 - 1 = 0,0638 = 6,38\%.$$

Solução com Calculadora

Tecla de função	Entrada de dados
PV =	-940
FV =	1.000
PMT =	0
N =	1
I =	?

Tecla de função	Resposta
I =	6,38

Os 6,38% são os mesmos da resposta calculada anteriormente. Observe que, como os juros já foram pagos, a saída de caixa será igual ao principal devido, $ 1 mil, e não $ 1.060.

Se a empresa precisar usar os $ 1 mil em sua totalidade, deverá contrair um empréstimo com valor superior a $ 1 mil. O valor do empréstimo necessário para cobrir os fundos necessários e os juros pagos antecipadamente é da seguinte forma:

$$\text{Valor do empréstimo} = \frac{\text{Fundos necessários}}{1,0 - \text{A taxa de juros declarada (como um decimal)}}. \quad 26.2$$

Portanto, o valor do empréstimo é $ 1.000(1,0 – 0,06) = $ 1.063,83. O gerente financeiro terá de tomar $ 1.063,83 emprestados para poder usar $ 1 mil e pagar os juros antecipadamente. Esse valor pode ser confirmado da seguinte maneira:

Quantia emprestada	$ 1.063,83
Juros pagos antecipadamente ($ 1.063,83 x 0,06)	63,83
Quantia disponível	$ 1.000,00

Como os juros pagos pelo uso de $ 1 mil durante um ano são de $ 63,83, a taxa de juros efetiva é da seguinte maneira:

$$\frac{\$ 63,83}{\$ 1.000} \times \frac{12}{12} = 6,38\%$$

ou

$$\$ 100(1 + i)^1 = \$ 1.063,83$$
$$i = 6,38\%.$$

Observe que os juros pagos são calculados sobre a quantia total emprestada, mas a taxa de juros efetiva baseia-se na quantia que o tomador efetivamente recebeu para sua utilização.

Outra maneira usada pelos bancos para alterar o custo de um empréstimo é exigir que o tomador pague uma taxa de abertura de crédito. Por exemplo, o banco pode cobrar 1% para processar o pedido e conceder o empréstimo. O empréstimo de $ 1 mil exigirá um pagamento imediato de $ 10, o que, exatamente como o desconto antecipado de um empréstimo, afeta a quantia que o tomador pode usar.

Se a empresa precisar usar os $ 1 mil em sua totalidade, deverá contrair um empréstimo com valor superior a $ 1 mil. O valor do empréstimo necessário para cobrir os fundos necessários e os juros pagos antecipadamente é da seguinte forma:

$$\text{Valor do empréstimo} = \frac{\text{Fundos necessários}}{1,0 - \text{Taxa de abertura de crédito (como um decimal)}}.$$

Portanto, o valor do empréstimo é de $ 1.000(1,0 – 0,01) = $ 1.010,10. O gerente financeiro terá de tomar $ 1.010,10 emprestados para poder usar $ 1 mil e pagar juros de $ 60,60. O valor do empréstimo pode ser confirmado da seguinte maneira:

Quantia emprestada	$ 1.010,10
Taxa de abertura de crédito ($ 1.010,10 x 0,01)	10,10
Quantia disponível	$ 1.000,00

Além das taxas de abertura de crédito, os bancos comerciais podem cobrar uma taxa sobre o saldo não utilizado de um empréstimo. Por exemplo, o tomador pode obter uma linha de crédito rotativo de $ 1 mil a 6%, com uma taxa incidindo sobre o saldo não utilizado. Se o tomador usar apenas $ 600, o banco cobrará uma taxa sobre o saldo não utilizado de $ 400. De fato, o tomador tinha a opção de emprestar esse dinheiro, mas não a utilizou. O banco é remunerado por meio dos juros cobrados sobre a quantia emprestada e da taxa cobrada sobre o saldo não utilizado. Portanto, se no exemplo essa taxa for de 2% sobre o saldo não utilizado e o tomador usar $ 600 durante todo o ano, o total pago pelo uso de $ 600 será $ 44 ($ 600 x 0,06 + $ 400 x 0,02). A taxa de juros será:

$$\frac{\$44}{\$600} \times \frac{12}{12} = 7,33\%$$

ou

$$\$600(1+i)^1 = \$644$$
$$1 + i = 1,0733$$
$$i = 1,0733 - 1 = 0,0733 = 7,33\%$$

Observe que o custo efetivo depende (1) dos juros pagos mais taxa, (2) da quantia emprestada e (3) do tempo ou duração do empréstimo dos fundos. Observe também que a taxa sobre o crédito não utilizado só pode ser calculada no final do período. Enquanto as taxas de abertura de crédito são pagas antecipadamente e subtraídas da quantia que o tomador pode utilizar, a taxa sobre o saldo não utilizado é somada aos juros pagos para determinar o custo efetivo do empréstimo.

No exemplo anterior, o tomador usou os $ 600 durante todo o período. Isso raramente acontece, porque a quantidade tomada em empréstimo (e o saldo não utilizado resultante) varia ao longo da duração do empréstimo. Suponha que o tomador tenha usado o empréstimo descrito anteriormente da seguinte maneira:

Meses	Quantia emprestada	Saldo não utilizado
1-3	$ 1.000	$ 0
4-9	300	700
10-12	0	1.000

Os juros e taxas para cada período seriam os seguintes:

Meses	Juros cobrados	Taxa sobre o saldo não utilizado
1-3	(0,25)(0,06)($ 1.000)	(0,25)(0,01)($ 0)
4-9	(0,50)(0,06)($ 300)	(0,50)(0,01)($ 700)
10-12	(0,00)(0,06)($ 0)	(0,25)(0,01)($ 1.000)

O total de juros é $ 15 + 9 + 0 = $ 24 e o total de taxas é $ 0 + 3,50 + 2,50 = $ 6,00; portanto, o custo total do empréstimo é $ 30. Qual é a taxa de juros? Isso depende da quantia emprestada, que é uma média ponderada:

$$(0,25)(\$1.000) + (0,5)(\$300) + (0,25)(\$0) = \$400.$$

Portanto, a taxa de juros é $ 30/$ 400 = 7,5%. Mais uma vez, a taxa declarada é menor que a taxa de juros efetiva cobrada sobre o total emprestado.

CRÉDITO COMERCIAL

Crédito comercial é o crédito concedido pelos fornecedores da empresa. Essa é a fonte mais importante de financiamento de curto prazo para empresas de pequeno porte. Uma concessão de crédito comercial ocorre quando o fornecedor entrega as mercadorias, mas não exige pagamento imediato. Em vez disso, o comprador pode optar entre pagamento imediato ou pagamento no futuro. Caso o pagamento seja imediato ou em curto prazo (por exemplo, em dez dias) o comprador pode receber um desconto – digamos, 2% sobre o preço da compra. Se o comprador não quitar o débito em dez dias, o pagamento total deverá ser feito dentro de um prazo especificado, como 30 dias. Essas condições são expressas como 2/10, líquido 30, o que significa um desconto de 2% aplicável ao pagamento dentro de dez dias ou o preço líquido (total) dentro de 30 dias.

> **Crédito comercial**
> Crédito concedido pelos fornecedores aos seus clientes.

O impacto do crédito comercial sobre os balanços do fornecedor e do varejista é o seguinte:

Fornecedor		Varejista	
Ativo	**Passivo**	**Ativo**	**Passivo**
Contas a receber ↑		Estoque ↑	Contas a pagar ↑
Estoque ↓			

O fornecedor troca uma conta a receber por estoque. O estoque do varejista aumenta, o que significa um uso de fundos. Esse uso deve ser compensado por uma fonte de fundos. A fonte é o aumento das contas a pagar. O aumento do passivo financia o aumento do estoque.

O crédito comercial pode ser extremamente vantajoso para empresas que precisam manter altos níveis de estoque. Conforme a empresa expande seu estoque, seus fornecedores expandem o crédito. A expansão do crédito comercial, portanto, é uma resposta *espontânea* à expansão do estoque e ocorre automaticamente sem que a companhia precise buscar crédito em outro lugar. Se a empresa puder girar seu estoque rapidamente, talvez consiga gerar caixa com velocidade suficiente para pagar os fornecedores sem ter de recorrer a outras fontes de crédito. Por exemplo, se os termos do crédito comercial forem líquido 30 (n30), a empresa poderá usar as mercadorias durante um mês antes que o pagamento seja devido. Se o estoque girar uma vez por mês, talvez o crédito comercial seja suficiente para cobrir todo o estoque. Se a empresa girar seu estoque apenas seis vezes por ano (a cada dois meses), o crédito comercial sustentará apenas metade do estoque. A administração deverá que encontrar outras fontes de financiamento para cobrir o estoque no segundo mês.

A questão importante a ser considerada pelo gerente financeiro é se o crédito comercial é a melhor fonte de financiamento para manter o estoque. Para isso é necessário comparar o crédito comercial ao custo e disponibilidade de outras fontes de financiamento. O custo do crédito comercial depende das condições do crédito. Se as condições forem de líquido em 30 dias (n30), o custo do crédito é nulo. O fornecedor já incorporou o custo da oferta de crédito ao preço das mercadorias. A não ser que o gerente financeiro consiga negociar um desconto para pagamento imediato, a empresa deverá usar esse crédito tanto quanto puder, pois não há qualquer vantagem em pagar antes do 30° dia.

Custo do Crédito Comercial

Se as condições forem 2/10, líquido 30, o crédito comercial não será gratuito. Talvez pareça que sim, porque o fornecedor está permitindo que o comprador use as mercadorias sem qualquer cobrança explícita de juros. Isso, porém, é uma interpretação equivocada do que constitui o *preço* das mercadorias e a *cobrança de juros*. Em termos financeiros, o preço do produto é o preço descontado, pois este é o que preço que o comprador pagará se tiver dinheiro disponível. O preço pleno, portanto, inclui tanto o preço descontado como uma penalidade por não pagar a fatura imediatamente. Essa penalidade deve ser tratada como a taxa de juros cobrada pelo uso das mercadorias. Se um item custa $100 e é fornecido com as condições 2/10, líquido 30, seu preço é $98 e a empresa tem dez dias para pagá-lo. Caso a empresa não pague em dez dias, serão cobrados encargos financeiros de $2 pelo uso do produto nos próximos vinte dias. Quando a situação é expressa nesses termos, a cobrança de juros torna-se evidente.

O ônus representado pelo crédito comercial pode ser detectado quando a taxa de juros (i_{TC}) é expressa em termos anuais. Esse cálculo da *taxa de juros simples* é fornecido na Equação 26.3.

$$i_{TC} = \left(\frac{\text{Desconto percentual}}{100\% \text{ menos o desconto percentual}} \right) \times \left(\frac{360}{\text{Período de pagamento menos período de desconto}} \right). \quad \textbf{26.3}$$

Os componentes da equação são o desconto percentual, o número de dias de validade do crédito (ou seja, o prazo de pagamento menos o período de desconto) e 360, que é o termo que converte o custo em uma base anualizada. (O uso de 360 é uma praxe comum que tem o efeito de subestimar a taxa de juros.) Quando os termos da equação são substituídos pelos respectivos valores, o custo do crédito é determinado. Para 2/10, n30, o custo do crédito comercial (i_{TC}) é:

$$i_{TC} = \left(\frac{0{,}02}{1 - 0{,}02} \right) \left(\frac{360}{30 - 10} \right) = 36{,}7\%.$$

Em uma base anual, 2/10, n30 custa 36,7%, o que é caro quando comparado a outras fontes de crédito. Como 36,7% é uma taxa simples, a taxa composta é ainda mais elevada. (O cálculo da taxa composta será ilustrado subseqüentemente.)

A Equação 26.3 pode ser usada para demonstrar os fatores que afetam o custo do crédito comercial. Como pode ser observado na equação, a taxa de juros do crédito comercial está relacionada (1) ao valor do desconto e (2) ao período no qual o comprador pode usar as mercadorias. Um aumento do valor do desconto aumenta o custo do crédito comercial. Um aumento do prazo de pagamento reduz o custo do crédito comercial.

Na prática, o aumento do desconto reduz o preço das mercadorias e aumenta o custo dos juros que incidem sobre a compra dessas mercadorias a crédito. Se o desconto passasse de 2% para 3% (3/10, líquido 30), a empresa pagaria $97 pelas mercadorias nos primeiros dez dias e uma penalidade de $3 pelo seu uso após o período de desconto. Usando a Equação 26.3, a taxa de juros fica:

$$i_{TC} = \left(\frac{0{,}03}{1 - 0{,}03} \right) \left(\frac{360}{30 - 10} \right) = 55{,}7\%.$$

O custo do crédito comercial agora é de 55,7%. O aumento do desconto, portanto, eleva o custo do crédito comercial, pois o desconto perdido é maior (os juros cobrados são mais altos). Conseqüentemente, um método que pode ser usado por um fornecedor que queira induzir o pagamento à vista é aumentar o desconto. Isso informa ao comprador que o crédito é mais caro e deve estimulá-lo a encontrar outra fonte de crédito e pagar o fornecedor imediatamente.

Um aumento do prazo de pagamento significa que o comprador pode usar as mercadorias por mais tempo; assim, o custo do crédito comercial é menor. Se o prazo de pagamento for aumentado de 30 para 60 dias (2/10, líquido 30 para 2/10, líquido 60), a taxa de juros passará a ser:

$$i_{TC} = \left(\frac{0{,}02}{1 - 0{,}02} \right) \left(\frac{360}{60 - 10} \right) = 14{,}7\%.$$

Ao aumentar o prazo de pagamento de 30 para 60 dias, o fornecedor reduziu a taxa de juros de 36,7% para 14,7%. A causa dessa redução do custo é, obviamente, o fato de que o comprador pode usar as mercadorias por mais 30 dias. Se o fornecedor quiser que os compradores usem o crédito comercial, o aumento do prazo de pagamento reduz o custo e tende a estimular o uso desse crédito.

Os cálculos anteriores subestimam as verdadeiras taxas de juros anualizadas, pois não consideram o impacto dos juros compostos. Se um fornecedor concede crédito como 2/10, n30 e cobra os valores a receber depois de 20 dias, o processo pode ser repetido a cada 20 dias. Os juros do fornecedor podem ser compostos mais de 18 vezes por ano.

Para determinar a taxa de juros composta, o crédito deve ser tratado como uma nota promissória com desconto e 2/10, n30 deve ser reformulado como a seguinte pergunta: *qual é a taxa* (i) que faz que $98 no início de um período (P_0) de 20 dias aumente para $100 no final desse período (P_n)? Ou seja:

$$P_0(1+i)^n = P_n$$

sendo n o número de dias no período de crédito dividido por 365. Se as condições do crédito forem 2/10, n30, então n será 20/365 e a equação a ser resolvida será:

$$98(1+n)^{20/365} = \$100.$$

A solução será:

$$(1+i)^{0,05479} = \$100/\$98 = 1,0204$$

$$i = (1,0204)^{18,25} - 1 = 1,4456 - 1 = 44,56\%.$$

A taxa de juros efetiva é de 44,56% quando a taxa de juros é composta 18,25 vezes por ano.[2]

Talvez você perceba mais facilmente o processo de determinação da taxa de juros se rearranjar os termos da seguinte maneira:

$$i = (P_n/P_0)^{365/n} - 1. \qquad 26.4$$

Solução com Calculadora

Tecla de função	Entrada de dados
P PV =	-98
FV =	100
PMT =	0
N =	0,05479
I =	?
Tecla de função	Resposta
I =	44,56

Observe que o cálculo é feito em várias etapas. Em primeiro lugar, a quantia futura é dividida pela quantia presente ($100/$98); em seguida, esse resultado é elevado a 365 dividido pelo número de dias (365/20); e, por fim, é subtraído 1,0. Ou seja:

$$i = (\$100/\$98)^{365/20} - 1 = 44,56\%.$$

Esse cálculo geral pode ser usado para determinar a taxa de juros composta por um crédito comercial com quaisquer condições.

Se uma empresa usa crédito comercial, quando deve fazer pagamentos? Caso pretenda pagar o preço com desconto, o pagamento deve ser feito na última data possível dentro do período de desconto. O preço cobrado pelo vendedor já inclui o custo de fornecer as mercadorias durante o período de desconto. Logo, o comprador deve aproveitar-se desse uso "gratuito" das mercadorias durante todo o período de desconto. Se o comprador não puder fazer o pagamento no final do período de desconto, deverá fazê-lo no final do prazo de pagamento. Tendo ultrapassado o período de desconto, o comprador arca com o custo do crédito comercial. Não há nada a ganhar fazendo esse pagamento antecipadamente. Se o pagamento for antecipado, o custo do crédito comercial aumentará, pois o comprador não terá usado o crédito durante todo o período.

---

[2] $(1,0204)^{18,25}$ pode ser determinado usando-se uma calculadora com uma tecla y^x. Digite 1,0204; pressione a tecla y^x; digite 18,25; pressione = e o resultado 1,4456 será calculado. Depois subtraia: 1,4456 − 1 = 44,56%.

Enquanto as condições do crédito comercial definem o custo desse crédito, o que afeta essas condições? O crédito comercial é competitivo e os fornecedores sabem que as condições que oferecem afetam a venda de seus produtos. O fornecedor pode aumentar suas vendas oferecendo condições mais generosas. Nesse caso, as condições do crédito são usadas para diferenciar um fornecedor de outro. Conforme cada fornecedor tenta estimular as vendas oferecendo crédito comercial, as condições das várias ofertas tendem a ser semelhantes, pois a concorrência força os fornecedores a oferecer condições comparáveis.

Se o crédito comercial tende a ser caro, por que é usado? Há várias explicações para isso. Em primeiro lugar, ele é conveniente. Ao adiar o pagamento para o final do prazo estipulado, o comprador recebe automaticamente o crédito comercial. Segundo, o crédito comercial evita questionamentos financeiros. Uma oferta pública de títulos está sujeita à legislação do mercado de valores mobiliários e um banco verifica o estado financeiro do tomador antes de conceder um empréstimo. O crédito comercial, porém, pode ser concedido por fornecedores que dispensam a análise financeira do comprador. Terceiro, o comprador pode não dispor de uma fonte alternativa de crédito. Embora o crédito bancário seja quase invariavelmente mais barato, talvez não esteja disponível. Os fornecedores, no entanto, precisam dar saída às suas mercadorias, e a oferta de crédito comercial pode ser uma maneira de conquistar compradores para essas mercadorias. Esses fornecedores geralmente são grandes empresas com fontes consolidadas de crédito. Eles podem tomar dinheiro emprestado a juros mais baixos de suas fontes e repassar esse crédito a pequenos varejistas por meio da oferta de crédito comercial.

Esta seção discutiu o funcionando e o custo do crédito comercial. Na prática, porém, o crédito comercial pode funcionar de maneira diferente. Os compradores podem alongar as condições do crédito (1) remetendo o preço descontado em vez do preço líquido após o período de pagamento ou (2) aproveitando-se do crédito e pagando após o prazo final. Essa última situação ocorre quando o comprador não vendeu o estoque e não dispõe de fundos para pagar o fornecedor. Essas práticas, evidentemente, reduzem o custo do crédito, pois a empresa pode usar os fundos por um período mais longo. Quando elas são utilizadas, cabe aos fornecedores decidir se forçam a aplicação das condições do crédito ou se adotam uma posição mais tolerante e deixam que o crédito seja alongado. Em muitos casos, os fornecedores podem não impor o cumprimento das condições porque precisam que os varejistas comprem suas mercadorias. Essas extensões de crédito, entretanto, não podem persistir indefinidamente. Em algum momento, o fornecedor terá de decidir com que rapidez deseja cobrar suas contas a receber. Embora possa ser tolerante a princípio e abrir mão da imposição das condições da negociação, seu custo de manutenção das contas a receber eventualmente o forçará a buscar o pagamento.

COMMERCIAL PAPERS

Commercial papers são notas promissórias sem garantia, de curto prazo, emitidas por uma corporação. A dívida é emitida em valores de $100 mil ou mais e geralmente vence em um período de dois a seis meses. A data de vencimento pode ser tão curta quanto um único dia e raramente ultrapassa nove meses (270 dias).

Como nenhum ativo específico garante os *commercial papers*, somente empresas com boa avaliação de crédito conseguem emitir esse tipo de dívida. Embora os papéis sejam emitidos por grandes empresas com excelente avaliação de crédito, ocasionalmente pode ocorrer inadimplência. Talvez o exemplo mais célebre seja o da Penn Central Railroad. A empresa emitiu *commercial papers* e foi forçada à falência quando não conseguiu resgatá-los no vencimento. Essa falha infringiu grandes perdas aos compradores desses papéis. Essas perdas, por sua vez, dificultaram a venda de *commercial papers* por outras empresas.

É possível comprovar a avaliação de crédito de uma empresa recorrendo a um serviço de avaliação de crédito. Esses serviços e suas respectivas avaliações para *commercial papers* são:

Moody's Investor Service: Prime 1 (P-1), Prime 2 (P-2) e Prime 3 (P-3).

Standard & Poor's Corporation: A1, A2 e A3.

Fitch Investors Service: F-1, F-2 e F-3.

P-1, A-1 e F-1 são as avaliações mais altas, obtidas somente pelas empresas consideradas melhores e mais seguras.

Embora companhias de vários tipos emitam *commercial papers*, os principais usuários são empresas financeiras e grandes grupos bancários, que respondem por cerca de três quartos de todos os *commercial papers* vendidos. Os papéis restantes são emitidos por fabricantes e empresas públicas. Os fabricantes os usam como fonte de fundos para suprir necessidades sazonais e as empresas públicas, para ajudar a financiar a construção de instalações e a compra de equipamentos. Tendo concluído a construção, a empresa vende novos títulos da dívida ou patrimônio líquido e usa os recursos obtidos com a venda para resgatar os *commercial papers*. Nesse caso, os *commercial papers* são usados como fonte temporária de recursos antes que a empresa obtenha um financiamento mais permanente.

As empresas que emitem *commercial papers* podem vendê-los diretamente aos compradores (*direct papers*). As vendas diretas exigem uma equipe de vendas ou os serviços de um banco de investimentos para colocar os papéis. Essas vendas diretas exigem um volume suficiente de *commercial papers* para justificar as despesas de venda e constituem o grosso dos *commercial papers* emitidos. As vendas restantes são feitas por meio de corretoras (*dealer paper*). Essas corretoras cobram pela venda dos papéis (por exemplo, $ 1.250 por uma quantia principal de $ 1 milhão).

Os *commercial papers* são adquiridos por bancos, seguradoras, instituições financeiras, fundos de pensão, departamentos fiduciários e empresas com excesso de liquidez que precisam de um investimento de curto prazo seguro. Os investidores individuais raramente têm recursos suficientes para participar do mercado de *commercial papers* porque eles são emitidos em grandes denominações, como $ 100 mil ou $ 1 milhão. Evidentemente, as pessoas físicas participam indiretamente ao adquirir cotas em fundos mútuos do mercado monetário que, por sua vez, adquirem esses papéis.

Para as empresas de grande porte, os *commercial papers* são um substituto para outros tipos de dívida de curto prazo e em geral são mais baratos que empréstimos bancários. O custo dos juros geralmente é 0,5% inferior à *prime rate*. Ao contrário dos empréstimos bancários, os *commercial papers* não impõem contratos restritivos. Isso é particularmente verdadeiro para os papéis com maior avaliação de crédito. Entretanto, a comunidade de investimentos freqüentemente exige que a empresa emissora disponha de linhas de crédito não utilizadas para garantir os papéis. Para obter essas linhas de crédito, a organização pode ter de pagar uma taxa de comprometimento. Portanto, para vender *commercial papers*, a empresa deve ser capaz de obter uma linha de crédito, embora não esteja sujeita a outras restrições que normalmente são impostas pelos bancos.

Os *commercial papers* não pagam juros fixos e constituem outro exemplo de nota descontada. Uma nota de $ 1 milhão com prazo de 180 dias pode ser vendida por $ 970 mil. No vencimento do papel, a empresa resgata $ 1 milhão de dívida e, assim, paga $ 30 mil pelo uso de $ 970 mil durante seis meses (180 dias). Para calcular a taxa de juros, a Equação 26.1, usada anteriormente para calcular o custo de um empréstimo bancário, pode ser reformulada de modo a calcular o custo de um *commercial paper*. Nesse exemplo, a *taxa de juros anual simples* de um commercial paper (i_{CP}) é:

$$i_{CP} = \frac{\text{Juros}}{\text{Quantia usada}} \times \frac{12}{\text{Número de meses até o vencimento}}$$

$$= \frac{\$\,30.000}{\$\,970.000} \times \frac{12}{6} = 6,19\%.$$

Se esse papel tivesse sido vendido por $ 940 mil, a taxa de juros simples subiria para:

$$i_{CP} = \frac{\$\,60.000}{\$\,940.000} \times \frac{12}{6} = 12{,}77\%.$$

A razão é que a empresa agora paga $ 60 mil pelo uso de $ 940 mil, enquanto no exemplo anterior ela pagava $ 30 mil pelo uso de $ 970 mil.

Assim como o custo do crédito comercial, esse cálculo é uma simplificação excessiva, pois não considera o impacto dos juros compostos. Essa omissão é corrigida quando o problema é reformulado da seguinte maneira: $ 970 mil aumenta para $ 1 milhão em 180 dias a que taxa? A resposta é:

$$\$\,970.000(1 + i)^{180/365} = \$\,1.000.000.$$

Solução com Calculadora

Tecla de função	Entrada de dados
PV =	-970.000
FV =	1.000.000
PMT =	0,49
N =	0
I =	?
Tecla de função	Resposta
I =	6,37

Logo, a *taxa de juros composta* é:

$$(1 + i)^{180/365} = \$\,1.000.000/\$\,970.000 = 1{,}03093$$
$$i = (1{,}03093)^{2,0278} - 1 = 1{,}0637 - 1 = 6{,}37\%.$$

Se o papel de 180 dias fosse vendido por $ 940 mil, a taxa seria:

$$(1 + i)^{180/365} = \$\,1.000.000/\$\,940.000 = 1{,}0638$$
$$i = (1{,}0638)^{2,0278} - 1 = 1{,}1336 - 1 = 13{,}36\%.$$

Solução com Calculadora

Tecla de função	Entrada de dados
P PV =	-940.000
FV =	1.000.000
PMT =	0,49
N =	0
I =	?
Tecla de função	Resposta
I =	13,37

Nesses exemplos, as taxas de juros compostas são apenas ligeiramente maiores que as taxas simples (6,37% contra 6,19% e 13,36% contra 12.77%). A aplicação de juros compostos faz uma diferença, mas essa diferença é pequena, porque a incidência de juros compostos em um *commercial paper* com prazo de 180 dias só ocorre uma vez por ano. Obviamente, os *commercial papers* com vencimento a prazo mais curto (30 dias ou menos) acarretam mais juros compostos, o que aumenta a diferença entre as taxas de juros simples e compostos.

Mesmo após os ajustes para juros compostos, a taxa pode subestimar o custo verdadeiro dos papéis. Se a empresa pagar a uma corretora para vender os papéis, os lucros da venda serão reduzidos, o que aumentará o custo. Se o emissor tiver de manter uma linha de crédito junto a um banco comercial para poder vender os papéis, os custos associados à linha de crédito também reduzirão as entradas de caixa totais provenientes da sua venda. Novamente, essas despesas aumentam o custo dos empréstimos obtidos por meio da emissão de *commercial papers*.

EMPRÉSTIMOS COM GARANTIA

Uma alternativa ao crédito comercial e aos *commercial papers* sem garantia é o empréstimo com garantia. O estoque, as contas a receber ou qualquer outro ativo viável de curto prazo (por exemplo, títulos da dívida pública) podem ser usados para garantir um empréstimo de curto prazo. Essa garantia protege o financiador, que passa a ter direito de penhora sobre o ativo. A segurança tende a aumentar a disponibilidade de crédito e reduzir o custo dos juros do empréstimo para o tomador.

Os empréstimos com garantia são feitos por bancos comerciais e seguradoras. Esses financiadores obtêm lucros concedendo empréstimos e não têm interesse em apropriar-se dos ativos oferecidos em garantia. Caso sejam forçados a executar a penhora, eles podem optar por reter os ativos ou liquidá-los. Como a liquidação pode não recuperar o valor de face dos ativos oferecidos em garantia, o financiador não concede o empréstimo pelo valor total desses ativos. Em vez disso, o banco ou a financeira pode emprestar uma proporção, como 70%, do valor declarado do ativo. É necessário que o tomador esteja sujeito à perda de algum patrimônio líquido relativo ao custo do ativo em caso de inadimplência e penhora.

O valor que o financiador está disposto a emprestar com base no ativo fornecido depende da qualidade do ativo dado em garantia, da facilidade com que ele pode ser liquidado em caso de inadimplência do credor, do valor de venda previsto e dos custos de transação da liquidação. Nem todos os ativos de curto prazo de uma empresa são igualmente aceitáveis como garantia para empréstimos de curto prazo. O estoque (em especial as matérias-primas e os produtos em processamento) é menos líquido que as contas a receber. Conseqüentemente, os credores podem estar menos dispostos a aceitar o estoque do que as contas a receber como garantia de empréstimos de curto prazo.

Empréstimos Garantidos pelo Estoque

Quando o estoque é usado para garantir um empréstimo, um de três tipos gerais de contrato é utilizado. No primeiro tipo, o credor detém o direito de penhora de todo o estoque do devedor. Esse acordo caracteriza um *empréstimo garantido pelo estoque geral*, pois abrange todo o estoque. O segundo tipo de empréstimo garantido pelo estoque é um *recibo de depósito*. O devedor mantém itens específicos do estoque em consignação para o credor. Conforme esses itens são vendidos, o devedor transfere os fundos obtidos para o credor para resgatar o empréstimo.

O terceiro tipo de empréstimo garantido pelo estoque envolve um terceiro participante (além do devedor e do credor). O estoque oferecido em garantia é colocado em um armazém controlado pelo terceiro participante. Quando são recebidas ordens de compra dessas mercadorias, o devedor informa o credor sobre as vendas em aberto. O credor determina ao armazém que entregue as mercadorias e os resultados da venda são usados para quitar o empréstimo. Sem dúvida, esse *financiamento garantido por armazenagem* reduz os riscos do credor, visto que ele passa a ter controle efetivo sobre as mercadorias. O armazém só libera o estoque por determinação expressa do credor.

Além das vantagens ao credor, o financiamento garantido por armazenagem também pode ser benéfico para o devedor. Os fabricantes sabem que produtos acabados podem não ser vendidos tão logo sejam colocados à venda. (Se a venda fosse tão rápida, a necessidade de financiá-los estaria limitada ao tempo consumido para transformar matérias-primas em produtos acabados.) Obviamente, os bens precisam ser armazenados até serem vendidos e entregues. Caso não disponha de instalações próprias, a empresa tem que guardar o estoque em um armazém e pagar pelo espaço utilizado. Portanto, o armazém pode oferecer ao fabricante tanto o espaço como o serviço de custódia que facilita o financiamento do estoque.

Empréstimos Garantidos por Contas a Receber

Quando contas a receber são usadas para obter financiamento de curto prazo, a empresa tanto pode oferecer essas contas em garantia para obter o empréstimo como vendê-las diretamente por dinheiro. No caso de uso das contas como garantia, o credor as retém e, evidentemente, precisa recebê-las. Caso uma conta não possa ser recebida, a empresa continua devendo ao banco ou à financeira o valor do empréstimo que foi garantido por ela.

O financiador sabe que nem todas as contas a receber são cobráveis. Contas que não satisfazem os padrões do financiador não são aceitas como garantia de empréstimo. O financiador sabe também que, caso um comprador deixe de pagar a conta a receber, o vendedor (o tomador do empréstimo e proprietário das contas a receber) pode ter dificuldades para pagar o empréstimo. A recusa a aceitar contas a receber arriscadas como garantia protege o financiador contra o risco de prejuízo.

O uso de contas a receber como garantia proporciona à empresa uma vantagem de custo sobre outras fontes de financiamento. A garantia do empréstimo reduz o custo de obtenção de financiamento de curto prazo junto às empresas financeiras e os empréstimos garantidos são mais baratos que o crédito comercial. O crédito com garantia concedido por financiadoras geralmente é mais caro que o crédito de bancos comerciais, mas tem a vantagem de evitar as restrições impostas à empresa pelos bancos. Embora essas restrições possam não ter custos declarados, talvez a administração conclua que há custos implícitos acarretados pelas restrições e prefira evitar o crédito bancário quando há outras fontes de financiamento de curto prazo disponíveis. Nessas circunstâncias, o crédito bancário pode ser usado como complemento ao crédito com garantia em caso de necessidade.

FACTORING

Todas as fontes anteriores criam exigibilidades. Notas pagáveis ao banco, contas pagáveis aos fornecedores e *commercial papers* são exigibilidades que a empresa precisa honrar. As fontes de fundos, porém, não estão limitadas ao aumento do passivo. A redução de um ativo também é uma entrada de caixa. A venda de um ativo ainda é uma fonte de fundos, e esses fundos podem ser usados para cumprir as obrigações da empresa no vencimento.

Factoring é a venda de contas a receber. Os recursos recebidos são uma entrada de caixa, assim como o empréstimo de fundos adquirido em um banco comercial. A empresa vende suas contas a receber com desconto para uma empresa de *factoring*; portanto, a fonte de retorno da empresa que investe nas contas a receber é o desconto.

Factoring
Venda de contas a receber.

Assim como no crédito comercial, a empresa que vende as contas a receber deve encarar a quantia recebida como um empréstimo e o desconto perdido como os juros. Suponha que uma empresa venda mercadorias por $100 com n30 como condição de crédito. Como os $100 só serão recebidos em 30 dias, a administração vende as contas a receber a uma empresa de *factoring* por $95. Nesse exemplo, o empréstimo é de $95 e os juros pagos são $5. Quando expresso dessa maneira, o *factoring* é um financiamento de curto prazo com alto custo. A taxa de juros simples é:

$$\frac{\$5}{\$95} \times \frac{360}{30}$$

e a taxa de juros composta é:

$$\$95(1+i)^{36/365} = \$100$$
$$i = (\$100/\$95)^{365/30} - 1 = 1,0526^{12,1667} - 1 = 86,6\%.$$

Se as contas a receber tivessem sido vendidas por um preço maior (menor desconto), o custo dos juros seria menor, assim como seria ainda mais elevado se o preço da venda fosse menor.

Infelizmente, a determinação do custo verdadeiro dos juros não é tão simples como indica o exemplo anterior, pois o valor do desconto não é o único fator a ser considerado. Quando as contas a receber são vendidas, a empresa de *factoring* torna-se responsável por sua cobrança. A empresa vendedora economiza os custos da cobrança, o que reduz a taxa de juros. A empresa de *factoring*, porém, pode não estar disposta a aceitar o risco associado à cobrança das contas a receber, exigindo devolução em caso de inadimplência. Contanto que as contas a receber sejam pagas, essas garantias não constituem um problema para a empresa vendedora ou para a empresa de *factoring*. No entanto, em caso de inadimplência, a empresa de *factoring* repassa os riscos e custos de cobrança de volta para o vendedor.

Há outras considerações que também afetam o custo do *factoring*. Caso acredite que possa ocorrer inadimplência, talvez a empresa de *factoring* não pague todo preço da venda. Parte desses fundos pode ser retida como reserva contra inadimplência e paga somente depois que as contas são recebidas. A empresa de *factoring* pode cobrar uma comissão pela transação para cobrir os custos das verificações de crédito e cobranças. A retenção de uma reserva e a cobrança de uma comissão aumentam o custo efetivo do *factoring*. Essas considerações também aumentam a dificuldade de comparar o custo do *factoring* ao custo de outras fontes de fundos de curto prazo.

O *factoring* também pode ser encarado como uma espécie de esteira rolante; depois de entrar, é difícil sair. Suponha que uma empresa normalmente use o recebimento de suas contas a receber para pagar suas contas. Em janeiro, a empresa vende mercadorias a crédito (n30) e usa os recebimentos para pagar as contas de fevereiro. As vendas a crédito de fevereiro são usadas para cobrir as contas de março e assim sucessivamente. Por alguma razão, a administração precisa de crédito de curto prazo em janeiro e vende as contas a receber. O que acontece em fevereiro? As contas a receber que normalmente seriam recebidas em fevereiro foram vendidas e as vendas a crédito de fevereiro só serão recebidas em março. Portanto, a administração vende as contas a receber de fevereiro para cumprir suas obrigações correntes. O problema ocorre novamente em março. Quando as contas a receber são transformadas em fundos por meio de *factoring*, o processo torna-se auto-sustentável. Se a administração não encontrar outra fonte de fundos, a esteira rolante do *factoring* será mantida indefinidamente.

RESUMO

A administração dos ativos e passivos correntes de uma empresa é uma das facetas mais importantes do trabalho do gerente financeiro. A empresa precisa cumprir suas obrigações correntes no vencimento para não se sujeitar à falência. A dívida de curto prazo (passivo circulante) é uma fonte importante de financiamento para as operações correntes, mas é também um problema potencial, pois precisa ser resgatada ou rolada freqüentemente.

As principais fontes de fundos de curto prazo são empréstimos de bancos comerciais, crédito comercial, *commercial papers*, empréstimos com garantia e *factoring*. Os bancos comerciais fornecem empréstimos de curto prazo (notas promissórias), linhas de crédito e contratos de crédito rotativo. Esses empréstimos de curto prazo podem ser convertidos em empréstimos de médio prazo ou empréstimos hipotecários no vencimento. Os bancos aumentam o custo dos juros para o tomador descontando os empréstimos antecipadamente e cobrando taxas de abertura de crédito ou taxas sobre o saldo não utilizado de uma linha de crédito.

Muitas empresas usam o crédito comercial, que é gerado espontaneamente nas compras de estoque. O fornecedor concede o crédito (uma conta a receber para o vendedor e uma conta a pagar para o comprador) para estimular uma venda. O crédito comercial é uma fonte de crédito particularmente importante para pequenos varejistas que não dispõem de outras fontes de financiamento de curto prazo. As condições do crédito (como 2/10, líquido 30) determinam o seu custo, porém muitas empresas tentam alongar o pagamento de suas contas a pagar como forma de reduzir o custo do crédito comercial.

As empresas de grande porte com boa avaliação de crédito podem emitir *commercial papers*, que são notas promissórias sem garantia com altos valores vendidas por meio de corretoras ou diretamente aos compradores. Os *commercial papers* são vendidos com desconto. Como o principal é pago pela empresa emissora no vencimento, o custo desses papéis para a empresa emissora depende do prazo desses instrumentos e da diferença entre o preço descontado e o principal.

As empresas também podem vender suas contas a receber para empresas de *factoring* como forma de levantar dinheiro, ou podem usar seus ativos correntes, como estoque ou contas a receber, como garantia de empréstimos. O valor desses empréstimos com garantia é menor que o valor da garantia, pois os credores não querem tomar posse das garantias e sua liquidação raramente recupera o valor nominal do ativo. Sem essa redução do risco, é improvável que os financiadores se disponham a conceder um empréstimo de curto prazo. *Factoring* é a venda de contas a receber. A venda é uma entrada de caixa e os fundos obtidos podem ser usados para cumprir obrigações financeiras. O custo do *factoring* depende basicamente do percentual de desconto necessário para vender as contas a receber. Outros fatores determinantes do custo são a economia das despesas de cobrança, a comissão cobrada pela empresa de *factoring* e a possível retenção de reservas para cobrir a inadimplência das contas a receber. O custo total associado ao *factoring* indica que essa é uma fonte onerosa de fundos de curto prazo.

REVISÃO DOS OBJETIVOS

Tendo concluído este capítulo, você deverá ser capaz de

1. Diferenciar empréstimos bancários, *commercial papers* e crédito comercial como fontes de fundos (páginas 427, 433 e 436).
2. Relacionar as características comuns de um empréstimo bancário (páginas 427-429).
3. Explicar por que o crédito comercial é uma fonte espontânea de fundos (página 433).
4. Estimar a taxa de juros paga em um empréstimo bancário, *commercial paper* ou crédito comercial (páginas 429-432, 433-436 e 437-438).
5. Explicar por que o crédito comercial é uma fonte de crédito para muitas empresas, ao passo que os *commercial papers* são uma fonte apenas para empresas grandes e com boa avaliação de crédito (páginas 437-438).
6. Detalhar como a oferta de um ativo como garantia pode ser usada como fonte de financiamento de curto prazo (páginas 438-440).
7. Explicar por que o *factoring* tende a ser uma fonte de fundos onerosa (página 440-441).

PROBLEMAS

1. A empresa A contrai um empréstimo de $ 1 milhão em um banco comercial. O banco cobra uma taxa de juros anual de 10% e exige uma taxa de abertura de crédito de 3%. De quanto precisa ser o empréstimo para que a empresa receba $ 1 milhão? Confirme a sua resposta e determine a taxa de juros efetiva. (Presuma que o empréstimo tenha prazo de um ano.)

2. A Tinker, Inc. financia suas necessidades sazonais de capital de giro por meio de empréstimos bancários de curto prazo. A administração pretende obter um empréstimo de $ 65 mil com prazo de um ano. O banco ofereceu à empresa um empréstimo descontado a 3,5% com uma tarifa de abertura de crédito de 1,5%. Qual é o valor dos juros e da taxa de abertura de crédito exigidos pelo empréstimo? Qual é a taxa de juros cobrada pelo banco?

3. Você pode emprestar $ 5 mil por 60 dias com um pagamento de $ 125 de juros. Qual é a taxa de juros simples? Qual é a taxa de juros composta?

4. A empresa Stella & Chloe, Inc. precisa de um empréstimo de $ 2 milhões com prazo de seis meses. Ela pode vender *commercial papers* de 180 dias com valor de face de $ 2 milhões por $ 1.900.000 ou contrair um empréstimo a 10% em um banco comercial. Em ambos os casos, o total de juros é $ 100 mil. Qual empréstimo é mais caro e por quê?

5. Uma pessoa precisa de um empréstimo de $ 10 mil por um ano e dispõe das seguintes alternativas:
    a. um empréstimo a 10% com desconto antecipado;
    b. um empréstimo com juros pagos no vencimento a 11%.

    Qual desses empréstimos é mais caro?

6. Qual das seguintes condições de crédito comercial é mais cara?
    a. Desconto de 3% por pagamento à vista até o 15° dia, com vencimento em 45 dias (3/15, líquido 45).

b. Desconto de 2% por pagamento à vista até o 10° dia, com vencimento em 30 dias (2/10, líquido 30).
7. Um crédito comercial pode ser descrito como n60 mais 18% sobre o saldo em aberto após dois meses. Qual é o custo desse crédito?
8. A empresa Dash Construction precisa de um empréstimo de $ 200 mil por 45 dias para aproveitar um desconto por pagamento à vista de 3/10, n55 oferecido por um fornecedor. A empresa pode obter esses fundos contraindo um empréstimo bancário com pagamento de $ 5 mil de juros no vencimento. A administração deve contrair o empréstimo para aproveitar o desconto?
9. Se um *commercial paper* de 270 dias com valor de face de $ 1 milhão é vendido por $ 982.500, qual é a taxa de juros simples que está sendo paga? Qual é a taxa de juros anual composta?
10. Um gerente financeiro pode vender um *commercial paper* de $ 1 milhão com vencimento em seis meses por $ 950 mil, ou pode obter um empréstimo bancário de $ 1 milhão à taxa anual de 10% com uma taxa de abertura de crédito de 2%. Qual conjunto de condições é mais caro?
11. O banco A oferece as seguintes condições para um empréstimo de $ 10 milhões:
    - taxa de juros: 8% por um ano sobre os fundos emprestados;
    - tarifas: 0,5% do saldo não utilizado durante o prazo do contrato.

    O banco B oferece as seguintes condições para um empréstimo de $ 10 milhões:
    - taxa de juros: 6,6% por um ano sobre os fundos emprestados;
    - tarifas: taxa de abertura de crédito de 2%.

    a. Quais condições são melhores se a empresa pretende usar os $ 10 milhões durante todo o ano?
    b. Se a empresa pretendesse usar os fundos durante apenas três meses, quais condições seriam melhores?
12. Um banco comercial lhe oferece uma linha de crédito anual de $ 200 mil com as seguintes condições:
    - taxa de abertura de crédito: $ 2 mil pagos na aceitação da linha de crédito;
    - tarifas: 1% sobre o saldo não utilizado, pago no final do ano;
    - taxa de juros: 9%.

    Qual é o custo efetivo do empréstimo:
    a. se você espera usar os $ 200 mil integralmente durante todo o ano?
    b. se você espera usar os $ 200 mil durante apenas três meses?
13. A Loja Pequena compra estoque usando crédito comercial. As condições são declaradas como 2/10, n30, mas a Loja Pequena *ultrapassa o prazo do crédito* e geralmente *paga no 40° dia*. Ocasionalmente, o pagamento é feito até no 50° dia. Qual é o custo aproximado do crédito quando é (a) pago no vencimento, (b) pago no 40° dia e (c) pago no 50° dia? Qual é o custo composto do crédito em cada caso? Por que esse custo muda?
14. Os fornecedores da empresa High Time tendem a oferecer condições generosas de crédito comercial (2/30, n90), mas a empresa também pode emitir *commercial papers*, receber $ 0,978 e restituir $ 1 após 60 dias. Quais são as taxas de juros compostas oferecidas por ambas as alternativas? Qual seria o impacto se os fornecedores da High Time mudassem as condições para n30?

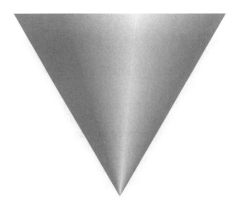

DÍVIDA DE MÉDIO PRAZO E ARRENDAMENTO

O capítulo anterior abordou várias fontes de financiamento de curto prazo: empréstimos bancários, crédito comercial, *commercial papers*, empréstimos com garantia e *factoring*. Os Capítulos 11 a 15 discutiram diversos títulos de longo prazo com renda fixa, dos títulos convencionais a títulos conversíveis e ações preferenciais. Entre esses dois extremos estão os títulos de médio prazo e o arrendamento. A dívida de médio prazo varia de cinco a dez anos e é contraída nos bancos comerciais e nas companhias de seguros. Notas a prazo também podem ser vendidas para o público em geral.

Algumas empresas possuem propriedades que são arrendadas a terceiros. A Washington Real State Trust é proprietária de prédios de escritórios, centros industriais, apartamentos e shopping centers na região de Washington, DC, e aluga esse espaço para lojas como Williams-Sonoma, Laura Ashley e Giant Food. Esses estabelecimentos varejistas querem o uso do ativo, mas não a propriedade. Eles preferem arrendar o espaço em vez de comprar e administrar os edifícios.

O prazo de um arrendamento pode variar de um período curto, como um ou dois anos, até muitos anos. Como criam obrigações legais (os pagamentos de aluguel), os arrendamentos são uma alternativa à dívida de curto, médio ou longo prazo como uma fonte de fundos. Este capítulo descreve as condições de um arrendamento e fornece exemplos da análise básica para comparar as alternativas de arrendar um ativo e obter um empréstimo e adquiri-lo. Como os arrendamentos são uma alternativa ao financiamento da dívida, esta seção também explica quando as obrigações de arrendamento devem ser capitalizadas e lançadas no balanço da empresa como uma obrigação da dívida.

DÍVIDA DE MÉDIO PRAZO

Embora os contadores classifiquem todos os passivos como de curto prazo (com vencimento em menos de um ano) ou de longo prazo (com vencimento em mais de um ano), a dívida também pode ser classificada como de curto, médio e longo prazos. A **dívida de médio prazo** permanece em aberto por mais de um ano (e, portanto, aparece como dívida de longo prazo no balanço da empresa), mas vence mais rapidamente que a dívida de longo prazo. Enquanto o vencimento dos títulos de longo prazo pode ser de 20, 25 ou 30 anos após a emissão, a maior parte da dívida de médio prazo vence em cinco a dez anos.

> **Dívida de médio prazo**
> Instrumento de dívida com vencimento em cinco a dez anos.

A dívida de médio prazo emitida por empresas e vendida ao público em geral pode ser designada como "notas" para diferenciá-la dos títulos da empresa, que formam a sua dívida de longo prazo. Por exemplo, em outubro de 1999, a Tenneco emitiu $ 500 milhões de notas de 11,625% com vencimento em 2009 (dez anos até o resgate). A terminologia empregada pode ser diferente quando a dívida de médio prazo é contraída em um banco comercial ou em uma companhia de seguros. Essa dívida normalmente é designada como **empréstimo a prazo fixo**.

> **Empréstimo a prazo fixo**
> Empréstimo com prazo de cinco a dez anos obtido em um banco ou companhia de seguros.

Os empréstimos a prazo fixo geralmente são garantidos por equipamentos ou imóveis. Os bancos comerciais, que fazem empréstimos a prazo fixo com duração de um a cinco anos, normalmente exigem que o empréstimo seja garantido por equipamentos. As companhias de seguros, que tendem a fazer empréstimos a prazo fixo com duração de cinco a 15 anos, freqüentemente usam imóveis como garantia do empréstimo.

Além das garantias, os empréstimos a prazo fixo possuem cláusulas restritivas que são negociadas entre o devedor e o credor. As restrições mais comuns incluem um índice de liquidez corrente mínimo, como 2,0:1, ou um volume mínimo de capital de giro líquido (ou seja, a diferença entre ativos e passivos correntes deve exceder algum valor monetário especificado). Os credores também exigem demonstrações financeiras periódicas e podem vincular qualquer emissão de dívida adicional pelo devedor à sua aprovação prévia. Embora essas cláusulas restritivas sejam comuns nos contratos de empréstimos a prazo fixo, elas não esgotam todas as possibilidades, pois cada empréstimo é negociado individualmente. As condições nos mercados de crédito e a força relativa das partes também afetam as condições.

Os empréstimos a prazo fixo em geral são resgatados por meio de pagamentos periódicos; nesse sentido, eles são semelhantes aos empréstimos hipotecários. O cronograma de pagamento estipula o pagamento de juros e o resgate do principal. Por exemplo, uma empresa compra um equipamento que custa $ 12 mil e tem uma vida útil esperada de cinco anos. A empresa obtém um empréstimo a prazo fixo junto a um banco comercial. As seguintes condições são aplicáveis:

1. uma entrada equivalente a 20% do custo do equipamento;
2. cinco pagamentos anuais iguais para amortizar os juros e quitar o empréstimo;
3. uma taxa de juros de 9% sobre o saldo decrescente;
4. alienação do equipamento como garantia do empréstimo.

A primeira condição estabelece a quantia que o banco está disposto a emprestar. Observe que a instituição não empresta o valor total; o tomador entra com $ 2.400 (0,20 x $ 12.000) e o banco financia o saldo, $ 9.600. As condições 2 e 3 estabelecem a taxa de juros e o cronograma de pagamentos. A quarta condição designa o equipamento como garantia do empréstimo e concede ao banco o direito de apreender o equipamento e vendê-lo em caso de inadimplência do devedor.

O cronograma de pagamentos é determinado da maneira descrita a seguir. O tomador deve fazer pagamentos de igual valor de modo que o banco lucre 9% ao ano e o empréstimo seja quitado em cinco anos. Este é outro exemplo do valor do dinheiro no tempo. A equação necessária para resolver esse problema (ou seja, para determinar os pagamentos anuais) é:

$$\$\,9.600 = \frac{PMT}{(1+0,09)^1} + \frac{PMT}{(1+0,09)^2} + \frac{PMT}{(1+0,09)^3} + \frac{PMT}{(1+0,09)^4} + \frac{PMT}{(1+0,09)^5}.$$

Como este é um exemplo de anuidade, o problema é simplificado da seguinte maneira:

$$PMT(PVAIF9I, 5N) = \$\,9.600$$
$$PMT(3,890) = \$\,9.600$$
$$PMT = \$\,9.600/3,890 = \$\,2.467,87.$$

Logo, $ 2.467,87 é o pagamento anual que quita o empréstimo e paga 9% sobre o saldo decrescente.

O cronograma real de pagamentos e sua divisão entre pagamento de juros e redução do principal são fornecidos na Tabela 27.1. Essa tabela é, essencialmente, a mesma do cronograma de amortização de um empréstimo hipotecário incluída na Tabela 7.2 do Capítulo 7. Em ambos os exemplos, a quantia dos juros cai a cada pagamento, pois o saldo pendente do empréstimo é reduzido. Inversamente, a proporção do principal que é amortizada aumenta a cada prestação, à medida que os pagamentos de juros são reduzidos.

Solução com Calculadora

Tecla de função	Entrada de dados
PV =	-9.600
FV =	0
I =	9
N =	5
PMT =	?
Tecla de função	Resposta
PMT =	2.468,09

Em geral, a depreciação do equipamento e o fluxo de caixa resultante cobrem os pagamentos do empréstimo estipulados. No caso, as despesas anuais de depreciação em linha reta seriam de $ 2.400 ($ 12.000/5). O fluxo de caixa de $ 2.400 gerado por essas despesas não monetárias de depreciação é aproximadamente igual aos pagamentos de $ 2.467,87 exigido pelo empréstimo. (Em muitos casos, usa-se depreciação acelerada para aumentar as despesas iniciais com depreciação.) Ao equiparar o cronograma de pagamentos ao seu fluxo de caixa, a empresa melhora a sua capacidade de serviço da dívida.

Como cada empréstimo é negociado individualmente entre o financiador e o tomador, há ampla variedade de condições possíveis. Uma dessas possibilidades é que o financiador exija pagamentos iguais do principal, com os juros sendo calculados sobre o saldo remanescente de cada período. Nessas condições, o cronograma de pagamentos do empréstimo a prazo fixo de $ 9.600 é mostrado na Tabela 27.2. No caso, o principal é resgatado em cinco prestações iguais de $ 1.920 ($ 9.600/5 = $ 1.920 na segunda coluna). O valor dos juros (coluna 3) depende do saldo devido (coluna 4). Assim, o pagamento no segundo ano é a soma da prestação relativa ao principal ($ 1.920) mais os juros aplicados sobre o saldo devido no final do primeiro ano ($ 691,20), totalizando $ 2.611,20 (coluna 5).

TABELA 27.1
Cronograma de Pagamento de um empréstimo a prazo fixo de $ 9.600 a 9% em cinco anos.

Ano	Pagamento	Juros	Amortização do principal	Saldo do empréstimo devido
1	$ 2.467,87	$ 864,00	$ 1.603,87	$ 7.996,13
2	2.467,87	719,65	1.748,22	6.247,91
3	2.467,87	562,31	1.905,56	4.342,35
4	2.467,87	390,81	2.077,06	2.265,29
5	2.467,87	203,87	2.264,00	1,29*

*O valor de $ 1,29 resulta do arredondamento que ocorre quando são usadas tabelas de juros. O pagamento de $ 2.468,09 determinado pela calculadora financeira evita esse erro.

Ano	Pagamento do principal	Juros	Saldo do empréstimo	Pagamento total
1	$ 1.920	$ 864,00	$ 7.680	$ 2.784,00
2	1.920	691,20	5.760	2.611,20
3	1.920	518,40	3.840	2.438,40
4	1.920	345,60	1.920	2.265,60
5	1.920	172,80	0	2.092,80

TABELA 27.2

Cronograma de pagamento de um empréstimo a prazo fixo de $ 9.600 a 9% com parcelas iguais para o pagamento do principal.

Outras condições possíveis incluem nenhum pagamento do principal até que o empréstimo vença no final do quinto ano. Nesse caso, a empresa pagaria anualmente os $ 864 de juros e, no final do quinto ano, faria o último pagamento de juros juntamente com o pagamento integral do principal ($ 864 + $ 9.600 = $ 10.464). O financiador poderia combinar os dois exemplos anteriores e exigir anualmente um pagamento parcial do principal (por exemplo, $ 1 mil por ano), com o saldo de $ 4.600 ($ 9.600 − $ 5.000) sendo pago no vencimento final do empréstimo. Esse pagamento de uma quantia elevada no vencimento de um empréstimo é designado como **pagamento final**.

Pagamento final
Pagamento único de alto valor para quitar uma obrigação de dívida no vencimento.

Embora seja possível obter crédito de médio prazo em bancos e companhias de seguros, as empresas também podem vender títulos de médio prazo ao público em geral. As notas oferecidas publicamente não são garantidas, ao contrário dos empréstimos a prazo fixo, e geralmente não têm um cronograma de amortizações obrigatórias. Na verdade, essas notas são mais semelhantes aos títulos de longo prazo do que aos empréstimos de prazo fixo. Entretanto, elas podem ter características específicas que as tornam atraentes aos investidores. O prazo médio (por exemplo, sete anos) pode tornar essas notas atraentes para os investidores que não desejam investir por prazos mais longos (como vinte anos). Além disso, as notas de médio prazo em geral não podem ser recolhidas e resgatadas antes do vencimento. Como as notas não têm a característica de quitação antecipada, o investidor sabe que a empresa não poderá forçá-lo a abrir mão do título, caso as taxas de juros caiam. Muitos títulos de longo prazo são recolhidos e resgatados quando as taxas de juros de longo prazo caem. Portanto, essa impossibilidade de resgate antecipado das notas de médio prazo garante a renda de juros dos investidores (contanto que não haja inadimplência) até o vencimento.

ARRENDAMENTO (*LEASING*)

Arrendar é, basicamente, alugar; os dois termos freqüentemente são usados de maneira intercambiável. Como os contratos de arrendamento podem abranger qualquer período, o financiamento por arrendamento pode ser uma alternativa à dívida de curto ou longo prazo.

Arrendatário
Empresa que aluga (arrenda) propriedades ou equipamentos para o próprio uso.

Arrendador
Empresa que possui propriedades ou equipamentos e os aluga (arrenda) a outras empresas ou pessoas físicas (os arrendatários).

Arrendamento
Ato de alugar (em oposição a possuir) propriedades ou equipamentos; o contrato entre o arrendatário e o arrendador.

Um contrato de arrendamento refere-se ao uso de um ativo, como uma instalação ou equipamento. As empresas desejam usar esse ativo. Elas recorrem às técnicas de orçamento de capital (valor presente líquido e taxa interna de retorno) para determinar quais investimentos são lucrativos. Depois de estabelecer quais investimentos serão feitos, elas precisam decidir como financiar o ativo. Observe que é o uso do ativo que a empresa deseja, e não necessariamente a sua posse. O arrendamento permite que a empresa (o **arrendatário**) *use o ativo sem adquirir sua propriedade*, que é retida pelo proprietário (o **arrendador**). Em troca, o arrendatário compromete-se por contrato (o **arrendamento**) a fazer pagamentos especificados pelo uso do ativo.

Os arrendamentos podem adotar uma de duas formas. Um **arrendamento operacional** garante ao arrendatário tanto o uso do ativo como um contrato de manutenção. O custo de manutenção do equipamento é incorporado ao arrendamento. O contrato pode ser cancelado mediante aviso prévio adequado, caso o arrendatário queira trocar o equipamento. Esse tipo de arrendamento é usado basicamente para alugar equipamentos, automóveis e caminhões. A duração do arrendamento é menor que a vida útil prevista do ativo, mas o arrendamento pode ser renovado. Como o arrendamento não cobre toda a vida útil do ativo, o arrendador espera renovar o contrato ou vender o ativo no seu vencimento.

> **Arrendamento operacional**
> Arrendamento para uso e manutenção de equipamentos em que o prazo é menor que a vida útil prevista do ativo.

Um **arrendamento financeiro**, que também pode ser designado como **arrendamento de capital**, difere do arrendamento operacional de várias maneiras significativas. Esses contratos não podem ser cancelados e não incluem uma cláusula de manutenção. A duração do arrendamento financeiro é a vida útil prevista do ativo. Os pagamentos do arrendamento cobrem o custo do ativo e geram um retorno definido para o arrendador. Portanto, um arrendamento financeiro é semelhante ao financiamento da dívida. Se a empresa tivesse emitido títulos para captar os fundos necessários para a aquisição do ativo, os pagamentos aos detentores dos títulos cobririam o custo do equipamento mais o retorno dos investidores (a taxa de juros). Naturalmente, ao recorrer à dívida, a empresa torna-se proprietária do ativo, o que não acontece com o arrendamento. Essa diferença é importante se, no término da vida útil do ativo, ainda houver um valor residual acumulado para o proprietário do ativo.

> **Arrendamento financeiro (ou de capital)**
> Arrendamento em que o prazo é igual à vida útil prevista do ativo.

Embora existam duas classes de arrendamentos, há três tipos de contratos de arrendamento. Do ponto de vista do arrendatário, o tipo de contrato de arrendamento é irrelevante; a empresa sempre adquire o uso do ativo. O tipo de arrendamento afeta apenas o arrendador. O primeiro tipo de contrato é o **arrendamento direto**. O arrendador é proprietário do ativo e o arrenda diretamente ao arrendatário. Os arrendamentos diretos são oferecidos pelos fabricantes que construíram o ativo, como a IBM, e por empresas financeiras e de arrendamento que adquirem ativos com a intenção de arrendá-los a possíveis usuários.

> **Arrendamento direto**
> Acordo de arrendamento em que o proprietário (arrendador) arrenda o ativo diretamente ao usuário (arrendatário).

O segundo tipo de arrendamento é a **compra com arrendamento ao vendedor**. Nesse tipo de contrato, a empresa proprietária do ativo o vende ao arrendador e, em seguida, o arrenda de volta. A empresa vendedora recebe dinheiro pela venda ao arrendador e pode usá-lo para outras finalidades, mas mantém o uso do ativo. O arrendatário, porém, abre mão da propriedade do ativo e, portanto, perde qualquer valor residual que ele possa ter. Evidentemente, a empresa também passa a arcar com os pagamentos do arrendamento.

> **Compra com arrendamento ao vendedor**
> Contrato financeiro em que uma empresa vende um ativo, como um edifício, por dinheiro e subseqüentemente aluga (arrenda) esse ativo.

O terceiro tipo é o **arrendamento com alavancagem**. Como o arrendador é proprietário do ativo, a empresa precisa ter fundos suficientes para adquiri-lo. Em um arrendamento com alavancagem, o arrendador toma emprestada parte dos fundos necessários para adquirir o ativo. Por exemplo, uma empresa financeira pode obter um empréstimo em um banco comercial para adquirir um ativo que, por sua vez, será arrendado ao usuário final. Se a alavancagem financeira for favorável, o arrendador aumentará seu retorno sobre os fundos investidos no ativo.

> **Arrendamento com alavancagem**
> Contrato de arrendamento em que o arrendador adquire um ativo (que arrenda subseqüentemente) usando financiamento da dívida.

Arrendamento ou Aquisição

A opção entre comprar ou arrendar depende de diversas variáveis cruciais. Essas variáveis incluem a alíquota fiscal da empresa, as condições do arrendamento, o valor residual previsto do ativo e o custo de obtenção dos fundos necessários para a sua aquisição. Embora o tema não possa ser desenvolvido neste texto introdutório, o exemplo a seguir fornecerá algumas das informações essenciais necessárias para fazer essa opção.

Uma empresa decide comprar um equipamento que custa $ 5 mil. O equipamento tem uma vida útil prevista de cinco anos, após o qual ele será vendido por um valor residual previsto de $ 500. A depreciação será em linha reta. A empresa usaria depreciação acelerada se possível, e as despesas com depreciação começam após seis meses. Essas condições normais são ignoradas para simplificar o exemplo. Espera-se que a manutenção custe $ 200 por ano e a alíquota fiscal da empresa seja de 40%. A compra é integralmente financiada por um empréstimo de $ 5 mil, que será quitado por meio de pagamentos anuais de $ 1.285, abrangendo juros e o principal (ou seja, os pagamentos seguem um cronograma de hipoteca). As entradas e saídas de caixa anuais são mostradas na Tabela 27.3.

Inicialmente, há uma saída de caixa de $ 5 mil para pagar o equipamento, mas, como isso é coberto pelo empréstimo, não há nenhuma saída de caixa imediata. No final do primeiro ano, há uma saída de caixa de $ 200 de manutenção, $ 450 de juros e $ 835 de amortização do principal, totalizando $ 1.485. Observe que a depreciação de $ 1.000 não é uma saída de caixa, pois esta é uma despesa não monetária.

As saídas são parcialmente compensadas pela economia de impostos resultante das despesas com dedução fiscal. Essas despesas são os $ 200 de manutenção, $ 450 de juros e $ 1.000 de depreciação. Observe que a amortização do principal não tem dedução fiscal. O total de despesas com dedução fiscal é $ 1.650; como a alíquota fiscal é de 40%, essas despesas reduzem o imposto de renda em $ 660, o que faz com que o fluxo de caixa seja de $ 825 ($ 1.485 − 660). Observe que a saída de caixa líquida cresce a cada ano porque os pagamentos do principal aumentam e não têm dedução fiscal.

No final do quinto ano, o equipamento é vendido por $ 500. A venda é uma entrada de caixa, no entanto, quando um ativo é vendido por mais que seu valor contábil, o fluxo de caixa é reduzido em virtude dos impostos gerados pela venda. (Se o ativo fosse vendido por menos que seu valor contábil, a venda reduziria os impostos.) No exemplo, o ativo foi totalmente depreciado e, portanto, seu valor contábil é $ 0. Como todo o valor obtido com a venda é lucro tributável, a empresa recebe $ 300 líquidos depois de pagar impostos de $ 200 sobre a venda de $ 500.

Ano	0	1	2	3	4	5
Preço de compra	$ 5.000					
Valor do empréstimo	$ 5.000					
Manutenção		$ 200	200	200	200	200
Depreciação		$ 1.000	1.000	1.000	1.000	1.000
Pagamento de juros		$ 450	375	293	204	106
Pagamento do principal		$ 835	911	993	1.082	1.179
Despesas dedutíveis de impostos		$ 1.650	1.575	1.493	1.404	1.306
Economia de impostos		$ 660	630	597	562	522
Venda de ativos após os impostos						300
Saídas de caixa antes dos impostos	$ 0	1.485	1.486	1.486	1.486	1.485
Saídas de caixa após os impostos	$ 0	825	856	889	924	663

TABELA 27.3

Determinação das saídas de caixa geradas pela compra.

De forma alternativa, a empresa poderia arrendar esse equipamento de um arrendador que quer obter um retorno de 10%. Para determinar os pagamentos anuais do arrendamento, o arrendador responde à seguinte pergunta: quanto devo cobrar anualmente para que meus $ 5 mil investidos no equipamento rendam 10%? (Não há qualquer razão para presumir que a taxa de juros paga pelo arrendatário para obter dinheiro emprestado seja a mesma taxa que o arrendador deseja obter com o arrendamento.) Ou seja:

$$\frac{PMT}{(1+0,1)^1} + \cdots + \frac{PMT}{(1+0,1)^5} = \$5.000$$

$$PMT(PVAIF10I, 5N) = \$5.000.$$

Solução com Calculadora

Tecla de função	Entrada de dados
PV =	-5.000
FV =	0
I =	10
N =	5
PMT =	?
Tecla de função	Resposta
PMT =	1.318,99

Como o fator de juros é 3,791, a equação passa a ser:

$$PMT(3,791) = \$1.319$$
$$PMT = \$5.000/3,791 = \$1.319.$$

Para que o arrendador lucre 10%, o pagamento anual do arrendamento deverá ser de $ 1.319. Se o arrendador cobrar $ 1.319 por ano, as saídas de caixa anuais do arrendatário serão:

Ano	1	2	3	4	5
Pagamento de arrendamento	$ 1.319,00	1.319,00	1.319,00	1.319,00	1.319,00
Economia de impostos	($ 527,60)	(527,60)	(527,60)	(527,60)	(527,60)
Saída de caixa	$ 791,40	791,40	791,40	791,40	791,40

Como se pode perceber comparando-se as duas projeções, os fluxos de caixa diferem no arrendamento ou na compra. O arrendamento produz uma saída constante de $ 791,40 a cada ano, enquanto a compra gera entradas e saídas de caixa variáveis.

Qual é a melhor alternativa? Isso depende do valor do dinheiro no tempo. Qual alternativa produz o *menor* valor presente das *saídas de caixa*? Se o gerente financeiro conseguir os fundos em empréstimo a 9%, as duas saídas de caixa serão descontadas retroativamente em 9%. O valor presente do custo de propriedade (ou seja, o valor presente das saídas de caixa associadas à compra) é:

$$\text{Valor presente do custo de propriedade} = \frac{\$825}{(1+0,09)} + \frac{\$856}{(1+0,09)^2} + \frac{\$889}{(1+0,09)^3} + \frac{\$924}{(1+0,09)^4} + \frac{\$663}{(1+0,09)^5} = \$3.249.$$

O valor presente do custo de arrendamento (ou seja, o valor presente das saídas de caixa associadas ao arrendamento) é:

$$\text{Valor presente do custo de arrendamento} = \frac{\$791,40}{(1+0,09)^1} + \cdots + \frac{\$791,40}{(1+0,09)^5}$$

$$= \$791,40(3,890)$$

$$= \$3.078,55.$$

Solução com Calculadora

Tecla de função	Entrada de dados
FV =	0
PMT =	-791,40
I =	9
N =	5
PV =	?
Tecla de função	Resposta
PV =	3.078,27

Como o valor presente das saídas de caixa associadas ao arrendamento é menor que o valor presente das saídas de caixa associadas ao empréstimo e compra, a opção preferencial é o arrendamento.

Embora esse exemplo seja favorável ao arrendamento, há diversas variáveis críticas na tabela. A primeira é o residual esperado ou valor de salvamento. Se o valor residual previsto fosse mais elevado, o arrendamento deixaria de ser a melhor opção. O proprietário do equipamento recebe o valor residual, um valor presente que é perdido quando a empresa opta pelo arrendamento. Quanto menor for o valor residual previsto, mais atraente será a opção de arrendamento. Em segundo lugar, o proprietário, ao contrário do arrendatário, paga pela manutenção. Por outro lado, se o contrato de arrendamento não incluir manutenção, o arrendatário também terá de arcar com essa despesa, que é uma saída de caixa.

O valor presente das saídas de caixa também depende do momento exato em que elas ocorrem. No exemplo, todas as saídas de caixa ocorrem no fim de cada ano. Os pagamentos de arrendamento, porém, podem ser feitos no início do período. (Os pagamentos de aluguel são feitos no início do mês, não no fim.) Se os pagamentos de arrendamento ocorrerem no início do período, o valor presente das saídas de caixa será $ 3.355,31. Nesse caso, a opção de aquisição e compra seria preferível, pois o valor presente do custo de arrendamento é maior que o valor presente do custo do empréstimo para aquisição.

CONTABILIDADE DE ARRENDAMENTOS

Antes das alterações nos padrões contábeis, uma das razões para o uso do arrendamento era o fato de que ele não aparecia no balanço da empresa. Embora o arrendamento fosse mencionado nas notas de rodapé, sua ausência no balanço diminuía a ênfase no uso de alavancagem financeira pela empresa. Essa importante distinção entre o uso da dívida, que deve necessariamente aparecer no balanço, e o arrendamento, que não era lançado, é ilustrada pelo exemplo a seguir. Duas empresas têm inicialmente os mesmos ativos, passivos e patrimônio:

Balanço da empresa A em 31/12/X0			Balanço da empresa B em 31/12/X0		
Ativos	$ 10.000	Dívida $ 5.000	Ativos	$ 10.000	Dívida $ 5.000
		Patrimônio 5.000			Patrimônio 5.000

Ambas adquirem um equipamento no valor de $ 5 mil. A empresa A compra o equipamento e vende títulos para obter os fundos necessários para o pagamento. A empresa B arrenda o equipamento. Depois dessas transações, seus respectivos balanços seriam:

Balanço da empresa A em 31/12/X1			Balanço da empresa B em 31/12/X1		
Ativos	$ 10.000	Dívida $ 5.000	Ativos	$ 10.000	Dívida $ 5.000
Equipamentos	5.000	Títulos 5.000			Patrimônio 5.000
		Patrimônio 5.000			

Ambas dispõem do uso do equipamento, mas a empresa A tem mais débitos pendentes. Além disso, parece ser mais arriscada, pois seu índice de endividamento é maior. Na verdade, porém, ela não é mais arriscada que a empresa B, que também tem uma obrigação contratual: o pagamento do arrendamento. Como o arrendamento não aparece no balanço, a empresa B parece menos arriscada.

Talvez o uso de arrendamentos para obter esse tipo de financiamento "fora do balanço" não seja mais possível. O Comitê de Padrões de Contabilidade Financeira determinou que um arrendamento que proporcione ao arrendatário praticamente todos os benefícios e riscos da propriedade deve ser "capitalizado" e incluído no balanço da empresa. Isso significa que o valor presente do ativo é lançado como um ativo e o valor presente dos pagamentos do arrendamento é lançado como um passivo. Desse ponto, o valor do ativo cai com o tempo em razão da depreciação e o passivo é reduzido à medida que os pagamentos do arrendamento são feitos.

O arrendamento deverá ser incluído no balanço se atender a qualquer destas quatro condições:

1. O contrato transfere a propriedade do ativo no final do arrendamento.

2. O contrato permite que o arrendatário compre o ativo abaixo do seu valor no término do arrendamento.

3. A duração do arrendamento é superior a 75% da vida útil prevista do ativo.

4. O valor presente dos pagamentos do arrendamento é superior a 90% do valor justo de mercado da propriedade para o arrendador.

As duas primeiras condições, obviamente, transferem ao arrendatário os benefícios e riscos da propriedade. Na primeira condição, a propriedade é transferida e, na segunda, o arrendatário tem a opção de comprar o ativo por um preço de barganha. Embora o arrendatário não esteja obrigado a exercitar essa opção e comprar o ativo, o fator importante é a existência da opção.

A terceira e quarta condições exigem algumas explicações. Considere o exemplo exposto anteriormente, em que um gerente financeiro precisava optar entre o arrendamento ou o empréstimo para compra. No exemplo, a análise indicou que o arrendamento era a melhor alternativa. O arrendamento terá de ser capitalizado? A resposta é afirmativa, porque ele satisfaz a terceira condição. Como tanto a vida útil do ativo como o prazo de arrendamento são de cinco anos, esse prazo é maior que 75% da vida útil estimada do ativo.

A quarta condição requer que o valor presente dos pagamentos do arrendamento seja calculado. No exemplo, isso seria o valor presente dos pagamentos de arrendamento de $ 1.319. Evidentemente, o valor presente desses pagamentos do arrendamento depende da taxa de desconto. Essa taxa deve ser a menor destas duas alternativas: (1) a taxa usada pelo arrendador para determinar os pagamentos do arrendamento ou (2) a taxa de juros que o arrendatário pagaria para obter em empréstimo os fundos necessários para adquirir os ativos. No exemplo, o arrendador usou 10% e o arrendatário, 9%; portanto, a taxa de desconto deve ser 9%. Quando os pagamentos do arrendamento são descontados a 9%, seu valor presente é:

$$\$ 1.319(3,890) = \$ 5.131.$$

O valor presente do pagamento do arrendamento é maior que 90% do custo do investimento; logo, o arrendamento deve ser capitalizado.

Muitos arrendamentos não satisfazem nenhum dos critérios de capitalização expostos anteriormente. Quando um empregado aluga um automóvel durante uma semana, trata-se com certeza de um arrendamento operacional, mas ele não será capitalizado. Por sua vez, se o automóvel for alugado durante vários anos, as condições da locação podem satisfazer um dos critérios e, portanto, o arrendamento deverá ser capitalizado. Caso a administração queira evitar capitalizar o arrendamento, as condições deverão ser estruturadas de forma a evitar todos os critérios.

A inclusão do arrendamento teria o seguinte impacto sobre o balanço da empresa B, caso ele fosse capitalizado:

Balanço da empresa B em 31/12/X1			
Ativos	$ 10.000	Dívida	$ 5.000
Ativos sob arrendamento de capital	5.000	Arrendamentos de capital	5.000
		Patrimônio líquido	5.000

Esse balanço revisado da empresa B salienta o fato de que *um arrendamento financeiro é uma alternativa ao financiamento da dívida*. Ambas as empresas, A e B, têm $ 15 mil de ativos e $ 5 mil de patrimônio líquido. As fontes de fundos restantes são a dívida ou o arrendamento capitalizado. O índice de endividamento de ambas as empresas, portanto, é $ 10.000/$ 15.000 = 67%. Agora, o balanço indica que a empresa A e a empresa B têm o mesmo nível de alavancagem financeira.

Embora os arrendamentos financeiros devam ser capitalizados, outros arrendamentos freqüentemente evitam a capitalização. Por exemplo, muitas empresas arrendam equipamentos e alugam espaço. Esses contratos geralmente são arrendamentos operacionais que não são capitalizados e não aparecem no balanço. Não obstante, a empresa é obrigada a declarar os pagamentos futuros do arrendamento. Os pagamentos relativos aos próximos quatro anos e a todos os anos subseqüentes são fornecidos em uma nota de rodapé do balanço; portanto, essas informações não são ocultas. Em certos casos, os pagamentos de arrendamento são substanciais. Por exemplo, a Limited Brands arrenda espaço em centros comerciais e shopping centers, mas não tem arrendamentos capitalizados em seu balanço. Em uma nota de rodapé do seu Relatório Anual de 2004, a Limited Brands declarou que possuía os seguintes compromissos mínimos de locação regidos por contratos de arrendamento não canceláveis:

2005	$ 547.000.000
2006	495.000.000
2007	424.000.000
2008	361.000.000
Posteriores	1.426.000.000

Esses pagamentos de arrendamento são, obviamente, um compromisso considerável!

RESUMO

A dívida de médio prazo e o arrendamento são alternativas ao financiamento por dívida de curto e de longo prazo. A dívida de médio prazo geralmente vence em cinco a dez anos. Ainda que as características sejam semelhantes às de outros instrumentos de dívida, o prazo mais curto e o uso de garantias diferenciam a dívida de médio prazo dos títulos de longo prazo. O cronograma de amortização da dívida de médio prazo em geral é vinculado às entradas de caixa previstas geradas pelo ativo.

Arrendar é, basicamente, alugar. A empresa (ou arrendatário) adquire o uso do ativo, mas não sua propriedade. O arrendatário faz pagamentos periódicos de arrendamento ao proprietário (o arrendador) pelo uso do ativo. Os arrendamentos podem ser classificados como arrendamentos operacionais ou arrendamentos financeiros. Esse último tipo é semelhante à aquisição do ativo por meio do financiamento por dívida. O valor presente dos pagamentos de arrendamento deve ser capitalizado e lançado no balanço do arrendatário como um passivo.

As entradas e as saídas de caixa geradas pelo arrendamento podem diferir dos fluxos de caixa gerados pelo uso de um empréstimo para adquirir o ativo. Cabe ao gerente financeiro determinar o valor presente do custo de arrendamento e o valor presente do custo de propriedade para determinar qual é a alternativa mais barata. A depreciação, a tributação, o cronograma de pagamentos de arrendamento, o cronograma de pagamentos de juros e do principal e o valor residual ou valor de salvamento do ativo afetam o valor presente das saídas de caixa e, conseqüentemente, a decisão de arrendar ou emprestar e adquirir.

REVISÃO DOS OBJETIVOS

Tendo concluído este capítulo, você deverá ser capaz de

1. Listar as características da dívida de médio prazo (páginas 445-446).
2. Construir um cronograma de pagamentos (página 447).
3. Definir o que é pagamento final e explicar quando é aplicável (página 447).
4. Comparar arrendamentos operacionais e financeiros (páginas 447-448).
5. Determinar se uma empresa deve arrendar ou comprar equipamentos (páginas 449-451).
6. Identificar a importância do valor residual de um ativo para a decisão entre arrendar e comprar (páginas 450-451).
7. Descrever o impacto da capitalização de um arrendamento sobre o balanço de uma empresa, seus índices financeiros e seu uso da alavancagem financeira (páginas 451-453).

PROBLEMAS

1. Um empréstimo de $ 100 mil com prazo de cinco anos possui uma taxa de juros de 7% sobre o saldo decrescente. Quais são os pagamentos anuais iguais necessários para pagar os juros e o principal do empréstimo? Construa uma tabela mostrando o saldo decrescente devido após cada pagamento.

2. Quais são os cronogramas de pagamento para os seguintes empréstimos, todos de $ 10 mil a 10% com prazo de cinco anos?

    a. pagamentos anuais iguais que amortizam (resgatam) o principal e pagam os juros devidos sobre o saldo decrescente;
    b. pagamentos anuais iguais do principal, com juros calculados sobre o saldo remanescente devido;
    c. nenhum pagamento do principal até o vencimento após cinco anos, com juros pagos anualmente sobre o saldo devido;
    d. pagamentos anuais de $ 1 mil sobre o principal, com o saldo pago ao final de cinco anos, e pagamentos anuais de juros sobre o saldo devido.

3. A Corgi, Inc. deseja atualizar seus equipamentos a um custo total de $ 90 mil. A administração pretende fazer um pagamento inicial de $ 15 mil e emprestar o restante de um banco comercial local à taxa de juros de 12%. A primeira opção é fazer cinco pagamentos anuais iguais no fim do ano. A segunda opção inclui cinco pagamentos anuais iguais mais um pagamento final de $ 15 mil no fim do quinto ano. Quais são os pagamentos anuais exigidos por opção?

4. O Northwest Bank foi solicitado a adquirir e arrendar à Fafner Construction equipamentos no valor de $ 1.200.000. O arrendamento terá duração de seis anos. Se o Northwest Bank deseja obter um retorno mínimo de 12%, qual será o valor dos pagamentos de arrendamento exigidos?

5. Um arrendador adquiriu equipamentos por $ 83.250 e pretende arrendá-los por um período de cinco anos. Se o equipamento não tiver um valor residual estimado, qual deverá ser o valor de anual de arrendamento cobrado para que o arrendador lucre 12% sobre o investimento? Qual seria o pagamento de arrendamento anual se o arrendador desejasse um lucro de 8%? Se o equipamento tiver um valor residual de $ 10 mil, qual será o valor dos pagamentos de arrendamento para que o arrendador lucre 12%?

6. Uma empresa deseja usar uma máquina que custa $ 100 mil. Se a empresa adquirir o equipamento, ele será depreciado anualmente em $ 20 mil durante quatro anos, quando terá um valor residual de $ 20 mil. A manutenção custará $ 2.500 por ano. A empresa poderia arrendar o equipamento durante quatro anos com um pagamento anual de arrendamento de $ 26.342. Atualmente, a empresa enquadra-se na alíquota fiscal de 40%.

   a. Determine as entradas e as saídas de caixa da empresa nos casos de compra e de arrendamento do equipamento.
   b. Se a empresa usar um custo dos fundos de 14% para analisar as decisões relativas a pagamentos feitos após um ano, a administração deve optar pelo arrendamento ou pela compra do equipamento?
   c. Sua resposta seria diferente se o custo dos fundos fosse 8%?

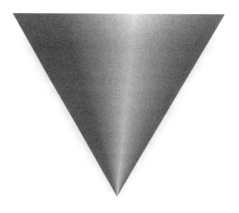

PARTE 5

Os últimos capítulos deste livro descrevem os derivativos, esses fascinantes instrumentos cujo valor depende e é derivado de outro ativo. Durante meus longos anos de magistério, nada despertava mais o interesse dos estudantes que esses títulos especulativos.

O Capítulo 28 aborda as opções de compra (*call*) e de venda (*put*). O Capítulo 29 examina os contratos futuros. Opções e futuros são meios de especular com as variações de preço, mas também podem ser usados como ferramentas auxiliares no gerenciamento de riscos. Basicamente, os gestores de riscos (*hedgers*) transferem os riscos para os especuladores. Esses especuladores estão dispostos a aceitar os riscos em troca da possibilidade de aumento ou alavancagem dos seus ganhos potenciais.

Como servem tanto aos gestores de riscos como aos especuladores, os derivativos são um componente extremamente importante dos mercados financeiros.

DERIVATIVOS

Se você aprofundar seus estudos de finanças corporativas e investimentos, não terá como evitar os derivativos. Talvez nunca compre ou venda derivativos, mas as informações e o jargão relacionados a eles permeiam as finanças e os investimentos. Os dois capítulos a seguir podem, na melhor das hipóteses, servir como uma introdução básica aos derivativos. Se você os considerar fascinantes, poderá aprofundar esse fascínio sem que seja necessário nenhum estímulo adicional de outras fontes. Esteja avisado: eles podem se tornar um vício.

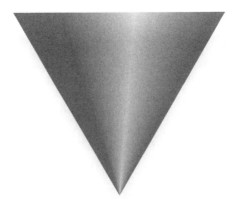

OPÇÕES DE VENDA (*PUT*) E DE COMPRA (*CALL*)

Puts e *calls* são opções de venda e de compra de ações e outros títulos. Você encontrará muitos casos em que uma dessas opções é vendida por $ 50 em um dia e por $ 500 seis meses mais tarde. Há até casos de opções vendidas por $ 50 em um dia e por $ 500 no dia seguinte. Em 2005, uma opção de compra da Google era vendida por $ 170 em uma quinta-feira e por $ 1.830 na sexta-feira, quando a empresa anunciou um grande aumento dos seus lucros.

Pense bem nisso. Você converteu $ 170 em $ 1.830 em apenas um dia. Evidentemente, isso funciona em ambos os sentidos. Você poderia converter $ 1.830 em $ 170, ou até em $ 0. A possibilidade de grandes ganhos também implica a possibilidade de grandes perdas! A natureza humana, sendo como é, tende a concentrar-se no grande lucro potencial e não no grande prejuízo potencial. É importante que você tente superar essa tendência psicológica. Se pretende colocar em prática o que é exposto neste capítulo, você precisará abordar os investimentos de maneira fria e racional.

As opções de compra e de venda são títulos sofisticados (assim como os contratos futuros, a serem discutidos no próximo capítulo) e talvez você nunca as compre ou venda. Essas opções são exemplos de derivativos. Como o nome indica, um derivativo é um ativo cujo valor depende de outro ativo. Livros inteiros são escritos sobre *puts*, *calls* e outros derivativos. Este capítulo pode servir apenas como uma introdução básica a esses instrumentos. Ele descreve as características das opções de venda e de compra, como são estabelecidas as posições, o papel da alavancagem e como certas posições, como a opção de compra coberta e a opção de venda protetora, podem ajudá-lo a gerenciar riscos. Não é um material fácil. Leia-o atentamente e, depois de concluir o texto principal, tente resolver os problemas, que ilustram os temas abordados no capítulo.

OPÇÕES

Uma opção é o direito de fazer algo. Quando é usado com relação a títulos, o termo *opção* significa o direito de comprar ou vender ações. A palavra *direito* é muito importante: o proprietário de uma opção *não é obrigado* a fazer coisa alguma. O proprietário de uma opção de compra de ações não tem necessariamente de comprar essas ações, assim como o proprietário de uma opção de venda de ações não precisa vender as ações. Isso diferencia as opções dos contratos futuros, que serão discutidos no próximo capítulo. Ao entrar em um contrato futuro, você é obrigado a fechar a posição ou cumprir a obrigação.

Os direitos de comprar e vender ações não são as únicas opções em finanças. Por exemplo, muitos títulos estão sujeitos a opções de compra. Esse recurso de *call* é um exemplo de opção, porque a empresa tem o direito de exercer sua opção de comprar e resgatar os títulos antes do vencimento. Muitas transações comerciais envolvem opções. Por exemplo, um proprietário de terras pode vender a um incorporador imobiliário uma opção de compra sobre suas propriedades. O incorporador não é obrigado a comprar essas terras, mas tem o direito de comprá-las.

As opções de compra de ações são chamadas **garantias** quando emitidas por empresas e *calls* quando emitidas por pessoas físicas. Uma garantia ou um *call* é o direito de comprar ações a um preço específico dentro de determinado período. As opções de venda de ações são chamadas **puts**. Um *put* é o direito de vender ações a um preço específico dentro de determinado período. No jargão do mercado de opções, o preço de mercado da opção é o **prêmio**. O preço pelo qual você compra ou vende as ações é denominado **preço de opção** ou **preço de exercício** e o dia em que a opção expira é a sua **data de vencimento**.

Garantia
Opção (emitida por uma empresa) de comprar ações a um preço específico dentro do período especificado.

Call
Opção (emitida por uma pessoa física) de comprar ações a um preço específico dentro do período especificado.

Put
Opção de vender ações a um preço específico dentro do período especificado.

Prêmio
Preço de mercado de uma opção.

Preço de opção/Preço de exercício
Preço pelo qual o detentor da opção pode comprar as ações subjacentes.

Data de vencimento
Data em que a opção deverá ser exercida.

Uma empresa também pode emitir uma opção conhecida como "direito". Os direitos são emitidos aos acionistas atuais quando a empresa emite novas ações. Ao exercitar seus direitos e adquirir novas ações, os acionistas atuais mantêm a proporcionalidade da sua participação na empresa. Os direitos têm duração extremamente curta, como quatro semanas, enquanto uma garantia pode durar anos.

Como os *calls* constituem a vasta maioria das opções de compra de ações, o restante deste capítulo é dedicado aos *calls* e às opções opostas de venda de ações, ou *puts*. Este capítulo limita-se à compra e venda dessas opções, seus mercados secundários, a alavancagem e os riscos associados às opções de compra e de venda e a forma como podem ser usadas como ferramentas de gestão de riscos.

O VALOR INTRÍNSECO DE UMA OPÇÃO DE COMPRA

O **valor intrínseco** de uma opção é o seu valor quando transformada em ações. No caso de uma opção de compra de ações, o valor intrínseco é a diferença entre o preço da ação e o preço de exercício da opção. Se uma opção consiste no direito de comprar ações a $30 por ação e essa ação está sendo vendida por $40, o valor intrínseco é $10 ($40 − $30 = $10).

Valor intrínseco
Valor de uma opção na forma de ações.

Se uma ação está sendo vendida a um preço maior que o preço de exercício, a opção de compra tem um valor intrínseco positivo. Quando isso acontece, diz-se que a opção está *in*

TABELA 28.1

Preço de uma ação e valor intrínseco de uma opção de compra a $ 50 por ação.

Preço da ação	Preço de exercício da opção por ação	Valor intrínseco da opção
$ 0	$ 50	$ 0
10	50	0
20	50	0
30	50	0
40	50	0
50	50	0
60	50	10
70	50	20
80	50	30
90	50	40

the money. Se a ação ordinária está sendo vendida a um preço igual ao preço de exercício, a opção está *at the money*. Por fim, se o preço da ação é menor que o preço de exercício, a opção de compra não tem valor intrínseco. Nesse caso, a opção está *out of the money*. Você não compraria nem exerceria uma opção de compra de ações a $ 50 quando essa ação pode ser adquirida a um preço inferior ao preço de exercício da opção (por exemplo, $ 40).

As relações entre o preço de uma ação, o preço de exercício da opção e o valor intrínseco da opção de compra são expostas na Tabela 28.1 e na Figura 28.1. Nesses exemplos, a opção é de comprar ações ao preço de $ 50 por ação. A primeira coluna da tabela (e o eixo horizontal no gráfico) fornece vários preços da ação. A segunda coluna apresenta o preço de exercício ($ 50) e a última coluna fornece o valor intrínseco da opção de compra (a diferença entre os valores da primeira e segunda colunas). Os valores da terceira coluna são representados na figura pela linha ABC, que mostra a relação entre o preço da ação e o valor intrínseco da opção de compra. É evidente que, tanto na tabela quanto na figura, o aumento do preço da ação provoca um aumento do valor da opção. Entretanto, para todos os preços da ação abaixo de $ 50, o valor intrínseco é zero, pois os preços de opções nunca são negativos. Somente quando o preço da ação ultrapassa $ 50 é que o valor intrínseco da opção torna-se positivo.

O valor intrínseco é importante porque o preço de mercado de uma opção de compra deve tender ao seu valor intrínseco conforme a opção se aproxima da data de vencimento. No dia do vencimento da opção de compra, seu preço de mercado só pode ser o que a opção vale em ações. Seu valor só pode ser a diferença entre o preço de mercado das ações e o preço de exercício da opção. É possível usar o valor intrínseco de uma opção como uma indicação do seu preço futuro, pois você sabe que o preço de mercado da opção de compra deverá se aproximar do seu valor intrínseco quando o vencimento da opção estiver próximo.

O valor intrínseco também define o preço mínimo que a opção poderá obter.[1] Suponha que o preço de uma ação seja $ 60 e o preço de exercício da opção seja $ 50. O valor intrínseco da opção de compra é $ 10 ($ 60 – $ 50). Se o preço de mercado atual da opção de compra fosse $ 6, você poderia comprar a opção e exercê-la para adquirir uma ação com o valor de $ 60. Em seguida, você venderia a ação e lucraria $ 4.

O ato de comprar a opção e vender as ações aumenta o preço da opção de compra e diminui o preço das ações. Enquanto a opção de compra estiver sendo vendida por menos que o seu valor intrínseco, os investidores comprarão a opção e venderão as ações, e o preço da opção subirá quando o preço das ações cair. Essas mudanças de preço persistem até que a

---

[1] Mais precisamente, o valor mínimo da opção não pode ser menor que a diferença entre o preço da ação e o valor presente do preço de exercício. A não ser que a taxa de juros seja zero ou a opção esteja na data de vencimento, essa diferença deve necessariamente exceder o valor intrínseco da opção.

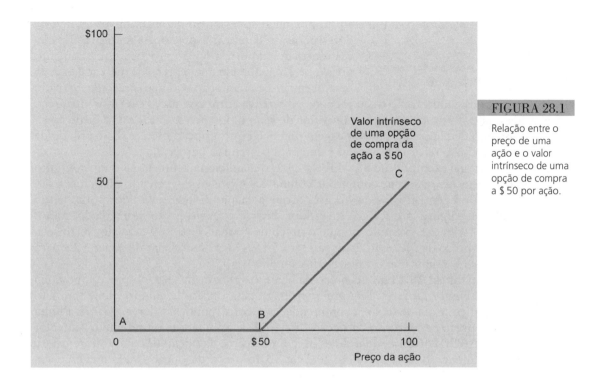

FIGURA 28.1

Relação entre o preço de uma ação e o valor intrínseco de uma opção de compra a $ 50 por ação.

opção esteja sendo vendida ao menos pelo seu valor intrínseco. O valor intrínseco, portanto, define o preço mínimo que uma opção pode valer, pois tão logo uma opção é vendida por menos que o seu valor intrínseco, as forças do mercado entram em ação para garantir que o preço retorne ao valor intrínseco da opção.

ALAVANCAGEM

Embora seja um "direito", a opção não representa nenhum dos direitos legais de propriedade. Não obstante, uma opção lhe oferece uma vantagem importante: alavancagem. O retorno potencial do investimento em uma opção pode exceder o retorno potencial do investimento nas ações subjacentes. Como no uso da margem, essa ampliação do retorno potencial é um exemplo de alavancagem financeira.

A Tabela 28.1, que ilustra a relação entre o preço de uma ação e o valor intrínseco de uma opção de compra, também demonstra a alavancagem potencial que as opções oferecem. Por exemplo, se o preço da ação aumentasse de $ 60 para $ 70, o valor intrínseco da opção de compra aumentaria de $ 10 para $ 20. O aumento percentual do preço da ação é de 16,67% ([$ 70 − $ 60] ÷ $ 60), enquanto o aumento percentual do valor intrínseco é de 100% ([$ 20 − $ 10] ÷ $ 10). O aumento percentual do valor intrínseco excede o aumento percentual do preço da ação. Se tivesse adquirido a opção por seu valor intrínseco e o preço da ação aumentasse subseqüentemente, o retorno do investimento na opção de compra excederia o retorno do investimento na ação.

A alavancagem, porém, atua em ambas as direções. Embora possa aumentar o seu retorno potencial, ela também pode aumentar o seu prejuízo potencial, caso o preço da ação caia. Por exemplo, se o preço da ação na Tabela 28.1 caísse de $ 70 para $ 60, exibindo uma perda de 14,3%, o valor intrínseco da opção de compra cairia de $ 20 para $ 10, uma queda de 50%. Como acontece com qualquer investimento, cabe a você decidir se o retorno potencial proporcionado pela alavancagem justifica o risco potencial.

Quando uma opção oferece um retorno potencial superior ao da ação, talvez os investidores prefiram comprar a opção. As tentativas dos investidores de adquirir a opção provocam um aumento no seu preço, o que faz que o preço de mercado exceda o valor intrínseco da opção. Como o preço de mercado de uma opção é designado como o seu prêmio, a diferença entre esse preço e o valor intrínseco é conhecida como o seu *time premium* ou valor de tempo. Os investidores estão dispostos a pagar esse prêmio de tempo pela alavancagem potencial que a opção oferece. Esse prêmio de tempo, porém, reduz o retorno potencial e aumenta o prejuízo potencial.

Time premium
Quantia em que o preço de uma opção excede o seu valor intrínseco.

O *time premium* é exemplificado na Tabela 28.2, que adiciona à Tabela 28.1 um conjunto hipotético de preços de opções de compra na coluna 4. Os preços de mercado hipotéticos são superiores aos valores intrínsecos da opção porque a demanda dos investidores aumentou esses preços. Para adquirir a opção, o investidor terá de pagar o preço de mercado, não o valor intrínseco. Assim, no exemplo em que o preço de mercado for $ 60 e o valor intrínseco da opção, $ 10, o preço de mercado da opção será $ 15. O investidor terá de pagar $ 15 para adquirir a opção, $ 5 a mais que o valor intrínseco da opção.

As relações da Tabela 28.2 entre o preço da ação, o valor intrínseco e o preço hipotético são ilustradas na Figura 28.2. O *time premium* pago pela opção de compra pode ser visto facilmente no gráfico; trata-se da área sombreada, que corresponde à diferença entre a linha que representa o preço de mercado da opção (linha DE) e a linha que representa o seu valor intrínseco (linha ABC). Portanto, quando os preços da ação e da opção de compra forem $ 60 e $ 15, respectivamente, o *time premium* será de $ 5 [o preço da opção ($ 15) menos o seu valor intrínseco ($ 10)].

Como se pode perceber na figura, a quantia do *time premium* varia nos diferentes níveis de preço da ação. O *time premium* cai conforme o preço da ação ultrapassa o preço de exercício. Quando o preço da ação aumenta, a opção de compra pode não produzir qualquer *time premium*. A $ 100 por ação, a opção de compra é vendida aproximadamente pelo seu valor intrínseco de $ 50. O principal motivo para essa queda do prêmio no tempo é que, com o aumento do preço da ação e do valor intrínseco, o potencial de alavancagem é reduzido. Além disso, com preços mais altos, a redução potencial do preço da opção será maior caso o preço da ação caia. Por essas razões, os investidores tornam-se menos inclinados a forçar o aumento da opção de compra conforme o preço da ação aumenta, e, portanto, o valor do *time premium* diminui.

O *time premium* reduz a alavancagem potencial e o retorno do investimento em uma opção de compra. Por exemplo, se o preço da ação aumentasse de $ 60 para $ 70, o que corresponde a um ganho percentual de 16,7%, o preço da opção aumentaria de $ 15 para $ 23, proporcionando um ganho de 53,3%. O aumento percentual do preço da opção de

TABELA 28.2

Relações entre o preço da ação, o valor intrínseco da opção de compra e o preço de mercado hipotético.

Preço da ação ordinária	Preço de exercício da opção por ação	Valor intrínseco	Preço de mercado hipotético
$ 10	$ 50	$ 0	$ 0,00
20	50	0	0,25
30	50	0	0,50
40	50	0	1,25
50	50	0	6,75
60	50	10	15,00
70	50	20	23,00
80	50	30	32,63
90	50	40	41,25
100	50	50	50,00

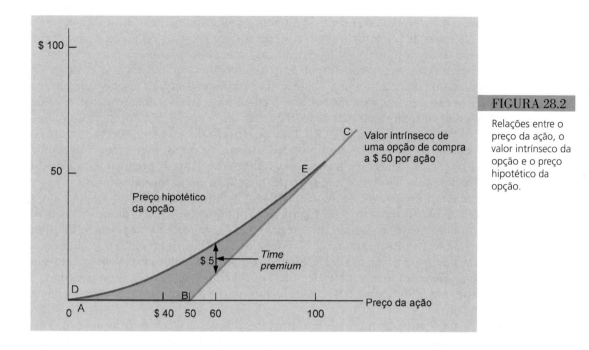

FIGURA 28.2

Relações entre o preço da ação, o valor intrínseco da opção e o preço hipotético da opção.

compra continua excedendo o aumento percentual do preço da ação; porém, a diferença entre os dois aumentos percentuais é menor. O *time premium* reduziu o potencial de alavancagem que a opção oferece aos investidores.

Vários fatores afetam o *time premium* de uma opção. Quando uma opção aproxima-se do vencimento, seu preço de mercado tende a aproximar-se do seu valor intrínseco. Na data de vencimento, a opção não consegue obter um preço superior ao seu valor intrínseco baseado na ação subjacente. Portanto, uma opção é vendida com menor prêmio no tempo à medida que se aproxima da data de vencimento, quando esse prêmio desaparece.

Outros fatores determinantes do *time premium* de uma opção de compra incluem o pagamento de dividendos em dinheiro, a volatilidade da ação subjacente e as taxas de juros. As opções de empresas que pagam dividendos em dinheiro tendem a ser vendidas com menor *time premium*. Há duas explicações possíveis para essa relação. Em primeiro lugar, as empresas que retêm (não distribuem) lucros têm mais fundos disponíveis para investimentos. Ao reter e reinvestir seus lucros, uma empresa torna-se capaz de crescer mais rapidamente; portanto, o ganho potencial no preço da opção de compra pode ser maior quando a empresa retém seus lucros e não paga dividendos em dinheiro. Em segundo lugar, quando uma empresa paga dividendos, o proprietário da opção de compra não recebe o pagamento em dinheiro. Como o proprietário da opção deve renunciar aos dividendos, os investidores não estão dispostos a pagar tanto pela opção de compra, que é vendida com um *time premium* menor.

Outro fator que afeta o prêmio no tempo pago por uma opção de compra é a volatilidade de preço da ação ordinária. Como o preço da opção acompanha o preço da ação subjacente, as flutuações no preço da ação são refletidas no preço da opção. Quanto mais volátil for o preço da ação, maior será a oportunidade de aumento de preço oferecida pela opção. Portanto, as opções de compra de ações voláteis tendem a ser mais atraentes e a obter maior *time premium* que as opções vinculadas a ações cujos preços são mais estáveis e menos voláteis.

As taxas de juros afetam as opções devido ao seu impacto sobre o valor presente dos fundos necessários para exercer a opção de compra. Como as opções são exercidas no futuro, taxas de juros mais altas significam que o investidor terá de reservar uma quantia menor para exercer a opção de compra. Como o valor intrínseco é o preço da ação menos o preço de exercício, o menor preço de exercício aumenta necessariamente o valor da opção de compra. De fato, as taxas de juros mais altas reduzem o valor presente do preço de exercício, o que torna a opção de compra mais valiosa e aumenta o seu *time premium*.[2]

Em suma, as opções de compra são adquiridas basicamente para alavancar a posição em uma ação. Se o preço da ação aumentar, o preço da opção de compra também aumentará. Como o custo da opção de compra é menor que o custo da ação, o aumento percentual da opção de compra pode ser maior que o da ação, o que faz que a opção de compra proporcione maior retorno percentual do que a ação subjacente. Se o preço da ação cair, o valor da opção também cairá e o prejuízo percentual com a opção será maior que com a ação. Entretanto, como o custo da opção de compra é menor que o custo da ação, o prejuízo gerado pelo investimento na opção pode ser menor que o prejuízo da ação em termos absolutos.

Os lucros e prejuízos potenciais no vencimento da opção de compra de $ 15 quando a ação é vendida por $ 60 são ilustrados na Figura 28.3. Enquanto o preço da ação for $ 50 ou menos, todo o investimento na opção de compra ($ 15) será perdido. O prejuízo diminui conforme o preço da ação ultrapassa $ 50. O ponto de equilíbrio está em $ 65, quando o valor intrínseco da opção de compra é $ 15, que corresponde ao seu custo. Você obterá um lucro se o preço da ação continuar a subir além de $ 65. (Lembre-se de que, nesse exemplo, o preço inicial da ação era $ 60. O preço só precisa subir mais $ 5 para garantir o seu lucro na posição de compra.)

A Figura 28.4 acrescenta os lucros e prejuízos resultantes da compra da ação a $ 60. Ambas envolvem aquisições e, portanto, são *posições compradas* nesses títulos. Se o preço da ação ultrapassar $ 60 ou cair abaixo desse valor, você terá lucro ou prejuízo. A diferença importante entre as linhas que indicam lucro e prejuízo nas posições compradas de ambos os títulos é o maior prejuízo potencial, em valores absolutos, resultante da compra das ações, em comparação ao prejuízo limitado produzido pela opção de compra. Na pior hipótese, você perderia $ 60 com a ação, mas somente $ 15 com a opção de compra.

EMISSÃO E VENDA DE OPÇÕES DE COMPRA

A seção anterior abordou a aquisição de opções de compra; esta seção discute a sua emissão. Define-se como "emissão" o processo de emitir e vender uma opção. Enquanto a aquisição lhe oferece uma oportunidade de lucrar com a alavancagem proporcionada pelas opções de compra, a emissão de opções de compra gera receitas provenientes da sua venda. Os resultados da venda geram lucro.

Há duas maneiras de emitir e vender opções. A primeira é a estratégia menos arriscada, conhecida como **emissão de opções cobertas**. Você compra a ação e, em seguida, vende a opção. Caso a opção seja exercida, você fornece a ação adquirida anteriormente (em outras palavras, você "cobre" a opção com a ação). O segundo método é vender a opção sem possuir a ação. Isso é conhecido como **emissão de opções a descoberto**, pois você está exposto a um risco considerável. Se o preço da ação subir e a opção for exercida, você terá de comprar a ação pelo preço de mercado maior para fornecê-la ao comprador. O potencial de prejuízo com a emissão de opções a descoberto é maior do que com a emissão de opções cobertas.

> **Emissão de opções cobertas**
> Venda de uma opção quando o vendedor possui uma posição nas ações subjacentes.
>
> **Emissão de opções a descoberto**
> Venda de uma opção quando o vendedor não possui uma posição nas ações subjacentes.

---

[2] O processo de avaliação de opções, como o modelo Black-Scholes de precificação de opções, e o uso de opções em diferentes estratégias de composição de carteira são temas complexos discutidos em textos voltados exclusivamente para títulos derivativos. Ver, por exemplo, CHANCE, Don. *An introduction to derivatives and risk management*. 5. ed. Mason, Ohio: Thomson South-Western, 2001. Para uma abordagem mais pragmática das opções, consulte McMILLAN, Lawrence G. *Options as a strategic investment*. 3. ed. Nova York: New York Institute of Finance, 1993.

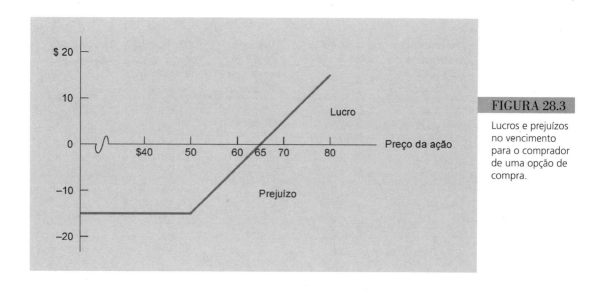

FIGURA 28.3

Lucros e prejuízos no vencimento para o comprador de uma opção de compra.

A Opção de Compra Coberta

A razão para emitir opções é a receita gerada pela venda. O lucro potencial da emissão de uma *opção de compra coberta* é mostrado na Tabela 28.3. No exemplo, você adquiriu 100 ações pelo preço de mercado atual de $ 50 por ação e, simultaneamente, vendeu por $ 5 uma opção de compra dessas opções ao preço de exercício de $ 50 (ou seja, a opção foi vendida por $ 500 ($ 5 x 100 ações). Os preços futuros possíveis da ação no vencimento da opção de compra são fornecidos na coluna 1. A coluna 2 apresenta seu lucro líquido com a compra das ações. A coluna 3 fornece o valor da opção de compra no vencimento e a coluna 4 oferece seu lucro com a venda da opção de compra. Como se pode notar na coluna 4, a venda da opção é lucrativa enquanto o preço por ação ordinária permanece abaixo de $ 55. A última coluna fornece o lucro líquido da posição como um todo. Enquanto o preço da ação ordinária permanecer *acima de $ 45*, a posição global gerará um lucro (antes das comissões). O valor máximo desse lucro, porém, está limitado a $ 500. Portanto, ao vender a opção de

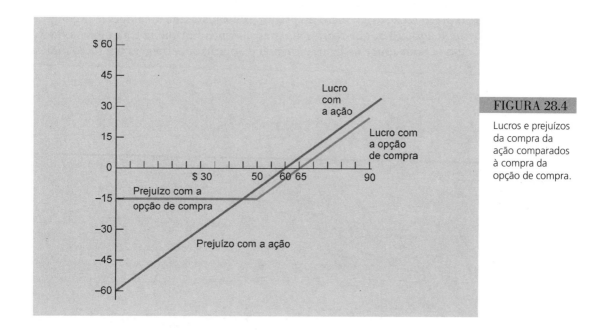

FIGURA 28.4

Lucros e prejuízos da compra da ação comparados à compra da opção de compra.

TABELA 28.3

Lucros e prejuízos com uma opção coberta consistindo na compra de 100 ações e na venda de uma opção de compra das 100 ações a $ 50 por ação.

Preço da ação no vencimento da opção de compra	Lucro líquido sobre as ações	Valor da opção de compra no vencimento	Lucro líquido sobre a venda da opção de compra	Lucro líquido da posição
$ 40	-$ 1.000	$ 0	$ 500	-$ 500
42	-800	0	500	-300
44	-600	0	500	-100
46	-400	0	500	100
48	-200	0	500	300
50	0	0	500	500
52	200	200	300	500
54	400	400	100	500
56	600	600	-100	500
58	800	800	-300	500
60	1.000	1.000	-500	500

compra coberta, você *renuncia* à possibilidade de lucros maiores, mas mantém o prêmio. Por exemplo, se o preço da ação aumentasse para $ 70, o proprietário da opção a exerceria e adquiriria as 100 ações a $ 50 por ação. Nesse caso, você lucraria somente os $ 500 recebidos pela venda da opção.

Se o preço da ação caísse para menos de $ 45, toda a posição resultaria em prejuízo. Por exemplo, se o preço da ação ordinária caísse para $ 40, você perderia $ 1 mil com a compra das ações. Entretanto, você teria recebido $ 500 pela venda da opção. Portanto, seu prejuízo líquido seria de apenas $ 500. Você continuaria de posse das ações e poderia emitir outra opção sobre elas. Enquanto for proprietário das ações, o mesmo lote de 100 ações pode ser usado repetidamente para cobrir a emissão de opções. Portanto, mesmo que o preço das ações caia, você pode continuar a usá-las para emitir mais opções. Quando mais opções puderem ser emitidas, mais lucrativa será a estratégia. Para o emissor de opções cobertas, a melhor situação possível é aquela em que o preço da ação permanece estável. Nesse caso, você recebe o lucro da emissão das opções e nunca sofre uma perda de capital resultante da queda do preço das ações em que as emissões das opções são baseadas.

A relação entre o preço da ação e o lucro ou prejuízo da emissão de uma opção de compra coberta é ilustrada na Figura 28.5, que representa graficamente a primeira e a quinta colunas da Tabela 28.3. Como se pode notar na figura, a venda da opção coberta gera um lucro (antes

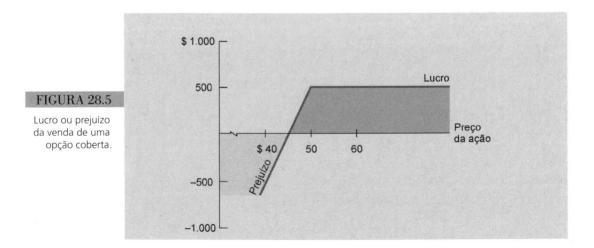

FIGURA 28.5

Lucro ou prejuízo da venda de uma opção coberta.

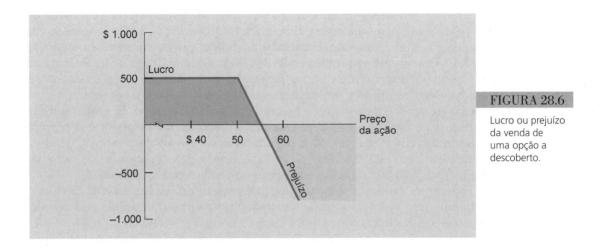

FIGURA 28.6
Lucro ou prejuízo da venda de uma opção a descoberto.

das comissões) com todos os preços da ação acima de $ 45. Entretanto, o lucro máximo (antes das comissões) é limitado a $ 500.

A Opção a Descoberto

Os que emitem opções não precisam ser proprietários das ações ordinárias com base nas quais elas são emitidas. Embora a emissão de uma opção a descoberto exponha o emissor a um risco considerável, o retorno potencial também é maior. Se o emissor da opção mostrada na Tabela 28.3 não possuísse as ações e tivesse vendido a opção por $ 500, sua posição seria lucrativa, enquanto o preço da ação ordinária permanecesse abaixo de $ 55 no vencimento da opção de compra. O prejuízo potencial, porém, é teoricamente infinito, pois a opção a descoberto perde $ 100 para cada aumento de $ 1 no preço da ação acima do preço de exercício da opção de compra. Por exemplo, se o preço da ação aumentasse para $ 70, a opção valeria $ 2 mil. O proprietário da opção a exerceria e compraria 100 ações por $ 5 mil. O emissor da opção a descoberto teria de comprar essas ações por $ 7 mil. Como só recebeu $ 500 quando vendeu a opção e $ 5 mil quando a opção foi exercida, seu prejuízo é de $ 1.500. Portanto, a emissão de opções a descoberto expõe o emissor a um risco considerável, caso o preço das ações aumente.

A relação entre o preço da ação e o lucro ou prejuízo da emissão de uma opção de compra a descoberto é ilustrada na Figura 28.6. No caso, o emissor obterá lucro (antes das comissões), enquanto o preço da ação não ultrapassar $ 55 no vencimento da opção. Observe que ele lucrará os $ 500 em sua totalidade, caso o preço da ação caia para menos de $ 50. Entretanto, o potencial de prejuízo é considerável, caso o preço da ação aumente.

Você só deve emitir opções de compra a descoberto se acreditar que o preço das ações tende a cair (ou pelo menos a permanecer estável). Se acreditar que o preço das ações pode aumentar, mas não estiver certo quanto ao percentual de aumento, é aconselhável a emissão de opções de compra cobertas. Além disso, você também pode adquirir as ações (ou a opção) e não emitir opções de compra, caso acredite que haja uma possibilidade substancial de aumento do preço.

OPÇÕES DE VENDA

Uma opção de venda (*put*) é uma opção de vender ações (geralmente em lotes de 100) a um preço específico dentro de determinado período. Como nas opções de compra, esse período é curto — três, seis ou nove meses. Uma opção de compra, como qualquer opção, tem um valor intrínseco. O valor intrínseco de uma opção de compra é *a diferença entre o preço de exercício e o preço da ação*, como mostra a Tabela 28.4. Observe que o valor intrínseco de uma opção de venda é o *inverso* do valor intrínseco de uma opção de compra. (Compare as Tabelas 28.1 e 28.4.) Essa é uma opção de venda de 100 ações a $ 30 por ação. A primeira coluna fornece o preço de exercício da opção de venda; a segunda, o preço da ação; e a terceira, o valor intrínseco da opção (o valor de exercício menos o preço da ação).

Quando o preço da ação é menor que o preço de exercício, a opção de venda tem um valor intrínseco positivo e está *in the money*. Quando o preço da ação é maior que o preço de exercício, a opção de venda não tem valor intrínseco e está *out of the money*. Quando o preço da ação é igual ao preço de exercício, a opção de venda está *at the money*. Como nas opções de compra, o preço de mercado de uma opção de venda é o seu "prêmio".

Como se pode notar na tabela, o valor intrínseco da opção de venda aumenta quando o preço da ação diminui. Isso acontece porque o proprietário da opção de venda pode vender as ações pelo preço especificado no contrato da opção. Portanto, se o preço da ação for $ 15 e o preço de exercício da opção de venda for $ 30, o valor intrínseco da opção de venda será de $ 1.500 (para 100 ações). Você poderá adquirir as 100 ações no mercado por $ 1.500 e vendê-las por $ 3 mil ao emissor da opção de venda. A opção de venda, portanto, deverá valer os $ 1.500 de diferença entre os preços de compra e de venda.

Quem deve adquirir uma opção de venda? Uma das razões é idêntica à de outras opções: a alavancagem proporcionada pela opção de venda. Essa alavancagem pode ser vista no exemplo da Tabela 28.4. Quando o preço da ação cai de $ 25 para $ 20 (uma redução de 20%), o valor intrínseco da opção de venda sobe de $ 5 para $ 10 (um aumento de 100%). No exemplo, uma queda de 20% no preço da ação gera um aumento percentual maior no valor intrínseco da opção de venda. Esse potencial de alavancagem é o que torna as opções de venda atraentes para os investidores.

Como acontece com outras opções, o preço pago excede o valor intrínseco da opção de venda: há um *time premium* acima do seu valor intrínseco como opção. Assim como nas opções de compra, o valor desse *time premium* depende de fatores como a volatilidade do preço da ação e a duração da opção de venda.

A relação entre o preço da ação e os preços hipotéticos da opção de compra também é mostrada na Tabela 28.4, onde a quarta coluna contém os preços da opção de venda. Como se pode perceber, o preço da opção de venda excede o valor intrínseco, pois ela agrega um *time premium* ao seu valor intrínseco como opção.

A Figura 28.7 ilustra as relações entre preço da ação ordinária, valor intrínseco da opção de venda e valor de mercado hipotético da opção de venda apresentadas na Tabela 28.4. Essa figura demonstra a relação inversa entre o preço da ação e o valor intrínseco da opção de venda. Conforme o preço da ação diminui, o valor intrínseco da opção de venda aumenta (por exemplo, de $ 5 para $ 10, quando o preço da ação cai de $ 25 para $ 20). A figura também mostra o *time premium* pago pela opção, que é a diferença entre o preço da opção

TABELA 28.4

Relações entre o preço de exercício da opção de venda, o preço da ação e o preço de mercado hipotético da opção de venda.

Preço de exercício da opção de venda	Preço da ação	Valor intrínseco da opção de venda	Preço hipotético da opção de venda
$ 30	$ 15	$ 15	$ 15
30	20	10	12
30	25	5	8
30	30	0	6
30	35	0	3
30	40	0	1
30	50	0	—

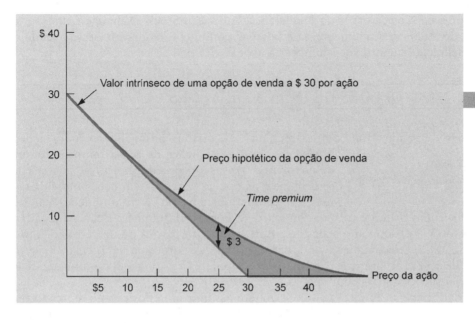

FIGURA 28.7

Relações entre o preço da ação, o valor intrínseco de uma opção de venda e o preço hipotético da opção.

de venda e seu valor intrínseco. Se o preço da opção de venda for $ 8 e seu valor intrínseco, $ 5, o *time premium* será de $ 3.

Como se pode ver tanto na Tabela 28.4 como na Figura 28.7, o preço de mercado da opção de venda converge para o seu valor intrínseco à medida que o preço da ação diminui. Se o preço da ação for suficientemente alto (por exemplo, $ 50), a opção de venda não terá qualquer valor de mercado, porque o valor intrínseco depende de uma redução substancial do preço da ação. No outro extremo, quando o preço da ação for muito baixo (por exemplo, $ 10), o preço da opção de venda será igual ao valor intrínseco da opção de venda. Novamente, há duas razões para essa convergência. Primeiro, quando o preço da ação cai abaixo do preço de exercício da opção de venda, cresce o risco potencial para o investidor, caso o preço da ação comece a aumentar. Nesse caso, os compradores de opções de venda tornam-se menos inclinados a pagar um *time premium* acima do seu valor intrínseco. Segundo, como o valor intrínseco da opção de venda aumenta quando o preço da ação cai, o investidor precisa gastar mais para adquiri-la; portanto, seu retorno potencial sobre o investimento é menor. Com a redução do potencial de retorno, a disposição para pagar um *time premium* diminui.

O MERCADO DE OPÇÕES DA BOLSA DE CHICAGO

Antes da formação do Mercado de Opções da Bolsa de Chicago, opções de venda e de compra só podiam ser adquiridas dos corretores de opções. Cada opção era diferente, porque os preços de exercício e datas de vencimento eram negociados individualmente em cada venda. Se você comprasse uma opção, não havia um mercado onde pudesse vendê-la.

Esse processo mudou completamente com a formação do Mercado de Opções da Bolsa de Chicago (Chicago Board Options Exchange, CBOE). O CBOE foi o primeiro mercado secundário de opções. Pela primeira vez, era possível comprar e vender opções de compra e de venda por meio de uma bolsa organizada. Ao comprar uma opção de compra no CBOE, você sabia que havia um mercado secundário onde poderia vendê-la. A capacidade de revender opções compradas anteriormente gerou um potencial de comercialização de opções de venda e de compra que não existia anteriormente.

A criação de um mercado secundário provocou um aumento substancial dos negócios com opções. O sucesso inicial do CBOE levou à negociação de opções em outras bolsas, inclusive as bolsas de valores de Nova York e da Filadélfia, a American Stock Exchange (Amex) e a bolsa de valores do Pacífico. Atualmente, já é possível comprar e vender opções de venda e de compra tão facilmente quanto você compraria ações e títulos.

OPÇÕES DE ÍNDICE DE AÇÕES

Embora as opções de venda e de compra tenham sido criadas originalmente para ações específicas, **opções de índice de ações** também foram desenvolvidas. Essas opções de índice de ações são semelhantes às opções baseadas em ações individuais, mas a opção de índice baseia-se em um medidor agregado do mercado, como o Índice 500 da Standard & Poor's. Há também opções baseadas em subconjuntos do mercado, como ações de empresas de informática ou de petróleo. Uma lista de opções de índice selecionadas e onde são negociadas é fornecida na Tabela 28.5. As opções de índice de ações tornaram-se extremamente populares e respondem por uma parcela substancial das transações diárias com opções.

> **Opções de índice de ações**
> Direito de comprar ou vender ações com base em um índice de preços de ações.

Sua popularidade deve-se ao fato de que permitem assumir uma posição no mercado ou em um grupo de empresas sem ter de selecionar títulos específicos. Por exemplo, suponha que você acredite que o mercado de ações tende a subir. O que você pode fazer? Como não é possível comprar todas as ações, você deverá selecionar ações específicas.[3] Lembre-se de que, na discussão sobre risco do Capítulo 8, foram mencionadas duas fontes de risco associadas a uma ação específica: o risco não diversificável (sistemático) e o risco diversificável (não sistemático). O risco sistemático refere-se à tendência do preço de uma ação de acompanhar o movimento do mercado. O risco não sistemático corresponde a movimentos de preço gerados pelo título que são independentes do mercado (por exemplo, um comunicado de aquisição, corte de dividendos ou aumento substancial dos lucros).

Se você comprar uma ação específica com base na expectativa de alta do mercado, isso não significa necessariamente que o preço dessa ação aumentará quando o mercado subir. Os investidores montam carteiras diversificadas para reduzir o risco não sistemático associado a um ativo específico. A diversificação progressiva da carteira reduz o risco não sistemático e gera retornos que espelham o retorno do mercado como um todo.

As opções de índice oferecem uma alternativa à criação de carteiras diversificadas como forma de obter um retorno associado aos movimentos do mercado. Por exemplo, caso acredite que o mercado deverá subir no curto prazo, você pode adquirir uma opção de compra baseada em um índice global do mercado. Se o mercado de fato subir, o valor da opção de compra também aumentará. Isso lhe permite evitar o risco não sistemático associado a ações específicas.

As opções de índice de ações também lhe proporcionam uma maneira de reduzir riscos. Considere uma carteira de ações substancial cujo valor tenha aumentado. Se acreditar que o preço tende a cair e vender as ações, essa transação será tributável. Em vez de vender as ações, você pode comprar opções de venda de índice de ações. Nesse caso, se o mercado cair, o valor das opções de venda aumentará e os lucros obtidos com sua posição nas opções de venda compensarão as perdas com ações individuais. Para ver como essa estratégia de "opção de venda protetora" funciona, resolva o Problema 6.

Há uma diferença importante entre as opções de índice de ações e as opções de compra de ações específicas. Com uma opção de compra, por exemplo, de ações da IBM, você pode exercer a opção e comprar as ações. Essas compras não são possíveis com uma opção de índice de ações; você não pode exercê-las e receber as ações do índice. Em vez disso, as

---

[3] Como explicado no Capítulo 17, você poderia comprar um fundo mútuo de índice. Esses fundos constroem carteiras que espelham medidores agregados do mercado de ações.

Opção	Onde é negociada
S&P 100 Index	Mercado de Opções da Bolsa de Chicago
S&P 500 Index	Mercado de Opções da Bolsa de Chicago
Russell 2000	Mercado de Opções da Bolsa de Chicago
Major Market Index	American Stock Exchange (Amex)
Japan Index	American Stock Exchange (Amex)
Pharmaceutical Index	American Stock Exchange (Amex)
Oil Service Index	Bolsa da Filadélfia
Semiconductor Index	Bolsa da Filadélfia
Utility Index	Bolsa da Filadélfia
Gold/Silver Index	Bolsa da Filadélfia

TABELA 28.5

Opções de índice selecionadas e onde são negociadas.

opções de índice de ações são liquidadas em dinheiro. Por exemplo, suponha que você possua uma opção de compra baseada no Índice 500 da Standard & Poor's. No vencimento, o valor intrínseco da opção é determinado e essa quantia é paga pelo vendedor da opção ao proprietário. Evidentemente, se não tiver valor intrínseco no vencimento, a opção não gerará qualquer receita e expirará, liberando o vendedor da opção de qualquer obrigação adicional.

Além das opções baseadas em índices de ações, existem também opções baseadas em instrumentos de dívida (como títulos do Tesouro) e em moedas estrangeiras. Todas essas opções lhe permitem assumir posições relativas aos ativos subjacentes sem ter de efetivamente comprá-los, ou reduzir o risco de prejuízo resultante das flutuações de preços. Por exemplo, caso acredite que as taxas de juros tendam a cair, você pode adquirir uma opção de compra de títulos. Se os juros de fato caírem, o valor dos títulos aumentará, aumentando também o valor da opção de compra. Por outro lado, se você adquirir uma opção de compra e as taxas de juros subirem, o prejuízo máximo possível estará limitado ao custo da opção.

O mesmo conceito é aplicável às opções de moedas estrangeiras. Caso acredite que a cotação da libra esterlina tenda a subir, você pode adquirir uma opção de compra de libras. Evidentemente, se apostar na queda da libra, você pode adquirir uma opção de venda de libras. Caso a alteração prevista ocorra, você obterá lucro. Entretanto, se o preço mover-se na direção oposta (por exemplo, aumentar depois da aquisição da opção de venda), o máximo que você perderá será o custo da opção.

RESUMO

Um derivativo é um ativo financeiro cujo valor depende (é derivado) de outro ativo. Este capítulo abordou os *puts* e *calls*, que são opções de venda e de compra de ações. Em ambos os casos, o valor da opção é derivado da ação subjacente.

Calls são opções de compra de ações a um preço específico dentro de determinado período. O valor intrínseco de uma opção de compra é a diferença entre o preço da ação e o preço de exercício (ou preço de opção). *Puts* são opções de venda de ações a um preço específico dentro de certo período. O valor intrínseco de uma opção de venda é a diferença entre o preço de exercício (ou preço de opção) e o preço da ação. As opções tanto de compra como de venda oferecem ao comprador um potencial de alavancagem, mas são vendidas com um *time premium*, que reduz essa alavancagem potencial.

Na data de vencimento, as opções de compra e de venda têm apenas o seu valor intrínseco. Qualquer *time premium* que as opções possam ter incorporado antes do vencimento desaparecerá, pois a opção passará a ter apenas o seu valor intrínseco. Caso não tenha valor intrínseco (esteja *out of the money*), a opção será inválida e expirará.

As opções de venda e de compra são criadas e vendidas por investidores (emissores) com posições cobertas ou a descoberto. A emissão de opções cobertas ocorre quando o emissor é proprietário das ações subjacentes. Caso não seja proprietário das ações (esteja a descoberto), o emissor das opções de venda estará exposto a um risco substancial se o preço das ações subir.

Além das opções sobre ações específicas, existem também opções de compra e de venda baseadas em índices de preços de ações. As opções de índice de ações permitem que o investidor assuma posições compradas ou vendidas no mercado sem ter de selecionar ações específicas. Esses investidores evitam o risco associado a títulos específicos. Também existem opções baseadas em títulos e no câmbio, que concedem ao investidor o direito de comprar e vender esses ativos sem que efetivamente tenham de comprar ou vender esses títulos ou moedas.

REVISÃO DOS OBJETIVOS

Tendo concluído este capítulo, você deverá ser capaz de

1. Descrever as características das opções de venda e de compra (páginas 459-461).
2. Explicar como as opções oferecem alavancagem (páginas 461-464).
3. Diferenciar valor de mercado, valor intrínseco e *time premium* de uma opção (páginas 461-462).
4. Explicar a relação entre o preço de mercado de uma ação e os preços das opções de venda e de compra (páginas 461-463 e 467-469).
5. Comparar a compra de uma ação com a opção de compra (páginas 464-465).
6. Diferenciar emissões de opções cobertas e a descoberto (páginas 464-467).
7. Explicar a importância dos mercados secundários para o desenvolvimento da comercialização de opções de venda e de compra (páginas 469-470).
8. Identificar as vantagens associadas às opções de índice de ações (páginas 470-471).

PROBLEMAS

1. Uma opção de compra com vencimento em seis meses refere-se à compra de uma ação por $ 20. Atualmente, essa ação é vendida por $ 22 e a opção de compra, por $ 5. Você compra 100 ações ($ 2.200) e vende uma opção de compra (em outras palavras, você recebe $ 500).

    a. Essa posição ilustra o conceito de emissão coberta ou a descoberto?

    b. Se o preço da ação por ocasião do vencimento da opção de compra for $ 29, qual será o seu lucro sobre a posição combinada?

    c. Se o preço da ação por ocasião do vencimento da opção de compra for $ 19, qual será o seu lucro sobre a posição combinada?

2. Uma opção de venda refere-se à venda de uma ação por $ 50. Ela vencerá em três meses e, atualmente, é vendida por $ 3, sendo o preço da ação $ 52.

    a. Se um investidor adquirir essa opção de venda, qual será seu lucro depois de três meses se o preço da ação for $ 55? $ 50? $ 45?

    b. Qual será o lucro resultante da venda dessa opção de venda após três meses se o preço da ação for $ 55? $ 50? $ 35?

3. O preço de uma ação é $ 39 e uma opção de compra de seis meses com preço de exercício de $ 35 é vendida por $ 8.

    a. Qual é o valor intrínseco da opção?

    b. Qual é o *time premium* da opção?

    c. Se o preço da ação subir, o que acontecerá com o preço da opção de compra?

    d. Se o preço da ação cair para $ 36, qual será o prejuízo máximo que você poderá ter com a aquisição da opção de compra?

    e. Qual será o lucro máximo que você poderá obter com a venda da opção de compra a descoberto?

    f. Se o preço da ação for $ 35 no vencimento, qual será o lucro (ou prejuízo) da aquisição da opção de compra?

    g. Se o preço da ação for $ 35 no vencimento, qual será o lucro (ou prejuízo) da venda da opção de compra a descoberto?

    h. Se o preço da ação for $ 46 no vencimento, qual será o lucro (ou prejuízo) da aquisição da opção de compra?

    i. Se o preço da ação for $ 46 no vencimento, qual será o lucro (ou prejuízo) da venda da opção de compra a descoberto?

4. O preço de uma ação é $ 61 e uma opção de compra de seis meses com preço de exercício de $ 60 é vendida por $ 5.

    a. Qual é o valor intrínseco da opção?

    b. Qual é o *time premium* da opção?

    c. Se o preço da ação cair, o que acontecerá com o preço da opção de compra?

    d. Se o preço da ação cair para $ 45, qual será o prejuízo máximo que você poderá ter com a aquisição da opção de compra?

    e. Qual será o lucro máximo que você poderá obter com a venda da opção de compra coberta?

    f. Se o preço da ação for $ 66 no vencimento, qual será o lucro (ou prejuízo) da aquisição da opção de compra?

    g. Se o preço da ação for $ 66 no vencimento, qual será o lucro (ou prejuízo) da venda da opção de compra coberta?

    h. Se o preço da ação for $ 46 no vencimento, qual será o lucro (ou prejuízo) da aquisição da opção de compra?

    i. Se o preço da ação for $ 46 no vencimento, qual será o lucro (ou prejuízo) da venda da opção de compra coberta?

5. Um título de Antecipação de Título de Longo Prazo (Leap) para adquirir ações a $ 25 expira após um ano e é vendido atualmente a $ 4. A ação subjacente é vendida atualmente a $ 26.

    a. Qual é o valor intrínseco e o *time premium* pagos pelo Leap?

    b. Qual será o valor desse Leap se o preço da ação no seu vencimento for $ 20? $ 25? $ 30? $ 40?

    c. Se o preço da ação for $ 45 no vencimento do Leap, qual será o retorno percentual obtido por um investidor na ação e por um investidor no Leap? Por que a opção descrita neste problema ilustra o uso bem-sucedido da alavancagem financeira?

6. O preço de uma ação é $ 29. Uma opção de venda relativa à venda dessa ação por $ 30 é vendida atualmente por $ 3. Você compra as ações e a opção de venda. Complete a tabela a seguir e responda às perguntas.

Preço da ação	Lucro com a ação	Lucro com a opção de venda	Lucro líquido
$ 20			
25			
30			
35			
40			
50			

a. Qual é o maior lucro possível nessa posição?
b. Qual é o maior prejuízo possível nessa posição?
c. Qual é a faixa de preços da ação que gera lucro?
d. Que vantagem essa posição oferece?

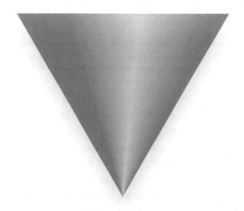

FUTUROS

As opções de venda e de compra oferecem o maior retorno possível sobre investimentos modestos. Os contratos de futuros fazem o mesmo, mas esta é praticamente sua única semelhança com as opções. Em vez disso, a movimentação dos futuros é mais rápida e a probabilidade de sofrer perdas substanciais é ainda maior do que com as opções de venda e de compra. Os contratos de futuros estão entre os investimentos mais arriscados que existem.

Há dois participantes nos mercados de futuros: os especuladores, que estabelecem uma posição na expectativa de uma mudança de preços, e os gestores de risco ou *hedgers*, que utilizam futuros para reduzir o risco proveniente das mudanças de preços. Os gestores de risco usam *hedging* para transferir o risco para os especuladores. Os preços dos contratos de futuros dependem, em última análise, das interações entre esses dois participantes.

Este capítulo contém uma breve introdução aos contratos de futuros. Ele descreve o funcionamento da compra e venda de contratos de futuros, o papel da margem, as posições compradas e vendidas dos especuladores e como os gestores de risco usam os contratos para reduzir riscos. Inicialmente a discussão será conduzida em termos de commodities (mercadorias físicas), como milho ou trigo. Os mesmos conceitos, porém, são aplicáveis aos futuros financeiros e cambiais. O capítulo termina com exemplos do uso de contratos de futuros para reduzir o risco de flutuações nas taxas de câmbio e nos preços das ações.

CONTRATOS DE FUTUROS

O capítulo anterior abordou as opções de compra (*call*) e venda (*put*) de ações. Essas opções são usadas para ampliar o retorno do investidor ou, em combinação com outros títulos, para reduzir a exposição do investidor ao risco. Um **contrato de futuros** serve às mesmas finalidades. Os futuros são usados pelos especuladores para aumentar o retorno potencial ou pelos gestores de risco para reduzir o risco de prejuízo.

Contrato de futuros
Contrato para entrega ou recebimento futuro de uma commodity ou título ao preço e no prazo especificados.

Commodities, como o trigo, ou ativos financeiros, como títulos do Tesouro, podem ser adquiridos para entrega no presente ou no futuro. Um contrato de futuros é um acordo formal estabelecido por meio de uma bolsa de commodities para o fornecimento de bens ou títulos no futuro. Uma das partes compromete-se a aceitar uma commodity específica, que atenda a determinado nível de qualidade, em um mês especificado. A outra parte compromete-se a fornecer a commodity especificada no mês estipulado.

Os indivíduos que participam de contratos de futuros, mas não lidam com as commodities reais, são chamados **especuladores**. Isso os diferencia dos produtores, beneficiadores, armazenadores e outros participantes que também firmam contratos, mas negociam com a commodity real. Esses participantes são os **hedgers** ou gestores de risco, que usam os contratos para reduzir o risco de prejuízo resultante de flutuações de preços. (O processo de *hedging* será explicado adiante neste capítulo.)

Especuladores
Investidores que estão dispostos a correr um risco substancial em troca da possibilidade de um retorno considerável.

Hedgers
Indivíduos ou empresas que firmam contratos de compensação.

A atração dos contratos de futuros para os especuladores está no potencial de obter um retorno elevado sobre o investimento. Esse retorno elevado é resultante da alavancagem que ocorre porque (1) um contrato de futuros controla uma quantidade substancial da commodity e (2) o especulador só precisa fazer um pequeno pagamento para firmar um contrato de compra ou venda da commodity (ou seja, o requisito de margem é pequeno). Esses dois aspectos serão discutidos em detalhes mais à frente neste capítulo.

Como Funciona a Compra de Futuros

Assim como as ações e títulos, os contratos de futuros são negociados em vários mercados, como a Bolsa Comercial de Chicago (Chicago Board of Trade ou CBT). A CBT executa contratos relativos a produtos agrícolas, como trigo, soja e gado. Mais de 50 produtos são negociados em dez bolsas nos Estados Unidos e no Canadá. Esses mercados desenvolveram-se nas proximidades das regiões onde cada commodity é produzida. Por exemplo, os mercados de trigo estão localizados em Chicago, Kansas City e Minneapolis.

Os contratos de futuros são firmados com a intermediação de corretoras, exatamente como na compra e venda de títulos e ações. As corretoras possuem assentos na bolsa de commodities. A participação em uma bolsa de commodities é limitada e somente os membros podem firmar contratos. Uma corretora que não possa operar em uma bolsa deve estabelecer uma relação correspondente com outra empresa que tenha esse direito. Como acontece com os títulos e ações, as corretoras cobram uma comissão pelo fechamento de negócios.

Unidades dos Contratos de Commodities

Para facilitar a negociação, é necessário que os contratos sejam uniformes. Todos os contratos relativos a determinada commodity devem ser idênticos. Além de identificar o mês da entrega, o contrato deve especificar o grau e o tipo da commodity (por exemplo, um tipo específico de trigo) e as unidades em que é negociada (por exemplo, 5 mil bushels[1]). Assim, ao participar de um contrato, não há qualquer dúvida sobre a natureza da obrigação. Por exemplo, se você contratar a compra de trigo para entrega em janeiro, não poderá haver confusão com um contrato de compra de trigo para entrega em fevereiro. Trata-se de duas commodities diferentes, exatamente como ações ordinárias, ações preferenciais ou títulos da Verizon são instrumentos diferentes. Sem a padronização dos contratos, os mercados de futuros (bem como qualquer outro mercado) seriam caóticos.

Posições em Commodities

Você pode adquirir um contrato de aceitação de entrega futura (contrato de compra). Esta é a **posição comprada**, em que você lucra se o preço da commodity – e, portanto, o valor do contrato – aumentar. Também é possível firmar um contrato de entrega futura (contrato de venda). Esta é a **posição vendida**, em que você se compromete a honrar o contrato (ou seja, fornecer as commodities) em algum momento no futuro. Você lucra se o preço da commodity – e, portanto, o valor do contrato – cair.

Posição comprada
Contrato de compra (aceitação de entrega).

Posição vendida
Contrato de venda (compromisso de entrega).

A forma como cada posição gera lucro pode ser compreendida por meio de um exemplo simples. Digamos que o **preço futuro** do trigo seja de $ 3,50 por bushel. Tendo firmado um contrato de aceitação da entrega em seis meses a $ 3,50 por bushel, você lucrará com essa posição comprada se o preço do trigo subir. Caso o preço aumente para $ 4 por bushel, você pode exercer o contrato, aceitando a entrega e pagando $ 3,50 por bushel. Em seguida, você pode vender o trigo a $ 4 por bushel, o que gerará um lucro de $ 0,50 por bushel.

Preço futuro
Preço de uma commodity ou ativo financeiro para entrega futura.

O contrário acontece quando o preço do trigo cai. Se o preço do trigo cair para $ 3 por bushel, o contratante que aceitou a entrega a $ 3,50 terá prejuízo. Por sua vez, o especulador que firmou o contrato para fornecer trigo (a posição vendida) lucrará com a queda de preço. Ele poderá comprar trigo ao preço de mercado de $ 3, fornecê-lo ao preço contratado de $ 3,50 e lucrar $ 0,50 por bushel.

O aumento de preço gera prejuízo para a posição vendida. Se o preço aumentar de $ 3,50 para $ 4 por bushel, o especulador que firmou o contrato de entrega arcará com um prejuízo de $ 0,50 por bushel, porque terá de pagar $ 4 para obter o trigo que será entregue a $ 3,50 por bushel.

Na prática, esses prejuízos e lucros são gerados sem que as commodities sejam entregues. Evidentemente, quando você faz um contrato para aceitar uma entrega futura, sempre existe a possibilidade de que você receba essas mercadorias e tenha de comprá-las. Da mesma forma, quando você se compromete contratualmente a fazer uma entrega futura, existe a possibilidade de que as mercadorias tenham de ser fornecidas. Essas entregas, porém, ocorrem com pouca freqüência, porque é possível compensar o contrato antes da data da entrega.

O processo de compensação de contratos existentes pode ser ilustrado da seguinte maneira: suponha que você tenha um contrato para comprar trigo em janeiro. Se quiser fechar a posição, você pode estabelecer um contrato para vender trigo em janeiro. Os dois contratos se compensam mutuamente, pois um é de compra e o outro é de venda. Se você efetivamente executasse o contrato de compra e recebesse o trigo, poderia transferi-lo, executando o contrato de venda. Entretanto, como os dois contratos se anulam, a entrega real e a venda subseqüente não são necessárias. Em vez disso, a posição no trigo é fechada e as transferências físicas reais não ocorrem.

---

[1] *Bushel* é uma medida norte-americana de volume equivalente a 35,24 litros. (NT)

Da mesma forma, se tiver um contrato para venda de trigo em janeiro, poderá compensá-lo estabelecendo um contrato para compra de trigo em janeiro. Caso tenha de entregar o trigo como resultado do contrato de venda, você pode exercer o contrato de compra. Como os contratos de compra e de venda se anulam, nenhuma transferência física de trigo ocorre. Novamente, você fechou a posição inicial adotando a posição contrária (ou seja, o contrato de venda é cancelado por um contrato de compra).

O fato de que os contratos são compensados e nenhuma entrega real ocorre não significa necessariamente que não ocorram lucros ou prejuízos. Os dois contratos não precisam ser executados ao mesmo preço. Por exemplo, você poderia ter estabelecido um contrato para a venda futura de trigo a $ 3,50 por bushel. Qualquer contrato de compra futura de uma quantidade comparável de trigo pode compensar o contrato de venda. Porém, o custo do trigo para entrega futura poderia ser $ 3,60 ou $ 3,40 (ou qualquer outro preço concebível). Se o preço do trigo aumentar (por exemplo, de $ 3,50 para $ 3,60 por bushel), a posição comprada terá lucro e a posição vendida, prejuízo. Se o preço cair (por exemplo, de $ 3,50 para $ 3,40 por bushel), a posição vendida terá lucro e a posição comprada, prejuízo.

Noticiário sobre Mercados de Futuros

Os preços e contratos de futuros de commodities são noticiados na imprensa financeira usando o mesmo formato geral das transações com ações e títulos. Esta seria uma notícia típica:

	Open	High	Low	Settle	Change	LIFETIME High	LIFETIME Low	Open Interest
Corn (CBT) 5,000 bu; cents per bushel								
Jan	231.0	231.5	230.5	230.50	−3.00	243	210.75	36,790
Mar	240.0	241.5	236.5	237.25	...	270	205.0	10,900
May	244.5	244.5	241.0	241.75	+0.25	286	221.0	5,444

A notícia refere-se ao milho negociado na Bolsa de Comércio de Chicago (CBT). A unidade de negociação é 5 mil bushels (bu) e os preços são apresentados em centavos. O preço de abertura para entrega em janeiro foi 231,0 ¢ ($ 2,31) por bushel e os preços máximo, mínimo e de fechamento (liquidação) foram 231,5 ¢, 230,5 ¢, e 230,5 ¢, respectivamente. Esse preço de fechamento foi inferior em 3 ¢ ao preço de fechamento do dia anterior. Os preços máximo e mínimo (anteriores ao dia de negociação noticiado) para a vida útil do contrato foram de 243 ¢ e 210,75 ¢, respectivamente. O **interesse aberto**, que é o número de contratos em existência, era 36.790.

> **Interesse aberto**
> Número de contratos de futuros existentes para uma commodity específica.

Esse interesse aberto varia ao longo da vida útil do contrato. Inicialmente, o interesse aberto aumenta conforme os compradores e vendedores estabelecem posições. Em seguida, ele declina à medida que a data de entrega se aproxima e as posições são fechadas. Esse número mutável de contratos é ilustrado pela Figura 29.1, que representa graficamente os preços atuais (*spot*) e futuros e o interesse aberto de um contrato de compra de trigo de Kansas City em setembro. Quando os contratos começaram a ser negociados em X1 de novembro, havia apenas alguns poucos contratos em existência. Em X2 de junho, o interesse aberto havia crescido para mais de 10.000 contratos. Com a redução da vida útil remanescente dos contratos, o número de contratos caiu à medida que os diferentes participantes fechavam suas posições. No final de setembro, havia apenas alguns poucos contratos pendentes.

A Figura 29.1 também mostra o preço atual (**preço *spot***) e o preço futuro do trigo de Kansas City. Nesse caso, o preço nos contratos de futuros geralmente era menor que o preço *spot*. Essa relação entre os dois preços ocorre quando os especuladores acreditam que o preço das commodities tende a cair. Esses especuladores

> **Preço *spot***
> O preço corrente de uma mercadoria.

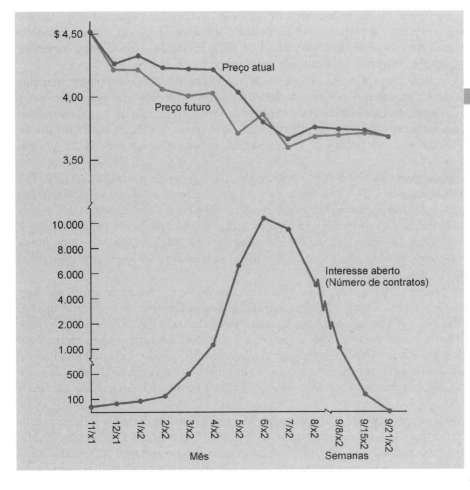

FIGURA 29.1
Preços atuais e futuros e interesse aberto de um contrato de trigo de Kansas City para setembro.

vendem contratos agora para garantir os preços mais altos com a intenção de comprá-los de volta no futuro a um preço mais baixo. A venda de futuros faz que os preços futuros caiam para um nível inferior ao preço corrente. Se acreditassem que o preço do trigo tende a subir, os especuladores firmariam contratos de compra (ou seja, de aceitação da entrega futura de trigo). Isso elevaria o preço de futuros para um nível superior ao preço corrente. Nesse caso, o valor dos futuros excederia o preço corrente da mercadoria.

O valor de um contrato de futuros corresponde necessariamente ao valor da commodity subjacente na data de vencimento. Portanto, o preço *spot* e o preço futuro tendem a convergir quando a data de vencimento se aproxima. Esse padrão de comportamento dos preços também é ilustrado pela Figura 29.1 Em março, abril e maio, havia um diferencial entre esses preços. Em setembro, porém, os preços *spot* e dos futuros convergiram, eliminando o diferencial.

ALAVANCAGEM

As commodities são pagas na entrega. Um investidor que firma um contrato de entrega futura só terá de pagar pela commodity quando ela for entregue. Quando o contrato for firmado, o investidor fornece determinada quantia de dinheiro, denominada **margem**, para garantir o contrato. Essa margem é aplicada *tanto aos compradores como aos vendedores* de contratos de futuros e não deve ser

> **Margem**
> Depósito de boa-fé usado para garantir um contrato de futuros.

confundida com a margem usada na compra de ações e títulos. Na negociação de títulos e ações, a margem representa o patrimônio do investidor na posição; em um contrato de futuros, trata-se de um depósito para comprovar a boa-fé do investidor e proteger a corretora e a bolsa contra alterações adversas no preço da mercadoria.

No mercado de ações, a margem exigida varia de acordo com o preço do papel, mas nas bolsas de commodities a margem não varia de acordo com o valor monetário da transação. Em vez disso, cada contrato estabelece uma margem mínima obrigatória. Por exemplo, o investidor que firma um contrato para comprar cacau deve pagar $ 980. Esses requisitos de margem são estabelecidos pelas bolsas de commodities, mas corretoras específicas podem exigir valores mais elevados.

Os requisitos de margem são apenas uma pequena porcentagem do valor do contrato. Por exemplo, a margem obrigatória de $ 980 para o cacau proporciona ao detentor do contrato o direito de compra de 10 toneladas métricas do produto. Se o cacau estiver sendo vendido a $ 1.400 por tonelada métrica, o contrato terá o valor total de $ 14 mil. Nesse caso, a margem obrigatória corresponderá a apenas 7% do valor do contrato ($ 980/$ 14.000). Essa pequena margem é uma das razões pelas quais um contrato de commodities oferece um potencial significativo de alavancagem.

A alavancagem potencial proporcionada pela especulação no mercado de futuros é ilustrada por um exemplo simples. Considere um contrato de compra de trigo a $ 3,50 por bushel. Esse contrato controla 5 mil bushels de trigo, no valor total de $ 17.500 (5.000 x $ 3,50). Se a margem exigida for $ 1 mil, você só terá de pagar $ 1 mil para adquirir esse contrato. Um aumento de apenas $ 0,20 por bushel no preço da commodity produzirá um aumento de $ 1 mil no valor do contrato. Esse valor de $ 1 mil é simplesmente o produto da alteração de preço ($ 0,20) pelo número de unidades do contrato (5 mil). O contrato terá gerado um lucro de $ 1 mil.

Qual é o retorno percentual sobre o investimento? Com uma margem de $ 1 mil, o retorno é de 100%, pois você pagou $ 1 mil e lucrou mais $ 1 mil. Um aumento de menos de 6% no preço do trigo gerou um retorno de 100%. Esse retorno é o resultado da alavancagem proporcionada pela pequena margem exigida e pelo grande volume de commodity controlado pelo contrato.

A alavancagem, evidentemente, funciona em ambas as direções. No exemplo anterior, se o preço da commodity tiver uma queda de $ 0,10, o contrato passará a valer $ 17 mil. Uma queda de 2,9% no preço reduzirá a sua margem de $ 1 mil para $ 500. Para manter a posição, você precisar depositar fundos adicionais junto à corretora. A solicitação de fundos adicionais pela corretora é conhecida como **pedido de margem**. Se o pedido de margem não é atendido, a corretora encerra a posição. Caso você não honre o contrato, a corretora torna-se responsável pela sua execução. Portanto, o pedido de margem protege a corretora.

> **Pedido de margem**
> Solicitação de complementação de fundos feita pela corretora a um investidor para restaurar o depósito de boa-fé.

Na verdade, existem dois requisitos de margem. O primeiro é o depósito inicial mínimo e o segundo é a margem de manutenção. A **margem de manutenção** especifica quando você precisará depositar fundos adicionais junto à corretora para cobrir uma queda no valor de um contrato de mercadoria. Por exemplo, o requisito de margem para trigo é de $ 1 mil e a margem de manutenção é de $ 750. Se você for detentor de um contrato de aquisição de trigo e o valor do contrato tiver uma queda de $ 250, chegando ao nível da margem de manutenção ($ 750), a corretora fará um pedido de cobertura. Você terá de depositar mais $ 250 na conta para restaurar a margem inicial de $ 1 mil. O depósito adicional protege a corretora, pois o valor do contrato diminuiu e você sofreu um prejuízo.

> **Margem de manutenção**
> Nível mínimo de fundos em uma conta de margem que dispara um pedido de cobertura.

Assim como o requisito de margem inicial, a margem de manutenção também é aplicável igualmente a compradores e vendedores. Se, no exemplo anterior, o preço do trigo aumentasse em $ 250, os especuladores que firmaram contratos de fornecimento de trigo veriam sua margem cair do depósito inicial de $ 1 mil para $ 750. Nesse caso, a corretora faria um pedido de margem aos detentores de posições vendidas para restaurar a margem de $ 1 mil. Novamente, isso protege a corretora, pois o valor do contrato aumentou e o investidor na posição vendida sofreu um prejuízo.

Esses ajustes de margem ocorrem *diariamente*. No fechamento do mercado, o valor de cada conta é totalizado. No jargão do mercado de futuros, cada conta é "marcada para o mercado". Se a conta não satisfaz o requisito de margem de manutenção, a corretora emite um pedido de margem que deve ser atendido pelo investidor; caso contrário, a corretora encerra a posição.

HEDGING

Uma das principais razões para o desenvolvimento dos mercados de futuros foi o desejo dos produtores de reduzir o risco de prejuízo resultante de flutuações de preços. O procedimento empregado para reduzir esse risco, chamado **hedging**, consiste em adotar posições opostas ao mesmo tempo. Na prática, o gestor de risco assume simultaneamente uma posição comprada e uma posição vendida na mesma commodity.

> **Hedging**
> Compra e venda simultâneas para reduzir o risco de prejuízo associado às flutuações de preços.

É mais fácil explicar o funcionamento do *hedging* por meio de exemplos. No primeiro exemplo, um plantador de trigo espera fazer a colheita em determinado momento. Como os custos de produção estão determinados, o produtor sabe qual é o preço necessário para obter lucro. Embora o preço que será pago pelo trigo no momento da colheita seja desconhecido, o preço atual de um contrato para a entrega futura de trigo é conhecido. O produtor, portanto, pode firmar um contrato de venda (para entrega futura). Esse contrato é uma posição de *hedge*, porque o produtor tem uma posição comprada (o trigo plantado) e uma posição vendida (a venda do contrato para entrega futura).

Essa posição reduz o risco de prejuízo do produtor caso o preço caia. Suponha que o custo de produção do trigo seja de $ 3,50 por bushel e o trigo para setembro esteja sendo vendido em junho por $ 3,75. Se o produtor vender trigo para entrega em setembro, um lucro de $ 0,25 estará assegurado, porque o comprador do contrato compromete-se a pagar $ 3,75 por bushel quando a entrega for feita em setembro. Mesmo que o preço do trigo caia para $ 3,50, o produtor tem os $ 3,75 garantidos. Por sua vez, mesmo que o preço do trigo aumente para $ 4,10 em setembro, o produtor só receberá $ 3,75. Os $ 0,35 adicionais vão para o detentor do contrato de fornecimento, que comprou o trigo por $ 3,75 e poderá revendê-lo por $ 4,10.

Essa transação é injusta? Lembre-se de que o fazendeiro buscava proteção contra uma queda no preço do trigo. Se o preço tivesse caído para $ 3,40 e o produtor não estivesse protegido por *hedge*, ele arcaria com um prejuízo de $ 0,10 (o preço de $ 3,40 menos o custo de $ 3,50) por bushel. Para obter proteção contra o risco de prejuízo, o produtor aceitou o lucro de $ 0,25 por bushel e renunciou à possibilidade de um lucro maior. O especulador que firmou o contrato de compra do trigo arcou com o risco de prejuízo, caso o preço caísse, e recebeu a recompensa gerada pelo aumento de preço.

Os usuários de trigo fazem *hedge* na direção oposta. Um usuário de trigo (Kellogg) deseja saber o custo futuro do produto para planejar seus níveis de produção e os preços que serão cobrados dos distribuidores. O preço atual do trigo, porém, pode não se manter no futuro. A empresa então firma um contrato para aceitar a entrega futura, adotando uma posição de *hedge*. Isso é *hedging*, porque a Kellogg tem uma posição comprada (o contrato para aceitar a entrega futura de trigo) e uma posição vendida (a produção futura de alimentos em flocos, que depende da entrega futura de trigo).

Quando a Kellogg firma um contrato em junho para entrega do trigo em setembro a $ 3,75 por bushel, o custo futuro do cereal torna-se conhecido. A empresa não será afetada por um aumento do preço do trigo de $ 3,75 para $ 4,10, pois o contrato estipula a entrega a $ 3,75. Entretanto, a empresa abriu mão de uma oportunidade de lucrar com uma queda do preço do trigo de $ 3,75 para $ 3,40 por bushel.

Em vez disso, a possibilidade de lucro em caso de queda do preço do trigo passou para o especulador que firmou o contrato de entrega do trigo. Se o preço do trigo cair, o especulador poderá comprar o trigo em setembro a menor preço, entregá-lo e receber os $ 3,75 especificados no contrato. Por sua vez, o especulador terá prejuízo se o preço do trigo em setembro for superior a $ 3,75. Nesse caso, o custo excederá o preço de entrega especificado no contrato.

Esses dois exemplos ilustram as razões do uso de *hedge* pelos produtores e usuários de commodities. Eles geralmente estão nos lados opostos das posições de *hedge*. Se todos os agricultores e usuários concordassem quanto aos preços para entrega futura, não haveria necessidade de especuladores; mas não é assim que acontece. Os especuladores entram nos contratos quando há excesso ou carência de oferta. Se o produtor do exemplo anterior não conseguisse encontrar um usuário disposto a firmar um contrato para aceitar a entrega futura de trigo, um especulador firmaria esse contrato e aceitaria o risco de uma queda de preço. Se o usuário não conseguisse encontrar um produtor disposto a lhe fornecer um contrato para a entrega futura de trigo, o especulador firmaria o contrato de venda (entrega) e aceitaria o risco de aumento do preço.

Evidentemente, produtores, usuários e especuladores firmam contratos simultaneamente. Ninguém sabe quem está comprando e quem está vendendo em determinado momento. Porém, quando há excesso ou carência de um tipo específico de contrato, o preço futuro da commodity muda, o que induz certo comportamento. Por exemplo, se o trigo em setembro estiver cotado a $ 3,75 por bushel, mas ninguém estiver disposto a comprar por esse preço, o preço cairá. Isso induzirá alguns vendedores potenciais a se retirar do mercado e alguns compradores potenciais a entrar nele. Nesse processo, o descompasso entre a oferta e demanda de contratos para uma data de entrega específica é eliminado. É essa interação entre *hedgers* e especuladores que determina o preço futuro de cada contrato.

FUTUROS FINANCEIROS E MONETÁRIOS

Na discussão anterior, os contratos de futuros eram contratos de commodities para a entrega de bens físicos. Entretanto, há também **futuros financeiros**, que são contratos para a entrega futura de um título, como títulos do Tesouro, e **futuros monetários**, que são contratos para a entrega futura de moedas (por exemplo, libras esterlinas ou euros europeus). O mercado de futuros financeiros, como o mercado de futuros de commodities, tem dois participantes: os especuladores e os *hedgers*. É a interação da demanda e oferta de contratos por esses participantes que determina o preço de um contrato específico de futuros financeiros.

Futuros financeiros
Contrato para entrega futura de um ativo financeiro.

Futuros monetários
Contrato para entrega futura de uma moeda.

Embora qualquer especulador possa participar de qualquer dos mercados de futuros financeiros ou monetários, os *hedgers* diferem dos especuladores porque também negociam com o próprio título ou moeda. Os *hedgers* dos futuros monetários são basicamente empresas multinacionais que fazem e recebem pagamentos em moeda estrangeira. O valor dessas moedas pode mudar, afetando o valor dos pagamentos feitos ou recebidos pelas empresas. Por esse motivo, elas estabelecem posições de *hedge* para preservar o preço da moeda e evitar o risco associado às flutuações do valor de uma moeda com relação a outra.

Os futuros financeiros são usados em posições de *hedge* por instituições financeiras e mutuários para preservar os rendimentos. Como as taxas de juros e preços de ações mudam, os rendimentos provenientes dos empréstimos e o custo do dinheiro emprestado são alterados. Para reduzir o risco de prejuízo resultante de flutuações nas taxas de juros, tanto os emprestadores como os mutuários podem estabelecer posições de *hedge* como forma de preservar determinada taxa de juros.

Os especuladores, evidentemente, não procuram reduzir riscos, mas obter retornos substanciais em troca de sua disposição de correr riscos. Os especuladores arcam com o risco que os *hedgers* desejam evitar. Eles tentam prever as alterações no valor das moedas e a direção das alterações nas taxas de juros e preços de títulos e adotam posições que possam lhes render lucros. O retorno obtido pelos especuladores (quando são bem-sucedidos) é ampliado graças à alavancagem proporcionada pelos baixos requisitos de margem exigidos para estabelecer posições.

A forma como os futuros financeiros podem gerar lucros para os especuladores pode ser ilustrada por meio de um exemplo baseado em um contrato de futuros para entrega de títulos do Tesouro norte-americano. Suponha que um especulador acredite que as taxas de juros cairão e o preço dos títulos aumentará. Esse especulador firma um contrato de *compra* para aceitar a entrega de títulos do Tesouro no futuro (a posição *comprada*). Se as taxas de juros de fato caírem e o preço dos títulos subir, o valor desse contrato aumentará, porque ele permite ao especulador comprar os títulos a um preço menor (em outras palavras, com maior rendimento). Por sua vez, se as taxas de juros subirem, o preço dos títulos cairá e o contrato perderá valor. A redução do valor do contrato inflige um prejuízo ao especulador que comprou o contrato quando o rendimento era menor.

Se acreditarem que as taxas de juro deverão subir, os especuladores firmarão contratos de *venda* e entrega futura de títulos do Tesouro, estabelecendo uma posição *vendida*. Se as taxas de juros efetivamente subirem e o valor dos títulos cair, o valor desse contrato deverá diminuir. Isso proporcionará lucro aos especuladores, pois os detentores de posições vendidas poderão comprar os títulos a menor preço e entregá-los pelo preço maior estipulado no contrato. Certamente, se os especuladores estiverem errados e as taxas de juros caírem, o valor dos títulos aumentará, infligindo uma perda aos especuladores, que terão de pagar mais para comprar os títulos usados para cobrir o contrato.

Enquanto os especuladores usam os futuros financeiros como uma maneira de extrair vantagens das flutuações nas taxas de juros e preços dos títulos, os gerentes financeiros ou investidores podem usar os futuros para reduzir o risco de prejuízo resultante dessas mesmas flutuações de preços. Por exemplo, suponha que uma firma tenha decidido investir em instalações e equipamentos. A construção de uma nova fábrica e a instalação de novos equipamentos leva algum tempo, durante o qual o custo do capital pode mudar devido às flutuações nas taxas de juros e no preço dos papéis financeiros. Se o custo do capital cair, o investimento pode tornar-se ainda mais lucrativo. Porém, se as taxas de juros subirem e o preço dos títulos cair (ou seja, se o custo do capital aumentar), um investimento que era avaliado anteriormente como lucrativo pode deixar de sê-lo.

É esse risco associado às flutuações nas taxas de juros e preços dos títulos que o gerente financeiro tenta reduzir. Uma das maneiras de evitar esse risco é adquirir os fundos necessários para financiar o investimento no momento em que a decisão de investimento é tomada. Isso, porém, nem sempre é possível, uma vez que a captação de recursos pode exigir tempo. Nessas circunstâncias, o gerente financeiro pode usar os futuros financeiros como uma maneira de reduzir o risco de prejuízo, caso o custo do capital aumente. Naturalmente, o *hedging* também reduz a possibilidade de ganhos, caso o custo do capital diminua. A ênfase, porém, está na redução do risco e não no aumento da lucratividade por meio da especulação com alterações no custo dos fundos.

O gerente financeiro reduz o risco firmando um contrato de entrega futura (a posição vendida). O impacto dessa posição de *hedge* pode ser percebido no exemplo a seguir. Dentro de seis meses, uma empresa pretende emitir $ 1 milhão em títulos de vinte anos. Se as taxas de juros aumentarem, a empresa terá de pagar anualmente $ 10 mil adicionais para cada ponto percentual de aumento. Para proteger-se contra o prejuízo potencial em caso de alta das taxas de juros, o gerente financeiro adota uma posição vendida em um contrato de entrega de títulos do Tesouro. Se as taxas de juros efetivamente subirem, o valor desses contratos cairá. Nesse caso, o gerente financeiro poderá encerrar sua posição nesses contratos com lucro, o que o ajudará a compensar o prejuízo resultante do maior custo dos fundos.

O exemplo anterior considerou a redução do prejuízo do tomador do empréstimo por meio de *hedging*. Os emprestadores também arcam com o risco associado às flutuações nas taxas de juros, mas esse risco provém de taxas de juros menores, não maiores. Por exemplo, suponha que uma instituição financeira conceda um empréstimo que deverá ser pago em seis meses à taxa de juros vigente na ocasião. Essa taxa poderá ser maior ou menor que a taxa corrente. Se a taxa de juros subir, o emprestador lucrará mais com o empréstimo; se a taxa de juros cair, a rentabilidade será menor. Os emprestadores podem proteger-se contra uma queda nas taxas de juros usando os futuros financeiros como *hedge*.

Ao contrário dos mutuários, que firmam contratos de futuros de venda (ou entrega) para estabelecer posições de *hedge*, os emprestadores firmam contratos de futuros de compra (ou aceitação da entrega). Se as taxas de juros realmente caírem, o valor dos contratos aumentará. Esse aumento do valor do contrato compensa parcialmente os juros perdidos devido à queda da taxa de juros. Evidentemente, ao fazer isso o emprestador estará abrindo mão da possibilidade de obter maior rentabilidade caso as taxas de juros subam. O aumento das taxas de juro reduziria o valor do contrato, contrabalanceando a taxa maior auferida com o empréstimo.

Redução do Risco com Contratos de Futuros Monetários

Como acontece com os futuros financeiros e a taxa de juros, uma maneira de reduzir o risco de prejuízo com flutuações da taxa de câmbio é firmar um contrato estabelecendo o preço futuro da moeda. Por exemplo, uma empresa firma um contrato para comprar uma fábrica na Alemanha por 40 milhões de euros em seis meses (linha 1 da Tabela 29.1). Se a cotação corrente do euro for $1,20, o custo da fábrica será $48 milhões ($1,20 x 40.000.000 na linha 2). Se a cotação do euro caísse para $1,15, o custo da fábrica cairia para $46 milhões e a empresa economizaria $2 milhões (linha 4). Entretanto, se a cotação do euro aumentasse para $1,25, o custo subiria para $50 milhões – um aumento líquido de $2 milhões (linha 6).

Como o pagamento será feito no futuro, o custo dos euros necessários para fazer o pagamento pode aumentar ou diminuir, dependendo das flutuações na demanda e oferta de euros. Para evitar a possibilidade de prejuízo devido a um aumento da cotação, o gerente financeiro firma um contrato de compra de euros (em outras palavras, de venda de dólares) após seis meses por um preço específico. Se o preço atual do euro para entrega em seis meses for $1,205, o gerente financeiro pode firmar um contrato de compra de euros para entrega em seis meses por esse valor. O custo total dos euros necessários para o pagamento da fábrica, portanto, passa a ser $48.200.000 (linha 7). Ao firmar esse contrato, a empresa assume uma posição de *hedge*. Na prática, ela se compromete a comprar 40 milhões de euros por $48.200.000; em seguida, esses euros poderão ser usados para pagar pela fábrica. O efeito líquido é um aumento de $200 mil no custo da fábrica (linha 8).

Com o estabelecimento de um *hedge*, o gerente financeiro protege a empresa contra um aumento na cotação do euro, porque agora a empresa tem um contrato para comprar euros por $1,205. Se o valor do euro realmente aumentar para $1,25, o contrato para entrega futura de $1,205 terá uma valorização e compensará o maior custo da moeda. Com a fixação do preço do euro, o preço da fábrica não poderá exceder $48.200.000. O processo de *hedge* permitiu ao gerente financeiro "fixar" o preço da moeda. Por sua vez, embora esteja protegida se a cotação do euro aumentar, a empresa não lucrará com uma possível queda da cotação. Se a cotação cair para $1,15, o valor do contrato de compra no futuro também diminuirá, neutralizando o lucro da empresa com a queda de preço do euro.

Uma empresa que esperasse receber um pagamento no futuro usaria o procedimento oposto. Por exemplo, uma empresa que tenha um pagamento em libras esterlinas para receber após três meses pode firmar um contrato de venda de libras. Se o preço corrente da libra for $1,95 e o preço futuro for $1,94, a empresa terá a garantia de receber $1,94 por libra.

TABELA 29.1
Lucros ou perdas resultantes de alterações na cotação do euro com relação ao dólar.

Custo atual da fábrica	
1. Custo da fábrica em euros	40.000.000
2. Custo da fábrica em dólares (baseado na cotação do euro a $ 1,20)	$ 48.000.000
Possível lucro com a queda do custo do euro	
3. Custo da fábrica em dólares (se a cotação do euro cair para $ 1,15)	$ 46.000.000
4. Diminuição do custo devido à depreciação do euro (linha 2 menos linha 3)	$ 2.000.000
Possível prejuízo com o aumento do custo do euro	
5. Custo da fábrica em dólares (se a cotação do euro subir para $ 1,25)	$ 50.000.000
6. Aumento do custo devido à valorização do euro (linha 5 menos linha 2)	$ 2.000.000
Impacto do hedging	
7. Custo da fábrica em dólares (baseado no custo do euro em um contrato de futuros)	$ 48.200.000
8. Custo da operação de hedging (linha 7 menos linha 2)	$ 200.000

Assim, ao custo de 1 centavo por libra, a empresa fica protegida contra uma flutuação da taxa de câmbio. Mesmo que a libra caia para $ 1,75, a empresa receberá $ 1,94. Por sua vez, a possibilidade de lucro é perdida. Se a libra subir para $ 2,18, a empresa receberá somente $ 1,94. Evidentemente, a finalidade de firmar um contrato é reduzir o risco de prejuízo resultante de alterações na taxa de câmbio. Para obter essa redução de risco, a empresa deve abrir mão do potencial de lucro, caso o preço aumente.

O estabelecimento de contratos de compra ou venda futura (ou seja, o processo de *hedging*) reduz o risco de prejuízo, caso ocorram flutuações inesperadas na cotação da moeda. Se houver uma expectativa geral de alteração no câmbio de uma moeda, o preço futuro indicará essa expectativa. No exemplo anterior, o preço atual da libra esterlina era $ 1,95 e o preço futuro, $ 1,94. Se houvesse uma crença generalizada de que o valor da libra tendesse a cair, o preço futuro seria menor. Ninguém estaria interessado em firmar um contrato de compra de libras a $ 1,94 se acreditasse que a cotação da libra chegaria a $ 1,80 após três meses. Se houvesse uma expectativa de queda de preço substancial, talvez não existissem compradores para entrega futura de libras, ou então o preço futuro seria tão baixo que os vendedores prefeririam reter a moeda e correr o risco.

FUTUROS DE ÍNDICE DE AÇÕES

A seção anterior abordou os futuros financeiros cujo valor flutua de acordo com as mudanças nas taxas de juros e de câmbio. Nesta seção, serão discutidos os futuros de índice de ações cujo valor é derivado do mercado de ações e flutua de acordo com as variações nesse mercado. Os **futuros de índice de ações** são contratos baseados em uma medida agregada do mercado de ações, como o índice S&P 500, o índice acionário da Bolsa de Nova York ou o índice acionário Value Line. Esses contratos de futuros de índice de ações oferecem aos especuladores e *hedgers* oportunidades de lucro ou de redução de prejuízos que não são possíveis com a compra de títulos individuais. Por exemplo, os contratos de futuros baseados no Índice Composto da Bolsa de Nova York têm um valor de $ 500 vezes o valor do desse índice. Assim, se o índice da Bolsa de Nova York é 1 mil, o contrato vale $ 50 mil. Ao firmar um contrato de compra (estabelecendo uma posição comprada), você lucra se o mercado subir. Se o índice da Bolsa de Nova York subir para 1.050, o valor do contrato aumentará para $ 52.500. Nesse caso, você lucrará $ 2.500. Naturalmente, se o índice da Bolsa de Nova York cair, você terá prejuízo.

Futuros de índice de ações
Contratos baseados em um índice de preços de títulos.

Os vendedores desses contratos também estão sujeitos às flutuações do mercado, mas suas posições são opostas às dos compradores (ou seja, eles estabeleceram uma posição vendida). Se o valor do índice da Bolsa de Nova York cair de 1 mil para 950, o valor do contrato diminuirá de $50 mil para $47.500 e o detentor da posição vendida lucrará $2.500. É claro que o detentor da posição vendida terá prejuízo se o mercado subir. Obviamente, se você acredita em um mercado em alta, deve assumir uma posição comprada em um contrato de futuros de índice de ações. Reciprocamente, se espera uma baixa do mercado, você deve assumir uma posição vendida.

Esses contratos também podem ser usados por gestores financeiros profissionais que não estão especulando com os movimentos de preços, mas buscando proteção contra esses movimentos. Por exemplo, suponha que um administrador financeiro tenha uma carteira de ações bem diversificada como parte do plano de pensão da empresa. Se o mercado subir, o valor dessa carteira aumentará. Entretanto, há um risco de perda, caso o mercado caia. O administrador da carteira pode reduzir esse risco firmando um contrato de futuros baseado no índice da Bolsa de Nova York para venda a um preço específico (uma posição vendida). Se o mercado cair, as perdas sofridas pela carteira serão compensadas ao menos em parte pela valorização da posição vendida no contrato de futuros.

Os contratos de futuros baseados no índice da Bolsa de Nova York são semelhantes a outros contratos de futuros. Os compradores e vendedores devem fazer depósitos de boa-fé (pagamentos de margem). Como o valor da margem é modesto, esses contratos oferecem uma alavancagem considerável. Quando a variação do preço das ações é contrária à posição do investidor e sua margem diminui, ele é forçado a colocar fundos adicionais na conta para lastrear o contrato. Como há um mercado ativo de contratos, uma posição pode ser encerrada a qualquer momento adotando a posição contrária. Por exemplo, se você tiver um contrato de compra, a posição comprada pode ser encerrada por meio de um contrato de venda. Se você tiver um contrato de venda (entrega), essa posição vendida pode ser encerrada por um contrato de compra (aceitação de entrega).

Há uma diferença importante entre os futuros do mercado de ações e outros contratos de futuros. A liquidação no vencimento do contrato é feita em dinheiro. Não há entrega física de títulos, como poderia ocorrer com um contrato de futuros para compra ou venda de trigo ou milho na bolsa de commodities. Em vez disso, os lucros e prejuízos são totalizados e somados ou subtraídos das contas dos participantes. Em seguida, as posições compradas e vendidas são encerradas.

RESUMO

Futuros são contratos para entrega futura de uma mercadoria, como trigo ou milho. Um indivíduo ("especulador") assume uma posição comprada quando firma um contrato de compra e aceitação da entrega. A posição oposta, ou vendida, ocorre quando o indivíduo firma um contrato de venda e entrega futura. A posição comprada lucra quando o preço da commodity sobe, pois o especulador tem um contrato para a compra a preço menor. A posição vendida lucra quando o preço da commodity cai, pois o especulador tem um contrato para a venda a preço maior.

Enquanto os especuladores buscam lucrar com as alterações de preços, os produtores, fabricantes, montadores e outros usuários de commodities querem reduzir o risco de prejuízo proveniente das flutuações de preços. Isso é feito por meio de posições de *hedge*. As agroempresas ou mineradoras com posições compradas em produtos agrícolas ou metais vendem contratos de futuros. Essas vendas são posições vendidas que fixam os preços futuros e reduzem o risco de prejuízo em caso de queda de preços. Os produtores que usam esses produtos agrícolas ou metais fazem o contrário. Eles compram contratos de futuros para fixar os preços e reduzir o risco de prejuízo em caso de alta dos preços. Esse processo de compra e venda de contratos de futuros transfere o risco associado às flutuações de preços dos *hedgers* para os especuladores.

Além dos futuros de commodities, existem também futuros financeiros, futuros monetários e futuros do mercado de ações. Futuros financeiros são contratos para a entrega de ativos financeiros, como papéis e títulos do Tesouro norte-americano. Futuros monetários são contratos para a entrega futura de moeda estrangeira, como euros ou libras esterlinas. Os futuros do mercado de ações são baseados em medidores genéricos do mercado (por exemplo, o Índice Composto da Bolsa de Nova York). Os especuladores que antecipam movimentos nas taxas de juros, moedas estrangeiras ou no mercado de ações, podem especular com esses preços previstos adotando as posições apropriadas em contratos de futuros. Os gerentes financeiros podem usar esses contratos como um meio de reduzir o risco associado às flutuações nas taxas de juros, preços de títulos ou cotações de moedas.

REVISÃO DOS OBJETIVOS

Tendo concluído este capítulo, você deverá ser capaz de

1. Relacionar as características dos contratos de futuros (página 476).
2. Comparar as posições compradas e vendidas em contratos de futuros (páginas 477-478).
3. Explicar como os especuladores obtêm lucros e sofrem prejuízos nos mercados de futuros (página 478).
4. Demonstrar o papel dos requisitos de margem nos mercados de futuros e explicar a frase "marcado para o mercado" (páginas 479-481).
5. Mostrar como o uso das margens alavanca o retorno potencial de um contrato de futuros (páginas 479-480).
6. Explicar como os *hedgers* usam contratos de futuros para reduzir o risco de prejuízo associado às flutuações de preços (páginas 481-482).
7. Explicar o papel dos futuros financeiros, monetários e de mercado de ações (páginas 482-485).

PROBLEMAS

1. O preço do ouro nos contratos de futuros é $400. Os contratos são para 100 onças de ouro e o requisito de margem é de $5 mil por contrato. O requisito de manutenção do mercado é $1.500. Acreditando que o preço do ouro tende a aumentar, você firma um contrato de compra de ouro.

    a. Quanto você deverá depositar inicialmente?
    b. Se o preço do ouro nos contratos de futuros aumentar para $455, qual será o lucro e retorno da sua posição?
    c. Se o preço do ouro nos contratos de futuros cair para $378, qual será o prejuízo da sua posição?
    d. Se o preço nos contratos de futuros cair para $348, o que você deverá fazer?
    e. Se o preço nos contratos de futuros continuar caindo até $332, quanto você terá em sua conta?

2. O preço do milho nos contratos de futuros é de $3,40 por bushel. Os contratos de futuros para milho são baseados em 10 mil bushels e o requisito de margem é de $2 mil por bushel. Você acredita que o preço do milho tende a cair e assume uma posição vendida.

    a. Qual é o valor do contrato e quanto você terá de depositar inicialmente?
    b. Se o preço do milho nos contratos de futuros aumentar para $3,51, qual será o lucro ou prejuízo da sua posição?
    c. Se o preço do milho nos contratos de futuros cair para $3,28, qual será o lucro ou prejuízo da sua posição?
    d. Se o preço nos contratos de futuros cair para $3,18, o que você poderá fazer?
    e. Como você pode encerrar a sua posição?

3. Você espera que o mercado de ações suba, mas, em vez de adquirir ações, decide adquirir um contrato de futuros de índice de ações. Esse índice é de 1.120 no momento e o valor do contrato equivale a $ 50 vezes o valor do índice. O requisito de margem é de $ 2.500.
   a. Quanto você precisará pagar ao firmar o contrato?
   b. Qual é o valor do contrato com base no índice?
   c. Se o valor do índice subir 1% e chegar a 1.131, qual será o lucro do investimento? Qual é a porcentagem de lucro sobre os fundos pagos inicialmente?
   d. Se o valor do índice cair 1% e chegar a 1.108, que porcentagem dos seus fundos você perderá?
   e. Qual será o seu lucro (ou prejuízo) percentual se o índice cair para 1.108?

4. Você espera receber um pagamento de 1 milhão de libras esterlinas dentro de seis meses. A libra vale atualtemente $ 1,60 (£1 = $ 1,60), mas o preço futuro é $ 1,56 (£1 = $ 1,56). Você acredita que a cotação da libra deverá cair (ou seja, o valor do dólar deverá aumentar). Se sua expectativa se confirmar, você terá um prejuízo ao converter as libras para dólares quando recebê-las dentro de seis meses.
   a. Com base na taxa de câmbio corrente, qual seria o valor do pagamento esperado em dólares?
   b. Com base na taxa de câmbio futura, quanto você receberia em dólares?
   c. Se a libra estiver cotada a $ 1,40 depois de seis meses, qual será o seu prejuízo devido à queda do valor da libra?
   d. Para evitar esse prejuízo potencial, você firma um contrato para a entrega de libras ao preço futuro de $ 1,56. Quanto lhe custa essa proteção contra uma possível queda do valor da libra?
   e. Se, depois que o contrato for firmado, o preço da libra cair para $ 1,40, qual será o seu prejuízo máximo? (Por que a resposta é diferente da sua resposta na parte *c*?)
   f. Se, depois que o contrato for firmado, o preço da libra aumentar para $ 1,80, quanto você lucrará com a sua posição?
   g. Qual seria a diferença na sua resposta à parte *f* se você não tivesse firmado o contrato e o preço da libra aumentasse para $ 1,80?

APÊNDICE A

Fatores de Juros para o Valor Futuro de Um Dólar
$$FVIF = (1+i)n$$

Período (por ex., ano)	1%	2%	3%	4%	5%	6%	7%	8%	9%	10%	12%	14%	15%	16%	18%	20%
1	1,010	1,020	1,030	1,040	1,050	1,060	1,070	1,080	1,090	1,100	1,120	1,140	1,150	1,160	1,180	1,200
2	1,020	1,040	1,061	1,082	1,102	1,124	1,145	1,166	1,188	1,210	1,254	1,300	1,322	1,346	1,392	1,440
3	1,030	1,061	1,093	1,125	1,158	1,191	1,225	1,260	1,295	1,331	1,405	1,482	1,521	1,561	1,643	1,728
4	1,041	1,082	1,126	1,170	1,216	1,262	1,311	1,360	1,412	1,464	1,574	1,689	1,749	1,811	1,939	2,074
5	1,051	1,104	1,159	1,217	1,276	1,338	1,403	1,469	1,539	1,611	1,762	1,925	2,011	2,100	2,288	2,488
6	1,062	1,126	1,194	1,265	1,340	1,419	1,501	1,587	1,677	1,772	1,974	2,195	2,313	2,436	2,697	2,986
7	1,072	1,149	1,230	1,316	1,407	1,504	1,606	1,714	1,828	1,949	2,211	2,502	2,660	2,826	3,186	3,583
8	1,083	1,172	1,267	1,369	1,477	1,594	1,718	1,851	1,993	2,144	2,476	2,853	3,059	3,278	3,759	4,300
9	1,094	1,195	1,305	1,423	1,551	1,689	1,838	1,999	2,172	2,358	2,773	3,252	3,518	3,803	4,436	5,160
10	1,105	1,219	1,344	1,480	1,629	1,791	1,967	2,159	2,367	2,594	3,106	3,707	4,046	4,411	5,234	6,192
11	1,116	1,243	1,384	1,539	1,710	1,898	2,105	2,332	2,580	2,853	3,479	4,226	4,652	5,117	6,176	7,430
12	1,127	1,268	1,426	1,601	1,796	2,012	2,252	2,518	2,813	3,138	3,896	4,818	5,350	5,936	7,287	8,916
13	1,138	1,294	1,469	1,665	1,886	2,133	2,410	2,720	3,066	3,452	4,363	5,492	6,153	6,886	8,599	10,699
14	1,149	1,319	1,513	1,732	1,980	2,261	2,579	2,937	3,342	3,797	4,887	6,261	7,076	7,988	10,147	12,839
15	1,161	1,346	1,558	1,801	2,079	2,397	2,759	3,172	3,642	4,177	5,474	7,138	8,137	9,266	11,973	15,407
16	1,173	1,373	1,605	1,873	2,183	2,540	2,952	3,426	3,970	4,595	6,130	8,137	9,358	10,748	14,129	18,488
17	1,184	1,400	1,653	1,948	2,292	2,693	3,159	3,700	4,328	5,054	6,866	9,276	10,761	12,468	16,672	22,186
18	1,196	1,428	1,702	2,026	2,407	2,854	3,380	3,996	4,717	5,560	7,690	10,575	12,375	14,463	19,673	26,623
19	1,208	1,457	1,754	2,107	2,527	3,026	3,617	4,316	5,142	6,116	8,613	12,056	14,232	16,777	23,214	31,948
20	1,220	1,486	1,806	2,191	2,653	3,207	3,870	4,661	5,604	6,728	9,646	13,743	16,367	19,461	27,393	38,337
25	1,282	1,641	2,094	2,666	3,386	4,292	5,427	6,848	8,623	10,835	17,000	26,462	32,919	40,874	62,688	95,396
30	1,348	1,811	2,427	3,243	4,322	5,743	7,612	10,063	13,268	17,449	29,960	50,950	66,212	85,850	143,370	237,370

APÊNDICE B

Fatores de Juros para o Valor Presente de Um Dólar
$$PVIF = 1/(1+i)n$$

Período (por ex., ano)	1%	2%	3%	4%	5%	6%	7%	8%	9%	10%	12%	14%	15%	16%	18%	20%	24%	28%
1	,990	,980	,971	,962	,952	,943	,935	,926	,917	,909	,893	,877	,870	,862	,847	,833	,806	,781
2	,980	,961	,943	,925	,907	,890	,873	,857	,842	,826	,797	,769	,756	,743	,718	,694	,650	,610
3	,971	,942	,915	,889	,864	,840	,816	,794	,772	,751	,712	,675	,658	,641	,609	,579	,524	,477
4	,961	,924	,889	,855	,823	,792	,763	,735	,708	,683	,636	,592	,572	,552	,516	,482	,423	,373
5	,951	,906	,863	,822	,784	,747	,713	,681	,650	,621	,567	,519	,497	,476	,437	,402	,341	,291
6	,942	,888	,838	,790	,746	,705	,666	,630	,596	,564	,507	,456	,432	,410	,370	,335	,275	,227
7	,933	,871	,813	,760	,711	,665	,623	,583	,547	,513	,452	,400	,376	,354	,314	,279	,222	,178
8	,923	,853	,789	,731	,677	,627	,582	,540	,502	,467	,404	,351	,327	,305	,266	,233	,179	,139
9	,914	,837	,766	,703	,645	,592	,544	,500	,460	,424	,361	,308	,284	,263	,226	,194	,144	,108
10	,905	,820	,744	,676	,614	,558	,508	,463	,422	,386	,322	,270	,247	,227	,191	,162	,116	,085
11	,896	,804	,722	,650	,585	,527	,475	,429	,388	,350	,287	,237	,215	,195	,162	,135	,094	,066
12	,887	,788	,701	,625	,557	,497	,444	,397	,356	,319	,257	,208	,187	,168	,137	,112	,076	,052
13	,879	,773	,681	,601	,530	,469	,415	,368	,326	,290	,229	,182	,163	,145	,116	,093	,061	,040
14	,870	,758	,661	,577	,505	,442	,388	,340	,299	,263	,205	,160	,141	,125	,099	,078	,049	,032
15	,861	,743	,642	,555	,481	,417	,362	,315	,275	,239	,183	,140	,123	,108	,084	,065	,040	,025
16	,853	,728	,623	,534	,458	,394	,339	,292	,252	,218	,163	,123	,107	,093	,071	,054	,032	,019
17	,844	,714	,605	,513	,436	,371	,317	,270	,231	,198	,146	,108	,093	,080	,060	,045	,026	,015
18	,836	,700	,587	,494	,416	,350	,296	,250	,212	,180	,130	,095	,081	,069	,051	,038	,021	,012
19	,828	,686	,570	,475	,396	,331	,276	,232	,194	,164	,116	,083	,070	,060	,043	,031	,017	,009
20	,820	,673	,554	,456	,377	,312	,258	,215	,178	,149	,104	,073	,061	,051	,037	,026	,014	,007
25	,780	,610	,478	,375	,295	,233	,184	,146	,116	,092	,059	,038	,030	,024	,016	,010	,005	,002
30	,742	,552	,412	,308	,231	,174	,131	,099	,075	,057	,033	,020	,015	,012	,007	,004	,002	,001

APÊNDICE C

Fatores de Juros para o Valor Futuro de uma Anuidade de Um Dólar

$$FVAIF = \frac{(1+i)n - 1}{i}$$

Período (por ex., ano)	1%	2%	3%	4%	5%	6%	7%	8%	9%	10%	12%	14%	16%	20%
1	1,000	1,000	1,000	1,000	1,000	1,000	1,000	1,000	1,000	1,000	1,000	1,000	1,000	1,000
2	2,010	2,020	2,030	2,040	2,050	2,060	2,070	2,080	2,090	2,100	2,120	2,140	2,160	2,200
3	3,030	3,060	3,091	3,122	3,152	3,184	3,215	3,246	3,278	3,310	3,374	3,440	3,506	3,640
4	4,060	4,122	4,184	4,246	4,310	4,375	4,440	4,506	4,573	4,641	4,770	4,921	5,067	5,368
5	5,101	5,204	5,309	5,416	5,526	5,637	5,751	5,867	5,985	6,105	6,353	6,610	6,877	7,442
6	6,152	6,308	6,468	6,633	6,802	6,975	7,153	7,336	7,523	7,716	8,115	8,536	8,978	9,930
7	7,214	7,434	7,662	7,898	8,142	8,394	8,654	8,923	9,200	9,487	10,089	10,730	11,413	12,915
8	8,286	8,583	8,892	9,214	9,549	9,897	10,260	10,637	11,028	11,436	12,300	13,233	14,240	16,499
9	9,369	9,755	10,159	10,583	11,027	11,491	11,978	12,488	13,021	13,579	14,776	16,085	17,518	20,798
10	10,462	10,950	11,464	12,006	12,578	13,181	13,816	14,487	15,193	15,937	17,549	19,337	21,321	25,958
11	11,567	12,169	12,808	13,486	14,207	14,972	15,784	16,645	17,560	18,531	20,655	23,044	25,732	32,150
12	12,683	13,412	14,192	15,026	15,917	16,870	17,888	18,977	20,141	21,384	24,138	27,271	30,850	39,580
13	13,809	14,680	15,618	16,627	17,713	18,882	20,141	21,495	22,953	24,523	28,029	32,089	36,786	48,496
14	14,947	15,974	17,086	18,292	19,599	21,051	22,550	24,215	26,019	27,975	32,393	37,581	43,672	59,195
15	16,097	17,293	18,599	20,024	21,579	23,276	25,129	27,152	29,361	31,772	37,280	43,842	51,659	72,035
16	17,258	18,639	20,157	21,825	23,657	25,673	27,888	30,324	33,003	35,950	42,753	50,980	60,925	87,442
17	18,430	20,012	21,762	23,698	25,840	28,213	30,840	33,750	36,974	40,545	48,884	59,118	71,673	105,93
18	19,615	21,412	23,414	25,645	28,132	30,906	33,999	37,450	41,301	45,599	55,750	68,934	84,140	128,11
19	20,811	22,841	25,117	27,671	30,539	33,760	37,379	41,446	46,018	51,159	63,440	78,969	98,603	154,74
20	22,019	24,297	26,870	29,778	33,066	36,786	40,995	45,762	51,160	57,275	72,052	91,025	115,37	186,68
25	28,243	32,030	36,459	41,646	47,727	54,865	63,249	73,106	84,701	98,347	133,33	181,87	249,21	471,98
30	34,785	40,568	47,575	56,085	66,439	79,058	94,461	113,283	136,308	164,494	241,333	356,878	530,310	1181,8

APÊNDICE D

Fatores de Juros para o Valor Presente de uma Anuidade de Um Dólar

$$PVAIF = \frac{1 - \dfrac{1}{(1+i)^n}}{i} = \frac{1 - (1+i)^{-n}}{i}$$

Finanças Básicas

Período (por ex., ano)	1%	2%	3%	4%	5%	6%	7%	8%	9%	10%	12%	14%	16%	18%	20%	24%	28%	32%	36%
1	0,990	0,980	0,971	0,962	0,952	0,943	0,935	0,926	0,917	0,909	0,893	0,877	0,862	0,847	0,833	0,806	0,781	0,758	0,735
2	1,970	1,942	1,913	1,886	1,859	1,833	1,808	1,783	1,759	1,736	1,690	1,647	1,605	1,566	1,528	1,457	1,392	1,332	1,276
3	2,941	2,884	2,829	2,775	2,723	2,673	2,624	2,577	2,531	2,487	2,402	2,322	2,246	2,174	2,106	1,981	1,868	1,766	1,674
4	3,902	3,808	3,717	3,630	3,546	3,465	3,387	3,312	3,240	3,170	3,037	2,914	2,798	2,690	2,589	2,404	2,241	2,096	1,966
5	4,853	4,713	4,580	4,452	4,329	4,212	4,100	3,993	3,890	3,791	3,605	3,433	3,274	3,127	2,991	2,745	2,532	2,345	2,181
6	5,795	5,601	5,417	5,242	5,076	4,917	4,766	4,623	4,486	4,355	4,111	3,889	3,685	3,498	3,326	3,020	2,759	2,534	2,399
7	6,728	6,472	6,230	6,002	5,786	5,582	5,389	5,206	5,033	4,868	4,574	4,288	4,039	3,812	3,605	3,242	2,937	2,678	2,455
8	7,652	7,325	7,020	6,733	6,463	6,210	5,971	5,747	5,535	5,335	4,968	4,639	4,344	4,078	3,837	3,421	3,076	2,786	2,540
9	8,566	8,162	7,786	7,435	7,108	6,802	6,515	6,247	5,985	5,759	5,328	4,946	4,607	4,303	4,031	3,566	3,184	2,868	2,603
10	9,471	8,983	8,530	8,111	7,722	7,360	7,024	6,710	6,418	6,145	5,650	5,216	4,833	4,494	4,193	3,682	3,269	2,930	2,650
11	10,368	9,787	9,253	8,760	8,306	7,887	7,499	7,139	6,805	6,495	5,988	5,453	5,029	4,656	4,327	3,776	3,335	2,978	2,683
12	11,255	10,575	9,954	9,385	8,863	8,384	7,943	7,536	7,161	6,814	6,194	5,660	5,197	4,793	4,439	3,851	3,387	3,013	2,708
13	12,134	11,348	10,635	9,986	9,394	8,534	8,358	7,904	7,487	7,103	6,424	5,842	5,342	4,910	4,533	3,912	3,427	3,040	2,727
14	13,004	12,106	11,296	10,563	9,899	9,295	8,745	8,244	7,786	7,367	6,628	6,002	5,468	5,008	4,611	3,962	3,459	3,061	2,740
15	13,865	12,849	11,938	11,118	10,380	9,712	9,108	8,559	8,060	7,606	6,811	6,142	5,575	5,092	4,675	4,001	3,483	3,076	2,750
16	14,718	13,578	12,561	11,652	10,838	10,106	9,447	8,851	8,312	7,824	6,974	6,265	5,669	5,162	4,730	4,003	3,503	3,088	2,758
17	15,562	14,292	13,166	12,166	11,274	10,477	9,763	9,122	8,544	8,002	7,120	6,373	5,749	5,222	4,775	4,059	3,518	3,097	2,763
18	16,398	14,992	13,754	12,659	11,690	10,828	10,059	9,372	8,756	8,201	7,250	6,467	5,818	5,273	4,812	4,080	3,529	3,104	2,767
19	17,226	15,678	14,324	13,134	12,085	11,158	10,336	9,604	8,950	8,365	7,366	6,550	5,877	5,316	4,844	4,097	3,539	3,109	2,770
20	18,046	16,351	14,877	13,590	12,462	11,470	10,594	9,818	9,128	8,514	7,469	6,623	5,929	5,353	4,870	4,110	3,546	3,113	2,772
25	22,023	19,523	17,413	15,622	14,094	12,783	11,654	10,675	9,823	9,077	7,843	6,873	6,097	5,467	4,948	4,147	3,564	3,122	2,776
30	25,808	22,937	19,600	17,292	15,373	13,765	12,409	11,258	10,274	9,427	8,055	7,003	6,177	5,517	4,979	4,160	3,569	3,124	2,778

APÊNDICE E

Respostas de Problemas Selecionados

Capítulo 3

1. margem = 25%; quantia investida: $ 1.250; retorno: 80%

2. margem = 75%; quantia investida: $ 3.750; retorno: (26,7%)

3. a. prejuízo: $ 3,50
   b. lucro: $ 3,50

4. a $ 49 por ação, prejuízo = 500 × $ 7 = $ 3.500

5. despesa com juros: $ 275,40
   retorno: 69,8%

6. a. investimento requerido: $ 11.500 × 0,55 = $ 6.325
   b. juros pagos: $ 517,50

7. prejuízo de $ 2

8. investimento inicial: $ 3.600
   aumento necessário: $ 2,25 por ação

Capítulo 6

1. 0,5495

2. em dólares: $ 50.000
   em euros: $ 0

3. saldo na conta corrente ($ 1,7)
   saldo na conta de capital ($ 16,5)

Capítulo 7

As respostas a problemas relativos ao valor do dinheiro no tempo podem ser derivadas usando-se tabelas de juros, calculadoras financeiras ou programas de computador. Como as tabelas de juros são arredondadas, as respostas derivadas utilizando-se essas tabelas podem diferir das respostas derivadas com o emprego de calculadoras ou computadores. Use o bom senso. Se a resposta for $ 13.467 com a utilização das tabelas e $ 13.487 com o uso de uma calculadora financeira, a diferença provavelmente será o resultado do arredondamento, e qualquer das duas respostas pode ser considerada "correta".

1. a. juros: $ 629
   b. juros: $ 500

2. a. $ 219.318
   b. $ 120.531
   c. $ 17.671

3. total acumulado: $ 102.320;
   retirada anual: $ 11.210

4. Sua conta: $ 157.751

5. $ 2.421

6. Não; ela pode sacar $ 14.491

7. Supervalorizado ($ 90.770)

8. Valor presente de A: $ 4.262; Sim
   Valor presente de B: $ 3.936; Não

9. $ 74.000 ($ 74.012, usando uma calculadora financeira)

10. entre 5% e 6% (5,5%)

11. a. $ 29,38
    b. $ 42,00

12. 9%

13. 15%

14. $ 10.000

15. a 6%, escolha os $ 900; a 14%, escolha os $ 150 durante cinco anos

16. pagamento anual: $ 13.648

17. $ 45.695 (usando tabelas de juros)

18. aproximadamente 12% (12,25%)

19. aproximadamente 13 anos (13,14 anos)

20. $ 14.238

21. valor total: $ 42.935

22. a alternativa A

23. $ 1.045.120; aproximadamente 5% (5,2%)

24. 6,4% (entre 6% e 7%)

25. pagamento da hipoteca: $ 10.180
 amortização do principal (primeiro ano): $ 1.180

26. pagamentos anuais são preferíveis

27. suas retiradas: $ 60.792
 retiradas do seu irmão gêmeo: $ 51.984

28. aproximadamente 7% (6,9%)

29. mais de 16% (16,5%)

30. retorno: 10% (9,84%)

Capítulo 8

1. 4,4%

2. 12,87%

3. a. 12,5%

4. 12,3%

5. a. retorno médio do investimento Y: 18%
 b. desvio-padrão do investimento Y: 2,55

6. retorno realizado: 3,25%

7. retorno da ação A: 14%
 desvio-padrão da ação B: 3,13

8. Ação A: 4%

9. 1,5

10. 13,1%

Capítulo 9

1. Demonstração de resultado do exercício:

Vendas	$ 1.000.000
Custo dos produtos vendidos	600.000
Outras despesas	100.000
Lucro antes dos impostos e juros (Ebit)	300.000
Juros	80.000
Lucro antes dos impostos (EBT)	220.000
Impostos	100.000
Lucro líquido	$ 120.000
Lucro por ação	$ 1,20

Balanço:

Ativos

caixa	$ 50.000
contas a receber	250.000
estoque	300.000
instalações e equipamentos	400.000
Total de ativos	$ 1.000.000

Passivo

contas a pagar	$ 200.000
outros passivos circulantes	50.000
dívida de longo prazo	300.000
Patrimônio líquido	450.000
Exigibilidades e patrimônio líquido	$ 1.000.000

3. Contas a receber antes da provisão: $ 1.340.000
 Ativos correntes totais: $ 2.980.000
 Depreciação acumulada: $ 690.000
 Dívida de longo prazo: $ 1.000.000
 Lucros retidos: $ 2.440.000

6. $ 63.750

7. ano 2: $ 9.500 e $ 9.800

8. índice de liquidez corrente: 1,8:1,0
 índice de liquidez seca: 0,9:1,0

9. $ 3.167.137

10. a. giro de contas a receber: 7
 c. em atraso de 22 dias

11. redução do estoque: $ 75.000

12. economia de $ 48.333

13. margem de lucro operacional A: 15%
 margem de lucro líquido A: 8%
 retorno sobre os ativos A: 8%
 retorno sobre o patrimônio A: 13,3%

14. retorno sobre o patrimônio líquido total: 11,7%
 retorno da ação ordinária: 12,2%

15. giro do estoque: dez vezes por ano

Capítulo 10

1. Lucro por ação: $ 1,38, antes da divisão
 Preço da ação: $ 20, depois da divisão

2. votação cumulativa: 4.000 votos

3. a. novo preço da ação: $ 45
 b. índice de distribuição: 63,2%

4. a. caixa: $ 26.000.000
 lucros retidos: $ 60.000.000
 capital adicional integralizado: sem alteração
 ações ordinárias: sem alteração

b. caixa: $ 28.000.000
ações ordinárias: (2.100.000 ações;
$ 50 cada) $ 105.000.000
capital adicional integralizado:
$ 15.000.000
lucros retidos: $ 52.000.000

c. caixa: $ 28.000.000
ações ordinárias: (1.000.000 ações;
$ 100 cada) $ 100.000.000
capital adicional integralizado:
$ 10.000.000
lucros retidos: $ 62.000.000

5. O pagamento de dividendos das ações reduz os lucros retidos em $ 80.000 e aumenta as ações ordinárias em $ 20.000 e o capital integralizado adicional em $ 60.000

6. b. caixa: $ 7.750.000
lucros retidos: $ 39.560.000

7. lucro por ação: $ 2,10
patrimônio líquido total: sem alteração
dívida de longo prazo: sem alteração
capital integralizado: sem alteração
ações em circulação: 2.000.000
lucro: $ 4.200.000 (sem alteração)

8. a. novo preço: $ 18
lucros retidos: $ 200.000
b. novo preço: $ 49,09
lucros retidos: $ 178.400

Capítulo 11

1. a. $ 53
   b. $ 79,50
   c. $ 141,33
   d. $ 34,67
   e. $ 39,87

2. $ 77

3. a. ação A: $ 15,29 < $ 23
   b. 11,65%
   c. ação A: $ 14

4. 17,6%

5. a. 12,2%
   c. $ 80 > $ 76,94

6. a. $ 45,65
   c. $ 35
   e. $ 63,93

7. a. ação A: 12,56%
   f. nenhuma das duas

8. ação A: $ 55,26
   ação B: $ 30,98

9. $ 22

Capítulo 13

1. a. pagamento anual de juros: $ 866
   pagamento semestral de juros: $ 864
   b. pagamento anual de juros: $ 920
   pagamento semestral de juros: $ 921
   d. rendimento corrente em (a): 6,9%

2. a. pagamento anual de juros: $ 846
   pagamento semestral de juros: $ 844
   b. pagamento anual de juros: $ 921
   pagamento semestral de juros: $ 919
   d. pagamento anual de juros: $ 1.110
   pagamento semestral de juros: $ 1.112
   pagamento anual de juros: $ 1.052
   pagamento semestral de juros: $ 1.053

3. rendimento corrente: 8%; rendimento no vencimento: 8%

4. a. taxa de juros nominal: 6%
   b. rendimento atual: 6,7%
   c. rendimento no vencimento: 8,8%

5. a. 7,25%
   b. 10%
   c. pagamento anual de juros: $ 810
   pagamento semestral de juros: $ 807

6. pagamento anual de juros: $ 1.115
   pagamento semestral de juros: $ 1.116
   (O título está supervalorizado ao preço oferecido de $ 1.200.)

8. a. Título A
   pagamento anual de juros: $ 1.000
   pagamento semestral de juros: $ 1.000
   Título B
   pagamento anual de juros: $ 733
   pagamento semestral de juros: $ 729
   b. Título A
   pagamento anual de juros: $ 1.000
   pagamento semestral de juros: $ 1.000
   Título B
   pagamento anual de juros: $ 875
   pagamento semestral de juros: $ 873

10. a. $ 313
    d. 12%
    f. 75%
    h. $ 39.795

Capítulo 14

1. a 13%: $ 69,23

2. a. $ 114,29
   b. $ 110,55

3. b. $ 83

4. ×1: 5,0
   ×3: 1,3

Capítulo 15

1. a. 4,8%
    b. $ 864
    c. $ 38,52
    d. $ 176
    f. $ 222,60
    g. nenhuma

2. a. 726
    b. 40
    c. $ 1.200

Capítulo 16

1. *holding períod return*: 200%
   retorno anualizado: 11,6%

3. 6,4%

5. preço de venda de $ 30: 7,1%
   preço de venda de $ 50: 19,5%

6. ações após 20 anos: $ 6.976
   título após 30 anos: $ 5.583

Capítulo 17

1. $ 7,83

2. 6,8%

3. 24,9%

4. retorno composto: 10,8%

5. 17,6% e 11,0%

6. retorno do investidor: 8,6%
   retorno do fundo: 15%

7. 24,8%

Capítulo 18

1. renda de $ 2.000: $ 300
   renda de $ 1.600.000: $ 340.000

2. a. ano 3: $ 1.075
    b. ano 3: restituição de $ 1.075

Capítulo 19

1. a. lucro em 2.000: $ 4.600
    b. 1.132 unidades
    c. 1.887 unidades

2. a. 2.500 e 3.125
    b. $ 3.000

3. a. 8.000 unidades
    lucro de $ 500

4. a. lucro: $ 50.000
    b. 100.000 unidades
    c. 62.500 unidades
    e. 14.286 unidades

5. A: 2,5 anos
   C: 3 anos e 2,5 meses

Capítulo 20

1. a. $ 3.000
    b. Empresa A: $ 3.000
    Empresa B: $ 2.500
    c. Empresa A: 50%
    Empresa B: 60%

2. Caso C
   patrimônio líquido: $ 1.000
   despesa com juros: $ 120
   retorno sobre o patrimônio: 10,8%

Capítulo 21

1. a. 5,95%
    b. 9,9%
    c. 11,3%
    d. 9,3575%

2. custo dos lucros retidos: 12,55%
   custo de novas ações: 13,04%

3. a. custo de capital com 40% de dívida: 12,0%
    b. dívida $ 20; patrimônio líquido $ 80

4. custo de capital com 20% de dívida: 7,2%
   custo de capital com 40% de dívida: 8,4%

5. a. 30% dívida; 70% patrimônio líquido
    b. excessivo
    d. os acionistas receberiam 12,86%

6. d. ponto de ruptura da dívida: $ 8.000.000
    ponto de ruptura dos lucros retidos: $ 8.571.429

Capítulo 22

1. 8%

2. a. Valor presente líquido A: $ 33
   Valor presente líquido B: $ 17
   b. Taxa interna de retorno A: aproximadamente 14% (14,7%)
   Taxa interna de retorno B: 12%

3. a. Valor presente líquido A: ($ 165)
   Valor presente líquido B: $ 333
   c. Taxa interna de retorno A: 5% (4,9%)
   Índice de retorno interno B: 20%
   f. a 10%: $ 4.356
   a 14%: $ 4.669

4. a 9%: selecionar B
   a 14%: não selecionar nenhum dos dois

5. a. Valor presente líquido A: ($ 51)
   Valor presente líquido C: $ 108
   b. Taxa interna de retorno A: 9%
   Taxa interna de retorno C: 24%
   c. a 15%: $ 1.887

6. Valor presente líquido: ($ 6.315)

7. quando o custo de capital = 12%,
   valor presente líquido = ($ 177)

8. 8%

9. a. Taxa interna de retorno: 16%
   b. a 16%: valor final : $ 156.101

10. a. dívida: 40%
    b. patrimônio líquido: $ 300
    c. 20% (19,7%)
    d. passivos: $ 360
    e. 30%

11. a. selecionar S
    b. selecionar Q
    c. a 20%: $ 2.072
    a 10%: $ 1.791

12. a. Valor presente líquido A: $ 75
    b. Taxa interna de retorno B: 12%
    d. nenhum

13. a. Valor presente líquido: $ 24.096
    Taxa interna de retorno: 18%
    b. $ 29.939
    c. $ 30.306

14. Valor presente líquido: $ 5.160

15. entrada de caixa: anos 1 e 2: $ 60.400
    ano 5: $ 51.650
    saída de caixa: $ 190.000

16. Valor presente: $ 30.265

17. a. Valor presente líquido A: $ 631
    b. Valor presente líquido A: $ 631
    Valor presente líquido B: ($ 141,50)
    Valor presente líquido C: $ 438,80

18. a. Valor presente líquido: $ 93.778
    b. Valor presente líquido: ($ 4.305)

Capítulo 23

1. a. contas a receber $ 300
     estoque   600
     contas comerciais a pagar 300
   b. financiamento externo necessário: $ 50
   c. contas a receber $ 300
     estoque   600
     instalações   800
     total de ativos   1.700
     contas comerciais   300
     dívida de longo prazo   650
     patrimônio líquido   750
     passivo total e patrimônio líquido 1.700

2. a. contas a receber $ 9.000
     estoque   7.625
     contas a pagar   6.625
   b. aumento das contas a pagar: $ 1.325
   c. aumento dos lucros retidos: $ 3.000

3. a. contas a receber $ 12.060
     estoque   9.264
     contas a pagar   6.829
   b. aumento das contas a pagar: $ 1.529
   c. aumento dos lucros retidos: $ 3.000
   d. caixa: $ 1.000
     total de ativos: $ 26.524

4. caixa $ 30.000
   contas a receber   60.000
   estoque   90.000
   contas a pagar   18.000
   contas acumuladas a pagar 24.000
   aumento dos lucros retidos 67.500

5. b. financiamento externo necessário: $ 8.027
   c. redução de $ 1.875
   d. aumento dos lucros retidos em $ 32.813
   e. ativos totais: $ 253.125
     (a resposta pode ser diferente devido ao arredondamento)

6. a. financiamento externo necessário em
     20×1: ($ 52.000)
     20×2: $ 1.906.000
   b. aumento máximo dos lucros retidos: $ 1.820.000
   c. índice de liquidez corrente < 2:1
   d. financiamento externo necessário em
     20×1: $ 188.000
     20×2: $ 1.946.000
   e. índice de liquidez corrente < 2:1

7. b. lançamentos selecionados

caixa	$ 4.200
contas a receber	21.420
estoque	23.980
instalações e equipamentos	51.000
lucros retidos	19.560

8. a. sobras de caixa previstas: $ 7.002

Capítulo 24

1. sobras de caixa (déficit):

janeiro	($ 120)
fevereiro	($ 220)
março	($ 40)
abril	($ 240)
maio	$ 160
junho	$ 100

2. Recebimentos totais
   janeiro: $ 700.000
   fevereiro: $ 880.000
   posição de caixa final
   janeiro: ($ 88.000)
   fevereiro: ($ 128.000)

3. a. déficit em junho: ($ 3.950)
   b. sobra em junho: $ 4.400
   c. sobra em junho: $ 10.400

4. déficit de caixa
   fevereiro: ($ 75.000)
   março: ($ 105.000)
   posição final de caixa em abril: $ 15.000
   sobras de caixa em abril: $ 5.000

Capítulo 25

1. a. lucro com empréstimo bancário: $ 259.000
      lucro com empréstimo da seguradora: $ 238.000
   b. lucro no ano 2 com empréstimo bancário a 4%: $ 273.000
      lucro no ano 2 com empréstimo da seguradora: $ 238.000

2. a. retorno sobre o patrimônio líquido – alternativa a: 9,6%
      retorno sobre o patrimônio líquido – alternativa b: 14,8%
      retorno sobre o patrimônio líquido – alternativa c: 12,8%
   b. retorno sobre o patrimônio líquido – alternativa a: 6,0%
      retorno sobre o patrimônio líquido – alternativa b: 7,6%
      retorno sobre o patrimônio líquido – alternativa c: 6,8%

3. a. 120 unidades
   b. 9 dias (42 pedidos por ano)
   c. 167 unidades

4. a. 1.549 unidades
   b. 1.075 unidades
   c. 1.849 unidades
   d. 19

5. economia de juros: $ 9.722

6. despesas de recebimento: $ 5.000
   despesas de inadimplência: $ 8.750
   custos de carregamento: $ 2.083

7. $ 18.720

8. Em 1° de janeiro: contas não vencidas: 24,1%
   com atraso de 20 a 30 dias: 31,7%

9. a. fornecedor A: 368 unidades
      fornecedor B: 316 unidades
   b. estoque médio com fornecedor A: 284
   c. estoque máximo com fornecedor A: 468
      estoque mínimo com fornecedor A: 100 (ou 0 se o estoque de segurança for totalmente usado)
   d. 212 unidades

10. a. 5.000 unidades
    b. 16 de janeiro
    c. estoque de segurança máximo: 2.740 unidades
    d. estoque máximo: 7.740
       estoque mínimo: 2.740
       estoque médio: 5.240
    e. LEC: 7.071 unidades

11. vendas adicionais: $ 1.000.000
    custos totais: $ 775.000

12. rendimento de desconto: 7,44%
    rendimento simples: 7,69%
    rendimento composto: 7,92%

14. 9,17%

Capítulo 26

1. 10,3%
   $ 103.092,80

2. pagamento de juros: $ 65.000(0,1)(4/12) = $ 2.167
   taxa de abertura de crédito: $ 975
   quantia recebida pós-desconto: $ 61.858
   taxa de juros simples: 15,24%

3. taxa de juros simples: 15%
   taxa composta: 15,96%

4. *commercial paper*: 10,5%

6. a. 37,1% (composto: 44,9%)
    b. 36,7% (composto: 44,6%)

7. 0%

9. 2,37% (composto: 2,42%)

10. *commercial paper*: 10,53%
    banco comercial: 10,20%

11. a. Banco A: 8%
       Banco B: 6,73%
    b. Banco A: 9,5%
       Banco B: 6,73%

12. a. 9,09%
    b. 12,12%

13. pagamento no dia 50: 18,4% (composto: 20,2%)

Capítulo 27

1. pagamento anual: $ 24.390,24 ($ 24.389,07, usando uma calculadora financeira)
    amortização do principal no ano 1: $ 24.390 − $ 7.000 = $ 17.390

2. a. pagamento anual: $ 2.637,83
       respostas para o ano 3:
       pagamento de juros: $ 656,06
       amortização do principal: $ 1.981,77
       saldo devido: $ 4.578,79
    c. respostas para o ano 3:
       pagamento de juros: $ 1.000
       amortização do principal: $ 0
       saldo devido: $ 10.000

4. $ 291.890 ($ 291.871, usando uma calculadora financeira)

6. valor presente das saídas de caixa de leasing: $ 46.056

Capítulo 28

1. b. $ 3
    c. $ 2

2. a. com o preço da ação = $ 45, o comprador ganha $ 2
    b. com o preço da ação = $ 50, o vendedor ganha $ 3

3. a. $ 4
    b. $ 4
    c. aumenta
    d. $ 8
    e. $ 8
    f. ($ 8)
    g. $ 8
    h. $ 3
    i. prejuízo de $ 3

4. a. $ 1
    b. $ 4
    c. diminui
    d. $ 5
    e. ilimitado
    f. $ 1
    g. ($ 1)
    h. ($ 5)
    i. $ 5

5. a. valor intrínseco: $ 1
       time premium: $ 3
    b. valor se a ação = $ 20: $ 0
       valor se a ação = $ 40: $ 15
    c. retorno: 400%

6. a. ilimitado
    b. ($ 2)
    c. Preço da ação > 32

Capítulo 29

1. a. $ 5.000
    b. $ 5.500
       110%
    c. $ 2.200

2. a. valor do contrato: $ 34.000
    b. prejuízo: $ 1.100

3. a. $ 2.500
    b. $ 29.400
    c. 11,8%
    d. (12%)
    e. (100%)

4. a. $ 1.600.000
    b. $ 1.560.000
    c. $ 250.000
    d. $ 40.000
    e. $ 40.000